Mastering UML with Rational R

UML与Rational Rose 2002
从入门到精通

〔美〕 Wendy Boggs 著
Michael Boggs

邱仲潘 等译

電子工業出版社
Publishing House of Electronics Industry
北京 · BEIJING

内 容 提 要

本书深入浅出地介绍了统一建模语言（UML）和Rational Rose软件，通过航空公司与购物推车例子介绍如何用UML和Rose进行项目需求分析、结构规划和生成框架代码，以及如何从现有系统逆向转出工程代码，生成Rose模型。并分章介绍了C++、Java、Visual Basic与CORBA/IDL和XML代码的代码生成与逆向转出工程代码。通过本书学习，项目开发人员可以用这个全新工具紧扣用户需求，方便地开发出符合用户需求的系统或根据用户需求对现有系统进行改造。

本书适合项目开发人员参考，也适合作为大学教材或自学材料。

版权贸易合同登记号：01-2001-5177

图书在版编目（CIP）数据

UML与Rational Rose 2002从入门到精通/（美）伯格斯（Boggs, W.），（美）伯格斯（Boggs, M.）著；邱仲潘等译—北京：电子工业出版社，2002.7

书名原文：Mastering UML with Rational Rose 2002

ISBN 7-5053-7731-0

Ⅰ. U… Ⅱ. ①伯… ②伯… ③邱… Ⅲ. 面向对象语言，UML－程序设计 Ⅳ. TP312

中国版本图书馆CIP数据核字（2002）第042834号

责任编辑：马振萍　刘　丽

印　　刷：北京天竺颖华印刷厂

出版发行：电子工业出版社　http://www.phei.com.cn

北京市海淀区万寿路173信箱　邮编：100036

北京市海淀区翠微东里甲2号　邮编：100036

经　　销：各地新华书店

开　　本：787×1092 1/16　印张：33.5　字数：860千字

版　　次：2002年7月第1版　2002年7月第1次印刷

定　　价：50.00元

凡购买电子工业出版社的图书，如有缺损问题，请向购买书店调换，若书店售缺，请与本社发行部联系。联系电话：（010）68279077

致谢

写书是很费劲的事。尽管作者做了一部分工作，但大量工作是由整个小组完成的。感谢参与本书的每一位成员。感谢Sybex公司的Richard Mills与Jordan Gold提供了出版本书的机会；感谢Tom Cirtin提供了出版前的准备材料。感谢Eric Aker进行技术编辑。感谢Sybex公司编辑与制作组的Mae Lum、Donna Crossman、Jill Niles、Christine Detlefs、Kevin Ly与Tony Jonick。感谢操作员Nancy Guenther和校对员Emily Hsuan、Nelson Kim、Yariv Rabinovitch与Nancy Riddiough。没有你们的努力，本书就不可能问世。

译者的话

本书翻译过程中得到了蔡维斌、陈志斌、洪鹰、杨威、周阳生、刘文红、邹能东、彭振庆、黄志坚、李耀平、江文清等同志的大力帮助，刘文琼、温连英、邱冬金、邱燕明等同志完成了本书的录入工作，刘云昌、刘昌和兄弟帮助进行了书稿与打印稿的校对，在此深表感谢。

邱仲潘

前 言

在这个面向对象应用程序开发不断变化的时代，在合理时间内开发和管理高质量应用程序变得越来越困难。为了面对这种挑战，制定出每个公司都能使用的通用对象模型语言，统一建模语言（UML）被及时推出。UML是信息技术行业的蓝图，是详细描述系统结构的方法。利用这个蓝图，我们建立和维护系统越来越容易，保证系统能适应需求的改变。

有许多书籍介绍了应用程序的快速开发过程、面向对象分析与设计、对象模型和UML。本书重点介绍用UML和Rational Rose 2001、2001A与2002进行系统设计。Rose是用UML快速开发应用程序的工具之一。它支持Use Case框图、Activity框图、Sequence框图、Collaboration框图、Statechart框图、Component框图和Deployment框图。通过正向和逆向转出工程代码的特性，可以支持C++、Java、Visual Basic和XML DTD的代码生成和逆向转出工程代码。还有几个面向对象语言的插入件可以进一步扩展Rose的功能。

新内容

近年来，面向对象世界发生了较大的变化。基于Web的系统大量出现，面向对象工具与语言不断革新，开发工作更加全球化。当然，UML也不断演变。UML已经成为一个综合性语言，可以建模系统设计的所有不同方面。可以用UML建模XML、J2EE和各种编程语言中的结构，设计数据库和建模计算机化系统所处的整个行业。

随着UML的演变，Rose也不断演变。Rational Rose 2001、2001A与2002增加了新功能，如支持Web应用程序开发，使设计过程更加顺利。Rational Rose 2001、2001A与2002的新特性包括：

- 业务模型
- Activity框图
- Web模型
- 增加Java与J2EE支持
- 增加EJB支持
- XML DTD支持
- 数据模型
- ANSI C++支持
- SQL Server 2000支持
- Sun Java Server Pages与Microsoft Active Server Pages支持

本书阅读对象

本书适用于UML和Rose的初、中、高级用户，包括编程人员、软件结构师和分析师。编写本书时，我们想回答三个问题：UML每个框图和结构是什么、为什么用每种框图、如何用Rose设计这些框图和结构。

本书包括Rose基础：

- 如何建模企业过程
- 如何创建角色、使用案例和Use Case框图
- 如何创建Sequence和Collaboration框图
- 如何创建类、属性、操作、关系和Class框图
- 如何创建Statechart框图
- 如何创建组件和Component框图
- 如何创建Deployment框图
- 如何用UML与Rose创建系统的完整及详细蓝图
- 如何用Rose 2001、2001A与2002提供的新特性
- 如何用Rose生成C++、Java和Visual Basic代码
- 如何从C++、Java和Visual Basic逆向转出工程代码到Rose中
- 如何生成和逆向转出XML DTD
- 如何用Rose建模数据库结构
- 如何建模Web应用程序

本书不必按顺序阅读。每章都提供了Rational Rose的详细介绍。大多数章后面提供使用UML与Rose的实践练习。

尽管本书介绍了UML和模型元素的基础，但主要介绍Rational Rose支持的部分，而不介绍UML的每个方面。

如果你不熟悉UML与Rose，可以按顺序阅读第1章到第11章并做完所有练习。这些练习介绍了设计样本系统的一个过程。如果你熟悉UML与Rose，则可以把本书作为UML与Rose特定问题的参考手册。

本书组织形式

本书共有19章和一个附录。第1章和第2章概述UML、对象模型过程和Rational Rose工具。第1章介绍UML基础和Rational Rose。我们将介绍不同的UML框图，每种框图的作用及如何建立框图。第2章介绍Rose，介绍其用户界面的组成和Rose提供的功能。

第3章到第11章介绍Rose基础，包括创建与更新框图、增加类与类细节和产生报表。通过创建这几章介绍的不同框图，系统开发小组可以对所建系统的结构和行为有完整的了解。

第12章到第17章介绍Rose的C++、Java、Visual Basic和XML代码生成逆向工程的功能。其中介绍了每个UML如何构筑特定编程语言的映射，列举大量Rose产生的代码例子，并介绍从源代码逆向工程的模型元素。

第18章介绍Rose的Data Modeler特性，这个强大的工具支持建模数据库表格、连接、存储过程、触发器和其他元素。可以从对象模型自动创建数据模型，或从数据模型逆向生成对象模型。Data Modeler还有代码生成特性，可以创建和运行DDL（数据定义语言），用于建立或更新数据库结构。数据库结构也可以逆向工程到Rose模型。

第19章概述Web模型过程，包括建模Web应用程序的不同层次，从Web应用程序模型生成代码和Web应用程序逆向工程。

最后，如果要了解UML的启蒙知识，可以看附录“UML入门”。

本书选配光盘

本书介绍Rose特性时会建立一个样本系统的一些Rose模型。本书选配光盘包括这个系统的样本UML模型和用Rational Rose生成的代码，还有一些样本Rose脚本，是用Rose所带的脚本语言编写的宏。还有Rational website的链接，可以找到Rational伙伴与产品、UML和对象模型的所有信息。

与作者联系

如果有关于Rose和UML的问题，可以与我们联系。Wendy的地址是wboggs@attbi.com，Mike的地址是mboggs@attbi.com，或者访问Sybex站点www.sybex.com。

目 录

第1章 **UML简介** 1
面向对象机制简介 1
何谓可视化建模 5
图形化标注系统 5
UML框图 8
可视化建模与软件开发过程 16
小结 20
第2章 **Rose之游** 21
何谓Rose 21
Rose漫游 23
Rose模型的四个视图 29
使用Rose 34
设置全局选项 44
小结 45
第3章 **业务模型** 46
业务模型简介 46
业务模型概念 49
从何入手 55
创建Business Use Case框图 59
处理业务角色 65
处理关系 68
处理机构单元 70
活动框图 71
小结 76
第4章 **使用案例与角色** 77
用例模型概念 77
Use Case框图 87
活动框图 88
Rational Rose中使用用例 91
处理角色 101
使用关系 107
使用活动框图 109
练习 112

小结 114

第5章 对象交互 115

Interaction框图 115

Sequence框图 119

Collaboration框图 121

使用Interaction框图中的角色 122

使用对象 122

使用消息 127

生命线结束 137

使用脚本 138

在Sequence框图和Collaboration框图间切换 139

Interaction框图的两步法 139

练习 142

小结 145

第6章 类与包 146

Rose模型的Logical视图 146

Class框图 146

使用类 153

指定类版型 155

类规范 166

使用包 174

练习 175

小结 179

第7章 属性与操作 180

使用属性 180

使用操作 190

在Class框图中显示属性和操作 202

将操作映射消息 207

练习 209

小结 212

第8章 关系 213

关系 213

关联 215

依赖性 220

包依赖性 223

累积 225

一般化 227

使用关系 229

练习 237
小结 239
第9章 对象行为 240
Statechart框图 240
练习 250
小结 252
第10章 Component视图 253
何谓组件 253
Component框图 255
练习 261
小结 265
第11章 Deployment视图 266
Deployment框图 266
练习 275
小结 276
第12章 用Rational Rose生成代码和逆向转出工程代码简介 278
准备生成代码 278
生成什么 285
用Rational Rose逆向转出工程代码简介 285
逆向转出工程代码创建的模型元素 286
双向工程 288
小结 289
第13章 C++与Visual C++代码生成和逆向转出工程代码 290
ANSI C++与Visual C++中生成代码 290
将模型转换成ANSI C++模型 291
ANSI C++代码生成属性 291
Visual C++代码生成属性 299
生成代码 306
Visual C++代码生成 313
逆向转出工程代码ANSI C++ 313
逆向转出工程代码Visual C++ 314
小结 314
第14章 Java代码生成与逆向转出工程代码 316
Rose J简介 316
开始Java项目 317
Java代码生成属性 320
生成代码 329
生成的代码 329

J2EE支持 351
逆向转出工程代码 356
小结 358
第15章 Visual Basic代码生成和逆向转出工程代码 359
开始Visual Basic项目 359
Visual Basic代码生成属性 360
使用代码生成向导 369
生成的代码 373
逆向转出工程代码 397
小结 400
第16章 XML DTD代码生成与逆向转出工程代码 401
XML DTD简介 401
DTD-to-UML映射 404
DTD代码生成属性 405
生成代码 411
生成的代码 411
逆向转出工程代码DTD 419
小结 419
第17章 CORBA/IDL代码生成与逆向转出工程代码 421
CORBA/IDL代码生成属性 421
生成代码 433
小结 458
第18章 Rose Data Modeler 459
对象模型和数据模型 459
创建数据模型 460
数据模型的逻辑 461
增加数据库 461
增加结构 465
创建域包和域 466
增加表 469
增加存储过程 475
增加关系 477
使用视图 480
从数据模型生成对象模型 482
从对象模型生成数据模型 484
从数据模型生成数据库 485
更新现有数据库 486
逆向转出工程代码数据库 488

小结 489

第19章　Web模型 490

建模Web应用程序 490

逆向转出工程代码Web应用程序 499

Web应用程序代码生成 500

小结 501

附录　UML入门 502

第1章 UML简介

业务发展越来越快，更加要求企业在市场中具有竞争力和维持力。在这个电子商务时代，“传统”系统开发方法已经力不从心。系统应以“Internet速度”开发。速度的加快也要求有更加灵活的系统。过去，用户可以向数据处理中心发送请求，两年之后才进行改变。现在，用户向IT部门发送改变请求，要求两周内就完成。六周开发周期、着急的经理、着急的用户和XP（极速编程）的概念都要求：系统应迅速改变。

本章介绍UML（统一建模语言，Unified Modeling Language），UML是最广泛使用的面向对象系统的标准建模方法。本章首先介绍UML的历史与现状，以及面向对象编程概念，然后介绍如何使用UML构造应用程序。

- 了解面向对象机制与可视模型
- 了解图形标注类型
- 了解UML框图类型
- 用可视模型开发软件

面向对象机制简介

在软件工程早期，主流是结构化编程。编程时首先开发标准代码块，进行打印等操作，然后将代码复制和粘贴到编写的每个应用程序中。尽管这样可以减少新应用程序的开发时间，但如果代码块需要改变，则会遇到麻烦，因为开发人员要在复制代码的每个地方进行修改。结构化编程的问题在面向对象编程中得到解决。

在面向对象编程中，开发人员创建的代码块称为对象，然后在各种应用程序中使用这些对象。需要修改其中一个对象时，开发人员只要在一个地方进行改变。各个公司纷纷采用这种新技术，将其集成到现有应用程序中。事实上，大多数当今开发的应用程序都是面向对象的。一些语言，例如Java都需要用面向对象的结构。什么是面向对象呢？

面向对象机制是另一种观察应用程序的方式。利用面向对象方法，把应用程序分成许多小块（或对象），这些对象是相互独立的。然后可以组合这些对象，建立应用程序。可以把它看成砌砖墙。第一步要建立或购买基本对象（各种砖块）。有了这些砖块后，就可以砌出砖墙了。在计算机领域中建立或购买基本对象后，就可以把对象集成起来，创建新的应用程序。

例如，在结构化编程领域中，要创建带列表框的窗体，就要编写大量代码，用来创建窗体的代码，以及创建与填列表框的代码和创建OK按钮的代码，这些代码用来接受列表框中的值。而在面向对象编程中，只要用三个对象（通常是预建对象）：一个窗体、一个列表框和一个OK按钮。老的编码方法是“从头建立，从旧程序中复制可用代码，节省时间”；而新的编程方法是“把一组对象集成起来，然后集中考虑每个特定应用程序的独特之处”。

面向对象机制的一个主要好处是可以一次性地建立组件，然后反复地使用。就像砖块可以重复用来盖城墙、盖房子、盖太空飞船，面向对象的基本设计和代码可以重复用于会计系统、库存系统或订单处理系统。

这种面向对象机制与传统开发方法有什么不同呢？传统开发方法集中考虑系统要维护的信息。用这种方法时，我们要向用户询问他们需要什么信息，然后设计保存信息的数据库，提供输入信息的屏幕并打印显示信息的报表。换句话说，我们关注信息，而不是关注信息的作用或系统的功能。这种方法是以数据为中心的，多年来用它已建立了成千上万个系统。

以数据为中心的模型适合数据库设计和捕获信息，但用来设计商业应用程序就有问题。一个主要问题是系统要求随着时间不断变化。以数据为中心的系统可以方便地处理数据库的变化，但很难实现商业规则变化和系统功能变化。

面向对象机制的开发正是用来解决这个问题的。利用面向对象机制，我们同时关注信息与功能。因此，我们可开发弹性很大和适应信息与功能变化的系统。

要实现灵活性带来的好处，只能通过设计好的面向对象系统。这就要求了解面向对象的基本原则：包装、继承与多态。

包装

在面向对象系统中，我们将信息与处理信息的功能组合起来，然后将其包装成对象，这称为包装。另一种理解包装的方法就是把应用程序分解成较小的功能组件。例如，我们有与银行账目相关的信息，如账号、结余、客户名、地址、账号类型、利率和开户日期。我们还有银行账目的功能：开户、销户、存款、取款、改变类型、改变客户和改变地址。我们将这些信息与处理信息的功能包装成账目对象。结果，银行系统对账目的任何改变就会在账目对象中实现。它是所有账目信息与功能的集合。

包装的另一好处是将对系统改变的影响限制在对象内。可以把系统看成水，所需的改变看成大石头。一块石头投进水里，会溅起一片水波纹，它们经过湖面、冲向岸边、振荡并与其他水花碰撞。事实上，有些水花会溅到岸边和湖外。换句话说，一石激起千层浪。如今我们要包装湖水，将其分成较小的水体，并围起来。然后，扔出一块石头，仍然水花四溅，但只能限制在围起来的小范围内。因此，通过包装湖水，我们限制了击石引起的波浪，如图1.1。

图1.1 包装：湖水模型

下面要把这个包装思想用于银行系统。最近，银行管理层决定，如果客户在银行有信用账号，则可以用信用账号作为支票账号的透支额。在无包装系统中，我们要用类似散弹猎枪的方法进行影响分析。我们并不知道系统中所有取款功能用在哪里，因此要到处寻找。找到之后，我们要根据这个新要求进行改变。如果我们水平很高，则可能发现系统中有80%的取款功能。而利用包装系统，则不必用散弹猎枪方法进行分析。我们只要查看系统模型，寻找取款功能包装在哪里。找到账目中的取款功能后，只要在对象中一次性地做出所要求的改变，就万事大吉了。从图1.2可以看出，只需改变账目类。

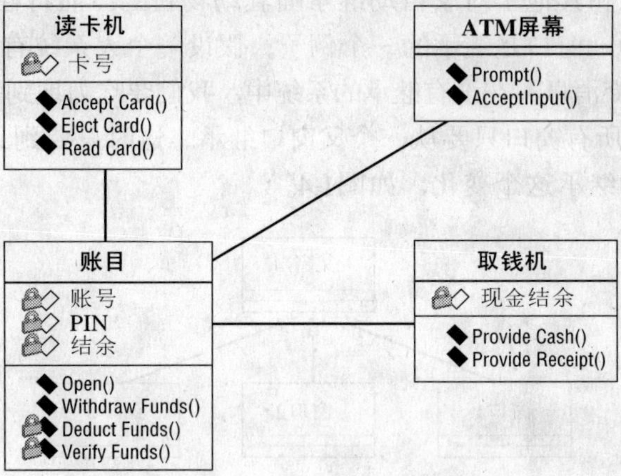

图1.2 包装：银行模型

与包装类似的概念是信息隐藏。信息隐藏就是不向外部显示对象细节的功能。对于一个对象，外部就是对象之外的一切，包括系统其他部分。信息隐藏提供了与包装相同的优势：灵活性。第6章将详细介绍这个概念。

继承

继承是第二个基本面向对象的概念，它与小约翰继承的万贯家财毫无关系，而与你的鼻子像你父亲或母亲的鼻子有关。在面向对象系统中，继承机制可以根据旧对象创建新对象。子对象继承父对象的特性。

自然界中有许多继承的例子。哺乳动物有几百种：狗、猫、人、海豚等等。每种动物都有一些共性和个性，如有毛发、恒温动物、哺乳。用面向对象术语，哺乳动物（mammal对象）有一些共同特性。这个对象是狗、猫、人、海豚等等的父对象。狗对象继承mammal对象的特性，还要有一些狗对象自己的特性，如转圈跑和流口水。面向对象机制借用了自然界中的继承概念，如图1.3，因此可以对系统采用相同的概念。

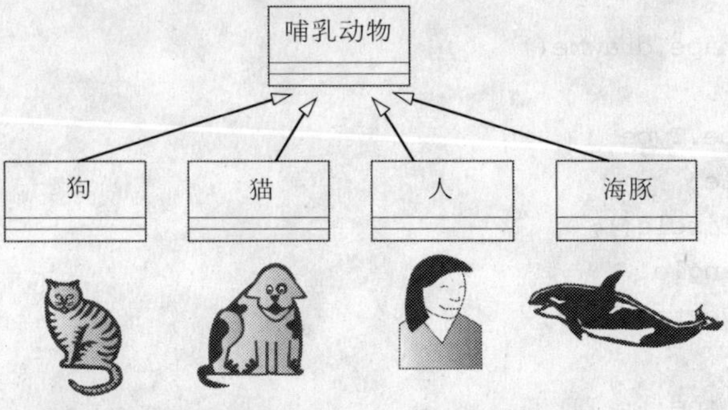

图1.3 继承：自然模型

继承的主要好处之一是易于维护。当产生影响所有哺乳动物的改变时，只要改变父对象，子对象自动继承这个变化。如果所有哺乳动物突然变成冷血动物，只要改变mammal对象，猫、狗、人、海豚和其他子对象自动继承哺乳动物新的冷血特性。

在面向对象系统中，窗口是继承的一个例子。假设一个大系统有125个窗口。一天，客户要求所有窗口显示放弃消息。在没有继承的系统中，我们要吃力地到每个窗口中作出修改。而在面向对象系统中，所有窗口只要从一个父窗口继承。这时只要到父窗口中一次性作出改变即可。所有窗口自动继承这个变化，如图1.4。

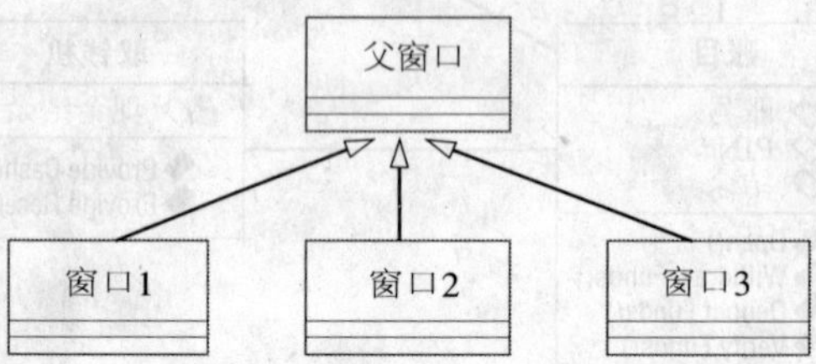

图1.4 继承：窗口模型

在银行系统中，可以对不同类型的账目使用继承。假想银行有四种账目：支票、存款、信用卡和存款证明。这四种账目有一定的相似性。每个账目都有账号、利率、所有者等等。因此可创建父对象account，保存所有账目的共同特性。子对象则在继承特性的基础上增加自己的特性。例如信用账目还有信用额度和最少付款额，存款证明还有到期日期。对父对象的改变影响所有子对象，而对子对象进行改变则不会影响其他子对象和父对象。

多态

面向对象的第三个原则是多态。多态的定义是多种不同形式、阶段或类型发生的事，表示特定功能有多种形式或实现方法。和继承一样，多态在自然界中也有相似的例子。比如让对方说话，人可能说“你好”；狗会汪汪叫；猫会咪咪叫；但也可能就是不理你。

在面向对象系统中，就是特定功能有多种实现方法。例如，我们可能要建立一个绘图系统。用户要画线、圆或者矩形时，系统发出绘图命令。系统中有许多形体，各有不同的绘图功能。因此，用户要画圆时，调用圆对象的绘图命令。利用多态，系统运行时要确定要画的形体类型。而如果没有多态，则绘图功能的代码可能如下所示：

```
Function Shape.drawMe()
{
SWITCH Shape.Type
Case "Circle"
Shape.drawCircle();
Case "Rectangle"
Shape.drawRectangle();
Case "Line"
Shape.drawLine();
END SWITCH
}
```

利用多态，则只要对所画对象调用drawMe()函数，命令如下：

```
Function draw()
{
Shape.drawMe();
}
```

每个形体（线、圆、矩形等等）用drawMe()函数画特定的图。

和面向对象的其他原则一样，多态的好处之一是易于维护。如果应用程序要画一个三角形，在非多态情形中，就要给Shape对象加一个新的drawTriangle()函数，Shape对象的drawMe()函数也要修改成适应新形体的类型。而利用多态，则要创建新的三角形对象，用drawMe()函数绘图。启动绘图操作的draw()函数根本不必改变。

何谓可视化建模

如果要扩建房子，你可能不会买一大堆木材，慢慢钉成所要的样子，而会按照蓝图规划和构造之后再着手扩建。这样的扩建能更持久，而不会因为一场小雨就把一切冲得粉碎。

软件领域中的模型也一样，模型是系统的蓝图。蓝图可以对你的规划进行补充，模型可以帮你规划要建的系统。这就可以保证系统设计良好，要求得到满足，系统能在需求改变时站得住脚。

收集系统需求时，把用户的业务需求映射成开发小组能理解的要求。最终你要利用这些需求产生代码。通过将需求映射为代码，可以保证代码满足这些需求，代码也能方便地回溯成需求。这个过程称为建模。建模过程的结果就是可以跟踪从业务需求、到要求、到模型、到代码的过程及其相反的过程，而不会在这个过程中迷路。

可视化建模将模型中的信息用标准图形元素直观地显示。标准对实现可视化建模的通信功能至关重要。可视化建模的主要目的就是用户、开发人员、分析人员、测试人员、管理人员和其他涉及项目的人员之间的通信。利用非可视信息（文本）也能进行通信，但人类毕竟是视觉动物，通过图形比通过文字更容易理解事情的结构。利用系统的可视化建模，可以在几个层次上显示系统如何工作。我们可以建模用户与系统间的交互，可以建模系统对象间的交互，甚至可以建模系统之间的交互（如果需要）。

建立模型后，可以向所有感兴趣的部门显示这个模型，让他们对模型中的重要信息一目了然。例如，用户可以通过模型直观地看到用户与系统间的交互；分析人员可以看到模型对象间的交互；开发人员可以看到要开发的对象和每个对象的任务；测试人员可以看到对象间的交互并根据这些交互准备测试案例；项目管理人员可以看到整个系统及各部分的交互；而信息总管可以看看高层模型，看看公司的各个系统如何相互交互。总之，可视化建模提供了向各有关部门显示系统计划的强大工具。

图形化标注系统

可视化建模的一个重要问题是用哪种图形标注方法表示系统的各个方面。这个标注方法应能向各有关方面传达意图，否则模型就用处不大。许多人都有自己的可视化建模图注方法。最常用的图注方法有Booch、对象建模技术（OMT）和统一建模语言（UML）。

Rational Rose支持这三种方法，但UML是大多数公司采用的标准，是ANSI和OMG等部门采用的标准。

Booch方法

Booch方法是按其发明者Grady Booch命名的，他是Rational软件公司的首席科学家。他著有几本关于可视化建模的需求与好处方面的书籍，并开发了表示模型各个细节的图注方法。例如，图注中把对象画成云图，表示对象几乎无所不包。Booch图注方法还用各种箭头表示对象之间的关系类型。第4章将介绍这些对象与关系。图1.5是用Booch图注方法表示的对象和关系。

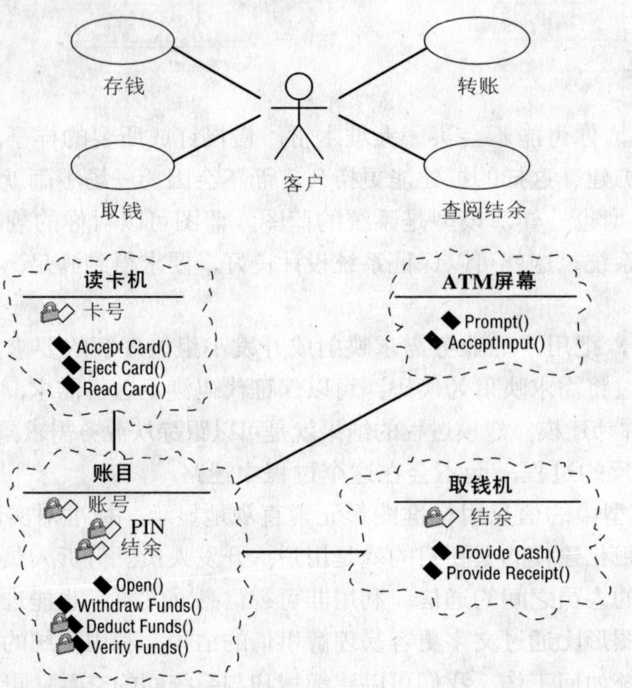

图1.5 用Booch图注方法表示的对象和关系

对象建模技术

OMT（对象建模技术）图注方法来自James Rumbaugh博士，他著有多本关于系统分析与设计的书籍。在《面向对象建模与设计》（Prentice Hall, 1990）一书中，James Rumbaugh博士介绍了模型系统在实际组件（称为对象）中的重要性。OMT使用比Booch更简单的图形表示系统。图1.6是用OMT图注方法表示的对象和关系。

统一建模语言

UML（统一建模语言）图注方法是Grady Booch、James Rumbaugh博士、Ivar Jacobson、Rebecca Wirfs-Brock、Peter Yourdon和许多其他人员集体智慧的结晶。Jacobson是个学者，他的著作是关于在事务包“使用案例”中捕获系统需求。第4章将详细介绍使用案例。Jacobson还开发了系统设计方法OOSE（Object-Oriented Software Engineering，面向对象软件工程），着重用于分析。Booch、Rumbaugh和Jacobson是Rational软件公司的三剑客，着重于UML的标准化和改进。UML符号与Booch和OMT图注符号相似，并引入了其他图注方法的元素。图1.7显示了UML图注的样本。

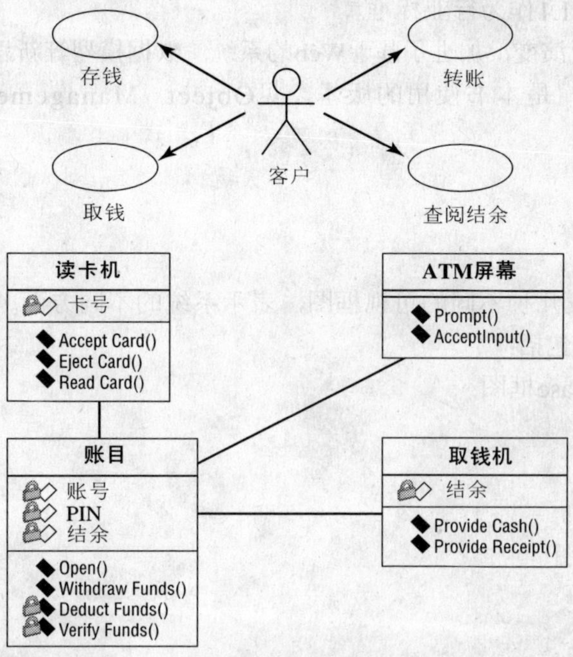

图1.6　用OMT图注方法表示的对象和关系

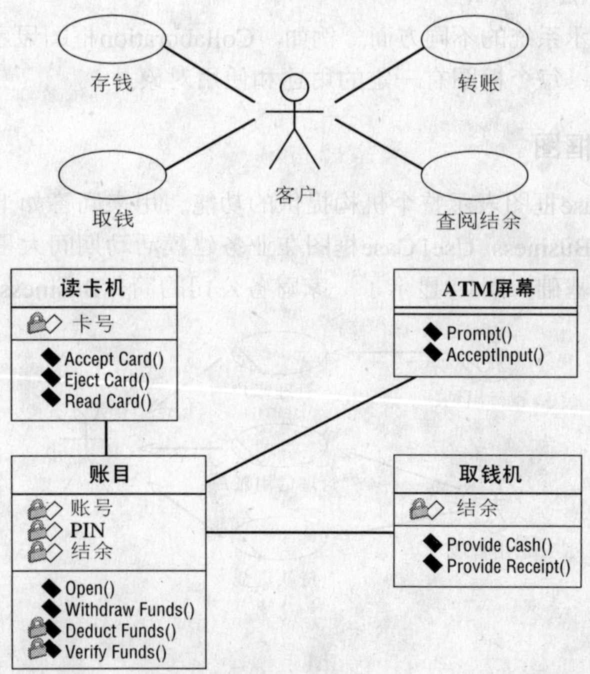

图1.7　UML图注的样本

1993年开始汇集UML的方法，三剑客Booch、Rumbaugh和Jacobson开始引入其他方法中的思想。直到1995年后期，正式推出了0.8版的Unified Method。1996年，经过改进和变革的Unified Method成为统一建模语言（UML）。1997年UML 1.0经过认可并提交给对象技术组织（Object Technology Group），许多软件开发公司开始采用UML。最后，1997年11月14日，OMG将UML 1.1作为行业标准。

几年来，UML不断演变，加进了基于Web的系统、数据模型等新思想。最新的UML 1.3版本是2000年通过的，是本书使用的版本，见Object Management Group的站点：www.omg.org。

UML框图

利用UML可以开发几种不同的可视框图，表示系统的不同方面。Rational Rose支持开发这些模型的大部分，包括：

- Business Use Case框图
- Use Case框图
- Activity框图
- Sequence框图
- Collaboration框图
- Class框图
- Statechart框图
- Component框图
- Deployment框图

这些模型框图表示系统的不同方面。例如，Collaboration框图显示对象间为完成某种系统功能所需要的交互。每个框图有一定的用途和使用对象。

Business Use Case框图

Business Use Case框图表示整个机构提供的功能。用来回答如下问题：公司干什么？为什么要建立系统？Business Use Case框图在业务建模活动期间大量用于设置系统情境和形成创建使用案例的基础。图1.8显示了一家财务公司的简化Business Use Case框图。

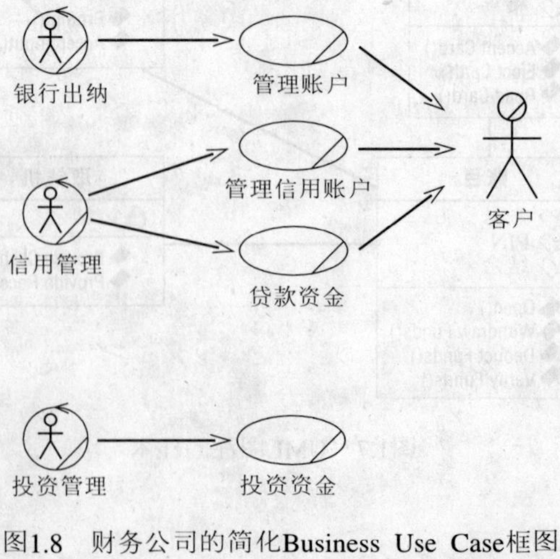

图1.8 财务公司的简化Business Use Case框图

Business Use Case框图是从机构角度绘制的，与手工过程和自动过程没有区别（而下面介绍的Use Case框图则针对自动化过程）。Business Use Case框图显示业务用例与业务角色之间的交互。业务用例表示公司执行的过程，而业务角色表示业务要交互的角色，如客户与厂家。换句话说，业务角色表示公司外与公司交互的任何人，而不表示公司内的角色或人员。公司内的角色或人员表示为业务工人，见第3章介绍。

Use Case框图

Use Case框图显示使用案例与角色间的交互。使用案例表示从用户角度对系统的要求，因此表示系统功能。角色是系统的主体，表示提供或接收系统信息的人或系统。这些框图显示哪个角色启动使用案例，并显示角色何时从使用案例收到信息。实际上，Use Case框图可以演示系统的需求。

Business Use Case框图与自动化过程无关，而Use Case框图则针对自动化过程。业务用例和使用案例之间并没有一对一关系。例如，一个业务用例可能要30个使用案例来实现其过程。图1.9是自动柜员机（ATM）系统的Use Case框图。

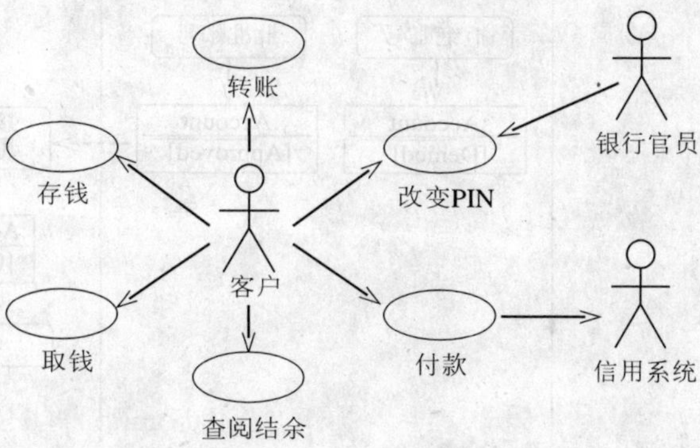

图1.9 自动柜员机（ATM）系统的Use Case框图

这个Use Case框图显示ATM系统使用案例与角色间的交互。本例中，银行客户启动几个使用案例：取钱、存钱、转账、付款、查阅结余和改变PIN。其中几个关系值得继续讨论。银行官员也可以启动改变PIN使用案例。由付款到信用系统有一个箭头。外部系统可能是角色，这里信用系统是个角色，因为它是在ATM系统之外的。箭头从使用案例到角色表示使用案例产生一些角色要使用的信息。这里的付款使用案例向信用系统提供信用卡付款信息。

大部分信息可以从Use Case框图看到。这个框图显示系统的总体功能。用户、项目管理员、分析人员、开发人员、质量保证工程师和任何对系统感兴趣的人都可以浏览这个框图，了解系统的功能。

Activity框图

Activity框图演示了系统中的功能流，可以在业务模型中显示业务工作流；可以在收集需求时显示一个使用案例中的事件流。这些框图定义工作流从哪里开始，到哪里结束，工作流中发生哪些活动，这些活动按什么顺序发生。活动是工作流期间完成的任务。

活动框图的结构类似于本章稍后介绍的Statechart框图。图1.10显示了Activity框图的例子，框图中的活动用导角矩形表示，这是工作流进行期间发生的步骤。工作流影响的对象用方框表示。开始状态表示工作流开始，结束状态表示工作流结束，决策点用菱形表示。

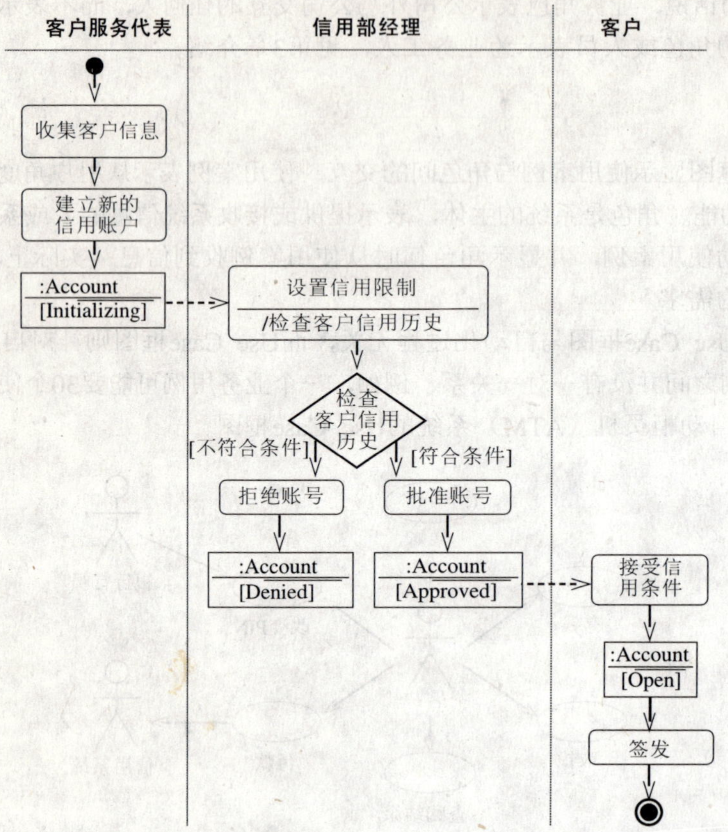

图1.10 开户的Activity框图

可以检查虚线，查看框图中的对象流程。对象流程显示活动使用或创建的对象和工作流过程中对象如何改变状态。实线称为过渡，显示一个活动如何导致另一个活动。如果需要，可以在过渡中加上更多细节，描述过渡发生和不发生的情形，过渡期间采取哪些操作。

活动框图可以分为垂直泳道，每个泳道表示工作流中的不同角色。看看一个泳道中的活动，就可以了解这个角色的责任。通过看看不同泳道中活动之间的过渡，就可以了解谁要与谁进行通信。这些信息在建模或理解业务过程时非常重要。

不用对每个工作流都创建Activity，但它们是强大的通信工具，特别是在大型复杂工作流中。

Sequence框图

Sequence框图显示使用案例中的功能流程。例如，取钱使用案例有几个可能的程序，如想取而没钱、想取而PIN错等等。取20美元的正常情形（没有想取而没钱或想取而PIN错等问题）如图1.11。

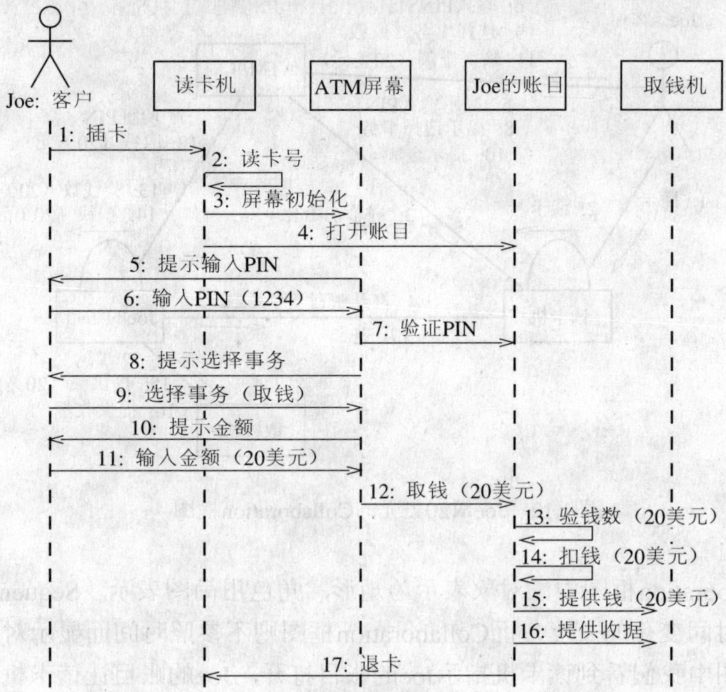

图1.11　Joe取20美元的Sequence框图

这个Sequence框图显示了取线使用案例的过程流程。框图顶部显示了涉及的角色，上例中显示客户角色。系统完成取钱使用案例所需的对象也在框图顶部显示。每个箭头表示角色与对象或对象与对象之间为完成所需功能而传递的消息。关于Sequence框图要说明的另一点是，它只显示对象而不显示类，类表示对象的类型，见第5章介绍。对象是特定的，Sequence框图不只显示客户，而且显示Joe。

取钱使用案例从用户将卡插入读卡机开始，读卡机对象表示为框图顶部的矩形。然后读卡机读卡号，打开Joe的账目对象，并初始化ATM屏幕。屏幕提示输入PIN，Joe输入PIN（1234），然后屏幕验证PIN与账目对象，发出相符的信息。屏幕向Joe提供选项，Joe选择取钱。然后屏幕提示Joe输入金额，他选择20美元。然后屏幕从账目中取钱，启动一系列账目对象要完成的过程。首先，验证Joe账目中至少有20美元。然后，它从中扣掉20美元，再让取钱机提供20美元现金。Joe的账目还让取钱机提供收据。最后，它让读卡机退卡。

这个Sequence框图用Joe取20美元的例子演示了取钱使用案例的全过程。用户可以从这个框图看到业务过程的细节。分析人员从Sequence框图可以看到处理流程。开发人员看到需要开发的对象和这些对象的操作。质量保证工程师可以看到过程的细节，并根据这个过程开发测试案例。Sequence框图对项目的所有人都有用。

Collaboration框图

Collaboration框图显示的信息与Sequence框图相同，但Collaboration框图用不同方式显示这个信息，具有不同作用。图1.11的Sequence框图对应图1.12的Collaboration框图。

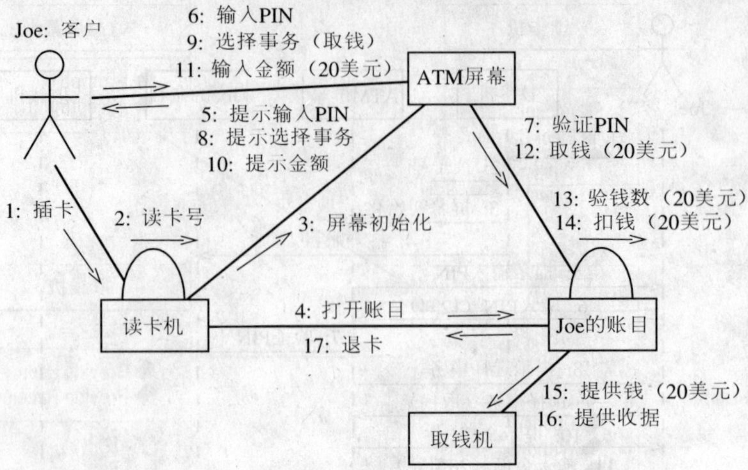

图1.12 Joe取20美元的Collaboration框图

在这个Collaboration框图中，对象表示为矩形，角色用简图表示。Sequence框图演示的是对象与角色随时间变化的交互，而Collaboration框图则不参照时间而显示对象与角色的交互。例如，本框图中我们看到读卡机指示Joe的账目打开，Joe的账目让读卡机退卡。另外，直接相互通信的对象之间有一条直线。如果ATM屏幕与读卡机直接相互通信，则其间画一条线。没有画线的对象之间不直接通信。

因此，Collaboration框图显示的信息与Sequence框图相同，但Collaboration框图具有不同的作用。质量保证工程师和系统建筑师用Collaboration框图显示对象间处理过程的分布。假设Collaboration框图是星形的，几个对象与一个中央对象通信，则系统建筑师可能认为系统对中央对象依赖太强，系统建筑师可能重新设计对象，以便更均匀地分配处理工作。这种交互是很难在Sequence框图中看到的。

Class框图

Class框图显示系统中类与类之间的交互。类是对象的蓝图，见第5章。例如，Joe的账目是个对象。账目是Joe的支票账目蓝图，是一个类。类包含信息和处理信息的功能。账目类包含客户PIN和检查PIN的功能。Class框图中的类是对Sequence框图或Collaboration框图中每种对象创建的。图1.13演示了取钱使用案例的Class框图。

上述Class框图显示了实现取钱使用案例中类之间的关系。这是用四个类完成的：读卡机、账目、ATM屏幕和取钱机。Class框图中每个类用方框表示，分成三部分。第一部分是类名。第二部分是类包含的属性，属性是与类相关联的信息。例如，账目类包含三个属性：账号、PIN和结余。最后一部分包含类的操作，操作就是类提供的功能。账目类包含四个操作：打开、取钱、扣钱和验钱数。

连接类的直线显示类之间的通信关系。例如，账目类连接ATM屏幕类，因为两者要直接相互通信。读卡机与取钱机不相连，因为两者不进行通信。另一个有趣之处是有些属性和操作的左边有小锁图标。锁头表示专用属性和操作。专用属性和操作只能在包含该专用属性和操作的类中访问。账号、PIN和结余是账目类的专用属性，而扣钱和验钱数是账目类的专用操作。

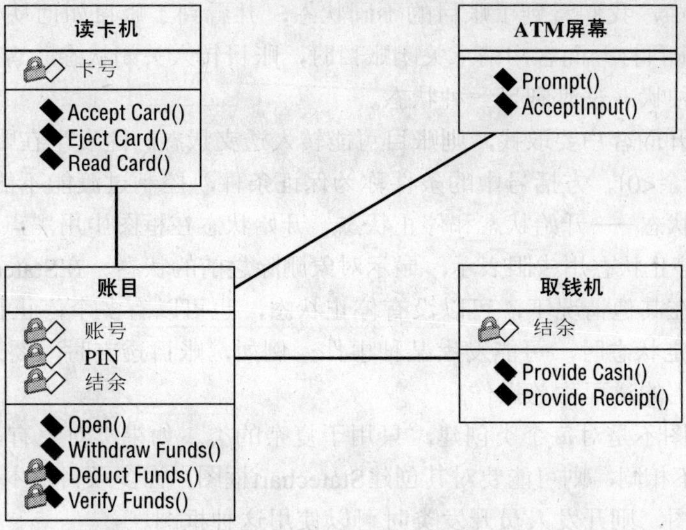

图1.13　ATM系统的取钱使用案例的Class框图

开发人员用Class框图开发类。Rose之类的工具产生类的框架代码，然后开发人员用所选语言填充细节。分析人员用Class框图显示系统细节。建筑师也用Class框图显示系统设计。如果一个类包含太多功能，则建筑师可以从这个Class框图中看出问题并将功能划分到多个类中。如果需要相互通信的类之间没有建立关系，建筑师和开发人员也能从Class框图中看出。Class框图可以显示每个使用案例中类的相互作用，也可以显示整个系统或子系统。

Statechart框图

Statechart框图提供了建模对象各种状态的方式。Class框图提供了类及其相互关系的静态图形，而Statechart框图则可以建模系统的动态功能。这些框图类型广泛用于建立实际的系统。从Statechart框图可以生成实际系统的全部代码。

Statechart框图显示对象的功能。例如，银行账目可能有几种不同状态，可以打开、关闭或透支。账目在不同状态下的功能是不同的。Statechart框图可以显示这个信息。图1.14显示了银行账目的Statechart框图。

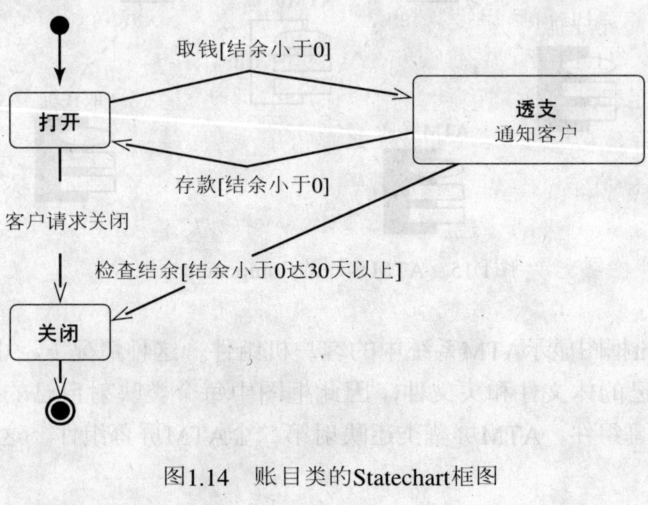

图1.14　账目类的Statechart框图

在这个框图中，我们看到了账目的不同状态，并看到了账目如何从一种状态变到另一种状态。例如，账目打开而客户请求关闭账目时，账目转入关闭状态。客户请求是事件，事件导致账目从一种状态过渡到另一种状态。

如果账目打开而客户要取钱，则账目可能转入透支状态。这发生在账目结余小于0时，框图中显示为[结余<0]。方括号中的条件称为保证条件，控制过渡能不能发生。

有两种特殊状态——开始状态和停止状态。开始状态在框图中用黑点表示，显示对象首次生成的状态。停止状态用牛眼表示，显示对象删除之前的状态。在Statechart框图中，只有一个开始状态。在其他情况下，可以没有停止状态，也可以有多个停止状态。

对象处于特定状态时，可能发生某种事件。例如，账目透支时，要通知客户。对象处于特定状态时发生的过程称为操作。

Statechart框图不是对每个类创建，只用于复杂的类。如果类对象有多种状态，每种状态中的表现又大不相同，则可能要对其创建Statechart框图。许多项目根本不需要这种框图。如果创建这种框图，则开发人员开发类时可以使用这种框图。

Statechart框图仅用于文档。从Rose模型产生代码时，没有任何代码是从Statechart框图的信息产生的。但Rose插入件可以在实时系统中根据Statechart框图产生执行代码。

Component框图

Component框图显示模型的物理视图，也显示系统中的软件组件及其相互关系。框图中有两种组件：执行组件和代码库。

在Rose中，模型中的每个类映射到源代码组件。一旦创建组件，就加进Component框图中，然后画出组件间的相关性。组件间的相关性包括编译相关性和运行相关性。图1.15是ATM系统的Component框图。

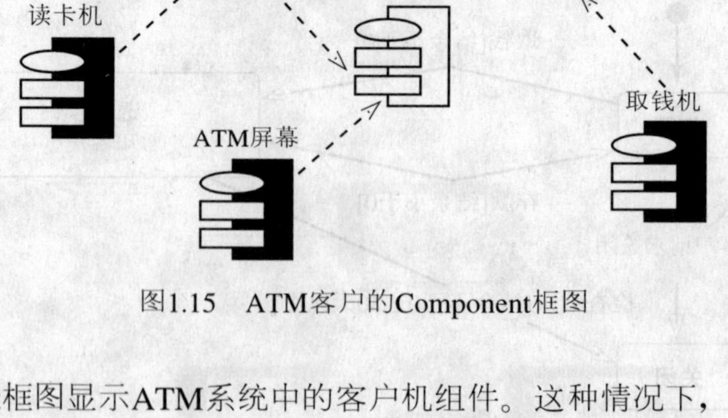

图1.15 ATM客户的Component框图

这个Component框图显示ATM系统中的客户机组件。这种情况下，小组决定用C++建立系统。每个类有自己的体文件和头文件，因此框图中每个类映射自己的组件。例如，ATM屏幕类映射ATM屏幕组件。ATM屏幕类还映射第二个ATM屏幕组件。这两个ATM屏幕组件表示ATM屏幕类的头和体。阴影组件称为包体，表示C++中ATM 屏幕类的体文件（.cpp）。无阴影组件也称为包规范，这个包规范表示C++类的头文件（.H）。组件ATM.exe是个任务规范，表示处理线程。这里的处理线程是个可执行程序。

组件用虚线连接，表示组件间的相关性。例如，读卡机类与ATM屏幕类相关，即必须有ATM屏幕类才能编译读卡机类。编译所有类之后，即可创建可执行文件ATMClient.exe。

ATM例子有两个处理线程，因而有两个执行文件。一个执行文件是ATM客户机，包括取钱机、读卡机和ATM屏幕。另一个执行文件是ATM服务器，包括账目组件。图11.6显示了ATM服务器的Component框图。

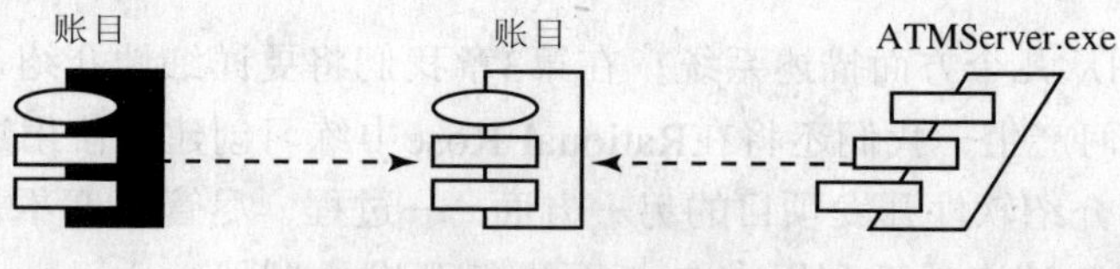

图1.16 ATM服务器的Component框图

从上例可能看出，根据子系统和可执行文件的个数，系统可以有多个Component框图。每个子系统是一个组件包。一般来说，包是对象的集合。这里，包是组件的集合。ATM例子有两个包：ATM Client和ATM Server。第3章将详细介绍包。

编译系统的人员要使用Component框图。Component框图显示组件应以什么顺序编译，框图还显示编译时会创建哪些运行组件。Component框图显示类与实现组件之间的映射。这些框图还启动代码生成。

Deployment框图

Deployment框图是我们要介绍的最后一种框图。Deployment框图显示网络的物理布局和各种组件的位置。在ATM例子中，ATM在不同物理设备（或结点）上运行许多子系统。图1.17显示了ATM系统的Deployment框图。

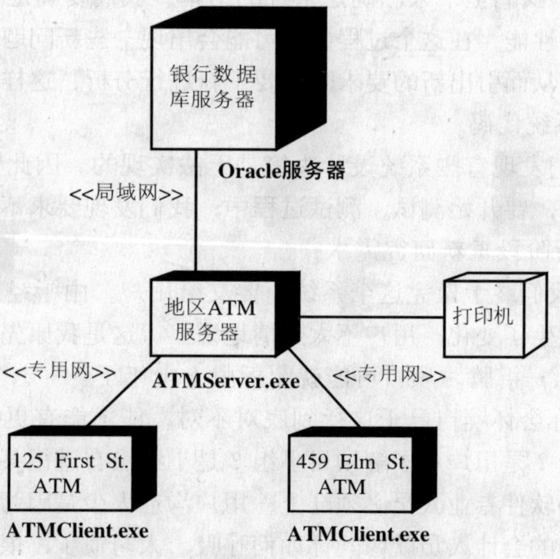

图1.17 ATM系统的Deployment框图

这个Deployment框图显示了系统的主要布局。ATM客户机可执行文件在不同地点的多个ATM上运行。ATM客户机通过专用网与地区ATM服务器通信。ATM服务器可执行文件在地区ATM服务器上执行。地区ATM服务器又通过局域网与运行Oracle的银行数据库服务器通信。最后，打印机与地区ATM服务器连接。

因此，这个框图显示了系统的物理设置。ATM系统采用三层结构，分别针对数据库、地区ATM服务器和客户机。

项目管理员、用户、建筑师和部署人员通过Deployment框图了解系统的物理布局和各种组件的位置。项目管理员通过这个框图与用户沟通系统的布局。部署人员用Deployment框图进行部署规划。

所有这些框图从几个方面描述系统。在第3章我们将更详细地介绍每个框图，介绍其在Rational Rose中如何产生。我们还将在Rational Rose中练习创建和使用这些框图。介绍Rose的细节之前，还要介绍软件开发项目的另一方面——过程。尽管本书不是方法论或过程方面的书籍，但我们希望读者熟悉利用UML框图进行开发的过程。

可视化建模与软件开发过程

软件开发可以采用多种途径。项目遵循不同类型的开发过程，包括流水式过程和面向对象过程等，各有利弊。本节不打算介绍要用哪个过程，但会介绍针对可视化建模的过程，这只是一个概述。

长期以来，软件开发采用流水式过程。在这种模型中，我们要分析需求、设计系统、开发系统、测试系统和部署系统。显然，这个过程是不可逆的，水不能倒流。这个方法已经在成千万个项目中采用，但用得并不那么纯粹。流水式过程的一个主要缺点是要一步步回溯。在流水式过程中，我们要先确定所有系统需求，为此要与用户认真讨论，详细研究业务过程。然后要与用户敲定我们所列出的大量需求，即使他们还没有阅读这些需求。如果运气好，这个分析阶段可能确定了80%的需求。

然后就要设计了。我们坐下来，确定系统的结构。我们要确定程序放在哪里、要用什么硬件才能得到满意的性能。在这个过程中，可能会出现一些新问题。然后我们又要回过头与用户讨论这些问题，从而引出新的要求，又要重新进行分析。这样来回几次后，我们转入开发阶段，开始编写系统代码。

编码过程中，我们发现有些系统设计决策是无法实现的。因此要退回设计阶段，重新研究问题。编码完成后，要开始测试。测试过程中，我们发现要求不够详尽，解释有不当之处。这样又要回到分析阶段重新研究需求。

经过一段时间，我们终于做完这个系统，要交给用户。由于经过了较长时间，公司业务已经在这个过程中发生了变化，用户不太热情地说："这是我原先要的东西，但现在又满足不了要求了"。这么一折腾，项目可能就要折腾上十年了。

看看这种情形，你会怀疑自己干这行到底对不对，能不能有更好的办法？是业务变化太快？是用户沟通太少？是用户不了解项目小组？是小组没有遵循某个过程？这很难讲。业务变化很快，我们作为软件专业人员必须赶上。用户沟通太少是因为他们已经对工作习以为常。问一个三十年工龄的会计人员就像问你如何呼吸，太习惯了，很难描述。另一个问题是用户不了解项目小组？项目小组提供了流程图，建立了大量需求文本，但用户并不一定能理解。有没有办法呢？可以用可视化建模使用户理解。最后，小组用的是流水线过程，如图1.18所示。可惜方法的规划与执行是两回事。

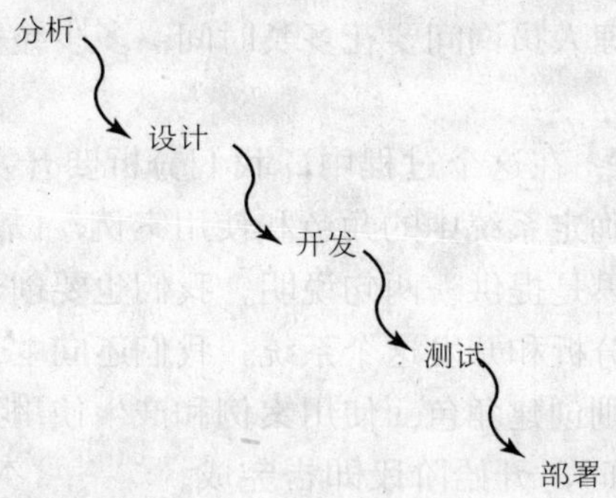

图1.18 流水线过程

因此，一个问题是小组计划使用流水式过程，它按顺序依次经过项目的各个阶段，但需要回溯整个项目。是否因为规则不好？可能不是。软件开发是个复杂的过程，每个阶段要彻底解决相关问题是不可能的。如果忽略回溯的要求，则系统会有设计缺陷，遗漏需求或者更糟的问题。

但多年来我们已经学会了回溯，学会了重复性开发。重复性开发就是一遍一遍来。在面向对象过程中，我们多次进行分析、设计、开发、测试和部署的子阶段（如图1.19）。重复性开发有许多不同的实现方法，其中一种是Rational统一过程（RUP，Rational Unified Process），我们将在这里简单介绍。注意，本书并不准备介绍RUP的细节，详见Rational的网站：www.rational.com。

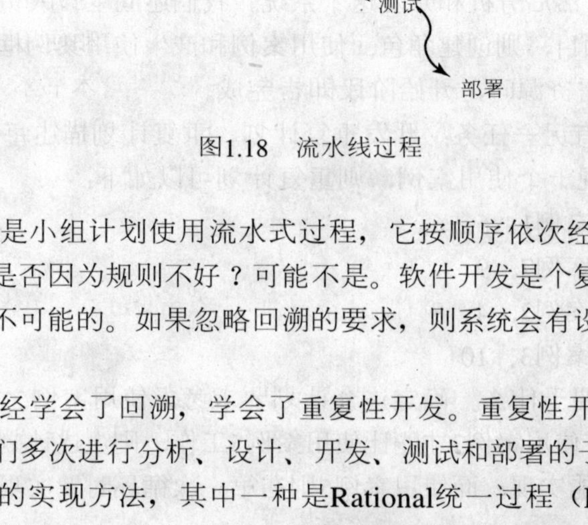

图1.19 重复性开发方法

要在项目早期了解所有需求是不可能的。新事件不断出现，因此要通过重复规划。有了这个概念，就可以把项目看成一系列小瀑布，每个小瀑布都标志项目某个重要部分的完成，又能充分减少回溯。

在项目中，我们要经过四个阶段：开始、细化、构造和交接。开始就是项目的开头，要收集信息和进行概念验证。开始阶段得出项目的行或不行的决策（Unified Process的原则是，每个阶段结束时都要得出项目的行或不行的决策）。细化阶段要细化使用案例和作出结构性决策。细化包括分析、设计、编码和测试文件。而构造阶段则是进行大量编码。交接是系统向用户进行最后准备和部署的阶段。下面要介绍这四个阶段在面向对象项目中的意义。

开始

开始阶段就是项目的开头。在开始阶段有人说“要是有一个这样的系统该多好”，然后有人开始研究这种思想，管理人员询问要花多长时间、多少经费、项目是否可行。开始阶段要找出这些问题的答案。

这个阶段从业务模型开始。在这个过程中，我们分析要开发的系统的业务。我们找出项目的高层特性并建成文档，确定系统中的角色和使用案例，以及Business Use Case框图。这里并不详细研究使用案例，只是提供一两句说明。我们也要创建建模工作流的活动框图。把这些信息综合在一起，然后分析和开发这个系统。我们还向主管人员提供一个评估报告。因此，如果用Rose支持项目，则创建角色、使用案例和产生使用案例框图。研究完成后，管理人员同意提供项目所需资源时，开始阶段即告完成。

为此，开始阶段还有另一任务：开发重复计划。重复计划描述每次要重复实现的使用案例。如果开始阶段发现十个使用案例，则重复计划可以如下：

第一次	使用案例1、5、6
第二次	使用案例7、9
第三次	使用案例2、4、8
第四次	使用案例3、10

这个计划说明首先要干什么。确定这个计划要求考虑使用案例之间的相关性，并作出相应的计划。如果必须有使用案例3才能让使用案例5工作，则上述计划行不通，因为使用案例3要到第四次循环时才能实现，而使用案例5则在第一次循环时要实现。因此可能要根据相关性调整计划。

开始阶段使用Rose

开始阶段首先是业务模型。Rose可以建立Business Use Case模型，包括业务用例、业务角色和业务工人。下一阶段要确定角色和使用案例。Rose可以对这些使用案例和角色建档，可以创建显示其关系的框图。使用案例框图可以让用户验证这个框图综合显示了系统特性。

细化

项目的细化阶段包括计划、分析和结构性设计。完成重复开发计划后，要对当前循环开发的每个使用案例进行细化。细化包括项目的几个方面，如编写概念验证、开发测试案例和作出设计决策。细化阶段集中于设置项目的结构基础。

细化阶段的主要任务是细化使用案例。第4章部分会介绍使用案例的细节。使用案例的低层要求包括使用案例的处理流程，使用案例中涉及的角色，显示处理流程的Sequence框图和Collaboration框图，以及用Statechart框图显示使用案例期间可能发生的状态改变。详细使用案例形式的要求放进软件要求规范SRS中。SRS包含所有系统需求细节。

细化阶段还有其他任务，如初期评估、审查SRS和使用案例的质量、风险调查。Rational Rose可以帮助细化使用案例模型和创建Sequence框图和Collaboration框图，显示图形化的处理流程。类框图显示要建立的对象，也是在细化阶段设计。

使用案例完全细化并被用户接受后，完成概念验证以减少风险并完成类框图，细化阶段即告完成。换句话说，系统设计、审查并可以让开发人员建立时，细化阶段即告完成。

细化阶段使用Rose

细化阶段有几处可以使用Rational Rose。由于细化阶段要细化系统需求，因此可能要更新使用案例模型。Rational Rose可以创建活动框图，演示事件流程。细化处理流程时，可以利用Sequence和Collaboration框图，它们还有助于设计系统所要的对象。细化要涉及系统的设计准备，以便开发人员能开始开发。这可以通过Rose创建类框图与Statechart框图实现。最后，细化阶段要确定许多系统组件。Rose可以创建组件框图，显示这些组成及其关系。

构造

构造阶段要分析、设计和建立系统其余部分。利用细化阶段的体系结构作为基础，小组在构造阶段建立系统其余部分。构造阶段的任务包括确定余下的需求、开发软件和测试软件。

设计完成时，Rational Rose生成系统的框架代码。要使用这个特性，就要在构造阶段早期创建组件和组件框图。创建组件并画出组件间的相关性后，就可以开始产生代码。代码生成根据设计提供尽可能多的代码，但并不是说Rose能产生业务特定代码。产生的代码取决于所选的语言，但通常包括类声明、属性声明、范围声明、函数原型和继承语句。这样可以节省时间，因为编写这些代码是很繁琐的。产生代码后，开发人员即可关注项目的特定业务方面。完成代码时，要让同级开发人员检查，保证其符合标准、设计规则和可行。审查代码后，应对对象进行质量保证检查。如果构造期间增加了新属性或函数，或对象间的交互有所改变，则应通过逆向转出工程代码在Rose模型中更新代码。第12章到第15章将详细介绍这个问题。

软件完成并测试之后，构造阶段即告结束。一定要保证软件与模型同步，当软件进入维护方式时，模型就非常重要。

构造阶段使用Rose

和细化阶段一样，Rose在构造阶段创建Sequence、Collaboration、Class、Statechart与Component框图。Rose可以根据对象设计创建组件。组件框图显示组件间的编译相关性。选择每个组件的语言后，可以产生框架代码。开发人员创建代码后，可以通过逆向转出工程代码让软件与模型同步。Rose必在构造阶段创建Deployment框图，描述部署中如何使用组件。

交接

交接阶段将完成的软件产品交给用户。这个阶段的任务包括完成最后软件产品、最后接受测试、完成用户文档、准备用户培训。软件需求规范、Use Case框图、Class框图、Component框图与Deployment框图要根据最终改变进行更新。一定要让软件与模型同步，因为软件进入维护方式时，模型非常重要。完成项目几个月后，模型对改进软件非常有用。

Rose在交接阶段主要用于在软件产品完成时更新模型。特别地，交接阶段通常要更新Component与Deployment框图。

小结

可视化建模和Rational Rose在软件开发过程的几个阶段很有用。在项目开始阶段，Rose可以产生业务模型使用案例模型。在细化与构造阶段，Rose可以开发活动框图，显示事件流程。Sequence框图和Collaboration框图显示要开发的对象，及其相互间的交互。Rose开发的类框图显示对象间的相互关系。组件框图显示系统组件间的相关性，并可以产生系统的框架代码。

在构造阶段，Rose可以将新开发代码逆向转出工程代码到模型中，将开发阶段出现的变化反映在模型中。构造之后，进入交接阶段，Rose主要用于在软件产品完成时更新模型。

下一章将对Rose作一个概要介绍，要简单介绍Rose工具的不同特性和功能，并介绍如何创建和保存Rose模型。我们将介绍如何漫游Rose，Rose提供的四个模型视图和如何在Web上发表Rose模型。

第2章 Rose之游

本章是UML与Rose入门。学完本章之后，就可以学习用Rose设计系统的基础结构了。本章首先介绍Rational Rose的内容和Rational Rose模型包括的内容，然后介绍可视漫游，接着介绍屏幕的各个部分和如何在Rose中移动，以及Rose模型中的四个视图及如何使用Rose设计系统。最后介绍如何将Rose模型发表到Web上，如何管理Rose模型的版本。

- Rose漫游
- Rose模型中的四个视图
- 使用Rose
- Web Publisher
- 管理Rose模型的版本
- 设置全局选项

何谓Rose

Rational Rose是分析和设计面向对象软件系统的强大的可视化工具，可以用来先建模系统再编写代码，从而一开始就保证系统结构合理。利用模型可以更方便地捕获设计缺陷，从而以较低的成本修正这些缺陷。

Rational Rose支持业务模型，帮助了解系统的业务，有助于系统分析，可以先设计使用案例和Use Case框图，显示系统的功能。也可以用Interaction框图显示对象之间如何配合，提供所需功能。Class框图可以显示系统中的对象及其相互关系。Component框图可以演示类如何映射到实现组件。最后，Deployment框图可以显示系统的网络设计。

Rose模型是系统的图形，包括所有UML框图、角色、使用案例、对象、类、组件和部署结点。它详细描述系统的内容和工作方法，开发人员可以用模型作为所建系统的蓝图。

蓝图是Rose模型很好的比喻。就像房子有一组蓝图，让建筑队的不同成员（如水电工、管道工，等等）从不同角度使用，Rose模型包含许多不同框图，使项目小组（客户、设计人员、项目经理、测试人员，等等）可以从不同角度看这个系统。

这样就避免了一个老问题：小组要与客户交流并记录其需求。现在开发人员可以准备编码了。一个开发人员（假设为Bob）取得一些需求，作出一些设计决策，编写一些代码。而另一个开发人员Jane也取得一些要求，作出完全不同的设计决策，再编写一些代码。

这种编程风格的差别非常自然，20个开发人员对同样的需求可能开发出20种不同系统。这样，有人要了解或维护系统时就会遇到问题。如果不详细与每个开发人员面谈，就很难了解他们作出的开发决策，系统各部分的作用和系统的总体结构。如果没有设计文档，则很难保证你建的系统就是用户所要的系统。

在传统过程中，我们采用如下步骤：

用户的需求被建成文档，但设计在Bob的脑子里，因此只有Bob知道系统的结构。如果Bob离开，则这个信息也随他一起离开。如果你代替Bob，则你会知道要了解一个文档不足的系统有多么费事。

Rose模型采用的过程如下：

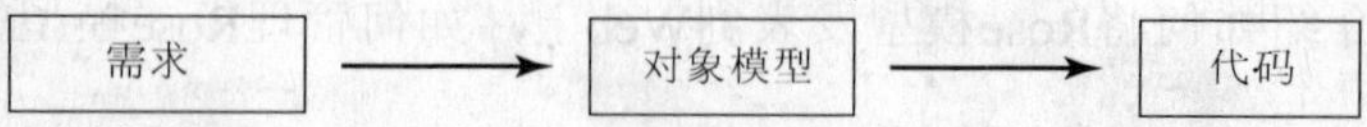

设计被建成文档，开发人员就可以在编码之前在一起讨论设计决策了，不必担心系统设计中每个人选不同的方向。

但这个模型不仅为开发人员使用：

- 整个小组用Business Use Case框图了解系统针对的业务。
- 客户和项目管理员用Use Case框图取得系统的高级视图，确定项目范围。
- 项目管理员用Use Case框图和文档将项目分解成可管理的小块。
- 分析人员和客户用使用案例文档了解系统提供的功能。
- 技术作者用使用案例文档开始编写用户手册和培训计划。
- 分析人员和开发人员用Sequence和Collaboration框图了解系统的逻辑流程、系统中的对象及对象间的消息。
- 质量保证人员用使用案例文档和Sequence、Collaboration框图取得测试脚本所需的信息。
- 开发人员用Class框图和Statechart框图取得系统各部分的细节及其相互关系的信息。
- 部署人员用Component和Deployment框图显示要创建的可执行文件、DLL文件和其他组件以及这些组件在网络上的部署位置。
- 整个小组用模型来确保代码遵循了需求，代码可以回溯到需求。

因此，Rose是整个项目组使用的工具，是每个小组成员可以收集所要信息的范围和分析、设计信息的仓库。

除此之外，Rational Rose还可以帮助开发人员产生框架代码，适用于市面上的多种语言，包括C++、Ada、CORBA、Java、COM objects、Visual Basic和XML。此外，Rose可以逆向转出工程代码，根据现有系统产生模型。根据现有系统产生模型的好处很多。模型发生改变时，Rose可以修改代码，作出相应改变。代码发生改变时，Rose可以自动将这个改变加进模型中。这些特性保证模型与代码同步，避免遇到过时模型。

利用RoseScript可以扩展Rose，这是Rose随带的编程语言。利用RoseScript可以编写代码自动改变模型、创建报表、完成Rose模型的其他任务。

目前Rose有三种版本：

- Rose Modeler，可以对系统创建模型，但不支持代码产生和逆向转出工程代码。
- Rose Professional，可以用一种语言生成代码。
- Rose Enterprise，可以用C++、Java、Ada、CORBA、Visual Basic、COM、Oracle8与XML结构生成代码。模型的组件可以用不同语言生成。

Rose 2002新内容

近年来，Rose进行了一些改进，采用一些新的UML标注与框图。下面是到本书编写时最新改进的Rose特性：

- 可以选择每个包的主框图。
- 框图中的项目可以用箭头键移动。
- 可以用Page Up与Page Down键滚动框图。
- 可以设置默认C++组件样式。
- 可以指定C++代码生成的目录和文件扩展名。
- 支持Microsoft Interface Definition Library（MIDL）往返工程。
- 支持J2EE部署。
- 支持Enterprise JavaBeans（EJB）逆向工程。

Rose 2001A新内容

其他新的Rose特性包括：

- 业务模型，见第1章针对系统世界，帮助设置使用案例模型的情境。
- 活动框图，可以通过业务用例或用例中的事件流描述工作流。
- 支持ANSI C++，详见本书代码生成与逆向工程部分。可以用模型转换将旧的Rose C++模型转换为Rose ANSI C++模型。
- 与Rational的ClearCase工具密切集成，用于版本控制。
- 改进数据模型功能。
- Enterprise Java Beans的模型、代码生成和逆向工程。

Rose漫游

本章下面几节要介绍Rose界面的各个部分。Rose是个菜单驱动应用程序，用工具栏帮助使用常用特性。Rose支持八种不同类型的UML框图：User Case框图、Activity框图、Sequence框图、Collaboration框图、Class框图、Statechart框图、Component框图和Deployment框图。Rose对不同框图显示不同的工具栏。本书后面的章节中将介绍如何创建各种框图。

除了工具栏和菜单外，Rose还有相关的弹出菜单，可以右键单击项目访问。例如，右键单击Class框图中的类打开一个菜单。选项有增加类的属性或操作、浏览和编辑类规范、产生类的代码和浏览产生的代码。有疑问时，可以右键单击项目，得到相关的菜单选项。

在Rose中漫游的最简单方法是使用浏览器，浏览器是屏幕左边的树型视图。利用浏览器可以方便快捷地访问框图和模型中的其他元素。如果使用Rose遇到麻烦，可以随时按F1访问丰富的联机帮助文件。

屏幕组件

Rose界面的五大部分是浏览器、文档窗口、工具栏、框图窗口和日志。本节介绍这几个部分。简单地说，它们的作用如下：

浏览器　用于在模型中迅速漫游。

文档窗口　用于查看或更新模型元素的文档。

工具栏 用于迅速访问常用命令。

框图窗口 用于显示和编辑一个或几个UML框图。

日志 用于查看错误消息和报告各个命令的结果。

图2.1显示了Rose界面的各个部分。

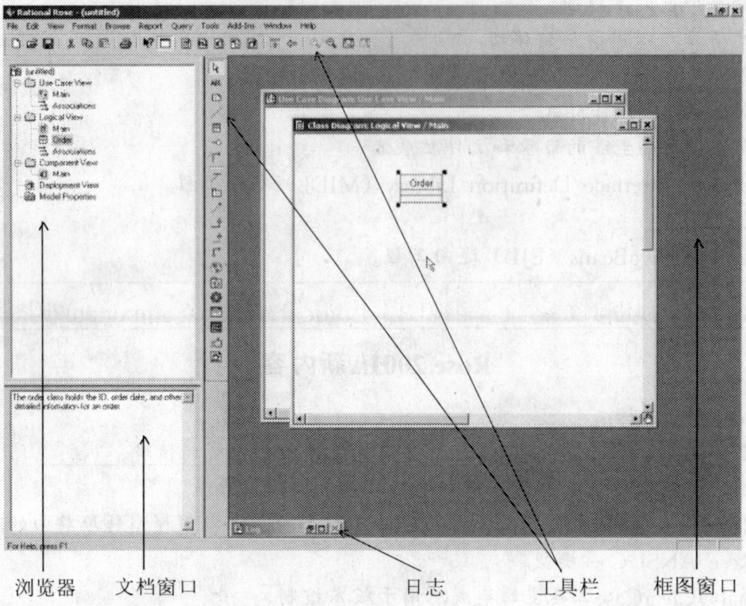

图2.1 Rose界面

浏览器

浏览器是层次结构，用于在Rose模型中迅速漫游。浏览器中显示了模型中增加的一切：角色、使用案例、类、组件等等。图2.2显示了浏览器。

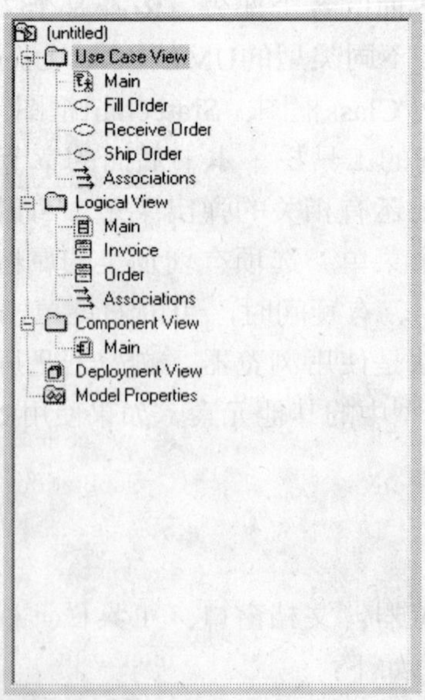

图2.2 Rose浏览器

利用浏览器，可以：

- 增加模型元素（角色、使用案例、类、组件、框图等）
- 浏览现有模型元素
- 浏览现有模型元素间的关系
- 移动模型元素
- 更名模型元素
- 将模型元素加进框图
- 将文件或URL链接到元素
- 将元素组成包
- 访问元素的详细规范
- 打开框图

浏览器中有四个视图：Use Case视图、Logical视图、Component视图和Deployment视图。表2.1列出了每个视图及其中包含的模型元素。

表2.1 Rational Rose中的视图

视图	内容
Use Case视图	Business actors
	Business workers
	Business use cases
	Business Use Case框图
	Business Use Case实现
	Actors（角色）
	Use cases（使用案例）
	Associations（关联）
	Use Case文档
	Use Case框图
	Activity框图
	Sequence框图
	Collaboration框图
	Packages（包）
Logical视图	Classes（类）
	Class框图
	Associations（关联）
	Interfaces（接口）
	Sequence框图
	Collaboration框图
	Statechart框图
	Packages（包）
Component视图	Components（组件）
	Interfaces（接口）
	Component框图
	Packages（包）

（续表）

视图	内容
Deployment视图	Processes（进程） Processors（处理器） Connectors（接头） Devices（设备） Deployment框图

利用浏览器，可以浏览每个视图中的模型元素，移动和编程模型元素，增加新的元素。通过在浏览器中右单击元素，可以将文件或URL链接到元素、访问元素的详细规范、删除元素和更名元素。

浏览器组成树视图样式。每个模型元素可能又包含其他元素。

默认情况下，浏览器出现在屏幕左上角。可以将浏览器移到另一位置，也可以隐藏浏览器。

要显示或隐藏浏览器：

1. 右单击选择浏览器窗口。
2. 从弹出菜单选择Hide，即可显示或隐藏浏览器。

或者选择View➤Browser，Rose即显示或隐藏浏览器。

文档窗口

文档窗口用于建档Rose模型元素。例如，可以对每个角色写一个简要定义。可以在文档窗口中输入这个定义，如图2.3。

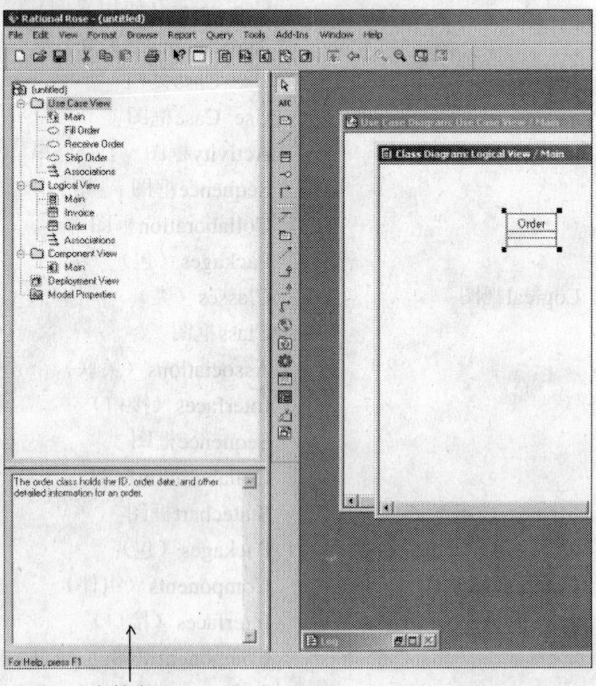

文档窗口

图2.3　文档窗口

将文档加进类中时，文档窗口中输入的一切都显示为所产生的代码的说明语句，从而不必在今后输入系统代码的说明语句。文档还会在Rose产生的报表中出现。

从浏览器或框图中选择不同元素时，文档窗口自动更新显示所选元素的文档。

工具栏

Rose工具栏可以快速访问常用命令。Rose中有两个工具栏：标准工具栏和框图工具栏。标准工具栏包含任何框图中都可以使用的选项。表2.2显示了这些选项。框图工具栏则随每种UML框图而改变。本书余下部分将详细介绍各种框图工具栏。

表2.2　标准工具栏图标

图标	按钮	用途
	Create New Model	创建新的Rose模型（.mdl）文件
	Open Existing Model	打开现有Rose模型（.mdl）文件
	Save Model or Log	保存Rose模型（.mdl）文件或当前模型日志
	Cut	移动文本到剪贴板
	Copy	复制文本到剪贴板
	Paste	粘贴剪贴板文本
	Print Diagrams	从当前模型打印一个或几个框图
	Context Sensitive Help	访问帮助文件
	View Documentation	浏览文档窗口
	Browse Class Diagram	寻找和打开Class框图
	Browse Interaction Diagram	寻找和打开Sequence或Collaboration框图
	Browse Component Diagram	寻找和打开Component框图
	Browse State Machine Diagram	寻找和打开Statechart框图
	Browse Deployment Diagram	打开模型的Deployment框图
	Browse Parent	打开框图的父框图
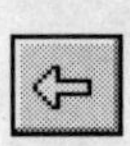	Browse Previous Diagram	打开最近浏览过的框图

（续表）

图标	按钮	用途
	Zoom In	放大比例
	Zoom Out	缩小比例
	Fit in Window	设置显示比例，使整个框图放进窗口
	Undo Fit in Window	取消Fit in Window命令

所有工具栏都可以定制。要定制工具栏，选择Tools➤Options，然后选择Toolbars标签。

要显示或隐藏标准工具栏：

1. 选择Tools➤Options。
2. 选择Toolbars标签。
3. 用Show Standard Toolbar复选框显示或隐藏标准工具栏。

要显示或隐藏框图工具栏：

1. 选择Tools➤Options。
2. 选择Toolbars标签。
3. 用Show Diagram Toolbar复选项显示或隐藏框图工具栏。

要定制工具栏：

1. 右单击所选工具栏。
2. 选择Customize选项。
3. 增删工具栏上的按钮：选择相应按钮并单击Add或Remove按钮，如图2.4。

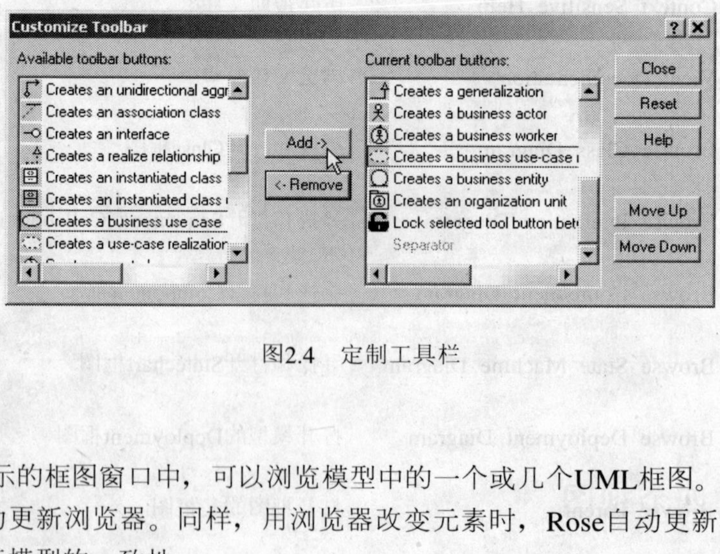

图2.4 定制工具栏

框图窗口

在图2.5所示的框图窗口中，可以浏览模型中的一个或几个UML框图。改变框图中的元素时，Rose自动更新浏览器。同样，用浏览器改变元素时，Rose自动更新相应框图。这样Rose就可以保证模型的一致性。

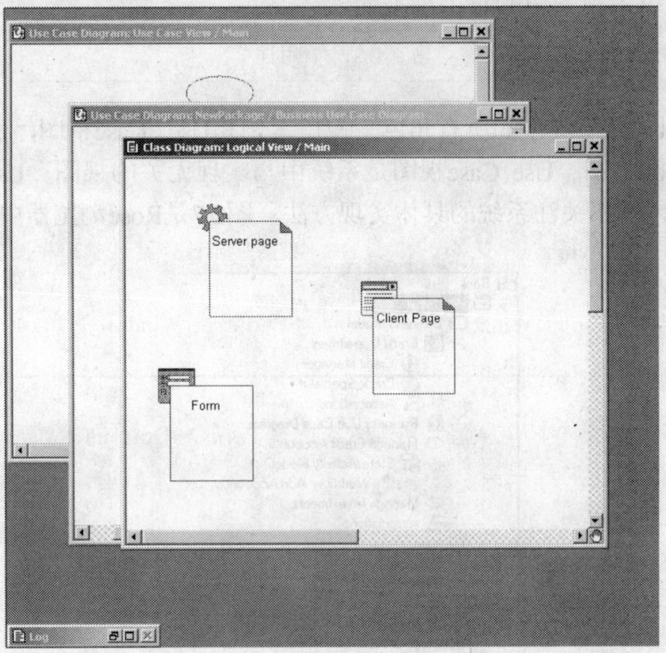

图2.5　框图窗口

日志

使用Rose模型时，有些信息会在日志窗口中发表。例如，生成代码时，生成的任何错误代码均会在日志窗口中发表，如图2.6。

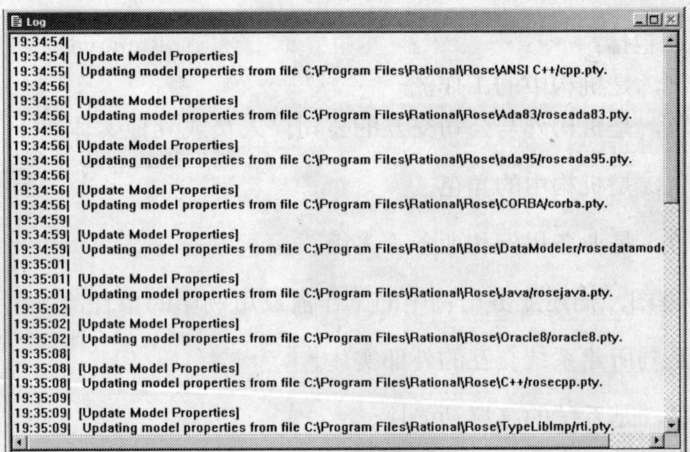

图2.6　日志窗口

Rose模型的四个视图

Rose模型的四个视图是：Use Case视图、Logical视图、Component视图和Deployment视图。每个视图针对不同对象，具有不同用途。下面几节简要介绍Rose模型的四个视图。本书余下部分会详细介绍各视图中的每个模型元素。

Use Case视图

Use Case视图包括系统中的所有角色、使用案例和Use Case框图，还可能包括一些Sequence或Collaboration框图。Use Case视图是系统中与实现无关的视图。Use Case视图关注系统功能的高层形状，而不关注系统的具体实现方法。图2.7是Rose浏览器中的Use Case视图。

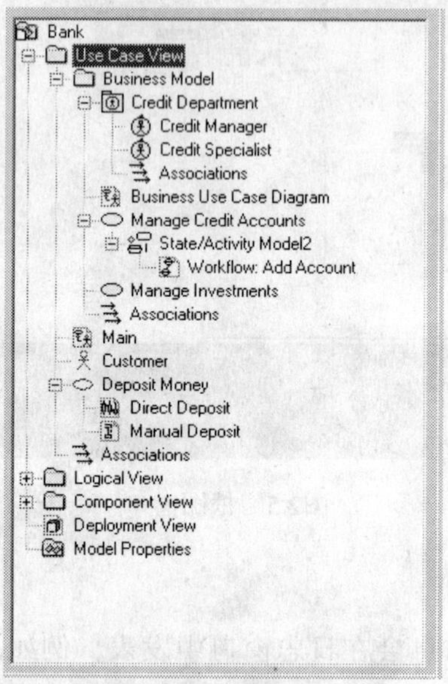

图2.7　Use Case视图

Use Case视图包括：

- 业务用例，是机构中的工作流。
- 业务角色，是机构外与公司交互的公司、人员或其他实体。
- 业务工人，是机构中的角色。
- 机构单位，是业务用例和业务工人组。
- Activity框图，描述业务用例中的工作流或用例中的事件流。
- 角色，是与所建系统交互的外部实体。
- 使用案例，是系统的高层功能块。
- 使用案例文档，详细介绍使用案例的流程，包括任何错误处理。这个图标表示连接Rose模型的外部文件。所用图标取决于建档事件流程所用的应用程序。这里用Microsoft Word。
- Use Case框图，显示角色、使用案例和它们之间的交互。每个系统通常有几个Use Case框图，分别显示角色和使用案例的子集。
- Interaction框图，显示一个使用案例流程涉及的对象或类。每个使用案例可能有许多Interaction框图。Interaction框图可以在Use Case视图或Logical视图中创建。独立于实现方法的Interaction框图通常在Use Case视图中创建。针对语言的Interaction框图在Logical视图中创建。

包是角色/使用案例或其他模型元素组。包是UML机制，用于将类似项目组合在一起。大多数情况下，角色/使用案例很少，不需要包。但这个工具可以帮你组织Use Case视图。特别地，包装这些元素有利用配置管理。

项目首次开始时，小组可选在Use Case视图中生成业务模型。如果要进行这个工作，则小组成员必须包括客户、项目经理和业务过程分析师（称为业务分析师）。小组其余人员（包括设计员、编程员和测试员，等等）在整个项目的业务模型中参与并了解整个业务，以及新系统如何与它的初始结构相符合。第3章将详细介绍业务模型。

完成业务模型后，小组开始使用案例模型。客户、分析人员和项目管理员利用使用案例、Use Case框图和使用案例文档来确定系统的高层视图。

说明：这个系统只关注系统的作用，而不关注其实现细节。在面向对象系统中，使用案例是系统需求。

随着项目的进行，小组的所有成员可以通过Use Case视图了解正在建立的系统使用案例文档，通过使用案例描述事件流程。利用这个信息，质量保证人员可以开始编写测试脚本。技术作者可以开始编写用户文档。分析人员和客户可以从中确认捕获了所有需求。开发人员可以看到系统创建哪些高级组件，系统逻辑如何。

一旦客户同意了角色和使用案例，就确定了系统范围。然后可以在Logical视图中继续开发，关注系统如何实现使用案例中提出的功能。

Logical视图

Logical视图如图2.8，其关注系统如何实现使用案例中提出的功能。它提供系统的详细图形，描述组件间如何关联。除了这些外，Logical视图还包括需要的特定类、Class框图和Statechart框图。利用这些细节元素，开发人员可以构造系统的详细设计。

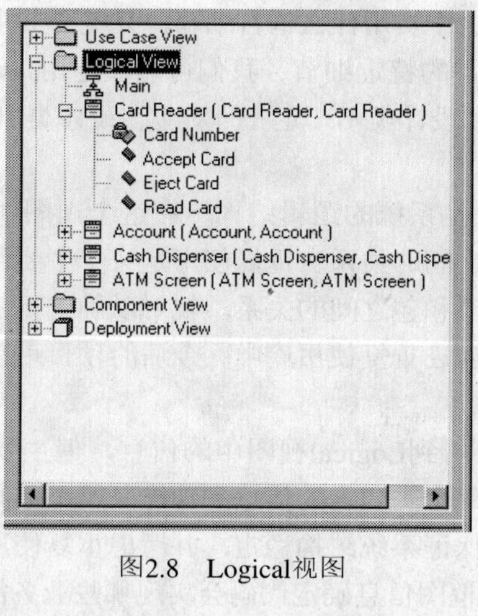

图2.8 Logical视图

Logical视图包括：

类是系统的建筑块。类是信息（属性）和功能（操作）的组合。例如，Employee类可能存放员工姓名、地址和社会保险号等信息，也包括雇佣和解聘等行为。可以用不同图标表示不同的类，见第6章“类与包”。

Class框图用于浏览系统中的类、类的属性与操作及其相互关系。通常，系统有几个Class框图，分别显示所有类的子集。

Interaction框图用于显示参与使用案例事件流程的类，它包括Sequence和Collaboration框图。前面曾介绍过，Interaction框图可以在Use Case视图或Logical视图中生成。Use Case框图中的Interaction框图通常显示高层和实现的相互独立性，而Logical视图中的Interaction框图通常显示类。

Statechart框图显示对象的动态行为。Statechart框图包括对象存在的各种状态，并演示对象如何从一种状态过渡到另一种状态，这些状态是对象首次生成时的状态和对象删除前的状态。Statechart框图可以细化业务规则。

包是一组相关类或其他模型元素。包装类不是必须的，但有助于组织开发。有些系统可能有几百个类，包装类可以减少模型的复杂性。要得到系统的一般图形，可以看看包。要看到更详细的视图，可以到包中浏览其中的类。

通常，对Logical视图采用两步法。第一步，标识分析类。分析类是独立于语言的类。通过先关注分析类，小组可以不关心语言特定细节而了解系统结构。在UML中，分析类可以用下列图标表示：

Use Case视图的一些Interaction框图中也有分析类。一旦标识分析类，小组可以将每个分析类变为设计类。设计类就是具有语言特定细节的类。例如，我们可能有个负责与另一系统交流的分析类。我们不管这个类用什么语言编写，只关心其中的信息和功能。但是，将它变成设计类时，就要关注语言的特定细节。我们可能决定用Java类，甚至确定用两个Java类来实现这个分析类，分析类和设计类不一定一一对应。设计类出现在Logical视图的Interaction框图中。

Logical视图关注的焦点是系统的逻辑结构。在这个视图中，要标识系统组件，检查系统的信息和功能，检查组件之间的关系。重复使用是一个主要目的。通过认真指定类的信息和行为、组合类，以及检查类和包之间的关系，就可以确定重复使用的类和包。完成多个项目后，你就可以将新类和包加进重复使用库中。今后的项目可以组装现有的类和包，而不必一切从头开始。

几乎小组中每个人都会用到Logical视图中的信息，但主要用户是开发人员和建筑师。开发人员关心创建什么类，每个类包含的信息和功能以及类之间的关系。建筑师更关心系统的总体结构。建筑师要负责保证系统结构稳定，并考虑重复使用，系统能灵活地适应需求变化。分析人员利用类和Class框图信息确定代码会实现哪些业务需求。质量保证人员通过类、包和Class框图看看系统中的组块有哪些，哪些需要测试。他们还用Statechart框图显示特定类的功能。项目管理员通过类和框图确定系统构造是否合理，并估计系统的复杂程度。

一旦标识类并画出框图后，就可以转入Component视图，了解物理结构。

Component视图

Component视图包含模型代码库、可执行文件、运行库和其他组件的信息。组件是代码的实际模块。

在Rose中，组件和Component框图在Component视图中显示，如图2.9。系统的Component视图可以显示代码模块间的关系。

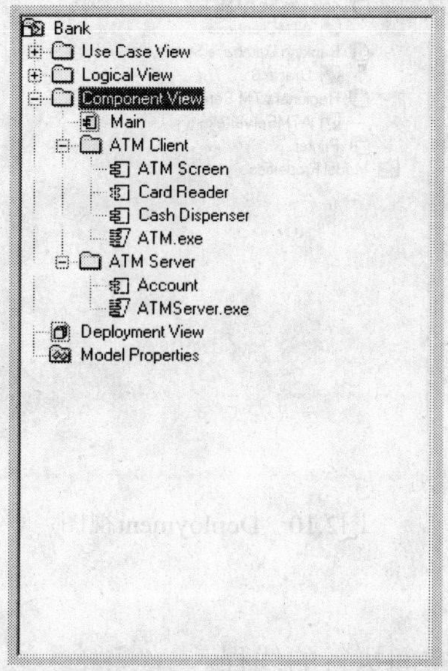

图2.9　Component视图

Component视图包括：

- 组件，代码的实际模块。
- Component框图，显示组件及其相互关系。组件间的关系可以帮你了解编译相关性。利用这个信息，就可以确定组件的编译顺序。
- 包，相关组件的组。和包装类一样，包装组件时的目的之一是重复使用。相关组件可以更方便地选择并在其他应用程序中重复使用，只要认真考虑组与组之间的关系。稍后将详细介绍这些问题。

Component视图的主要用户是负责控制代码和编译部署应用程序的人。有些组件是代码库，有些是运行组件，如可执行文件或动态链接库（DLL）文件。开发人员也用Component视图显示已经生成的代码库和每个代码库中包含的类。

Deployment视图

Rose中的最后一个视图是Deployment视图。Deployment视图关注系统的实际部署，可能与系统的逻辑结构有所不同。

例如，系统可能用三层逻辑结构。换句话说，界面与业务逻辑可能分开，业务逻辑又与数据库逻辑分开。但部署可能是两层的。界面放在一台机器上，而业务和数据库逻辑放在另一台机器上。

Deployment视图还要处理其他问题，如容错、网络带宽、故障恢复和响应时间。图2.10显示了Deployment视图。

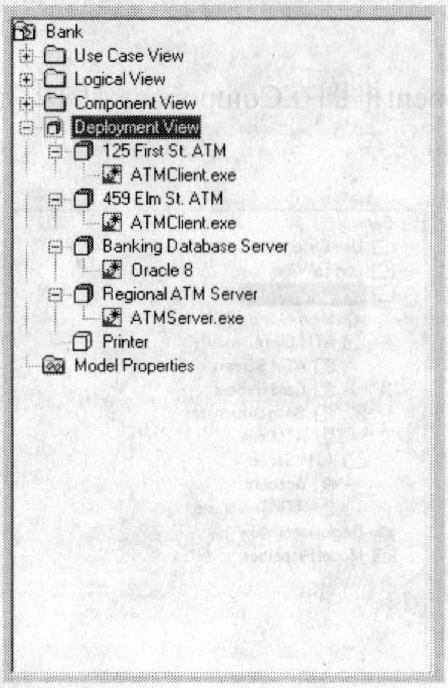

图2.10　Deployment视图

Deployment视图包括：

 进程，是在自己的内存空间执行的线程。

 处理器，任何有处理功能的机器。每个进程可以在一个或几个处理器中运行。

 设备，包括任何没有处理功能的机器。例如打印机。

Deployment框图显示网络上的进程和设备及其相互间的实际连接。Deployment框图还显示进程，哪个进程在哪台机器上运行。

整个小组都用Deployment视图的信息了解系统部署，但主要用户是发布应用程序的人员。

使用Rose

Rose中的一切均与模型有关。本节介绍如何使用模型。首先介绍如何创建和保存Rose模型，然后介绍小组设计（利用控制的单元），最后介绍Rose模型如何发表到Web上。

创建模型

使用Rose的第一步是创建模型。模型可以从头创建，也可以利用现有框架模型。Rose模型（包括所有框图、对象和其他模型元素）都保存在一个扩展名为.mdl的文件中。

要创建模型：

1. 从菜单中选择File➤New，或打开标准工具栏中的New按钮。

2. 如果安装了Framework Wizard，则会出现一些可用框架，如图2.11。选择要用的框架并单击OK，或单击Cancel不用框架。

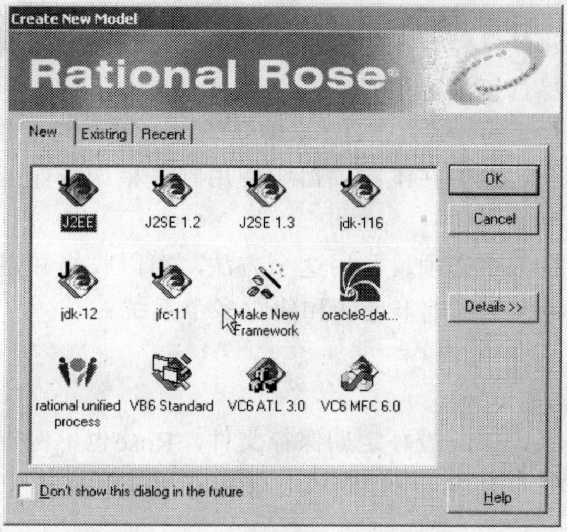

图2.11 Framework Wizard

如果选择框架，则Rose自动装入这个框架的默认包、类和组件。例如，装入J2EE框架提供默认小程序、Bean和其他类，如图2.12。

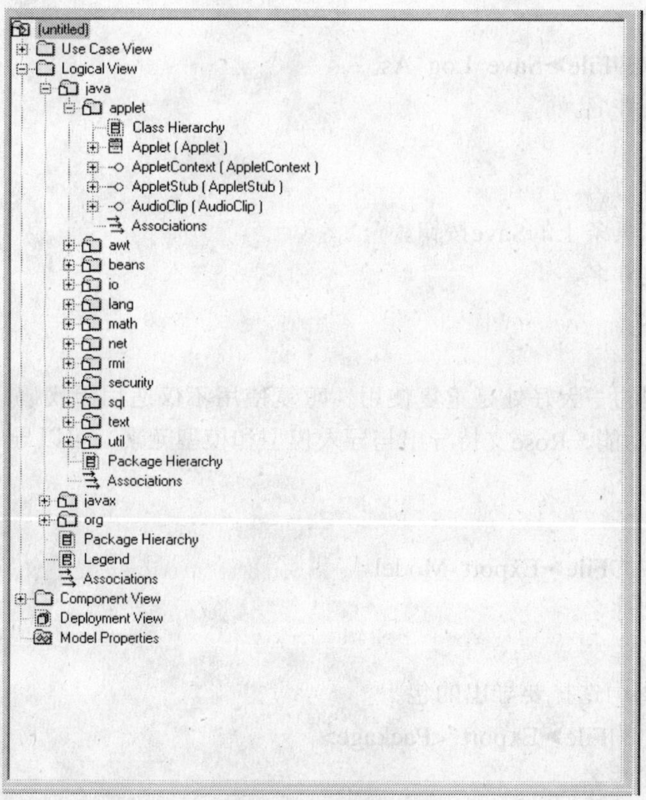

图2.12 J2EE基础

尽管图中看不出来，但J2EE框架提供了每个包中的类与接口，各有相应属性和操作，小组不需要手工输入这些内容。

使用框架有两个好处：

- 小组不必花时间建模已经存在的元素。建模工作的重点是项目独有的部分，而不是重建现有组件（尽管复用也很好）。
- 框架提供了项目之间的一致性。第1章曾介绍过，模型的主要好处是保证小组成员和整个小组之间的一致性。在不同项目中使用同一框架能保证不同小组用相同的基础开始建立项目。

Rose还提供了创建框架的选项。利用这个方法，可以收集和建模类与作为公司的体系结构基础的组件，然后在这个基础上设计和建立多个系统。

保存模型

和任何其他应用程序一样，最好定期保存文件，Rose也不例外。前面曾介绍过，整个模型都保存在一个文件中。此外，可以将日志保存在另一个文件中。

保存模型：

选择菜单中的File➤Save。

或

单击标准工具条上的Save按钮。

保存日志：

1. 选择日志窗口。
2. 选择菜单中的File➤Save Log As。
3. 输入日志文件名。

或

1. 选择日志窗口。
2. 单击标准工具条上的Save按钮。
3. 输入日志文件名。

导出与导入模型

面向对象机制的一大好处是重复使用。重复使用不仅适用于代码，也适用于模型。要充分利用重复使用功能。Rose支持导出与导入模型和模型元素。可以导出模型或部分模型，并将其导入另一模型。

导出模型：

1. 选择菜单中的File➤Export Model。
2. 输入导出文件名。

导出类包：

1. 从Class框图中选择要导出的包。
2. 选择菜单中的File➤Export <Package>。
3. 输入导出文件名。

导出类：

1. 从Class框图中选择要导出的包。
2. 选择菜单中的File➤Export <class>。
3. 输入导出文件名。

导入模型、包或类：

1. 选择菜单中的File➤Import Model。
2. 选择要导入的文件名，可选文件类型：模型（.mdl）、petal（.ptl）、类别（.cat）和子系统（.sub）。

向Web发表模型

利用Rational Rose 2001A或2002可以方便地将Rose模型发表到Web（intranet、Internet或文件系统站点）。这样，许多需要浏览模型的人都可以浏览，而不必是Rose用户，不必打印出一堆模型文档。图2.13显示了发表到Web上的模型。

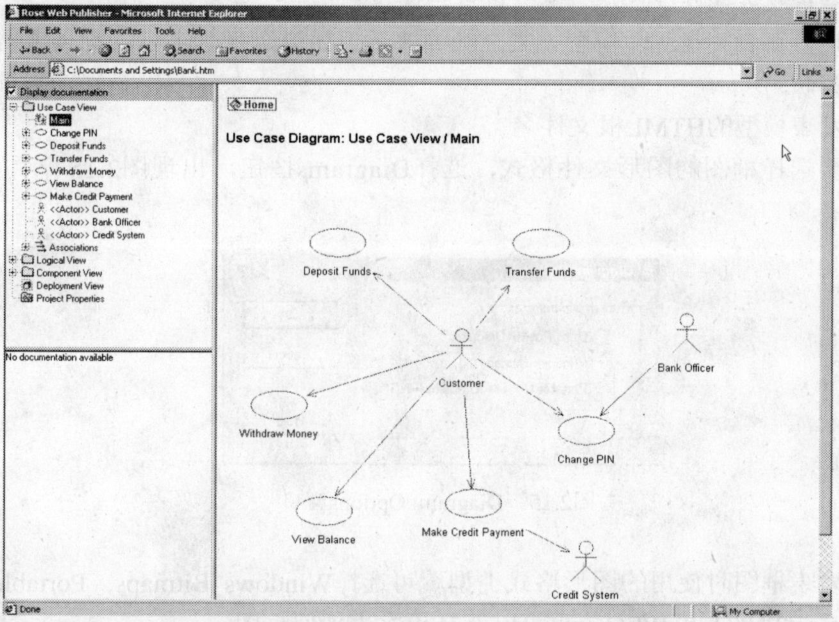

图2.13 发表到Web上的ATM模型

将模型发表到Web：

1. 选择菜单中的Tools➤Web Publisher。
2. 从图2.14 Selections区域所示的Web Publisher窗口选择要发表的模型视图和包。
3. 选择所要的细节层次。Documentation Only选项显示高级信息而不显示模型元素的属性。Intermediate显示模型元素规范General标签中的属性。Full选项发表所有属性，包括模型元素规范Detail标签中的属性。
4. 选择发表时使用的图注方法，Notation默认为Rose中的默认图注方法。
5. 选择是否发表继承项目。

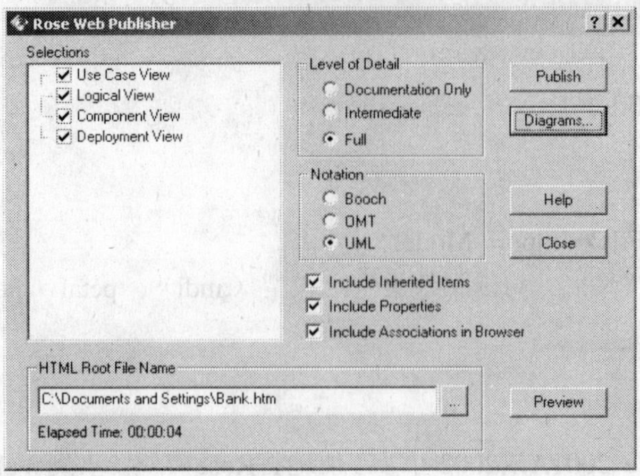

图2.14 Web Publisher窗口

6. 选择是否发表属性。
7. 选择是否发表关联，即模型元素之间的关系。如果选择这个框，则浏览器树视图中出现关联。
8. 输入发表模型的HTML根文件名。
9. 如果要选择框图的图形文件格式，选择Diagrams按钮，出现图2.15所示的Diagram Options窗口。

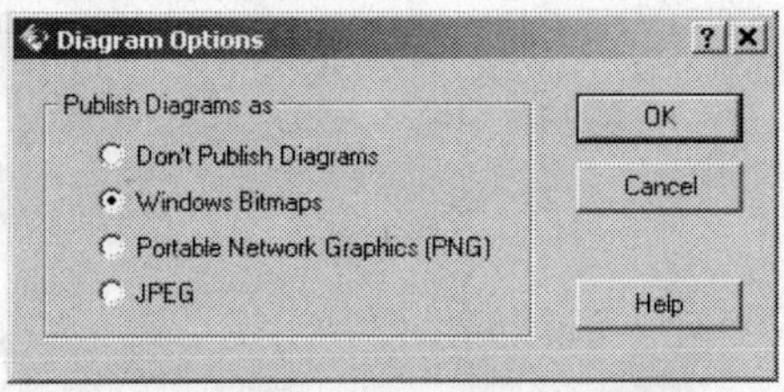

图2.15 Diagram Options窗口

选择发表框图时使用的图形格式类型。可选择Windows Bitmaps、Portable Network Graphic（PNG）或JPEG，也可以选择不发表任何框图。

10. 准备之后，单击Publish。Rose创建发表模型的所有Web页面。
11. 如果需要，可以单击Preview浏览发表的模型。

使用控制单元

Rose通过控制单元支持多用户并行开发。Rose中的控制单元可以是Use Case视图、Logical视图或Component视图中的任何包。此外，Deployment视图和Model Properties单元也可以进行控制。控制一个单元时，这个单元中的所有模型元素存放在独立于模型其他部分的文件中。这样，独立文件可以利用支持SCC的版本控制工具进行控制，如Rational ClearCase、Microsoft SourceSafe和Rose自带的基本工具。要创建与管理控制单元，右单击要控制的包并选择Units选项，如图2.16。

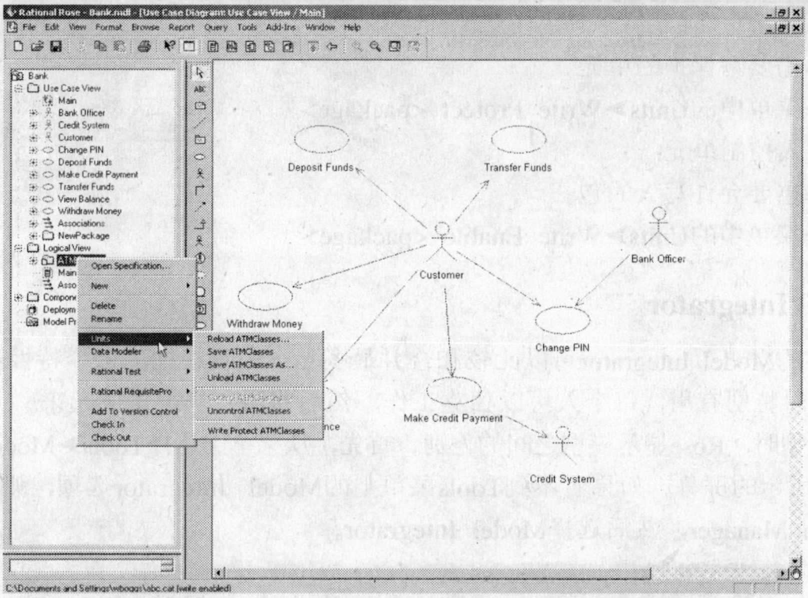

图2.16　管理单元

创建控制单元，步骤如下：

1. 右单击要控制的包。
2. 选择菜单的Units➤Control <package>。
3. 输入控制单元的文件名。注意这时浏览器中的图标上用文件夹的页面符号表示控制该包。

在并行开发环境中，可能需要卸载包，使别人能使用这个包。你只能修改装入的包，而卸载的包则让别人装入和修改。要卸载控制单元，步骤如下：

1. 右单击要卸载的单元。
2. 选择菜单中的Units➤Unload <package>。注意这时从浏览器中删除包项目，表示从模型中删除。

卸载视图中的所有控制单元：

1. 右单击视图。
2. 选择菜单中的Units➤Unload Subunits of<view>。

你可能要定期重装另一开发组更新的包。装入控制单元：

1. 右单击要重装的单元。
2. 选择菜单中的Units➤Reload <package>。

取消单元的控制：

1. 确保装入了该控制单元。
2. 右单击要取消控制的单元。
3. 选择菜单中的Units➤Uncontrol <package>。注意控制单元的文件并不从计算机上删除。

任何时候都可以浏览而不修改项目。要防止修改控制单元，将单元标为写保护。

对控制单元写保护：

1. 右单击要写保护的单元。
2. 选择菜单中的Units➤Write Protect <package>。

允许写入控制单元：

1. 右单击要允许写入的包。
2. 选择菜单中的Units➤Write Enable <package>

使用Model Integrator

Rose中的Model Integrator可以比较和合并最多七个Rose模型。这个特性在多个设计人员共同开发时特别有用。每个人可以独立工作，然后将所有模型集成起来。

比较模型时，Rose显示模型之间的差别。首先，从菜单中选择Tools➤Model Integrator，出现图2.17所示的屏幕。如果看不到Tools菜单上的Model Integrator选项，则可以选择Add Ins➤Add In Manager，然后选择Model Integrator。

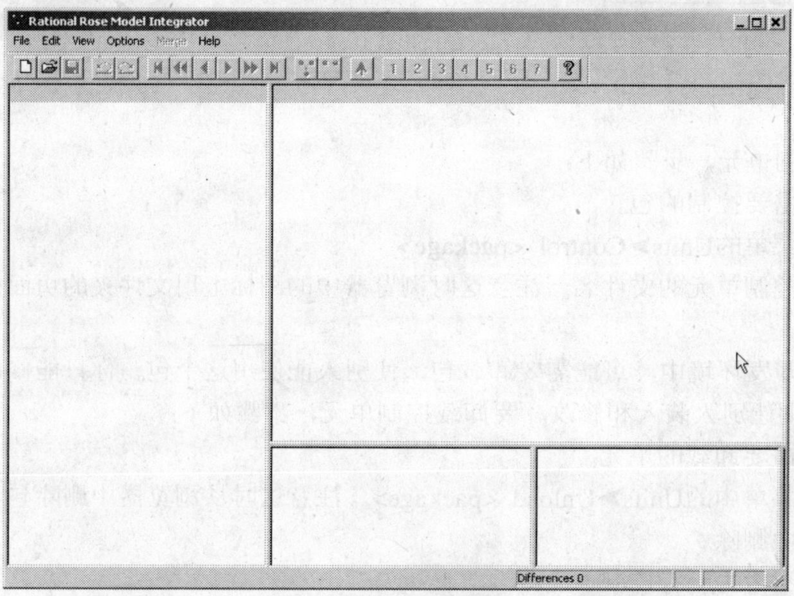

图2.17 Model Integrator

要比较两个或多个Rose模型，方法如下：

1. 从菜单中选择File➤Contributors。
2. 按省略号按钮选择第一个Rose模型进行比较。
3. 按New按钮增加其他Rose模型。

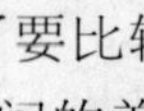

4. 选择需要的其他文件，直到选择了要比较的所有文件。
5. 按Compare按钮，即可显示模型之间的差别，如图2.18。

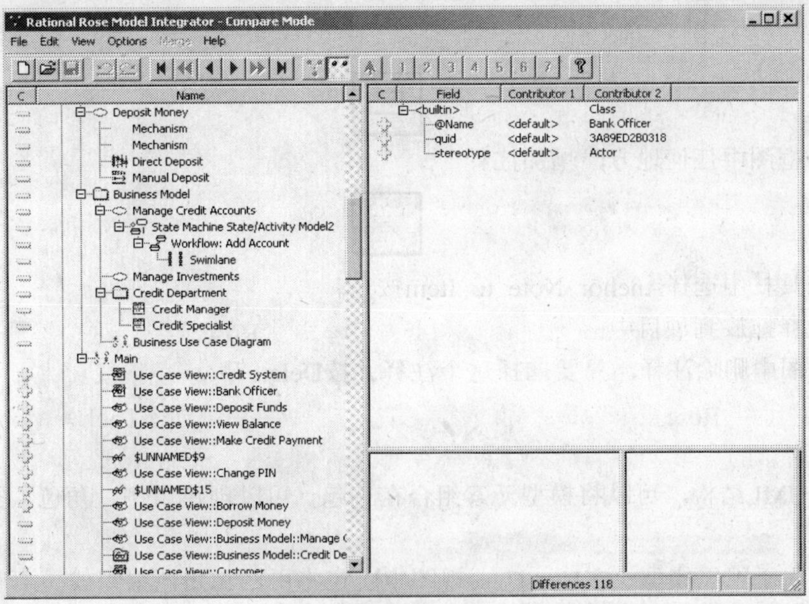

图2.18　模型之间的差别

6. 按Merge按钮合并而不是比较模型。Model Integrator会合并文件。如果遇到任何冲突，则窗口右下角会出现一个消息，告知用户未解决的项目数。可以用Previous Conflict与Next Conflict工具栏按钮移到冲突处，并加以加快。

7. 解决所有冲突之后，就可以保存新模型。

使用注释

注释是加进框图中的少量文本，可以和总体框图或框图中的特定元素相联系。如果和框图中的特定元素相联系，则它连接到这个元素，如图2.19。

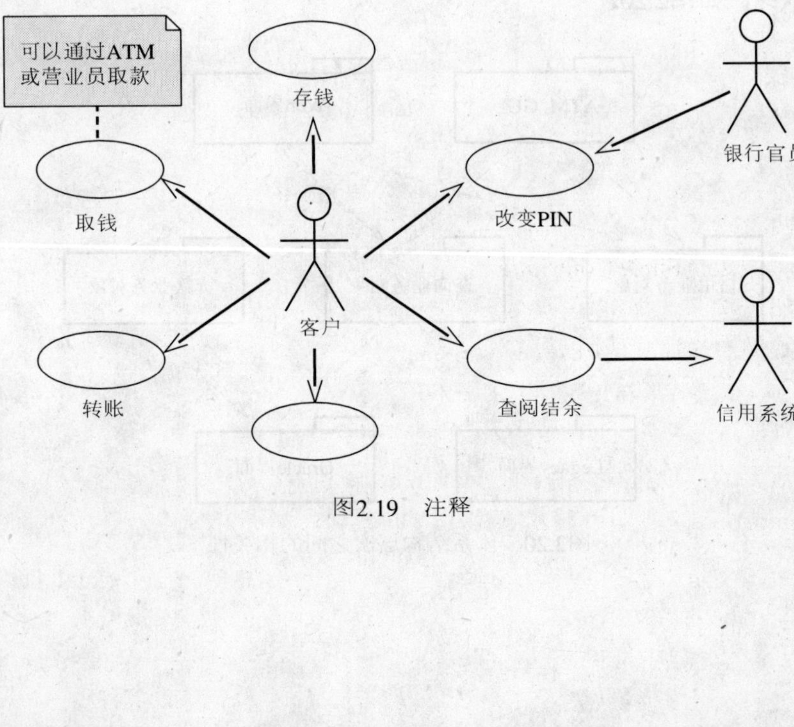

图2.19　注释

在框图中增加注释：

1. 从工具栏中选择Note图标。

2. 单击框图中任何地方，增加注释。

3. 从工具栏中选择Anchor Note to Item按钮。
4. 将注释拖放到项目中。

要在框图中删除注释，只要选择这个注释并按Delete键。

使用包

包是个UML结构，可以将模型元素组合在一起。可以创建用例、角色、类和任何模型元素的包。

包主要用于组织模型。在Use Case视图中，包将用例和角色组织成更可管理的视图；而在Logical视图中，包有两个作用：

- 将类与其他模型元素组成逻辑组（如所有处理订单的类、所有处理客户的类，等等）。
- 可以按体系结构层次显示系统的物理分解。例如，一个包可能保存用户界面元素，另一个包可能保存业务逻辑，还有一个包可能保存数据库连接类。然后小组可以建模和分析包之间的相关性，评估系统体系结构。

包是这方面强大的UML工具。分析相关性可以向小组显示特定包的复用性；改变特定包时要改变哪些相关包；哪些体系结构层次与哪些体系结构层次直接通信。相关性表示一个包中的类与另一个包中的类有关系。

一般来说，体系结构层次之间的相关性从用户界面层到业务逻辑层，再到数据库通信层和数据库本身，如图2.20。

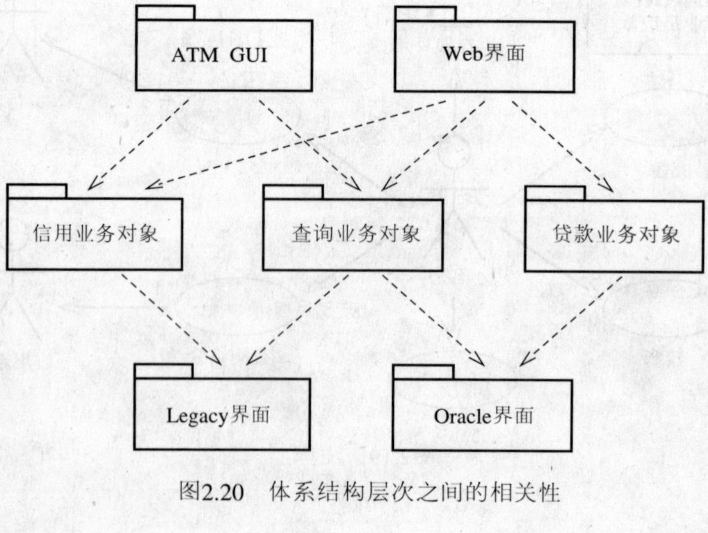

图2.20 体系结构层次之间的相关性

另外，作为一般准则，相关性不能跳层。例如，用户界面只能直接依赖于数据库。小组可能不按这些准则做，这也可以，但通过包建模体系结构可以明确显示这类体系结构决策的定义。第6章将详细介绍这个问题。

在Component视图中，再次用包建模系统体系结构的不同层，但这时包针对组件，而不是针对类。在Deployment视图中，可以用其分开不同类别的设备或处理器。

可以在包中建立包，进一步组织模型。这在建模大型复杂系统或与多个其他应用程序通信的应用程序时特别有用。尽管可以不用包，但用包能使模型更有组织。

包的另一个Rational Rose特定用途是版本控制，特别是在多用户环境中。包可以将Rose模型分解为不同文件，然后可以用Rational的ClearCase之类的版本控制软件登记和核算。

在Rose中增加包：

1. 右单击浏览器中显示的模型层次。可以右单击Use Case、Logical、Component视图选项直接在四个视图（Use Case、Logical、Component或Deployment）中创建包，也可以右单击已有的包并选择New➤Package，在现有包中创建包。
2. 在浏览器中显示新包，可以单击新包进行命名。

在Rose中删除包：

1. 右单击浏览器中的包并选择Delete。程序提示确认之后要删除包。
2. 从模型中删除包。注意，包中的任何类、框图和其他模型元素都被删除。

在Rose模型元素中增加文件与URL

Rose模型包含系统的大量信息，但有时有些文档在Rose模型之外，如需求文档、版本声明、测试脚本，等等。可以将这些文件连接到Rose模型中的特定元素。例如，将Word文件连接到浏览器窗口的层次之后，可以启动Word和装入文件，只要在浏览器中双击文件名即可。

将URL或文件连接到Rose模型中：

1. 右单击浏览器中的模型元素。
2. 选择New➤File或New➤URL。
3. 在文件窗口中选择相应文件或URL。
4. 连接文件或URL之后，在浏览器中双击文件名或URL将其打开。
5. 要删除文件或URL，在浏览器中右单击文件名或URL并选择Delete。注意这个选项只删除Rose模型与文件之间的连接，而不从系统中删除文件。

增加与删除框图

Rose模型可以包含许多框图，显示系统的不同视图。这些框图一起向小组提供了各方面的信息。Rational Rose支持下列八大框图：

- Use Case框图
- Activity框图
- Sequence框图
- Collaboration框图
- Statechart框图

- Class框图
- Component框图
- Deployment框图

Use Case视图通常包括Use Case框图、Activity框图、Sequence框图和Collaboration框图。创建新的Rose模型时，Use Case视图中自动创建“Main” Use Case框图，这个框图是不能删除的。

Logical视图通常包括Sequence框图、Collaboration框图、Class框图和Statechart框图。新Rose模型中自动在Logical视图中增加一个Class框图“Main”。Component视图包含一个或几个Component框图，而Deployment视图包含一个Deployment框图，一个系统只能有一个Deployment框图。

增加新框图：

1. 右单击浏览器中的包，即在右单击的包下面增加新框图。
2. 选择New➤<diagram type>。
3. 输入新框图名。
4. 双击新框图将其打开。
5. 要删除框图，右单击浏览器中的框图并选择Delete。注意，删除框图时并不删除其中的模型元素，如类和用例。

设置全局选项

字体和颜色等选项用于所有模型对象——类、使用案例、接口、包等。本节介绍如何对模型对象改变字体和颜色。默认字体和颜色可以用Tools➤Options菜单项目设置。

使用字体

在Rose中，可以单独改变框图上对象的字体。这样可以提高模型的可读性。字体和字号用图2.21的Font窗口设置。

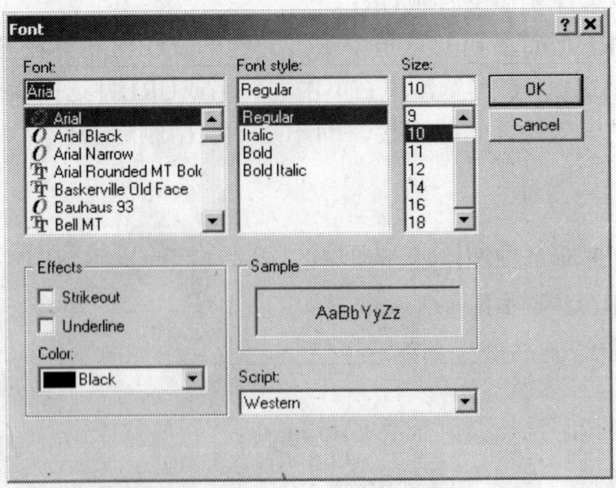

图2.21 字体选择窗口

设置框图上对象的字体和字号：

1. 选择对象。
2. 选择菜单中的Format➤Font。
3. 选择字体、样式和字号。

使用颜色

除了改变字体外，也可以单独改变对象颜色。下面介绍如何改变对象的线颜色和填充颜色。这些选项用图2.22所示的Color窗口改变。

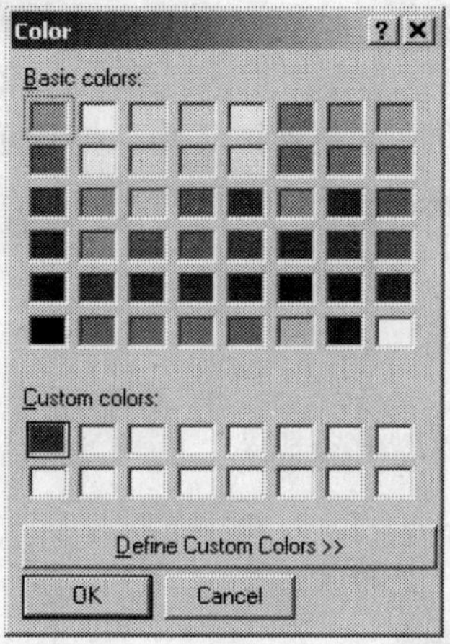

图2.22 颜色选择

改变对象的线颜色：

1. 选择对象。
2. 选择菜单中的Format➤Line Color。
3. 选择线颜色。

改变对象的填充颜色：

1. 选择对象。
2. 选择菜单中的Format➤Fill Color。
3. 选择填充颜色。

小结

本章简单介绍了Rose，利用这些知识就可以学习书中的Rose例子与说明。

Rose模型有四个视图：

- Use Case视图，从主体角色描述系统。
- Logical视图，包括系统中的类、类包和其他逻辑结构。
- Component视图，描述文件的物理布局。
- Deployment视图，描述部署系统的网络结构。

通过这四个视图，项目小组成员可以完全了解系统，从高层到细节层。本书将不断在这四个视图中填入细节。

第3章 业 务 模 型

UML的其他内容与建立的系统有关，而业务模型则关注系统针对的业务。本章介绍业务本身，与业务交互的实体和设计系统之前业务环境中真正进行的工作流。然后就可以确定系统的工作以满足所在业务中的独特目标。

我们首先介绍业务模型的概念，然后介绍建立业务模型的一些原因。并不是每个项目都需要业务模型，但有时业务模型的作用很大。我们将介绍这种情形。

然后我们介绍业务模型中的特定元素，其中包括业务角色、业务用例、业务工人。我们将介绍这些元素及其如何用Rose建模。

- 业务模型简介
- 业务模型概念
- 建立业务模型的原因
- 处理业务角色、业务用例、业务工人

业务模型简介

业务模型研究机构。在建立业务模型的过程中，要检查机构的结构及公司中的角色和它们之间的相互联系。还要介绍机构的工作流；公司中的主要过程；这些过程如何工作；效率如何；是否有任何瓶颈。我们将介绍外层实体、个人或其他公司如何与业务交互，以及这些交互的意义。

简而言之，我们要介绍业务的内部和外部，以及内部和外部如何通信。在UML中，这些信息记录在业务模型中。

为何建立业务模型

建立业务模型有许多原因，包括了解机构及其软件系统，帮助业务过程重建工程工作和建立强大的培训工具。

了解机构风貌

即使你不建立软件系统，也可以用业务模型了解和建档机构的工作。这样就可以建立机构的前景报告。业务模型中的框图有助于了解外部世界与机构的关系，以及机构如何完成这些目标。业务模型不仅适用于机构层，机构中的各个部门也可以通过业务模型开发自己的部门框图或任务报表。

业务过程重建工程

业务模型还有助于业务过程重建工程工作。业务模型过程的主要工具之一是工作流框图。这些框图描述机构中的特定过程流程；显示这个过程中参与的人员；这个过程的步骤和参与这个过程的业务实体。业务过程重建工程小组首先用工作流框图建档当前过程，然后可以分析这些框图，寻找工作流中的缺陷和其他问题。例如，他们可能发现特定文档由分析师建立，交给经理批准，返回分析师手中增加其他信息，然后又交给经理批准。这个过程可以改进，先让分析师填好所需的全部信息。这只是分析工作流框图的一个例子。

业务过程重建工程小组还用工作流框图分析新的工作流。通过设计几个潜在过程，小组能更好地了解和讨论每种方法的利弊，选择对机构最合适的过程。

培训

开发新过程或新员工加入小组时，业务模型结果是强大的培训工具。工作流框图演示了这个过程中参与的人员、这个过程的步骤和参与这个过程的业务实体。小组的任何成员都可以浏览这些工作流框图，了解其在过程中的地位，要负责产生或接收哪些实体，与谁交流。这些简单框图可以省去机构中的大量麻烦，明确表示每个人在工作流中的责任，保证每个人对业务过程和其中的角色都能理解。

软件方案的情境

当然，许多使用UML的用户用其建立软件。在这种情境中，业务模型可以帮助我们了解软件方案的情境。尽管这好像非常简单，但其对业务项目的成功与否有重大影响。如果我们不了解业务，就可能错误地假设软件目标及其在业务社区中的最佳用法。

“系统所在的环境”是建立软件时的重要考虑因素。过去几年，公司使用没有业务模型的UML时，无法理解系统在机构中的地位。

业务模型解决了这个过程中的漏洞。向小组提供了业务本身、其中的工作流和新系统如何使工作流部分自动化的方法。

是否需要业务模型

这个问题很难笼统地回答，但我们可以提供一些准则。

下列情况可能需要业务模型：

- 你和工作组不熟悉机构
- 机构最近进行了一些业务过程重建工程
- 机构准备进行业务过程重建工程
- 建立机构主要部分使用的软件
- 机构中有些大型复杂工作流的文档不足
- 你到别人公司当顾问

下列情况可能不需要业务模型：

- 你彻底了解机构的结构、目标、业务前景和主体
- 建立的软件只在机构的局部使用，不会影响公司其他部分
- 机构中的工作流很简单，文档齐备
- 没时间。我们要现实一些，并不是所有项目都有进行完全业务分析所需的时间。但要小心，不要把没时间当借口。如果业务模型有助于项目成功，就应挤出时间。

重复性过程中的业务模型

在重复性过程中，小组多次重复一系列步骤，每次针对业务或系统的不同部分。重复性过程中的业务模型有两种方法。第一，可以事先完成整个业务模型，然后重复进行分析、设计、编码、测试和部署步骤。也可以在迭代中包括业务模型。我们将介绍每种方法的利弊，但首先要介绍业务模型在生命周期各个步骤中的关系。

开发软件的典型步骤顺序如下（注意这不是开发软件的全部步骤）：

- 业务模型
  - Business Use Case框图
  - Activity框图（工作流）
  - 分析级Class框图（业务实体）
- 系统用例模型
  - 角色
  - 用例
  - Use Case框图
- 分析
  - 用例事件流
  - 补充规范
  - 分析级Sequence与Collaboration框图
  - 分析级Class框图
- 设计
  - 分析级Sequence与Collaboration框图
  - 分析级Class框图
  - Statechart框图（如需）
  - Component框图
  - Deployment框图
- 编码
- 测试
- 部署

可以看出，业务模型是这个过程的第一步。无论使用流水式方法还是重复性生命周期法，它都是第一步。因为业务模型建立项目其余部分的情境。进行系统设计时，业务模型能帮你记住建立系统的初衷。

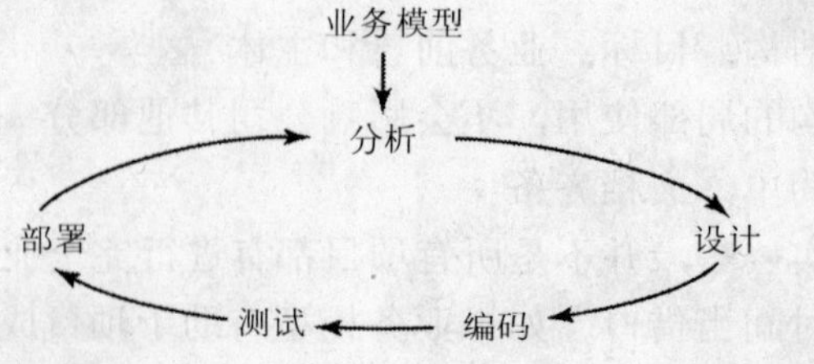

事先完成业务模型的好处是在开始规化系统工作之前就完全了解业务过程。这样，就可以事先确定最需要自动化的工作流领域和系统中最有助于机构开发的部分，从而建立对公司最有利的系统。

这种方法的缺点是由于项目通常时间很紧，因此这种方法不太现实。但是，这样可能造成完全省略业务模型。最终用户和客户可能要尽快得到系统，而不愿等待你先分析业务。

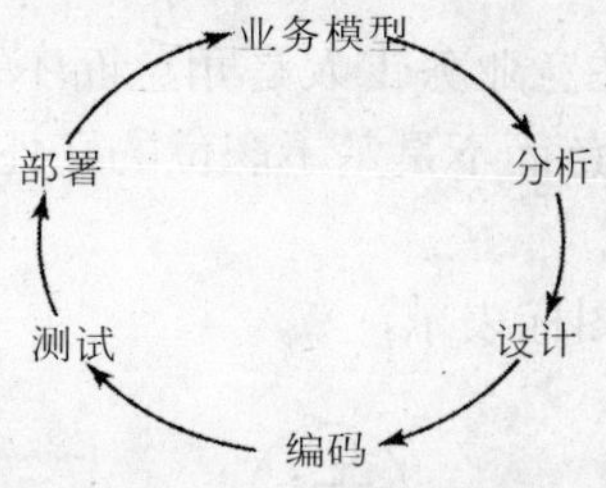

也可以重复性完成业务模型。这个方法的好处是可以分析机构而不延迟建立软件系统的工作。当然，这可能造成开发人员不太了解公司情况，建立不太符合要求的软件系统，也可能到后面才发现对系统影响很大的业务过程。这类风险通常是可以控制的，但这是使用这种业务模型方法的缺点。

业务模型概念

本节介绍业务模型的一些基本概念。业务角色、业务工人和活动框图等概念有助于了解机构本身。本节介绍下列概念：

- 业务角色
- 业务工人
- 业务用例
- Business Use Case框图
- 业务角色与业务用例间的通信关系
- 业务实体
- Activity框图

注意，业务模型并不考虑哪些部分要不要自动化（但可以从工作流中找到这方面的信息），而是考虑以下两个方面。第一，机构的边界和它要与谁通信？第二，机构中的工作流及如何优化机构中的工作流？

业务角色

业务角色是机构外部与机构交互的一切。例如，机构的业务角色可能是客户、贷款人、投资人或供应商。每个角色都与公司的活动有关。

在UML中，业务角色用下列图标表示：

尽管这个图标像个人，但业务角色不一定是一个人，也可以是公司或小组。我们用业务角色表示与业务交互的项目及其如何交互。重建过程或建立新系统时，记住机构仍然要符合这些外部实体的需要。如果杂货店中放弃现金登记员，理顺过程又有什么用？当然，这是个极端例子，但思路是一样的：我们要牢记业务存在的初衷。业务角色能帮助进行这类分析。

业务工人

业务工人是机构中的角色。注意业务工人是角色而不是位置。一个人可以扮演多个角色，但只能占有一个位置。基于角色而不是基于职位的好处是职位是会随时间改变的，而角色则是相当固定的。

在UML中，业务工人用下列图标表示：

销售人员

我们用业务工人表示业务中的角色及这些角色的交互方式。通过描述每个业务工人，我们可以了解这个角色的责任，这个角色需要的技巧和其他细节。至少要考虑业务工人的下列问题：

- 工人的责任是什么
- 工人要有什么技巧才能完成这些责任
- 与哪些其他工人交互
- 参与什么工作流
- 工人在每个工作流中的责任是什么

业务用例

业务用例是机构中的一组相关工作流，对业务角色有用。换句话说，业务用例告诉人们机构做什么。以及做什么会有利用于业务和参与人员的工作。机构中的全部业务用例一起完整地描述业务目标。

零售店的业务用例包括“整理库存”、“产品定价”、“产品销售”、“退款”和“提供产品”。电子业务的业务用例包括“注册新用户”、“创建/修改订单”、“填充订单”、“整理库存”或“取消订单”。投资公司的业务用例包括“买股票”、“卖股票”，等等。

建立业务模型的公司不一定要高度自动化。牧场的业务用例可以是“买牛”、“卖牛”、“挤奶”、“投料”。

UML中用下列图标表示业务用例：

整理库存

业务用例通常命名为“<verb><noun>”形式，如“Price Products”。采用这个标准有几个好处。即使多个分析师定义业务用例，也能保持业务用例的一致性。另外，最终用户也更容易理解业务用例。“Price”或单有“Products”都不能反映业务的性质。最后，更重要的是，业务用例名描述业务的工作，而不只是所用的实体。

当然，如果没有一定的细节，“Price Products”也说明不了什么。对每个业务用例，要创建某种报表，让人们知道业务用例中的具体内容。文员是否用历史价格设置当前价格？是否用调查统计确定客户是否愿意付钱？是否深入研究埃及和土耳其两国的每种产品价格，然后求两者的平均？是否单独定价？如果没有对特定工作流建档，则无法了解这些信息。

工作流可以用两种方法建档。有些情形中最简单的方法是创建业务用例中具体工作的编号步骤清单：

1. 文员与经理交流，取得要订价的所有新产品清单。
2. 文员检查商店的购买记录，看看每个新产品的购买价。
3. 将购买价加上10%得到卖出价。
4. 文员将新价格交给经理审批。
5. 如果经理不批，则文员和经理决定商品的新价。
6. 文员对每个新产品制作价格标签。
7. 文员对每个新产品挂贴价格标签。

这个方法的问题是，如果有许多条件逻辑，则会让读者费解。在上述例子中，条件很简单。但真正的业务世界不会这么简单。业务工人可能在遇到条件A时做一件事，遇到条件B时做一件事，遇到条件C时做一件事。这时，最好使用活动框图。

活动框图用图形方式显示工作流中的步骤、步骤顺序和负责执行每一步的人。图3.1显示了上述工作流的样本活动框图。

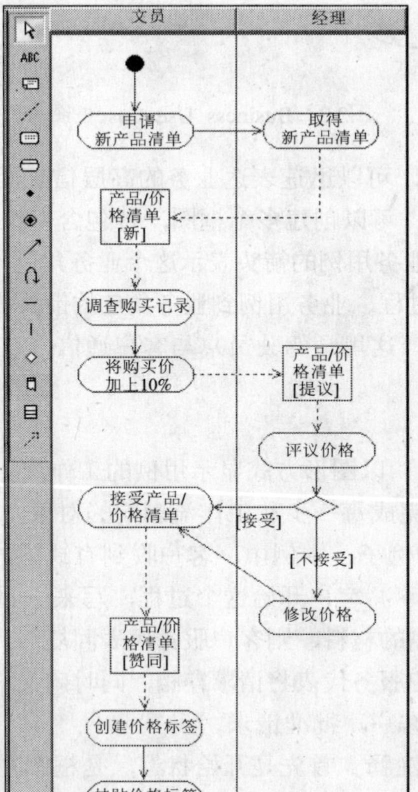

图3.1 活动框图

本章稍后将介绍活动框图，包括活动框图中出现的各种符号。现在，只要看看活动框图中表达的消息。和前面一样，可以看到产品定价中的步骤，但图形表示能使这些步骤更容易阅读和理解。对于大型复杂工作流，这种效果更加明显。

Business Use Case框图

Business Use Case框图显示机构的业务用例、业务角色、业务工人及其相互交互；提供了公司的工作、公司内的角色与公司外的角色的完整模型；指定了机构范围，可以看到机构的内容和边界。

图3.2显示了Business Use Case框图的样本。

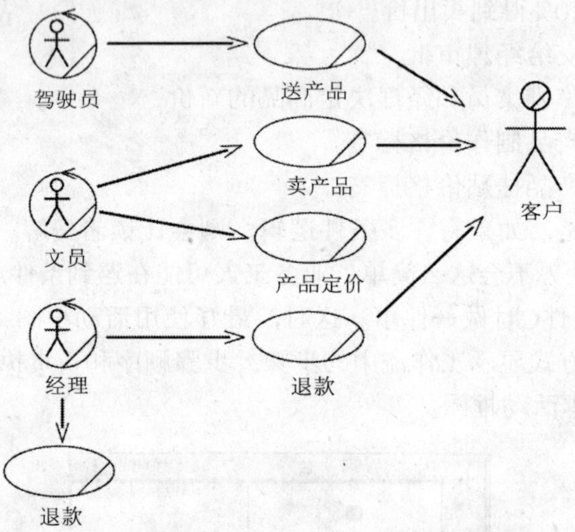

图3.2 Business Use Case框图

这个框图的设计很简单，可以迅速表达业务的高层信息而不涉及所有细节和堆聚太多注释。如果有大量业务用例，可以创建多个框图，各包含一组用例。

业务角色与业务工人到业务用例的箭头表示这个业务角色与业务工人启动的业务用例。本例中，文员开始产品定价过程。业务用例到业务角色的箭头表示机构启动与业务角色的通信。本例中，送货时，机构（这里是驾驶员）与客户通信。

Activity框图

Activity框图（活动框图）以图形方式显示用例的工作流。框图显示工作流中的步骤、工作流中的决策点、谁负责完成每一步和工作流影响的对象。

图3.3显示了活动框图的例子。本例中，客户收到有缺陷的产品要求退款。

这个活动框图的含义如下：客户开始这个过程，写来一封信要求退款。客户服务代表收到这封信。如果不符合所需的材料，则客户服务代表回复一封拒绝信，并发给客户，拒绝要求。如果材料齐全，则客户服务代表将请求存档，同时向文员写一个应付支票。完成这两步之后，客户服务代表通知客户，批准请求。

下面看看这个框图中的注释。首先是开始状态，是框图左上角的实心点。这个符号表示过程开始。

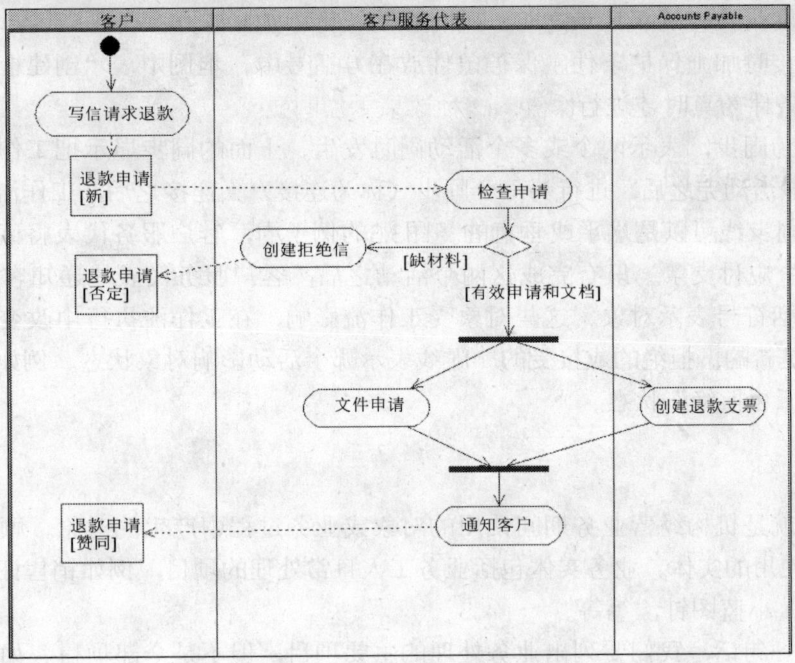

图3.3　活动框图

框图中的导角矩形称为活动。活动就是工作流中的步骤，是业务工人要完成的任务。注意框图分成三部分，称为泳道。泳道上方是执行泳道中所有活动的角色。

一个活动中可以列出要发生的操作。操作就是活动中的步骤。例如，“创建购买订单”是一个活动，其中的操作包括下列步骤：“取得供应商名称和地址”，“输入订购的项目及其价格和数量”，“计算总价”和“打印购买订单”。这些步骤不重要，不适合在高层业务活动框图中作为活动显示，但提供了过程的细节信息。

操作有四种类型：

- 进入活动时发生的操作，标有*entry*字样。
- 活动进行时发生的操作，是活动中的步骤，标有*do*字样。
- 离开活动时发生的操作，标有*exit*字样。
- 特定事件发生时的操作，标有*event*字样。

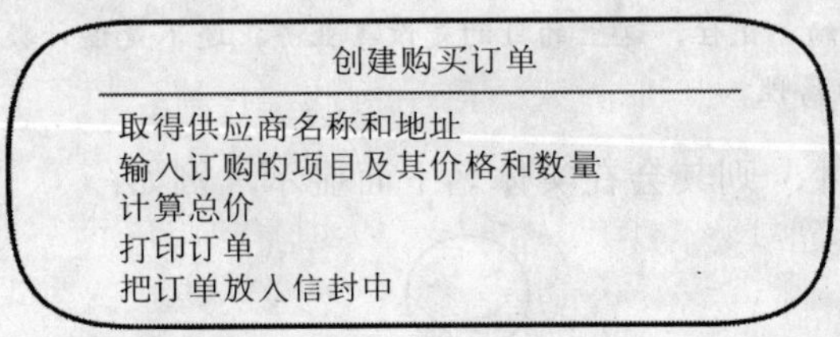

连接活动的箭头称为交接，使用户知道当前活动完成时完成了哪些活动。

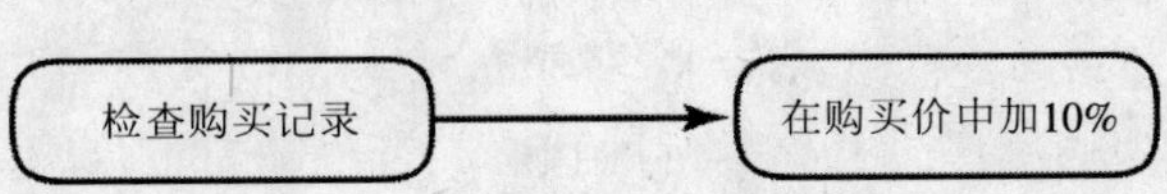

本例中，文员检查购买记录之时，同时在购买价中加10%。

可以在交接时加上保护条件。保护条件放在方括号中。本例中，“创建拒绝信”只在“缺材料”的条件为真时才进行。

水平线称为同步，表示两个或多个活动同时发生。上面的同步显示把工作流控制分为两个分支。这些活动完之后，进行另一个同步（称为连接）。连接之后，工作流又只有一个控制线程了。同步线可以是水平或垂直的。图3.3的例子中，客户服务代表将请求存档，同时向文员写一个应付支票。只有完成这两个活动之后，客户服务代表才通知客户。

最后，方括符号表示对象。这些对象受工作流影响，在工作流执行中改变状态。本例中，请求可以是新的、拒绝的或接受的。虚线表示哪个活动影响对象状态。例如，创建拒绝信就使请求处于“拒绝”状态。

业务实体

业务实体就是机构经营业务期间使用的对象或业务过程中产生的对象。顾名思义，业务实体是业务使用的实体。业务实体包括业务工人日常处理的项目，例如销售订单、账号、发货箱、合同、小蓝图钉，等等。

注意最后一句话，我们要列出业务处理的主要项目，但不是全部项目。如果你的工作是生产图钉，则小蓝图钉可能是有效的业务实体，否则就不需要考虑。可以问下列问题：

公司生产什么产品？

公司提供什么服务？

公司购买什么东西？

公司发送或接收什么项目？

什么东西从业务工人传给另一业务工人处理？

另一种方法是从定义的业务用例中找名词。通常，这些名称是业务实体。业务实体用下列图标表示：

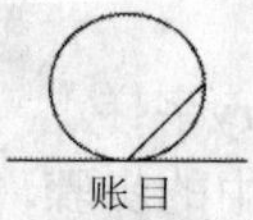

可以细化业务实体，增加属性。属性是描述实体的信息。例如，帐号实体可能有帐号号码、帐号类型（支票或存款）、结余、开户日期、结户日期、状态等属性。

警告： 属性模型很容易过细。记住，这里的目的是改善业务，还不是设计数据库。属性模型应只包括有助于理解业务的属性。

如果定义了实体的属性，则其会在实体名下面显示，例如：

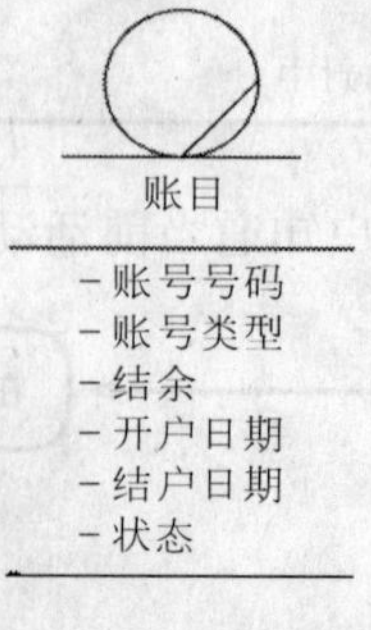

机构单元

机构单元是业务工人、业务实体和其他业务模型元素的集合，是组织业务模型的机制。

许多公司都组织成部门、小组或单元。这些单元可以建模成机构单元。机构单元包含部门、小组或单元中的所有业务工人。UML中用下列图标表示机构单元：

市场

从何入手

首先要定义业务模型工作的边界。是建模整个机构还是其中一个部门？业务中的哪些工作流与当前项目有关？分析所有业务工作流自然不错，但可能需要太长时间。

明确定义项目范围之后，一定要建立正确的小组。需要有业务知识的人，还需要有业务模型知识的人。一般来说，小组中不需要全部都是技术人员，最好有一些非技术人员。技术小组可能过份深入方案空间——系统设计。

要考虑的一些重要角色如下：

小组领导 这个人应当既有业务知识，又有模型知识。负责协调小组其他成员的工作和保持讨论主题集中。

业务代表 这是要建模的机构中不同部门的代表。他们熟悉业务工作流，包括这些工作流的当前问题和好处，能够看到工作流细节和机构高层情况。

业务过程重建工程师 这些人熟悉当前工作流，注意寻找关于效率的问题和提出创造性的方案，他们最好有过业务过程重建工程的经验。他们应当有好奇心而不固执，善于笔头和口头交流，能够将问题分解为小问题。这个角色是可选的，用于业务过程重建工程工作。

业务模型师或业务过程分析师 这个角色与业务过程重建工程师相似，但这里不改变业务过程。这个角色要了解业务工作流，沟通能力强，有很好的分析技巧。

管理层代理 有权决定业务模型要包括的业务项目，还可以从经理层角度帮助小组了解工作流。

标识业务角色

组成小组之后，就要确定业务角色、业务用例和业务工人。可以按任意顺序进行。要确定业务角色，就要检查要进行的项目范围，看看哪些在这个范围之外。如果建模整个业务，则要了解业务边界之外的项目，他们是全世界的人、公司和其他实体！因此，要缩小范围，例如就在业务边界外围的业务角色。换句话说，谁或什么与业务交流？这就是业务角色。

可以通过“头脑风暴”会议寻找最初的业务角色。还可以检查项目前景报告（如有）、机构的市场与其他宣传材料、业务图标和业务展望。这些信息都有助于确定对业务有影响的外部实体。

下面看看航空公司的例子。看看特定航空公司的市场材料，可以发现有两类：一类是争取新客户的；一类是寻找新员工的。因此可以标识两个业务角色：客户和潜在员工（实际员工是业务工人，因为他们在机构范围之内）。检查一些宣传材料，可以发现它们主要针对股东的需求和考虑，因此我们增加另一个业务角色——股东。由于这是航空公司，因此需要遵守某些规定。国家航空管理层（FAA）要了解公司是否遵守这些规定，因此它也是一个角色。航空公司从飞机公司购买飞机和许多部件，因此飞机公司也是一个角色；向外部供应公司购买机上的食品和饮料，这些公司也是一个角色。这只是一些例子，但机构通常有许多业务角色，特别是大公司。图3.4显示了航空公司的业务角色。

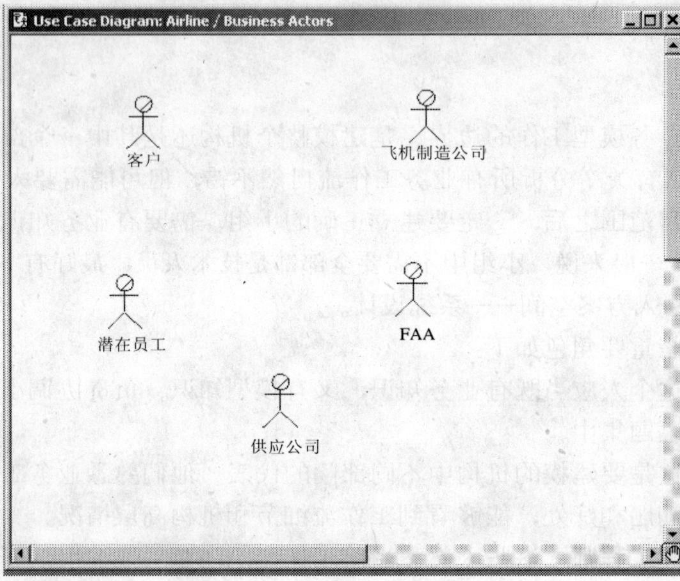

图3.4 航空公司的业务角色

标识业务工人

标识业务工人时，也要先看项目范围。如果建模整个业务，则可以看看机构组织图。用机构组织图中的每个角色而不是职位定义业务工人。记住，一个人可能充当多个角色。列出业务工人之后，就可以进行细化。记录其在机构中的责任、业务工人所需技巧和与其他业务工人和业务角色的交互。

在航空公司例子中，业务工人是公司中的所有不同角色。如果建模整个机构，则业务工人包括飞行员、副机长、领航员、乘务员、机械师、售票员、行李员和保安人员，等等。图3.5显示了航空公司的业务工人。

标识业务用例

要标识业务用例，可以从机构的概貌或任务报告开始，其从高层介绍公司向外部提供的价值。航空公司的主要服务是让客户从一个城市飞到另一个城市，因此我们从这个思路开始。

然后看看让客户从洛杉矶飞到纽约所需的工作。首先，航空公司要有让乘客买票的机制。然后要检查客户和行李；给飞机加油；装行李和人；对洛杉矶飞到纽约的飞机进行安全检查；飞行；着陆和卸人卸货。业务用例包括“Issue Ticket”、“Check In Passengers”、“Check In Luggage”、“Perform Safety Check”、“Load Aircraft”、“Land Aircraft”和“Unload Aircraft”。当然，这只是业务的核心工作流。如果建模整个机构，则还要考虑公司的销售、市场、财务和其他方面。

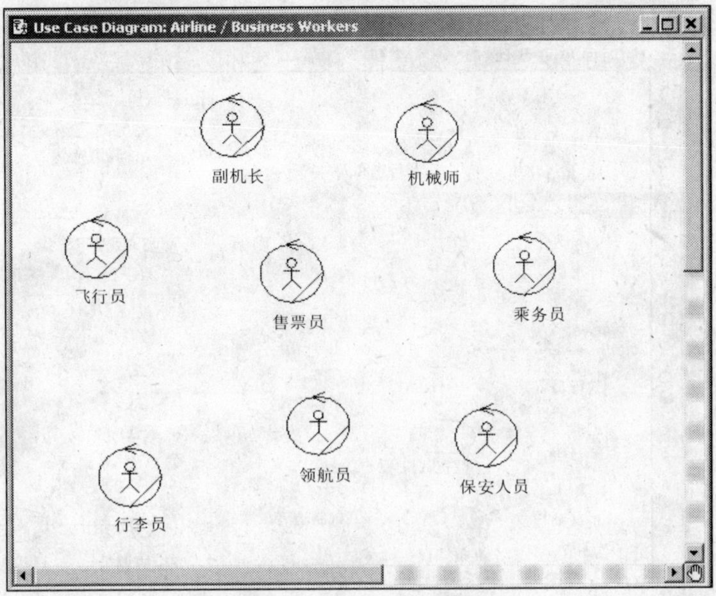

图3.5 航空公司的业务工人

寻找业务用例的其他方法是举行“头脑风暴”会议、检查机构的过程、与客户和其他股东交谈或利用自己的业务知识。这个过程可能很费时间，请一定要有耐心，这个过程既是一门科学又是一门艺术。

显示交互

下一步要画出一个或几个Business Use Case框图，显示业务工人、业务角色与业务用例之间的交互。业务工人到业务用例的箭头表示这个业务工人启动业务用例。下列中安全协调员开始飞行前安全检查的过程。

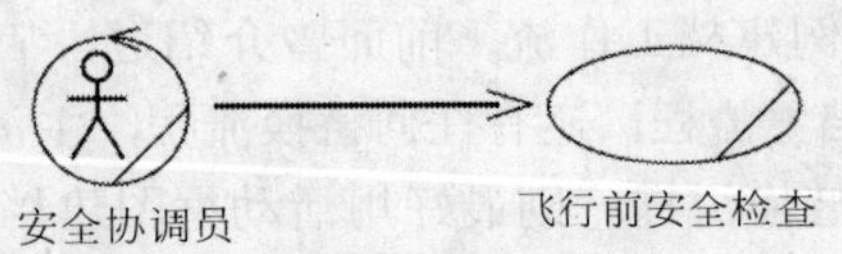

业务角色到业务用例的箭头表示角色启动与业务机构的通信。下例中，客户开始“购买机票”的过程。

如果业务工人、业务角色与业务用例很多，则可能要将其组织成组织单元。这样可以组织模型并让读者更容易理解。如果采用这种方法，则可以对每个组织单元建立不同的Business Use Case框图。

图3.6显示了航空公司的Business Use Case框图。

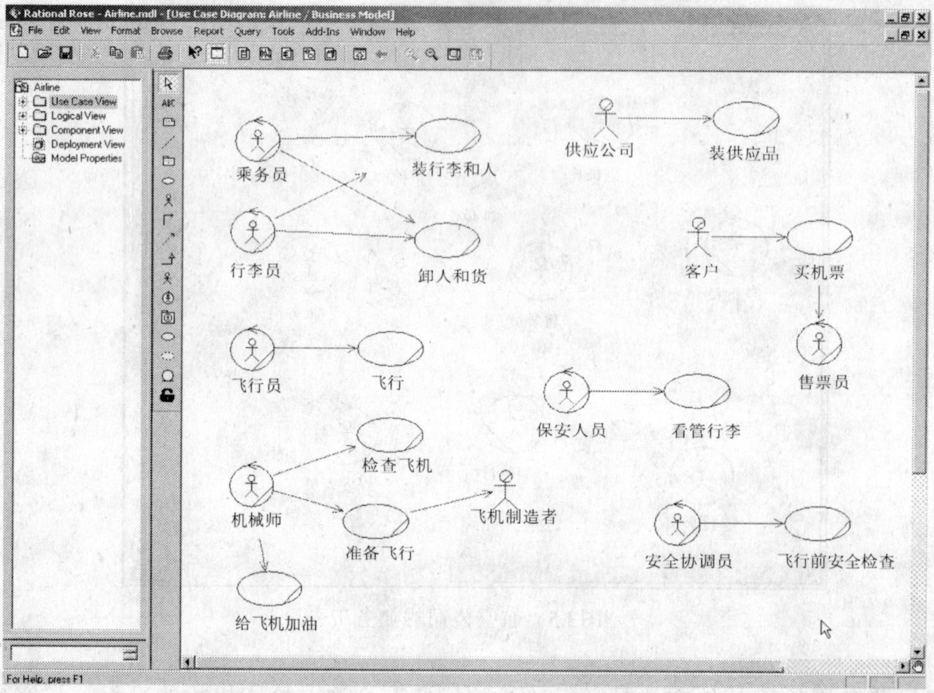

图3.6 航空公司的Business Use Case框图

建立初始Business Use Case框图之后，发给有关人员，寻找反馈信息和最终批准这个框图。

建档细节

这个过程可以显示机构内部和外部情况的高级视图，但还不提供任何用例的工作流细节。因此，下一步要考虑用例的工作流细节。

对每个业务用例，通过用例建档工作流。前面曾介绍过，工作流可以用编号步骤、流程图或活动框图建档。记住建档主流程，还有任何替换流程，主流程是正常事件过程。如果工作流是个复杂过程或有许多替换流程，则最好用活动框图建档工作流。

如果使用Rational Unified Process，则另一个要创建的项目是业务用例报表，包括用例的细节，如描述、目标、工作流、关系和特殊要求。

对所有业务用例建档这些细节之后，就有了机构的概貌。用例显示机构的功能。工作流显示如何完成用例的细节。角色表示机构外与机构交互的人和实体。业务工人表示机构内的角色。机构单元表示公司的结构。业务用例报表显示每个用例的其他信息。最后，Business Use Case框图显示所有这些元素之间的关系。

下面介绍如何在Rational Rose中建模这些UML概念。

创建Business Use Case框图

Business Use Case框图在Rose的Use Case视图中创建。创建Business Use Case框图之后，它在Use Case视图浏览器层次中出现。Business Use Case框图显示一些或所有业务角色、业务工人和业务用例及其相互关系。可以将特定业务角色、业务工人和业务用例放在多个Use Case框图中。

尽管可以直接在Use Case视图中创建Business Use Case框图，但记住，系统用例、系统角色和System Use Case框图也放在Use Case视图中。最初可以对业务模型创建不同区域。为此增加一个包，这个包包含所有业务用例、业务角色和其他业务模型元素。当然，可以在这个包中再创建包，进一步组织业务模型。

创建业务模型包（可选），步骤如下：

1. 右单击浏览器中的Use Case View项目。
2. 选择New➤Package。
3. 输入新包名，如Business Model。

图3.7显示了用这种方法组织的模型。Business Model包中包含所有业务角色、业务工人和业务用例及Business Activity框图，而System Model包中包含系统本身的所有技术细节。

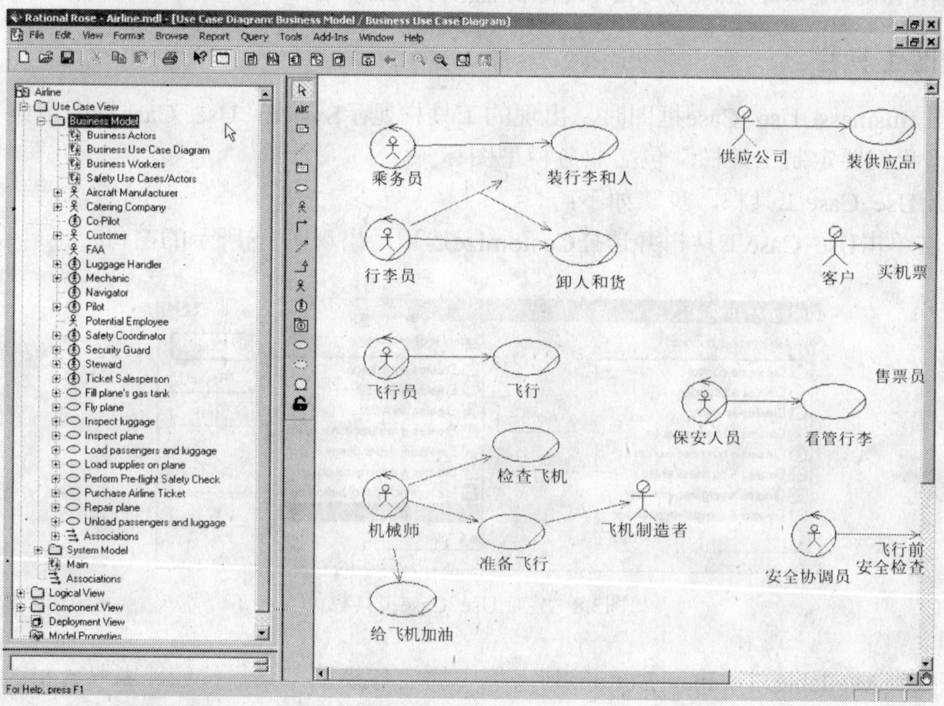

图3.7 业务模型包

创建新的Business Use Case框图，步骤如下：

1. 右单击浏览器中的Use Case项目中的业务模型包。如果Use Case项目中没有创建业务模型包，右单击Use Case View项目。

2. 从弹出菜单中选择New➤Use Case Diagram框图。
3. 选择新框图之后，输入新框图名。
4. 双击浏览器中的新框图名将其打开。

打开现有Business Use Case框图：

1. 找到浏览器中Use Case视图中的Business Use Case框图。
2. 双击浏览器中的Business Use Case框图名将其打开。

或者

1. 选择Browse➤Use Case Diagram。
2. 在Package列表框中选择包含要打开的框图的包。
3. 在Use Case Diagrams列表框中，选择要打开的框图。
4. 按OK按钮。

删除Business Use Case框图

如果要删除Business Use Case框图，可以在浏览器中进行。业务用例、业务角色和框图中的其他模型元素并不从模型中删除。要删除框图，只要在浏览器中右单击框图并从弹出菜单中选择Delete选项。

警告： Rose不能取消删除框图的操作或删除Main用例框图。

用例框图工具栏

创建Business Use Case框图时，出现的工具栏显示System Use Case框图中典型使用的图标。我们要定制工具栏，包括业务模型图标。

定制Use Case工具栏，步骤如下：

1. 右单击Use Case工具栏并选择Customize选项，出现图3.8所示的窗口。

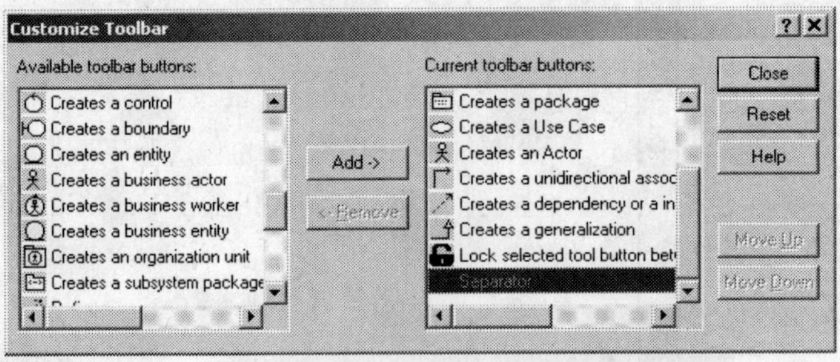

图3.8 定制Use Case工具栏

2. 找到Available Toolbar Buttons列表框中的业务模型工具栏按钮，并按Add键将其加进工具栏中。

表3.1列出了可以加进Use Case Diagram工具栏中的业务模型图标。注意工具栏中还有其他图标。但表3.1只列出业务模型图标。第4章将介绍其他图标。

说明： 在Rose中，所有业务模型图标显示为黄色。

表3.1　Use Case Diagram工具栏中的业务模型图标

图标	按钮	用途
	Business Actor	增加新的业务角色，业务角色是机构外部的
	Business Actor	增加新的业务工人，业务工人是机构内部的
	Organization Unit	增加新的机构单元，机构单元是组织业务工人和其他业务模型元素
	Business Use Case	增加新的业务用例
	Business Use Case Realization	增加新的业务用例实现
	Business Entity	增加新的业务实体

增加业务用例

要增加业务用例，首先要创建或打开Use Case框图，然后在框图中增加业务用例。用这种方法创建业务用例时，业务用例自动加进浏览器中。

要增加业务用例，步骤如下：

1. 选择工具栏中的Business Use Case按钮。
2. 单击Use Case框图中任何位置，新用例默认名称为NewUseCase。
3. 选择新用例，输入新用例名。
4. 注意新用例自动加进浏览器Use Case框图内。

要将现有业务用例加进Use Case框图中：

1. 将业务用例从浏览器中拖出，打开Use Case框图，并将其放到框图中任何位置。
   或
   选择Query➤Add Use Cases，出现图3.9所示的对话框，可以选择和增加现有业务用例。
2. 在Package列表框中选择包含要增加的业务用例的包。
3. 将要增加的业务用例从Use Cases列表框移到Selected Use Cases列表框。
4. 按OK按钮将业务用例加进框图中。

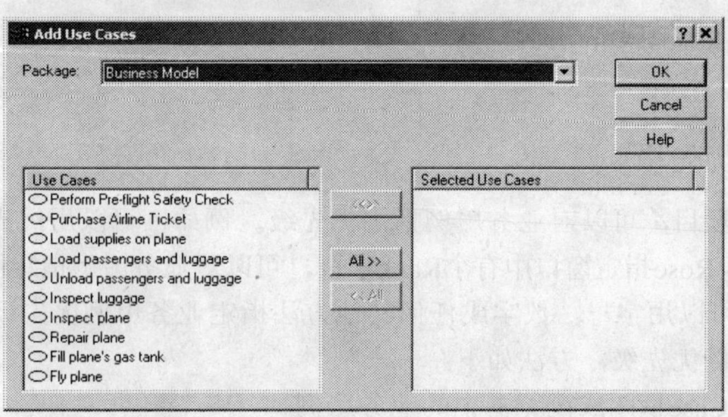

图3.9　将现有业务用例加进Use Case框图中

业务用例规范

在Rose中，可以通过业务用例规范窗口指定每个业务用例的名称、优先级和其他细节，如图3.10。

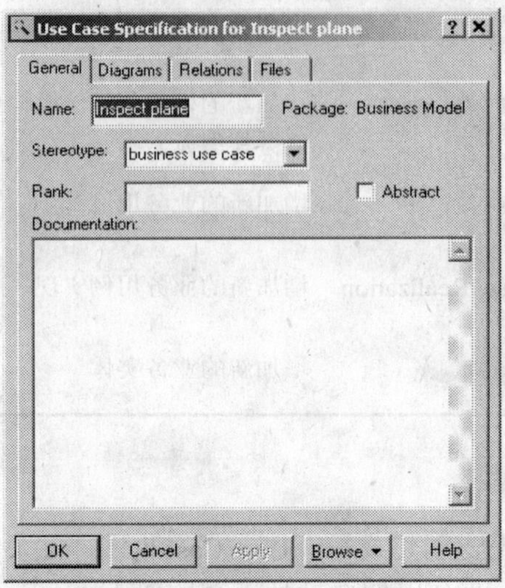

图3.10 业务用例规范窗口

下面几节介绍这个窗口中每个标签提供的规范项目。首先要知道浏览规范的方法。

要打开业务用例规范窗口，方法如下：

1. 右单击Use Case框图中的业务用例。
2. 从弹出菜单中选择Open Specification选项。

或

1. 在浏览器中右单击用例。
2. 从弹出菜单中选择Open Specification。

或

1. 选择Use Case框图中的用例。
2. 选择Browse➤Specification。

或者

1. 选择Use Case框图中的用例。
2. 按Ctrl+B。

对业务用例指定优先级

为了便于管理项目，可以对业务用例指定优先级。例如，可以用优先级确定分析与建档业务用例的顺序。Rose指定窗口中有个Rank字段，可以对业务用例指定优先级。它并没有设定编号机制，但可以用字母、数字或任何其他方法指定业务用例优先级。

要指定业务用例优先级，方法如下：

1. 右单击Use Case框图或浏览器中的业务用例。

2. 从弹出菜单中选择Open Specification。
3. 用例规范窗口的Diagrams标签中列出框图，如图3.11。本例中，用例有五个活动框图。

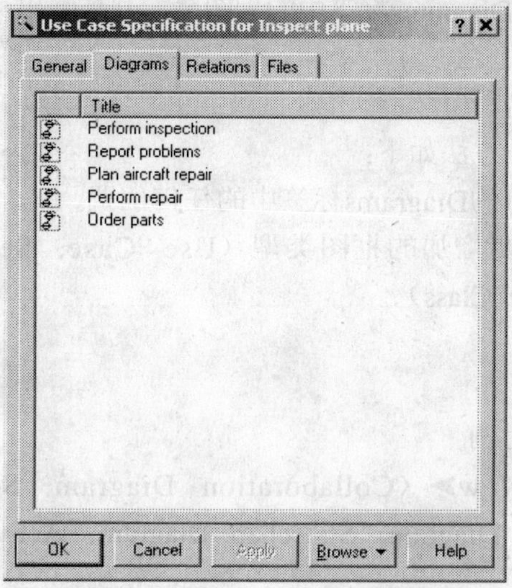

图3.11 用例规范窗口的Diagrams标签

或从浏览器中业务用例下面寻找用例的框图，如图3.12。

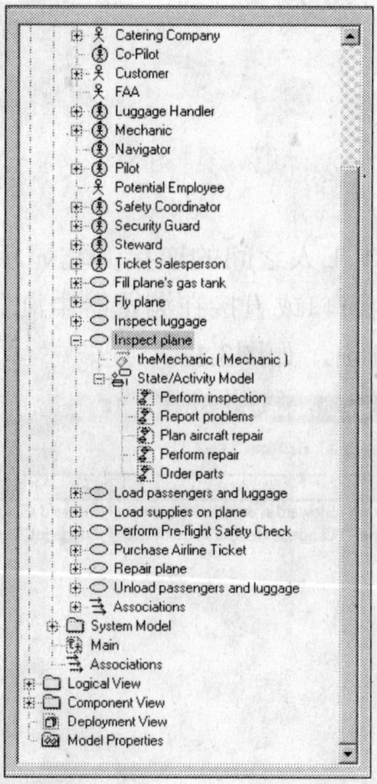

图3.12 用例的框图

要打开用例的框图，方法如下：

双击用例规范窗口的Diagrams标签中的框图名。

或

右单击用例规范窗口的Diagrams标签中的框图名，并从弹出菜单中选择Open Diagram。

或

双击浏览器中的框图名。

要将框图加进用例中，方法如下：

1. 右单击用例规范窗口的Diagrams标签中的任何位置。
2. 从弹出菜单中选择要增加的框图类型（Use Case、Sequence、Collaboration、Statechart、Activity或Class）。
3. 输入新框图名。

或

1. 右单击浏览器中的用例。
2. 从弹出菜单中选择New➤（Collaboration Diagram、Sequence Diagram、Class Diagram、Use Case Diagram、Statechart Diagram、Activity Diagram）。
3. 输入新框图名。

要删除用例的一个框图：

1. 右单击用例规范窗口的Diagrams标签中的框图名。
2. 从弹出菜单中选择Delete。

或

1. 右单击浏览器中的框图名。
2. 从弹出菜单中选择Delete。

浏览业务用例关系

关系是业务用例与业务角色或工人之间的连接。它显示哪个业务角色或工人启动业务用例。和框图一样，可以通过规范窗口或直接在浏览器中浏览特定业务用例的关系。在规范窗口中，关系在Relations标签中列出，如图3.13。

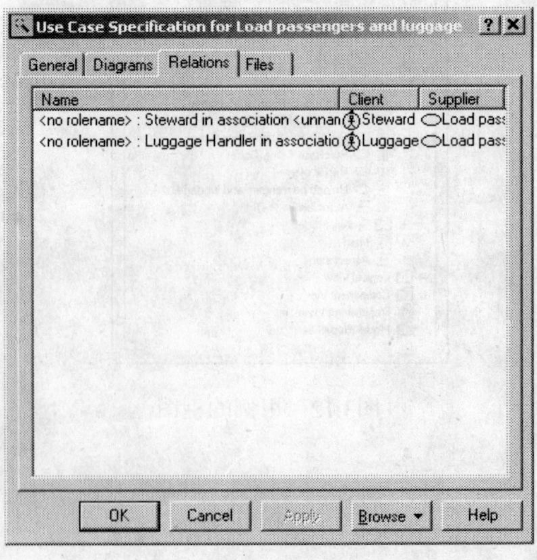

图3.13 用例规范窗口的Relations标签

要浏览业务用例关系，步骤如下：

1. 右单击Use Case框图或浏览器中的业务用例。
2. 从弹出菜单中选择Open Specification选项。
3. 关系在Relations标签中列出。启动业务用例的业务角色或工人是用例功能的客户，在Client列中列出。业务用例本身是功能提供者，在Supplier列中列出。

或

1. 选择Use Case框图中的用例。
2. 选择Report➤Show Usage。

或

检查浏览器中的层次。业务用例关系是用例下面的树视图。

要浏览关系规范，步骤如下：

1. 双击清单中的关系。
2. 出现关系规范窗口。关于关系规范的细节，见本章稍后“处理关系”一节。

或

1. 右单击清单中的关系。
2. 从弹出菜单中选择Specification。
3. 出现关系规范窗口。关于关系规范的细节，见本章稍后“处理关系”一节。

要删除关系，方法如下：

1. 右单击清单中的关系。
2. 从弹出菜单中选择Delete。

处理业务角色

众所周知，业务角色是业务之外与业务交互的人或事。标识机构中的业务角色之后，下一步要将业务角色加进Rose模型中和建立业务角色与业务用例间的关系。

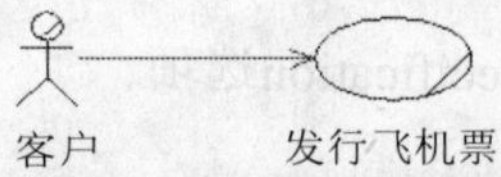

增加业务角色

和业务用例一样，要将业务角色加进Rose模型中，就是将其加进Use Case框图中。第一步要创建或打开Use Case框图，然后可以用工具栏增加业务角色。

要将业务角色加进Use Case框图中，方法如下：

1. 从工具栏中选择Business Actor按钮（黄色角色图标是业务角色）。
2. 单击Use Case框图中任何地方，新业务角色默认名为NewClass。
3. 在选择新角色时，输入名称。注意新的业务角色自动加进浏览器中的Use Case框图之下。

增加角色规范

业务角色的细节在图3.14所示的业务角色规范窗口中指定，包括名称、关系、属性等。

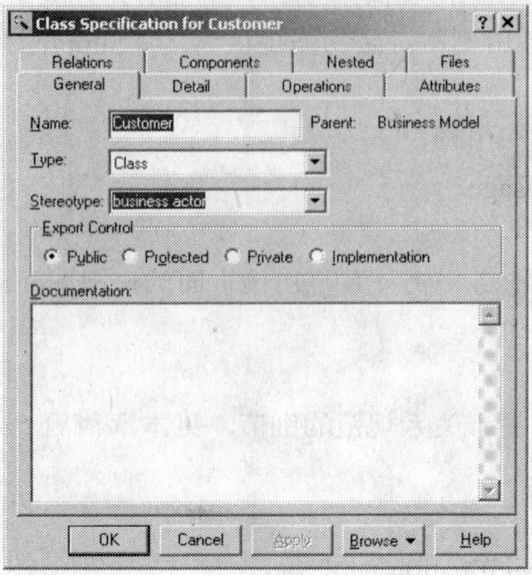

图3.14　业务角色规范窗口

本章稍后处理类时，用户可以发现业务角色规范窗口与类的规范窗口非常相似。这是因为Rose把角色看成特殊形式的类。业务角色规范窗口与类的规范窗口具有相同字段，但有些字段对角色关闭。

要打开业务角色规范窗口，方法如下：

1. 右单击Use Case框图中的业务角色。
2. 从弹出菜单中选择Open Specification选项。

或

1. 在浏览器中右单击角色。
2. 从弹出菜单中选择Open Specification选项。

或

1. 选择Use Case框图中的角色。
2. 选择Browse Specification。

或者

1. 选择Use Case框图中的角色。
2. 按Ctrl+B。

指定角色版式

版式是UML中将模型元素分类的方法，当一个元素有多种不同类型时使用。例如，Visual Basic有几种不同类型的类：接口、窗体、控件、集合，等等。每种类型在UML中表示为不同的版式。

业务角色也采用相同的概念。可能有几种不同的业务角色分别来自供应商公司、政府机构、客户公司等等。如果喜欢，可以创建自己的版式，将业务角色进行分类。可以在业务角色规范窗口中对业务角色指定版式。

要指定业务角色版式，方法如下：

1. 右单击Use Case框图中的业务角色。
2. 从弹出菜单中选择Open Specification选项。
3. 在Stereotype字段中，输入业务角色版式。

警告： 如果改变业务角色版式，则Rose不再用UML角色符号显示这个角色，而是显示为一个框。这不影响模型其余部分，但可能使Use Case框图难以理解。

设置业务角色基数

基数指特定业务角色的实例数。例如，你可能期望有300000人扮演客户的角色。用户可以在指定窗口中捕获这个信息。

Rose提供了几个基数选项：

基数	**含义**
0..0	0
0..1	0或1
0..n	0或多
1..1	1
1..n	1或多
n（默认）	许多

也可以用下列格式输入自己的基数：

格式	**含义**	**举例**
<number>	Exactly <number>	3
<number 1>..<number 2>	<number 1>到<number 2>	3..7
<number>..n	<number>或多	3..n
<number 1>,<number 2>	<number 1>或<number 2>	3, 7
<number 1>,<number 2>.. <number 3>	<number 1>或<number 2> 到<number 3>	3, 7～9
<number 1>..<number 2>, <number 3>..<number 4>	<number 1>到<number 2> 或<number 3>到<number 4>	3～5, 7～10

要设置角色基数：

1. 右单击Use Case框图或浏览器中的角色。
2. 从弹出菜单选择Open Specification。
3. 选择Detail标签。
4. 从Multiplicity下拉列表框选择或按上表所列格式输入角色基数。

浏览业务角色关系

和业务用例一样，可以用指定窗口的Relations标签或到浏览器中浏览业务角色关系。

要浏览业务角色关系，方法如下：

1. 右单击Use Case框图或浏览器中的业务角色。
2. 从弹出菜单选择Open Specification。Relations标签中出现关系。

或

检查浏览器窗口。业务角色的关系是关系下面的树视图。

要浏览关系指定，步骤如下：

1. 双击清单中的关系。
2. 出现关系规范窗口。关于关系规范的细节，见本章稍后“处理关系”一节。

或

1. 右单击清单中的关系。
2. 从弹出菜单中选择Specification。
3. 出现关系规范窗口。关于关系规范的细节，见本章稍后“处理关系”一节。

要删除关系，方法如下：

1. 右单击清单中的关系。
2. 从弹出菜单中选择Delete。

处理关系

在业务模型中，使用两种关系：关联关系和一般化关系。关联关系是业务角色与业务用例或业务工人与业务用例之间的链接。一般化关系显示业务模型元素之间的继承结构。本节介绍这两种关系及如何在Rose中建模。

关联关系

关联关系是业务角色与业务用例或业务工人与业务用例之间的关系。它表示特定业务角色或业务工人启动用例提供的功能。关系用箭头显示，如下图所示：

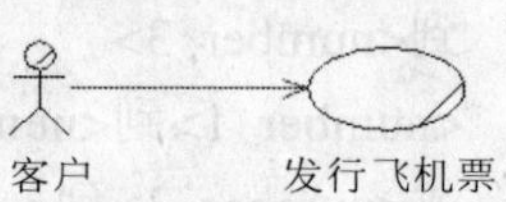

箭头的方向表示谁启动通信。上例中，客户启动发行飞机票的事务。下例中。飞行员发出取消飞行的业务用例之后，机构启动与客户的通信。

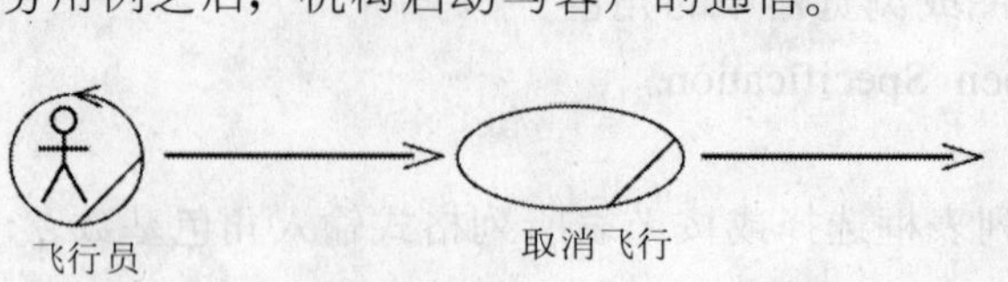

从箭头方向可以看出，飞行员开始这个过程，在取消飞行过程中，机构负责通知客户。

要增加关联关系：

1. 选择单向关联（Unidirectional Association）工具栏按钮。
2. 将鼠标从业务角色或业务工人拖动到使用案例（如果机构启动与客户的通信，则箭头反过来）。
3. Rose画出使用案例与业务角色或业务工人之间的关系。

要删除通信关系：

1. 选择Use Case框图中的关系。
2. 选择Edit➤Delete from Model或按Ctrl+D。

一般化关系

一般化关系在两个或多个业务角色、业务工人或业务用例相似时有用。例如，两组人员销售机票：电话售票和售票大厅人口售票。这两组人的工作大致相同，但责任有所不同。

在UML中，可以通过一般化关系建模这种情形。我们创建一般化的业务工人（售票员），然后创建另外两个业务工人，分别是电话售票员和普通售票员，如图3.15。

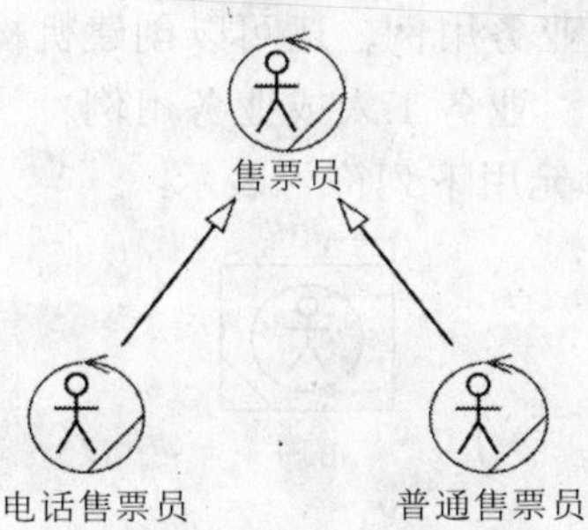

图3.15 一般化关系

在一般化关系中，箭头从特定角色指向一般角色。从这个框图可以看出，售票员有两种：电话售票员和普通售票员。

一般化角色可以是抽象角色。抽象角色是不能直接实例化的。本例中，谁也不能扮演售票员的角色，而只能是电话售票员或普通售票员。售票员角色只是保存电话售票员和普通售票员的共性。由于没人能直接扮演这个角色，因此售票员是个抽象业务角色，而电话售票员和普通售票员则是具体业务角色，人们可以直接扮演这个角色。

UML的最新演变是用例之间的一般化关系。如果两个或多个用例非常相似，但仍然有一些差别，则可以使用这种一般化关系。首先创建抽象用例，就像业务角色一样。这个抽象用例持有其他业务用例的共同元素。然后从这个抽象用例派生其他业务用例，使用一般化关系。

要增加一般化关系：

1. 将业务角色、业务工人或业务用例加进Use Case框图。
2. 选择Generalization工具栏按钮。
3. 从具体业务角色、业务工人或业务用例拖动到抽象业务角色、业务工人或业务用例。

4. 对抽象业务角色、业务工人或业务用例打开业务角色、业务工人或业务用例规范窗口。
5. 选择Detail标签。
6. 选择Abstract复选框。

要删除一般化关系：

1. 选择Use Case框图中的关系。
2. 选择Edit➤Delete from Model或按Ctrl+D。

警告： 不要使用太多的一般化关系。除非读者熟悉一般化，否则会使框图的可读性下降。

处理机构单元

前面曾介绍过，机构单元是组织业务角色、业务工人或业务用例的UML结构。通常，UML机构单元对应于机构中的部门或小组。可能用机构单元Sales、Finance、Manufacturing和Human Resources对应于公司的销售部、财务部、制造部和人事部。每个机构单元持有这个部门的业务角色、业务工人或业务用例。还可以创建机构单元特定的Use Case框图，只显示这个机构单元中的业务角色、业务工人或业务用例。

本章前面曾介绍过，机构单元用下列符号表示：

市场

增加机构单元

Rose中可以通过Use Case框图增加机构单元。创建机构单元之后，可以在其中创建新的业务角色、业务工人或业务用例或将现有业务角色、业务工人或业务用例移到新单元中。可以创建需要的多个机构单元，可以在机构单元中创建机构单元，进一步组织业务模型。

要增加机构单元，步骤如下：

1. 打开Use Case框图。
2. 用Organization Unit工具栏按钮增加机构单元，其默认名为NewPackage，并自动加进浏览器中。
3. 输入新单元名称。

要将项目移到机构单元中，只要到浏览器中将项目从现有位置拖放到新机构单元。

删除机构单元

可以用浏览器或Use Case框图从模型中删除机构单元。删除机构单元时，也从模型中删除其所有业务角色、业务工人或业务用例、活动框图和所有其他模型元素。

要从框图中删除机构单元而不从模型中删除机构单元，方法如下：

1. 选择Use Case框图中的机构单元。
2. 按Delete键。

3. 注意这时从Use Case框图中删除机构单元，但其在浏览器和其他Use Case框图中仍然存在。

要从模型中删除机构单元，方法如下：

1. 右单击浏览器中的机构单元。
2. 从弹出菜单选择Delete。

或

1. 选择Use Case框图中的机构单元。
2. 选择Edit➤Delete from Model或按Ctrl+D。

警告：从模型中删除机构单元时，则从模型中就删除了所有业务角色、业务工人或业务用例和其他模型元素。

活动框图

在Rose中，可以用活动框图建模特定业务用例的工作流。活动框图的主要元素如下：

- 泳道，显示谁负责执行框图中的任务。
- 活动，是工作流中的步骤。
- 操作，是活动中的步骤。操作可能发生在进入活动时、退出活动时、活动内或特定事件发生时。
- 业务对象，是工作流影响的实体。
- 交接，显示工作流如何从一个活动移到另一个活动。
- 决策，显示工作流中需要进行决策的点。
- 同步，显示工作流中同时发生两步或多步步骤的点。
- 开始状态，显示工作流开始的点。
- 结束状态，显示工作流结束的点。

本节介绍如何用Rose建模活动框图的不同部分。

增加活动框图

可以对特定业务用例创建多个活动框图。业务用例的活动框图在浏览器中业务用例的State/Activity Model区下面出现。

要增加活动框图，方法如下：

1. 右单击浏览器中的业务用例。
2. 从菜单中选择New➤Activity Diagram。
3. Rose在浏览器中业务用例中创建State/Activity Model项目，如图3.16。新的活动框图出现在State/Activity Model项目下面。

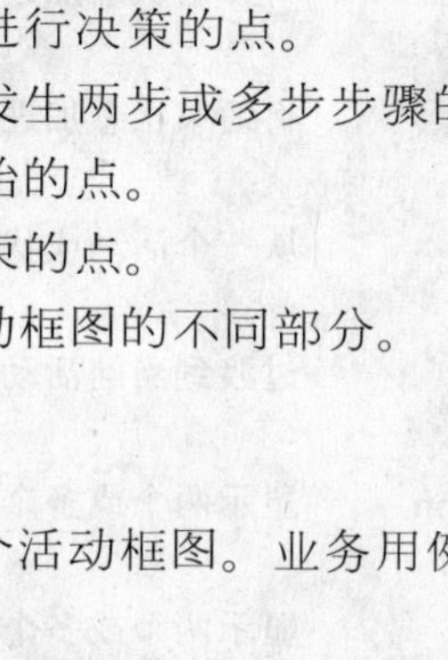

图3.16　增加活动框图

4. 命名新活动框图。
5. 双击打开活动框图。

在活动框图中增加细节

创建活动框图之后，下一步要增加泳道、活动和其他细节。这是用Activity Diagram工具栏完成。表3.2列出了Activity Diagram工具栏的图标及其作用。

表3.2 Activity Diagram工具栏图标

图标	按钮	作用
	Selection Tool	将光标返回到箭头，选择工具栏按钮
	Text Box	将文本框加进框图中
	Note	将注释加进框图中
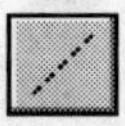	Anchor Note to Item	将框图中的项目与注释相连接
	State	将状态加进框图中
	Activity	将活动加进框图中
	Start State	将开始状态加进框图中
	End State	将结束状态加进框图中
	State Transition	从一个活动或状态过渡到另一个活动或状态
	Transition to Self	过渡到当前活动或状态
	Horizontal Synchronization	显示两个或多个活动同时发生的点
	Vertical Synchronization	显示两个或多个活动同时发生的点
	Decision	显示工作流中的决策点
	Swimlane	显示谁负责完成活动
	Object	显示工作流影响的对象
	Object Flow	显示改变对象状态的活动

要将泳道加进框图中，方法如下：

1. 选择Swimlane工具栏按钮。
2. 单击框图内。出现一个新泳道，默认标题为NewSwimlane，如图3.17。
3. 用业务工人或机构单元名命名新泳道。

要将开始状态加进框图中，方法如下：

1. 选择Start State工具栏按钮。
2. 单击框图中开始工作流的业务工人或机构单元内。

要将活动加进框图中，方法如下：

1. 选择Activity工具栏按钮。
2. 单击框图中负责执行活动的业务工人或机构单元内。
3. 命名新活动。

图3.17 活动框图中的泳道

要将操作加进活动中：

1. 右单击活动。
2. 选择Open Specification选项。出现活动指定窗口。
3. 选择Actions标签。
4. 右单击标签内并选择Insert。Type列中出现默认操作类型Entry，如图3.18。
5. 双击新操作，出现操作指定窗口。
6. 在When下拉列表框中，选择相应选项：
   - On Entry用于进入活动时发生的操作
   - On Exit用于退出活动时发生的操作
   - Do for用于活动中发生的操作
   - On Event用于特定事件中发生的操作

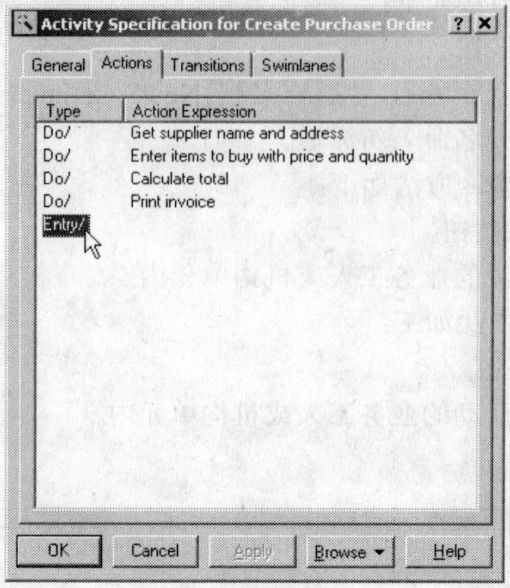

图3.18 将操作加进活动中

7. 输入操作名，如图3.19。

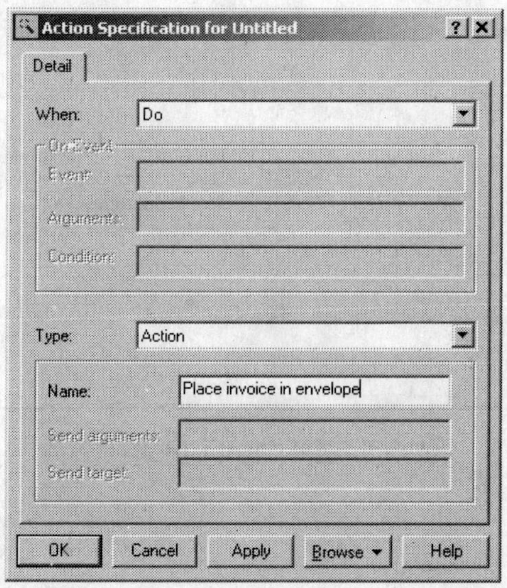

图3.19 操作规范窗口

8. 如果操作针对事件，则要输入触发操作的事件、事件的任何变元和任何保护条件。保护条件为True时，这个操作才能发生。
9. 单击OK按钮关闭操作指定窗口。
10. 单击OK按钮关闭活动指定窗口。

要增加业务对象，方法如下：

1. 选择Object工具栏按钮。

说明： Object按钮在安装Rose时默认不出现，可能要定制工具栏才能显示。

2. 单击泳道内的框图，这个泳道拥有工人或单元，这些工人或单元执行影响对象的活动。
3. 命名新对象。

要绘制活动之间的交接，方法如下：

1. 选择State Transition工具栏按钮。
2. 从一个活动拖放到另一活动。

要设置交接条件，方法如下：

1. 右单击交接。
2. 选择Open Specification选项。
3. 选择Detail标签。
4. 在Guard Condition字段中输入条件。框图中显示条件时，条件放在方括号中，表示为保护条件，如图3.20。可以直接输入保护条件，放在方括号中。

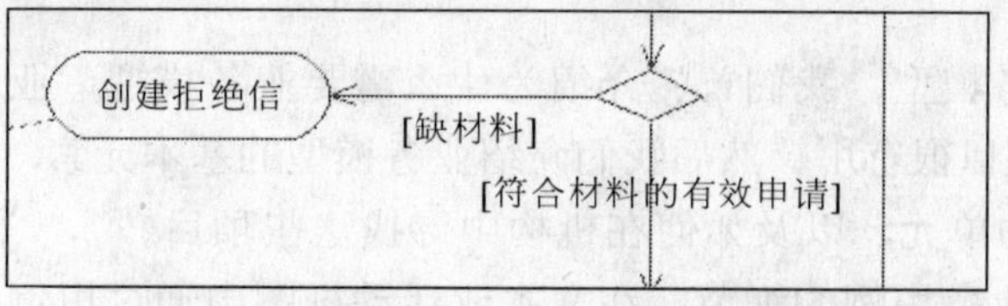

图3.20　交接的保护条件

要增加决策点，方法如下：

1. 选择Decision工具栏按钮。
2. 单击框内并放上决策点。
3. 从决策点画出两个或几个交接，各针对一个决策。

要增加同步，方法如下：

1. 选择Horizontal或Vertical Synchronization工具栏按钮。
2. 在框图内单击并放置同步。
3. 从同步画出两个或几个交接，各针对一个活动，如图3.21。

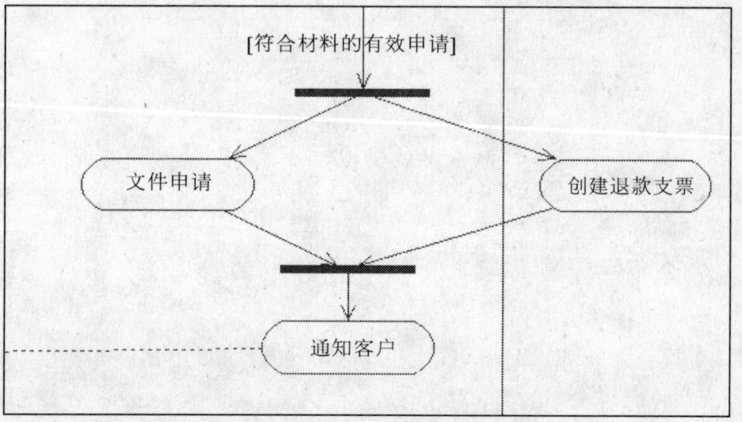

图3.21　活动框图中的同步

要显示业务对象影响的活动，方法如下：

1. 选择Object Flow工具栏按钮。
2. 从改变对象状态的活动拖放到对象本身，中间出现一条虚线箭头，如图3.22，其中显示创建拒绝信时把请求对象状态设置为Denied。

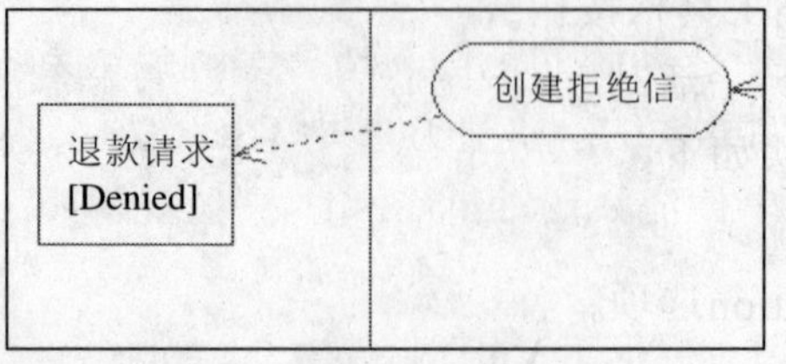

图3.22 活动框图中的对象流

小结

本章介绍了业务模型。我们首先介绍为什么需要业务模型。业务模型并不是所有项目都需要，但有时对项目很有用。然后我们介绍业务模型的基本元素，包括业务角色、业务用例、业务工人和机构单元，以及如何在机构中寻找这些项目。

然后我们介绍业务用例的细节。在文本或活动框图中通过用例建模工作流。活动框图中的优点是明确易用，特别是对大型复杂工作流。我们介绍了活动框图中的不同部分，包括泳道、活动、操作、对象、交接和同步。

介绍业务模型思想之后，我们又介绍如何用Rational Rose建模这些项目。我们介绍了Rose工具栏和指定窗口，以及将元素加进Rose模型的细节。

下一章要介绍系统建模过程。业务模型不管特定系统中哪个部分需要自动化，而系统模型则考虑特定软件项目的实现。业务模型设置了系统模型的情境。

第4章　使用案例与角色

使用案例和角色定义所建系统的范围。使用案例包括系统中的一切；角色包括系统外的一切。我们首先介绍用例或系统、模型的基本概念：用例、角色、关联关系、包括关系、扩展关系、一般化关系、事件流、活动框图和Use Case框图。然后介绍在Rose中如何建模这些元素。

本章最后提供一个练习，根据第3章“业务模型”的业务案例增加用例、角色和Use Case框图到Rose模型中。

· 使用Use Case视图与Use Case框图
· 使用使用案例、角色与关系
· 使用图注
· 增加和删除Use Case包

用例模型概念

本节介绍用例模型的基本概念：用例、角色、关系、活动框图和Use Case框图。如果你已经完成了业务模型过程，则可以注意到这些内容与业务模型的相似之处。业务模型也有用例、角色、关系、活动框图和Use Case框图。差别在于业务模型针对机构，而系统模型针对所建的系统。有时我们用系统用例或系统角色区别于业务用例和业务角色。

项目	**业务模型**	**系统模型**
用例	描述业务的工作	描述业务中系统的工作
角色	机构外的	系统外的（可能在机构内）
业务工人	机构内的	不用

上一章介绍了航空公司的业务模型过程，其中考虑的是航空公司的业务，而不是要建的系统。现在，我们要考虑特定系统。假设要建立航空公司的机票预订系统，要让客户通过电话或网络买票，改变或取消订票。

角色

角色是与所建系统交互的人或物。使用案例描述系统范围内的一切，而角色描述系统范围外的一切。在UML中，角色表示为如下图形：

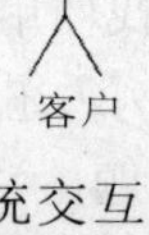

角色有三大类：系统用户、与所建系统交互的其他系统和时间。

第一种角色是实际的人，即用户，是最常用的角色，几乎每个系统都有。在航空订票系统例子中，角色是直接使用系统的人。我们知道有些功能要通过Internet提供，客户可以直接使用系统。我们还知道客户可以打电话给客户服务代表进行订票，客户服务代表直接使用系统，因此这个角色也是系统角色。

命名这些角色时，请按作用命名而不是按位置命名。一个人可能有许多作用。例如，John Doe是客户服务代表，起客户服务代表的作用。但如果他自己要买机票出差，则起客户的作用。利用作用名而不是按位置名就可以得到更稳定的角色。位置名随时改变，而作用和责任从一个位置移到另一位置。利用作用命名，就不必在每次增加新位置或改变位置时更新模型。

第二种角色是另一个系统。例如，航空订票系统可能需要与外部应用程序接口，验证信用卡以便购买。本例中，外部信用应用程序是个角色。这是另一个系统，我们不能改变，因此在当前项目的范围之外，又需要与新系统接口。这类位于应用程序边界之外的系统就是角色。

第三种常用角色是时间。当经过一定时间触发系统中的某个事件时，时间就成了角色。例如，我们用航空公司促销项目推出免费机票奖。每天下午三点，系统自动选择向随机客户提供免费机票奖。由于时间不在我们的控制之内，因此是个角色。

使用案例

使用案例是系统提供的功能块。换句话说，使用案例演示了人们如何使用系统，下面先举一个例子。

有了角色之后，需要定义航空订票系统的用例。先确定角色还是先确定用例都没关系。事实上，这两个步骤通常是同时进行的。要确定用例，就要回答下列问题：系统如何向外部提供作用？从公司简介可以看出，公司要让用户买票、改变订座和取消订座。这些都可以作为用例，是系统向最终用户提供的功能。注意，我们没有包括“取得航班信息”之类的用例。因为这是后台逻辑，最终用户并不关心，因此不适合作为用例。而买票、改变订座和取消订座则是最终用户关心的，是系统提供的功能，因此作为用例。在UML中，使用案例表示为如下符号：

买票

通过使用案例观察系统，能够将系统实现与系统目标分开，有助于让开发人员了解最重要的部分——满足用户需求和期望，而不会沉浸于实现细节。通过使用案例，客户可以看到系统提供的功能，可以先确定系统范围再深入开展项目工作。

使用案例采用与传统方法不同的方法。将项目分解成使用案例是面向对象过程而不是面向实现的过程，因此不同于传统的功能分解法。尽管功能分解法关注如何分解成系统能处理的小块，但使用案例首先关注用户对系统的需求。

开始处理项目时，自然会问：如何寻找使用案例？一个好办法是检查客户提供的文档。通常，高层或观点文档有助于确定使用案例。还可以考虑项目的保管人，询问每个保管人要什么系统功能。对每个保管人，问下列问题：

- 这个保管人要用这个系统干什么？
- 保管人是否要维护任何信息（创建、读取、更新、删除）？

· 保管人是否要把外部事件告诉系统？

· 系统是否要把某些变化和事件告诉保管人？

前面曾介绍过，使用案例用独立于实现的用户需求高级视图。下面单独介绍这个定义的每一部分。

第一，使用案例独立于实现。定义使用案例时，假设正在建立用户手册系统。使用案例可能用Java、C++、Visual Basic或书面方法建立。使用案例关注系统的作用而不是如何实现这个作用。稍后将介绍如何实现该过程。

第二，使用案例是系统的高级视图。使用案例的集合应让客户易于了解高层的整个系统。如果使用案例太多，客户就会在一页页文档间犹豫不决。一般用户的使用案例个数为20到70个（如果系统有3000个使用案例，则失去了简单性的好处）。稍后会介绍，可以用使用与扩展等关系将使用案例进行必要的分解。也可以将使用案例组合成组，以便于组织。稍后将对此进行介绍。

最后，使用案例关注系统外的用户。每个使用案例应表示用户与系统间的完整事务，为用户提供一定价值。使用案例应按业务术语命名，而不是按技术术语命名，应让客户一目了然。例如，用例不要命名为“Interface with the Bank's Credit System to Validate the Credit Card Number”。客户要买票，因此用例可以称为“Purchase Ticket”。使用案例通常用动词或短语命名，描述客户看到的最终结果。客户不关心你要面对多个其他系统、要完成哪些具体步骤或进行Visa付款需要几行代码，而只关心发生了付款。这里，你关注用户对系统的需求，而不是达到结果所需的步骤。

这样，有了使用案例的最后清单时，怎么知道是否完整呢？可以问下列问题：

· 每个功能需求是否至少在一个使用案例中？如果需求不在使用案例中，则不会实现。

· 是否考虑了每个保管者如何使用系统？

· 每个保管人向系统提供什么信息？

· 每个保管人从系统接收什么信息？

· 是否考虑了维护问题？要有人启动和关闭系统。

· 是否标识了系统要交互的所有外部系统？

· 每个外部系统从系统接收什么信息和向系统发送什么信息？

可跟踪性

和业务模型一样，这时要考虑的一个重要概念是可跟踪性。每个系统用例应能回溯到业务用例。系统用例实现业务用例中的特定功能。

这里没有一对一关系。业务用例通常是高级的，一个业务用例可能要多个系统用例来支持。例如，航空公司有个业务用例“Repair Plane”，如果建立支持这个业务用例的系统，则要有许多系统用例，如“Enter Problem”、“Check Inventory for Available Parts”、“Receive Part from Inventory”、“Order Part”、“Schedule Maintenance”，等等。每个系统用例都可以回溯到业务用例“Repair Plane”。

每个系统用例都可以回溯到业务用例，但并不是所有业务用例都有系统用例支持。假设业务用例“Unload Passengers and Luggage”，这是个手工过程，根本没有系统用例支持。下面是系统用例映射业务用例的例子：

业务用例	**系统用例**
Repair Plane	Enter Problem; Check Inventory for Parts; Receive Part from Inventory; Order Part; Schedule Maintenance
Load Supplies on Plane	Determine Needed Supplies; Check Supply Availability; Reserve Supplies; Receive Supplies
Perform Preflight Safety Check	Confirm Luggage Inspection; Confirm Passenger Check-In; Inspect Plane Exterior; Check Status of Emergency Equipment

如果使用需求管理工具，如Rational的Requisite Pro，则可以在工具中直接将系统用例映射到业务用例。否则一定要建立一个过程（即使在简单电子报表或数据库中），保证将系统用例映射到业务用例。可跟踪性的真正目的是保证在实现和建立系统之后，能够满足所有需求，所有代码能够对应到需求。

将系统用例映射到业务用例后，下一步要跟踪需求与系统用例。每个功能性需求都应对应系统用例，因为系统用例描述系统提供的功能。系统设计是由用例驱动的，因此如果用例无法跟踪需求，则设计中不考虑这类需求，最后系统中不实现这类需求。

说明： 注意，我们指的是功能性需求，而不包括非功能性需求，如系统响应时间和支持的并发用户数。这些需求通常在补充指定文档中维护。

如果使用需求管理工具，如Rational的Requisite Pro，则可以在工具中直接跟踪需求与系统用例。否则一定要建立一个过程，保证跟踪要求与系统用例。图4.1显示了整个过程的可跟踪性。

图4.1　整个过程的可跟踪性

事件流

使用案例开始描述系统的作用。要实际建立系统，则需要更具体的细节。这些细节写在事件流文档中。事件流的目的是建档使用案例中的逻辑流程。这个文档详细描述系统用户的工作和系统本身的工作。

尽管事件流程很详细，但仍然是独立于实现方法的。可以在编写事件流时假设有一个自动化系统，但还不应考虑系统到底用C++、PowerBuilder还是Java建立。这里的目的是描述系统干什么，而不是怎么干。事件流通常包括：

- 简要说明
- 前提条件
- 主事件流
- 其他事件流
- 事后条件

下面将介绍这些项目。

简要说明

每个使用案例应有一个相关的说明，描述该使用案例的作用。上例中的Purchase Ticket（买票）使用案例可以说明为：Purchase Ticket使用案例让客户浏览航班信息、查票和用信用卡买票。

说明要简明扼要，但应包括执行使用案例的不同类型用户和用户通过这个使用案例要达到的最终结果。随着项目的进行，这些使用案例定义有助于整个小组记住项目中每个案例的意义和作用，还有助于建立目的明确的使用案例，减少小组成员的混淆。

前提条件

使用案例的前提条件列出开始使用案例之前必须满足的条件。例如，前提条件可能是另一个使用案例已经执行或用户具有运行当前使用案例的权限。并不是所有使用案例都有前提条件。

前面曾介绍过，Use Case框图并不显示使用案例执行的顺序。但前提条件可以建档这方面的信息。例如，一个使用案例的前提条件可能是另一个使用案例已经执行。

主事件流和其他事件流

使用案例的具体细节在主事件流和其他事件流中描述。事件流描述执行使用案例功能的具体步骤。事件流关注系统干什么，而不是怎么干，是从用户角度写成的。主事件流和其他事件流包括：

- 使用案例如何开始
- 使用案例的各种路径
- 使用案例的正常（主）流程
- 使用案例主事件流（其他事件流）的变形
- 错误流
- 使用案例如何结束

除了文本形式的事件流外，还经常使用活动框图。本节介绍使用文本选项。本章稍后将介绍活动框图。

事件流有三大类：主事件流、其他事件流和错误流。主事件流是正常情形，是用例中最常用的路径。买票时，主事件流是顺利买到票。其他事件流是从主事件流分支出来的，但不是错误条件。例如，客户用常客卡买票，客户信用卡无效或请求的航班没有。这些情形是系统能够处理的合法情形，而不是系统中发生错误。最后，错误流表示错误条件。例如，系统无法验证信用卡或航班有没有。错误流表示系统本身的问题。

以Purchase Ticket用例为例，事件流如下。

主事件流

主事件流的步骤如下：

1. 客户选择浏览航班信息的选项时，用例开始。
2. 系统提示输入出发站和到达站，出发时间和返回时间。
3. 用户输入出发站和到达站，出发时间和返回时间。

4. 系统显示航班清单及票价。

A1：没有这个航班

5. 用户选择要订的航班。
6. 系统显示这个航班的所有票价选项。
7. 用户选择要订的票价选项。

A2：用户用常客卡选择免费机票

8. 系统显示用户支付的票价。
9. 用户确认票价。
10. 系统提示输入信用卡类型、号码、姓名和有效期。
11. 用户输入信用卡类型、号码、姓名和有效期。
12. 系统提交信用卡购买。

A6：账号找不到

A7：资金不足

E1：无法访问信用系统

13. 系统对该用户订机票。
14. 系统产生确认码并向用户显示。
15. 用户确认收到代码。
16. 用例结束。

其他事件流

A1：没有这个航班

1. 系统显示消息，没有所输入出发站和到达站以及出发时间和返回时间的航班。
2. 用户确认消息。
3. 返回主事件流第2步。

A2：用户用常客卡选择免费机票

1. 系统提示输入常客卡号。
2. 用户输入常客卡号。
3. 系统确认卡号有效。

A3：常客卡号无效

4. 系统确认里程数足够兑换免费机票。

A4：里程数不够兑换免费机票

A5：没有常客免费票

5. 票价设置为0美元。
6. 返回主事件流第8步。

A3：常客卡号无效

1. 系统显示常客卡号无效的消息。
2. 用户重输卡号或选择取消常客免费票请求。
3. 如果用户重输卡号则流转入其他事件流A2第1步。
4. 如果选择取消常客免费票请求，则流返回主事件流第6步。

A4：里程数不够兑换免费机票

1. 系统显示里程数不够兑换免费机票的消息，消息包含所需里程数和已累积里程数。
2. 返回主事件流第6步。

A5：没有常客免费票

1. 系统显示所选航班没有常客免费票的消息。
2. 返回主事件流第6步。

A6：账号找不到

1. 系统显示账号找不到的消息。
2. 返回主事件流第10步。

A7：资金不足

1. 系统显示资金不足的消息。
2. 返回主事件流第10步。

错误流

E1：无法访问信用系统

1. 系统显示无法访问信用系统的消息。
2. 返回主事件流第10步。

注意事件流的模式：用户进行操作，然后系统作出响应；用户再进行操作，然后系统再作出响应，等等。这个模式一直重复，保证完全了解用户与系统之间如何进行交流。建档事件流时，可以像这里一样用编号清单、段落文本、强调符清单或事件流程图。对用户/系统模式，另一种建档事件流的方法是用表格：

用户操作	**系统响应**
选择浏览航班信息的选项	提示输入出发站和到达站、出发时间和返回时间
输入出发站和到达站、出发时间和到达时间	显示航班号、出发时间和返回时间
...	...
...	...
...	...
...	...

需要的详细程度

建档事件流时的主要问题是事件流需要的详细程度。要确定需要的详细程度，就要考虑文档的阅读者。事件流的用户有三大类：

1. 客户通过审查这个文档相信其准确反映客户的期望。事件流应足够详细，使你和客户对系统具有相同的理解程度。细节中留下的空白越多，产生分歧的可能性越大。与此同时，又不能涉及客户不了解或不关心的实现细节。大多数客户要求既说明问题，又不涉及细节。不要用“系统会考虑常客卡”之类的话，“考虑”是什么意思？一定要使你和客户对系统具有相同的理解程度。

2. 系统设计员用其创建系统设计和最终建立系统。事件流要提供足够的信息，以便理解用例中要发生的事件序列。尽管事件流不是针对实现方法的（应避免“菜单”、“窗口”、“树视图”之类把开发人员约束在特定实现方法的单词），但提供了系统行为的丰富信息。一定要明确指定用户要什么，使设计人员了解用户需求。
3. 质检小组用事件流创建测试脚本。由于事件流一步步列出系统的工作，因此质检小组可以用事件流比较系统说的和做的是不是一回事。事件流本身不是测试脚本，但可以作为测试脚本的输入。

编写流程时，一定要避免详细讨论怎么干。就像写菜单，你要写“加两个蛋”，而不写“到冰箱的门上取两个蛋，取第一个蛋将蛋用碗边敲破，……”。在事件流中，可以说“验证用户ID”，而不指定查找数据库中哪个表格。关注用户与系统之间交换的信息，而不关注系统实现的细节。

事后条件

事后条件是使用案例执行完毕之后必须为真的条件。例如，可以在使用案例完成之后设置一个标志。这种信息就是事后条件。和前提条件一样，事后条件可以增加使用案例顺序方面的信息。例如，如果一个使用案例运行之后必须运行另一个使用案例，则可以在事后条件中说明这一点。并不是每个使用案例都有事后条件。

关系

前面分别介绍了用例和角色。现在要介绍用例和角色的关系，得到系统的全貌。

关联关系描述角色与使用案例之间的关系。

用例之间有三种关系：包括关系、扩展关系和一般化关系。这些关系在用例之间有一定的共性时使用。

一般化关系描述角色之间的关系。

关联关系

关联关系描述角色与使用案例之间的关系。在UML中，关联关系是使用箭头表示的：

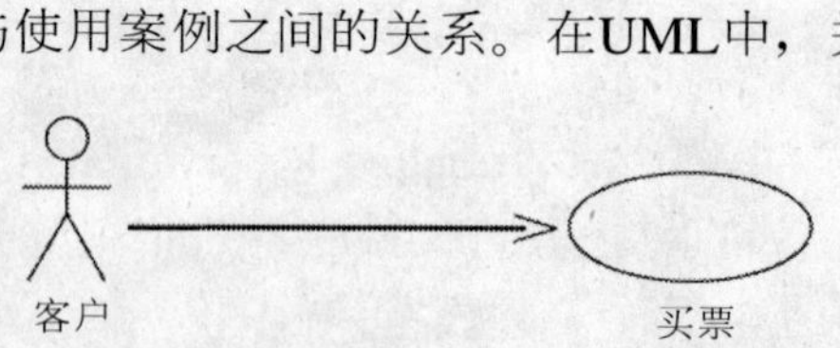

本例中，用例启动与信用系统角色的通信。运行“Purchase Ticket”用例时，订票系统启动与信用系统的通信，检查卡和完成事务。尽管信息是双向流动的（在订票系统与信用系统之间来回传递），但箭头只表示谁启动通信。

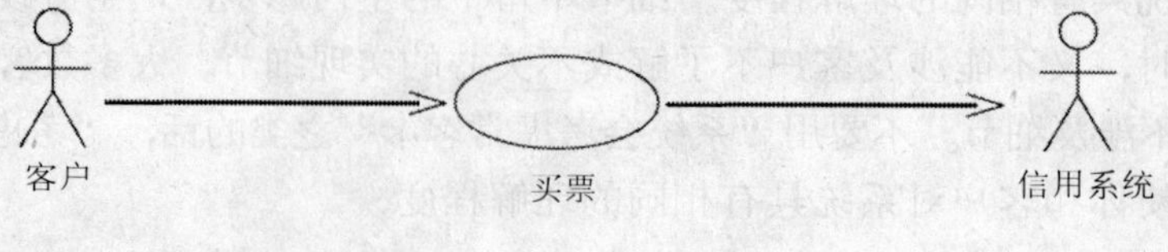

每个使用案例都应由角色启动，除下面介绍的使用关系和扩展关系中的使用案例。

包括关系

包括关系使一个用例的功能可以在另一个用例中使用。这个关系有两种用途。

第一， 如果两个以上用例有大量一致的功能，则可以将这个功能分解到另一个用例中。其他用例可以和这个用例建立包括关系。

第二， 一个用例的功能太多时，可以用包括关系建模两个小用例。

Rose中的包括关系显示为虚线箭头加<<include>>字样，如图4.2。

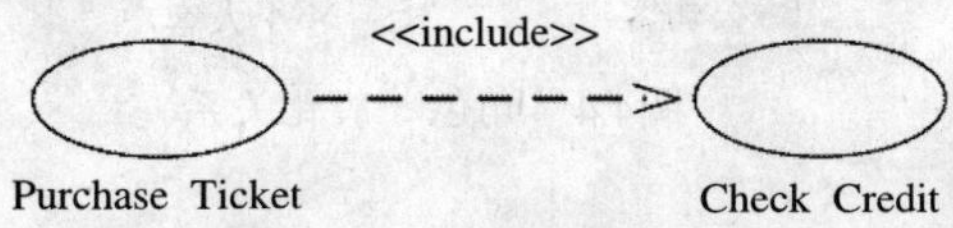

图4.2 包括关系

本例中，“Check Credit”用例检查输入的信用卡号是否有效，信用卡是否有足够资金完成事务。由于这个功能在Purchase Ticket过程中使用，因此其中有包括关系。

包括关系中一个用例总是使用另一用例的功能。不管如何处理Purchase Ticket用例，总是运行“Check Credit”用例。

扩展关系

扩展关系允许一个使用案例（可选）扩展另一使用案例提供的功能。它与使用关系相似，这两个关系都是把相同功能分离到另一个使用案例中。

在UML中，扩展关系表示为箭头加<<extend>>字样，如图4.3。

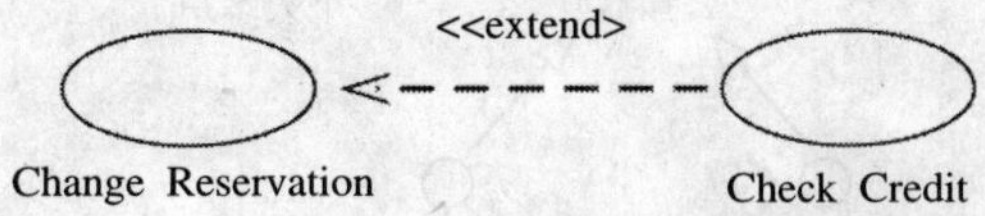

图4.3 扩展关系

本例中，“Check Credit”用例扩展“Change Reservation”用例。运行“Change Reservation”用例时，只有预订量改变时才运行“Check Credit”。如果预订量不变，则不运行“Check Credit”。

由于“Check Credit”可选运行，因此用例之间存在扩展关系。箭头从可选运行的用例（“Check Credit”）指向被扩展的用例（“Change Reservation”）。

一般化关系

一般化关系表示几个角色或用例有一些共性。例如，可能有两类客户：公司客户和个人客户。可以用图4.4所示的图注表示这种关系。

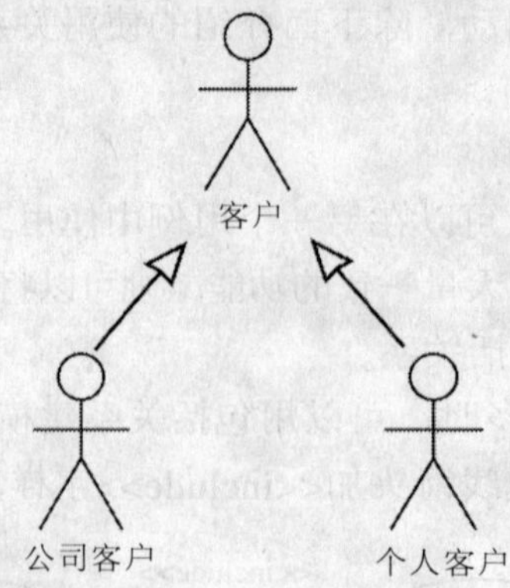

图4.4 角色一般化关系

这个框图表示有两类客户：公司客户和个人客户。个人和公司角色是具体角色，可以直接实例化。客户角色是抽象角色，无法直接实例化，只表示有两种客户。

如果需要，还可以进一步分解。假设有两种公司客户——政府机构和私人公司，则可以将框图修改成图4.5。

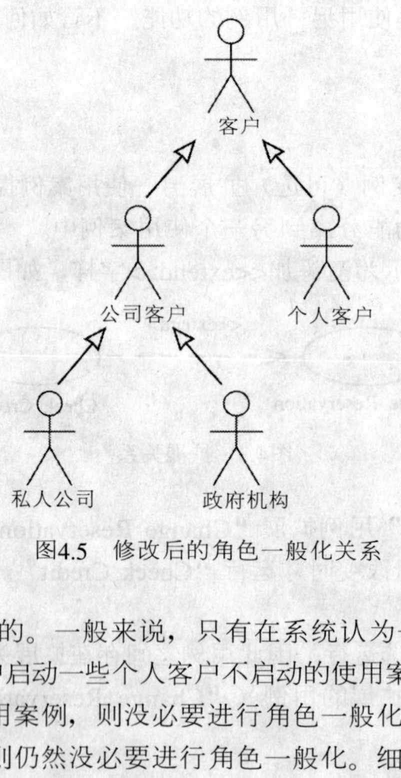

图4.5 修改后的角色一般化关系

这种关系并非总是必需的。一般来说，只有在系统认为一种角色与另一种角色的功能不同时才需要。如果公司客户启动一些个人客户不启动的使用案例，则最好进行角色一般化。如果两种客户使用相同的使用案例，则没必要进行角色一般化。如果两种客户使用相同的使用案例，但只是稍有不同，则仍然没必要进行角色一般化。细微差别可以在使用案例的事件流文档中表示。

提示： 这些框图的作用仍然是通信。如果角色一般化能使小组得到有用的信息，则进行角色一般化，否则就没必要进行角色一般化。

用例也是这样。如果一个用例扩展另一用例的功能，则可以创建一般化用例，然后用一般化关系派生其他用例。

Use Case框图

Use Case框图显示系统中的使用案例与角色及其相互关系。使用案例是系统提供的高级功能块，角色是与所建系统交互的对象。图4.6是个Use Case框图例子。

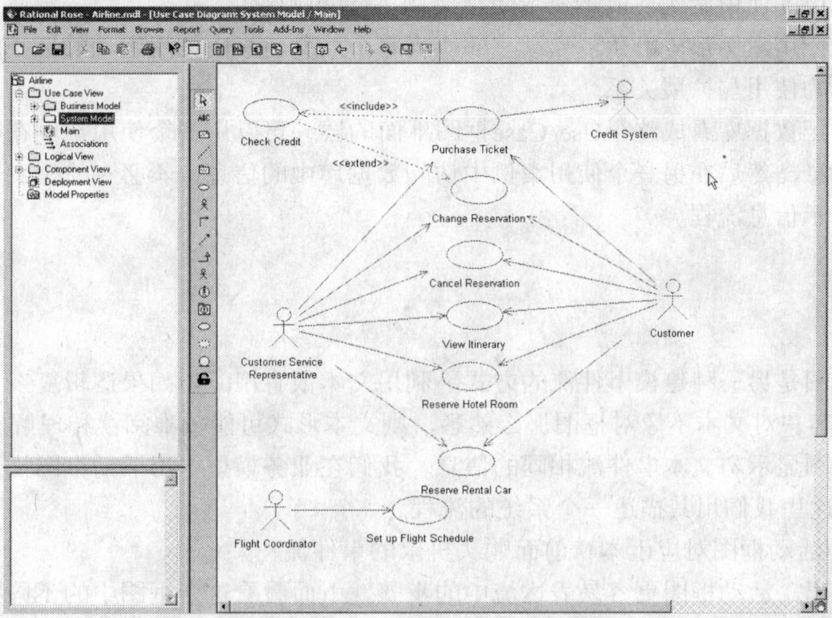

图4.6　Use Case框图样本

这个框图中有系统角色、系统用例和它们之间的关系。由于系统可以联机或通过电话访问，因此客户和客户服务代表都可以启动同一用例。我们有一个扩展关系和一个包括关系。系统提供八大功能：购买机票、改变预订、检查信用、取消预订、浏览客户旅程、订旅馆客房、订出租车和建立航班计划。

Use Case框图的一大优势是通信。客户可以从这个Use Case框图取得大量信息。通过这个使用案例，客户可以知道谁与系统进行交互。通过查阅使用案例与角色，他们知道项目的具体范围。这样就有助于寻找缺少的功能。例如，有人可能从框图中发现还要增加浏览累计里程的功能。这时只要增加一个用例“View Frequent-Flyer Information”。

通常，一个系统要创建几个Use Case框图，高层框图在Rational Rose中称为主框图，显示使用案例包（组）。其他框图显示一组使用案例与角色。也可能要创建一个所有使用案例与角色的框图。创建多少Use Case框图和取什么名完全由你定。框图中应有足够的有用信息，又不至于太拥挤。

提示： 利用包中的所有模型元素，Rational Rose自动创建框图。在rose.ini中设置AutoConstructMainDiagrams=Yes标志，启用这个特性，即可对每个包自动创建主框图，包括包中的所有模型元素。

Use Case框图有个特定目的——建档角色（系统范围外的一切）、使用案例（系统范围内的一切）及其关系。创建Use Case框图要记住：

- 不要建模角色与角色的关系。按定义，角色在项目范围之外。因此，角色之间的通信不在所建范围之内。可以用工作流框图检查角色的关系。
- 不要在两个使用案例之间直接画箭头（除了后面介绍的使用与扩展关系）。框图显示可用的使用案例，但不显示使用案例执行的顺序。
- 每个使用案例都应由角色启动。即应当有个从角色指向使用案例的箭头，除了后面介绍的使用与扩展关系。
- 可以把数据库看成整个Use Case框图下面的层。可以用一个使用案例在数据库中输入信息，然后在另一个使用案例中访问数据库中的信息。不必在使用案例之间用箭头显示信息流程。

活动框图

活动框图是另一种建模事件流的方式。利用文本很有用，但如果逻辑复杂且有许多其他事件流或客户对文本不像对框图那么熟悉，则文本形式可能较难阅读和理解。

活动框图显示与文本事件流相同的信息。我们在业务模型中用活动框图描述业务过程的工作流。这里我们用其描述一个系统的流程。

图4.7的活动框图对应于本章前面购买机票的事件流。

可以看出，活动框图更容易表达流中的步骤。下面看看这个框图中的不同符号。

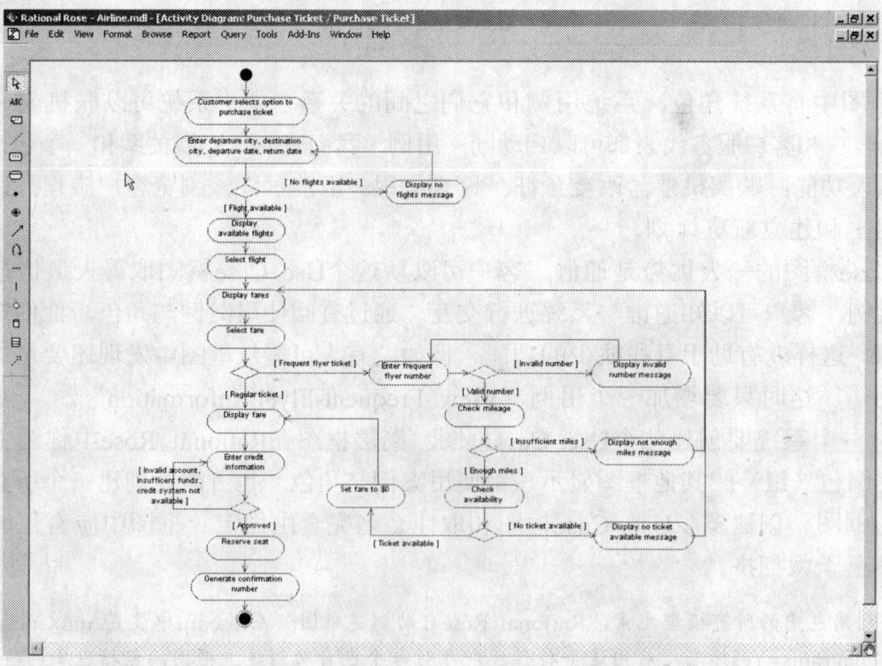

图4.7　活动框图

活动

顾名思义，活动是活动框图的重要部分之一。活动就是过程中的步骤。前面用文本表示的步骤在这里变成活动。活动用下列符号表示：

可以用操作在活动中增加更多详细的步骤。操作是活动中执行的小步骤。在下列情况下发生：

- 进入活动时发生的操作，标有entry字样。
- 活动进行时发生的操作，直到离开活动，标有do字样。
- 离开活动时发生的操作，标有exit字样。
- 特定事件发生时的操作，标有event字样和事件名。

操作是可选的，但提供的详细信息有助于后面完成系统设计。如果包括操作，则其在活动内显示，不管其属于上面哪一类。下面是带操作的活动例子：

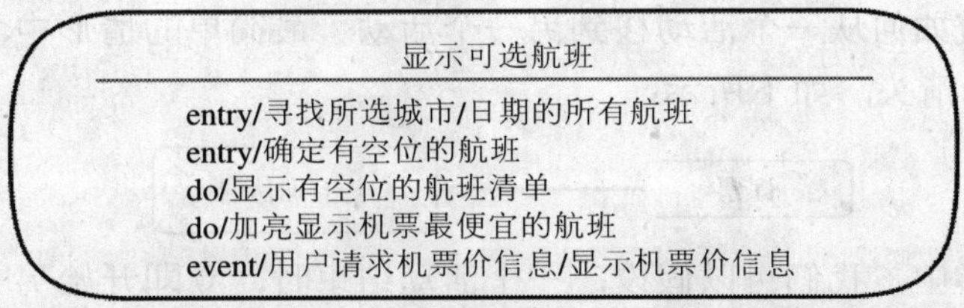

本例中，操作显示“显示可选航班”活动中的步骤。活动开始时，系统寻找所选城市/日期的所有航班，然后确定有空位的航班。在活动中，系统显示有空位的航班清单和加亮显示机票最便宜的航班。最后，用户请求机票价信息时，系统显示机票价信息。

开始与结束状态

开始与结束状态显示流在哪里开始，在哪里结束。每个活动框图都要有开始状态，用实心点表示，表示流从哪里开始。

结束状态在框图中是可选的，显示流在哪里结束，用牛眼睛表示。框图中可以有多个结束状态，但只能有一个开始状态。

对象与对象流

对象是流影响的实体，可以在流中由活动使用或改变。在活动框图中，可以显示对象及其状态，以便了解对象状态在何处改变，如何改变。

对象通过对象流与活动相连接。对象流是虚线箭头，从活动指向改变的对象或从对象指向要用的活动。

本例中，用户输入信用卡信息之后，创建状态为“未确认”的票。完成信用处理和批准信用之后，发生“订票”活动，将票的状态设置为“购买”。这是活动改变对象的例子。

对象也可以作为活动的输入。本例中，要产生确认号，系统就要有购买的票。因此票是“产生确认号”活动的输入。两个例子中，活动与对象的关系都画成虚线箭头，称为对象流。

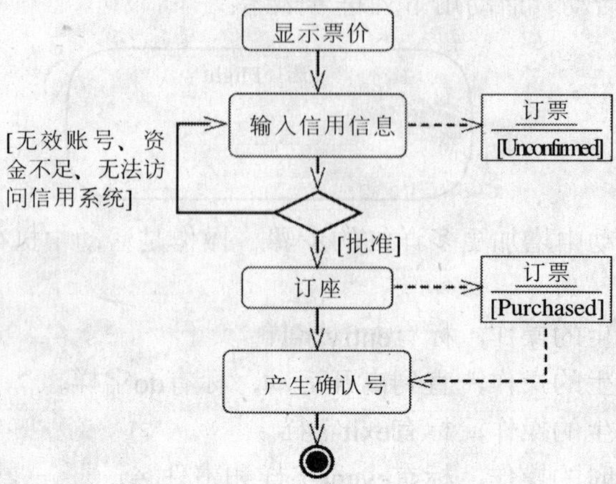

交接

交接显示控制流如何从一个活动移到另一个活动。最简单的情形中，交接只是从一个活动指向另一活动的箭头，如下所示：

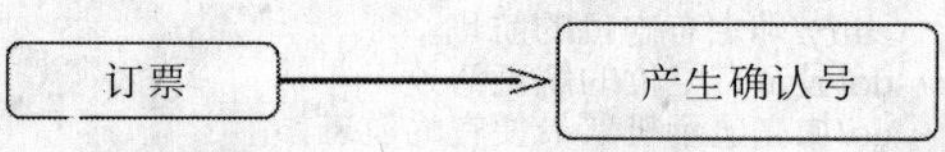

在这个简单情形中，我们可以假设，一个活动结束时，立即开始另一个活动。

但是，我们可以设置发生交接时控制交接的极限。这可以用事件或保护条件来完成。如果对交接指定事件，则要发生事件时才能发生交接。交接箭头标上事件名和括号中的任何变元。

下面看看用户改变主意和取消事件的情形，要求退回票款和取消机票。

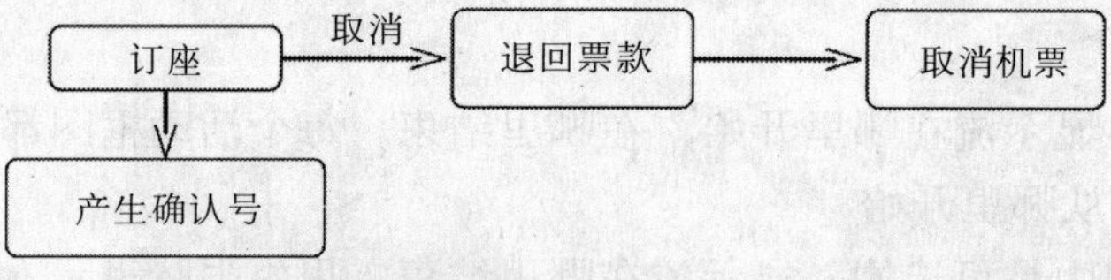

事件触发交接时，保护条件控制能否发生交接。如果有保护条件，则符合这个保护条件时，才能发生交接。保护条件和交接箭头一起列出，然后是任何事件放在方括号中。

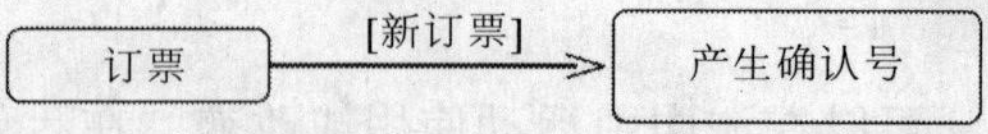

本例中，只在重新订票时才需要新的确认号。如果改变现有机票，则可以用旧的确认号。由于我们只在重新订票时才产生新的确认号，因此“新订票”是保护条件。

同步

同步显示两个或多个分支流并行发生。本例中，如果要显示系统同时订座、产生确认号、产生收据和将收据用E-mail发出，然后再显示确认号，则框图如下：

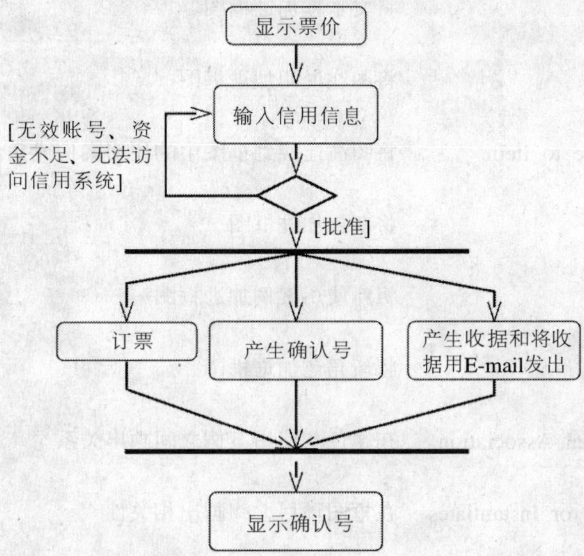

同步用实线显示，显示逻辑分叉与汇合点。同步可以水平或垂直进行。

Rational Rose中使用用例

本节介绍在Rose中如何创建、更新与删除用例和Use Case框图。我们介绍Use Case框工具栏，用其将用例、角色、关系和其他元素加进Use Case框中，然后介绍Rose中如何创建、删除和设置用例指定。

一个项目可能创建多个Use Case框图。每个Use Case框图显示用例与角色的不同子集。Rose提供一个默认Use Case框图Main，可以显示用例与角色的包，也可以显示所有用例与角色。Rose模型中可以随意创建多个Use Case框图。

Use Case框图工具栏

打开Use Case框图时，框图工具栏变成Use Case框图工具栏。在Use Case框图工具栏中，Rose提供Use Case框图中所有常用功能的快捷键。表4.1列出了其中一些按钮。本章余下部分介绍每个按钮如何将用例、角色、关系和其他元素加进Use Case框中。

提示： 下列按钮是工具栏的默认按钮。和任何其他工具栏一样，Rose工具栏可以定制。如果看不到所有按钮，则可以右单击工具栏并选择Customize。

表4.1 Use Case框图工具栏图标

图标	按钮	用途
	Selects/Deselects an Item	让光标返回箭头，以便选择项目
	Text Box	将文本框加进框图
	Note	将图注说明加进框图
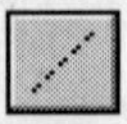	Anchor Note to Item	将图注连接到框图中的使用案例或角色
	Package	将新包加进框图
	Use Case	将新使用案例加进框图
	Actor	将新角色加进框图
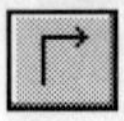	Unidirectional Association	在角色与使用案例之间画出关系
	Dependency or Instantiates	在框图项目之间画出相关性
	Generalization	画出使用案例之间的使用或扩展关系，以及角色间的继承关系

创建Use Case框图

Rose在Use Case视图中创建Use Case框图。Use Case视图包含下列项目：

- 使用案例
- 角色
- 使用案例与角色间的通信关系
- 使用案例间使用和扩展关系
- 角色一般化关系
- Use Case框图
- Activity框图
- Use Case实现
- Sequence与Collaboration框图

Sequence和Collaboration框图将在第5章介绍，其余均在本章介绍。Use Case视图主要是独立实现的。使用案例与角色描述项目范围，而不关心所用编程语言等实现细节。第5章的Sequence框图开始增加实现细节。

Rose有个精彩的Use Case框图Main（默认）。可以创建多个框图以建模系统。

要访问主Use Case框图，做法如下：

1. 单击浏览器中Use Case视图旁边的“+”将其打开。

2. 出现主Use Case框图。注意Rose中的Use Case框图左边有如下图标：

3. 双击主框图将其打开。标题栏变成[Use Case Diagram: Use Case View/Main]。

要创建Use Case框图：

1. 右击浏览器中的包Use Case视图。
2. 选择弹出菜单中的New➤Use Case Diagram，如图4.8。

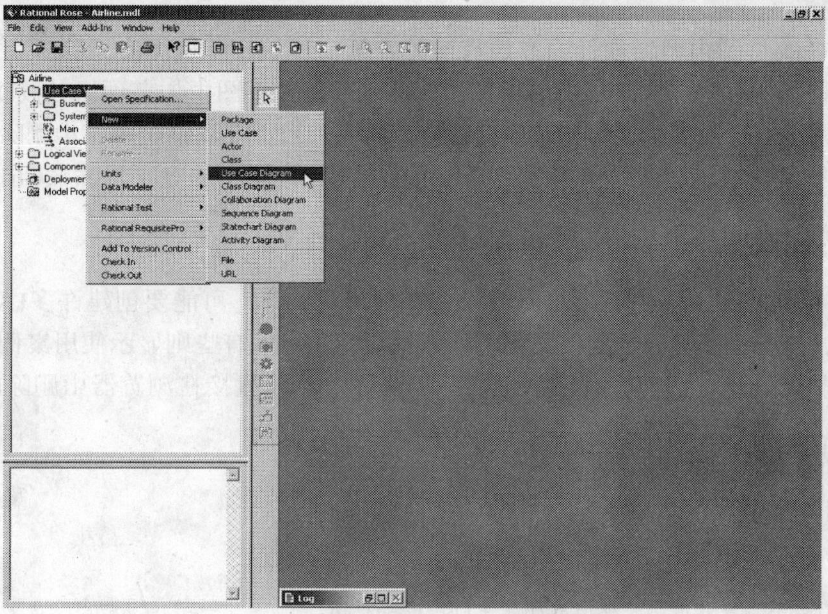

图4.8 增加新的Use Case框图

3. 选择新框图后，输入新框图名。
4. 双击浏览器中的新框图将其打开。

要打开现有Use Case框图：

1. 找到浏览器中Use Case视图中的Use Case框图。
2. 双击Use Case框图名将其打开。

或

1. 选择Browse➤Use Case Diagram打开图4.9所示窗口。

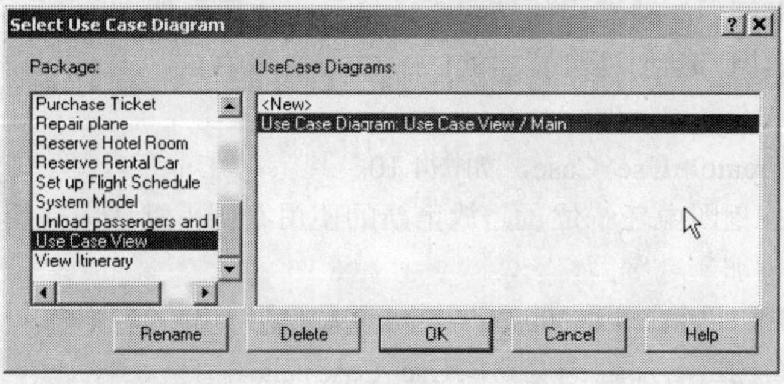

图4.9 打开现有Use Case框图

2. 在Package列表框中，选择所要打开的框图所在的包。

3. 在Use Case Diagrams列表框中选择所要打开的框图。

4. 按OK。

要在Use Case框图中增加项目，用下节介绍的工具栏按钮将使用案例、角色和关系加进框图中。

从Use Case框图中删除项目的方法有两种。第一种从打开框图中删除项目，但项目仍在浏览器中和其他框图中。要从当前框图中删除项目，在框图中加亮项目并按Delete键。第二种从整个模型（包括浏览器中和其他框图中）删除项目。要从整个模型中删除项目，在浏览器中加亮项目并右击，从弹出菜单选择Delete，或在框图中加亮项目后按Ctrl+D。

删除Use Case框图

创建的有些Use Case框图可能要删除。在项目开始时，可能要创建许多Use Case框图以确定范围。有些框图可能包含使用案例；有些显示角色；有些则显示使用案例和角色的子集。随着项目的进行，可能发现要清理一些旧框图。可以直接在浏览器中删除Use Case框图。但要小心，一旦删除之后，是没有办法恢复的。

要删除Use Case框图：

1. 在浏览器中右单击框图。

2. 从弹出菜单选择Delete。

警告： Rose不允许取消删除框图或删除主Use Case框图。

删除Use Case框图并不删除其中的模型元素，它们还保留在浏览器中和任何其他框图中。

增加使用案例

向模型中增加使用案例的方法有两种：将使用案例加进活动Use Case框图，或直接将新使用案例加进浏览器中，然后从浏览器中可以再将使用案例加进Use Case框图。

要将新的使用案例加进Use Case框图：

1. 选择工具栏中的Use Case按钮。

2. 单击Use Case框图中任一位置，新使用案例默认名为NewUseCase。

3. 在新的使用案例仍然被选中的情况下，输入新使用案例名称。

4. 注意新使用案例自动加进浏览器的Use Case视图中。

或

1. 选择Tools➤Create➤Use Case，如图4.10。

2. 单击Use Case框图中任一位置，放上新的使用案例。默认新使用案例名为NewUseCase。

3. 在新的使用案例仍然被选中的情况下，输入新使用案例名称。

4. 注意新使用案例自动加进浏览器的Use Case视图中。

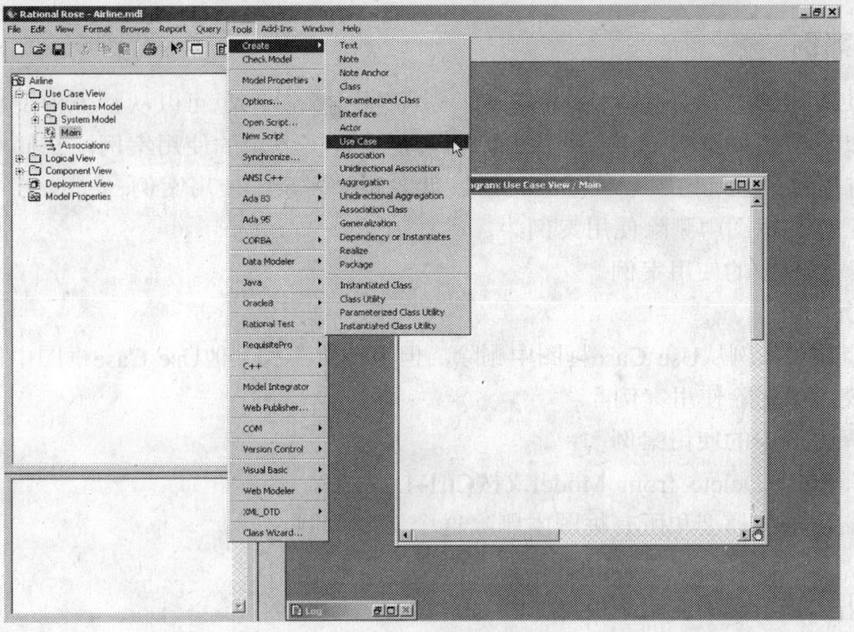

图4.10　将新的使用案例加进Use Case框图

要将现有使用案例加进Use Case框图：

将使用案例从浏览器中拖动到打开的Use Case框图中。

或

1. 选择Query➤Add Use Cases，打开图4.11所示对话框，可以选择和增加现有使用案例。
2. 在Package下拉列表框图中，选择要加的使用案例所在的包。
3. 将要加的使用案例从Use Cases列表框移到Selected Use Cases列表框。
4. 按OK将使用案例加进Use Case框图。

要将使用案例加进浏览器中：

1. 右单击浏览器中的Use Case视图包。
2. 从弹出菜单中选择New➤Use Case。
3. 浏览器中出现新的使用案例NewUseCase。新使用案例左边是Use Case图标。
4. 选择使用案例后，输入新使用案例名。
5. 要把使用案例加进框图，将新使用案例从浏览器中拖动到框图中。

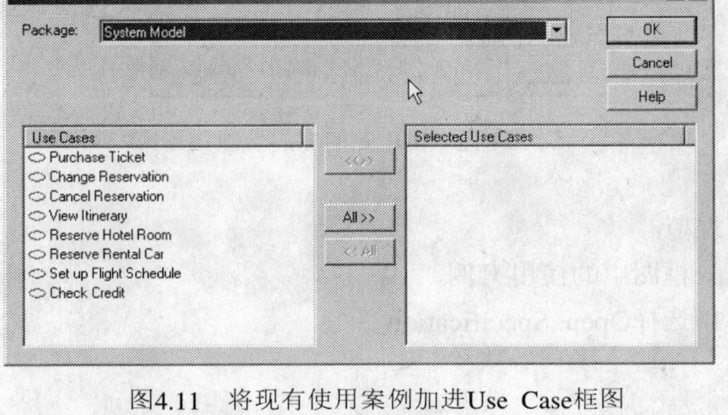

图4.11　将现有使用案例加进Use Case框图

删除使用案例

删除使用案例的方法有两种，可以从一个框图中删除，也可以从整个模型和所有框图中删除。和Use Case框图一样，项目开始时可能有许多多余的使用案例，它们对确定项目范围非常有用。一旦确定最后使用案例组，就要删除多余的使用案例。

从Use Case框图中删除使用案例：

1. 选择框图中的使用案例。
2. 按Delete。
3. 注意使用案例从Use Case框图中删除，但在浏览器和其他Use Case框图中仍然存在。

要从模型中删除使用案例：

1. 选择框图中的使用案例。
2. 选择Edit➤Delete from Model或按Ctrl+D键。
3. Rose从整个模型和所有框图中删除这个使用案例。

或

1. 右击浏览器中的使用案例。
2. 从弹出菜单中选择Delete。
3. Rose从整个模型和所有框图中删除这个使用案例。

使用案例规范

Rose提供每个使用案例的详细规范。这些规范可以帮助建档使用案例的特定属性，如使用案例名称、优先级和版型。图4.12显示了使用案例规范窗口，用于设置使用案例规范。下面几节介绍这个窗口中的每个规范。

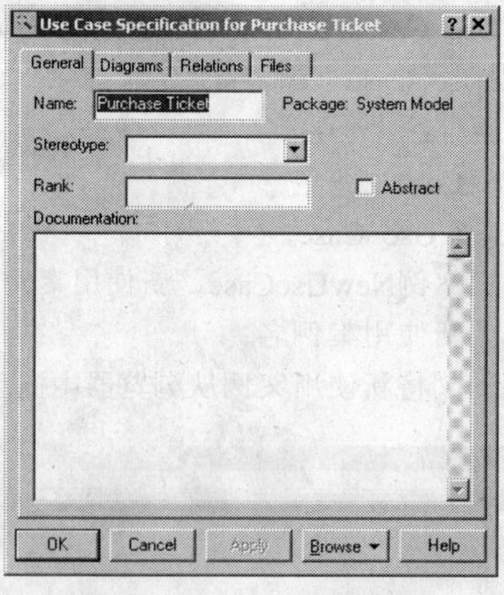

图4.12 使用案例规范窗口

打开使用案例规范：

1. 右击Use Case框图中的使用案例。
2. 从弹出菜单中选择Open Specification。

或

1. 右击浏览器中的使用案例。

2. 从弹出菜单中选择Open Specification。

或

1. 选择Use Case框图中的使用案例。

2. 选择Browse➤Specification或按Ctrl+B。

命名使用案例

模型中的每个使用案例应有惟一名称。使用案例应从客户角度命名，以帮助确定项目范围。使用案例名还应独立于实现方法。要避免使用使用案例与特定实现方法相联系的短语，如Internet。使用案例通常用动词和短语命名。

使用案例命名的方法有两种，可以用使用案例规范窗口，也可以在框图中直接命名。

命名使用案例：

1. 选择浏览器或Use Case框图中的使用案例。

2. 输入使用案例名。

或

1. 右击浏览器或Use Case框图中的使用案例。

2. 从弹出菜单选择Open Specification。

3. 在Name字段中输入使用案例名。

将文档加进使用案例：

1. 选择浏览器中的使用案例。

2. 在文档窗口中输入使用案例说明。

或

1. 右单击浏览器或Use Case框图中的使用案例。

2. 从弹出菜单选择Open Specification。

3. 在规范窗口的Documentation区输入使用案例说明。

浏览使用案例参与者

你可能想查看参与某个使用案例的所有类和操作。随着项目的进行，需求可能增加或改变，知道这个改变影响哪些类是很有必要。在飞行机票例子中，如果改变需求和用例，则要知道要用哪些类。

即使系统完成后，也要记录每个使用案例包括哪些类。系统进入维护阶段时，需要控制升级和修改的范围。在Rose中，可以用Report菜单浏览使用案例参与者。

要浏览参与使用案例的类和操作：

1. 选择Use Case框图中的使用案例。

2. 选择Report➤Show Participants in UC。

3. 出现Participants窗口，如图4.13。

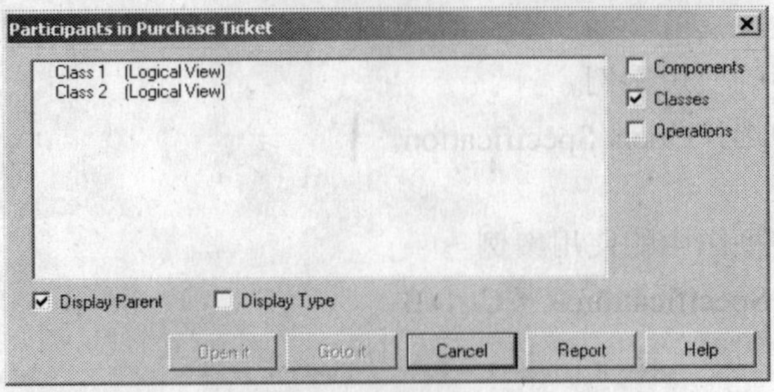

图4.13 使用案例Participants窗口

选中Display Parent复选框显示参与使用案例的每个类所在的包。包分别在类和操作名后面的括号中。

选中Display Type复选框可以在列表框图中每个项目旁边放上图注说明，让你知道项目是类还是操作。类型在类或操作名后面的括号中。

Components、Classes或Operations复选框控制列表框中列出组件、类、操作或三者都列出。Open It按钮浏览清单中一个项目的规范；Goto It按钮选择浏览器中的项目。

指定使用案例版型

在UML中，版型用于分类模型元素。例如，如果有两种使用案例A类和B类，可以创建两个新使用案例版型A和B。版型不常用于使用案例，更常用于其他模型元素，如类和关系。但如果喜欢，也可以增加使用案例版型。

要指定使用案例版型：

1. 右单击浏览器或Use Case框图中的使用案例。
2. 从弹出菜单中选择Open Specification。
3. 在Stereotype字段中输入版型。

指定使用案例优先级

定义使用案例时，可能要指定优先级。利用优先级，随着项目的进展，你可以知道处理使用案例的顺序。在Rose的使用案例规范中，可以用Rank字段输入使用案例优先级说明。

要指定使用案例优先级：

1. 右单击浏览器或Use Case框图中的使用案例。
2. 从弹出菜单中选择Open Specification。
3. 在General标签的Rank字段输入使用案例优先级。

创建抽象使用案例

抽象使用案例不是由角色直接启动，而是提供一些其他功能，让其他使用案例使用。抽象使用案例是参与使用或扩展关系的使用案例。图4.14是个抽象使用案例的例子。

本例中，“Check Credit”是抽象用例。角色运行“Purchase Ticket”或“Change Reservation”用例，但不能直接运行“Check Credit”用例。本章稍后一节将介绍如何在使用案例之间画箭头。

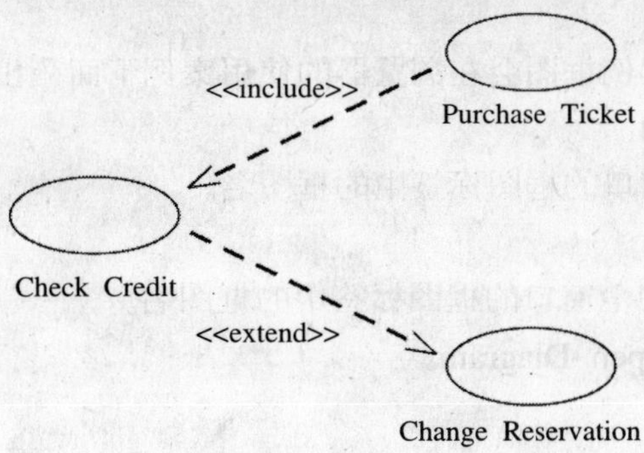

图4.14　抽象使用案例

要创建抽象使用案例：

1. 在浏览器或Use Case框图中创建使用案例。
2. 右单击浏览器或Use Case框图中的使用案例。
3. 从弹出菜单中选择Open Specification。
4. 复选Abstract框。

浏览使用案例的框图

在使用案例规范中可以看到浏览器里用例中定义的所有活动框图、Sequence框图、Collaboration框图、Class框图、Use Case框图和Statechart框图。图4.15显示了使用案例规范窗口的框图标签。在这个标签中，可以看到表示框图类型的Rose图标和框图名。双击框图即可在框图窗口中打开这个框图。

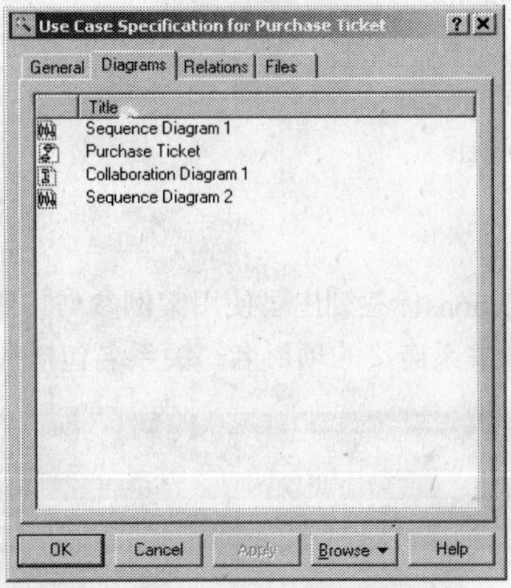

图4.15　使用案例规范窗口的框图标签

要浏览使用案例的框图：

1. 右单击浏览器或Use Case框图中的使用案例。
2. 从弹出菜单中选择Open Specification。
3. 框图即会在使用案例规范窗口的框图标签中列出。

或

浏览浏览器，使用案例框图会在浏览器的使用案例下面列出。

要打开使用案例框图：

双击使用案例规范窗口的框图标签中的框图名。

或

1. 右单击使用案例规范窗口的框图标签中的框图名。
2. 从弹出菜单选择Open Diagram。

或

双击浏览器中的框图。

要将框图加进使用案例：

1. 右单击使用案例规范窗口Diagrams标签中任一位置。
2. 从弹出菜单中选择要加的框图类型（Use Case、Sequence、Collaboration、State或Class）。
3. 输入新框图名。

或

1. 右单击浏览器中的使用案例。
2. 从弹出菜单中选择New ➤（Activity Diagram、Collaboration Diagram、Sequence Diagram、Class Diagram、Use Case Diagram）。
3. 输入新框图名。

要删除使用案例的框图：

1. 右单击使用案例规范窗口Diagrams标签中的框图名。
2. 从弹出菜单中选择Delete。

或

1. 右单击浏览器中的框图名。
2. 从弹出菜单中选择Delete。

浏览使用案例的关系

使用案例规范窗口的Relations标签列出了使用案例参与其他使用案例或角色的所有关系，如图4.16。清单列出关系名和关系连接的项目名。关系名包括加进关系中的作用名或关系名。

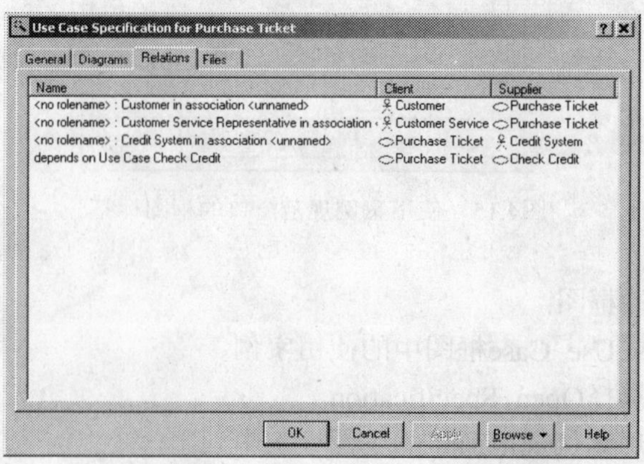

图4.16 使用案例规范窗口Relations标签

要浏览使用案例的关系：

1. 右单击浏览器或Use Case框图中的使用案例。
2. 从弹出菜单中选择Open Specification。
3. Relations标签列出关系。

或

1. 选择Use Case框图上的使用案例。
2. 选择Report➤Show Usage。

要浏览关系规范：

1. 双击清单中的关系。
2. 出现关系规范窗口。下面“使用关系”一节将详细介绍关系规范。

或

1. 右单击清单中的关系。
2. 选择弹出菜单中的Specification。
3. 出现关系规范窗口。下面“使用关系”一节将详细介绍关系规范。

要删除关系：

1. 右单击清单中的关系。
2. 选择弹出菜单中的Delete。

处理角色

本节介绍如何用Rational Rose建模角色。和用例一样，可以在Rose模型中放上角色的许多细节，如名称、版型、关系、基数，等等。我们在角色规范窗口中维护这些细节。Rose对角色与类使用相同的规范窗口，因此有些字段不适用于角色。

增加角色

和使用案例一样，角色有两种增加方法：打开Use Case框图或直接加进浏览器中。浏览器中的角色可以再加进一个或几个Use Case框图中。

要将角色加进Use Case框图中：

1. 选择工具栏中的Actor按钮。
2. 单击Use Case框图内任一位置。默认情况下，新角色取名NewClass。
3. 选中新角色后，输入新角色名。注意新角色自动加进浏览器中的Use Case视图内。

或

1. 选择Tools➤Create➤Actor，如图4.17。
2. 单击Use Case框图内任一位置并放上新角色。默认情况下，新角色取名NewClass。
3. 选中新角色后，输入新角色名。注意新角色自动加进浏览器中的Use Case视图内。

要将角色加进浏览器中：

1. 右单击浏览器中的Use Case视图包。
2. 选择New➤Actor。
3. 新角色NewClass出现在浏览器中，角色名左边是Actor图标。

4. 选中新角色后，输入新角色名。

5. 要将角色加进框图，从浏览器中将角色拖动到框图中。

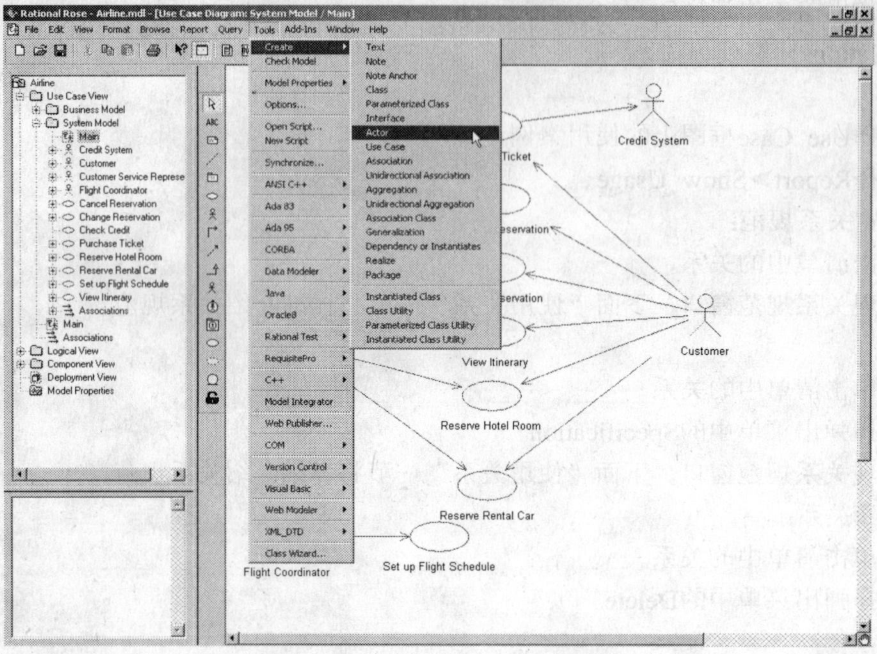

图4.17 将角色加进Use Case框图

删除角色

和使用案例一样，角色有两种删除方法：从单个框图或从整个模型中删除。如果从整个模型中删除角色，则它从浏览器和所有Use Case框图中删除。如果从单个框图中删除角色，则它还留在浏览器和其他Use Case框图中。

要从Use Case框图中删除角色：

1. 选择框图上的角色。

2. 按Delete。

要从模型中删除角色：

1. 选择框图上的角色。

2. 选择Edit➤Delete from Model或按Ctrl+D。

或

1. 右单击浏览器中的角色。

2. 从弹出菜单中选择Delete。

Rose从浏览器和所有Use Case框图中删除角色。所删除角色与其他模型元素的所有关系也删除。

角色规范

和使用案例一样，每个角色在Rose中有一些详细规范。在图4.18所示的角色规范窗口中，可以指定角色名、版型、基数和其他细节。下面几节将介绍角色可以设置的每个细节。

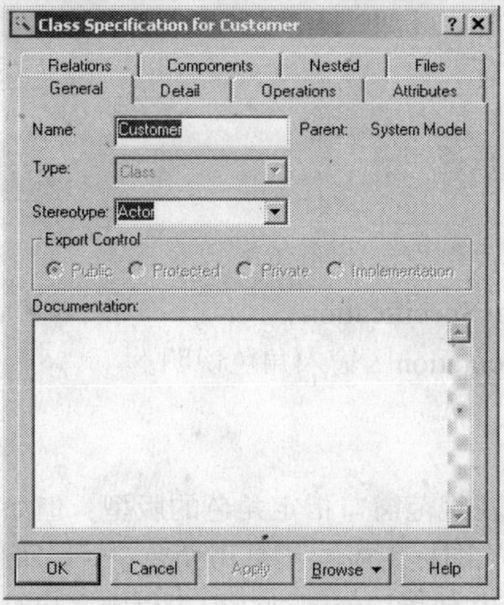

图4.18　角色规范窗口

本书稍后使用类时，可能会发现角色规范窗口与类规范窗口相似。这是因为Rose把角色看成特殊形式的类。角色规范窗口包含与类规范窗口相同的字段，但有些字段对角色关闭。

要打开角色规范：

1. 右单击Use Case框图中的角色。
2. 从弹出菜单选择Open Specification，出现角色规范窗口。

或

1. 右单击浏览器中的角色。
2. 从弹出菜单选择Open Specification，出现角色规范窗口。

或

1. 选择Use Case框图中的角色。
2. 选择Browse Specification或单击Ctrol+B，出现角色规范窗口。

角色规范窗口中的大多数标签页面适用于类，但不适用于角色。包括角色信息的标签页面有General标签、Detail标签、Relations标签和Files标签。这些标签中的有些选项只适用于类。下面介绍适用于角色的选项。

命名角色

每个角色应有惟一名称。可以用角色规范窗口命名角色，也可以在Use Case框图或浏览器中直接输入名称。

要命名角色：

1. 右单击Use Case框图或浏览器中的角色。
2. 从弹出菜单选择Open Specification。
3. 在Name字段中输入角色名。

或

1. 在Use Case框图或浏览器中选择角色。

2. 输入角色名。

要将文档加入角色：

1. 选择浏览器中的角色。
2. 在文档窗口中输入角色说明。

或

1. 右单击Use Case框图或浏览器中的角色。
2. 从弹出菜单选择Open Specification。
3. 在规范窗口的Documentation区输入角色说明。

指定角色版型

和使用案例一样，可以在规范窗口指定角色的版型。但如果改变角色版型，则Rose改变Use Case框图中表示角色的图标。Rose不是用角色符号，而是用表示类的标准矩形。

除了Actor外，角色没有其他可用的版型。但可以定义自己的角色版型并在自己的Rose模型中使用。

要指定角色版型：

1. 右单击Use Case框图或浏览器中的角色。
2. 从弹出菜单选择Open Specification。
3. 在Stereotype字段中输入角色版型。

警告：如果改变角色版型，则Rose显示角色时不再用UML角色符号，而是用表示类的标准矩形。

设置角色基数

可以在Rose中指定某个角色要有多少实例。例如，可能知道许多人起客户角色的作用，而只有一人起管理者角色的作用。这可以用基数字段表示。

Rose提供几个基数选项：

基数	含义
0..0	0
0..1	0或1
0..n	0或多
1...1	1
1..n	1或多
n（默认）	许多

也可以用下列格式输入自己的基数：

格式	含义
<number>	<number>
<number 1>..<number 2>	<number 1>到<number 2>
<number>..n	<number>或多
<number 1>,<number 2>	<number 1>或<number 2>
<number 1>, <number 2>.. <number 3>	<number 1>或<number 2>到<number 3>

<number 1>..<number 2>, <number 3>..<number 4>	<number 1>到<number 2>或<number 3>到<number 4>

要设置角色基数：

1. 右单击Use Case框图或浏览器中的角色。
2. 从弹出菜单选择Open Specification。
3. 选择Detail标签。
4. 从Multiplicity下拉清单框选择或按上表所列格式输入角色基数。

创建抽象角色

抽象角色是没有实例的角色。换句话说，角色基数等于0。例如，你可能有几种角色：计时工、合同工和临时工。所有这些都属于第四种角色——员工。但公司中没有一个人是单纯的员工，每个人都是计时工、合同工和临时工中的一种。员工角色只是显示计时工、合同工和临时工的一些共性。员工角色没有实例，是个抽象角色。图4.19显示了抽象角色“员工”的例子。

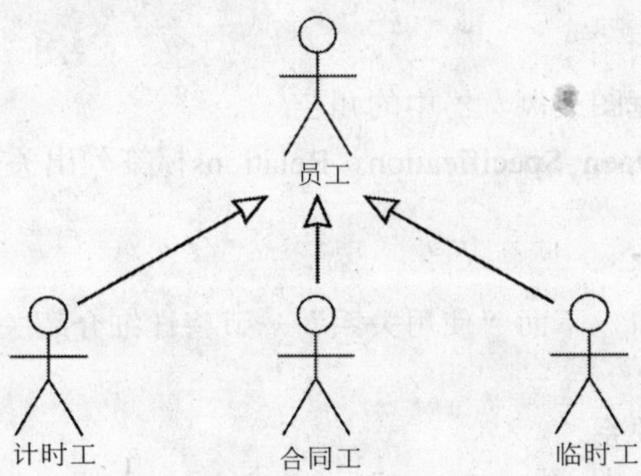

图4.19 抽象角色

要创建抽象角色：

1. 在浏览器或Use Case框图中创建角色。
2. 右单击Use Case框图或浏览器中的角色。
3. 从弹出菜单选择Open Specification。
4. 选择Detail标签。
5. 选择Abstract复选框。

浏览角色关系

角色规范窗口的Relations标签列出角色参与的所有关系。图4.20是角色规范窗口的Relations标签。这个标签包括角色与使用案例和其他角色的所有关系。清单包括关系名和参与关系的角色与使用案例。从这个标签可以浏览、增加或删除关系。

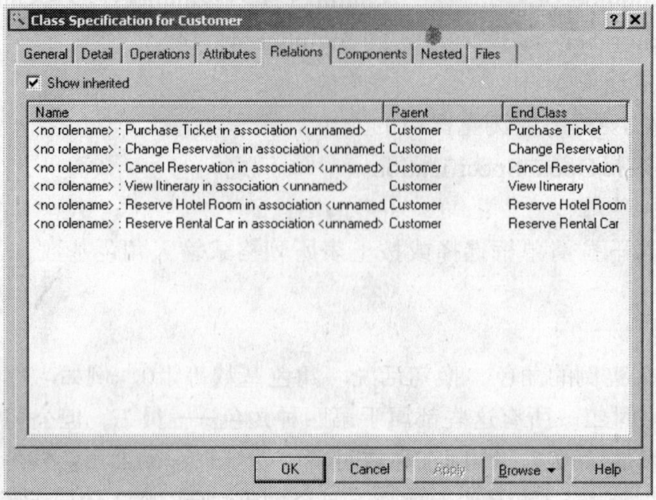

图4.20　角色规范窗口的Relations标签

要浏览角色关系：

1. 右单击Use Case框图或浏览器中的角色。
2. 从弹出菜单选择Open Specification。Relations标签列出关系。

要浏览关系规范：

1. 双击清单中的关系。
2. 出现关系规范窗口。下面“使用关系”一节将详细介绍关系规范。

或

1. 右单击清单中的关系。
2. 选择弹出菜单中的Specification。
3. 出现关系规范窗口。下面“使用关系”一节将详细介绍关系规范。

要删除关系：

1. 右单击清单中的关系。
2. 选择弹出菜单中的Delete。

浏览角色实例

建模一个系统时，可能要知道特定角色所在的Sequence和Collaboration框图。Rose通过Report菜单提供这个功能。

要浏览角色所在的Sequence和Collaboration框图：

1. 选择Use Case框图中的角色。
2. 选择Report►Show Instances。
3. Rose列出角色所在的Sequence和Collaboration框图。要打开框图，在列表框图中双击框图或按Browse按钮。

使用关系

UML对使用案例和角色支持几种类型的关系，包括：关联关系、使用关系、扩展关系和角色一般化关系。关联关系描述角色与使用案例之间的关系。使用关系和扩展关系描述使用案例之间的关系。角色一般化关系描述使用案例与角色之间的继承关系。

关联关系

本章前面“用例模型概念”一节曾介绍过，关联关系是角色与用例之间的关系。关系方向显示系统或角色启动通信。建立通信之后，信息可以双向流动。

要增加关联关系：

1. 选择单向关联工具栏按钮。
2. 将鼠标从角色拖动到使用案例，或从用例到角色。
3. Rose画出使用案例与角色之间的关系。

要删除关联关系：

1. 选择Use Case框图中的关系。
2. 选择Edit➤Delete from Model或按Ctrl+D。

使用关系

使用关系使一个使用案例可以利用另一使用案例提供的功能。使用关系中一个使用案例总是利用另一使用案例的功能。

要增加使用关系：

1. 选择Dependency工具栏按钮。
2. 将一个使用案例拖动到被利用的使用案例（从具体使用案例到抽象使用案例）。
3. Rose在两个使用案例之间画一个依赖性关系。
4. 右单击关系线并选择Open Specification。
5. Rose打开依赖性规范，如图4.21。

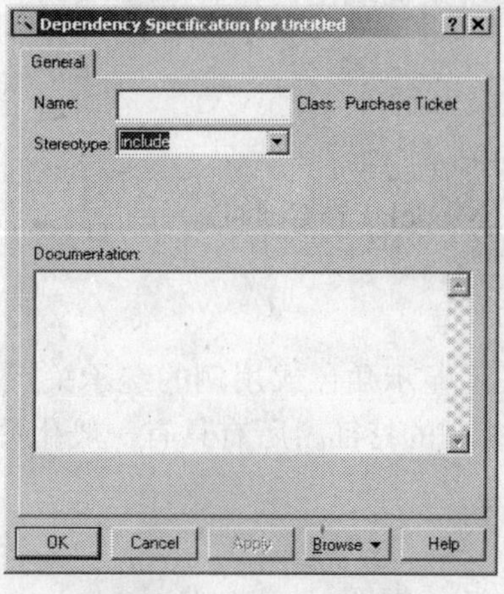

图4.21 依赖性规范

6. 在Stereotype下拉列表框中，选择include。
7. 单击OK关闭规范窗口。
8. 依赖关系箭头上出现<<include>>字样。如果没有，右单击关系线并确保复选Stereotype Label。
9. 打开抽象使用案例的使用案例规范窗口。
10. 复选Abstract框。

说明：也可以定制工具栏，提供包括关系的按钮。右单击工具栏并选择Customize，然后增加Includes Relationship图标。

要删除包括关系：

1. 选择Use Case框图中的关系。
2. 选择Edit➤Delete from Model或按Ctrl+D。

扩展关系

在扩展关系中，一个用例可选扩展另一用例提供的功能。在Rose中建模扩展关系和建模包括关系相似。

要增加扩展关系：

1. 选择Dependency工具栏按钮。
2. 将提供扩展功能的使用案例拖动到被扩展的使用案例（从抽象使用案例到具体使用案例）。
3. Rose在两个使用案例画一个依赖性关系。
4. 右单击关系线并选择Open Specification。
5. Rose打开依赖性规范。
6. 在Stereotype下拉列表框中，选择extend。
7. 单击OK关闭规范窗口。
8. 依赖关系箭头上出现<<extends>字样。如果没有，右单击关系线并确保复选Stereotype Label。
9. 打开抽象使用案例的使用案例规范窗口。
10. 复选Abstract框。

要删除扩展关系：

1. 选择Use Case框图中的关系。
2. 选择Edit➤Delete from Model或按Ctrl+D。

一般化关系

前面曾介绍过，一般化关系显示角色或用例的继承关系。继承关系表示一个角色或用例具有一些与其他角色或用例相同的特征。所有具有一般化关系的角色或用例继承这些基础特征。

要增加一般化关系：

1. 将角色或用例加进Use Case框图。
2. 选择Generalization工具栏按钮。

3. 把角色或用例拖动到抽象角色或用例。

要删除一般化关系：

1. 选择Use Case框图中的关系。

2. 选择Edit➤Delete from Model或按Ctrl+D。

使用活动框图

在Rose中，可以对用例创建一个或几个活动框图。活动框图通常建模用例的事件流。用例的活动框图在浏览器里相应用例中显示。

Activity Diagram工具栏

Activity Diagram工具栏可以将活动、交接、对象和其他元素加进活动框图中。表4.2列出了Activity Diagram工具栏中的图标及其含义。

表4.2　用例框图工具栏图标

图标	按钮	作用
	Selects/Deselects an Item	将光标返回到箭头，选择一项
	Text Box	将文本框加进框图中
	Note	将注释加进框图中
	Anchor Note to Item	将框图中的用例或角色与注释相连接
	State	给对象加上状态
	Activity	将活动加进框图中
	Start State	显示工作流在哪里开始
	End State	显示工作流在哪里结束
	State Transition	添加从一个活动到另一活动的过渡
	Transition to Self	添加活动本身的过渡
	Horizontal Synchronization	添加水平方向的同步
	Vertical Synchronization	添加垂直方向的同步
	Decision	添加工作流中的决策点

（续表）

图标	按钮	作用
	Swimlane	添加用于业务模型的泳道
	Object	添加框图的对象
	Object Flow	把对象连接到活动

创建活动框图

要增加活动框图，用浏览器窗口。创建框图之后，可以增加活动、交接和其他活动框图元素。本节介绍活动框图的不同部分及如何增加。

要增加活动框图，方法如下：

1. 右单击浏览器中的使用案例。
2. 选择New➤Activity Diagram。
3. 如果是用例的第一个活动框图，Rose在浏览器的用例中创建State/Activity Model项目。新的活动框图出现在State/Activity Model项目下面。
4. 命名新活动框图。

增加活动与操作

活动是流中的步骤，在框图中显示为导角矩形。还可以在活动中增加操作，显示活动中的任何详细步骤。操作有四种：进入活动时的、退出活动时的、活动中的和特定事件触发的。

增加活动，方法如下：

1. 选择Activity工具栏图标。
2. 单击框图内任一位置，放上活动。
3. 输入活动名。

增加操作，方法如下：

1. 右单击活动。
2. 选择Open Specification选项。
3. 选择Actions标签。
4. 右单击标签内的空白处并选择Insert。
5. 清单中加进新操作，默认类型为Entry。
6. 双击新操作，出现操作规范窗口。
7. 在When下拉列表框中，选择相应选项：On Entry、On Exit、Do或On Event。
8. 如果选择On Event，在相应字段中输入事件、变元和条件。
9. 在Name字段中输入操作名。
10. 按OK返回活动规范窗口。

11. 要删除操作，右单击活动规范窗口Actions标签并选择Delete。
12. 右单击输入另一操作，或按OK关闭活动规范窗口。

增加对象与对象流

对象是工作流影响或使用的实体。可以建模对象及对象状态。还可以通过对象流显示工作流如何影响或使用对象。对象与活动间的虚线箭头表示对象流。

要增加对象：

1. 从工具栏中选择Object图标。
2. 单击框图内任何地方，放上对象。
3. 输入对象名。
4. 右单击并选择Open Specification。
5. 如果定义了对象的类，在Class字段中选择这个类。
6. 如果要标出对象状态，从State字段的下拉列表框中选择状态。如果没有状态或要增加状态，选择<new>，出现State Specification窗口。输入新状态名并按OK按钮。

要增加对象流：

1. 从工具栏中选择Object Flow图标。
2. 从改变对象的活动拖放到对象上，或从对象拖放到使用对象的活动。
3. Rose画出虚线箭头表示对象流。

增加交接与保护条件

交接显示一个活动向另一活动的移动。可以在交接中增加事件，表示触发交接的事件。也可以增加保护条件，控制交接是否发生。

要增加交接：

1. 从工具栏中选择Transition图标。
2. 从一个活动向另一活动拖动。
3. Rose在两个活动之间画出交接。

要增加事件：

1. 右单击交接。
2. 选择Open Specification，出现交接规范窗口。
3. 在Event字段中输入事件。如果事件有任何变元，在Arguments字段中输入。

要增加保护条件：

1. 右单击交接。
2. 选择Open Specification，出现交接规范窗口。
3. 选择Detail标签。
4. 在Guard Condition字段中输入保护条件。

说明：也可以直接在交接箭头上增加保护条件，只要把保护条件放在方括号中。

增加同步与决策

最后，可以用水平同步、垂直同步和决策点在逻辑流中显示同步活动与条件。

要增加同步：

1. 从工具栏中选择Horizontal或Vertical Synchronization图标。
2. 单击框图内任何地方，放上同步。
3. 画出活动到同步或同步到一个或多个活动的交接。

要增加决策：

1. 从工具栏中选择Decision图标。
2. 单击框图内任何地方，放上决策。
3. 画出活动到决策或决策到一个或多个活动的交接。在离开决策的所有交接中放上保护条件，使读者知道每条路径的执行条件。

删除活动框图

要删除活动框图，只要右单击浏览器中的活动框图并选择Delete。注意，尽管已经删除活动框图，但框图中的所有活动和其他元素仍然在Rose模型中，可以在浏览器中看到这些元素。

要删除框图中的所有元素，在浏览器中一次一个地右击每个元素并选择Delete。也可以在浏览器中右单击用例的State/Activity Model清单并选择Delete。这样就可以从模型中删除所有活动框图及框图中的所有活动和其他元素。

说明： 活动框图要保持在创建的地方，不能从一个用例、类或包移到另一个用例、类或包。另外，不能将一个活动框图中的状态或其他元素复制到另一个活动框图中。

练习

本练习创建订单处理系统的Use Case框图。

问题

Andy与April建立业务模型之后，Andy开始处理电子商务系统的Use Case框图。Andy首先检查每个业务用例，决定电子商务系统中最适合自动化的部分。他认为“购买项目”、“购买库存”、“盘点”、“确定要卖的项目”和“订单履约”业务用例最适合自动化。Andy开始根据业务用例和涉及的角色确定系统用例与角色，然后根据这个信息开发系统用例模型，并与公司其他人员交流。

创建Use Case框图

对订单处理系统创建Use Case框图。按下列方法创建Use Case框图，得到图4.22所示的Use Case框图。

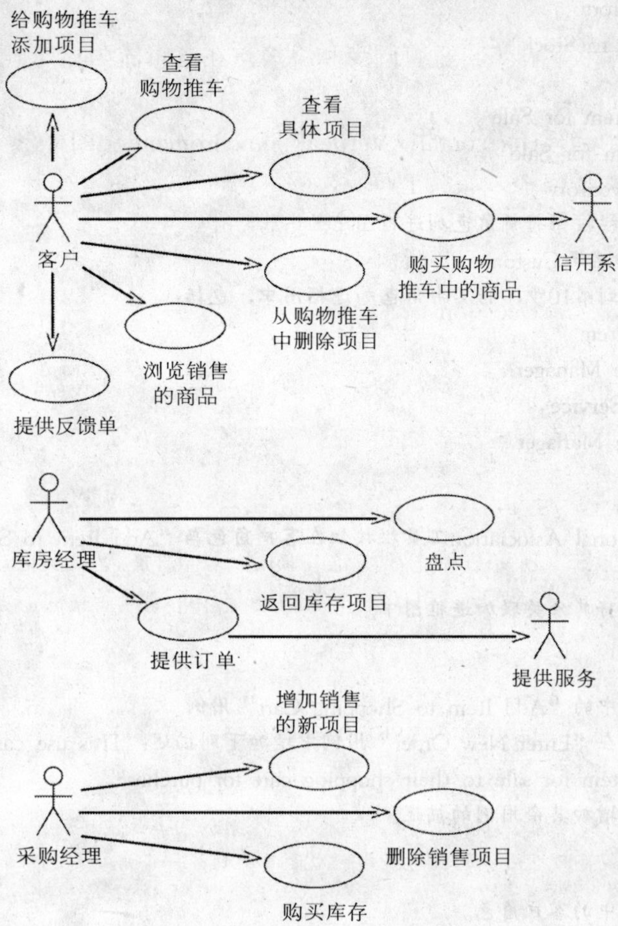

图4.22　电子商务系统Use Case框图

练习步骤

增加系统用例模型包、Use Case框图、用例与角色

1. 右单击浏览器中的Use Case视图包并选择New➤Package。
2. 将新包命名为System Use Case Model。
3. 右单击System Use Case Model包并选择New➤Use Case Diagram。
4. 将新框图命名为Main。
5. 双击浏览器中的Main Use Case框图打开框图。
6. 用用例工具栏按钮将新用例加进框图中。
7. 将新用例命名为Add Item to Shopping Cart。
8. 重复第6步到第7步，将其余用例加进框图中，包括：

   View Shopping Cart
   View Details of Items
   Purchase Items in Shopping Cart
   Remove Item from Shopping Cart
   Browse Items for Sale
   Provide Feedback

Stock Inventory
Return Item to Stock
Ship Order
Add New Item for Sale
Remove Item for Sale
Purchase Inventory

9. 用角色工具栏按钮将新角色加进框图中。
10. 将新角色命名为Customer。
11. 重复第9步到第10步，将其余角色加进框图中，包括：

Credit System
Warehouse Manager
Shipping Service
Purchasing Manager

增加关联

1. 用Unidirectional Association工具栏按钮在客户角色与"Add Item to Shopping Cart"用例之间画出关联。
2. 按上述步骤将其余关联加进框图中。

增加用例描述

1. 选择浏览器中的"Add Item to Shopping Cart"用例。
2. 用文档窗口在"Enter New Order"用例中增加下列描述：This use case allows the customer to add an item for sale to their shopping cart for purchase。
3. 用文档窗口增加其余用例的描述。

增加角色描述

1. 选择浏览器中的客户角色。
2. 用文档窗口增加销售员角色的下列描述：The customer is the individual who is purchasing items from the organization。
3. 用文档窗口增加其余角色的描述。

小结

本章介绍了如何使用使用案例、角色和Use Case框图。所建系统的需求组成所有使用案例和角色设置。首先创建主Use Case框图，显示系统的总体视图。然后可以创建其他框图，演示使用案例与角色间的交互。使用案例可以使用和扩展其他使用案例。此外使用案例之间不能直接通信。一个使用案例在需要另一使用案例的功能时，包括另一使用案例。一个使用案例可选利用另一使用案例的功能时，扩展另一使用案例。如果一个使用案例使用或扩展另一使用案例，则那个使用案例是抽象使用案例。直接由角色参与的使用案例是具体使用案例。

角色可以和使用案例通信，演示哪个角色参与哪个使用案例。角色还可以相互继承。例如，学生可能是系统中的角色，我们要进一步将学生分为全日制和半日制学生。这时全日制和半日制学生都继承学生角色。

使用案例和Use Case框图可以很好地描述系统功能。下一章将介绍Sequence和Collaboration框图的用法，以及如何用这两个框图显示对象与角色间的交互。

第5章　对 象 交 互

本章介绍如何建模系统对象之间的交互。Interaction框图分两种：Sequence和Collaboration框图。两者都显示参与使用案例流程的对象和对象之间发送的消息。Sequence框图按时间排序；Collaboration框图按对象本身来组织。

本章末尾的练习要建立一个Sequence框图样本。

- Sequence和Collaboration框图
- 向Sequence和Collaboration框图中增加对象
- 使用消息和Sequence、Collaboration框图
- Sequence和Collaboration框图间切换
- 用两步法创建Interaction框图

Interaction框图

Interaction框图一步一步显示使用案例的流程。包括：流中需要什么对象；对象相互发送什么消息；什么角色启动流；消息按什么顺序发送。在航空公司例子中，“Purchase Ticket”用例有几个替换流程。因此，这个使用案例要有几个Interaction框图。一个是流畅的流程，即一切顺利时的Interaction框图。还有几个替换流程，如请求常客卡免票、信用卡拒绝等情形。系统要实现的所有不同情形都在Interaction框图中记录。

我们介绍两种Interaction框图：Sequence框图和Collaboration框图。Sequence框图按时间排序，图5.1是一个Sequence框图。

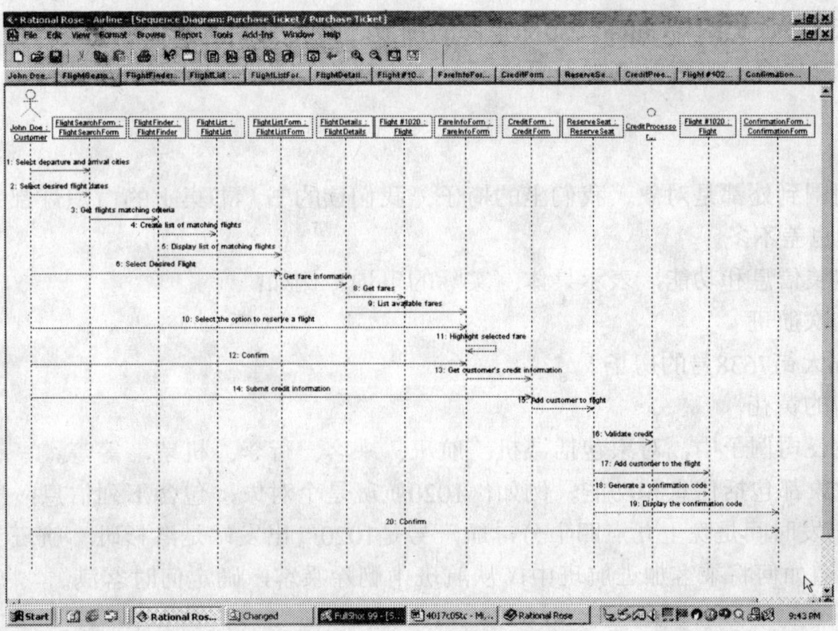

图5.1　Sequence框图

Collaboration框图显示同一信息，但组织方式不同。图5.2是一个Collaboration框图。

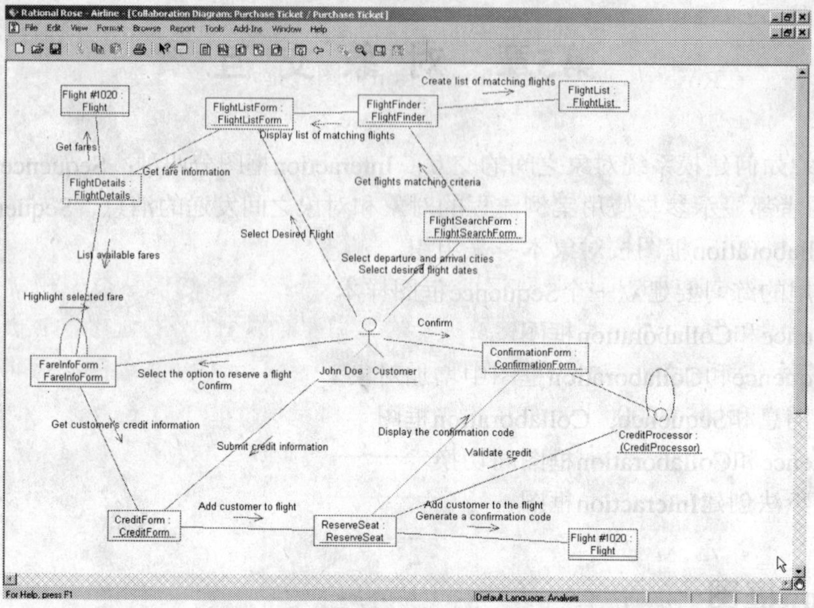

图5.2　Collaboration框图

Sequence框图和Collaboration框图显示同一信息，但有一些不同。Sequence框图可以显示控制焦点，Collaboration框图可以显示数据流。下面介绍消息的时候会介绍这些差别。

Interaction框图包含事件流中的许多相同细节，但这里的信息表示成对开发人员更有用的方式。事件流关注系统实现的功能，Sequence框图和Collaboration框图用于定义系统如何实现功能。这些框图关注实现使用案例功能时要创建的对象。Sequence和Collaboration框图可以显示对象、类或两者都显示。

介绍Sequence框图与Collaboration框图的细节之前，先要介绍对象与类的概念。如果你熟悉面向对象概念，则可以跳过下面这节。

何谓对象

我们周围到处都是对象。我们坐的椅子、我们读的书、书桌上的白炽灯都是对象。软件中的对象也差不多。

对象包装信息和功能，表示具体、实际的事项。例如：

- 1020次航班
- Main大街7638号的房子
- 窗前的黄花

在航空公司例子中，对象包括飞机、航班、乘客、行李、机票，等等。

每个对象都包括信息和功能。例如，1020航班是个对象，包含下列信息：出发日期是5月24日；出发时间是晚上九点四十分；航班号是1020；出发站是洛杉矶。航班对象也有一些行为：知道如何将乘客加进航班中；从航班中删除乘客；确定何时客满。

对象保存的信息称为属性。尽管属性值随着时间改变（第二天1020航班的出发日期是5月24日），但属性本身不变。1020航班总是有出发日期、出发时间、航班号和出发站。

对象的功能称为操作。本例中航班的操作包括将乘客加进航班中、从航班中删除乘客、确定何时客满。在Rose中，对象加进Interaction框图。拖动角色（类版型）或其他类到Interaction框图时，自动创建这个类的对象实例。Rose中删除框图内的对象并不从模型中删除这个类。

何谓类

类是提供对象蓝图的项目。换句话说，类定义对象持有的信息类型和对象的行为。例如，1020号航班的类、Main大街7638号房子的类和窗前黄花的类分别为：航班、房子和花。房子类指定房子有高、宽、房间数和面积。Main大街7638号房子对象的高为40英尺、宽为60英尺、10间房、面积为2000平方英尺。类是提供对象模板的一般术语。

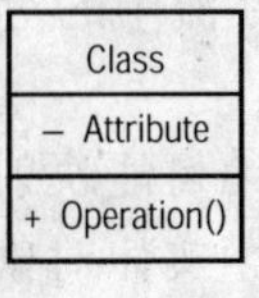

可以把类看成房子的蓝图，对象是用蓝图建成的房子。下一章将详细介绍类。

从何开始

要创建Sequence框图或Collaboration框图，首先要检查事件流，确定Interaction框图中需要多少流程。可以创建主流程的框图，也可以包括所有替换流程和错误流程。如果两个替换流程或错误流程很相似，则可以合并到一个框图中。创建的框图越多，对系统的建立了解越彻底，这个过程的后续步骤就越简单（后面几章将介绍Class框图、Component框图和Deployment框图）。当然，需要的时间也就越多。建立详细Sequence框图或Collaboration框图是很费时间的，因为这时要进行许多设计决策。

这时可以用上模式。可以建立共同逻辑的模式，包括从数据库中读取数据、检查用户安全级、错误处理与日志、进程间通信，等等。如果把这些模式放在单独的Sequence框图中，则不必要在每个框图中显示如何检查用户安全级，而只要引用安全模式。这类模式还可以在其他项目中复用。

创建Sequence框图或Collaboration框图的步骤如下：

- 寻找对象
- 寻找角色
- 将消息加进框图

下面几节一一详细介绍。

寻找对象

研究事件流中的名词是寻找对象的好办法，另一个办法是查阅情境文档。情境是事件流的特定实例。“Purchase Ticket”事件流通常有许多种情境。例如，John Doe购买1020航班的机票。John请求并取得1020航班的常客卡机票；John请求1020航班的常客卡机票，但没票了；John请求1020航班的常客卡机票，但累计里程数不够。还可能有更多情形，如信用卡遇到问题；John已经购买1020航班的机票；或无法访问信用系统。这些系统中要编程的异常情形应在事件流和Sequence框图或Collaboration框图中捕获。

大多数用例有多个Sequence框图或Collaboration框图，针对事件流中的每个情形。这些框图可以进行高层抽象，显示系统如何通信；或显示详细细节，显示特定情形需要哪些类参数。

研究情境时，有些名词是角色；有些是对象；有些是对象属性。建立Interaction框图时，名词介绍对象是什么。如果不知道一个名词是对象还是对象属性，可以看看它是否有任何行为。如果是单纯的信息，则可能是属性。如果还有一些行为，则可能是对象。还可以检查它自己是否有属性。乘客是航班的属性，还是自成一个对象？这个问题取决于建立的应用程序。如果只要存储乘客名，则可以作为航班的属性。但如果还要存储乘客的地址、信用卡信息和电话号码，则最好是一个对象。

并非所有对象都在事件流中。例如，表单可能不出现在事件流中，但必须放在框图中，角色才能输入或浏览信息。其他不在事件流中的对象是控制对象。

确定对象时，应考虑下面几种类型：

实体对象 这些对象保存信息，最终可能映射数据库中的表和字段。事件流中的许多名词提供实体对象。航空公司例子中实体对象有1020航班、乘客John Doe和1347A号机票。这些业务实体是最终用户感兴趣的。

边界对象 这些对象位于系统与外部世界之间的边界上。换句话说，这是应用程序的窗体与窗口和与其他应用程序的接口。窗体可能在事件流中显示，而接口则不一定在事件流中显示。访问事件流中的逻辑时，看看任何其他系统是否要执行流中的逻辑。如果需要，则可能需要一个或多个接口对象。

控制对象 这是可选对象，控制用例的流程。它们本身没有任何业务功能，但可以协调其他对象和控制总体逻辑流程。例如，控制对象知道用户安全级要先检查之后才能运行特定报表。控制对象不检查安全级或运行报表，只是持有顺序逻辑和业务规则。它首先让另一个对象检查安全级，然后让报表运行。控制对象不在事件流中出现。控制对象的使用是个设计决策。如果决定使用控制对象，则要将控制对象加进Sequence框图或Collaboration框图中。

寻找角色

标识Interaction框图的对象之后，下一步要标识所需的角色。Interaction框图中的角色是对事件流启动工作流的外部刺激。要标识角色，可以看看事件流和确定过程由谁或什么启动。

一个Interaction框图中可以有多个角色，每个在特定情形中接收或发送系统消息的角色都在该情形的框图中显示。

使用Interaction框图

通过框图，设计人员和开发人员可以确定需要开发的类、类之间的关系和每个类的操作或责任。Interaction框图是设计工作的奠基石。

Sequence框图按时间排序，用于通过情境检查逻辑流程。尽管Collaboration框图包括执行顺序信息，但从Sequence框图更容易看出。

Collaboration框图用于了解改变后的影响，从Collaboration框图很容易看出哪个对象与哪个对象通信。如果要改变对象，就可以方便地看到受影响的其他对象。

Interaction框图包含：

对象 Interaction框图可以使用对象名、类名或两者。

消息 通过消息，一个对象或类可以请求另一对象或类完成特定功能。例如，窗体可能要求报表对象打印。

创建Interaction框图时要记注，你是在向对象指定责任。将消息加进Interaction框图时，是在向接收消息的对象指定责任。一定要向适当对象指定适当责任。在大多数应用程序中，屏幕和窗体不应进行业务处理。它们只能让用户输入和浏览信息。通过分开前端与业务逻辑，创建的结构可以减少改变对效果的影响。如果业务逻辑需要改变，不应影响界面。如果改变一个或两个屏幕的格式，也不应影响业务逻辑。其他对象也要指定相应责任。如果要打印航空时间表的所有航班表，则不能让1020次航班负责。1020次航班只负责1020次航班自己的事。另一对象可以负责查找所有航班，生成报表。

另一种检查责任的方法是考虑“寻找对象”一节介绍的实体、边界与控制对象。实体对象保存信息和执行业务功能。边界对象（窗体与窗口）显示与接收信息，但也进行少量业务处理。边界类（接口）接收或发送系统信息，但不进行业务处理。控制类负责执行顺序。

Sequence框图

下面首先介绍Sequence框图。Sequence框图是按时间排序的Interaction框图，从上往下阅读框图。前面曾介绍过，每个使用案例有几个流程。每个Sequence框图表示使用案例的一个流程。例如，图5.3是John Doe购买1020次航班机票时的Sequence框图。

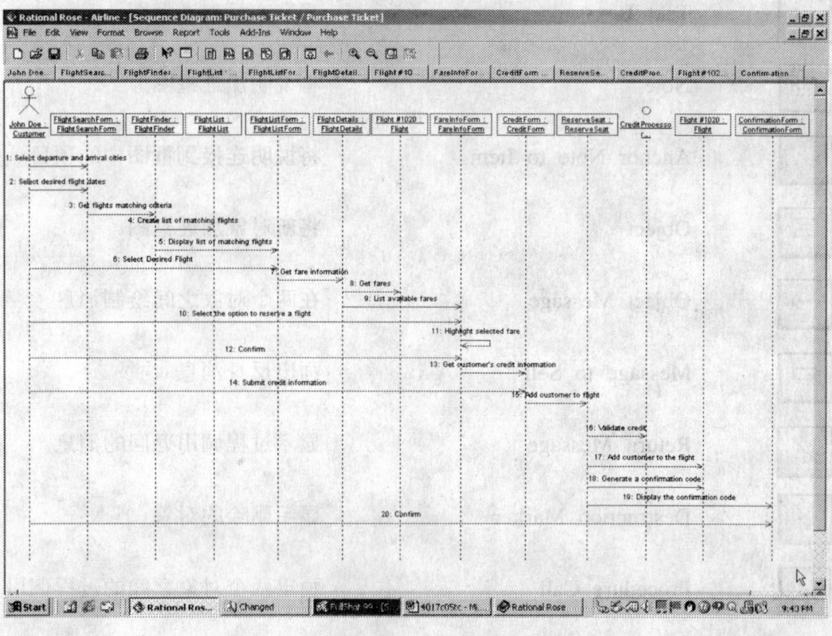

图5.3 买票的Sequence框图

首先看看这个框图中的对象和消息。参与流程的对象在框图顶部的矩形中显示。本例中有多个对象：航班查找窗体、航班清单窗体、票价信息窗体、信用窗体和确认窗体，这些都是要向最终用户显示的客户机页面。其余对象是服务器方逻辑，包括服务器页面、接口和其他服务器方对象。注意有些对象名与类同名，而不一定要与类不同名。

过程开始时，John Doe选择出发站与到达站，出发日期与到达日期。FlightFinder服务器方对象寻找符合条件的航班和建立FlightListForm，显示所有匹配的航班。John选择航班，FlightDetails服务器方对象寻找这个航班的票价信息。取得航班的票价信息之后，用FareInfoForm显示。John确认票价，显示CreditForm。John输入信用信息，然后CreditProcessor对象与外部信用系统联系，确认John的信用。确认John的信用之后就订票，产生确认号，并向John显示确认。

每个对象有一条生命线，就是对象下面的竖虚线。初始化对象时生命线开始，删除对象时生命线结束。两个对象的生命线之间画一个消息，显示对象通信。每个消息表示一个对象向另一对象进行函数调用。后面定义类操作的过程中，每个消息会成为操作。消息也可以反过来表示对象调用自己的操作。

Sequence框图工具栏

打开Sequence框图时，框图工具栏变成可以向框图中增加对象、消息和其他项目。下面几节介绍如何增加这些项目。表5.1列出了Sequence框图工具栏中的按钮并一一介绍其作用。

表5.1 Sequence框图工具栏图标

图标	按钮	用途
	Selects or Deselects an Item	将光标返回箭头以选择项目
	Text Box	将文本框加进框图
	Note	将说明加进框图
	Anchor Note to Item	将说明连接到框图中的项目
	Object	将新对象加进框图
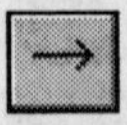	Object Message	在两个对象之间绘制消息
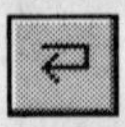	Message to Self	画出反身消息
	Return Message	显示过程调用返回的消息
	Destruction Marker	显示删除的对象
	Procedure Call	画出两个对象之间的过程调用
	Asynchronous Message	画出两个对象之间的异步消息

Collaboration框图

和Sequence框图一样，Collaboration框图也显示使用案例中特定情形的流程。Sequence框图按时间排序，而Collaboration框图则着重于对象之间的关系。图5.4是John Doe购买1020次航班机票的Collaboration框图。

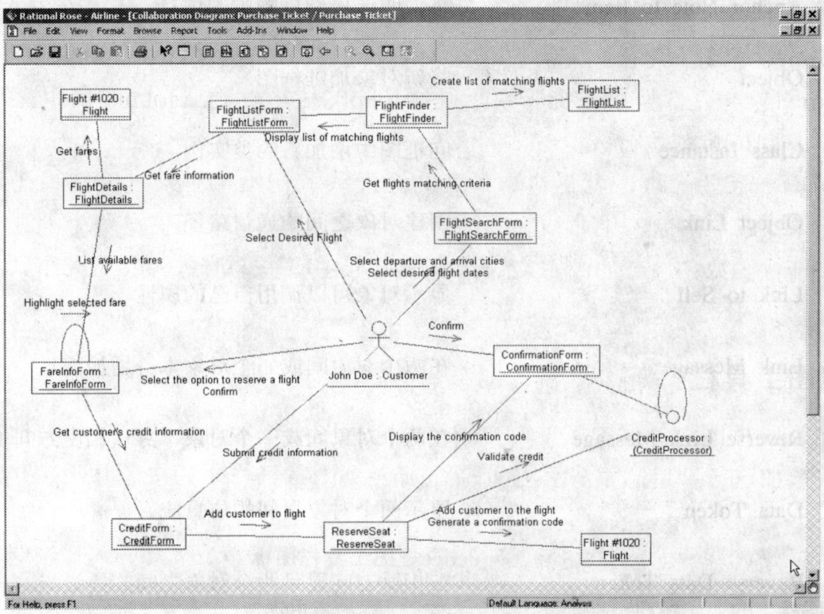

图5.4 John买机票的Collaboration框图

可以看出，Collaboration框图与Sequence框图中的信息相同，但Collaboration框图显示了不同的流视图。在这个框图中，更容易看出对象之间的关系，但对象顺序信息则不够明显。

为此，可以对一个情景同时创建Sequence框图和Collaboration框图。尽管它们作用相同，包含相同信息，但视图有所不同。在Rose中，可以按F5或选择Browse➤Create（Sequence/Collaboration）Diagram在Collaboration框图与Sequence框图之间进行转换。

Collaboration框图工具栏

Collaboration框图工具栏与Sequence框图工具栏非常相似，但有几个Sequence框图没有的选项，如对象链接和数据流。下面几节介绍如何用这些工具栏按钮将项目加进框图中。表5.2列出了Collaboration框图工具栏中的按钮。

表5.2 Collaboration框图工具栏中的图标

图标	按钮	用途
	Selects or Deselects an Item	将光标返回箭头以选择项目

（续表）

图标	按钮	用途
	Text Box	将文本框加进框图
	Note	将说明加进框图
	Anchor Note to Item	将说明连接到框图中的项目
	Object	将新对象加进框图
	Class Instance	向框图中增加新的类实例
	Object Link	创建对象之间的通信路径
	Link to Self	显示对象可以调用自己的属性
	Link Message	在两个对象间或一个对象本身增加消息
	Reverse Link Message	在两个对象间或一个对象本身从相反方向增加消息
	Data Token	显示两个对象之间的信息流
	Reverse Data Token	在相反方向显示两个对象之间的信息流

使用Interaction框图中的角色

每个Sequence框图和Collaboration框图都应有角色对象。角色对象是外部刺激，让系统运行某个功能。Interaction框图中的角色对象包括与Use Case框图上的使用案例交互的角色。

要创建Interaction框图中的角色对象：

1. 打开Interaction框图。
2. 在浏览器中选择角色。
3. 将角色从浏览器中拖动到打开的框图中。

要删除Interaction框图中的角色对象：

1. 选择Interaction框图中的角色。
2. 选择Edit➤Delete from Model或按Ctrl+D。

说明：从框图中删除角色，但不从模型中删除相应角色。

使用对象

Sequence框图和Collaboration框图显示参与特定使用案例的某个流程的对象。一旦角色对象加进框图后，下一步要加进其他对象。前面曾介绍过，可以通过检查事件流和情境文档中的名词而找到参与特定Sequence框图和Collaboration框图的对象。完成这个步骤后，就要在对象之间增加消息。

将对象加进Interaction框图

创建Sequence框图和Collaboration框图的前面几步之一就是增加对象。可以通过检查事件流和情境文档中的名词而找到参与的对象。

要将对象加进Interaction框图：

1. 选择Object工具栏按钮。
2. 单击框图中要放对象的位置。在Sequence框图中，对象在顶上排成行。

说明： Rose 2001A与2002中，可以将对象从创建的点上面往下面移。

3. 输入新对象名。
4. 加进对象后，可以拖放对象进行重排。也可以在两个对象之间插入对象，只要在第二步单击两个对象之间即可。

要将对象加进Collaboration框图：

1. 选择Object工具栏按钮。
2. 单击框图中要放对象的位置。在Collaboration框图中，对象位置随意。
3. 输入新对象名。

从Interaction框图删除对象

建立Interaction框图时，可能要删除一些对象。从框图中删除对象时，Rose自动删除以该对象开头或结尾的消息，并且自动重新编号所有其余消息。

从Sequence框图中删除对象时，Rose自动删除对应Collaboration框图中的对象，但不从模型中删除对应的类。同样，从Collaboration框图中删除对象时，Rose自动删除对应Sequence框图中的对象。如果改变主意，可以用Edit菜单的Undo选项。

要从Collaboration框图或Sequence框图删除对象：

1. 选择Collaboration框图或Sequence框图中的对象。
2. 选择Edit➤Delete from Model或按Ctrl+D。

说明： 从框图中删除对象并不从模型中删除相应类。

如果一个框图中有对象的多个拷贝，所有拷贝同名同类，则可以按Delete删除对象的一个拷贝，而选择Delete from Model或按Ctrl+D则删除对象的所有拷贝。

设置对象规范

Rose提供了多个不同字段，可以给框图中的对象增加细节。例如，可以设置对象名、它的类、持续性、对象是否有多个实例。还可以在对象规范窗口中增加对象文档，如图5.5。在对象中增加文档并不在类中增加文档；在一个对象中增加文档并不在其他框图上的对象中增加文档。下面几节介绍对象规范窗口中的每个选项。

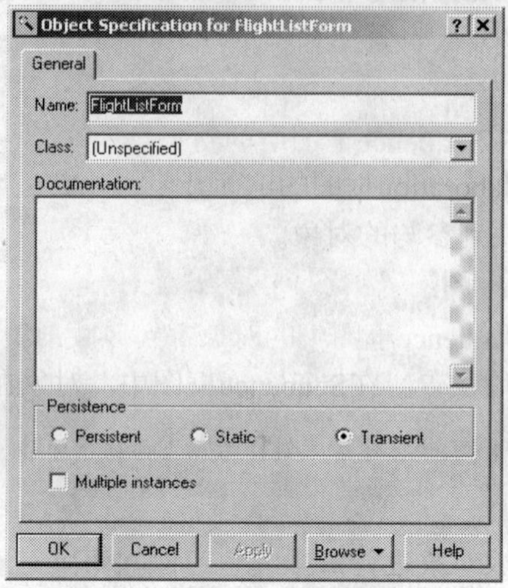

图5.5 对象规范窗口

要打开对象规范窗口：

1. 右单击Collaboration框图或Sequence框图中的对象。
2. 从弹出菜单选择Open Specification。

或

1. 选择Collaboration框图或Sequence框图中的对象。
2. 选择Browse➤Specification或按Ctrl+B。

命名对象

每个Collaboration框图或Sequence框图中的对象都应有惟一名称。但是，为了阅读方便框图中的一个对象可以被复制多次，在这种情况下复制的对象名称相同。尽管类名是一般性的（如Employee和Company），但对象名是很具体的（John Doe和Rational Software Corporation）。在Interaction框图中，两个对象可能是同一个类的实例。例如，在库存系统中，Part类可能有一个实例Engine，与Part的另一实例Carburetor通信。可以在对象规范窗口中输入框图中每个对象的名称，也可以在框图中直接输入。

要命名对象：

1. 右单击Collaboration框图或Sequence框图中的对象。
2. 从弹出菜单选择Open Specification。
3. 在Name字段中输入对象名。后面也可以用这个字段改变对象名。

或

1. 选择Collaboration框图或Sequence框图中的对象。
2. 右单击，使对象中显示光标。
3. 输入对象名。

要将文档加进对象：

1. 右单击Collaboration框图或Sequence框图中的对象。

2. 从弹出菜单选择Open Specification。

3. 在Documentation字段中输入对象文档。

或

1. 选择Collaboration框图或Sequence框图中的对象。

2. 在文档窗口输入对象文档。

将对象映射类

每个Collaboration框图或Sequence框图中的对象都可以映射类。例如，1020次航班可以映射Flight类。在对象规范窗口中，可以用Class字段设置对象的类。默认情况下，类设置为Unspecified。

选择对象的类时，可以用模型中现有的类，也可以对对象创建新类。在下列过程中，我们介绍两种方法。

准备代码生成时，所有对象都应映射类。要将对象映射现有类：

1. 右单击Interaction框图中的对象。

2. 从弹出菜单选择Open Specification。

3. 在Class下拉列表框中，输入类名或从下拉清单选择类名。

4. 将对象映射类后，类名出现在框图的对象名后面，用冒号分开。可以右单击对象并选择Show Class拨动显示类名。

或

1. 选择浏览器Logical视图中的类。

2. 将类从浏览器拖动到框图中的对象上。

3. 将对象映射类后，类名出现在框图的对象名后面，用冒号分开。

要删除对象的类映射：

1. 右单击Collaboration框图或Sequence框图中的对象。

2. 从弹出菜单选择Open Specification。

3. 在Class下拉列表框中选择Unspecified。

要对对象创建新类：

1. 右单击Collaboration框图或Sequence框图中的对象。

2. 从弹出菜单选择Open Specification。

3. 在Class下拉列表框中选择<New>，Rose进入新类规范窗口。

要保证所有对象映射类：

1. 选择Report➤Show Unresolved Objects。

2. Rose列出模型中还没有映射类的所有对象。

要在框图中只显示对象名：

1. 右单击Collaboration框图或Sequence框图中的对象。

2. 取消Show Class。

要在框图中同时显示对象名和类名：

1. 右单击Collaboration框图或Sequence框图中的对象。
2. 选择Show Class。

要在框图中只显示类名：

1. 如果要在框图中只显示类名而不显示对象名，右单击Collaboration或Sequence框图中的对象。
2. 从弹出菜单选择Open Specification。
3. 删除Name字段中的对象名。Rose只显示对象的类名，前面加上冒号。

设置对象持续性

Rose中可以设置框图中每个对象的持续性。Rose提供三个选项：

持续 持续对象保存到数据库或其他形式的永久存储体中。也就是说，即使程序终止之后，对象依然存在。

静态 静态对象保存在内存中，直到程序终止。它在Sequence框图执行之外仍然存在，但不保存到持续存储体中。

临时 临时对象只在短时间内保存在内存中（例如直到Open Specification框图执行逻辑结束）。

要设置对象持续性：

1. 右单击Collaboration框图或Sequence框图中的对象。
2. 从弹出菜单选择Open Specification。
3. 在Persistence字段中选择相应单选钮：Persistent、Static和Transient。

说明： 如果将对象的类持续性设置为Persistent，则可以设置对象持续性为Persistent、Static或Transient。如果将对象的类持续性设置为Transient，则可以设置对象持续性为Static或Transient。

使用对象的多个实例

Rose中可以用一个图标表示同一个类的多个实例。例如，假设要在Sequence框图或Collaboration框图中表示一列员工。与其把每个员工显示为不同对象，不如用多个实例图标显示员工表。多个实例的UML图注如下所示：

要使用对象的多个实例：

1. 右单击Collaboration框图或Sequence框图中的对象。
2. 从弹出菜单选择Open Specification。
3. 复选或取消Multiple Instances框图。Rose在Collaboration框图中使用相应图标（单实例或多实例）。Rose在Sequence框图中使用单实例图标。

使用消息

消息是对象间的通信，一个对象（客户）请求另一对象（供应者）做某件事。生成代码时，消息变为函数调用。本例中，一个窗体让另一个窗体显示自己：

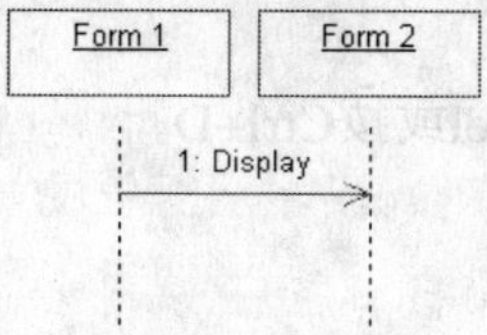

将消息加进Interaction框图

将对象放进Collaboration框图或Sequence框图后，下一步要加进对象之间发送的消息。在Sequence框图上，可以在两个对象的生命线之间画一个箭头以加进消息。在Collaboration框图中，则要先加进两个对象间的链接，然后在其间加上消息。

将消息加进Sequence框图

在Sequence框图中，消息在两个对象的生命线之间和一个对象自己的生命线上用箭头画成。消息在框图中从上往下按时间顺序显示。

要将消息加进Sequence框图：

1. 选择工具栏中的Object Message按钮。
2. 将鼠标从发送消息的对象或角色生命线拖动到接收消息的对象或角色生命线，如图5.6。
3. 输入消息文本。

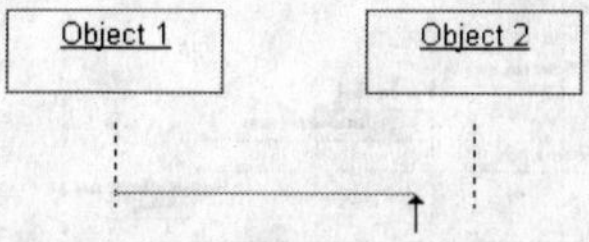

图5.6　将消息加进Sequence框图

要将反身消息加进Sequence框图：

1. 选择工具栏中的Message to Self按钮。
2. 单击收发消息的对象生命线，如图5.7。
3. 在新消息被选中时，输入消息文本。

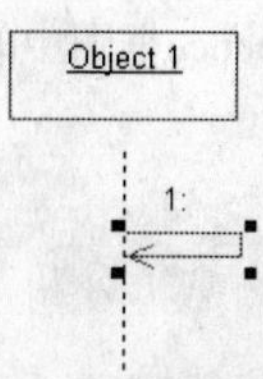

图5.7　将反身消息加进Sequence框图

从Sequence框图中删除消息

使用Sequence框图时，可能要删除一些前面绘制的消息。如果删除消息，则Rose自动将其余消息重新编号。

要从Sequence框图中删除消息：

1. 选择要删除的消息。
2. 选择Edit➤Delete from Model或按Ctrl+D。

重排Sequence框图中的消息

有时需要重排Sequence框图中的消息。Rose中很容易重排消息，只要将消息拖放到所要位置即可。消息重排时，会自动重新编号。

要重排Sequence框图中的消息（选择箭头而不是文本）：

1. 选择要移动的消息（选择箭头而不是文本）。
2. 将消息拖放到所要位置。消息重排时，会自动重新编号。

Sequence框图中的消息编号

尽管从上往下阅读消息，但也可以对每个消息编号，显示消息顺序，如图5.8。消息编号在Interaction框图中是可选的。Sequence框图默认关闭编号。

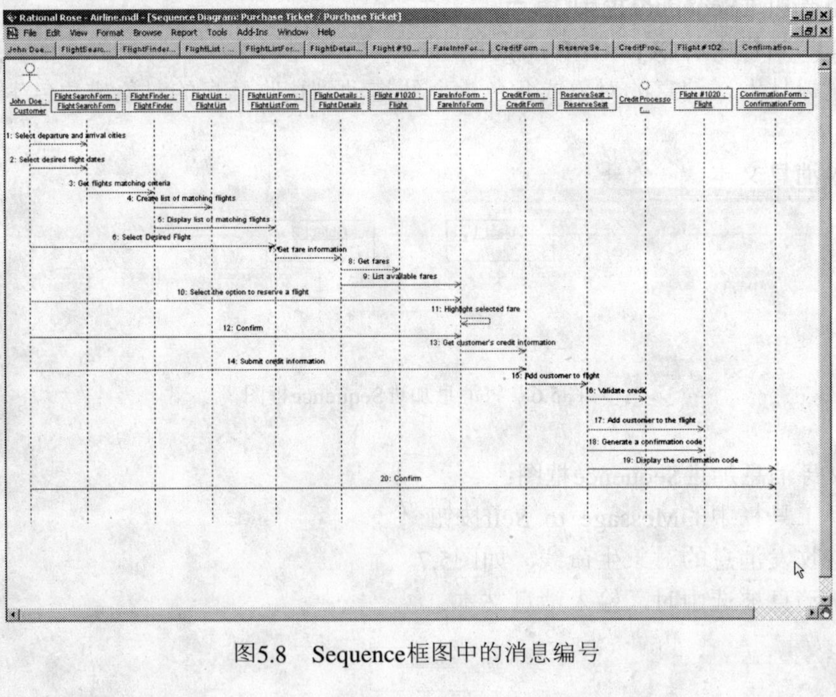

图5.8 Sequence框图中的消息编号

要打开或关掉消息编号：

1. 选择Tools➤Options。
2. 选择Diagram标签。
3. 复选或取消Sequence Numbering框，如图5.9。

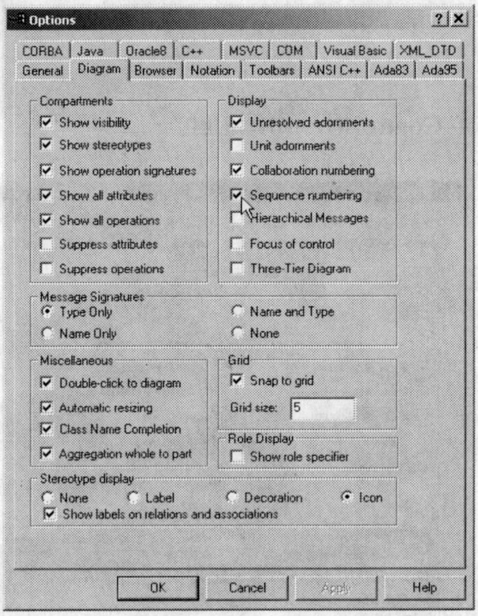

图5.9　消息编号复选框

浏览Sequence框图中的控制焦点

在Sequence框图中，可以显示控制焦点。控制焦点是个小矩形，如图5.10，可以知道某个时间具有控制权的对象。这是Sequence框图与Collaboration框图的差别之一，控制焦点只在Sequence框图中显示。

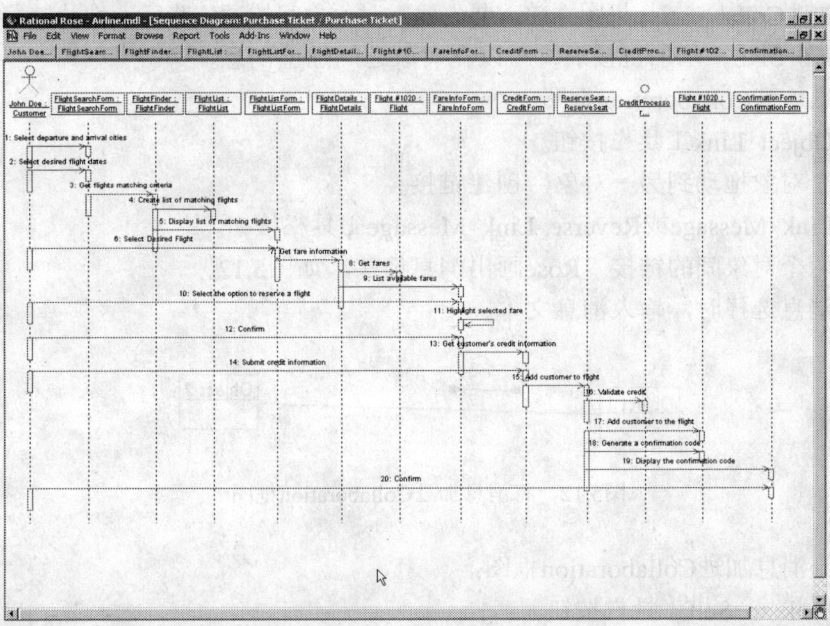

图5.10　Sequence框图中的控制焦点

要开/关控制焦点：

1. 选择Tools➤Options。
2. 选择Diagram标签。
3. 复选或取消Focus of Control框，如图5.11。

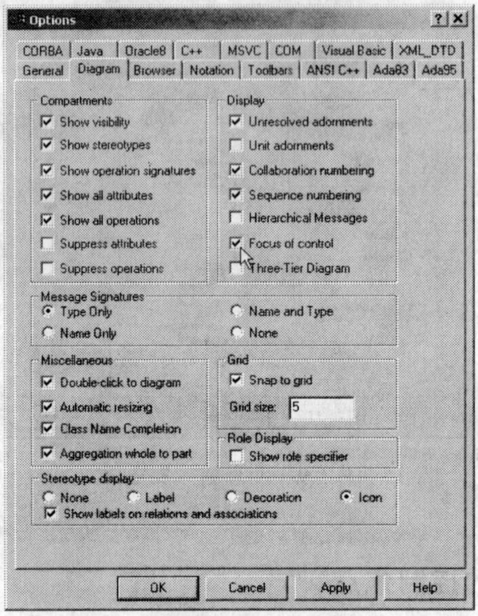

图5.11 Focus of Control复选框

将消息加进Collaboration框图

将消息加进Collaboration框图之前，要先建立对象之间的通信路径，称为链接，用Object Link工具栏按钮创建。增加链接后，可以在对象之间加上消息。

要将消息加进Collaboration框图：

1. 选择Object Link工具栏按钮。
2. 从一个对象拖动到另一对象，创建链接。
3. 选择Link Message或Reverse Link Message工具栏按钮。
4. 单击两个对象间的链接。Rose画出消息箭头，如图5.12。
5. 在新消息选择时，输入消息文本。

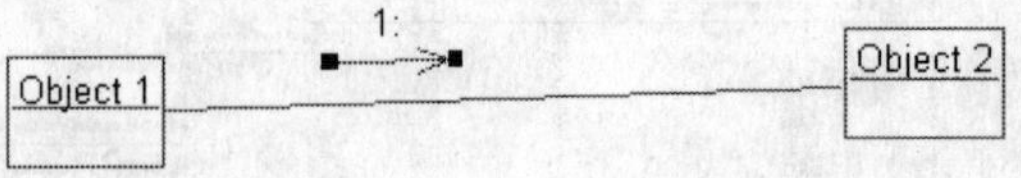

图5.12 将消息加进Collaboration框图

要将反身消息加进Collaboration框图：

1. 选择Link to Self工具栏按钮。
2. 单击收发消息的对象。Rose画一个反身链接，在对象上方，显示为半圆。

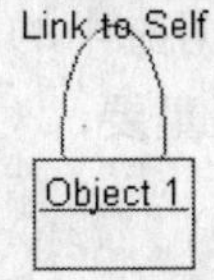

3. 选择Link Message工具栏按钮。
4. 单击对象反身链接。Rose增加消息箭头，如图5.13。
5. 在选中新消息时，输入消息文本。

说明： 如果对Collaboration框图中的对象增加多个反身消息，则对其余消息跳过第一步和第二步。

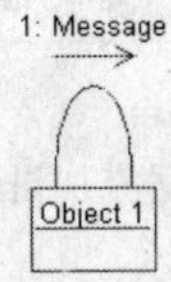

图5.13 向Collaboration框图增加反身消息

从Collaboration框图中删除消息

和Sequence框图一样，可以从Collaboration框图中删除消息。删除消息时，Rose自动将其余消息重新编号。

要从Collaboration框图中删除消息：

1. 选择要删除的消息。
2. 选择Edit➤Delete From Model或按Ctrl+D。

Collaboration框图中的消息编号

Sequence框图中，用户总是从上往下阅读框图，消息编号并不需要。而Collaboration框图中如果消息不编号，则没有顺序信息。

在Rose中可以关掉Collaboration框图中的消息编号。

要打开或关掉消息编号：

1. 选择Tools➤Options。
2. 选择Diagram标签。
3. 复选或关闭Collaboration和Sequence Numbering框。

将数据流加进Collaboration框图

前面曾介绍过，Collaboration框图与Sequence框图的一个差别是使用控制焦点，另一个差别是使用数据流。Collaboration框图显示数据流，而Sequence框图不显示。

数据流显示一个对象向另一对象发出消息时返回的信息。一般来说，不要对Collaboration框图中的每个消息加上数据流，否则框图中会堆满价值不大的信息。如果消息只是返回“OK，消息收到，一切顺利进行”或“Oops！运行请求功能出错”，则不值得在框图中显示。假设消息是公司的一列员工名单，则很重要，必须在框图中显示。

最终将每个消息映射类操作时，数据流中的消息加进操作细节中。一般来说，目前不必花太多时间考虑数据流。如果数据流很重要，对开发人员有帮助，则将其加进框图中，否则不要加进。

要将数据流加进Collaboration框图：

1. 选择Data Token或Reverse Data Token工具栏按钮。
2. 单击返回数据的消息。Rose自动在框图中加上数据流箭头，如图5.14。
3. 选择新数据流后，输入要返回的数据。

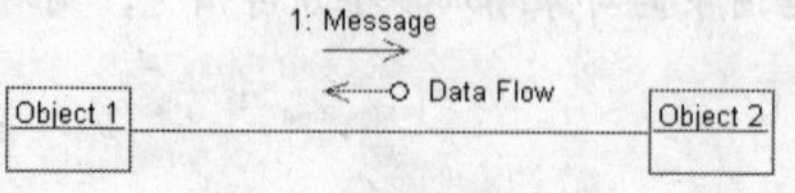

图5.14 将数据流加进Collaboration框图

设置消息规范

在Rose中，可以设置多个不同选项，在每个消息中增加细节。和使用案例与角色一样，可以在消息中增加名称和文档。也可以设置同步和频率选项。本节要介绍消息中可以设置的每个选项。

要打开消息规范：

双击框图中的消息，出现规范窗口，如图5.15。

或

1. 选择框图中的消息。
2. 选择Browse➤Specification或按Ctrl+B。

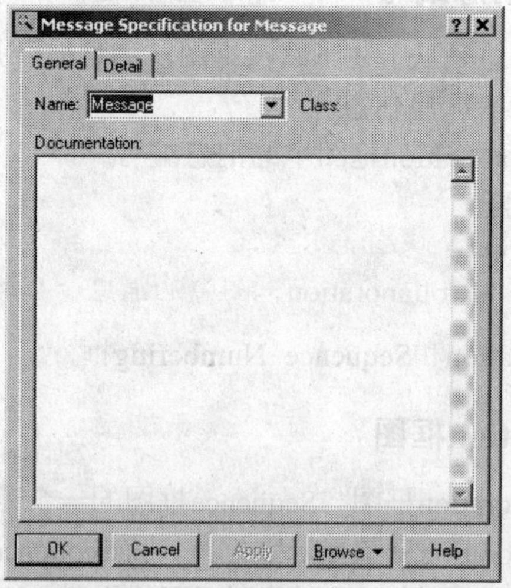

图5.15 消息规范窗口

命名消息

在消息规范窗口中，可以命名消息或改变名称、增加文档。每个消息用一个名称表示其用途。后面映射每个消息到操作时，消息名换成操作名。

要命名消息：

1. 双击Sequence框图或Collaboration框图中的消息。
2. 如果已经将接收对象映射为类，则这个类的操作出现在Name下拉列表框中。选择表中项目或输入消息名。

或

1. 选择Sequence框图或Collaboration框图中的消息。
2. 输入消息名。

说明： 如果已经将接收对象映射为类，则接收类的名称出现在消息名旁边的Class字段中。这个字段不能修改。要改变接收类，在对象规范窗口中将对象映射到另一个类。

要将文档加进消息中：

1. 双击消息打开消息规范窗口。
2. 在Documentation区，输入消息说明。例如，可以输入一些伪代码，描述消息的作用。

或

1. 选择Sequence框图或Collaboration框图中的消息。
2. 在Documentation窗口中输入说明。

将消息映射操作

生成代码之前，应将Sequence框图和Collaboration框图中的每个消息映射为类的操作。本例中：消息“Request Some Functionality”映射Supplier类的操作。

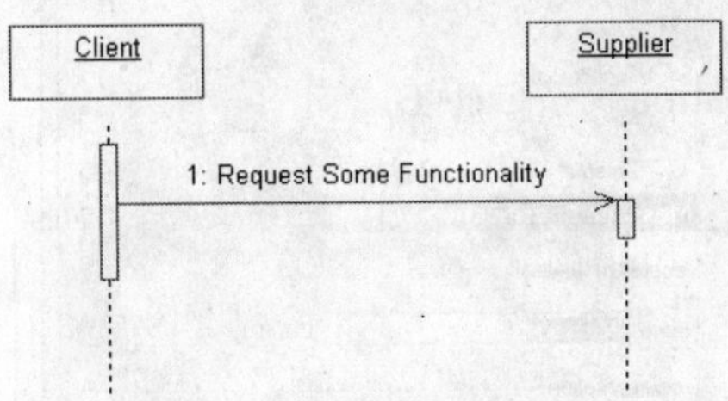

要将消息映射现有操作：

1. 确保接收对象（供应者）映射一个类。
2. 右单击Sequence框图和Collaboration框图中的消息。
3. 出现一列供应者操作。
5. 选择表中的操作，如图5.16。

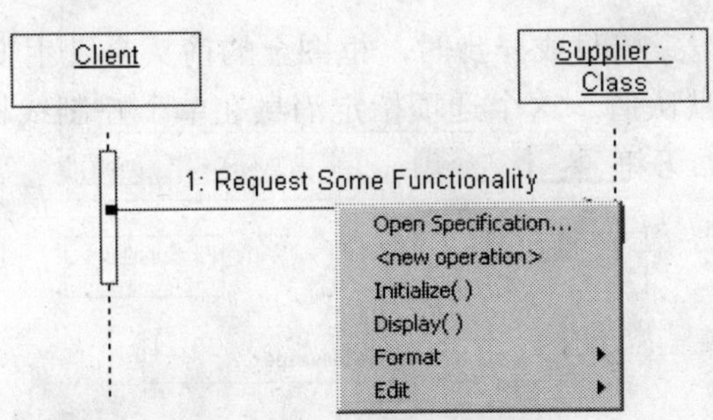

图5.16 将消息映射现有操作

要删除消息的操作映射：

1. 双击Sequence框图和Collaboration框图中的消息。
2. 在Name字段中删除操作名并输入新的消息名。

要对消息创建新操作：

1. 确保接收对象（供应者）映射一个类。
2. 右单击Sequence框图和Collaboration框图中的消息。
3. 选择<new operation>。
4. 输入新操作名和细节。操作规范窗口中的选项将在第7章介绍。
5. 单击OK关闭操作规范窗口，增加新操作。
6. 右单击消息。
7. 从出现的表中选择新操作。

要保证每个消息映射一个操作：

1. 选择Report➤Show Unresolved Messages。
2. Rose显示所有没有映射操作的消息。

设置消息同步选项

在消息规范窗口的Detail标签中（如图5.17），可以设置消息同步选项。

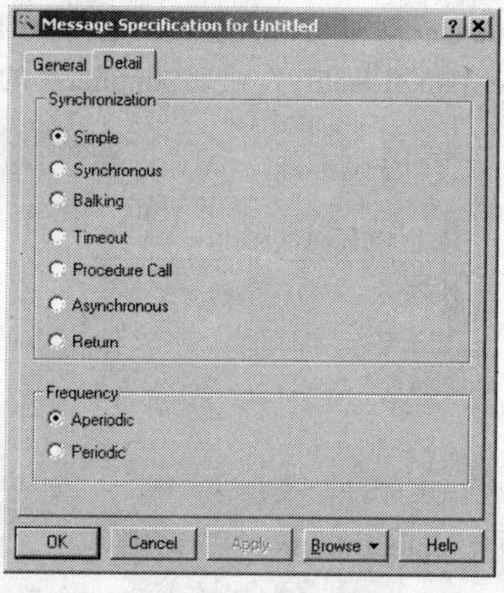

图5.17 设置消息同步选项

将同步性设置为阻止、超时或异步时，框图上的箭头会发生变化。同步选项有七个：

简单 这是消息的默认值。这个选项指定消息在单个控制线程中运行。在Sequence框图中，简单消息用如下符号：

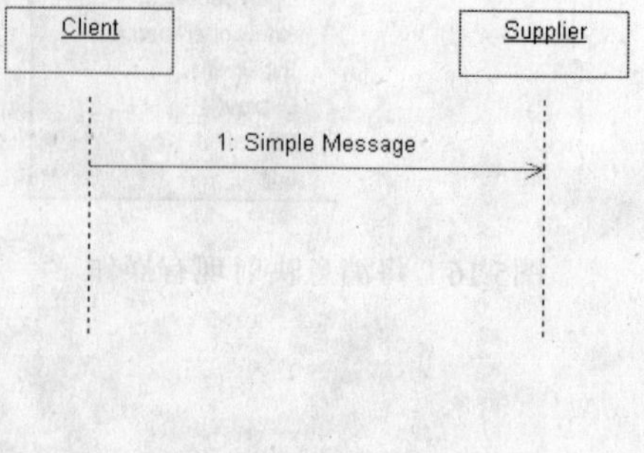

同步 这个选项用于客户发出消息后，等待供应者响应这个消息时。在Sequence框图中，同步消息用如下符号：

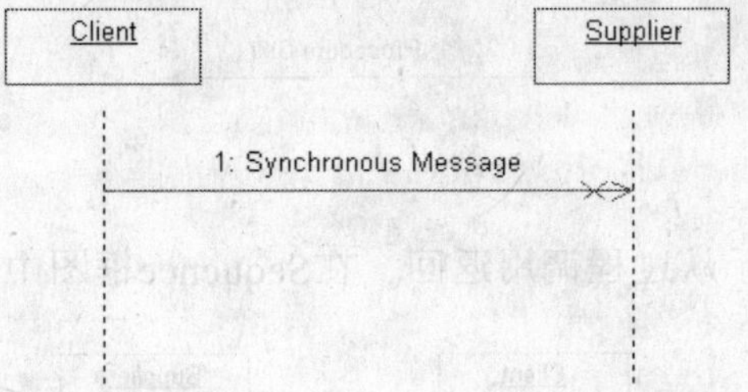

阻止 使用这个选项时，客户发出消息给供应者。如果供应者无法立即接收消息，则客户放弃这个消息。在Sequence框图中阻止消息用如下符号：

超时 使用这个选项时，客户发出消息给供应者并等待指定时间。如果供应者无法在指定时间内接收消息，则客户放弃这个消息。在Sequence框图中超时消息用如下符号：

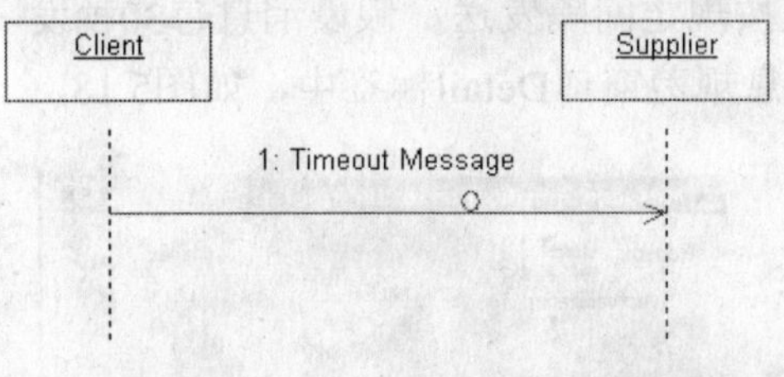

异步 使用这个选项时，客户发出消息给供应者，然后客户继续处理，不等待消息是否被接收。在Sequence框图中异步消息用如下符号：

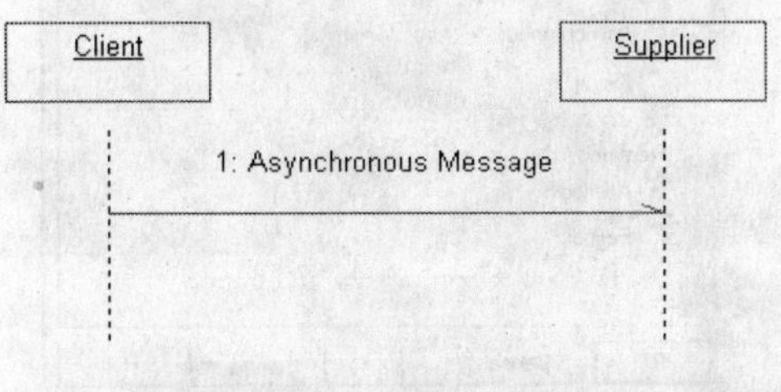

过程调用 使用这个选项时，客户机向供应者发消息，然后客户机要等待处理消息的整个嵌套顺序完成之后才能继续。在Sequence框图中，过程调用消息如下所示：

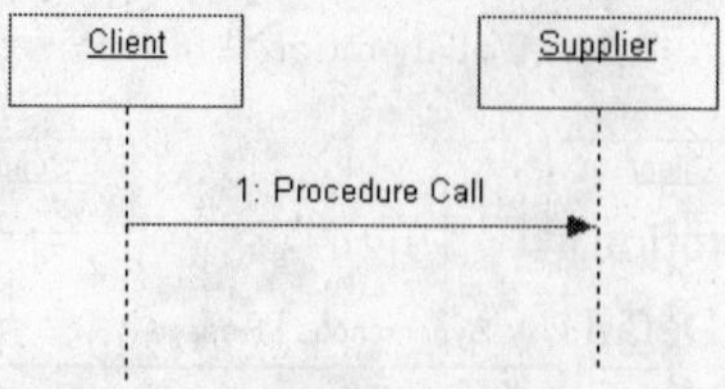

返回 这个选项表示从过程调用返回。在Sequence框图中，返回消息如下：

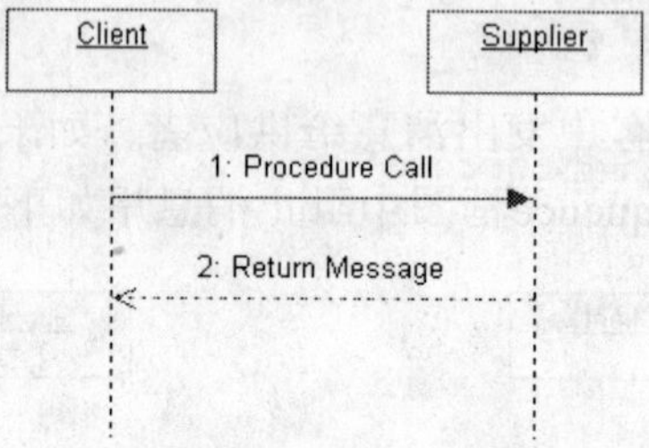

要设置消息同步性：

1. 双击Sequence框图或Collaboration框图中的消息。
2. 在消息规范窗口中选择Detail标签。
3. 从窗口单选钮中选择所要同步选项。

设置消息频率

消息频率可以让消息按规定间隔发送。假设消息每30秒发一次。则可以将消息设置为定期消息。频率选项在消息规范窗口Detail标签中，如图5.18。

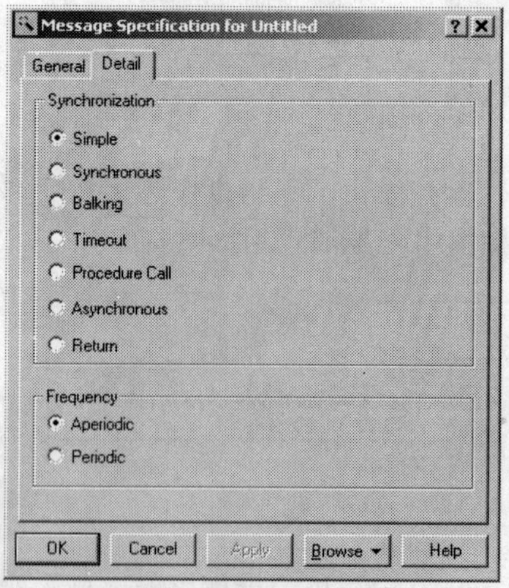

图5.18 设置消息频率

频率选项有两个：

定期 这个选项将消息设置为定期消息。

不定期 这个选项将消息设置为不定期消息，只发送一次，或在不规则时间发送。

说明： 消息频率不改变Sequence框图或Collaboration框图的样子。

要设置消息频率：

1. 双击Sequence或Collaboration框图中的消息。
2. 在消息规范窗口中选择Detail标签。
3. 从窗口单选钮中选择所要频率选项。

生命线结束

Rose 2001A与2002可以控制Sequence框图中对象生成线的显示。具体地说，可以将对象放在实例化的点上，可以增加删除标志，表示对象何时删除。

下面先看看生命线的开始。随着情形的继续，要创建和删除对象。在Rose 2001A与2002中，可以垂直移动对象，表示其生成位置。

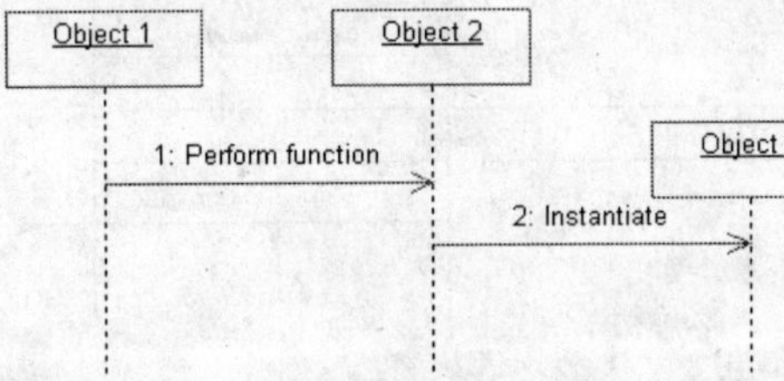

还可以表示对象何时从内存中删除。这在优化设计时特别有用，因为这样可以迅速看到特定情形中何时“清理”内存。

删除标志表示生命线结束，在生命线上显示“X”字样，生命线到此为止：

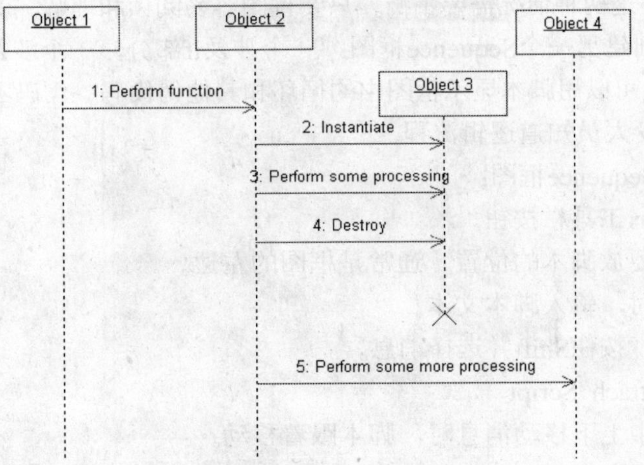

要增加生命线：

1. 从工具栏中选择Destruction Marker图标。
2. 单击对象生命线，表示对象从内存中删除的位置。

使用脚本

在Rose中，图注通常用于给对象增加说明，而脚本则通常给消息增加说明。脚本只用于Sequence框图中，出现在框图左边，与所指消息相对。

可以用脚本标明消息的意义。例如对消息“Validate User”，可以在脚本中展开解释它的含义：“Validate the ID to be sure the user exists and that the password is correct”。

也可以用脚本在框图中输入一些条件逻辑。例如，图5.19是Sequence框图中的脚本。

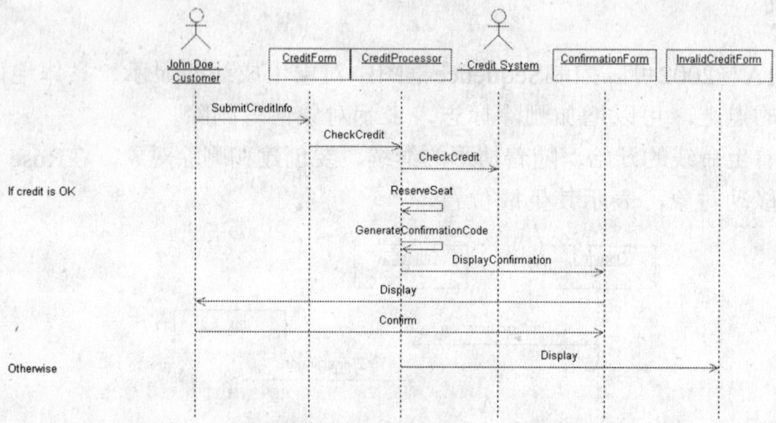

图5.19 Sequence框图中的脚本

一般来说，要避免在框图中放入太多条件逻辑，以免失去框图的简单性。在框图中加上If语句嵌套If语句，再嵌套If语句的细节时，框图的可读性就很差了。另一方面，有时需要显示一些条件逻辑。这两种情况需要平衡。只要框图容易阅读和理解，就可以了。如果条件逻辑太复杂，可以创建另一个Sequence框图：一个涉及if部分，一个涉及else部分。

除了If语句，还可以用脚本显示框图中的循环和其他伪代码。代码不会从脚本产生，但可以通过脚本使开发人员知道逻辑流程。

要将脚本加进Sequence框图：

1. 选择Text Box工具栏按钮。
2. 单击框图中要放脚本的位置。通常是框图的左边。
3. 选中文本框时，输入脚本文本。
4. 选择文本框，按住Shift并选择消息。
5. 选择Edit➤Attach Script。
6. 然后在框图中上下移动消息时，脚本跟着移动。

要从消息中删除脚本：

1. 选择脚本。
2. 选择Edit➤Detach Script。

在Sequence框图和Collaboration框图间切换

通常要对特定情形创建Sequence框图或Collaboration框图。如果没有Rose之类的模型工具，则同时创建两种特别费时间，而两者又保存同样的信息。

但在Rose中，从Collaboration框图创建Sequence框图，或从Sequence框图创建Collaboration框图非常容易。一旦有了情形的Sequence框图和Collaboration框图后，很容易在其间切换。

要从Sequence框图创建Collaboration框图：

1. 打开Sequence框图。
2. 选择Browse➤Create Collaboration框图或按F5。
3. Rose创建与打开的Sequence框图同名的Collaboration框图。

要从Collaboration框图创建Sequence框图：

1. 打开Collaboration框图。
2. 选择Browse➤Create Sequence框图或按F5。
3. Rose创建与打开的Collaboration框图同名的Sequence框图。

要在Sequence框图和Collaboration框图间切换：

1. 打开Sequence框图或Collaboration框图。
2. 选择Browse➤Go to（Sequence or Collaboration）Diagram或按F5。
3. Rose寻找与打开的框图同名的Sequence框图或Collaboration框图。

Interaction框图的两步法

通常，人们用两步法创建Interaction框图。第一步关注客户关心的高级信息。消息还不映射操作，对象还不映射类。这些框图只是让分析人员、客户和让对业务流程感兴趣的其他人了解系统的逻辑流程。

Sequence框图的第一步如图5.20。

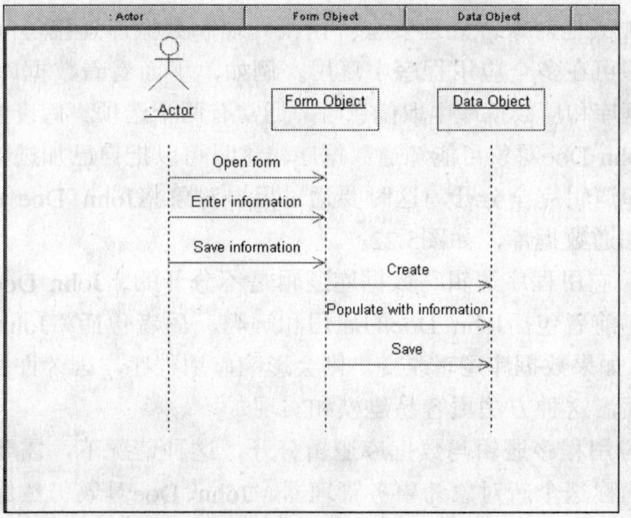

图5.20 Sequence框图的第一步

第二步，客户同意第一步框图的流程后，小组加进更多细节。这时的框图对客户可能作用不大，但对开发人员、测试人员和项目组的其他成员更有用。

首先，可能要向框图中增加一些对象。通常，每个Interaction框图有一个控制对象，负责控制情景中的程序。一个使用案例的所有Interaction框图可能共享同一控制对象，因此一个控制对象可以处理该使用案例的所有顺序信息。

如果增加控制对象，则Sequence框图通常如图5.21所示。

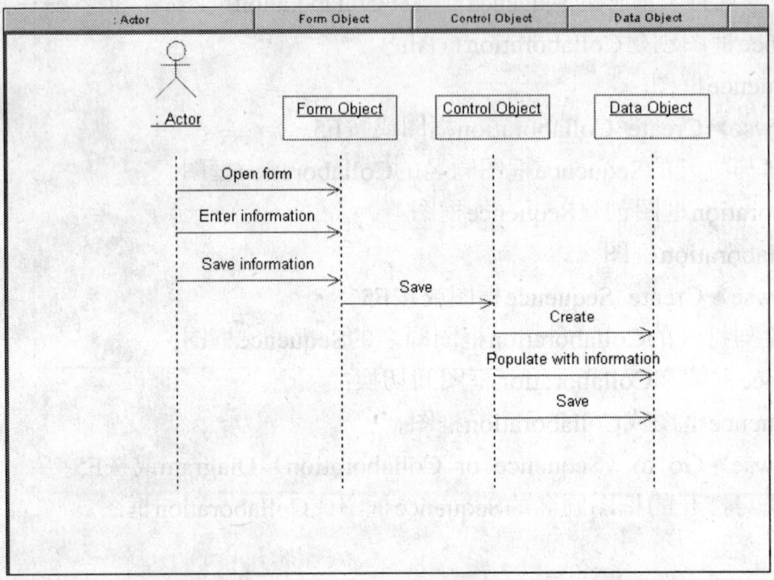

图5.21 带控制对象的Sequence框图

注意，控制对象并不进行任何业务处理，只是向其他对象发消息。控制对象负责协调其他对象的效果和委托责任。为此，控制对象有时也称为管理者对象。

使用控制对象的好处是能够将业务逻辑与程序逻辑分开。如果顺序需要改变，只影响控制对象。

你可能还要增加其他对象，处理安全、错误处理和数据库连接等问题。许多对象是一般性的，建立一次即可在多个应用程序中复用。例如，下面看看数据库问题。

将信息存入数据库和从数据库中取信息时，通常有两个选项。假设要将新员工John Doe保存到数据库中。John Doe对象可能知道数据库，这时可以把自己加进数据库中。John Doe对象也可能与数据库逻辑完全分开，这时要通过另一对象将John Doe保存到数据库中。下面先假设John Doe知道数据库，如图5.22。

在这种情形中，应用程序逻辑与数据库逻辑是不分开的。John Doe对象负责应用程序逻辑与数据库逻辑，前者包括John Doe的雇用和解聘，后者包括将John Doe存到数据库中和从数据库中取出。如果数据库逻辑改变，则会影响应用程序，因为许多对象都包含一些数据库逻辑。另一方面，这种方法更容易建模和实现。

另一种选项是应用程序逻辑与数据库逻辑分开。这种情况下，需要创建另一对象来处理数据库逻辑。我们称这个新对象为事务管理器。John Doe对象仍然保持业务逻辑，知道如何雇用和解聘John Doe。而事务管理器对象知道如何从数据库中取出John Doe或将其存入数据库中。这时Sequence框图如图5.23。

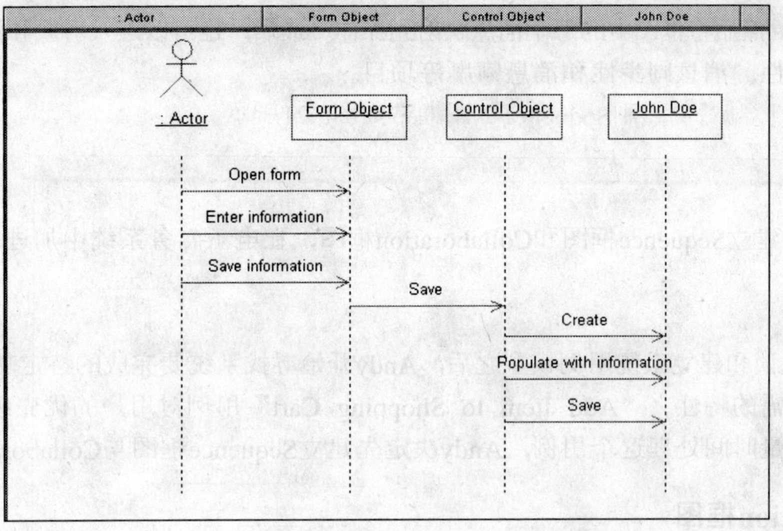

图5.22 应用程序逻辑与数据库逻辑集成

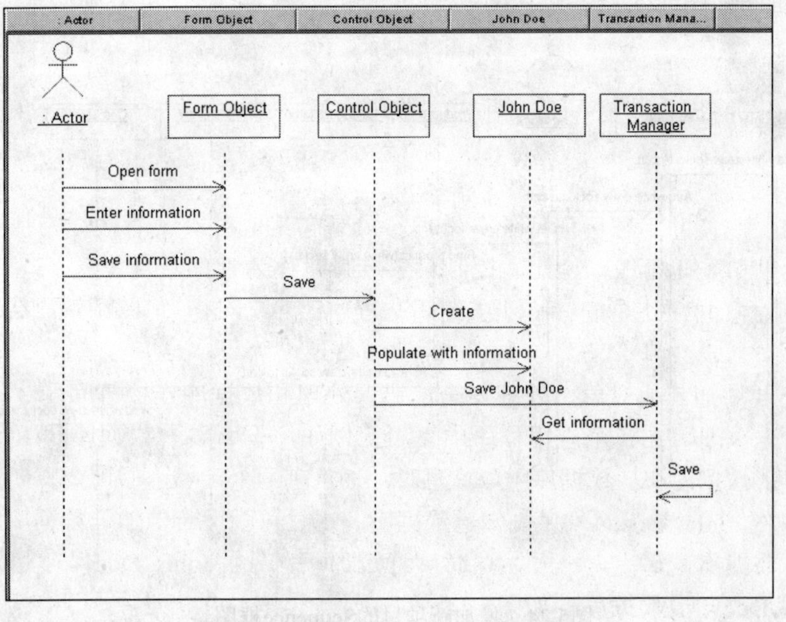

图5.23 数据库逻辑与应用程序逻辑分开

这种方法的好处是，更容易在另一个具有不同数据库或根本没有数据库的应用程序中复用John Doe对象，还可以减少需求改变时的影响。数据库改变并不影响应用程序逻辑，应用程序改变也不影响数据库逻辑。缺点是造型和实现需要更多的时间。

这是两种最常用的方法，还有其他处理数据库问题的方法。选哪个方法由你决定，但各个Interaction框图中应保持一致的方法。

除了数据库问题外，还可以增加错误处理、安全性、进程间通信等对象。这些细节客户不感兴趣，但对开发人员非常重要。

一旦加进所有对象后，下一步要将每个对象映射到类。可以将对象映射到现有类或为对象创建新类。然后将框图中的每个消息映射到操作。最后，还可以进入对象和消息的细节，设置对象持续性、消息同步性和消息频率等项目。

练习

本练习要建立Sequence框图和Collaboration框图，在电子商务系统中加进新项目。

问题

与April交谈和建立系统用例模型之后，Andy开始寻找系统要完成的特定功能。Andy首先详细分析所需的特性。“Add Item to Shopping Cart”用例对用户的优先级较高，风险较高。要用大量时间处理这个用例，Andy决定先建立Sequence框图与Collaboration框图。

创建Interaction框图

创建Sequence框图和Collaboration框图，在电子商务系统的购物推车中增加新项目。完成的Sequence框图如图5.24。

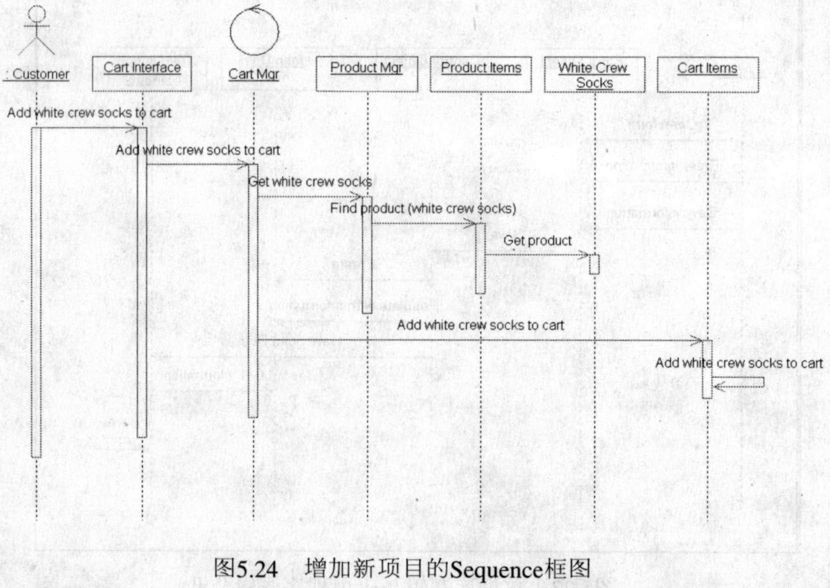

图5.24 增加新项目的Sequence框图

这只是完成“Add Item to Shopping Cart”使用案例要建模的框图之一。这个框图显示一切顺利时的情形。还要对出错时和用户选择不同选项时增加其他框图。在自己的Interaction框图中要建模使用案例中的每个流程。

练习步骤

设置

1. 选择Tools➤Options。
2. 选择Diagram标签。
3. 确保复选Sequence Numbering、Collaboration Numbering和Focus of Control。
4. 单击OK退出Options窗口。

创建Sequence框图

1. 右单击浏览器中系统使用案例模型的Add Item to Shopping Cart。
2. 选择New➤Sequence Diagram。
3. 将新框图取名为Main Flow。
4. 双击打开新框图。

将角色和对象加进框图

1. 将Customer角色从浏览器拖动到框图中。
2. 选择Object工具栏按钮。
3. 单击框图顶部添加对象。
4. 将新对象取名为Cart Interface。
5. 对下列对象重复第3和第4步：
   - Cart Mgr
   - Product Mgr
   - Product Items
   - White Crew Socks
   - Cart Items

将消息加进框图

1. 选择Object Message工具栏按钮。
2. 从Customer角色的生命线拖动到Cart Interface对象的生命线。
3. 选中消息时，输入Add white crew socks to cart。
4. 重复第2和第3步，将其他消息加进框图中：
   - Add white crew socks to cart（在Cart Interface与Cart Mgr之间）
   - Get white crew socks（在Cart Mgr与Product Mgr之间）
   - Find product (white crew socks)（在Product Mgr与Product Items之间）
   - Get product（在Product Items与White Crew Socks之间）
   - Add white crew socks to cart（在Cart Mgr与Cart Items之间）
5. 从工具栏中选择Message to Self按钮。
6. 在最后一个消息下面，单击Cart Items对象的生命线，加上反身消息。
7. 将新消息命名为Add white crew socks to cart。

创建Collaboration框图

要从Sequence框图创建Collaboration框图，按F5或按下列步骤从头开始创建Collaboration框图。

创建Collaboration框图

1. 右单击浏览器中的系统用例模型中的Add Item to Shopping Cart。
2. 选择New➤Collaboration diagram。

3. 将新框图取名Main Flow。
4. 双击打开新框图。

将角色和对象加进框图

1. 将Customer角色从浏览器拖动到框图中。
2. 选择Object工具栏按钮。
3. 单击框图内任一位置加进对象。
4. 将新对象取名Cart Interface。
5. 重复第2到第4步，将其他对象加进框图如下所示：
   - Cart Mgr
   - Product Mgr
   - Product Items
   - White Crew Socks
   - Cart Items

将消息加进框图

1. 选择Object Link工具栏按钮。
2. 把Customer角色拖动到Cart Interface对象。
3. 重复第1和第2步加进下列对象间的链接：
   - Cart Interface与Cart Mgr
   - Cart Mgr与Product Mgr
   - Product Mgr与Product Items
   - Product Items与White Crew Socks
   - Cart Mgr与Cart Items
4. 选择Link Message工具栏按钮。
5. 单击Customer与Cart Interface之间的链接。
6. 选中消息时，输入Add white crew socks to cart。
7. 重复第4到第6步，将其他消息加进框图中，如图5.25所示：
   - Add white crew socks to cart（在Cart Interface与Cart Mgr之间）
   - Get white crew socks（在Cart Mgr与Product Mgr）
   - Find product (white crew socks)（在Product Mgr与Product Items之间）
   - Get product（在Product Items与White Crew Socks之间）
   - Add white crew socks to cart（在Cart Mgr与Cart Items之间）

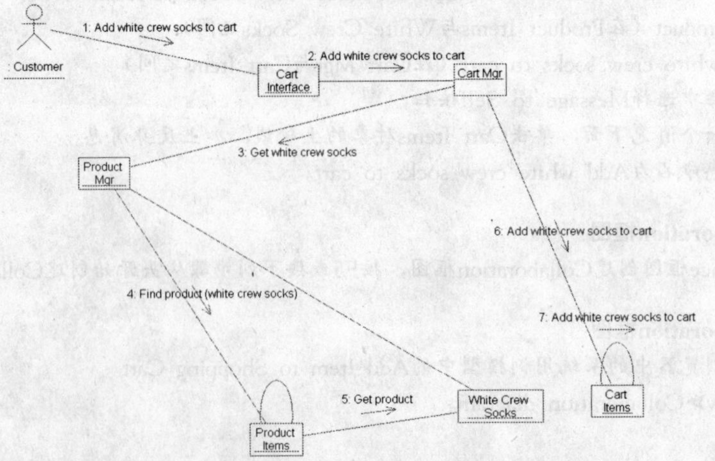

图5.25 Collaboration框图

小结

本章介绍了UML中最灵活的概念之一——Interaction框图。对象Interaction框图显示对象如何配合，实现使用案例的功能。Interaction框图有两种：Sequence框图和Collaboration框图。两者显示相同信息，但从不同方面显示。

Sequence框图按时间显示信息流。Sequence框图对使用案例的每种路径生成，用于浏览使用案例中的功能。

Collaboration框图显示信息流，但不按时间显示。Collaboration框图显示对象间的关系和对象间的消息。从Collaboration框图中，系统设计人员可以看出哪个对象是瓶颈，或发现哪些对象需要直接相互通信。Collaboration框图还可以显示对象间的数据流，而Sequence框图则没有这个功能。Rose中Sequence框图和Collaboration框图可以互换。一个框图作出改变时，对应框图也改变。

通常，每个Interaction框图经历两步。第一步，大多数技术细节不放进框图中。这些框图可以让用户验证过程捕获是否正确。一旦验证第一步框图后，就可以建立第二步框图。第二步框图的图标使用者不是用户，而是项目小组，包括设计人员、开发人员和分析人员。第二步将许多细节放进Interaction框图中。框图中每个对象映射到类。框图中每个消息映射类的操作。可以产生模型质量报表，显示未映射的对象和消息。

完成第二步Interaction框图后，Rose已经创建系统所需的一些类。下一章介绍如何创建类框图，让开发人员实际开发类。

第6章 类 与 包

上一章介绍了对象如何交互来提供系统功能。现在要介绍类本身及其如何组成包。Rose中对象模型对应于Logical视图中的类。本章要介绍如何在Logical视图中创建类、包和Class框图。

- 创建Class框图
- 将类加进模型
- 使用类与包

Rose模型的Logical视图

本章介绍Rose模型Logical视图中存放的一些项目。上一章曾介绍过，可以在Logical视图中创建Sequence框图和Collaboration框图。可以加进Logical视图的其他项目包括：

- Classes（类），包括属性和操作
- Packages（包）
- Class框图
- Use Case框图
- Associations（关联）
- Statechart框图与状态/活动模型

我们首先创建类和Class框图，下面几章将介绍增加Class框图的细节，包括增加属性与操作、类与包的关系。

Class框图

Class框图显示系统中的类与包，提供系统组件及其相互关系的静态图形。在Rose中，Class框图旁边有下列符号：

一个系统通常要创建几个Class框图。有些显示类及其关系的子集。有些显示类的子集，包括属性和操作。还有一些显示类包及包之间的关系。可以对系统创建多个Class框图。

默认情况下，有一个主Class框图，直接放在Logical视图下面。这个Class框图显示模型中的类包。每个包中有另一主框图，包含这个包中的所有类。在Rose中，双击Class框图中的包自动打开其主Class框图。如果主Class框图不存在，双击包可以创建主Class框图。

说明： 在Rose.ini配置文件中，设置AutoConstructMainDiagrams=Yes，自动创建每个包的Package Overview框图。

Class框图是项目小组的良好设计工具，有助于开发人员在编码之前显示和计划系统结构，保证系统一开始就设计合理。图6.1是Class框图的一个例子。

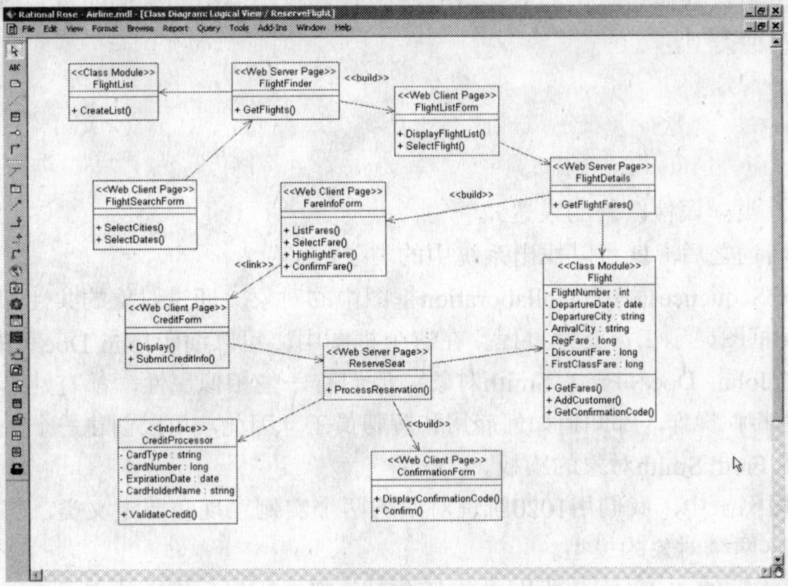

图6.1　Class框图

何谓类

类是包装信息和行为的项目。习惯上，我们把系统的信息放在数据库一方，行为放在应用程序一方。面向对象方法的特点之一就是将信息和影响信息的行为连接在一起。我们将信息和影响信息的行为连接在一起，包装成类。

例如，在人事系统中，我们有个Employee类。这个类包含一些信息，如员工号、姓名、地址和电话号码。Employee类还有一些行为，如Employee类知道如何雇用和解聘员工、如何提升员工。

在UML中，类用下列图注表示：

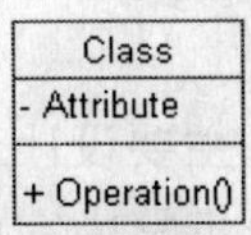

类的上层表示类名，（可选）包括版型。中层包括属性（即类包含的信息）。下层包括操作（类的行为）。为了简化框图，可以隐藏类的属性和操作。

也可以显示每个属性与操作、每个属性的数据类型和每个操作的签名。下一章将介绍这些选项。

Employee类是员工对象的模板。对象是类的实例。例如，Employee类的对象可能是John Doe、Fred Smith和公司的其他员工。

Employee类描述员工对象的信息和行为。以上例为例，John Doe对象可以保存下列信息：John Doe的姓名、地址和电话号码、工资。John Doe对象知道如何雇用和解聘John Doe、提升John Doe。对象具有类中指定的信息和行为。

寻找类

要寻找类，可以从使用案例的事件流开始。看看事件流中的名词即可知道具体是什么类。名词包括四种类型：

- 角色
- 类
- 类属性
- 除角色、类、属性以外的表达式

排除其他名词之后，就可以找出系统中的类了。

也可以检查Sequence框图和Collaboration框图中的对象。通过对象的共性即可寻找类。例如，Sequence框图显示工资支付过程。在这个框图中，可以演示John Doe和Fred Smith如何发工资。检查John Doe和Fred Smith对象，他们有一些相似属性，都有姓名、地址和电话号码。有一些相似操作，都知道如何雇用和解聘员工。因此，可以创建一个Employee类，作为John Doe和Fred Smith对象的模板。

在航空公司例子中，我们用1020航班对象的两个实例。现在要定义类，可以创建一个Flight类，作为这两个对象的模型。

Sequence框图和Collaboration框图中的每个对象都要映射到相应的类。上一章详细介绍了如何在Interaction框图中将对象映射类。

除了事件流之外，从Interaction框图寻找类非常方便。但有些类是无法在这些地方找到的。寻找类时要考虑三种不同的版型：Entity、Boundary和Control（实体、边界与控制）。它们并不是都能从事件流和Interaction框图找到。下面介绍版型时会介绍Entity、Boundary和Control类。

但这里先要介绍一个重要过程。有些机构喜欢先创建Sequence框图与Collaboration框图，然后创建Class框图。但有些机构喜欢先创建Class框图，然后创建Sequence框图与Collaboration框图，用类作为对象与关系的“字典”。

如果喜欢先创建Class框图，则首先要检查事件流中的名称。以此为基础确定实现系统时所需的类。可以检查任何基础类库，将这些类放进框图中。可以将类组成包和结构层，然后建立Sequence框图与Collaboration框图。

这两种方法各有利弊。无论哪种方法，主要设计工作和设计决策都是在创建Sequence框图与Collaboration框图和创建Class框图两个步骤中完成的。

先创建Sequence框图的一个好处是，可以一步一步认真检查完成事件流功能所需的对象，确保使用每个类。但把类放进模型中而不使用并不会有什么影响。另外，Sequence框图是很好的组织方法。先创建Sequence框图可以灵活地把设计人员组织起来，召开“碰头会”，得到更有效的设计，根据需要创建与删除对象，直到得到最佳设计。不限于已经定义的类清单。

另一方面，这也可能造成设计问题。不同小组可能用大不相同的方法设计框图，造成类责任的重叠、设计的不一致和最终造成体系结构问题。例如，如果不先布置类及其关系，则小组可以让用户界面直接与数据库通信，而这是不符合体系结构要求的。

如果先创建Class框图，则可以在生成Sequence框图之前确定体系结构层和通信模式。后面生成Sequence框图时，只要符合Class框图中建立的关系，就不会破坏体系结构。但这个方法的限制较严，小组可能在布置Sequence框图时要修改Class框图，以便在Sequence框图中修改。

使用这两种方法时，都可以跟踪整个过程的需求。事件流反映需求中确定的规则。Sequence框图与Collaboration框图中的步骤应对应于事件流中的步骤（不是一对一关系，但顺序应相同）。Sequence框图与Collaboration框图中的对象应对应于Class框图中的类。一个类可能在多个Sequence框图与Collaboration框图中出现，也可能在同一个Sequence框图与Collaboration框图中显示为同一类的不同对象并多次出现。

创建Class框图

在Rose中，Class框图在Logical视图中创建。可以创建多个Class框图以完整描述你的系统。

创建新模型时，Rose自动在Logical视图中创建一个Main Class框图。通常，这个框图显示模型中的类包。其他Class框图可以直接在Logical视图中创建，也可以在现有包中创建。

在Rose 2002中，可以对每个包设置默认Main框图，即使框图标题不是Main。在浏览器中，右单击要作为默认的框图，并选择Set as Default Diagram选项。

要访问主Class框图：

1. 单击浏览器Logical视图旁边的“+”号将其打开。
2. 出现主Class框图。注意Rose的Class框图右边有下列图标：

3. 双击打开主Class框图。

说明： 首次启动Rose和装入模型时，主Class框图自动打开。

要创建新Class框图：

1. 右单击浏览器中的Logical视图。
2. 选择弹出菜单中的New➤Class diagram。
3. 输入新框图名。
4. 双击打开浏览器中的框图。

要打开现有Class框图：

1. 找到浏览器Logical视图中的Class框图。
2. 双击打开框图。

或

1. 选择Browse➤Class Diagram，出现图6.2所示窗口。
2. 在Package列表框中，选择要打开的框图所在的包。
3. 在Class Diagrams列表框中，选择要打开的框图。
4. 按OK。

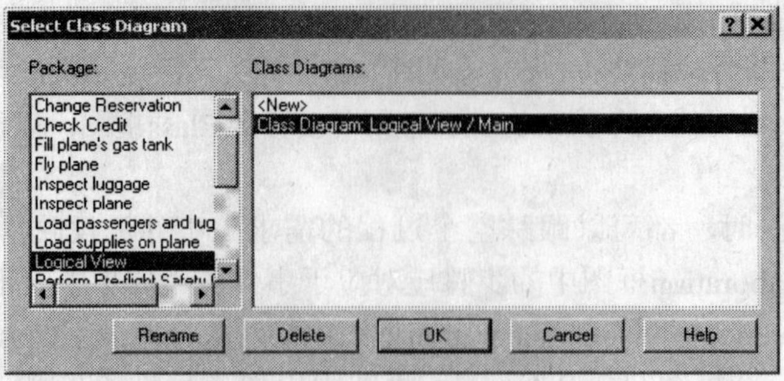

图6.2 打开现有Class框图

要将项目加进Class框图，用Class框图工具栏按钮将项目加进Class框图。或选择Tools➤Create并选择要创建的项目。下面几节介绍如何将各种项目加进Class框图。

从框图中删除项目有两种方法。要从当前框图删除项目：

1. 选择框图中的项目。
2. 按Delete键。

要从模型中删除项目：

1. 选择框图中的项目。
2. 选择Edit➤Delete from Model或按Ctrl+D。

或

1. 右单击浏览器中的项目。
2. 选择弹出菜单中的Delete。

删除Class框图

在模型中增加和删除类时，可能要删除一些已创建的Class框图。Rose中可以用浏览器删除Class框图。删除Class框图时，框图中的类并不删除，它们仍然在浏览器和其他框图中。

要删除Class框图：

1. 右单击浏览器中的Class框图。
2. 选择弹出菜单中的Delete。

在Class框图中组织项目

框图中加进越来越多类和关系后，会变得很乱很难看。Rose提供了在框图中自动排列所有类的选项。

将属性和操作加进类中时或调整框图中的类尺寸时，类可能变得太大或太小。Rose还可以自动调整所有类的尺寸以适合其中的文本。利用这两个选项，可以将图6.3所示框图变成图6.4的样子。

要布置Class框图中的项目，选择Format➤Layout Diagram，Rose自动在框图中对齐类。

要缩放Class框图中的项目，选择Format➤Autosize All，Rose可以自动调整框图中所有类的尺寸以适合其中的类名、属性和操作。

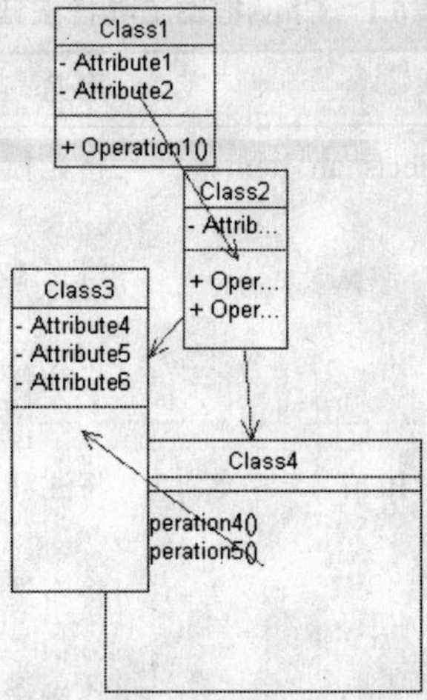

图6.3 没有经过调整尺寸和布置的类框图

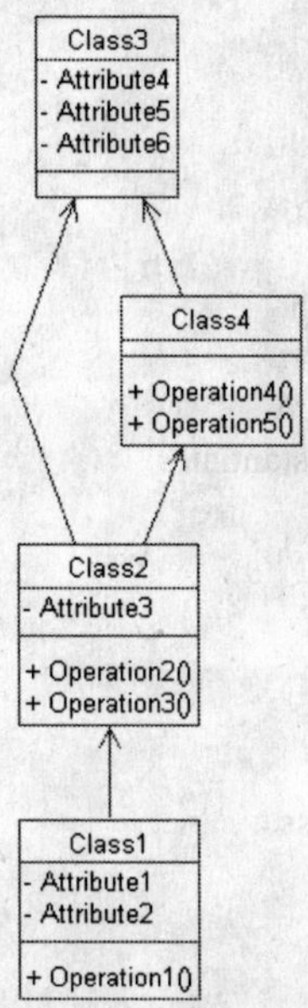

图6.4 经过调整尺寸和布置后的类框图

Class框图工具栏

本章要介绍如何将类加进模型和框图。下面几节介绍每个工具栏按钮提供的选项（除涉及关系的选项）。第8章将介绍关系工具栏按钮。

如果工具栏中看不到所有这些按钮，可以右单击工具栏并选择Customize。从这个对话框中，可以增加表6.1所列的每个按钮。

表6.1　Class框图工具栏按钮

图标	按钮	用途
	Selects or Deselects an Item	将光标返回箭头以选择项目
	Text Box	将文本框加进框图
	Note	将注释加进框图
	Anchor Note to Item	将注释连接框图项目
	Class	将新类加进框图
	Interface	将新接口类加进框图
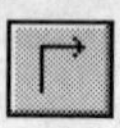	Association	画出关联关系
	Aggregation	画出累计关系
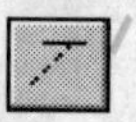	Association Class	将关联类与关联关系链接
	Package	将新包加进框图
	Dependency or Instantiates	画出相关性关系
	Generalization	画出一般化关系
	Realize	画出实现关系
	Parameterized Class	将新的参数化类加进框图
	Class Utility	将新类实用程序加进框图
	Parameterized Class Utility	将新的参数化类实用程序加进框图
	Instantiated Class	将新的实例化类加进框图
	Instantiated Class Utility	将新的实例化类实用程序加进框图
	Domain	将新的域加进框图
	Domain Package	将新的域包加进框图
	Server Page	将新的服务器页加进框图

（续表）

图标	按钮	用途
	Client Page	将新的客户端页加进框图
	Form	将新的窗体加进框图
	COM Object	将新的COM对象加进框图
	Applet	将新的小程序加进框图

使用类

创建Class框图后，下一步要将类加进模型中。可以加进几种类：普通类、参数化类、实例化类、类实用程序。下面几节将介绍这些类。

我们还将介绍Rose提供的增加类细节的选项。可以命名类、指定其版型、设置其可见性和其他选项。下面将介绍每个选项。

本章还将介绍如何浏览类的属性、操作和关系。下面几章，介绍增加和维护属性、操作与关系的细节。

增加类

首先增加一个标准类，可以用工具栏、浏览器或菜单增加。

新类可以加进浏览器中，这里它可用于其他框图，但不是一开始就在框图中。也可以将新类加进框图中。如果将新类加进框图中，则它自动加进浏览器中。

要将新类加进框图中：

1. 选择Class工具栏按钮。移动框图时，光标变为加号（+）。
2. 单击Class框图中任一位置，新类取名为NewClass。
3. Rose显示所有现有类清单。要将现有类加进框图中，双击清单中的现有类，如图6.5。要创建新类，将NewClass换成新类名。注意新类自动加进浏览器的视图中。

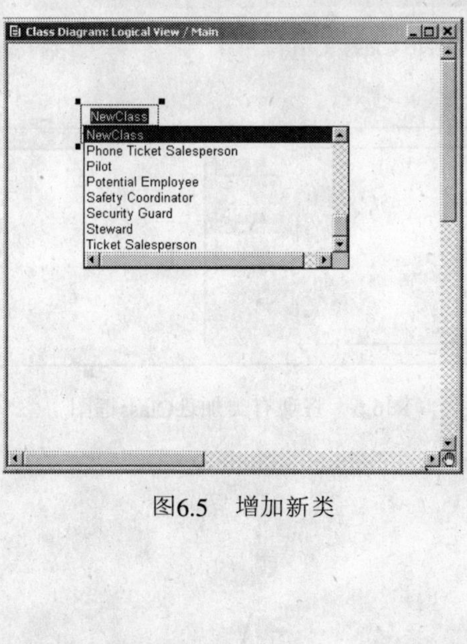

图6.5 增加新类

说明： 如果要创建与不同包中的类同名的类，则可以打开类规范窗口和输入类名。出现一个警告，表示多个包中有同名的类。

或

1. 选择Tools➤Create➤Class。
2. 单击Class框图中任一位置以放上新类，新类名为NewClass。
3. Rose显示所有现有类清单。要将现有类加进框图中，双击清单中的现有类。为了创建新类，将NewClass换成新类名。注意新类自动加进浏览器的Logical视图中。

说明： 也可以用Tools➤Create菜单创建新的参数化类、实例化类、类实用程序、参数化类实用程序、实例化类实用程序，详见下面几节。

要用Interaction框图加进新类：

1. 打开Sequence框图或Collaboration框图。
2. 右单击框图中的对象。
3. 从弹出菜单选择Open Specification。
4. 在Class下拉列表框图中选择<New>。Rose打开新类的规范窗口。
6. 在类规范窗口中的Name字段输入类名。

说明： 由于Interaction框图在浏览器Use Case视图中，用这个命令创建的新类在Use Case视图中创建。要移到Logical视图中，在浏览器中拖放这个类。

要将现有类加进Class框图：

将类从浏览器中拖动到打开的Class框图中。

或

1. 选择Query➤Add Classes，出现Add Classes对话框，如图6.6。
2. 在Package下拉列表框中选择要加进框图的类所在的包。
3. 将要加的类从Classes列表框移到Selected Classes列表框。要增加所有类，按All按钮。
4. 按OK按钮。
5. Rose将所选类加进打开的框图中。

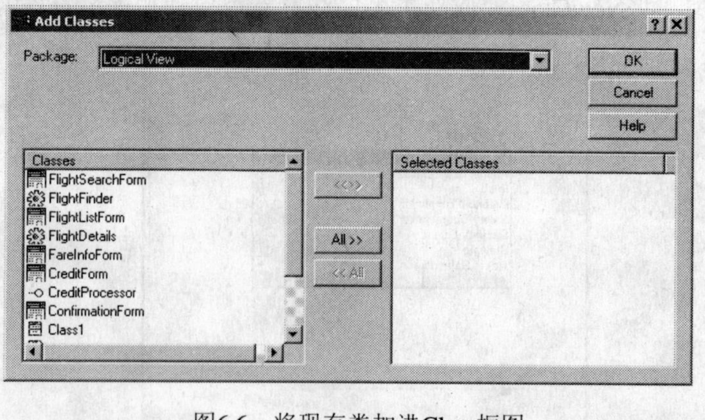

图6.6 将现有类加进Class框图

要将类加进浏览器中：

1. 右单击浏览器中的Logical视图。要将类加进包中，右单击包名。
2. 从弹出菜单选择New➤Class。要加进类实用程序或接口，选择New➤Class Utility或New➤Interface。新类NewClass出现在浏览器窗口中。
3. 选择新类并输入新类名。
4. 然后要将新类加进Class框图时，从浏览器窗口拖动到打开的框图中。

指定类版型

版型机制可以将类进行分类。例如，假设要迅速寻找模型中的所有窗体，可以创建Form版型，将所有窗口指定为这个版型。要寻找模型中的所有窗体时，只要寻找Form版型的类即可。

这个特性有助于更彻底地理解模型中每个类的责任。Form版型的类负责向用户显示信息和接收用户信息。Visual Basic Collection版型的类负责将实体组成数据集或其他类型的集合。每个版型有自己的责任。

版型还有助于生成代码的过程。Rose生成代码时，要通过类版型确定在目标编程语言中创建哪种类型的类。

Rose中有几个内置版型，其中有些在分析过程中使用，这时还没有确定用哪种语言。而有些是针对特定语言的，在详细设计过程中使用。这些不同类型的版型很重要，可以在分析过程中对类指定责任，而不把模型局限于特定语言。

本节介绍Rose所带的分析和语言相关设计的版型。

分析版型

分析过程中，可以根据功能把类进行分类。UML中有三种基本类版型用于分析：边界、实体和控制。

边界类

边界类位于系统与外界的交界处，包括所有窗体、报表、打印机和扫描仪等硬件的接口以及与其他系统的接口。UML将边界类表示为如下所示：

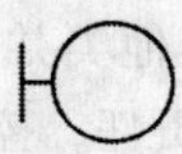

要寻找和定义边界类，可以检查Use Case框图。每个角色/使用案例交互至少要有一个边界类。边界类使角色能与系统交互。

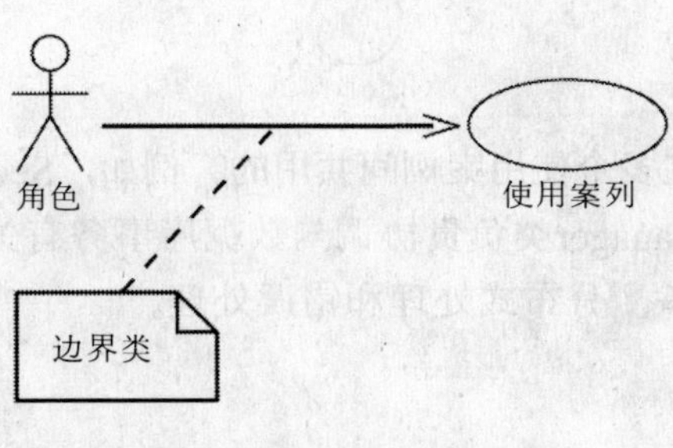

注意，并非每个角色/使用案例对都要创建惟一边界类。例如，下面是两个角色启动同一使用案例，可以用同一边界类与系统通信。

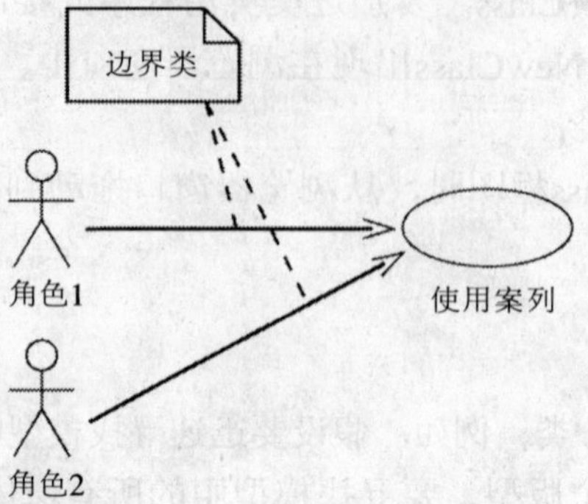

实体类

实体类保存要放进永久存储体的信息。在航空公司系统中，Flight类是实体类的范例。实体类通常在事件流和Interaction框图中，是对用户最有意义的类，通常用业务域术语命名。

可以看看事件流中的名词，其中许多都是系统中的实体类。另一种方法是检查数据库结构。如果已经完成数据库设计，则可以看表名。每个表要创建一个实体类。表中永久保存记录信息，而实体类在系统运行时在内存中保存信息。

在UML中，实体类用下列符号表示：

也可以从对象模型中收集的信息开发数据库，这样就可以从数据库字段回溯需求。需求确定事件流。事件流确定对象和类，以及类的属性。实体类中的每个属性都是数据库中的字段。利用这个方法，可以从数据库字段回溯要求，从而避免收集没人使用的信息。

控制类

控制类是我们要介绍的最后一种版型，负责协调其他类的工作。每个使用案例通常有一个控制类，控制使用案例中的事件顺序。在Interaction框图中，控制类具有协调责任，如图6.7。

注意控制类本身不完成任何功能，其他类并不向控制类发送许多消息，而是由控制类发出许多消息。控制类只是向其他类委托责任。控制类有权知道和执行机构的业务规则。可以运行其他流和知道在发生错误时如何处理。为此，控制类也称为管理者类。在UML中，控制类用下列符号表示：

可能还有许多控制类是在多个使用案例间共用的。例如，SecurityManager负责控制与安全有关的事件。TransactionManager类负责协调与数据库事务有关的消息。还有其他处理公用功能的管理者，如资源竞争、分布式处理和错误处理。

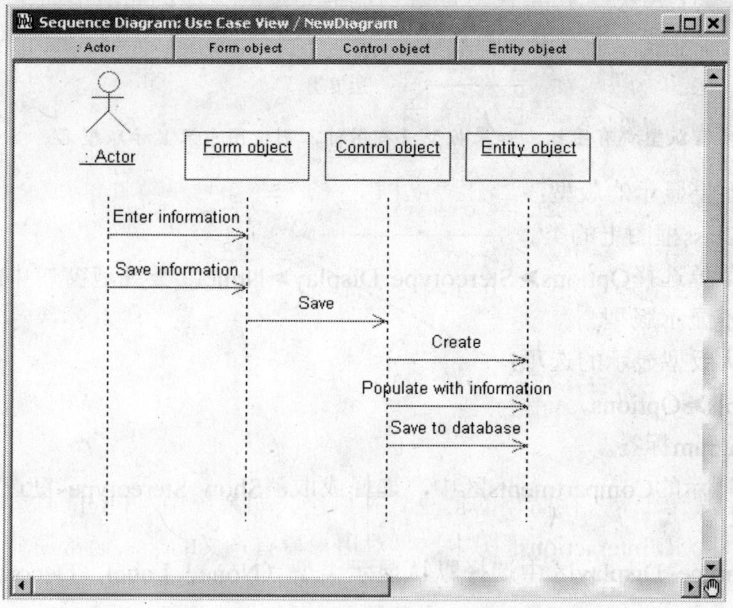

图6.7　Sequence框图中的控制类

这些控制类可以分离系统使用的功能。例如，将安全协调包装成SecurityManager类可以减少改变的影响。如果安全逻辑的顺序需要改变，只影响SecurityManager类。

增加类版型

除了上述版型外，还可以向模型中增加自己的版型。在Stereotype字段中，可以输入新版型，使它成为当前Rose模型中的版型。

要指定类版型：

1. 右单击类并选择Open Specification，打开类规范窗口。
2. 从下拉列表框图选择版型，或输入版型名。

要在框图上显示版型名：

1. 右单击Class框图上的类。
2. 从弹出菜单选择Options➤Stereotype Display➤Label，版型名出现在类名上面，放在<<>>中。

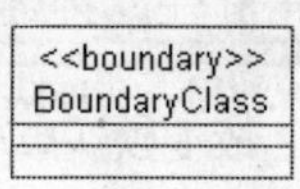

要在框图上显示版型图标：

1. 右单击Class框图上的类。
2. 从弹出菜单选择Options➤Stereotype Display➤Icon。
3. 类的表示变为相应图标。例如，下面是接口类的图标：

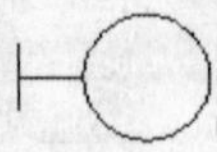

边界类

说明：并非所有版型都有图标。如果版型没有图标，则框图中只显示版型名。

要关掉框图上显示的版型：

1. 右单击Class框图上的类。
2. 从弹出菜单选择Options➤Stereotype Display➤None。类规范窗口中仍然有版型，但框图中不显示版型。

要改变默认版型显示的选项：

1. 选择Tools➤Options。
2. 选择Diagram标签。
3. 在图6.8所示的Compartments区中，选择或取消Show Stereotypes复选框，控制是否显示版型。
4. 在Stereotype Display区中选择默认显示类型（None、Label、Decoration或Icon）。

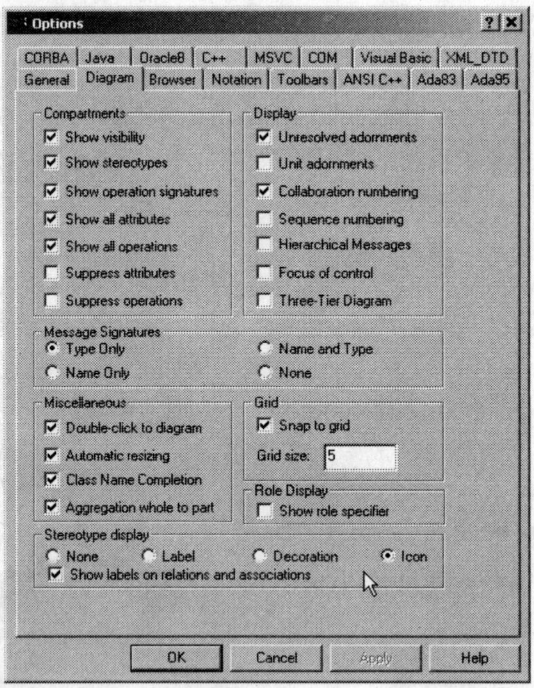

图6.8 改变默认版型显示

要在当前Rose模型中增加新版型：

1. 打开类规范窗口。
2. 在Stereotype字段中输入新版型。增加新类时，新版型即可出现在下拉列表框中，但只在当前Rose模型中。
3. 要增加新版型的Stereotype图标，见联机帮助（“Stereotype Configuration File”）。

类类型

设计时，要用特定编程语言的术语将类分类。例如，如果使用Visual Basic，则版型为Class Module、Collection或Form。如果使用Java，则版型为会话对象、小服务、接口，等等。

Rose对不同语言支持不同的版型。本节介绍可用的类类型。下面几节介绍Rational Rose支持的几种语言的版型。

参数化类

参数化类是我们要介绍的第一种特殊类。参数化类用于创建一系列其他类。通常，参数化类是某种容器，也称为模板。并不是所有语言都直接支持模板，但可以在C++、Visual C++或Ada中使用。

例如，参数化类List，这个参数化类的实例可以创建EmployeeList、OrderList或AccountList等类。

在UML中，参数化类用下列图注显示：

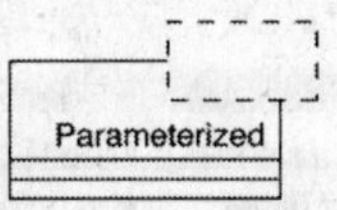

要增加参数化类：

1. 选择Parameterized Class工具栏按钮。
2. 单击框图中任一位置加进新类。
3. 输入类名。

或

1. 用上述方法将一个类加进Class框图或浏览器中。
2. 打开类规范窗口。
3. 在Type字段中输入Parameterized Class。
4. 按OK。

或

1. 选择Tools➤Create➤Parameterized Class。
2. 单击框图中任一位置加进新类。
3. 输入类名。

设置参数化类变元

类的变元在虚线框中显示。变元是参数化类所包含项目的占位符。上例中，我们将参数变为具体内容，如Employee实例化为EmployeeList类。

变元可以是另一个类、一个数据类型或一个常量表达式。可以加进多个变元。

要增加变元：

1. 右单击类并选择Open Specification，打开类规范窗口。
2. 选择Detail标签。
3. 右单击Formal Arguments区内任一空白处。

4. 从弹出菜单选择Insert。
6. 输入变元名。
6. 单击Type列头下面打开变元类型下拉清单，如图6.9。选择清单中的一个类型或输入自己的类型。
7. 单击Default Value列头下面输入变元默认值。默认值不是必需的。

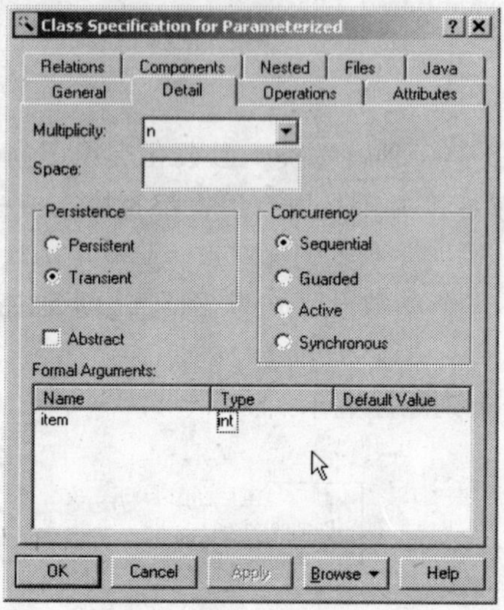

图6.9 在参数化类中增加变元

要删除变元：

1. 打开类规范窗口。
2. 选择Detail标签。
3. 右单击要删除的变元。
4. 从弹出菜单选择Delete。

实例化类

实例化类是具有实际变元值的参数化类。上例中我们知道有一系列项目。下面可以提供项目变元值，看看员工表。实例化类的UML图注是把变元名放在<>中的类：

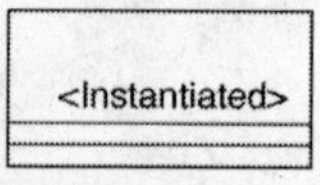

实例化类中的实际数值个数应符合实例化的参数化类变元数。如果变元是另一个类，则应依赖于这个类。

要增加实例化类：

1. 选择Instantiated Class工具栏按钮。
2. 单击框图中任一位置加进新类。
3. 在<>中输入类名和变元。

或

1. 用上述方法将一个类加进Class框图或浏览器中。
2. 打开类规范窗口。
3. 在Type字段中选择InstantiatedClass。
4. 按OK。

或

1. 选择Tools➤Create➤Instantiated Class。
2. 单击框图中任一位置加进新类。
3. 输入类名。

类实用程序

类实用程序是一组操作。例如，系统中要使用一些数学函数（如squareroot()、cuberoot()等），不适合放在某个类中。这些函数可以放在一起，包装成类实用程序，让系统中的其他类使用。

类实用程序常用于扩展编程语言提供的功能，或放一组一般性可复用功能块让许多系统使用。

类实用程序显示为框图中带阴影的类，符号如下所示：

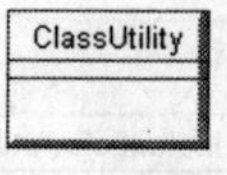

要增加类实用程序：

1. 选择Class Utility工具栏按钮。
2. 单击框图中任一位置加进新类。
3. 输入类名。

或

1. 用上述方法将一个类加进Class框图或浏览器中。
2. 打开类规范窗口。
3. 在Type字段中输入ClassUtility。
4. 按OK。

或

1. 选择Tools➤Create➤Class Utility。
2. 单击框图中任一位置加进新类。
3. 输入类名。

参数化类实用应用程序

参数化类实用应用程序是个参数化类，包含一组操作，是创建类实用程序的模板。在Class框图中用下列符号表示：

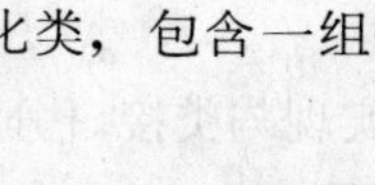

要增加参数化类实用应用程序：

1. 选择Parameterized Class Utility工具栏按钮。
2. 单击框图中任一位置加进新类。
3. 输入类名。

或

1. 用上述方法将一个类加进Class框图或浏览器中。
2. 打开类规范窗口。
3. 在Type字段中输入ParameterizedClassUtility。
4. 按OK。

或

1. 选择Tools➤Create➤Parameterized Class Utility。
2. 单击框图中任一位置加进新类。
3. 输入类名。

实例化类实用程序

实例化类实用程序是设置了参数值的参数化类实用程序，在Class框图中用下列符号表示：

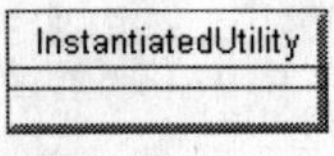

要增加实列化类实用程序：

1. 选择Instantiated Class Utility工具栏按钮。
2. 单击框图中任一位置加进新类。
3. 输入类名。

或

1. 用上述方法将一个类加进Class框图或浏览器中。
2. 打开类规范窗口。
3. 在Type字段中选择InstantiatedClassUtility。
4. 按OK。

或

1. 选择Tools➤Create➤Instantiated Class Utility。
2. 单击框图中任一位置加进新类。
3. 输入类名。

接口

面向对象编程的一个准则是将类实现与类接口分开。大多数面向对象语言都支持接口，其中只包含类的方法签名（不包含实现）。

例如，假设有个处理安全性的类，其中有CheckID、CheckPassword和LogSecurityViolation方法。CheckID操作取用户ID作为参数，返回表示这个用户ID是否是有效的布尔值。CheckPassword方法取用户输入的口令，也返回一个布尔值。LogSecurityViolation方法不取参数。

例如，系统各个部分要调用CheckID方法。典型的方法是创建一个类（称为SecurityImplementer），包含这三个安全方法和实现这些函数的代码。

一种方法是在需要安全功能时让系统直接调用SecurityImplementer类的方法。但如果SecurityImplementer类改变，则会遇到问题。如果改变这个方法的工作方式或把C++安全类换成Java安全类，则会影响整个系统。

因此我们不用这个方法，而是创建SecurityImplementer类和它的方法和实现，同时创建其中只保存操作签名SecurityInterface。其他类引用这个接口，而不是引用实现类，因此要改变实现类时，并不会影响系统的其余部分。

这个概念是接口定义语言（IDL）的基础，IDL可以定义独立于语言的接口。在Rose中，接口表示为草图圈的类称为“lollipop”，如下图所示：

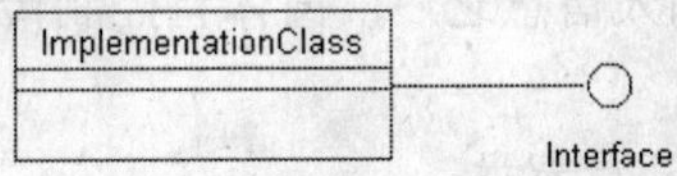

Web模型版型

Rose中的一个新特性是Web模型版型。利用这个特性，可以更全面地描述Web应用程序的结构，标出模型中哪个类对应于客户端页、服务器页、小程序、会话对象和其他Web结构。

说明： 这个课题的细节见第19章“Web模型”。

本节简要介绍Rose Web Modeler中的每种版型。如果使用这些版型，则首先要定制Class Diagram工具栏，定制这些按钮。为此，打开Class框图并右单击Class Diagram工具栏。选择Customize，找到Web版型按钮，然后将其加进工具栏中。

许多版型在Class框图中有自己的符号。Rose中可以浏览类的符号，只要右单击类并选择Options➤Stereotype Display➤Icon。要切换回文本标题的版型，选择Label选项。

说明： 如果将版型显示变成Icon之后仍然看不到符号，则要保证创建类之前，Tools➤Options的Notation标签中把默认语言设置为Web Modeler。如果已经创建了类，则一定要映射将语言设置为Web Modeler的组件（组件映射见第10章）。

客户端页

客户端页是HTML格式页面，在客户机上用Web浏览器显示。客户端页可以用JavaScript或VBScript嵌入一些逻辑，但通常只提供用户界面逻辑。大多数情况下，业务逻辑应尽量放到服务器上。

在Rose中，客户机页用下列符号表示：

服务器页

服务器页是服务器上执行的页面，通常执行业务功能，而不是用户界面功能。服务器页可以和服务器上的资源通信，如数据库、其他服务器页和业务对象。分开客户端与服务器页使小组可以分开业务逻辑与用户界面。

在Rose中，服务器页用下列符号表示：

窗体

窗体是不进行业务处理的简单HTML页面，只是向最终用户显示信息和让最终用户在简单字段中输入一些信息。用户输入信息之后，窗体将控制传给服务器页，由其响应窗体信息和进行任何业务逻辑。

在类框图中，窗体用下列符号表示：

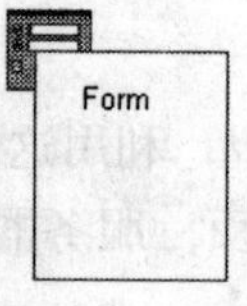

应用程序

Web编程中的一大难点是无法跟踪客户机状态。换句话说，客户机向服务器请求并在服务器上处理请求之后，服务器并不跟踪客户机的状态和位置。如果客户机需要其他信息，则要建立与服务器的新连接和发送新请求。

使用ASP（Active Server Pages）时，可以用应用程序对象解决这个问题。它使服务器可以跟踪当前使用系统的所有客户机信息。所有客户机共享相同的应用程序对象。

在Rose中，应用程序对象采用Web Applicatio版型的类：

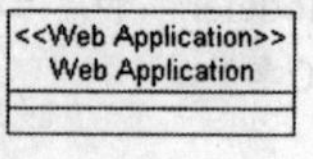

小程序

小程序是个Java结构，通常是较小的编译程序，下载到客户机上并在客户机上运行。小程序通常在用户界面中增加一些功能。ActiveX控件具有相同的作用，但并不是所有浏览器都支持。

小程序在类框图中用下列符号表示：

会话

会话对象的作用与应用程序对象大致相同。差别在于所有客户机共享相同的应用程序对象，而会话对象则是特定客户机独有的，使服务器可以跟踪客户机的现状和请求历史。

会话对象表示为Web Session版型的类：

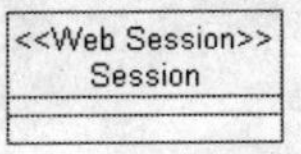

COM对象

COM对象版型表示ActiveX组件。尽管不是所有浏览器都支持ActiveX，但目前使用的ActiveX控件很多（而且还在不断增加）。只要客户机运行Microsoft的Internet Explorer或其他支持ActiveX的浏览器，就可以用这些控件改进用户界面。和小程序一样，ActiveX控件在客户机上运行。

COM对象在类框图中用下列符号表示：

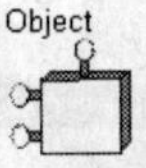

其他语言版型

除了上述版型之外，Rose还对Visual Basic、Java、XML、CORBA、COM和其他类型的类支持不同版型。表6.2列出了Rose中不同语言的版型。

表6.2 Rose中语言特定版型

语言	版型	语言	版型
Visual Basic	Add-InDesigner	CORBA	Constant
	ADO Class		Enumeration
	Class Module		Exception
	Collection		Struct
	Custom Webitem		Typedef
	Data Environment		Union
	Data Report		Value
	DHTML Page		Custom Value
	Enum	COM	Alias
	Form		Coclass
	MDI Form		Enum
	Module		Module
	MTS Class		Struct
	Property Page		Union
	Template Webitem	Oracle 8	Nested Table
	Type		Object Table
	User Control		Object Type
	User Document		Object View
	User Connection		Relational Table
	Web Class		Relational View

（续表）

语言	版型	语言	版型
Java	EJB Entity		VARRAY
	EJB Home Interface	XML	DTD Element
	EJBPrimaryKey		DTD Entity
	EJBRemoteInterface		DTD Sequence Group
	EJBSession		DTD Notation
	Generic Servlet		
	HTTP Servlet		

类规范

类的大多数选项在类规范窗口中设置，如图6.10。例如，这个窗口可以设置类的版型、可用性和持续性。下面几节介绍窗口中每个标签的选项。

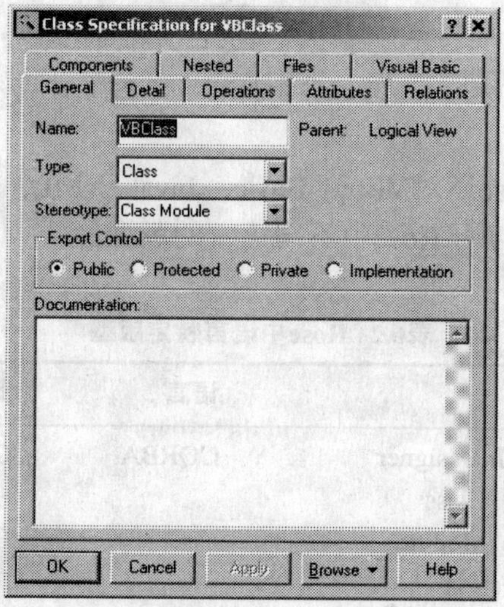

图6.10 类规范窗口

如果检查Java、XML或CORBA类的规范，则类规范窗口稍有不同，如图6.11。这个窗口的所有选项也可以通过标准规范提供。

要打开类规范窗口：

1. 右单击Class框图中的类。
2. 从弹出菜单选择Open Specification。

或

1. 右单击浏览器中的类。
2. 从弹出菜单选择Open Specification。

或

1. 选择Class框图中的类。
2. 选择Browse➤Specification或按Ctrl+B。

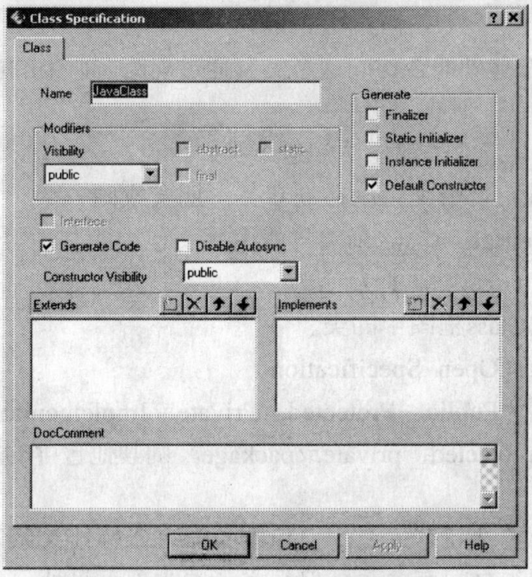

图6.11 Java规范窗口

命名类

Rose模型中的每个类应有惟一名称。大多数机构都有一定的类命名规则。但一般来说，类用单数名词命名。例如，在我们的航空订票系统中有个Flight类，还有个Airplane类，而不称为flights和airplanes。

类名通常不包括空格，这样能提高可读性，大多数编程语言不支持类名中的空格。类名应尽可能短。尽管ListOfEmployeesThatAreOnProbation能很好地描述类的作用，但会使代码可读性变差，用EmployeeList可能更好些。

使用大写或小写取决于机构的类命名规则。例如员工表的类可以命名为employeelist、Employeelist、EmployeeList或EMPLOYEELIST。每个公司通常有一个命名规则，但已确定的方法应当用于所有类。

要命名类：

1. 选择浏览器或Class框图中的类。
2. 输入类名。

或

1. 打开类规范窗口。
2. 在Name字段中输入类名。

要将文档加进类中：

1. 选择浏览器中的类。
2. 在文档窗口输入类文档。

或

1. 打开类规范窗口。
2. 在规范窗口的Documentation区输入信息。

设置类可见性

Visibility选项确定在包外能否访问这个类。通过规范窗口中的Export Control字段控制。有三个类可见性选项：

Public 系统中所有其他类都能访问这个类。

Protected或Private 这个类可以在嵌套类、朋友或同一个类中访问。

Package或Implementation 这个类只能由同一包中的其他类访问。

要设置类可见性：

1. 右单击浏览器或Class框图中的类。
2. 从弹出菜单中选择Open Specification。
3. 将输出控制设置为Public、Protected、Private或Implementation。

如果类的可见性为protected、private或package，则其他包中的类无法访问。下列情形发生访问错误：

- 不同包中的两个类之间有关系，但包本身没有依赖性关系
- 不同包中的两个类之间有关系，但供应者类实现可见性

Rose中，打开Class框图和选择Report➤Show Access Violations可以检查这两个问题。

设置类基数

Multiplicity字段可以设置类的实例数。在员工跟踪系统中，我们的Employee类可能有多个实例，如John Doe、Bill Smith等等。因此，Employee类的基数为n。而控制类的基数通常为1。运行应用程序时，可能只要一个安全管理器。

在Rose中，下拉列表框提供下列基数选项：

Multiplicity（基数）	**含义**
n（默认）	多
0..0	0
0..1	0或1
0..n	0或多
1..1	1
1..n	1或多

也可以用下列格式输入基数：

格式	**含义**
<number>	<number>
<number 1>..<number 2>	<number 1>到<number 2>
<number>..n	<number>或多
<number 1>,<number 2>	<number 1>或<number 2>
<number 1>, <number 2>..<number 3>	<number 1>或<number 2>到<number 3>
<number 1>..<number 2>, <number 3>..<number 4>	<number 1>到<number 2>或<number 3>到<number 4>

要设置类的基数：

1. 打开类规范窗口。
2. 选择Detail标签。
3. 在Multiplicity下拉列表框中，选择基数，或输入下拉列表框中没有的基数选项。

设置类的存储需求

建立模型时，可能要注明每个类对象要求的相对或绝对内存量。类规范窗口中的Space字段设置类的存储需求。

类实用程序、实例化类实用程序和参数化类实用程序不能使用Space字段。

要设置类的空间：

1. 打开类规范窗口。
2. 选择Detail标签。
3. 在Space字段中输入类的存储需求。

设置类持续性

Rose中可从模型产生DDL（Data Definition Language）。DDL定义数据库的结构。

产生DDL时，Rose寻找设置为持续性的类。类规范窗口Persistence字段可以指定类为Persistent或Transient：

Persistent 类在应用程序执行之外还存在。即类对象中的信息存放在数据库或别的永久存储体中。

Transient 类对象中的信息不存到永久存储体中。

类实用程序、实例化类实用程序和参数化类实用程序不能使用Persistence字段。

要设置类持续性：

1. 打开类规范窗口。
2. 选择Detail标签。
3. 在Persistence区中选择Persistent或Transient。

设置类并发性

并发性描述类在存在多个控制线程时的表现。有四种并发选项：

Sequential 是默认设置，只有一个控制线程时，类正常工作（即如期操作），而在有多个控制线程时则不能保证类能否正常工作。

Guarded 存在多个控制线程时，类正常工作但不同线程中的类应相互协作，保证不会互相干扰。

Active 类有自己的控制线程。

Synchronous 存在多个控制线程时，类正常工作不需要与其他类相互协作，因为类本身能处理互斥情形。

要设置类并发性：

1. 打开类规范窗口。
2. 选择Detail标签。

3. 在Concurrency区选择并发性单选钮。

创建抽象类

抽象类是不能实例化的类。换句话说，如果类A是抽象的，则内存中不会有类型为A的对象。只有类中至少有一个操作是抽象操作才能把这个类定义为抽象类。Rose中不一定要用这个规则。

抽象类通常在继承结构中使用，保存一些其他类共同的信息和行为。例如，Animal类有属性height、color和species。从这个类可以派生Cat、Dog和Bird等类。这些类都从Animal类继承height、color和species属性，并有自己的属性和操作。

应用程序运行时，不会创建Animal对象，所有对象都是Cat、Dog和Bird。Animal类是个抽象类，只是保存Cat、Dog和Bird的共性。

在UML中，抽象类用带斜体的名称在Class框图中显示，如下所示：

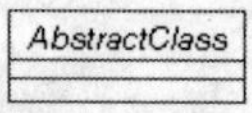

要创建抽象类：

1. 按上述方法创建类。
2. 打开类规范窗口。
3. 选择Detail标签。
4. 复选Abstract框。

浏览类属性

下一章要介绍增加、删除和使用类属性。类规范窗口中可以设置已经为类创建的属性。关于属性和操作的其他信息，见第7章。

要浏览类属性：

1. 打开类规范窗口。
2. 选择Attributes标签，其中列出类的属性，包括属性可见性、版型、名称、数据类型和默认值。

浏览类操作

下一章要介绍增加、删除和使用类操作。类规范窗口中可以浏览已经为类创建的操作。关于属性和操作的其他信息，见第7章。

要浏览类操作：

1. 打开类规范窗口。
2. 选择Operations标签，其中列出类的操作，包括操作可见性、版型、签名和返回类型。

浏览类关系

第8章将详细介绍类中可以增加的不同关系细节。我们将介绍增加与删除关系、设置每个关系的详细信息。在类规范窗口中，可以浏览加进类中的所有关系。关于类之间关系的详细信息，见第8章。

要浏览类关系：

1. 打开类规范窗口。
2. 选择Relations标签，其中列出这个类参与的所有关系。

使用嵌套类

在Rose中，一个类可以嵌套另一个类，嵌套类中又可以嵌套类，深度随意。

要创建嵌套类：

1. 打开父类的类规范窗口。
2. 选择Nested标签。
3. 右单击Nested标签中任一空白处。
4. 从弹出菜单中选择Insert。
5. 输入嵌套类名称。

或

1. 创建与命名父类。
2. 生成与命名嵌套类的类。
3. 在浏览器中，将嵌套类拖放到父类。

要在Class框图中显示嵌套类：

1. 打开Class框图。
2. 选择Query➤Add Classes。
3. 将嵌套类从Classes列表框移到Selected Classes列表框。嵌套类的显示格式为ParentClass::NestedClass。
4. 单击OK，嵌套类出现在框图中，父类名放在括号内。

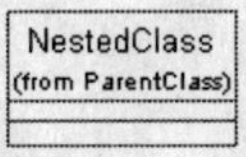

要从模型中删除嵌套类：

1. 打开父类的类规范窗口。
2. 选择Nested标签。
3. 右单击要删除的嵌套类名。
4. 从弹出菜单选择Delete，即可从所有Class框图中删除嵌套类。

或

1. 右单击浏览器中的嵌套类。
2. 选择Delete。

浏览包含类的Interaction框图

要改变类时，最好知道这个类在系统中的位置。两种Interaction框图：Sequence框图和Collaboration框图可以知道每个类的位置和用法。可以用Report菜单显示哪个Sequence框图和Collaboration框图包含特定类的对象。

要浏览包含某个类的所有Sequence框图和Collaboration框图：

1. 选择Class框图中的类。
2. 选择Report➤Show Instances。
3. Rose显示包含该类对象的所有Sequence框图和Collaboration框图，如图6.12。要打开一个框图，在清单中双击这个框图或单击Browse按钮。

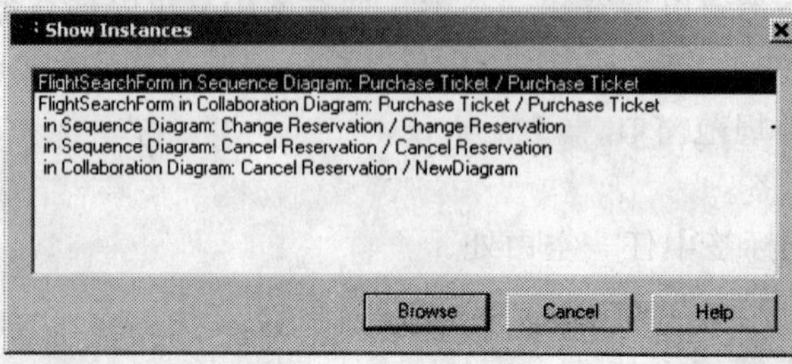

图6.12 浏览类实例

设置Java类规范

在Rose中，Java类有两个规范窗口：上面介绍的标准规范和Java规范窗口。Java规范窗口可以设置Java特定字段，如是否产生默认构造函数。图6.13显示了Java Class Specification窗口。

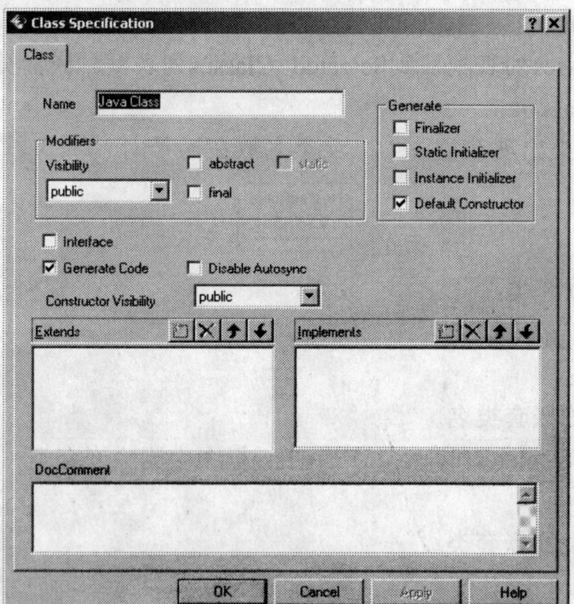

图6.13 Java Class Specification窗口

利用Java类规范窗口可以设置下列项目：

Name 等于设置标准规范窗口中的名称。

Visibility 控制类是否公开或只能让同一包中的类访问。取值为Public或Package。设置为Package时，等于在标准规范窗口中将Export Control设置为Implementation。

Abstract 将类设置为抽象，表示类不能直接实例化。在Java规范窗口设置这个标志可以在标准规范窗口Detail标签中选择Abstract复选框。

Final 确定类可否创建子类。如果Final标志设置为True，则不能创建子类。

Generate 四个标志，确定产生代码时是否产生最后化方法、静态初始化器、实例初始化器和默认构造函数。

Interface 设置这个类是否是接口。选择这个框等于在标准规范窗口中将类版型设置为Interface。

Generate Code 控制Rose是否产生这个类的代码。默认选择这个选项。

Disable Autosync 关闭这个类的自动同步。自动同步特性自动在修改Java元素时启动代码产生过程。要对整个模型启用或关闭自动同步，选择Tools➤Java➤Project Specification和Detail标签，在屏幕底部有个自动同步选项。

Constructor Visibility 将类构造函数的可见性设置为Public、Package、Private或Protected。

Extends 表示一个类是否是另一个类的子类。如果是，则列出父类。

Implements 表示类是否能实现接口中列出的功能；如果能则列出接口。

DocComment 提供类的说明，等于在标准规范窗口的Documentation字段中输入说明。

设置CORBA类规范

和Java一样，CORBA类有自己的规范窗口。可以用这个窗口设置CORBA特定信息，如枚举属性顺序或常量类型与数值。根据使用的CORBA类版型不同，规范窗口会有所不同。图6.14显示了CORBA规范窗口的一个例子。

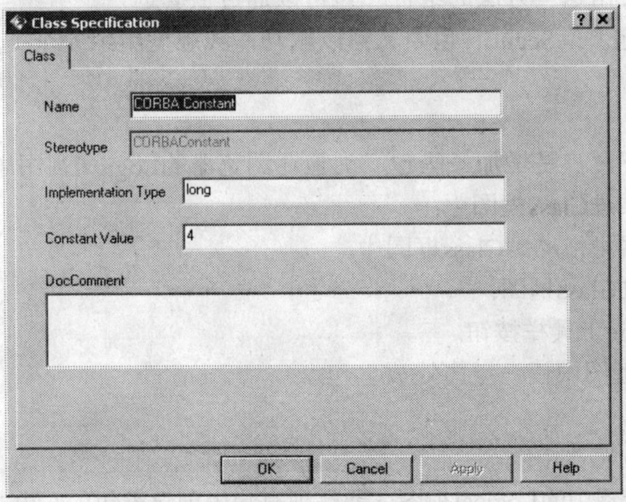

图6.14 CORBA类规范窗口

利用CORBA规范窗口可以设置下列信息。注意有些选项只适用于某些CORBA版型：

Name 设置类名，等于设置标准规范窗口中的名称。

Stereotype 显示类的版型，可以在打开的标准规范窗口中改变版型。

Implementation Type (Constant、Typedef) 设置常量或typedef的数据类型。

Constant Value (Constant) 设置常量值。

Array Dimensions (Typedef) 设置typedef声明维度。

Attribute/Role Ordering (Enumeration、Union、Exception、Struct、Value、Custom Value) 设置类中的属性顺序。产生代码时，按这个顺序产生属性。

Inherits From (Value、Custom Value) 设置父类（对继承类）。

Switch Type (Union) 类的case语句产生时使用的变量。

使用包

包将具有一些共性的类组合在一起。在UML中，包用下列符号表示：

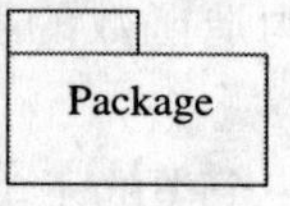

包装类时有几个常用方法，但也可以用别的方法。一个方法是按版型组合类。利用这个方法时，可以将客户端页类放入一个包；将服务器页类放入一个包；将小程序放入一个包等等。这在部署时非常方便，所有要访问客户机的窗体已经包装在一起。

另一种方法是按功能组合类。例如，可能有个Security包，放有所有涉及应用程序安全的类。还有Employee Maintenance、Reporting或Error Handling包。这种方法的好处是可复用。如果将类认真组合，就可以得到相互独立的包。本例中，只要选择Security包，即可在其他应用程序中复用。

最后，可以使用这些方法的组合。包可以通过嵌套进一步组织类。高层可以按功能组织，创建Security包。而Security包中又可以按功能或版型组织安全类，形成子包。

增加包

创建模型的下一步是增加一些包。类包在浏览器的Logical视图中创建。

要将现有包加进Class框图中：

将包从浏览器中拖动到Class框图中。

要将新包加进Class框图：

1. 选择Package工具栏按钮。
2. 单击Class框图中任一空白处放上包。
3. 输入包名。

要将包加进浏览器中：

1. 右单击浏览器中的Logical视图。要在现有包中创建子包，右单击浏览器中的现有包。
2. 选择New➤Package。
3. 输入包名。

要将项目移进包中：

在浏览器中，将项目从现有位置拖动到新包中。

删除包

可以从Class框图或从整个模型中删除包。如果从整个模型中删除包，则包及其所有内容均被删除。

要从Class框图删除包：

1. 选择Class框图中的包。
2. 按Delete键。

注意这个包从这个Class框图删除，但在浏览器和其他Class框图中仍然存在。

要从整个模型中删除包：

1. 右单击浏览器中的包。
2. 从弹出菜单选择Delete。

或

1. 选择Class框图中的包。
2. 选择Edit➤Delete from Model或按Ctrl+D。

警告：如果从整个模型中删除包，则包及包中所有框图均被删除。

练习

本练习取上次创建的类，将其组成包。然后创建Class框图，显示系统和包中的类。

问题

通过Interaction框图，Andy可以看出系统符合公司的业务需求。因此他与开发主任Karen商量：

“这里要增加新订单的Interaction框图”。

“不错，我准备开发”。

Karen看看Rose模型中的类，决定将其按版型组合。因此她创建Entities、Boundaries和Control包并将每个类移到相应包中。然后她在每个包中创建一个Main Class框图，显示包和一个Enter New Order Class框图，以便显示该使用案例的所有类。

创建Class框图

将前面介绍的类组成包。创建Class框图以显示包，Class框图也显示每个包中的类和“Enter New Order”使用案例的所有类。

练习步骤

设置

1. 选择Tools➤Options。
2. 选择Diagram标签。
3. 确保选择Show Stereotypes复选框。
4. 确保选择Show All Attributes和Show All Operations复选框。

5. 确保取消Suppress Attributes和Suppress Operations复选框。

创建包

1. 右单击浏览器中的Logical视图。
2. 选择New➤Package。
3. 将新包取名Entities。
4. 重复第1到第3步，创建Boundaries和Control包。

这时浏览器如图6.15。

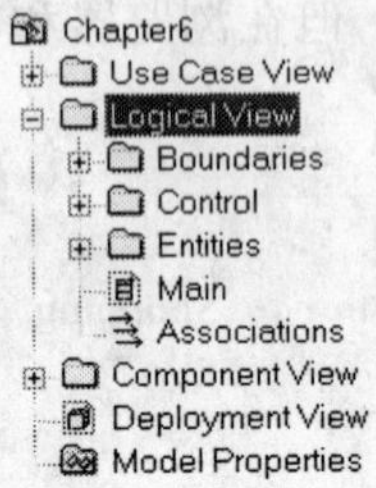

图6.15 购物推车系统的包

创建Main Class框图

1. 双击浏览器中Logical视图内的Main Class框图将其打开。
2. 将Entities包从浏览器中拖动到框图上。
3. 将Boundaries和Control包从浏览器中拖动到框图上。

Main Class框图如图6.16。

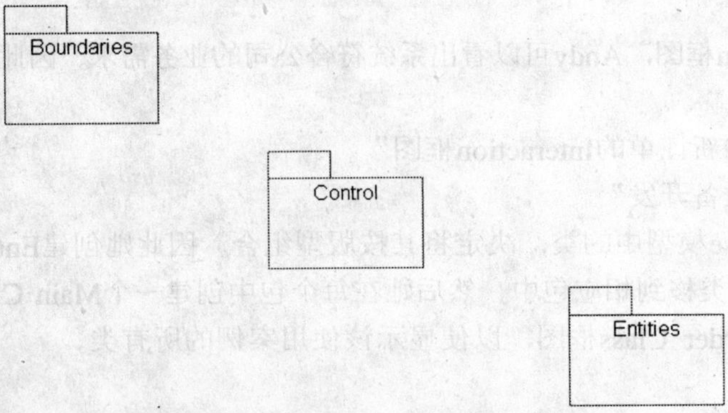

图6.16 购物推车系统的Main Class框图

创建包含"Add Item to Shopping Cart"使用案例中所有类的Class框图

1. 右单击浏览器的Logical视图。
2. 选择New➤Class Diagram。
3. 将新的Class框图取名"Add Item to Shopping Cart"。
4. 双击"Add Item to Shopping Cart"Class框图将其打开。
5. 选择类工具栏按钮，并将每个类（CartMgr、CartInterface、ProductMgr、Product、ProductCollection、CartCollection与CartItem）加到框图中。

Class框图如图6.17。

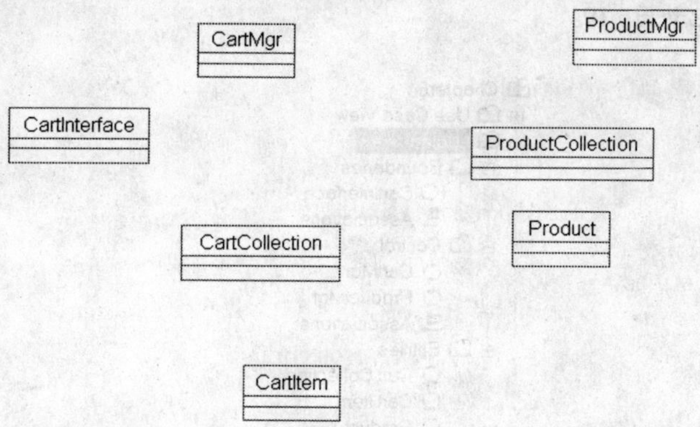

图6.17　Add Item to Shopping Cart Class框图

将版型加进类中

1. 右单击框图中的CartInterface类。
2. 从弹出菜单中选择Open Specification。
3. 在版型字段中输入Boundary。
4. 单击OK。
5. 右单击框图中的CartMgr类。
6. 从弹出菜单中选择Open Specification。
7. 在版型字段中输入Control。
8. 单击OK。
9. 重复第1到第4步，指定CartCollection、Product、ProductCollection与CartItem类为Entity版型。

这时的Class框图如图6.18。

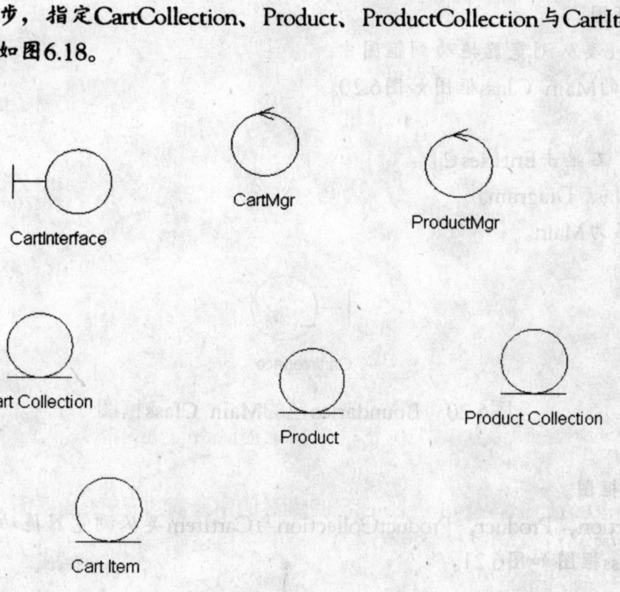

图6.18　Add Item to Shopping Cart使用案例的类版型

将类组成包

1. 在浏览器中，将CartInterface类拖动到Boundaries包。
2. 将CartMgr与ProductMgr类拖动到Control包。

3. 将CartCollection、Product、ProductCollection与CartItem类拖动到Entity包。

浏览器中的类和包如图6.19。

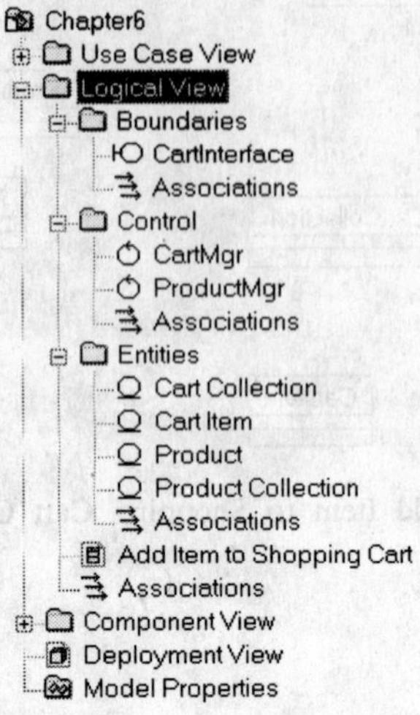

图6.19 Add Item to Shopping Cart使用案例的类和包

将Class框图加进每个包

1. 在浏览器中，右单击Boundaries包。
2. 选择New➤Class Diagram。
3. 将新框图取名为Main。
4. 双击打开新框图。
5. 将CartInterface类从浏览器拖动到框图中。
   Boundaries包的Main Class框图如图6.20。
6. 关闭框图。
7. 在浏览器中，右单击Entities包。
8. 选择New➤Class Diagram。
9. 将新框图取名为Main。

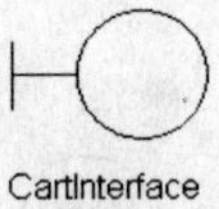

图6.20 Boundaries包的Main Class框图

10. 双击打开新框图。
11. 将CartCollection、Product、ProductCollection与CartItem类从浏览器拖动到框图中。Entities包的Main Class框图如图6.21。
12. 关闭框图。
13. 在浏览器中，右单击Control包。
14. 选择New➤Class Diagram。
15. 将新框图取名为Main。
16. 双击打开新框图。

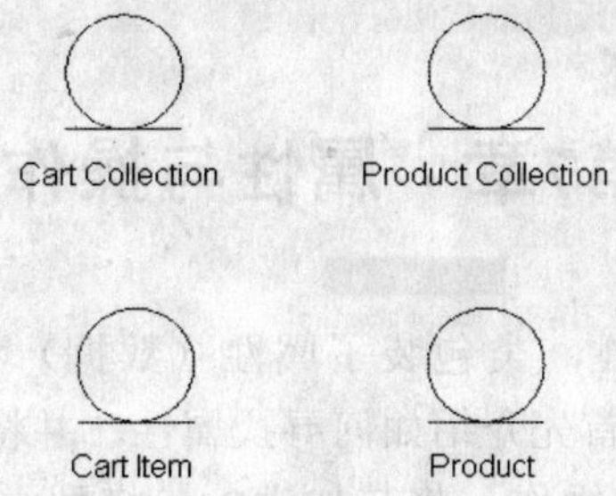

图6.21 Entities包的Main Class框图

17. 将CartMgr与ProductMgr类从浏览器拖动到框图中。
18. 关闭框图。

Control包的Main Class框图如图6.22。

图6.22 Control包的Main Class框图

小结

本章介绍了类、Class框图和包。现在我们已经大大改进了所建系统的视图。到上一章结束时，我们已经建立了Collaboration框图和Sequence框图等Object Interaction框图。这些框图演示了系统完成功能所需的交互。本章介绍了Class框图，显示系统的静态行为。还介绍了将类组成包以便更好地理解系统。我们将在下一章介绍类的属性和操作。

第7章 属性与操作

上一章介绍了类与包。记住，类包装了属性（数据）和作用于这些属性的操作（行为）。现在要介绍属性和操作。首先介绍如何寻找属性，并将其加进Rose模型中，再增加属性的细节。然后要介绍如何寻找操作，将其加进Rose模型中再增加操作的细节。接着要在Class框图中显示属性和操作。最后，我们要介绍如何在Interaction框图中将操作映射到消息。

- 使用属性
- 使用操作
- 在Class框图中显示属性和操作
- 将操作映射到消息

使用属性

属性是与类相关联的信息。例如，Company类可能有属性Name、Address和NumberOfEmployees。Ticket类可能有属性FlightNumber、Cost和PassengerName。

Rose中可以对模型中的每个类加进一个或几个属性。下面几节介绍如何寻找属性，将其加进Rose模型中，从模型中删除和增加属性的详细规范。

寻找属性

属性的来源有许多。首先可以查阅使用案例文档，寻找事件流中的名词。有些名词是对象或类；有些是角色；有些则是属性。例如，从下列事件流："The user enters the employee's name, address, social security number, and phone number"可以看出，Employee类有属性Name、Address、SSN和Phone。航空公司例子中要寻找航班和输入出发站、到达站与出发日期。由此可见Flight类有DepartureCity、DestinationCity与DepartureDate属性。

另一个来源是查看需求文档。需求中可能会介绍系统要收集哪些信息。收集的信息就是类的属性。

最后，可以检查数据库结构。如果已经定义数据库结构，则表中字段就是属性。通常，数据库表格和实体类具有很好的一一对应关系。以上例为例，Flight表格可能有字段DepartureCity、DestinationCity与DepartureDate。对应Flight类有DepartureCity、DestinationCity与DepartureDate属性。注意，数据库表格和实体类不一定总有一一对应关系。设计数据库结构与设计类时考虑的问题不相同。例如，关系型数据库并不直接支持继承。

但是，定义属性时，一定要保证每个属性可以回溯到需求。这可以解决应用程序捕获大量无用信息的问题。每个需求都应回溯使用案例的事件流、特定需求或现有数据库表格。如果无法回溯需求，则不能保证客户需要它。这与传统的方法有所不同，不是先建立数据库结构再处理系统，而是同时建立系统和数据库结构，以符合相同的需求。

标识属性时，应将其赋予适当的类。属性是与类相关联的信息。例如，Employee类可能有姓名和地址，但不应包括员工的公司所生产的产品信息，这个信息应放在Product类中。

类的属性不宜太多。如果某个类的属性太多，最好将其分解成更小的类。如果一个类的属性超过10到15个，则最好检查一下。这个类可能是合法的，所有属性都需要并且都属于这个类。同样，属性也不要太少，但这也可能是合法的，比如控制类通常只有少量属性。但是，属性太少的类也许可以合并在一起。如果一个类只有一两个属性，则应检查一下。

有时可能遇到一条信息，不知道是属性还是类。例如Company Name是Person类的属性，还是Company本身是个类？答案取决于所编写的应用程序。如果要跟踪公司的信息，有一些与公司相关联的行为则应作为类。例如，系统可能要跟踪客户。这时就要保留向其销售产品或服务的公司信息。你可能要知道该公司有多少员工、公司名和地址、公司的联系人姓名等等。

另一方面，你可能不需要知道公司的具体信息。如果所编写的应用程序向其他公司的联系人生成信函，则只要知道公司名，而不需要知道公司的具体信息。这时，可以把公司名作为Contact类的属性。

另一点要考虑的是这条信息有没有行为。如果公司在你所编写的应用程序中有一定的行为，则应作为类，否则最好作为属性。

标识属性之后，下一步要将其加进Rose模型中。下面几节介绍如何增加属性和属性细节，如数据类型与默认值。

增加属性

标识属性之后，下一步要将其加进Rose模型中。每个属性有三条主要信息：属性名、数据类型和初始值。生成模型代码前，必须提供每个属性的属性名和数据类型，初始值是可选的。

增加属性的方法有三种，可以直接将属性加进Class框图，用浏览器增加属性或用类规范窗口增加属性。

增加属性后，可以将文档加进其中。通常，属性文档包括属性的简短说明或定义。属性文档显示为模型所产生的代码中的说明语句。只要开始建档属性就开始了代码建档。

要将属性加进类中：

1. 右单击Class框图中的类。
2. 选择New➤Attribute。
3. 输入属性名，用Name : Data Type = Initial Value格式。例如：

   Address : String

   IDNumber : Integer = 0

   要生成代码，必须提供每个属性的属性名和数据类型，初始值是可选的。
4. 要增加更多属性，按Enter并直接在Class框图中输入新属性。

或

1. 右单击浏览器中的类。
2. 选择New➤Attribute。

3. 浏览器的类中出现新属性默认为name。输入新属性名。数据类型与默认值可以不在浏览器中输入，而是到Class框图中再输入，见稍后介绍。

或

1. 打开属性类的类规范窗口。

2. 选择Attributes标签。如果已经有一些属性，则会在这里列出。

3. 右单击属性区任一位置，如图7.1。

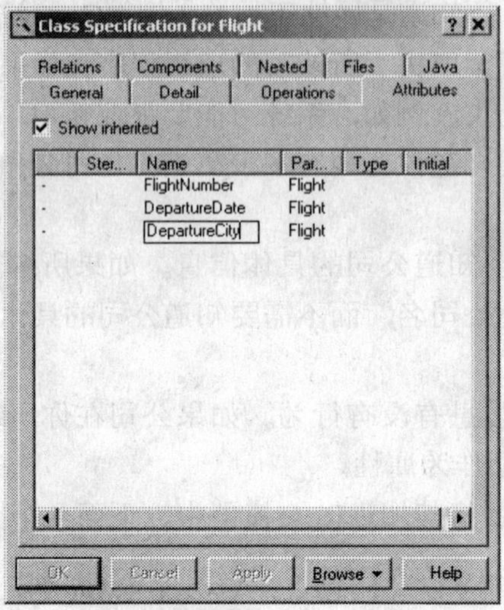

图7.1 用类规范窗口增加属性

4. 从弹出菜单选择Insert。

5. 输入新属性名。

6. 在相应列输入可见性、版型、数据类型和初始值。下面几节将介绍这些细节。

要将文档加进属性中：

1. 选择浏览器中的属性。

2. 在文档窗口中输入属性文档。

或

1. 选择Class框图中的属性。

2. 在文档窗口中输入属性文档。

或

1. 右单击浏览器中的属性。

2. 从弹出菜单中选择Open Specification。

3. 在类属性规范窗口的Documentation区输入属性文档。

或

1. 打开属性类的类规范窗口。

2. 选择Attributes标签。

3. 选择属性。

4. 在文档窗口中输入属性文档。

删除属性

有时要删除前面创建的属性。例如系统需求改变时可能要删除某个属性。Rose中删除属性的最简单方法是通过浏览器，但也可以用Class框图删除。从Class框图删除属性时，Rose自动从模型中和其他Class框图将其删除。

要删除类属性：

1. 右单击浏览器中的某个属性。
2. 从弹出菜单选择Delete。

或

1. 选择Class框图中的某个属性。
2. 用退格键删除框图中的属性名、数据类型和初始值。
3. 单击框图中任一位置。
4. Rose先确认删除，再删除属性。

或

1. 打开属性类的类规范窗口。
2. 选择Attributes标签。
3. 右单击要删的属性。
4. 从弹出菜单选择Delete。
5. Rose先确认删除，再删除属性。

设置属性规范

和其他Rose模型元素一样，可以在属性中增加许多细节规范，如属性可见性、版型、数据类型和初始值。下面几节将介绍每个规范。

所有规范均在图7.2所示的属性规范窗口中可以浏览和改变。

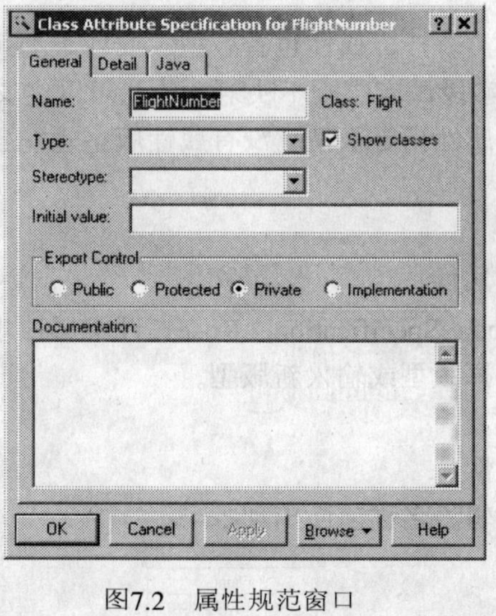

图7.2 属性规范窗口

要打开属性规范：

1. 右单击浏览器中的属性。
2. 从弹出菜单中选择Open Specification。

或

1. 打开属性类的类规范窗口。
2. 选择Attributes标签。
3. 双击相应属性。

说明：在下面几节中，Java、COM或CORBA类打开不同的规范窗口。要打开标准规范窗口，右单击浏览器中的属性并从弹出菜单中选择Open Standard Specification。

设置属性数据类型

属性要指定的信息之一是数据类型。数据类型是特定语言的类型，如string、integer、long或Boolean。要产生代码，首先要设置属性数据类型。

设置属性数据类型时，可以用内置数据类型（string、integer、long等等），也可以用Rose模型中定义的类名。要在下拉列表框中显示定义的类，选择Show Classes复选框。

要设置属性数据类型：

1. 右单击浏览器中的属性。
2. 从弹出菜单中选择Open Specification。Rose打开类属性规范窗口。
3. 从Type下拉列表框中选择数据类型或输入新的数据类型。

或

1. 选择Class框图中的属性。
2. 在属性名后面输入冒号和数据类型。例如，要把属性Address设置为字符串，输入Address : String。

设置属性版型

和角色、使用案例与类一样，属性也有版型。属性版型可以将属性进行分类。例如，有些属性映射数据库中的字段，有些则不映射。为此可以定义两种版型。

在Rose中，不需要对属性指定版型。没有属性版型也能生成代码。但版型可以提高模型的可读性和可理解性。

要设置属性版型：

1. 右单击浏览器中的属性。
2. 从弹出菜单选择Open Specification。Rose打开类属性规范窗口。
3. 从下拉列表框图选择版型或输入新版型。

或

1. 选择浏览器中的属性。
2. 单击属性名进行编辑。名称前面出现<< >>：

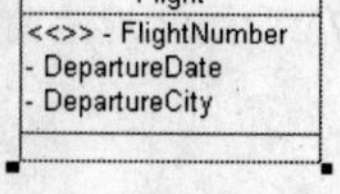

3. 在<< >>中输入版型：

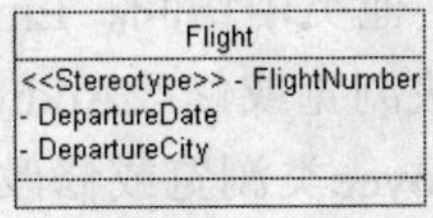

设置属性初始值

许多属性有相关的默认值。例如，Order类保存公司购买订单的信息和行为。Order类的属性TaxRate表示购买时的销售税率。在你所在的城市税率为7.5%，因此你的大多数订单用税率7.5%。可以将0.075指定为属性TaxRate的默认值。

和属性版型一样，初始值也不是生成代码所必须的。但如果设置属性初始值，则Rose产生初始化属性的代码。

要设置属性初始值：

1. 右单击浏览器中的属性。
2. 从弹出菜单中选择Open Specification。Rose打开类属性规范窗口。
3. 在Initial Value字段中，设置属性默认值。

或

1. 选择Class框图中的属性。
2. 在属性数据类型后面，输入等于号和默认值。默认情况下，如果整数属性EmployeeID要设置属性初始值为0，则Class框图如下：

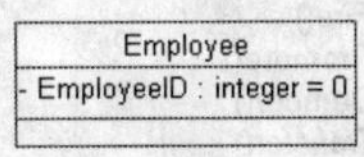

设置属性可见性

面向对象编程的核心概念之一是包装。每个类用属性和操作包装一些信息和行为。这种方法的一个好处就是能够生成小块自我包含代码。例如，Employee类具有与员工有关的所有信息和行为。

可以把类看成如下：

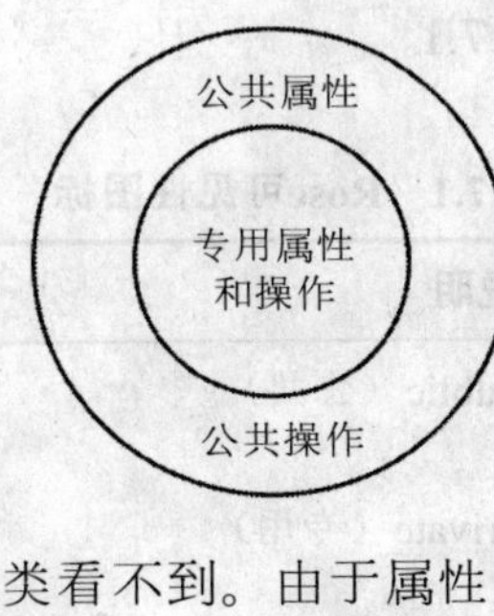

专用属性包含在类中，其他类看不到。由于属性包含在类中，就要定义哪个类能浏览和改变这个属性，称为属性可见性。

属性可见性选项有四个，下面一一举例。假设有个Employee类带Address属性和Company类。

Public　表示这个属性可以在所有其他类中访问。任何其他类都可以浏览或修改这个属性的值。这里，Company类可以浏览或修改Employee类的Address属性值，公共属性的UML图注为加号。

Private 表示这个属性不能在其他类中访问。Employee类知道Address属性的值，并可修改这个值，但Company类无法浏览或修改Address属性。如果Company类要浏览或修改Address属性，则要请求Employee类浏览或修改属性。这通常通过公共操作进行。本章操作部分将介绍这个问题。专用属性的UML图注为减号。

Protected 类及其后代可以访问该属性。本例中，假设有两种员工，计时工和固定工资员工。HourlyEmp和SalariedEmp继承Employee类。如果Address属性为保护可见性，则可以由Employee、HourlyEmp和SalariedEmp类浏览和修改，但Company类不能浏览和修改。保护属性的UML图注为英镑号。

Package或implementation 表示属性是公共属性，但只对同一包中的类公开。本例中，假设Employee类的Address属性为包可见性。则只有Company类与Employee类在同一包中时，Company类才能浏览和修改Address属性。实现可见性属性没有图标。

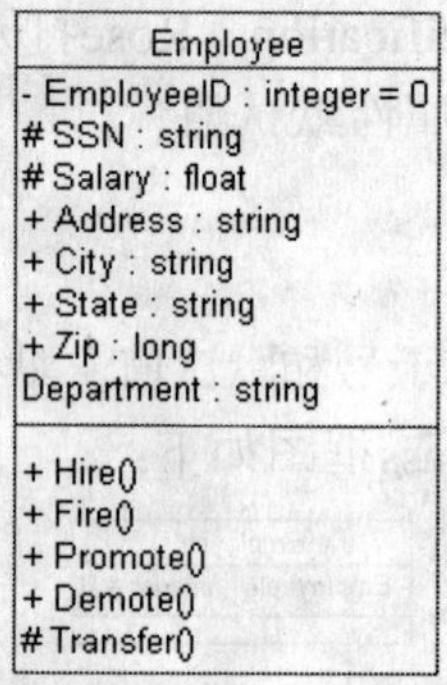

一般来说，属性的可见性建议用专用和保护。这些选项可以更好地控制代码和属性。利用专用和保护属性，就可以避免系统中所有类都能修改属性。而把修改属性的逻辑包装在一个类中，和属性放在一起。选择的可见性选项影响生成的代码。例如，图7.3是上述类生成的Java代码。

Rose支持两种可见性图注。第一个是UML符号（+、－、#），分别表示公共、专用和保护属性。第二个是Rose图标，见表7.1。

表7.1 Rose可见性图标

图标	说明
	Public（公共）
	Private（专用）
	Protected（保护）
	Package or implementation（包或实现）

```
//Source file: C:\\Employee.java

public class Employee
{
  private integer EmployeeID = 0;
  protected string SSN;
  protected float Salary;
  public string Address;
  public string City;
  public string State;
  public long Zip;
  string Department;

  public Employee()
  {
  }

  /**
  @roseuid 3AA2D20D0109
  */
  public void Hire()
  {
  }

  /**
  @roseuid 3AA2D20F00EE
  */
  public void Fire()
  {
  }

  /**
  @roseuid 3AA2D210010E
  */
  public void Promote()
  {
  }

  /**
  @roseuid 3AA2D2120020
  */
  public void Demote()
  {
  }

  /**
  @roseuid 3AA2D21501AB
  */
  protected void Transfer()
  {
  }
}
```

图7.3 可见性选项影响生成的代码

在Class框图中，可以用这些图注。下面说明介绍如何在这些图注间切换。图7.4是使用UML可见性图标的例子。图7.5是使用Rose可见性图标的同一类。表7.2总结了Rose和UML可见性图标。

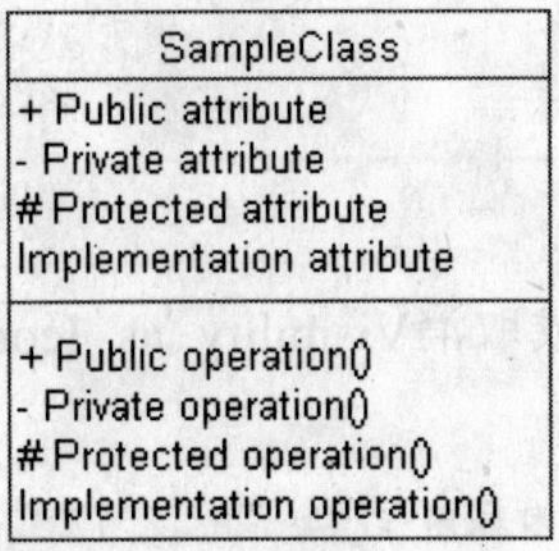

图7.4 UML可见性图标

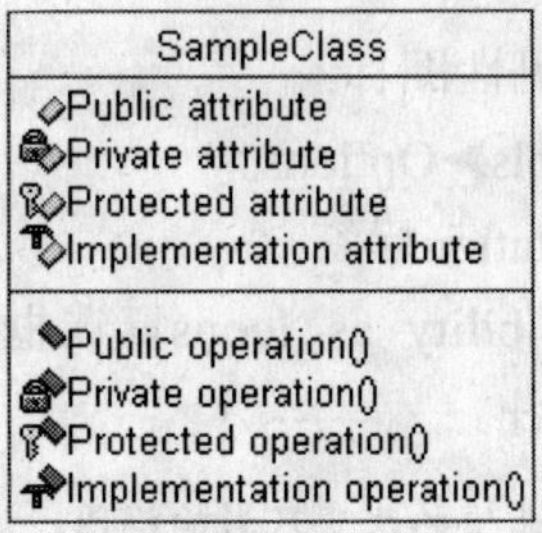

图7.5 Rose可见性图标

表7.2 Rose和UML可见性图标

Rose图注	需要	使用	UML图注
	让属性向所有类显示	Public可见性	+
	让属性只向一个类显示	Private可见性	-
	让属性向一个类及其后代显示	Protected可见性	#
	让属性向同一包中的所有类显示	Package或implementation可见性	<无图标>

要设置属性可见性：

1. 右单击浏览器中的属性。
2. 从弹出菜单选择Open Specification，出现类属性规范窗口。
3. 在Export Control字段中选择属性可见性，如Public、Protected、Private或Implementation，默认为private。

或

1. 选择Class框图的属性。
2. 如果使用UML可见性图标，单击属性旁边的+、-、#，选择清单中出现的Rose可见性图标选项。
3. 如果使用Rose可见性图标，单击属性名旁边的Rose可见性图标，从出现的图标清单中选择可见性选项。

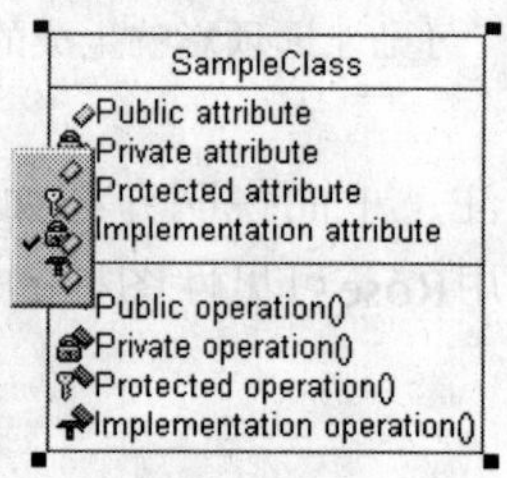

要改变可见性图标：

1. 选择Tools➤Options。
2. 选择Notation标签。
3. 选择Visibility as Icons复选框使用Rose图注，或取消Visibility as Icons复选框使用UML图注。

说明：这个选项的改变只影响框图，浏览器仍然使用这个图标图注。

设置属性控制

属性控制描述属性如何存放在类中。有三个控制选项：

By value（按数值） 属性放在类中。例如，如果属性类型为字符串，则字符串放在类定义中。

By reference（按引用） 属性放在类外，类指向这个属性。例如，如果Timecard类中有个employee类型的属性。employee对象本身在Timecard之外，Timecard中的属性只是这个外部对象的指针。

Unspecified（未指定） 还没有指定控制类型。应在生成代码之前指定By Value或By Reference。否则生成代码并且没有指定控制时，Rose假设为按数值。

要设置属性控制选项：

1. 右单击浏览器中的属性。
2. 从弹出菜单选择Open Specification，出现类属性规范窗口。
3. 选择Detail标签。
4. 设置属性控制选项：By Value、By Reference或Unspecified。默认情况下，所有属性均为unspecified控制。

设置属性为静态

属性加进类中时，类的每个实例收到自己的属性备份。例如，对于Employee类，运行时可能实例化三名员工：John Doe、Bill Jones和Jane Smith，每个对象有自己的Salary属性备份。

静态属性是类的所有实例共享的属性。回到上例，假设Salary属性是静态属性，则John Doe、Bill Jones和Jane Smith共享这个属性。静态属性名在Class框图中加上下划线。例如，下列Salary属性为静态属性：

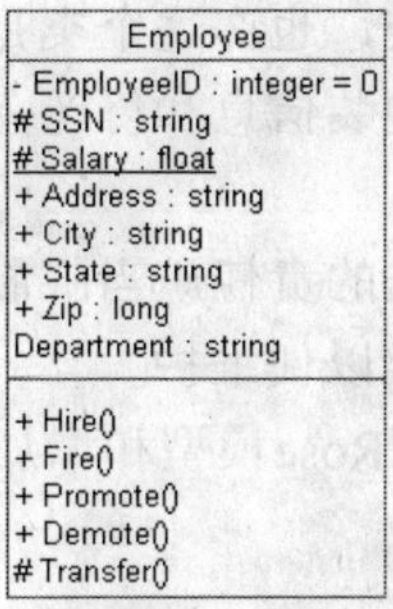

要设置属性为静态，方法如下：

1. 右单击浏览器中的属性。
2. 从弹出菜单选择Open Specification，出现类属性规范窗口。
3. 选择Detail标签。
4. 复选Static框设置属性为静态，Rose在Class框图中静态属性名下面加上下划线。

指定派生属性

派生属性是从一个或几个属性创建的属性。例如，Rectangle类可能有属性Width和Height，还有个Area属性是通过属性Width和Height计算出来的。由于Area是从属性Width和Height推导出来的，因此是个派生属性。

在UML中，派生属性的属性名前面加上/。上例中，Area属性写成/Area，如下图所示：

要指定派生属性：

1. 右单击浏览器中的属性。
2. 从弹出菜单选择Open Specification，出现类属性规范窗口。
3. 选择Detail标签。
4. 复选Derived框指定派生属性，Rose在Class框图中的属性名前面加上/。

使用操作

操作是与类相关联的行为。操作分三个部分：操作名、操作参数和操作返回值。参数是操作的输入变元。返回类型是操作的输出。

在Class框图中，可以显示操作名或操作名加操作参数和操作返回值类型。要简化Class框图，可以让一些Class框图只显示操作名，一些Class框图包括操作参数和操作返回值类型。

在UML中，操作用下列图注表示：

Operation Name(argument1 : argument1 data type, argument2 : argument2 data type, ...): return type

操作定义类的责任。标识操作和研究类时，记住：

- 注意只有一个或两个操作的类，也许这个类是合法的，但也许可以和其他类合并。
- 注意没有操作的类，类通常包装信息和行为，没有操作的类可以作为一个或两个属性。
- 注意有太多操作的类。一个类的责任应当限制在一定数量。如果操作太多，可能很难维护，最好分解成几个小类以便维护。

本节要介绍寻找操作、将其加进Rose模型和增加操作细节。还要介绍如何在Class框图中显示操作。

寻找操作

寻找操作很简单。创建Sequence和Collaboration框图时，就完成了寻找操作的主要工作。

要考虑四种不同类型的操作：实现者、管理者、访问和帮助器。

实现者操作

实现者操作实现一些业务功能。实现者操作可以从Interaction框图找到。Interaction框图主要关注业务功能，框图中的每个消息可能映射一个实现者操作。

每个实现者操作应能回溯需求，这是通过模型的各个部分实现的。每个操作来自Interaction框图中的消息，而这些消息又来自事件流的细节，事件流来自使用案例，而使用案例是来自需求的。这种回溯功能有助于保证每个需求均在代码中实现，每段代码均可回溯到需求。

管理者操作

管理者操作管理对象的创建和构造。例如，类的构造器和析构器就属于管理者操作。

Rose中不需要对每个类手工创建构造器和析构器操作。生成代码时Rose可以提供自动生成构造器和析构器的选项。

访问操作

属性通常是专用或保护的。但其他类可能要浏览或改变某个类的属性，这可以通过访问操作实现。

例如，如果Employee类中有个Salary属性，我们不希望所有类都能访问和改变Salary属性。而是在Employee类中增加两个访问操作GetSalary和SetSalary。GetSalary操作是公共的，可以在另一个类中调用，它取得Salary属性值，并返回调用类。SetSalary操作也是公共的，可以在另一个类中调用，设置Salary属性值。SetSalary中可以包含改变Salary属性值之前要检查的工资验证规则。

这种方法使属性安全地包装在类内，防止其他类改变，但同时允许控制性地访问属性。行业标准是对类中每个属性创建Get和Set操作。

和管理者操作一样，Rose中不需要对每个类手工访问操作。生成代码时Rose可以自动创建类中每个属性的Get和Set操作。

帮助器操作

帮助器操作是类完成任务所需的操作，其他类不需要知道这个操作。这是类的专用和保护操作。

和实现者操作一样，帮助器操作可以从Sequence和Collaboration框图找到。通常，帮助器操作显示为Sequence框图和Collaboration框图中的反身消息。

要标识操作，可以完成下列步骤：

1. 检查Sequence框图和Collaboration框图。大多数消息是实现者操作，而反身消息可能是帮助器操作。
2. 考虑管理者操作。可能要增加构造器和析构器。这不是必需的，因为Rose产生代码时会自动产生。
3. 考虑访问操作。对需要被其他类浏览或改变的属性创建Get和Set操作。和管理者操作一样，这不是必需的，Rose产生代码时会自动产生。

增加操作

和属性一样，操作可以通过Class框图或通过浏览器加进Rose模型中。也可以通过类规范窗口增加类的操作。

一旦加进操作后，可以将文档加进其中。加进操作的任何文档都会在生成的代码中显示为说明语句。操作文档通常包括操作目的、操作参数简要说明和操作返回类型等信息。

要将操作加进类中：

1. 右单击Class框图中的类。

2. 选择New➤Operation。
3. 用下列格式输入操作名:

Name(Argument1 : Argument1 data type): Operation Return Type

例如:

```
Add(X : Integer, Y: Integer) : Integer
Print(EmployeeID : Long) : Boolean
Delete() : Long
```

4. 要增加更多操作，按Enter并在Class框图中直接输入新操作。

或

1. 右单击浏览器中的类。
2. 选择New➤Operation。
3. 浏览器的类下面出现新操作opname。输入新操作名。Rose不允许在浏览器中输入操作变元和返回类型值。和属性一样，可以在Class框图中输入这些细节。

或

1. 打开操作类的类规范窗口
2. 选择Operations标签，如果类已经有一些操作，则会在这里列出。
3. 右单击Operations区内任一空白处，如图7.6。

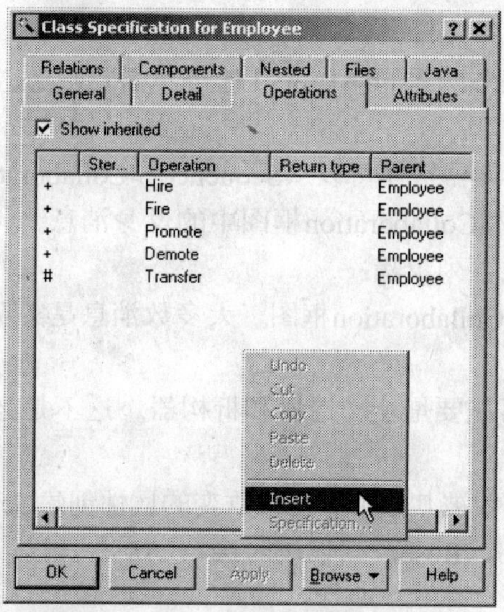

图7.6 在类规范窗口增加类的操作

4. 从弹出菜单选择Insert。
5. 在Operation列中输入新操作名。
6. 在相应列输入可见性、版型和返回类型。

要将文档加进操作中：

1. 选择浏览器中的操作。
2. 在文档窗口输入操作文档。

或

1. 选择Class框图中的操作。
2. 在文档窗口输入操作文档。

或

1. 右单击浏览器中的操作。
2. 从弹出菜单选择Open Specification。
3. 在操作规范窗口的DocComment区输入操作文档。

或

1. 打开操作类的类规范窗口。
2. 选择Operations标签。
3. 选择操作。
4. 在文档窗口输入操作文档。

删除操作

如果要删除操作，可以在Class框图中或浏览器中进行。从框图中删除操作时，它自动从整个模型（包括其他框图）中删除。

删除操作时一定要保持模型的一致性。Sequence框图和Collaboration框图中可能使用了这个操作。如果删除操作，则它自动变成所有Sequence框图和Collaboration框图中的消息。一定要更新相应Sequence框图和Collaboration框图。

要确定哪个框图引用一个操作：

1. 打开操作类的类规范窗口（或98i中的标准规范窗口）。
2. 选择对话框底部的Browse➤Show Usage。

要从类中删除操作：

1. 右单击浏览器中的操作。
2. 从弹出菜单选择Delete。

或

1. 选择Class框图中的操作。
2. 用退格键删除框图中的操作名和签名。
3. 单击框图中任一位置。
4. Rose先确认删除，然后再删除操作。

或

1. 打开操作类的类规范窗口。
2. 选择Operations标签。
3. 右单击要删的操作。
4. 从弹出菜单选择Delete。
5. Rose先确认删除，然后再删除操作。

设置操作规范

在操作规范中，可以设置操作参数、返回类型、可见性等细节。下面几节介绍这些规范。

所有规范均通过操作规范窗口浏览和改变，如图7.7。

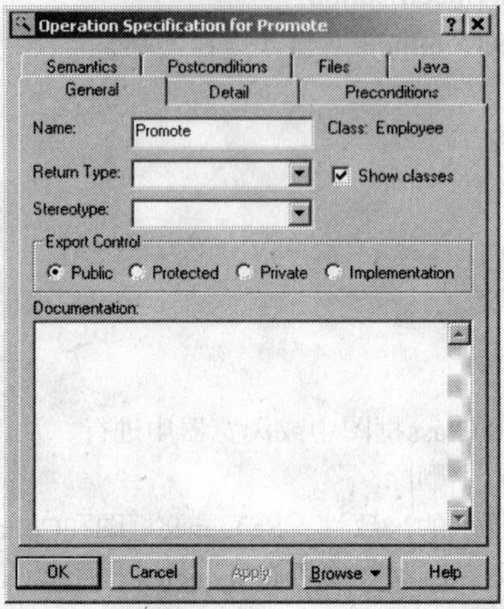

图7.7 操作规范窗口

要打开操作规范窗口：

1. 右单击浏览器中的操作。
2. 从弹出菜单选择Open Specification。

或

1. 打开操作类的类规范窗口。
2. 选择Operations标签。
3. 双击相应操作。

说明： 在下面几节中，Java、COM或CORBA类打开不同的规范窗口。要打开标准规范窗口，右单击浏览器中的属性并从弹出菜单中选择Open Standard Specification。

设置操作返回类

操作返回类是操作产生的数据类型。例如，假设操作Add取两个字符串X、Y为参数。将X、Y变为整型，然后相加，并将结果作为整数返回，则Add的操作返回类为整型。

指定操作返回类时，可以用编程语言的内置数据类型（如string、char或integer）或Rose模型中定义的使用案例。

要设置操作返回类：

1. 右单击浏览器中的操作。
2. 从弹出菜单选择Open Specification。

3. 从下拉列表框中选择返回类或输入新的返回类。

或

1. 选择Class框中的操作。
2. 在操作名后面输入冒号和返回类型。例如，如果Print操作返回整数，则Class框图如下所示：

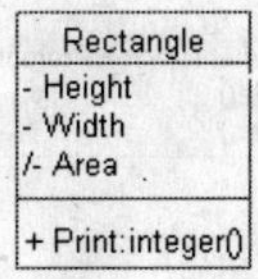

设置操作版型

和其他模型元素一样，操作可以用版型进行分类。前面曾介绍过，常用的操作版型有四种：

Implementor 实现某种业务逻辑的操作。

Manager 构造器、析构器和内存管理操作。

Access 让其他类浏览或编辑属性的操作，通常取名为Get<attribute name>和Set<attribute name>。

Helper 一个类的专用或保护操作，其他类无法访问。

设置操作版型不是生成代码所必须的。但版型可以提高模型的可理解性，并可以避免遗漏操作。

要设置操作版型：

1. 右单击浏览器中的操作。
2. 从弹出菜单选择Open Specification。Rose打开操作规范窗口。
3. 从下拉列表框选择版型或输入新版型。

或

1. 选择浏览器中的操作。
2. 再次单击操作名进行编辑。名称前面会出现<<>>：

3. 在<<>>中输入版型。

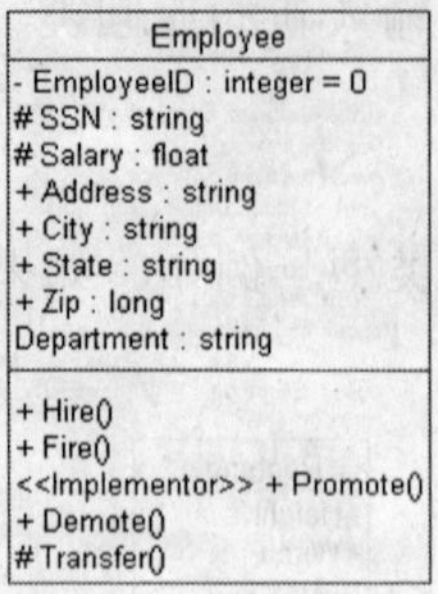

设置操作可见性

前面曾介绍过，可见性与类中包装信息和行为的方法有关。操作有四种可见性（详见表7.2）。

Public　操作可被所有其他类访问。任何其他类都可以请求执行该操作。

Private　操作不让任何其他类访问。

Protected　类及其后代可以访问该操作。

Package或implementation　这个操作是公共的，但只对同一包中的类公开。

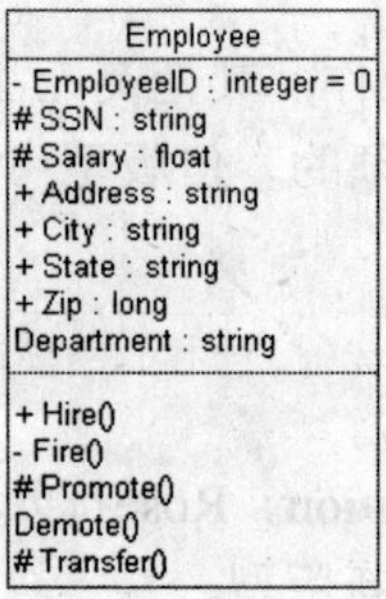

属性通常是专用或保护的，而操作则可以是公共、专用、保护或包。作出决策时，要考虑其他哪些类（如有）要知道这个操作的存在。生成代码时，Rose会产生相应的可见性。例如，上述类生成的代码如图7.8。

本章前面曾介绍过，Class框图中可以用UML或Rose图注。下面介绍如何在两种图注间变换。图7.4显示了使用UML可见性图注的类；图7.5使用Rose可见性图注的同一类。要回顾可见性选项，包括UML和Rose可见性图注，见表7.2。

要设置操作可见性：

1. 右单击浏览器中的操作。
2. 从弹出菜单选择Open Specification，打开操作规范窗口。
3. 从Export Control字段中，选择操作可见性：Public、Protected、Private或Implementation。默认情况下，所有操作的操作可见性为public。

或

1. 选择Class框图中的操作。
2. 如果用UML可见性图注，单击操作旁边的+、－或#。从出现的清单中选择Rose可见性图标的可见性选项。

```
//Source file: C:\\Employee.java
public class Employee
{
   private integer EmployeeID = 0;
   protected string SSN;
   protected float Salary;
   public string Address;
   public string City;
   public string State;
   public long Zip;
   string Department;

   public Employee()
   {
   }

   /**
   @roseuid 3AA2D20D0109
   */
   public void Hire()
   {
   }

   /**
   @roseuid 3AA2D20F00EE
   */
   private void Fire()
   {
   }

   /**
   @roseuid 3AA2D210010E
   */
   protected void Promote()
   {
   }

   /**
   @roseuid 3AA2D2120020
   */
   void Demote()
   {
   }

   /**
   @roseuid 3AA2D21501AB
   */
   protected void Transfer()
   {
   }
}
```

图7.8　生成代码中的操作可见性

3. 如果用Rose可见性图注，单击操作名左边的Rose可见性图标，从出现的清单中选择可见性图标。

将变元加进操作中

操作变元（或参数）是操作接收的输入数据。例如，Add操作可能取两个变元X、Y并将其相加。

每个变元要提供两个信息。一个是变元名，一个是数据类型。在Class框图中，变元名和数据类型放在操作名后面的括号中。

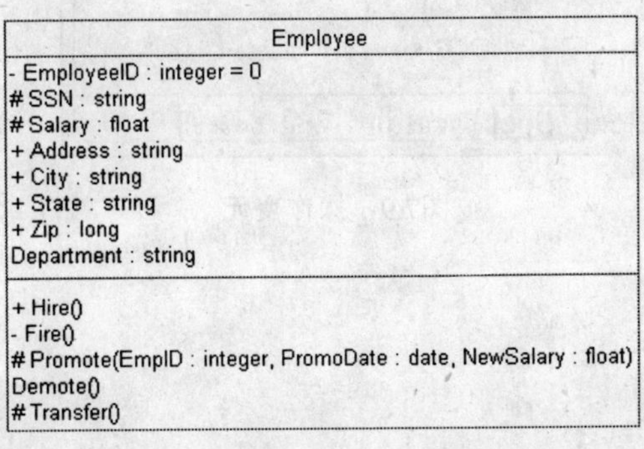

如果喜欢，还可以指定每个变元的默认值。如果指定默认值，则UML图标如下：

Operation name(argument1 : argument1 data type = argument1 default value) : operation return type

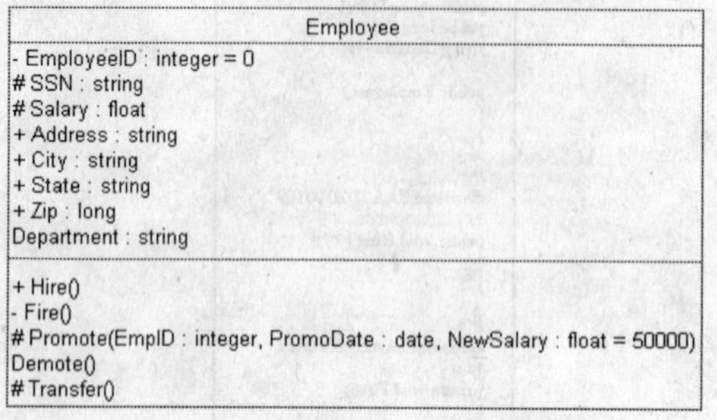

生成代码时，Rose生成操作名、变元、变元数据类型、变元默认值和返回类型。Rose还对加进操作的文档创建说明语句。

要将变元加进操作：

1. 打开操作规范窗口。
2. 选择Detail标签。
3. 右单击变元框，并从弹出菜单选择Insert。
4. 输入变元名，如图7.9。
5. 单击Type列并输入变元数据类型。
6. 还可以单击默认列，输入变元默认值。

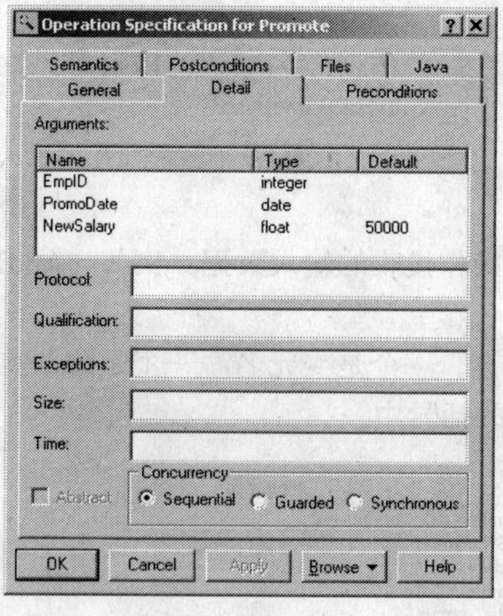

图7.9 操作变元

要删除操作的变元：

1. 打开操作规范窗口。
2. 选择Detail标签。
3. 右单击变元框中要删除的变元，并从弹出菜单选择Delete。
4. 确认删除。

指定操作协议

操作协议描述客户可以对对象进行的操作，以及操作执行的顺序。例如，如果操作A要在执行操作B之后再执行，则可以在操作A的协议字段中标明。这里输入的信息不会影响操作代码的生成。图7.10是操作协议屏幕。

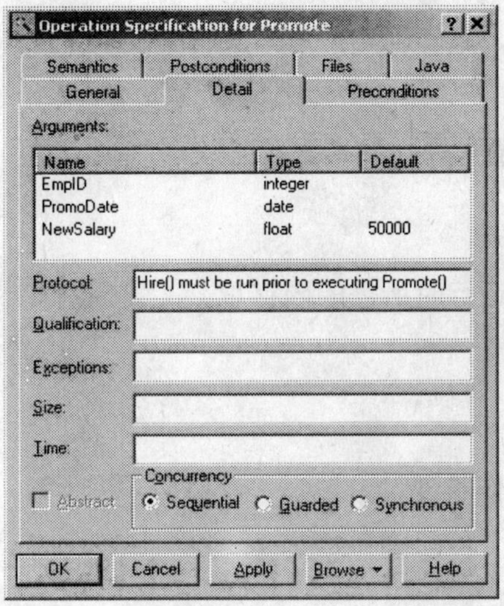

图7.10　操作协议屏幕

要指定操作协议：

1. 打开操作规范窗口。
2. 选择Detail标签。
3. 在Protocol字段中输入协议。

指定操作限定

这个字段指定操作的语言特定限定。这里输入的信息不会影响操作代码的生成。

要指定操作限定：

1. 打开操作规范窗口。
2. 选择Detail标签。
3. 在Qualification字段中指定操作限定。

指定操作异常

操作Exceptions字段可以列出操作可抛出的异常。和一些语言一样，异常信息会影响操作代码的生成。例如，图7.11是用异常信息生成的Java代码。

```
/**
@roseuid 3AA2D210010E
*/
protected void Promote(integer EmpID, date PromoDate, float NewSalary) throws throw Problem("an error has occurred")
{
}
```

图7.11 代码中的操作异常

要指定操作异常：

1. 打开操作规范窗口。
2. 选择Detail标签。
3. 在Exceptions字段中输入操作异常。

指定操作长度

Size字段可以指定操作运行时所需的内存量。

要指定操作长度：

1. 打开操作规范窗口。
2. 选择Detail标签。
3. 在Size字段中指定操作长度。

指定操作时间

操作时间是执行这个操作所需的大概时间量。

要指定操作时间：

1. 打开操作规范窗口。
2. 选择Detail标签。
3. 在Time字段中指定操作时间。

指定操作并发性

Concurrency字段指定多控制线程中的操作行为。操作并发性有三个选项：

Sequential 只有一个控制线程时，操作正常工作。另一个操作运行前，这个操作必须完成。

Guarded 存在多个控制操作时，但不同线程中的类应相互协作，保证不会互相干扰，操作正常运行。

Synchronous 存在多个控制线程时，操作正常运行。调用时，操作在一个线程中运行到完成，但其他操作可以在其他线程中同时运行。类正常工作，不需要与其他类相互协作，因为类本身能处理互斥情形。

要指定操作并发性：

1. 打开操作规范窗口。
2. 选择Detail标签。
3. 从Concurrency字段中选择所要操作并发性。

指定操作前提条件

前提条件是运行操作之前要符合的条件。可以在操作规范窗口的Preconditions标签中指定操作前提条件，如图7.12。

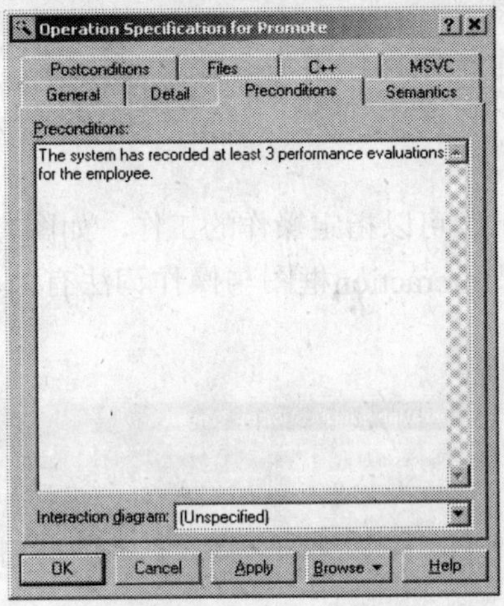

图7.12 指定操作前提条件

前提条件不影响生成的操作代码。如果Interaction框图演示操作前提条件，则可以在Preconditions标签底部输入Interaction框图名。

要指定操作前提条件：

1. 打开操作规范窗口。
2. 选择Preconditions标签。
3. 在Preconditions字段中指定操作前提条件。

指定操作事后条件

事后条件是运行操作之后要符合的条件。可以在操作规范窗口的Postconditions标签中指定操作事后条件，如图7.13。

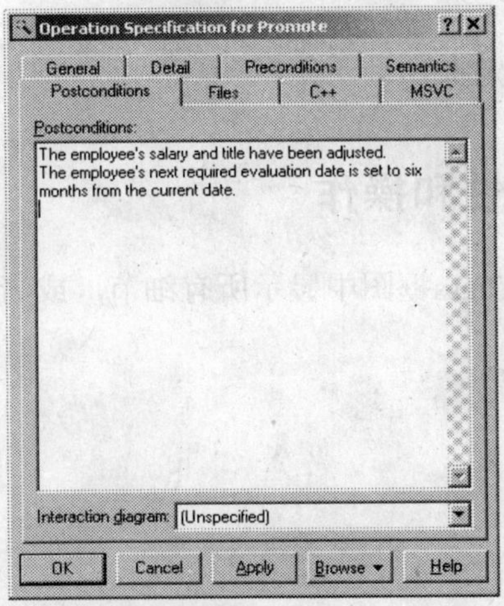

图7.13 指定操作事后条件

事后条件不影响生成的操作代码。但会在生成代码时作为说明语句。如果Interaction框图演示操作事后条件，则可以在Postconditions标签底部输入Interaction框图名。

要指定操作事后条件：

1. 打开操作规范窗口。
2. 选择Postconditions标签。
3. 在Postconditions字段中指定操作事后条件。

指定操作词法

操作规范窗口Semantics字段可以指定操作的工作，如图7.14所示。这里可以用伪代码，或用说明描述操作逻辑。如果Interaction框图与操作词法有关，可以在这个标签页面底部输入操作词法。

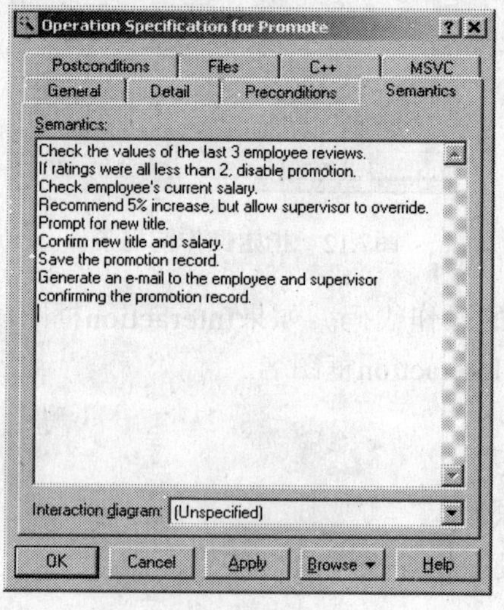

图7.14　指定操作词法

要指定操作词法：

1. 打开操作规范窗口。
2. 选择Semantics标签。
3. 在Semantics字段中指定操作词法。

在Class框图中显示属性和操作

UML非常灵活，允许在Class框图中显示所有细节，或者只显示所要的细节。Rose中可以将Class框图定制成：

- 显示所有属性和操作
- 隐藏属性
- 隐藏操作
- 显示所选属性和操作

· 显示操作签名或只显示操作名
· 显示或隐藏属性与操作可见性
· 显示或隐藏属性与操作版型

下面几节介绍每个选项。在典型项目中，有许多Class框图。有些关注关系，显示较少的属性和操作细节；有些关注类，根本不显示属性和操作；还有些关注属性和操作，显示所有细节信息。在Rose中，可以将一个类放在多个Class框图中。然后可以用下列选项显示或隐藏属性与操作细节。

可以用Tools➤Options窗口设置每个选项的默认值。下面几节将介绍设置每个选项的默认值的具体指令。

显示属性

对Class框图中的某个类，可以：

· 显示所有属性
· 隐藏所有属性
· 显示所选属性
· 取消属性

取消属性不仅在框图上隐藏属性，而且删除表示属性在类中的线。要演示隐藏与取消属性之间的差别，下面举一个例子。下面是隐藏属性的员工类：

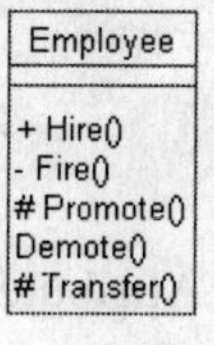

下面是取消属性的员工类：

改变属性显示选项的方法有两种。可以分别访问每个类，设置相应选项；也可以先改变默认属性显示选项再创建Class框图。改变默认时，只影响新框图。

要显示类的所有属性：

1. 选择框图中所要的类。
2. 右单击类打开弹出菜单。
3. 选择Options➤Show All Attributes

要显示类的所选属性：

1. 选择框图中所要的类。
2. 右单击类打开弹出菜单。
3. 选择Options➤Select Compartment Item。

4. 选择Edit Compartment窗口的所要属性。

或

1. 选择框图中所要的类。
2. 选择Edit➤Compartment
3. 选择Edit Compartment窗口的所要属性，如图7.15。

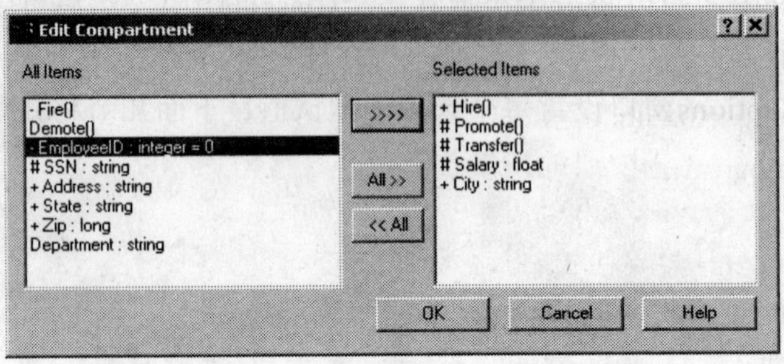

图7.15 选择Edit Compartment窗口的所要属性

要在框图上取消一个类的所有属性：

1. 选择所要类。
2. 右单击类打开弹出菜单。
3. 选择Options➤Suppress Attributes。

要改变显示属性的默认选项：

1. 选择Tools➤Options。
2. 选择Diagram标签。
3. 用Suppress Attributes和Show All Attributes复选框设置默认选项。

说明：改变显示属性的默认选项时，只影响新框图，不影响现有Class框图。

显示操作

和属性一样，显示操作有几个选项：

- 显示所有操作
- 显示所选操作
- 隐藏所有选项
- 取消操作

此外，还有下列选项：

- 只显示操作名，即在Class框图中显示操作名，但不显示操作变元和返回类型。
- 显示完整操作签名，即不仅显示操作名，而且显示所有参数、操作数据类型和返回值。

要对类显示所有操作：

1. 选择框图中所要的类。
2. 右单击类打开弹出菜单。
3. 选择Options➤Show All Operations。

要显示类的所选操作：

1. 选择框图中所要的类。
2. 右单击类打开弹出菜单。
3. 选择Options➤Select Compartment Items。
4. 选择Edit Compartment窗口的所要操作。

或

1. 选择框图中所要的类。
2. 选择Edit➤Compartment。
3. 选择Edit Compartment窗口的所要操作。

要取消一个类的所有操作：

1. 选择框图中所要的类。
2. 右单击类打开弹出菜单。
3. 选择Options➤Suppress Operations。

或

1. 选择框图中所要的类。
2. 选择Edit➤Diagram Object Properties➤Suppress Operations。

要在Class框图中显示操作签名：

1. 选择框图中所要的类。
2. 右单击类打开弹出菜单。
3. 选择Options➤Show Operation Signature

要改变显示操作的默认选项：

1. 选择Tools➤Options。
2. 选择Diagram标签。
3. 用Suppress Operations、Show All Operations和Show Operation Signatures复选框设置默认选项。

说明： 改变显示操作的默认选项时，只影响新框图，不影响现有Class框图。

显示可见性

属性和操作有四个可见性选项：public、private、protected和package。UML中用+、-、#表示公共、专用与保护，实现没有图标。

与其用UML，也可以用Rose图注表示属性与操作可见性。属性与操作可见性的Rose和UML图注如表7.3所示。

可见性可以用Rose和UML图注，也可以隐藏可见性图标。

要显示类的属性与操作可见性：

1. 选择框图中所要的类。
2. 右单击类打开弹出菜单。
3. 选择Options➤Show Visibility。

表7.3 Rose和UML可见性图注

Rose图注	可见性	UML图注
	Public（公共）	+
	Private（专用）	–
	Protected（保护）	#
	Package或implementation（包或实现）	<无图标>

要改变可见性显示选项：

1. 选择Tools➤Options。
2. 选择Diagram标签。
3. 用Show Visibility复选框设置默认选项。

要在Rose和UML图注之间切换：

1. 选择Tools➤Options。
2. 选择Notation标签。
3. 用Visibility as Icons复选框在Rose和UML图注之间切换。如果选择这个复选框，则用Rose图注。如果取消这个复选框，则用UML图注。

显示版型

在Rose中，可以显示或隐藏属性和操作的版型。如果显示版型，则它们出现在属性和操作名前面的<<>>中：

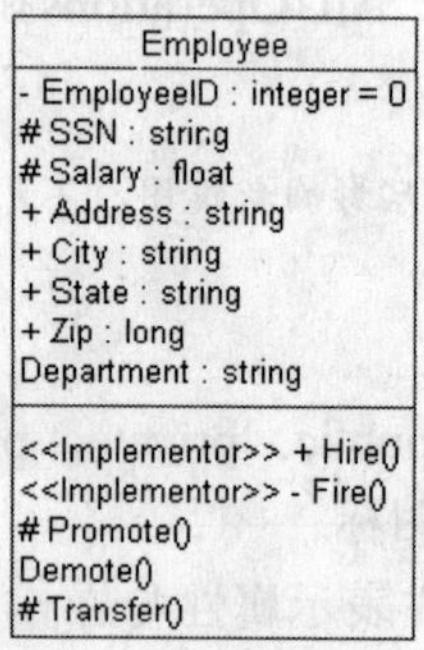

要显示类的属性和操作的版型：

1. 选择框图中所要的类。
2. 右单击类打开弹出菜单。
3. 选择Options➤Show Compartment Stereotypes。

要改变默认版型显示选项：

1. 选择Tools➤Options。

2. 选择Diagram标签。
3. 用Show Stereotypes复选框设置默认选项。

说明：改变默认时，只影响新框图，不影响现有框图。

将操作映射消息

前面曾介绍过，Sequence框图或Collaboration框图中每个消息都映射操作。如果Sequence框图如下所示：

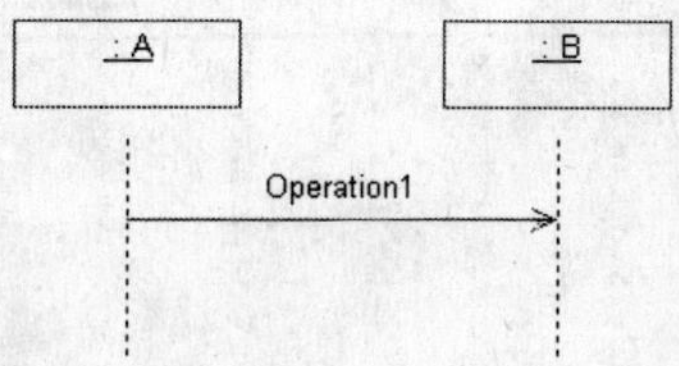

则操作Operation1放在类B中。首次创建Sequence框图或Collaboration框图时，消息名可能用英语短语，而不是操作名，如图7.16。

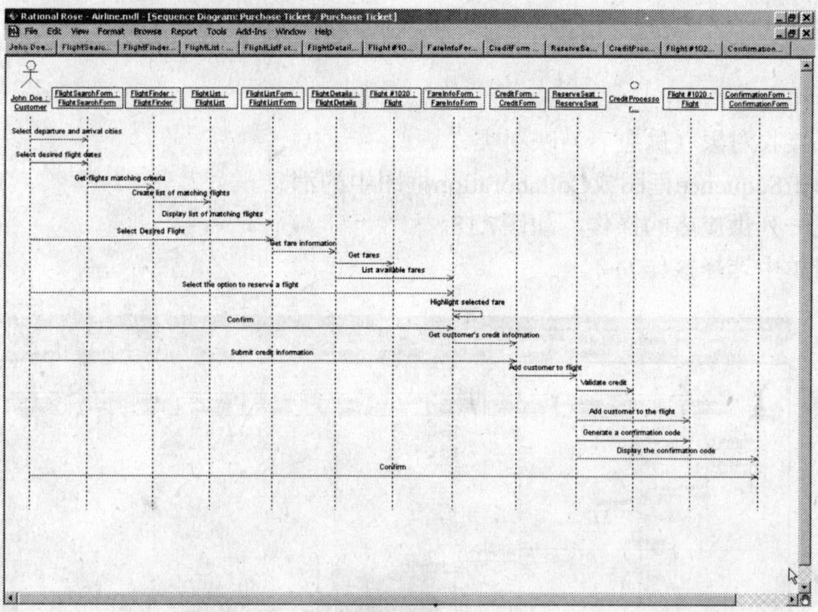

图7.16 没有操作映射的Sequence框图

但标识操作时，要将每个消息映射相应操作。Sequence框图变为图7.17。

在Interaction框图中将操作映射消息

标识操作时，要检查Sequence框图或Collaboration框图中每个消息。生成代码前，要保证将每个消息映射相应操作。图7.16和图7.17分别显示没有和有操作映射的Sequence框图。

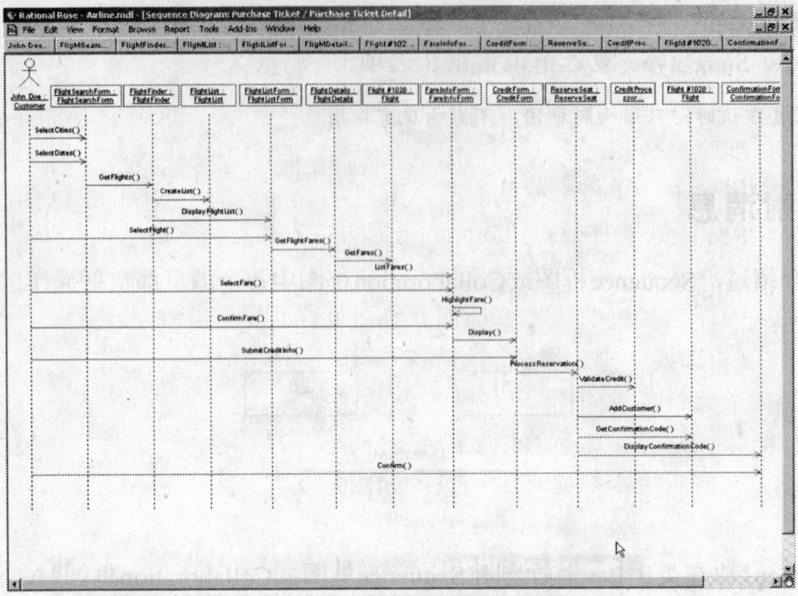

图7.17　有操作映射的Sequence框图

说明： 只有Interaction框图对象映射类时，才能将操作映射消息。

要将操作映射消息：

1. 确保接收对象（供应者）映射类。
2. 右单击Sequence框图或Collaboration框图中的消息。
3. 出现一列供应者的操作，如图7.18。
4. 从清单中选择操作。

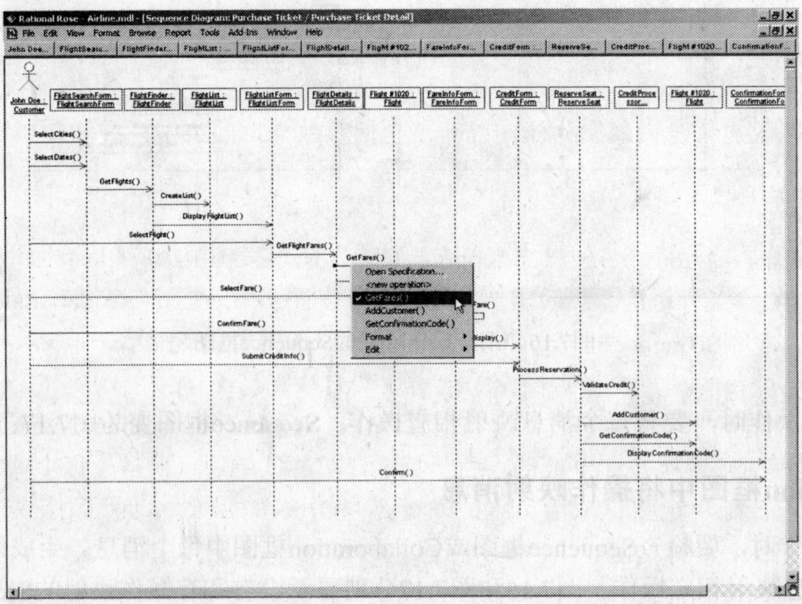

图7.18　将操作映射消息

要删除消息的操作映射：

1. 双击Sequence框图或Collaboration框图中的消息。
2. 在Name字段中删除操作名，并输入新消息名。

要对消息创建新操作：

1. 确保接收对象（供应者）映射类。
2. 右单击Sequence框图或Collaboration框图中的消息。
3. 选择<new operation>。
4. 输入新操作名和细节。本章前面介绍了操作规范窗口中的选项。
5. 单击OK关闭操作规范窗口，增加新操作。

要保证每个消息映射操作：

1. 选择Report➤Show Unresolved Messages。
2. Rose显示所有未映射操作的消息，如图7.19。

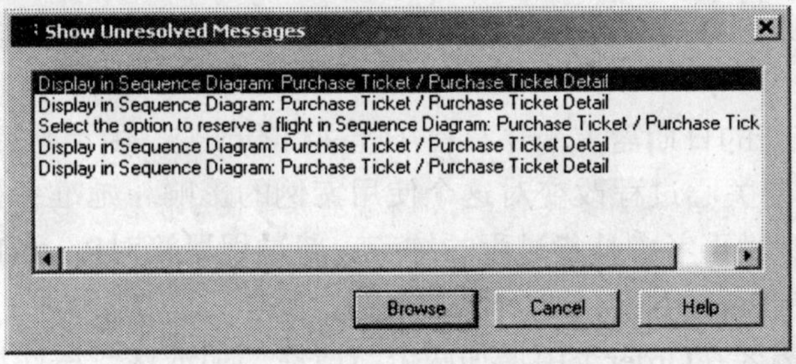

图7.19　未解析消息窗口

练习

第5章练习创建了“Add Item to Shopping Cart”用例的一些Sequence框图与Collaboration框图。这些框图包括可以变成类的一些操作的消息。上一章练习中在Class框图上画出了类与包。本练习要增加类的操作细节，包括参数与返回类型，并增加属性。

问题

Karen有了“Add Item to Shopping Cart”使用案例中类的Class框图后，开始填入细节。她选择C++编程语言，然后增加操作。她检查Sequence框图与Collaboration框图并用其定义操作。她复制Sequence框图与Collaboration框图，增加更多细节。首先，将每个对象映射到类，然后将每个消息映射到操作。她用这个方法定义操作。

她还回到事件流中标识属性。将属性Order Number和Customer Name加进Class框图中的Order类中。她还检查订单项目。由于特定订单的订单项目很多。每个项目都有一些信息和行为，因此她决定将订单项目建成类而不是Order的属性。为了保持模型一致，她更新Sequence框图，如图7.20。

正在这时，Bob提出了改变需求。

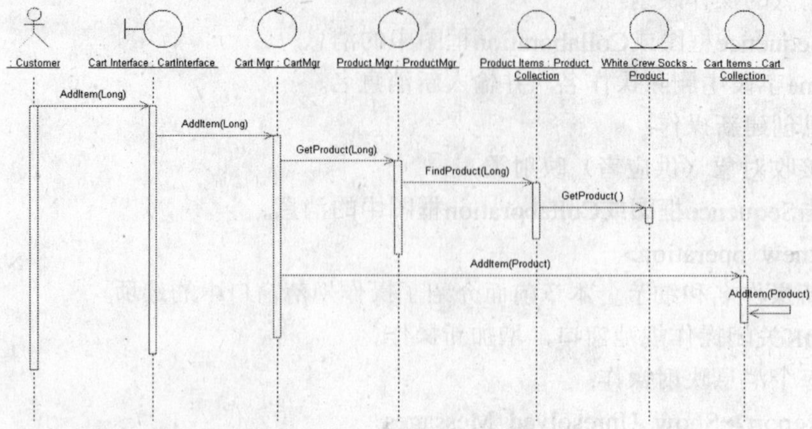

图7.20 更新Sequence框图

“我们要开始跟踪订单日期和订单填写日期，还要补充一些新供应者，库存补货的程序也有一些变化”。

Karen首先建档新的日期需求，并看看补货过程的改变。由于她目前正在处理Enter New Order使用案例，主要关心过程改变对这个使用案例的影响。她准备接下来处理Restock Inventory使用案例，到时再考虑补货过程的细节。新过程尽管对Restock Inventory使用案例影响很大，但并不影响Enter New Order使用案例。

新的日期需求需要在Order类中增加两个新属性。加进这些属性后，模型就能反映最新需求。

增加属性与操作

用“Add Item to Shopping Cart”Class框图向类中增加属性与操作。增加属性与操作的特定语言细节。将选项设置成显示所有属性和所有操作，并显示操作签名。将选项设置成用UML图注显示可见性。

练习步骤

设置

1. 选择Tools➤Options。
2. 选择Diagram标签。
3. 确保复选Show Visibility框。
4. 确保复选Show Stereotypes框。
5. 确保复选Show Operation Signatures框。
6. 确保复选Show All Attributes和Show All Operations框。
7. 确保Suppress Attributes和Suppress Operations框没有被选中。
8. 选择Notation标签。
9. 确保取消Visibility as Icons框。

增加详细Sequence框图

1. 在浏览器中找到“Add Item to Shopping Cart”用例的Main Flow Sequence框图。
2. 双击打开框图。
3. 按Ctrl+A选择框图的所有元素。
4. 按Ctrl+C复制框图的所有元素。
5. 在浏览器中双击“Add Item to Shopping Cart”用例。
6. 选择弹出菜单中的New➤Sequence Diagram。
7. 将新的Sequence框图命名为Main Flow:Detailed。
8. 双击打开框图。
9. 按Ctrl+V将框图的所有元素粘贴到新框图中。
10. 双击CartInterface对象打开其规范窗口。
11. 选择对象的类为CartInterface。
12. 单击OK关闭规范窗口。
13. 重复第10步到第12步，设置下列对象的类：

    CartMgr : CartMgr
    ProductMgr : ProductMgr
    ProductItems : ProductCollection
    White Crew Socks : Product
    CartItems : CartCollection

增加操作

1. 在浏览器中找到Add Item to Shopping Cart类框图。
2. 双击打开框图。
3. 右单击CartInterface类。
4. 从弹出菜单选择New Operation。
5. 输入新操作：

```
AddItem(ItemNo: Long): Boolean
```

6. 单击类外部，停止增加操作。
7. 重复第3步到第6步，将下列操作加进相应类中：
   - 在CartMgr中增加AddItem(ItemNo: Long): Boolean
   - 在ProductMgr中增加GetProduct(ItemNo: Long) : Product
   - 在CartCollection中增加AddItem(NewItem: Product) : Boolean
   - 在ProductCollection(FindProduct)中增加FindProduct(ItemNo: Long) : Product

增加属性

1. 右单击Product类。
2. 从弹出菜单选择New Attribute。
3. 输入新属性：

```
ProductID: Long
```

4. 按Enter。
5. 加进下列属性：

```
ProductDescription: String
ProductUnitPrice: Double
```

6. 单击类外部。

增加操作与属性之后，Add Item to Shopping Cart的类框图如图7.21所示。

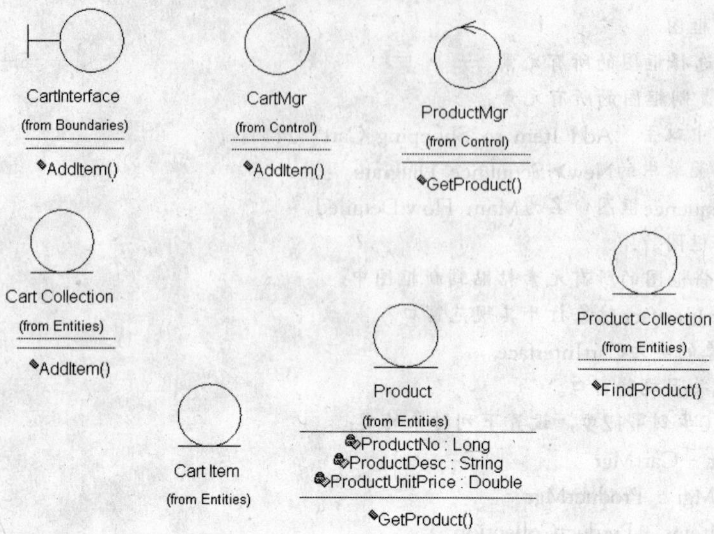

图7.21　增加操作与属性之后，Add Item to Shopping Cart的类框图

小结

本章介绍了类的细节，包括属性与操作。我们介绍了增加属性、属性名、数据类型和默认值；还介绍了操作，包括将其加进模型。我们还详细介绍了操作的细节，如变元、数据类型、返回值等细节。

前面介绍了单个类。下一章要介绍类间的关系。类间关系使应用程序完成其工作。

第8章　关　　系

前面介绍了类、属性和操作。在Interaction框图中，我们介绍了类之间的通信。下面要介绍类之间的关系。

关系是类之间的词法连接，使一个类了解另一个类的属性、操作和关系。要让一个类向Sequence框图或Collaboration框图中另一个类发消息，两个类之间必须有关系。

本章介绍类之间和包之间可以建立的不同类型的关系。我们介绍每个关系类型的含义以及如何把关系加进Rose模型中。

- 通过Class框图在Rose模型中增加关联、依赖、累积与一般化关系
- 增加关系名、版型、作用名、静态关系、朋友关系、限定符、链接元素和限制
- 设置基数、导出控制和包容

关系

本节介绍Rose模型中的四种关系类型，还介绍如何寻找关系。这时寻找关系的大部分工作已经完成。这里只是正式确定关系并加进模型中。关系在Class框图中显示。

关系类型

类之间可以建立四种关系：关联、依赖性、累积、实现关系和一般化。我们将一一介绍，这里先作一个简单介绍。

关联是类之间的词法连接，在Class框图中用单线表示，如图8.1。

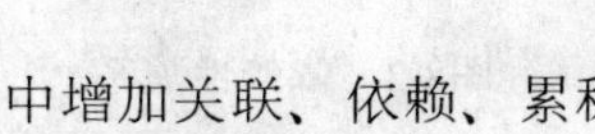

图8.1　关联关系

关联连接两个类时，如上例所示，每个类可以向Sequence框图或Collaboration框图中的其他类发消息。关联可以是双向的，也可以是单向的。在UML中，双向关联画成两端都有或都没有箭头，而单向关联则用箭头表示关联方向。

对于关联，Rose将属性放进类中。例如，如果Flight类与Customer类之间有关联关系，则Rose将Customer属性放进Flight类中，让航班知道谁是乘客，并将Flight属性放进Customer类中，让乘客知道乘坐的航班。

可以标上关联关系，使其更加明确。例如，服务器页与客户端页面关系标上版型<<build>>，表示服务器页建立客户端页面。关联还有其他版型，将在本章稍后介绍。

依赖性也是连接两个类，但与关联稍有不同。依赖性总是单向的，显示一个类依赖于另一个类的定义。尽管一个类不实例化另一个类，但要向另一个类发消息。换句话说，尽管对象A不实例化和拥有对象B，但要向对象B发消息。Rose不对依赖性关系产生类属性。

依赖性关系在类的操作中需要参数或返回值的类中也需要。回到上面的例子，如果Customer对Flight有依赖性则不在Flight类中产生Customer属性。依赖性用虚线箭头表示，如图8.2。

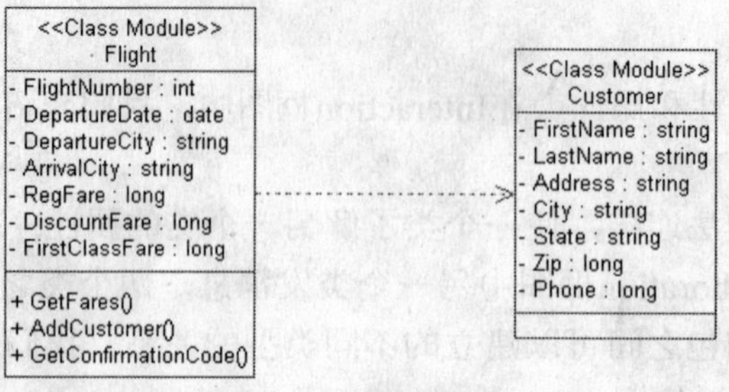

图8.2　依赖性关系

累积关系是强关联。累积关系是整体与个体间的关系。例如，Car类和Engine、Tire以及其他汽车部件类之间，Car类是由一个Engine对象、四个Tire对象等组成的。累积关系在总体类旁边画一个菱形，如图8.3。

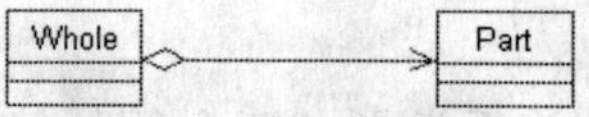

图8.3　累积关系

实现关系显示类与接口、包与接口、组件与接口和用例与用例实现之间的关系。实现关系将公共接口（接口类或用例）与接口的详细实现（类、包或用例实现）相连接。换句话说，实现关系把接口与实现分开。

实现关系在接口使用图标版本显示时与标题版本显示时稍有不同。图8.4显示了这两种选项。

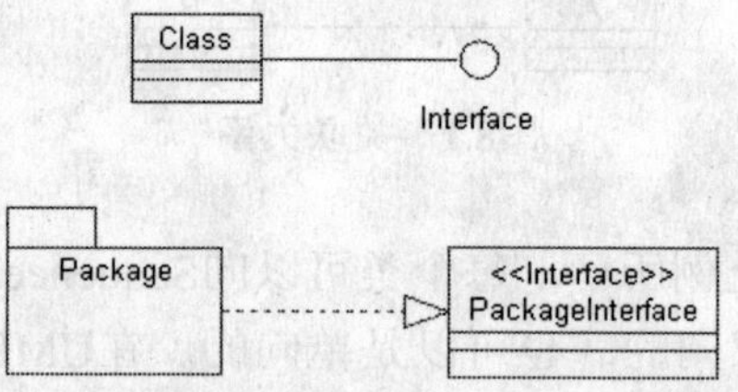

图8.4 实现关系

一般化关系显示两个模型元素（如角色、用例、类或包）之间的继承关系。大多数面向对象语言直接支持继承的概念。继承就是让一个类继承另一个模型元素的所有属性、操作、关系和词法。在UML中，继承关系称为一般化，显示为子类指向父类的箭头，如图8.5。

寻找关系

要寻找关系，可以检查前面创建的模型元素。大多数关系信息已经在Sequence框图或Collaboration框图中列出。现在可以重温这些框图，取得关联和依赖性信息，然后检查类中的累积和一般化信息。

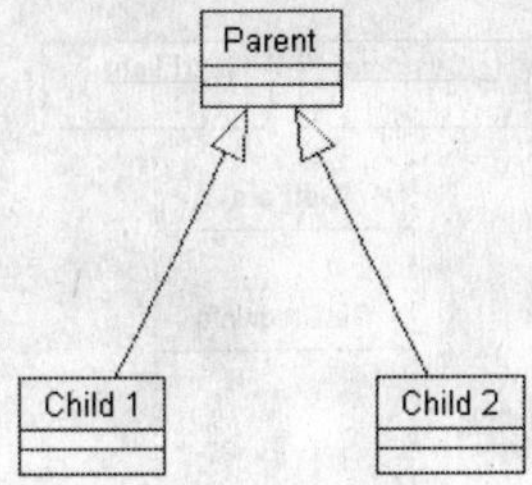

图8.5 一般化关系

要寻找关系，方法如下：

1. 首先检查Sequence框图和Collaboration框图。如果类A向Sequence框图或Collaboration框图中的类B发出消息，则它们必须有关系。通常，用这个方法找出的关系是关联和依赖性关系。
2. 检查类的整体/部分关系。任何由其他类组成的类都参与累积。
3. 检查类的一般化关系。寻找具有不同类型的类。例如，可能有个Employee类。你的公司有两种员工，计时工和固定工资员工。这表示有HourlyEmp和SalariedEmp类，都继承Employee类。所有员工共同的属性、操作和关系放在Employee类中。计时工和固定工资员工特有的属性、操作和关系分别放在HourlyEmp和SalariedEmp类中。
4. 检查类中的其他一般化关系。试找出具有大量共同点的类。例如，两个类CheckingAccount和SavingsAccount有一些共同的信息和行为，可以放在第三个类Account中。创建Account，保存支票和存款账号的共同属性、操作和关系。

关系太多的类要注意。设计良好的应用程序的目标之一是减少系统中的关系。关系太多的类可能需要对许多其他类有所了解，因此很难复用，维护工作量也会很大。如果其他某个类改变，则原类会受到影响。

关联

关联是类之间的词法连接，使一个类知道另一类的公共属性和操作。例如，图8.6是Flight与Customer间的双向关联。

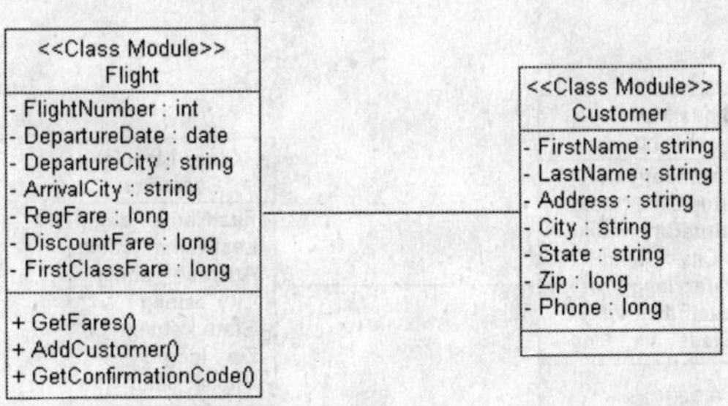

图8.6 Flight类和Customer类之间的关联关系

Flight知道Customer的公共属性和操作，Customer知道Flight的公共属性和操作。因此，在Sequence框图中，Customer可以向Flight发消息，Flight可以向Customer发消息，如下所示：

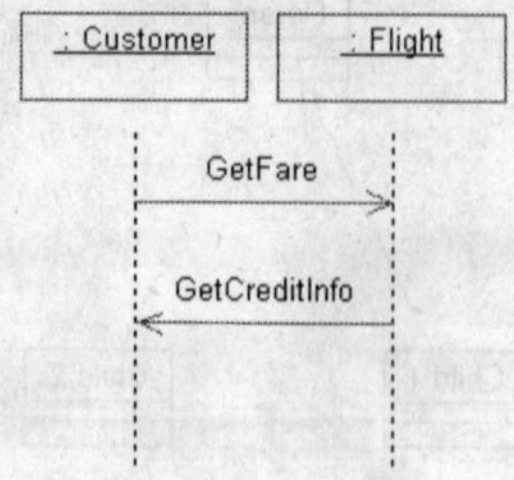

上例中关系是双向的。但大多数关联应调整为单向的。单向关系更容易建立和维护，有助于寻找可复用的类。下面再看看上例，这时用单向关联，如图8.7。

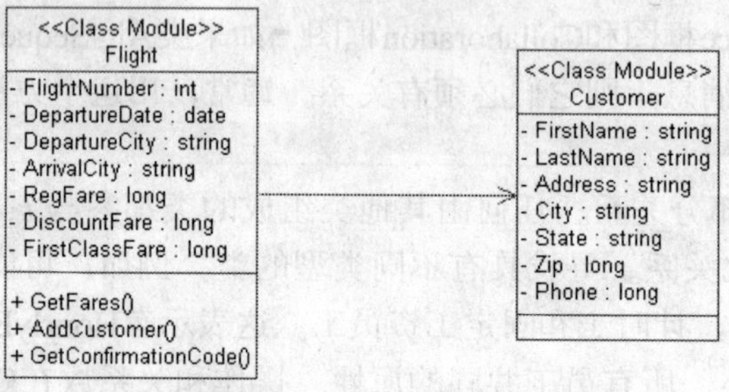

图8.7 单向关联关系

这里Flight知道Customer的公共属性和操作，但Customer不知道Flight的公共属性和操作。Sequence框图或Collaboration框图中Flight可以向Customer发消息，但Customer不可以向Flight发消息。

通过Sequence框图或Collaboration框图可以确定关联方向。如果Interaction框图中总是Flight向Customer发消息，则是从Flight到Customer的单向关系。如果又有从Customer到Flight的消息，则需要双向关系。

单向关系有助于标识可复用的类。如果Customer与Flight间关系是双向的，则每个类都需要知道对方，因此两者都不能复用。但假设是从Flight到Customer的单向关系，则Flight需要知道Customer，没有Customer就无法复用。而Customer不需要知道Flight，因此Customer是可复用的。任何输出多个单向关系的类都很难复用，而只接收单向关系的类则很容易复用，如图8.8。

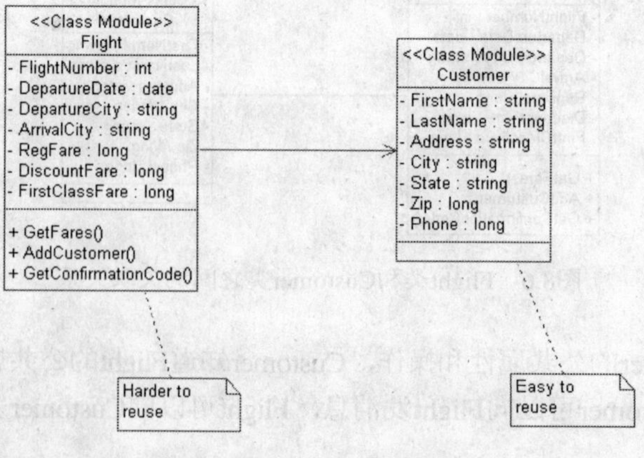

图8.8 单向关联关系与复用

生成双向关联的代码时，Rose在每个类中生成属性。在Flight与Customer的例子中，Rose在Customer中放上Flight属性，在Flight中放上Customer属性。图8.9是对这两个类生成代码的例子。

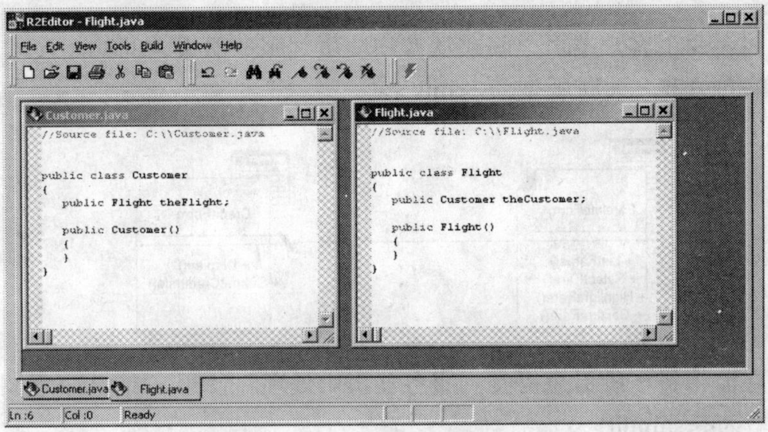

图8.9 生成双向关联的代码

反过来，如果是单向关联，则Rose在Flight中放上Customer属性，而不在Customer中放上Flight属性。图8.10是单向关联的代码。

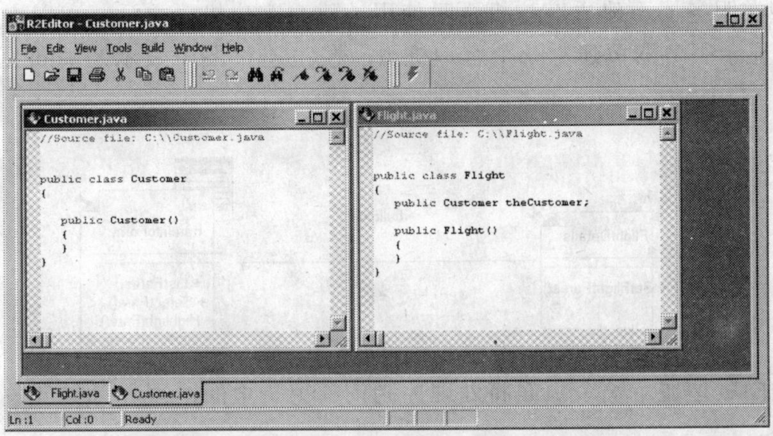

图8.10 生成单向关联的代码

关联也可以反身。反身关联让类的一个实例与同一个类的其他实例相联系。例如，Person类中一个人可能是另外几个人的父亲。由于这是Person的一个实例与其他实例相联系，因此是反身关联，如图8.11。

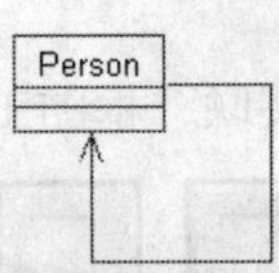

图8.11 反身关联

使用Web关联版型

Rose现在增加了Web模型，可以支持四种关联版型，包括链接、提交、建立与改向版型。

链接版型显示两个客户端页之间或从客户端页到服务器页之间的超文本链接，在Class框图中表示为单向关键，关联版型为<<link>>：

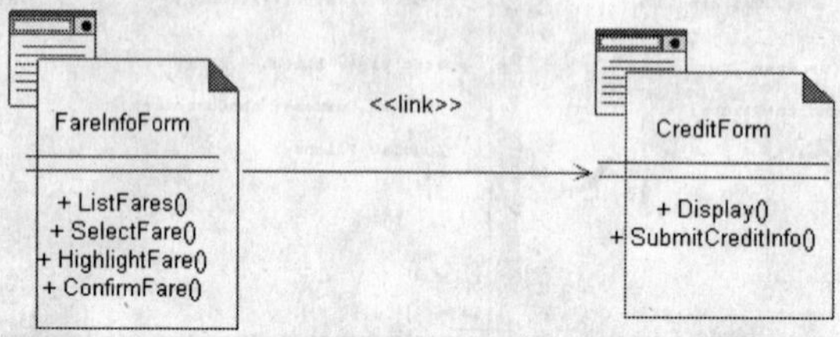

提交版型在窗体将字段信息提交到服务器页中处理时使用，在Class框图中表示为单向关联，关联版型为<<submit>>：

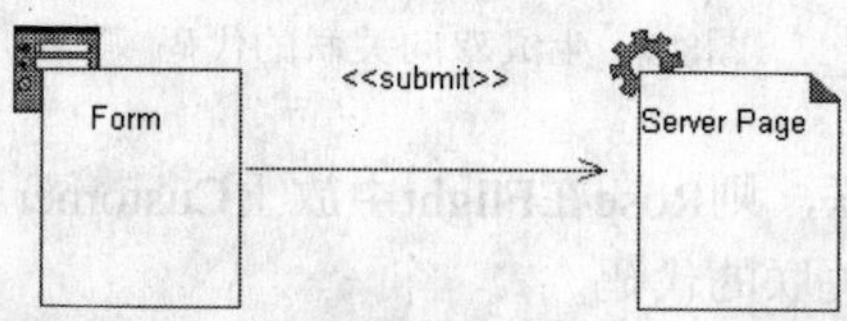

建立版型在服务器页建立客户机页时使用。建立客户机页之后，可以在客户端浏览器中显示。关系显示服务器页建立哪个客户机页，在Class框图中表示为单向关键，关联版型为<<build>>：

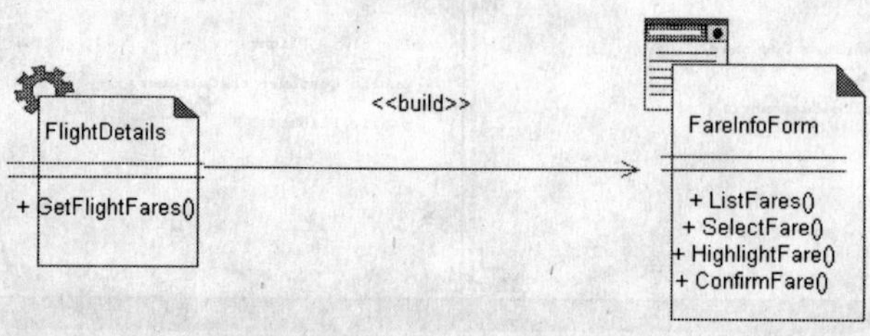

最后，改向版型显示一个页面将处理控制传入另一页面，表示为单向关键，关联版型为<<redirect>>：

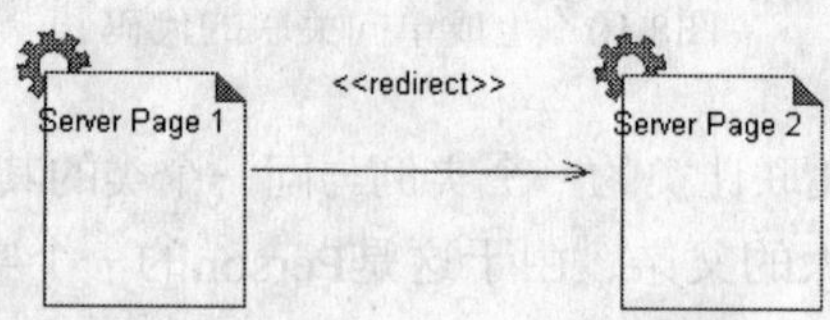

创建关联

Rose中可以直接在Class框图中创建关联。框图工具栏中有创建单向和双向关联的按钮。

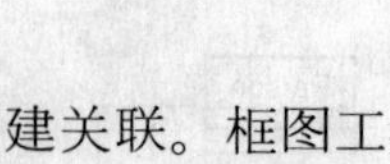

如果创建双向关联，则后面可以通过改变导航将其变成单向关联。本章稍后“使用关系”中将介绍关联和导航的细节。

要在Class框图中创建双向关联：

1. 选择工具栏中的关联图标。
2. 在一个类与另一个类之间拖动关联线。

或

1. 选择Tools➤Create➤Association。
2. 在一个类与另一个类之间拖动关联线。

要在Class框图中创建单向关联：

1. 选择工具栏中的单向关联图标。
2. 在一个类与另一个类之间拖动关联线。

或

1. 选择Tools➤Create➤Unidirectional Association。
2. 在一个类与另一个类之间拖动关联线。

要设置关系的导航：

1. 在要移动的关系端右单击。
2. 从弹出菜单选择Navigable。

或

1. 打开所要关系的规范窗口。
2. 在要移动的关系端选择Role Detail标签。
3. 用Navigable复选框改变导航。

要在Class框图中创建反身关联：

1. 选择工具栏中的关联图标。
2. 从类向类外拖动关联线。
3. 放开关联线。
4. 向类中拖动关联线。

或

1. 选择Tools➤Create➤Association。
2. 从类向类外拖动关联线。
3. 放开关联线。
4. 向类中拖动关联线。

要将文档加进关联：

1. 双击所要关联。
2. 选择General标签。
3. 在Documentation字段中输入文档。

或

1. 选择所要关联。
2. 选择Browse➤Specification。

3. 选择General标签。
4. 在Documentation字段中输入文档。

要改变关联关系：

1. 选择所要关系。
2. 选择Edit➤Change Into➤Association。

删除关联

删除关联的方法有两种。第一种是从单个框图删除，这时Rose知道关联还存在，并在幕后跟踪。尽管可以从单个框图删除，但其他框图中仍然存在。

第二种方法是从整个Rose模型中删除。这时是从所有Class框图中删除，Rose不再跟踪。

要从单个框图删除关联：

1. 选择所要关联。
2. 按Delete键。

或

1. 选择所要关联。
2. 选择Edit➤Delete。

说明： 从框图中删除关联并不从模型中删除。

要从模型中删除关联：

1. 选择所要关联。
2. 按Ctrl+D。

或

1. 选择所要关联。
2. 选择Edit➤Delete from Model。

或

1. 打开参与关系的类的规范窗口。
2. 选择Relations标签。
3. 右单击关系。
4. 从弹出菜单选择Delete。

依赖性

依赖性关系显示一个类引用另一个类。因此，引用类规范改变可能影响使用类。两个类有依赖性关系时，Rose并不对关系的类增加属性，这是关联与依赖性关系的一个不同之处。

回到上例，假设Flight和Customer有依赖性关系。依赖性关系用虚线箭头表示，如图8.12。

对这两个类生成代码时，并不对关系的类增加属性，如图8.13。但产生支持关系所需的特定语句。例如在C++中，生成代码中会包括必要的#include语句。

这里的含义是Flight要设法知道Customer的存在，箭头方向表示Flight依赖于Customer。换句话说，Sequence框图或Collaboration框图中Flight向Customer发消息。如果是正常关联，则Flight应有Customer属性。要向Customer发消息，Flight只要查找自己的Customer属性。

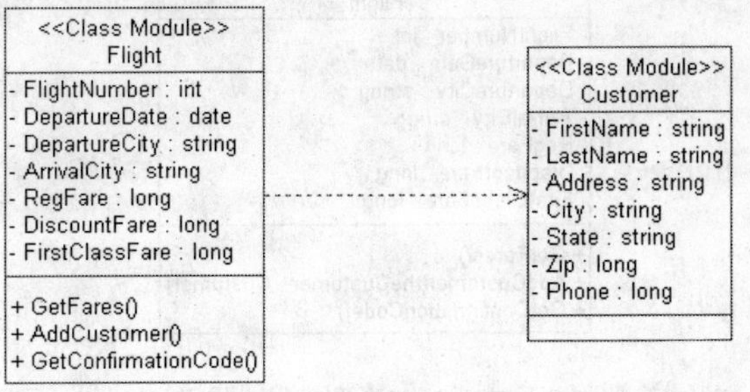

图8.12　依赖性关系

图8.13　依赖性关系的生成代码

但在依赖性关系中，Flight没有Customer属性，因此要用其他方法查找Customer。有三种方法查找Customer。如果Customer是全局的，则Flight知道它存在。如果Customer实例化为Flight操作中的本地变量，则Flight知道它存在。最后，如果Customer作为参数传递到Flight操作中，则Flight知道它存在。在依赖性关系中，必须采用这三种方法之一。

尽管现在已经进入详细编码层，但这个决策会影响模型。我们可能需要在Flight操作中加一个变元。

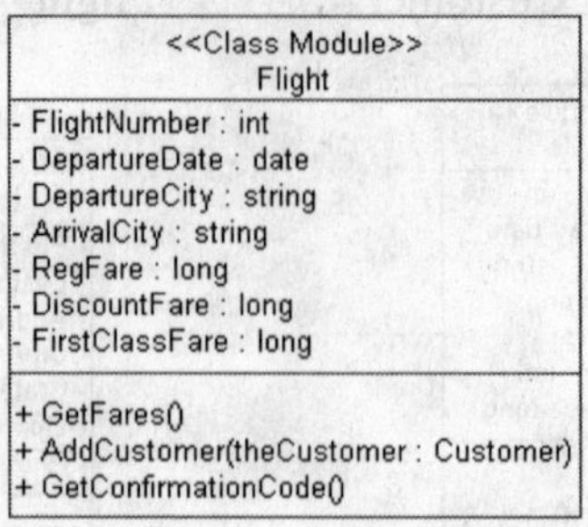

关联与依赖性的第二个差别在于方向。关联可以是双向的，而依赖性只能是单向的。依赖性也用包和组件之间的关系，见本章稍后介绍。

创建依赖性关系

增加关联之后，可能要在具有依赖性时重新访问。这样，则可以用下列方法将关系从关联变为依赖性关系（如果关联在几个框图中显示，则这个方法会更好，因为Rose将全局性地改变关联）。

要创建新的依赖性关系，可以用Class框图工具栏的Dependency图标。

要在Class框图上创建依赖性关系：

1. 选择工具栏中的Dependency图标。
2. 单击依赖者的类。
3. 将依赖性关系线拖动到另一个类。

或

1. 选择Tools➤Create➤Dependency。
2. 单击依赖者的类。
3. 将依赖性关系线拖动到另一个类。

要将文档加进依赖性关系：

1. 双击所要依赖性关系。
2. 选择General标签。
3. 在Documentation字段中输入文档。

或

1. 选择所要依赖性关系。
2. 选择Browse➤Specification。
3. 选择General标签。
4. 在Documentation字段中输入文档。

要改变Class框图中的关系为依赖性关系：

1. 选择所要关系。
2. 选择Edit➤Change Into➤Uses Dependency。

删除依赖性关系

和关联一样，有两种删除依赖性关系的方法。可以从一个Class框图删除，也可以从整个模型中删除。下面是删除依赖性关系的过程。

要从框图中删除依赖性关系：

1. 选择所要依赖性关系。
2. 按Delete键。

或

1. 选择所要依赖性关系。
2. 选择Edit➤Delete。

说明： 从框图中删除依赖性关系并不从模型中删除。

要从模型中删除依赖性关系：

1. 选择所要依赖性关系。
2. 按Ctrl+D。

或

1. 选择所要依赖性关系。
2. 选择Edit➤Delete from Model。

或

1. 打开参与关系的类的规范窗口。
2. 选择Relations标签。
3. 右单击关系。
4. 从弹出菜单选择Delete。

包依赖性

包之间和类之间一样可以画出依赖性关系。包依赖性关系和类依赖性关系一样用虚线箭头表示，如图8.14。

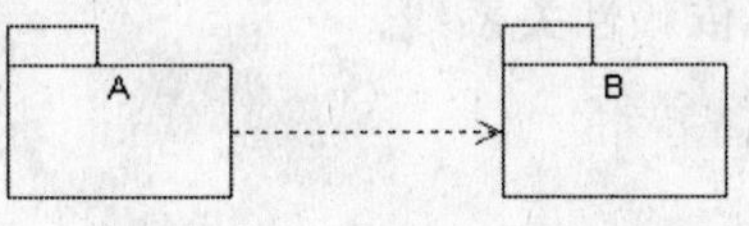

图8.14 包依赖性关系

从包A到包B的依赖性关系表示A中的某些类与B中的某些类有单向关系。换句话说，A中的某些类要知道B中的某些类。

这具有复用意义。如果依赖性关系如上，则A包依赖于B包。因此不能直接在另一应用程序中复用A包，而要同时复用B包。而B包则更容易复用，因为它没有依赖于其他包。

要确定包依赖性关系，就要检查Class框图中的关系。如果不同包中的类之间有关系，则包也有关系。

创建包依赖性关系时，要尽量避免循环依赖性。循环依赖性如图8.15。

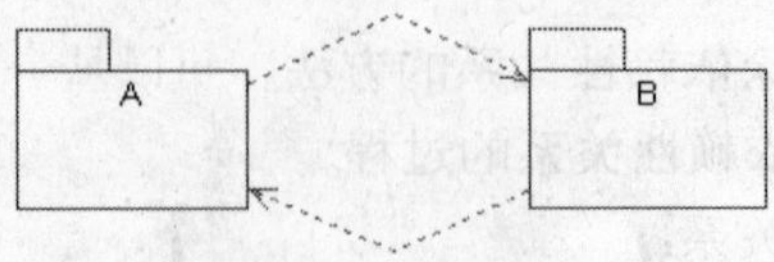

图8.15 循环依赖性

这里A中的某些类要知道B中的某些类，而B中的某些类又要知道A中的某些类。这样，两个包都不容易复用，一个包改变时会影响另一个包。这样就会失去包装类的独立性好处。要破坏循环依赖性，可以将一个包一分为二。本例中，可以将B包中A包所依赖的类移到C包中。这时包的依赖性关系如下图所示：

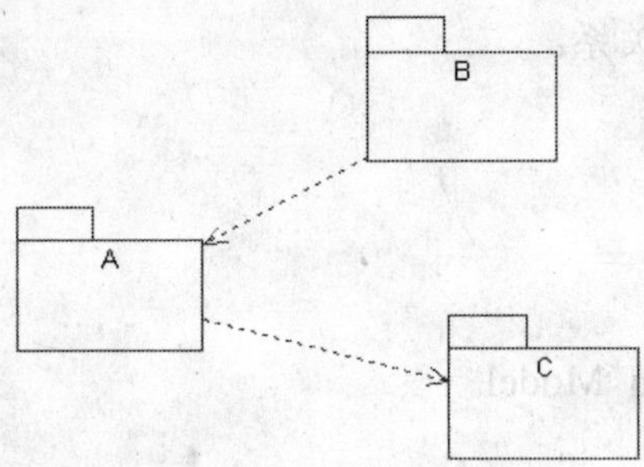

创建包依赖性关系

确定包依赖性关系后，可以将其通过Class框图加进Rose模型中。通常，一个Class框图显示所有包及其相互关系。和类依赖性关系一样，用Dependency工具栏按钮画出关系。

要在Class框图中创建包依赖性关系：

1. 选择Dependency工具栏按钮。
2. 从依赖包向另一包画出依赖性关系线。

或

1. 选择Tools➤Create➤Dependency。
2. 从依赖包向另一包画出依赖性关系线。

删除包依赖性关系

和前面一样，有两种删除包依赖性关系的方法：从单个Class框图或从整个模型。

如果删除包依赖性关系之后两个包中的类仍有相互关系，则难以生成代码。可以用Report➤Show Access Violations选项看看是否会有这种情况。

要在Class框图中删除包依赖性：

1. 选择所要包依赖性关系。
2. 按Delete键。

或

1. 选择所要包依赖性关系。
2. 选择Edit➤Delete。

累积

累积是强关联。累积是整体与部分之间的关系。例如，FlightList可能是由Flights组成的。在UML中，累积显示为连接两个类的直线，整体端画一个菱形，如图8.16。

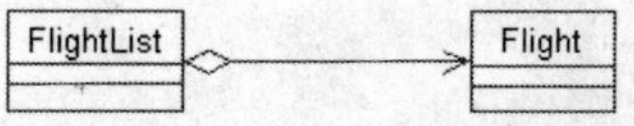

图8.16　累积关系

一个类可能与其他类有多个累积关系。例如，Car类与汽车部件的关系如下：

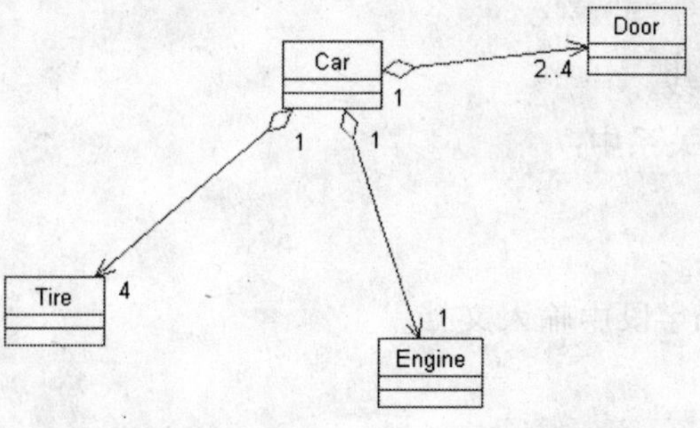

和关联一样，累积可以反身，如图8.17。反身累积中类的一个实例由同一类的一个或几个其他实例构成。例如，烹调时，要组合一些调料形成其他工序的调料。换句话说，调料可能由其他调料组成。

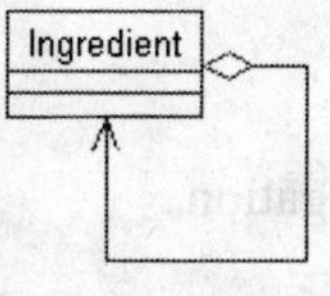

图8.17　反身累积关系

对累积关系生成代码时，Rose生成支持累积的属性。在Car例子中，Car类对累积关系中的门、发动机、轮胎和其他所有部件都生成属性。

创建累积关系

累积关系可以在Class框图中创建。要创建累积关系，可以用Class框图工具栏中的Aggregation按钮。

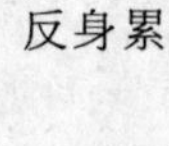

要在Class框图中创建累积关系：

1. 选择工具栏中的Aggregation图标。

2. 从整体类向部分类拖动一条累积线。

或

1. 选择Tools➤Create➤Aggregation。
2. 从整体类向部分类拖动一条累积线。

要在Class框图上创建反身累积关系：

1. 选择工具栏中的Unidirectional Aggregation图标。
2. 从类向类外拖动累积线。
3. 放开累积线。
4. 向类中拖动累积线。

或

1. 选择Tools➤Create➤Aggregation。
2. 从类向类外拖动累积线。
3. 放开累积线。
4. 向类中拖动累积线。

要将文档加进累积关系中：

1. 双击所要累积。
2. 选择General标签。
3. 在Documentation字段中输入文档。

或

1. 选择所要累积关系。
2. 选择Browse➤Specification。
3. 选择General标签。
4. 在Documentation字段中输入文档。

要改变Class框图中的累积关系：

1. 选择所要关系。
2. 选择Edit➤Change Into➤Aggregation。

或

1. 打开所要关系的关系规范窗口。
2. 选择Role Detail标签。
3. 选择Aggregate复选框。

删除累积关系

可以从单个Class框图或从整个模型中删除累积关系。下面介绍这两个过程。

要从框图删除累积关系：

1. 选择所要累积关系。
2. 按Delete。

或

1. 选择所要累积关系。
2. 选择Edit➤Delete。

说明：从框图删除累积关系并不将其从模型中删除。

要从模型中删除累积关系：

1. 选择所要累积关系。
2. 按Ctrl+D。

或

1. 选择所要累积关系。
2. 选择Edit➤Delete from Model。

或

1. 打开参与关系的某个类的规范窗口。
2. 选择Relations标签。
3. 右单击关系。
4. 从弹出菜单选择Delete。

一般化

一般化是两个模型元素（如类、角色、用例和包）之间的继承关系。使一个类可以继承另一个类的公共和保护属性与操作。例如，可能有图8.18所示的关系。

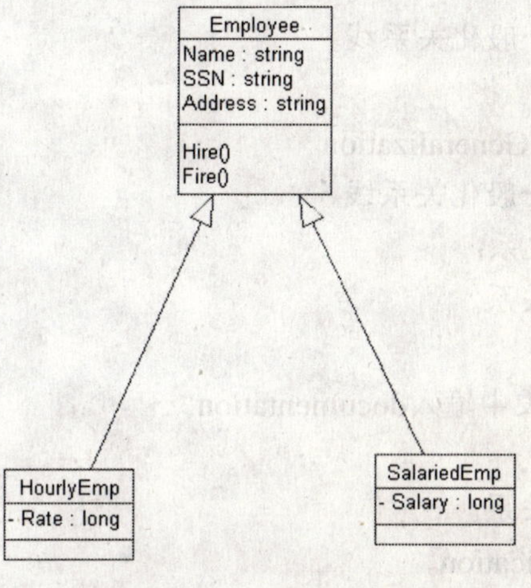

图8.18 一般化关系

本例中，有两种员工：定时工和固定工资员工，两者都从Employee类继承。Employee类是上级类，HourlyEmp和SalariedEmp类是下级类。箭头从下级类指向上级类。

两个类共同的元素放在Employee类中。HourlyEmp和SalariedEmp类都继承Employee类的Name、Address和SSN属性和Employee类的Hire()和Fire()操作。

每个子类还可以有自己的独特属性、操作和关系。例如，只有计时工有小时工资，只有固定工资员工有月工资。

一般化关系对开发和维护可以节省大量时间和精力。上例中，不必对HourlyEmp和SalariedEmp类分别编程和维护两个Hire()操作，而可以创建和维护一个操作。这个操作的任何改变均会在HourlyEmp和SalariedEmp类和Employee的其他子类中继承。

定义一般化关系时，可以从上向下或从下向上建立继承结构。要从上向下建立结构，可以看看具有不同类型的类。例如，可以从Employee类开始，认识到有不同类型的员工。要从下向上建立结构，寻找具有共性的类。这里从HourlyEmp和SalariedEmp类开始，认识到它们的相似性，然后创建Employee类，保存公共元素。

注意别创建不可维护的继承结构。继承层数太多时很难维护。向上层结构的每个改变都会影响到下层的类。尽管这有好处，但这样会使分析和控制变得更重要。在某些语言中，层数太多会使应用程序减慢。

创建一般化关系

发现一般化关系后，可以将其用Class框图加进Rose模型中。通常，公司创建一个或两个针对继承结构的Class框图。这些Class框图通常只显示有限的属性和操作信息。

增加一般化关系时，可能需要移动一些属性和操作。例如，可以从HourlyEmp和SalariedEmp类开始，每个类都有Address属性。现在要将Address属性移到Employee类中。在浏览器中，可以将Address属性从HourlyEmp或SalariedEmp类拖动到Employee类。一定要记住从HourlyEmp或SalariedEmp类中删除Address属性的其他备份。

要从Class框图创建一般化关系：

1. 选择工具栏中的Generalization图标。
2. 从子类向父类拖动一般化关系线。

或

1. 选择Tools➤Create➤Generalization。
2. 从子类向父类拖动一般化关系线。

要将文档加进一般化关系：

1. 双击所要的一般化关系。
2. 选择General标签。
3. 在Documentation字段中输入documentation。

或

1. 选择所要的一般化关系。
2. 选择Browse➤Specification。
3. 选择General标签。
4. 在Documentation字段中输入documentation。

要将关系变成一般化关系：

1. 选择所要的关系。
2. 选择Edit➤Change Into➤Generalization。

删除一般化关系

和其他关系一样，可以从单个框图或从模型中删除一般化关系。如果从整个模型删除一般化关系，则记住父类的属性、操作和关系不再让子类继承。因此，如果子类需要这些属性、操作和关系，则要将这些属性、操作和关系加进子类中。

要从框图删除一般化关系：

1. 选择所要的一般化关系。
2. 按Delete键。

或

1. 选择所要的一般化关系。
2. 选择Edit➤Delete。

说明：从框图删除一般化关系并不将其从模型中删除。

要从模型中删除一般化关系：

1. 选择所要的一般化关系。
2. 按Ctrl+D。

或

1. 选择所要的一般化关系。
2. 选择Edit➤Delete from Model。

或

1. 打开参与关系的某个类的规范窗口。
2. 选择Relations标签。
3. 右单击关系。
4. 从弹出菜单选择Delete。

使用关系

本节要介绍Rose中关系的详细规范。在模型中，可以加进关联名、作用名、限定符等项目，指定关系存在的原因。

生成代码之前，要先指定关系倍增性，否则Rose会提供默认值。本节提供的大多数其他规范都是可选的。要生成代码时，如果没有设置所要的规范，则Rose会指出这点。

设置基数

基数表示某个时刻一个类的几个实例与另一类的一个实例相联系。

例如，如果看看大学的课程注册系统，则可能有Course和Student类，两者之间有关系，学业有课程，课程有学生。问题是“一个学生同时选几门课程”，“一个课程同时有多少学生选”。

由于基数能回答这两个问题，因此基数指示符在关系两端都要用到。在课程注册例子中，我们决定每个学生可以注册0到4门课程，每个课程可以取10到20个学生。在Class框图中，表示为图8.19。

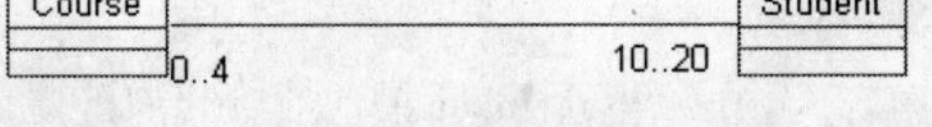

图8.19　关系基数

0..4表示每个学生可以注册0到4门课程。10..20表示每个课程可以取10到20个学生。

记住，在基数设置中要指出关系是否是可选的。在上例中，每个学生可以注册0到4门课程。因此，停课的学生仍然是个学生。如果基数为1..4，则每个学生每学期至少要选1门课。因此，基数实现“每个学生每学期至少要选1门课”之类的业务规则。

通常，窗体、屏幕或窗口之间的基数在关系两端为0..1。尽管这并不总是正确的，但这个基数表示每个窗体可以独立于其他窗体而存在。

基数的UML图注如下：

基数	**含义**
*	Many（多）
0	Zero（0）
1	One（1）
0..*	Zero or more（0或多）
1..*	One or more（1或多）
0..1	Zero or one（0或1）
1..1	Exactly one（1）

也可以用下列格式输入基数：

格式	**含义**
<number>	<number>
<number 1>..<number 2>	<number 1>到<number 2>
<number>..n	<number>或多
<number 1>, <number 2>	<number 1>或<number 2>
<number 1>, <number 2>.. <number 3>	<number 1>或<number 2>到<number 3>
<number 1>..<number 2>, <number 3>..<number 4>	<number 1>到<number 2>或<number 3>到<number 4>

要设置关系基数：

1. 右单击所要关系的一端。
2. 从弹出菜单中选择Multiplicity。
3. 选择所要基数。
4. 对关系另一端重复第1到第3步。

或

1. 打开所要关系的规范窗口。
2. 选择一端的Role Detail标签。
3. 用cardinality字段改变基数。
4. 对关系另一端重复第1到第3步。

使用关系名

关系可以用关系名或角色名调整。关系名通常是个动词或动词短语，描述关系的作用。例如，Person类和Company类可能有关联。但为什么要有这个关系呢？这个人是公司客户、员工还是所有者？我们可以将关系命名为employs，表示关系的作用。图8.20显示了关系名的例子。

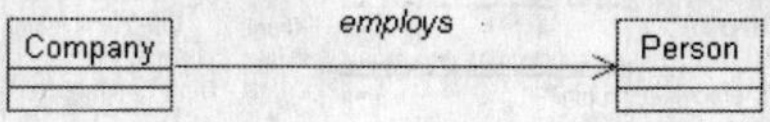

图8.20 关系名

关系名是可选的，通常只在关系的作用不明显时使用。关系名在关系线上显示。

在Rose中，还可以设置关系方向。上例中我们可以是公司雇人，但不能说人雇公司。在关系规范窗口中，可以设置关系名方向。

要设置关系名：

1. 选择所要的关系。
2. 输入所要的名称。

或

1. 打开所要关系的规范窗口。
2. 选择General标签。
3. 在Name字段中输入名称。

要设置关系名方向：

1. 打开所要关系的规范窗口。
2. 选择Detail标签。
3. 用Name Direction字段设置关系名方向。

使用版型

和其他模型元素一样，可以指定关系版型。版型用于将关系分类。特别地，建模Web应用程序时，可能设置关联关系的版型。本章前面曾介绍过，Rose Web Modeler加入件中有四种版型：链接关系、提交关系、建立关系与改向关系。链接关系表示一个页面包含另一页面的超链接。提交关系表示窗体向服务器页提交信息。建立关系表示服务器页建立客户端页面，而改向关系显示处理控制如何从一页传到另一页。

版型在关联线上显示，放在<<>>中。要设置关系版型，可以用关系规范窗口的General标签，如图8.21。

要设置关系版型：

1. 打开所要关系的规范窗口。
2. 选择General标签。
3. 在Stereotype字段中输入版型。

使用作用

作用名可以在关联或累积关系中代替关系名，描述关系的作用。回到Person和Company的例子，假设Person在Company中起员工的作用。作用名通常是名词或名词短语，显示在起这个作用的类旁边。通常，可以用关系名或作用名，但不能同时使用。和关系名一样，作用名是可选的，通常只在关系的作用不明显时使用。图8.22显示了作用的例子。

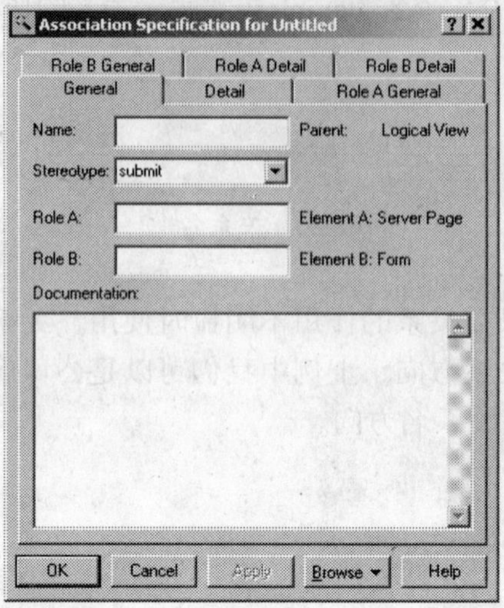

图8.21 关系规范窗口

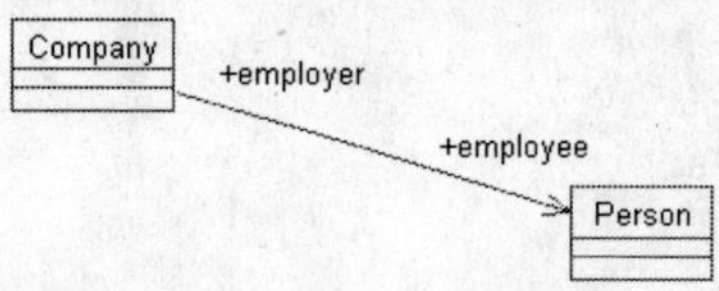

图8.22 关系中的作用

利用关系规范窗口可以将文档加进作用中。加进作用中的文档在生成代码时成为说明语句。要浏览框图中的作用，右单击关系并选择**Role Name**选项，如图8.23。

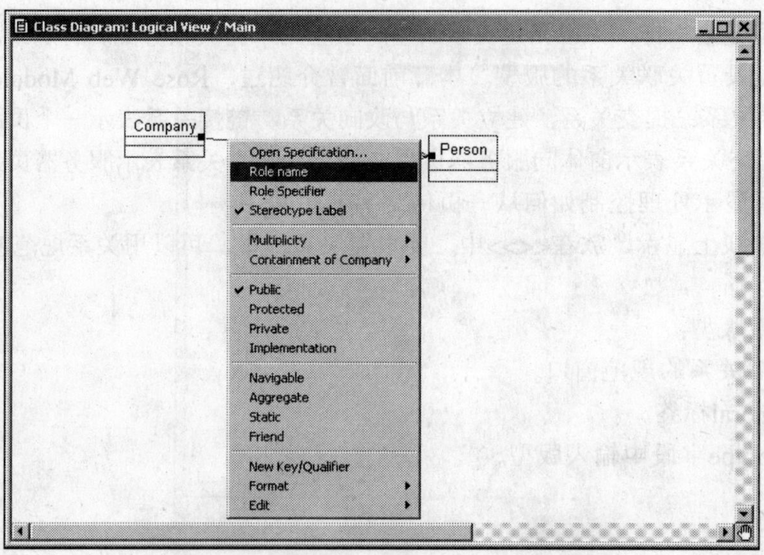

图8.23 设置作用文档

要设置作用名：

1. 右单击所要命名的关联端。
2. 从弹出菜单中选择Role Name。
3. 输入作用名。

或

1. 打开所要关联的规范窗口。
2. 对要命名的作用选择Role General标签。
3. 在Role字段中输入作用名。

要增加作用文档：

1. 打开所要关联的规范窗口。
2. 对所要作用选择Role General标签。
3. 在Documentation字段中输入文档。

设置输出控制

在关联关系中，Rose在生成代码时创建属性。生成属性的可见性通过Export Control字段设置。和其他属性一样，有四个可见性选项：

Public 表示属性可以在所有其他类中显示。

Private 表示任何其他类中都无法显示该属性。

Protected 表示属性只在类及其子类中显示。

Package或implementation 表示属性在同一包中所有其他类中显示。

在双向关系中，可以设置两个属性的导出控制，各在关系的一端创建。在单向关系中，只需设置一个导出控制。导出控制可以用关系规范窗口的Role A General和Role B General标签设置。

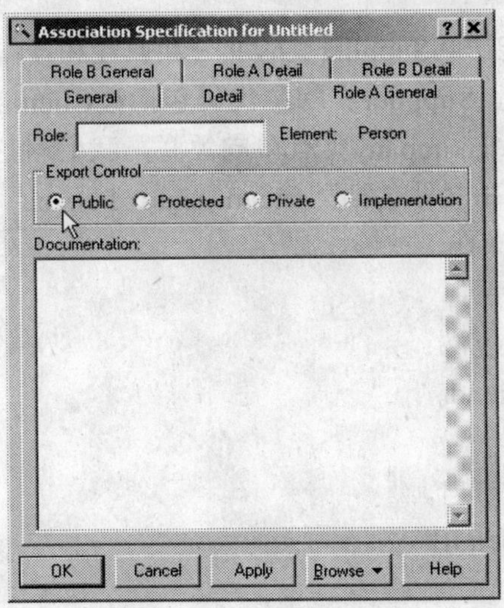

要设置作用的导出控制：

1. 右单击所要的作用名。

2. 从弹出菜单中选择Export Control。

或

1. 打开所要关系的规范窗口。
2. 对所要作用选择Role General标签。
3. 将导出控制设置为Public、Protected、Private或Implementation。

使用静态关系

前面曾介绍过，Rose对关联和累积关系产生属性。静态属性是类的所有实例共享的属性。Static字段确定生成的属性是否是静态的。

如果将一个作用设置为静态的，则产生的关联属性为静态的。在Class框图中，静态作用前面显示$，如图8.24。

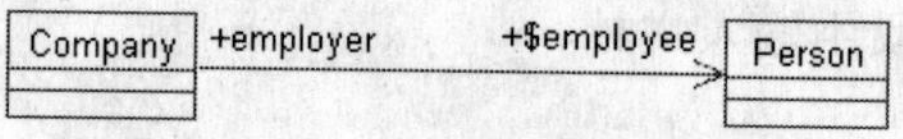

图8.24 静态作用

要将关联分类为静态：

1. 右单击要成为静态的关联端。
2. 从弹出菜单中选择Static。

或

1. 打开所要关联的规范窗口。
2. 对作为静态的作用选择Detail标签。
3. 选择Static复选框。

使用朋友关系

朋友关系表示Client类能访问Supplier类的非公共属性和操作。可以对关联、累积、依赖和一般化关系设置朋友属性。Supplier类的源代码包括让Client类具有朋友可见性的逻辑。

例如，假设从Person类到Company类有单向关联，我们对这个关系设置Friend复选框。生成C++代码时，Company .h文件包括“friend class Person”语句，表示Person类能访问Company类的非公共属性和操作。

要将关系划分为朋友关系：

1. 右单击所要关系的相应端：
2. 从弹出菜单中选择Friend。

或

1. 打开所要关系的规范窗口。
2. 选择相应端的Role Detail标签。
3. 选择Friend复选框。

设置包容

Containment字段确定累积关系生成的属性按值还是按引用包容。在累积关系中，整体类要加进表示每个部件类的属性。这里设置这些属性按值或按引用方式。

按值包容属性同时创建和部署整体及其部件。例如，如果窗口类与按钮类之间为按值累积，则窗口与按钮同时创建和部署。在UML中，按值累积显示为实心菱形，如图8.25。

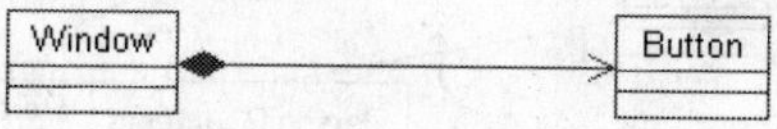

图8.25　按值累积

按引用累积的整体及其部件不是同时创建和部署。如果EmployeeList由Employees组成并且按引用累积，说明Employee和EmployeeList可能在或可能不在内存中。如果两者都在内存中，则通过累积相联系。Employee和EmployeeList不是同时创建和部署。按引用累积显示为空心菱形，如图8.26。

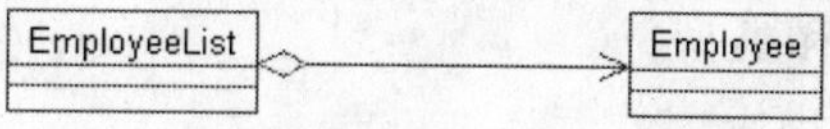

图8.26　按引用累积

要设置包容：

1. 右单击关系所要端以设置包容。
2. 从弹出菜单选择Containment。
3. 将包容设置为By Reference、By Value或Unspecified。

或

1. 打开所要关系的规范窗口。
2. 选择所要作用的Role Detail标签。
3. 选择包容为By Reference、By Value或Unspecified，如图8.27。

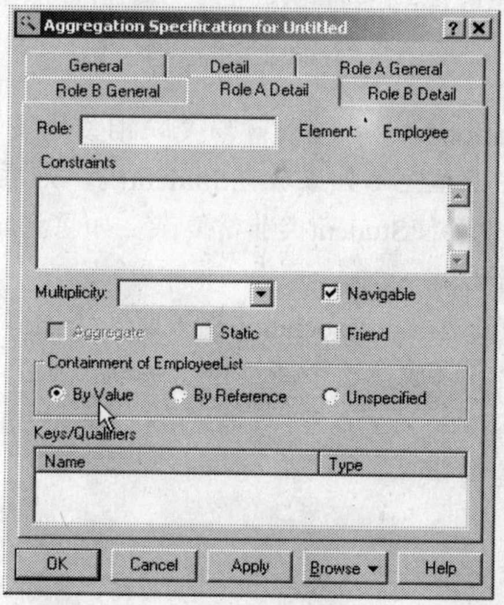

图8.27　设置包容

使用限定符

限定符用于缩小关联的范围。例如，我们可能有个Person和Company类之间的关联。假设对某个Person ID设置值，有两个相关的公司，则可以在Person类中加上限定符Person ID。框图如图8.28。

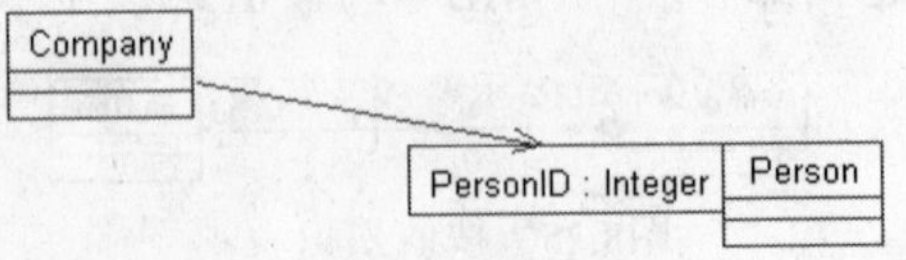

图8.28 使用限定符

要使用限定符：

1. 右单击所要关联中要增加限定符的端。
2. 从弹出菜单选择New Key/Qualifier。
3. 输入新的限定符数值和类型。

或

1. 打开所要关系的规范窗口。
2. 选择所要作用的Role Detail标签。
3. 右单击Keys/Qualifiers框。
4. 从弹出菜单选择Insert。
5. 输入新的限定符数值和类。

要删除限定符：

1. 打开所要关系的规范窗口。
2. 选择所要作用的Role Detail标签。
3. 右单击要删除的限定符。
4. 从弹出菜单选择Delete。

使用链接元素

链接元素也称为association类，可以放置与关联相关的属性。例如，两个类Student和Course，要把Grade属性放在哪里呢？如果放在Student内，则需要对学生注册的每门课程加一个属性到Student中，这样就会使Student类非常复杂。如果将属性加进Course中，则需要对每个选该课的学生加一个属性。

要解决这个问题，我们创建一个association类。属性Grade与学生与课程的链接有关，而不是与两者各自有关，因此可以放在这个新类中。关联类中的UML图注如图8.29。

要设置关系的链接元素：

1. 打开所要关系的规范窗口。
2. 选择Detail标签。
3. 用Link Element字段设置链接元素。

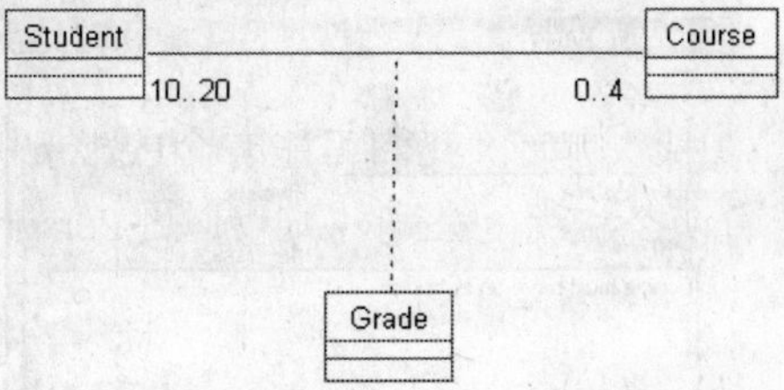

图8.29　链接元素（关联类）

使用限制

限制是必须符合的条件。在Rose中，可以设置关系或单个作用的限制条件。输入的限制在生成代码时成为说明语句。

要设置关系限制：

1. 打开所要关系的规范窗口，如图8.30。

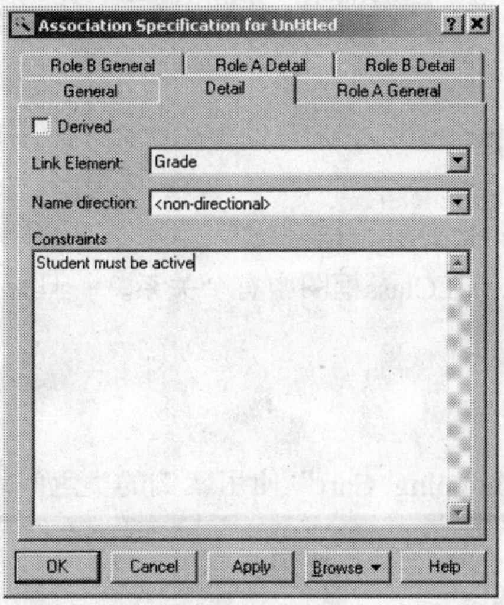

图8.30　关系限制

2. 选择Detail标签。
3. 在Constraints字段中输入限制。

要设置作用限制：

1. 打开所要关系的规范窗口
2. 选择所要作用的Role Detail标签。
3. 在Constraints字段中输入限制，如图8.31。

练习

本练习在参与“Add Item to Shopping Cart”使用案例的类之间增加关系。

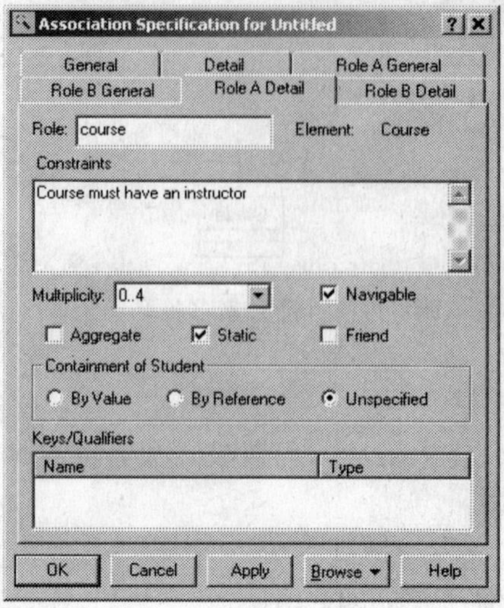

图8.31 作用限制

问题

Karen在类中增加属性和操作之后，就可以生成代码了。但她首先还要检查类之间的关系。

她在两个对象现有信息中检查Sequence框图，这些信息表明类之间是否需要关系。任何在Sequence框图中通信的类都要在Class框图中有个关系。一旦标出关系后，就要将其加进模型中。

增加关系

在参与“Add Item to Shopping Cart”使用案例的类之间增加关系。

练习步骤

设置

1. 在浏览器中找到Add Item to Shopping Cart Class框图。
2. 双击打开框图。
3. 在框图工具栏中寻找Unidirectional Association按钮。如果没有，则继续第5步，否则跳到练习的下一部分。
4. 右单击框图工具栏并从弹出菜单选择Customize。
5. 在工具栏中增加按钮Creates a Unidirectional Association。

增加关联

1. 选择Unidirectional Association工具栏按钮。
2. 从CartInterface类到CartMgr类拖动一个关联。
3. 重复第1和第2步，画出下列关联：
   - 从CartMgr到ProductMgr
   - 从ProductMgr到ProductCollection
   - 从ProductCollection到Product
   - 从CartMgr到CartCollection
   - 从CartCollection到CartItem

4. 右单击CartInterface类与CartMgr类之间的单向关联，在CartInterface类旁边。
5. 从弹出菜单选择Multiplicity➤Zero or One。
6. 右单击单向关联的另一端。
7. 从弹出菜单选择Multiplicity➤Zero or One。
8. 重复第4到第7步，将其余倍增性加进框图中，如图8.32。
9. 右单击CartCollection与CartItem类间的单向关联，在CartCollection类旁边。
10. 从弹出菜单选择Aggregate。
11. 重复第9步到第10步，增加ProductCollection与Product类间的累积。

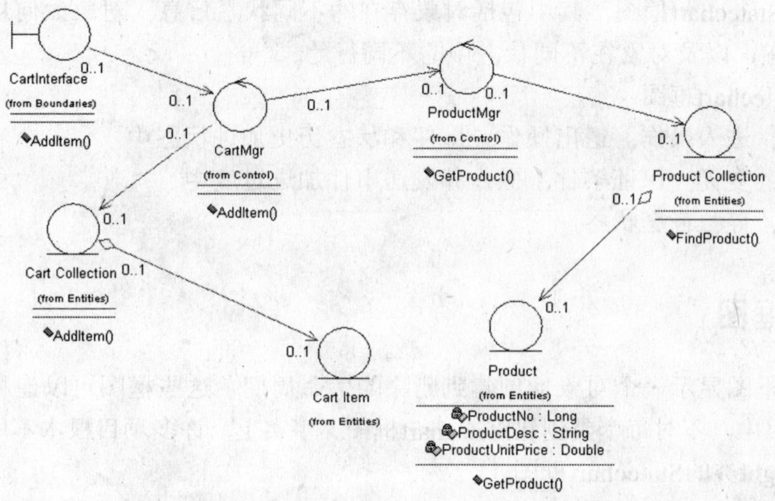

图8.32　Add Item to Shopping Cart使用案例的关联

小结

本章介绍了UML中不同类型的关系：关联、依赖性、累积和一般化。每种关系都可以通过Class框图加进Rose模型中。

加进关系后，就可以加进各种细节，如关系名、作用名、限定符和倍增性。下一章介绍对象行为，通过单个类检查类的各种状态，以及类如何从一种状态过渡到另一种状态。

第9章 对象行为

前面介绍了类及其相互关系，这里要介绍一个对象的行为。一个对象有一种或多种状态。例如，员工可以被雇用、解聘、试用、离职或退休。Employee对象在这几种状态中的表现各不相同。

本章介绍Statechart框图，其中包括对象存在的不同状态信息、对象如何从一种状态过渡到另一种状态，以及对象在不同状态中的不同行为。

- 创建Statechart框图
- 将活动、进入操作、退出操作、事件和状态历史加进状态中
- 将事件、变元、保证条件、操作和发送事件加进过度中
- 增加起、停、嵌套状态

Statechart框图

Statechart框图显示一个对象从创建到删除的生命周期。这些框图可以建模类的动态行为。在一般项目中，不对每个类创建Statechart框图。事实上，许多项目根本不用Statechart框图。图9.1是Flight类的Statechart框图。

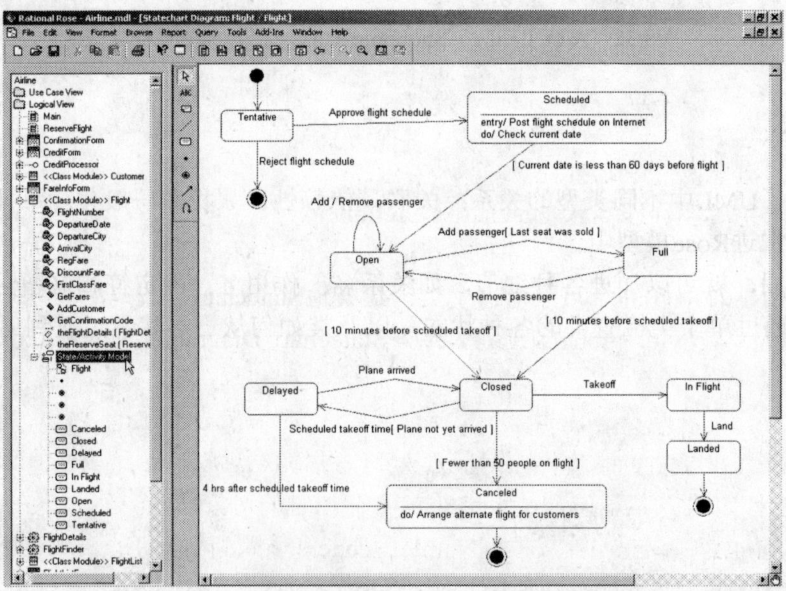

图9.1 Flight类的Statechart框图

本章将介绍这个框图中的不同符号，但下面先简要说明这个框图的含义：

航班从Tentative状态开始。有人查阅时刻表，确定是否包括这个航班。如果拒绝计划，

则删除这个航班，不能再采取任何操作。如果计划批准，则航班转入Scheduled状态。航班时刻表发布到Internet上，并提前60天开始售票。可以从航班中增加或减少乘客，但售出最后一张票之后，航班就客满了。如果有人退票，则再次开始售票。飞机起飞前十分钟，航班停止售票。如果飞机还没有到达，则航班推迟，直到飞机到达或满四个小时。满四个小时后，航班取消。如果飞机到达，但乘客不足50人，则也把航班取消。如果航班取消，则航空公司要为乘客寻找另一航班。如果飞机到达，则其起飞和着陆，完成这个航班。

如果一个类有一些重要的动态行为，则可以创建Statechart框图。一个类有一些重要的动态行为时具有多种状态。在上面的Flight类例子中，Flight可以计划、售票、客满或取消。

要确定哪个类有重要的动态行为，首先要看它的属性。考虑一个类的实例在属性值不同时如何表现。如果有个属性Status，则表示不同状态。这个属性取不同值时，表现有什么不同呢？

也可以检查类的关系。看看倍增性中带0的关系。0表示这个关系是可选的。关系存在和不存在时类的实例是否表现不同呢？如果是，则可能有多种状态。例如，看看人员与公司间的关系，如果有关系，则人员处于雇用状态，否则此人被解聘或退休。

Rose中，Statechart框图不生成源代码。这些框图只是建档类的动态行为，使开发人员和分析人员能更好地了解这个行为。开发人员最终要负责实现这个框图中描述的逻辑。和其他UML框图一样，Statechart框图让小组有机会先讨论和建立逻辑再进行编码。

创建Statechart框图

Rose中可以对每个类创建一个或多个Statechart框图。类的所有状态和过渡都体现在这个框图中。在浏览器中，Statechart框图放在类下面。Statechart框图的Rose图标如下：

要创建Statechart框图：

1. 右单击浏览器中所要类。
2. 从弹出菜单选择New➤Statechart Diagram。

Rose在浏览器中这个类下面创建State/Activity Model项目。这个项目下面是新的Statechart框图NewDiagram。可以对这个类创建其他Statechart框图或活动框图，只要右单击浏览器中的State/Activity Model并选择New➤Statechart Diagram或New➤Activity Diagram。

增加状态

状态是对象存在的可能条件。可以从两个地方确定对象状态：属性值和与其他对象的关系。考虑属性可取的不同值和关系存在与不存在时的对象状态。例如，在Flight例子中，可能有一个NumPassengers属性。根据NumPassengers值不用，航班的表现有所不同。如果乘客数为0，要不要起飞？如果500座的飞机只有150人呢？只有50人呢？只有10人呢？5人呢？什么情况要飞，什么情况取消航班？

我们还可以看看DepartureDate属性。如果出发日期是三年后，让乘客订票呢？可能要把航班放到Scheduled状态，直到接近出发日期。另一方面，也可能要立即售票，即使还差三年。业务需求决定系统行为。

检查这些属性有助于确定对象状态。前面介绍了Full、Open与Scheduled状态。还可以在150座的飞机上订了500张票时采用Overbooked状态。

还可以从航班与其他对象的关系寻找状态。如果有与Schedule对象的关系，则航班已经计划。如果没有与Pilot对象的关系，则要把航班设为Canceled状态。

和其他Rose元素一样，可以在状态中增加文档。但由于这些框图不生成代码，因此生成代码时不插入状态文档的说明语句。

在UML中，状态用圆角矩形表示：

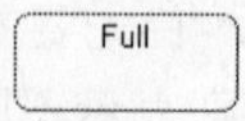

要增加状态：

1. 从工具栏中选择State。
2. 单击Statechart框图中状态要出现的位置。

或

1. 选择Tools➤Create➤State。
2. 单击Statechart框图中状态要出现的位置。

要将文档加进状态中：

1. 双击所要状态打开状态规范窗口。
2. 选择General标签。
3. 在Documentation字段中输入文档。

或

1. 选择所要状态。
2. 选择Browse➤Specification。
3. 选择General标签。
4. 在Documentation字段中输入文档。

增加状态细节

对象处于特定状态时，可能要进行一些活动，例如生成报表、进行计算或向另一对象发送事件。例如，航班处于Scheduled状态时，可以定期检查当前日期，看看是否离出发日期还有60天。离出发日期60天时，航班转入Open状态。Rose中可以通过状态规范窗口将这类信息加进模型中。

一个状态可以加进五种信息：活动、进入操作、退出操作、事件和状态历史。下面举例说明这五种信息。图9.2是Flight类的Statechart框图。

活动

活动是对象在特定状态时进行的行为。例如，账号处于关闭状态时，取账号持有者的签名卡。航班处于Canceled状态时，航空公司要为客户寻找其他航班。活动是可中断的行为，可以在对象处于该状态时运行完毕，也可以在对象转入另一状态时中断。

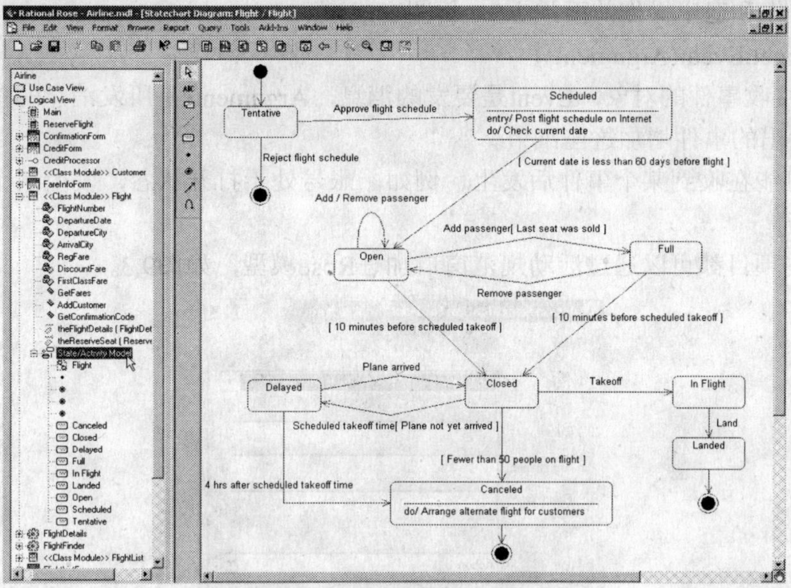

图9.2　Flight类的Statechart框图

活动在状态内显示，前面加上do和冒号。

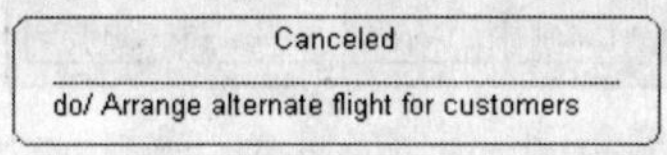

进入操作

进入操作是对象进入某个状态时发生的行为。下面以航班为例。航班进入Scheduled状态时，系统将时刻表发布到Internet。这是在航班转入Scheduled状态时发生的。与活动不同的是，进入操作是不可中断的。尽管时刻表发布到Internet在技术上是可以中断的，但其速度很快，用户很难在其发生时取消事务。因此，其可以表示为操作。操作与活动之间有一条细线，但关键差别在于可不可以中断。

进入操作在状态内显示，前面加上entry和斜杠。

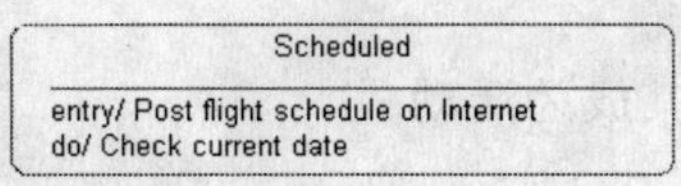

退出操作

退出操作与进入操作相似，但它在退出某个状态时发生。在航班例子中，飞机着陆时退出In Flight状态，系统记录登陆时间。和进入操作一样，退出操作也是不可中断的。

退出操作在状态内显示，前面加上exit和斜杠。

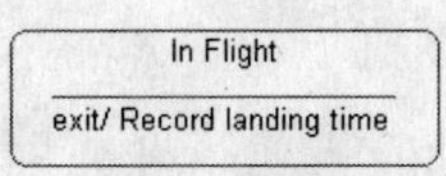

活动、进入操作和退出操作中的行为可以包括向另一对象发送事件。例如，航班延迟四小时以上时，航班对象可能要向航班计划对象发一个事件，自动把航班排到第二天。这时活动、进入操作和退出操作前面加上^。框图变成：

Do/ ^Target.Event(Arguments)

其中Target是接收事件的对象，Event是要发的消息，Arguments是所发消息的参数。在Rose中，可以向发出的事件增加这些细节。

活动还可能在收到某个事件后发生。例如，账号处于打开状态，发生某个事件时，会运行活动。

所有这些项目都可以通过活动规范窗口加进Rose模型，如图9.3。

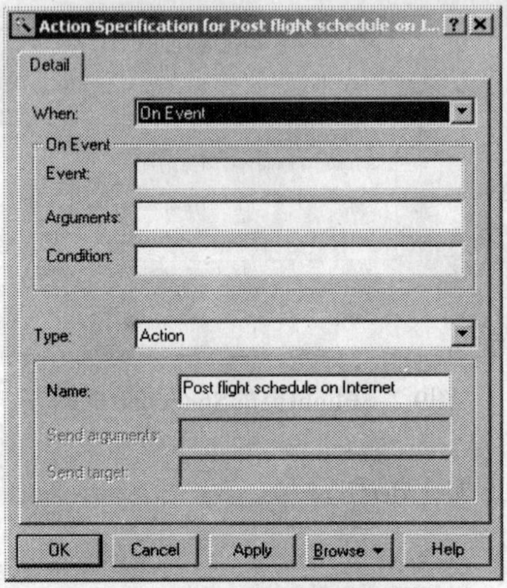

图9.3 活动规范窗口

要加进活动：

1. 打开所要状态的规范窗口。
2. 选择Action标签。
3. 右单击Action框。
4. 从弹出菜单选择Insert。
5. 双击新操作。
6. 在Actions字段中输入操作。
7. 在When框中选择Do，使其成为活动。

要增加进入操作：

1. 打开所要状态的规范窗口。
2. 选择Action标签。
3. 右单击Action框。
4. 从弹出菜单选择Insert。
5. 双击新操作。
6. 在Actions字段中输入操作。
7. 在When框中选择On Entry。

要增加退出操作：

1. 打开所要状态的规范窗口。

2. 选择Action标签。
3. 右单击Action框。
4. 从弹出菜单选择Insert。
5. 双击新操作。
6. 在Actions字段中输入操作。
7. 在When框中选择On Entry。

要在发生特定事件时添加活动：

1. 打开所要状态的规范窗口。
2. 选择Action标签。
3. 右单击Action框。
4. 从弹出菜单选择Insert。
5. 双击新操作。
6. 在Actions字段中输入操作。
7. 在When框中选择On Event。
8. 输入触发活动的事件和事件的任何变元，以及控制是否发生操作的任何保护条件。
   如果保护条件为True，则在发生该事件时触发活动；否则不触发活动，即使该事件发生。

要发送事件：

1. 打开所要状态的规范窗口。
2. 选择Detail标签。
3. 右单击Action框。
4. 从弹出菜单选择Insert。
5. 双击新操作。
6. 选择Send Event类型。
7. 在相应字段中输入事件、变元和目标。

增加过渡

过渡是从一种状态变到另一种状态。框图上的过渡显示对象如何从一种状态变到另一种状态。框图中每个过渡画成从源状态指向新状态的箭头。

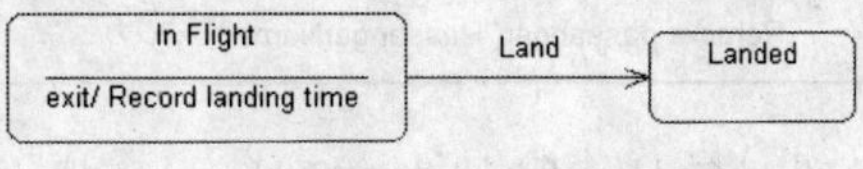

过渡也可以反身。发生某种事件时，对象可能过渡回当前状态。例如，在卖票的航班中增加乘客或减少乘客时，航班是打开的。反身过渡显示为指向同一状态的箭头。

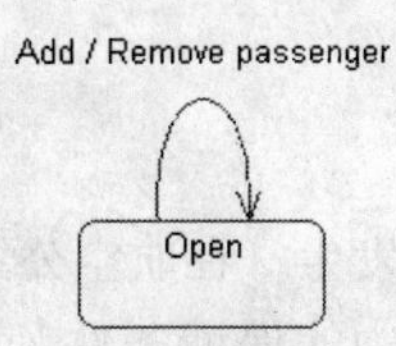

要增加过渡：

1. 从工具箱工具栏中选择Transition。
2. 单击过渡开始的状态。
3. 向过渡结束状态拖动一条过渡线。

要增加反身过渡：

1. 从工具箱工具栏中选择Transition to Self。
2. 单击反身过渡所在的状态。

或

1. 选择Tools➤Create➤Transition to Self。
2. 单击反身过渡所在的状态。

要将文档加进过渡中：

1. 双击所要状态打开规范窗口。
2. 选择General标签。
3. 在Documentation字段中输入文档。

增加过渡细节

每个过渡可以指定各种规范，包括事件、变元、保证条件、活动和发送事件。下面在航空公司例子中介绍这些规范。图9.2是Flight类的Statechart框图。

事件

事件导致对象从一种状态变到另一种状态。在航空公司例子中，Land事件使航班从飞行状态变成着陆状态。如果航班延迟，则发生飞机到达事件时航班状态为关闭。事件和过渡箭头在框图中显示。

在框图中，事件可以用操作名或英语短语描述。在航空公司例子中，事件用英语短语。如果用操作名，则Add Passenger事件可以写成AddPassenger()。

事件可以有变元。例如，减少乘客时需要删除乘客名。Remove Passenger事件可能有变元PassengerName，表示乘客名。在Rose模型中，可以将变元加进事件中。

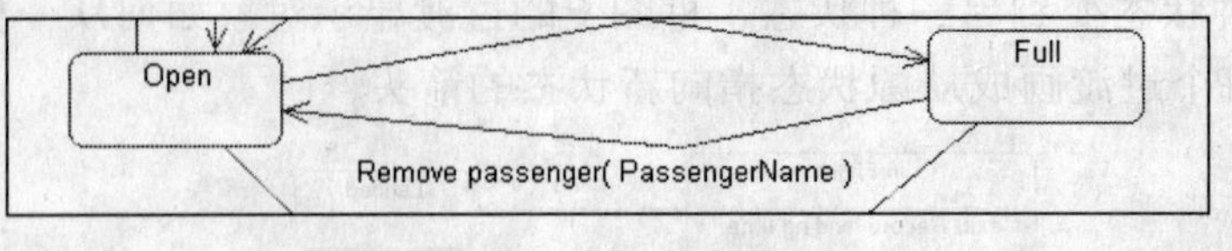

大多数过渡都有事件，导致对象从一种状态变到另一种状态。但也可以没有事件而自动过渡。对于自动过渡，对象在发生所有进入操作、活动和退出操作后自动从一种状态移到另一种状态。

保证条件

保证条件控制过渡何时发生或不发生。在航空公司例子中，只有增加最后一个乘客时，才使航班状态从Open变为Full。本例中的保证条件为“Last seat was sold”。

保证条件在过渡线上，放在事件名后面的方括号中。

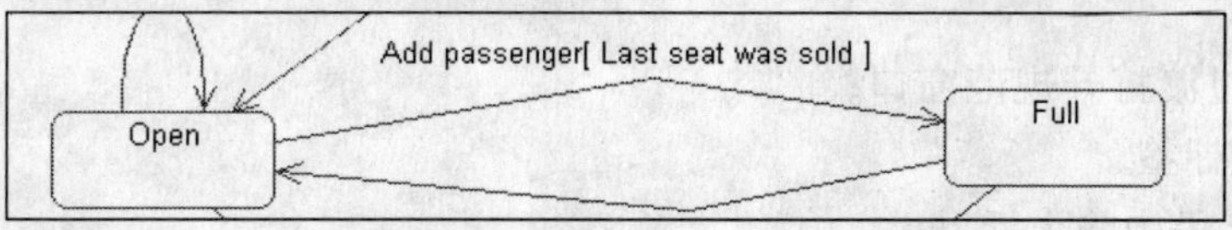

保证条件是可选的，但如果有多个状态自动过渡，则要对每个自动过渡提供互相排斥的保证条件，使框图读者能知道自动过渡到哪个路径。

活动

活动是过渡中发生的不可中断行为。进入和退出操作在状态内显示，定义每次对象进入或退出状态时的行为。但大多数活动是在过渡线上画出的，因为不是在每次对象进入或退出状态时发生。

例如，从Scheduled状态过渡到Open状态时，可能要将乘客数初始化为0。这个初始化可以在过渡发生时进行，因此可以表示为活动。

活动在过渡线上显示，放在事件名和斜杠后面。

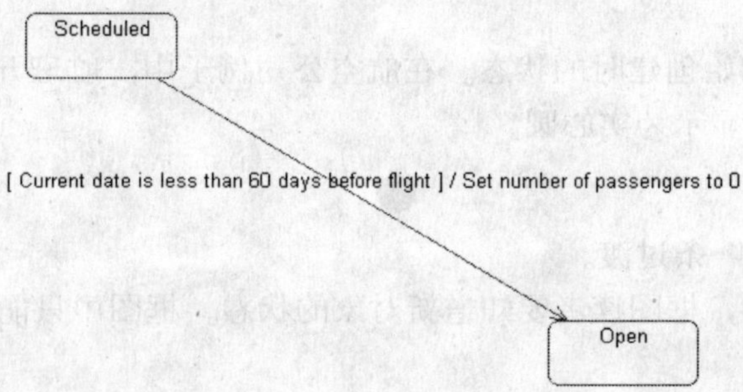

事件和活动可能是对象内发生的行为，也可能是向另一对象发送的消息。如果事件和活动向另一对象发送，则框图中要在其前面加上^。

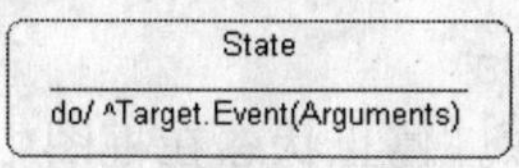

要增加事件：

1. 双击所要过渡打开规范窗口。
2. 选择General标签。
3. 在Event字段中输入事件。

要将变元加进事件中：

1. 双击所要过渡打开规范窗口。
2. 选择General标签。
3. 在Arguments字段中输入变元。

要增加保证条件：

1. 双击所要过渡打开规范窗口。
2. 选择Detail标签。
3. 在Condition字段中输入保证条件。

要增加操作：

1. 双击所要过渡打开规范窗口。
2. 选择Detail标签。
3. 在Action字段中输入活动。

要发出事件：

1. 双击所要过渡打开规范窗口。
2. 选择Detail标签。
3. 在Send Event字段中输入事件。
4. 在Send Arguments字段中输入变元。
5. 在Send Target字段中输入目标。

增加特殊状态

框图中可以加入两个特殊状态：开始状态和结束状态。

开始状态

开始状态是对象初始创建时的状态。在航空公司例子中，航班开始状态是Tentative状态。开始状态在框图中显示为实心圆。

从这个圆向初始状态画一条过渡。

开始状态是强制的，框图读者要知道新对象的状态。框图中只能有一个开始状态。

要增加开始状态：

1. 从工具箱工具栏中选择Start State。
2. 单击Statechart框图中出现开始状态处。

停止状态

停止状态是对象删除时的状态。停止状态在框图中显示为牛眼。

停止状态是可选的，可以有多个停止状态。

要增加停止状态：

1. 从工具箱工具栏中选择End State。
2. 单击Statechart框图中出现停止状态处。

使用嵌套状态与状态历史

要减少框图的复杂性，可以在一个状态中嵌套一个或几个状态。嵌套状态称为子状态，而大状态称为父状态。

如果两个或几个状态有相同的过渡，则可以组成父状态。然后不是对每个状态维护两个同样的过渡，而是把过渡移到父状态。图9.4是Flight类的一部分Statechar框图。可以看出，起飞前10分钟航班进入关闭状态，不管其状态是Open或Full。

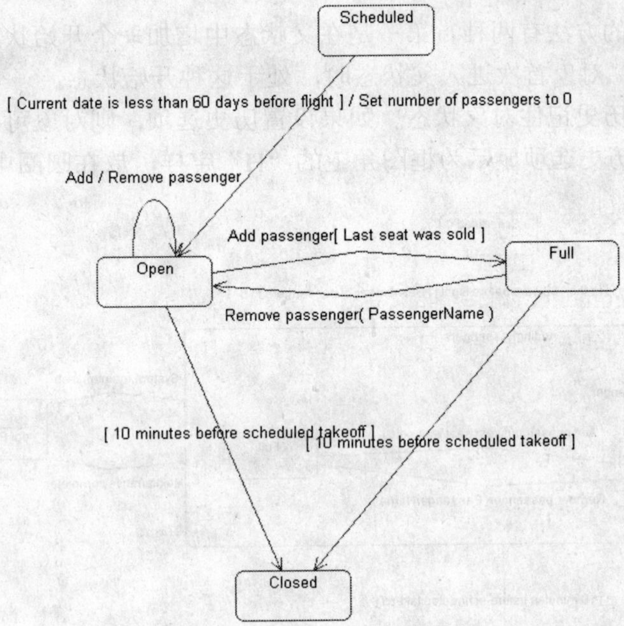

图9.4 不带嵌套的Statechart框图

为了减少框图的箭头数，可以创建Open和Full的父状态，然后建模Closed状态的一个过渡。图9.5是带嵌套状态的框图。可以看出，父状态可以减少Statechart框图的复杂性。

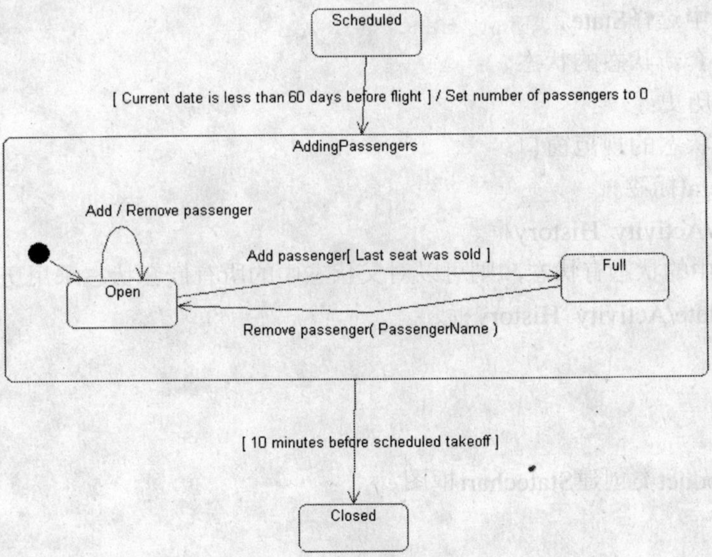

图9.5 带嵌套的Statechar框图

有时要让系统记住最后状态。如果父状态中有三个状态，然后离开父状态，可能要让系统记住最后离开时的状态。本例中，如果因系统进行维护而临时暂停订票，则可以在系统进行维护时转入SuspendReservations状态。维护完毕之后，要返回系统进行维护之前的航班状态。

解决这个问题的方法有两种。第一是在父状态中增加一个开始状态。开始状态表示父状态中的默认起点。对象首次进入父状态时，处于这种开始状态。

第二是用状态历史记住对象状态。如果设置历史选项，则对象可以离开父状态，然后返回正确的状态。历史选项显示为框图角上的“H”字样，放在圆圈中，如图9.6。

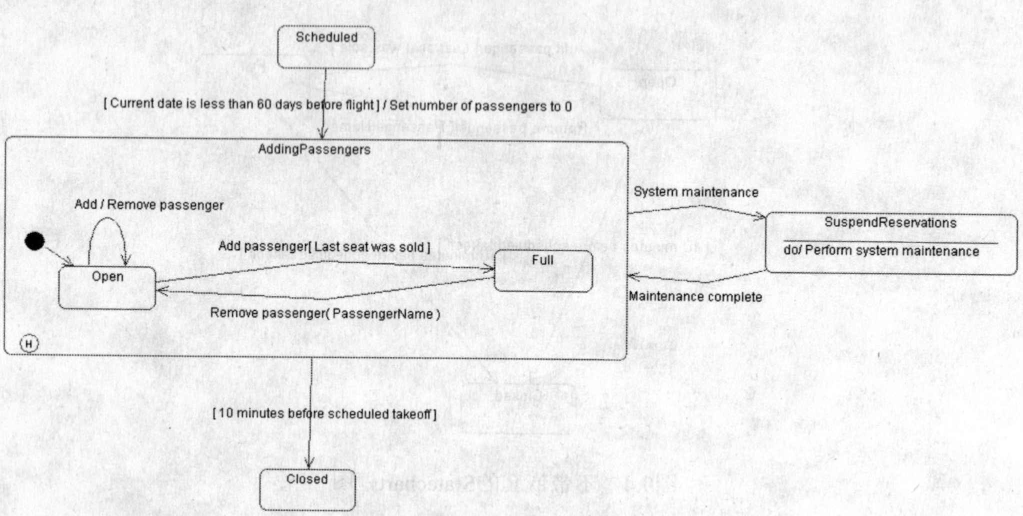

图9.6 父状态历史

要嵌套状态：

1. 从工具栏中选择State。
2. 单击要嵌套新状态的状态。

要使用状态历史：

1. 打开所要状态的规范窗口。
2. 选择General标签。
3. 选择State/Activity History框。
4. 如果状态中的状态有状态，则可以对父状态中的所有嵌套状态采用历史特性。为此，选择Substate/Activity History框。

练习

本练习对Product类创建Statechart框图。

问题

设计Product类时，Karen认识到这个类很重要。产品状态改变时，许多需求大大改变。例如，不能购买缺货产品。

要保证设计合理，她和其他开发人员一起构造这个类的Statechart框图。利用这个信息，开发人员就能明确了解如何编写这个类。

创建Statechart框图

对Product类创建图9.7所示的Statechart框图。

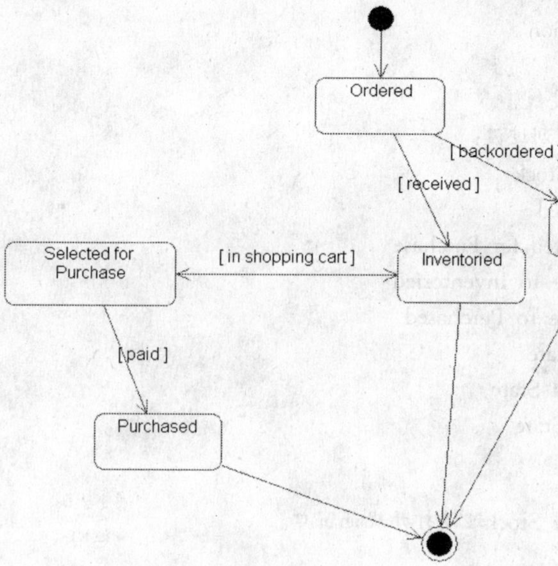

图9.7　Product类的Statechart框图

练习步骤

创建框图

1. 在浏览器中找到Product类。
2. 右单击这个类并选择New Statechart Diagram。

增加开始和停止状态

1. 从工具栏中选择Start State。
2. 在框图中放上状态。
3. 从工具栏中选择End State。
4. 在框图中放上状态。

增加状态

1. 从工具栏中选择State。
2. 在框图中放上状态。
3. 将状态取名Ordered。
4. 从工具栏中选择State。
5. 在框图中放上状态。
6. 将状态取名Inventoried。
7. 从工具栏中选择State。
8. 将状态取名为Out of Stock。

9. 从工具栏中选择State。
10. 将状态取名Selected for Purchase。
11. 从工具栏中选择State。
12. 在框图中放上状态。
13. 将状态取名Purchased。

增加过渡

1. 从工具栏中选择Transition。
2. 单击Start State。
3. 向Ordered状态拖动过渡线。
4. 重复第1到第3步增加下列过渡：
   - Ordered to Out of Stock
   - Ordered to Inventoried
   - Inventoried to Selected for Purchase
   - Selected for Purchase to Inventoried
   - Selected for Purchase to Purchased
   - Purchased to End State
   - Out of Stock to End State
   - Inventoried to End State

增加过渡细节

1. 双击Ordered to Out of Stock过渡打开规范窗口。
2. 选择Detail标签。
3. 在Guard Condition字段中输入backordered。
4. 单击OK关闭规范窗口。
5. 重复第1步到第4步，增加下列保证条件：
   - [received]在Ordered与Inventoried之间
   - [in shopping cart]在Inventoried与Selected for Purchase之间
   - [paid]在Selected for Purchase与Purchased之间

小结

本章介绍了Rose支持的另一个UML框图——Statechart框图。尽管源代码不从这些框图产生，但它们在检查、调试和建档类的动态行为时非常有用。

Statechart框图显示对象存在的各种状态，以及对象如何从一种状态变到另一种状态。所有这些信息都在类的详细设计中。开发人员可以用这个信息编制类。

在Rose中，可以为一个类、操作、包或用例创建Statechart框图。可以对每个类创建与显示类的状态和过渡一样多的Statechart框图。并非每个类都需要Statechart框图，只有具有重要动态行为的类才需要。要确定一个类是否具有重要动态行为，可以检查其属性的取值和具有的关系。

下一章介绍源代码生成和Rose的Component视图。在Component视图中，我们要从逻辑设计转入实际设计，介绍代码库、可执行文件和系统的其他组件。

第10章 Component视图

现在转入Rose的Component视图。在Component视图中，我们着重考虑系统的实际结构。首先，我们要确定类如何组成代码库，然后要介绍不同的可执行文件、动态链接库（DLL）文件和系统中的其他运行文件。我们目前还不关心不同文件在网络上的位置，这些问题要放到Deployment视图中介绍。

- 探索组件类型
- 创建组件和将类映射组件
- 使用组件框图

何谓组件

组件是代码的物理模块。组件可以包括代码库和运行文件。例如，如果使用C++，则每个.cpp和.h文件是单独的组件。编译代码后创建的.exe文件也是组件。

生成代码之前，将每个文件映射相应组件。例如，在C++中，每个类映射两个组件，一个表示类的.cpp文件，一个表示类的.h文件。在Java中，每个类映射一个组件，表示这个类的.java文件。生成代码时，Rose用组件信息创建相应的代码库文件。

一旦创建组件后，它们加进Component视图中，并在其间画出关系。组件间惟一的关系类型是依赖性关系。依赖性关系要求一个类要在另一个类之前编译。稍后将对此详细介绍。

组件类型

Rose中可以用几种不同图标表示不同类型的组件。前面介绍了两种主要组件：源代码库和运行组件。在这两种组中各有几个不同的图标。下面先介绍源代码库图标：

组件 组件图标表示具有定义接口的软件模块。在Component规范中，可以用Stereotype字段指定组件类型（如ActiveX、Applet、Application、DLL和Executables等等）。表10.1版型一节介绍这个图标可以适用的不同版型。

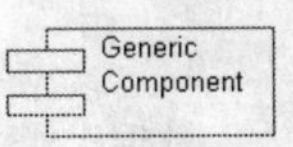

子程序规范和体 这些图标表示子程序的显示规范和实现体。子程序通常是一组子程序集名。子程序不包含类定义。

主程序　主程序图标表示主程序。主程序是包含程序根的文件。例如，在PowerBuilder中，这个文件包含应用程序对象。

主程序

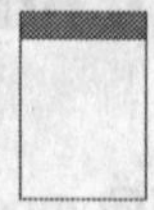

包规范和体　包是类的实现方法。包规范是头文件，包含类的函数原型信息。在C++中，包规范为.h文件；Java中可以用规范图标表示.java文件。

包规范

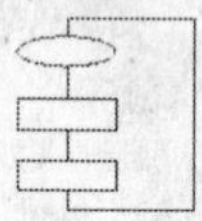

包体

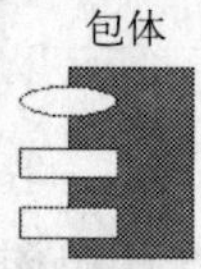

包体包含类操作代码，在C++中，包体为.cpp文件。

还有其他组件图标，适用于运行组件。运行组件包括执行文件、DLL文件和任务。

任务规范和体　这些图标表示具有独立控制线程的包。可执行文件通常表示为具有.exe扩展的任务规范。

任务规范

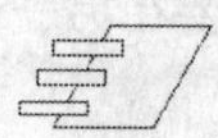

任务体

数据库　这个图标表示数据库，可能包含一个或几个结构。在Component框图中，数据库用下列图标表示。

数据库

除了表示组件本身之外，还可以表示组件与接口之间的关系。在Component框图中，带接口的组件表示如下：

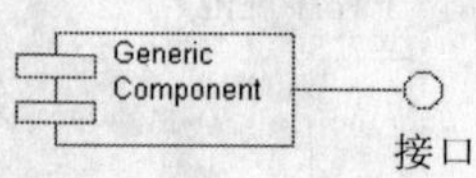

Component框图

Component框图是个UML框图，显示系统中的组件及其相互依赖性。图10.1是个Component框图。

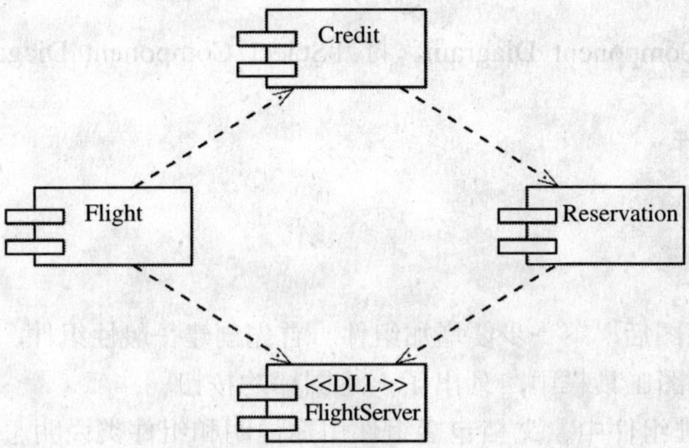

图10.1 Component框图

利用这个框图，负责编译和部署系统的人员知道有哪些代码库，编译代码时创建哪些可执行文件。开发人员知道有哪些代码库，相互间有什么关系。组件依赖性使负责编译的人员知道组件所需的编译顺序。

在图10.1的例子中，有四个组件。FlightServer组件实现Customer、Flight与FlightList类，它们都在服务器上。Flight组件实现查找航班与显示航班信息的服务器页和客户端页。Credit组件实现CreditForm类，而Reservation组件实现ReserveSeat与ConfirmationForm服务器页和客户端页。

创建Component框图

在Rose中，可以在Component框图中创建Component框图。创建框图后，可以直接在框图中创建组件或将现有组件从浏览器中拖动到框图中。

在浏览器中，Component组件用下列图标显示：

要在Component视图中创建Component框图：

1. 在浏览器中，右单击包含Component框图的包。
2. 从弹出菜单选择New➤Component Diagram。
3. 输入新Component框图名。

或

1. 选择Browse➤Component Diagram，打开Select Component Diagram窗口。
2. 选择所要的包。

3. 从Component Diagram框中选择<New>并单击OK。

4. 输入新Component框图名并单击OK。

要删除Component框图：

1. 在浏览器中，右单击Component框图。

2. 从弹出菜单选择Delete。

或

1. 选择Browse➤Component Diagram，打开Select Component Diagram窗口。

2. 选择所要的包。

3. 选择要删的组件。

4. 单击Delete按钮。

增加组件

创建Component框图后，下一步要增加组件。首先创建一般性组件，然后对其指定相应版型。在Component框图工具栏中，列出了上述图标的按钮。

还可以将文档加进组件中。文档包括组件用途说明和组件类说明。

和类一样，组件可以包装或组织。通常，对每个逻辑视图包创建一个组件视图包。例如，如果逻辑视图包Orders包含Order、OrderItem和OrderForm类，则对应的组件视图包包含Order、OrderItem和OrderForm类的组件。

要增加组件：

1. 选择工具箱工具栏中的Component。

2. 单击框图中要放新组件的位置。

3. 输入新组件名。

或

1. 选择Tools➤Create➤Component。

2. 单击框图中要放新组件的位置。

3. 输入新组件名。

或

1. 在浏览器中右单击组件所在的包。

2. 从弹出菜单选择New➤Component。

3. 输入新组件名。

要将文档加进组件中：

1. 右单击所要组件。

2. 从弹出菜单选择Open Specification，打开组件规范窗口。

3. 选择General标签。

4. 在Documentation字段中输入文档。

或

1. 双击所要组件，打开组件规范窗口。

2. 选择General标签。

3. 在Documentation字段中输入文档。

或

1. 选择所要组件。
2. 选择Browse➤Specification，打开组件规范窗口。
3. 选择General标签。
4. 在Documentation字段中输入文档。

或

1. 选择所要组件。
2. 在Documentation字段中输入文档。

要从框图中删除组件：

1. 从框图中选择组件。
2. 按Delete。

说明：组件从框图中删除，但在浏览器和其他Component框图中仍然存在。

要从模型中删除组件：

1. 从Component框图中选择组件。
2. 选择Edit➤Delete from Model或按Ctrl+D。

或

1. 右单击浏览器中的组件。
2. 从弹出菜单中选择Delete。

说明：组件从浏览器和所有Component框图中删除。

增加组件细节

和其他Rose模型元素一样，每个组件可以增加许多细节规范，包括版型、语言、声明和类。

版型

第一个细节是组件版型。版型控制用哪个图标表示组件。

上面列出的版型是<none>（使用Component图标）、子程序规范、子程序体、主程序、包规范、包体、可执行文件、DLL、任务规范和任务体。

此外，Rose中还有所支持的不同语言相应的版型。

表10.1列出了Rose中可用的语言特定版型。

表10.1 语言特定的组件版型

语言	版型
Java	EJBDeploymentDescriptor、EJB JAR、Servlet-DeploymentDescriptor和WAR
Oracle8	Database、Schema
Visual Basic	ActiveX Control

如果需要还可以创建新版型，表示特定编程语言和应用程序中的新型组件。

要指定版型：

1. 打开所要组件的标准规范窗口。
2. 选择General标签，如图10.2。
3. 在Stereotype字段中输入版型。

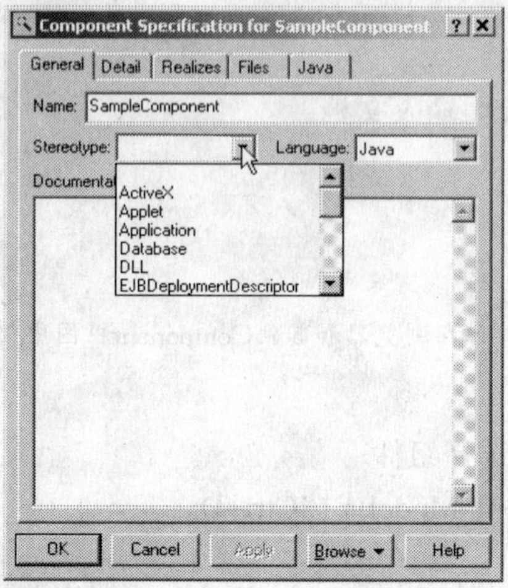

图10.2 对组件指定版型

或

1. 选择所要组件。
2. 在<<>>中输入版型：<< Name >>。

如果组件是Java、XML或CORBA组件，则还有另一个组件规范窗口，如下图所示：

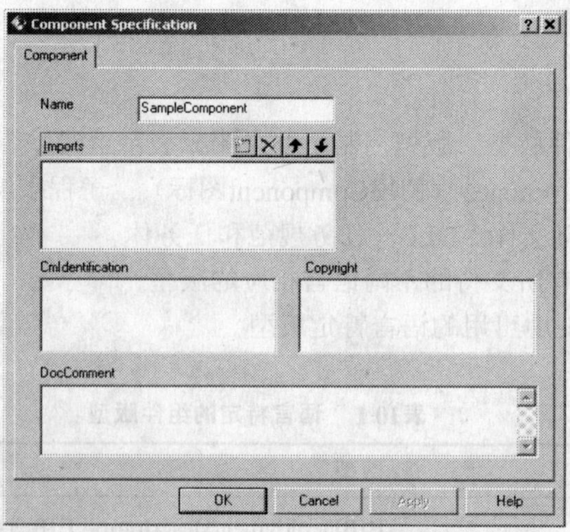

语言

在Rose中，可以对各个组件分别指定语言。因此，模型的一个部分可以用C++，另一部分可以用Java，第三部分可以用Visual Basic等等，只要安装企业版Rose即可。

Rose企业版包含ANSI C++、Ada 83、Ada 95、CORBA、C++、Java、Visual Basic、Visual C++、Web Modeler、XML/DTD和Oracle 8的加入文件。不同厂家提供了许多插入件，可以扩展Rose功能。市面上还能买到其他语言（PowerBuilder、Forte、Visual Age for Java等等）的插入件。关于Rose链接伙伴的完整清单，见Rational Rose Web站点www.rational.com。

要指定语言：

1. 打开所要组件的标准规范窗口。
2. 选择General标签。
3. 在Language字段中选择语言。

声明

在Rose中，可以包括每个组件生成代码期间要加进的补充声明。声明包括语言特定语句，用于声明变量、类等等。C++ #include语句也是个声明。

要增加声明：

1. 打开所要组件的标准规范窗口。
2. 选择Detail标签，如图10.3。
3. 在Declarations字段中输入声明。

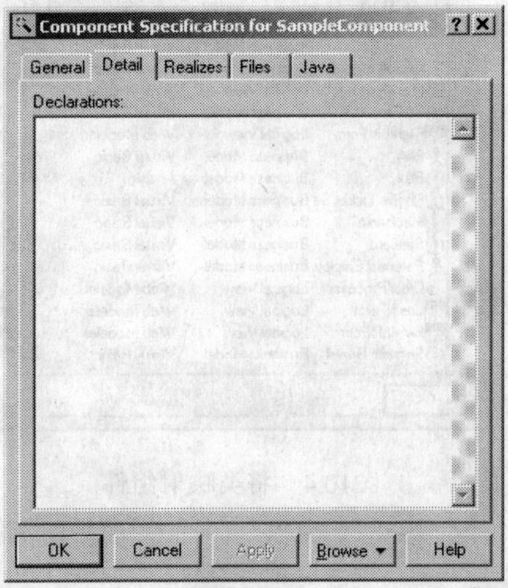

图10.3 增加组件声明

类

生成类的代码之前，要先将类映射组件。这个映射能使Rose知道类代码应存放在哪个物理文件中。

每个组件可以对应一个或几个类。将类映射组件后，组件名会出现在逻辑视图中类名后面的括号内，如下所示：

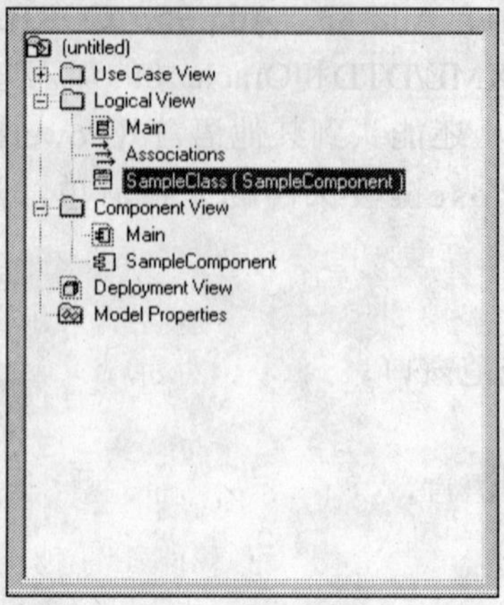

要将类映射组件：

1. 打开所要组件的标准规范窗口。
2. 选择Realizes标签，如图10.4。

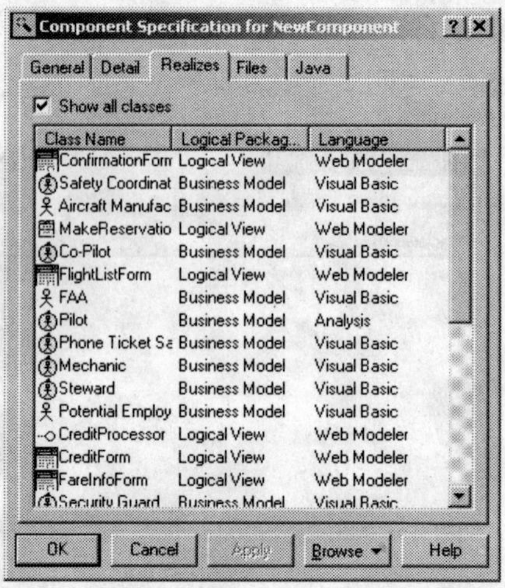

图10.4　将类映射组件

3. 右单击要映射的类。
4. 从弹出菜单选择Assign。

或

1. 在浏览器中选择要映射的类。
2. 将类拖动到浏览器或框图中所要的组件上。

增加组件依赖性

组件之间存在的惟一关系是组件依赖性。组件依赖性指一个组件依赖于另一组件。组件依赖性画成组件之间的虚线箭头。

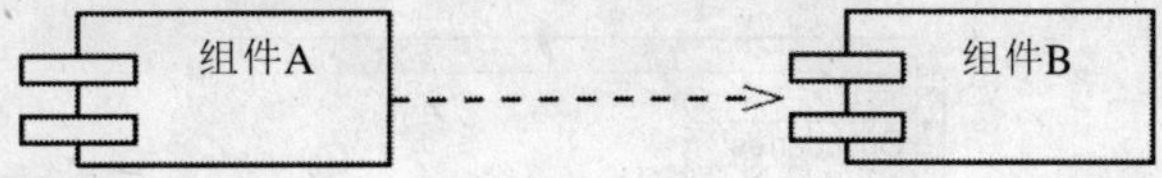

本例中，组件A依赖于组件B。换句话说，A中的有些类依赖于B中的有些类。

这种组件依赖性在编译时有意义。本例中，由于A依赖于B，因此要先编译B之后才能编译A。别人看了这个框图就知道要先编译B之后才能编译A。

和包依赖性一样，要避免循环组件依赖性。如果A依赖于B，B又依赖于A，则两者都等待对方先编译。这样，就要把两者当作一个大组件处理。必须先删除循环依赖性之后才能生成代码。

组件依赖性还有维护意义。如果A依赖于B，则B中的任何改变均会影响A。维护人员可以用这个框图评估改变时的影响。一个组件依赖的组件越多，就越会受到改变的影响。

最后依赖性还可以确定复用性。本例中A很难复用，因为A依赖于B，必须复用B才能复用A。而B则很容易复用，因为它不依赖于任何其他组件。一个组件依赖的组件越少，复用性越好。

要增加组件依赖性：

1. 选择工具栏中的Dependency图标。
2. 从Client组件向Supplier组件拖动一条依赖性线。

或

1. 选择Tools➤Create➤Dependency。
2. 从Client组件向Supplier组件拖动一条依赖性线。

要删除组件依赖性：

1. 选择所要组件依赖性。
2. 按Delete键。

或

1. 选择所要组件依赖性。
2. 选择Edit➤Delete。

练习

本练习中创建购物推车应用程序的Component框图。目前我们已经标识“Add Item to Shopping Cart”使用案例所需的类。建立其他使用案例时，要向框图中增加新组件。

问题

完成分析和设计之后，开发小组的成员Dan创建Component框图。这时，小组已经决定用Java，因此他准备对每个类创建相应组件。

图10.5是整个系统的主Component框图。这个框图关注要创建的组件包。

图10.6是实体包中的所有组件。这些组件包含放在逻辑视图中实体包中的所有类。

图10.7是控制包中的组件。这些组件包含放在逻辑视图中控制包中的所有类。

图10.8是边界包中的组件。这些组件包含放在逻辑视图中边界包中的所有类。

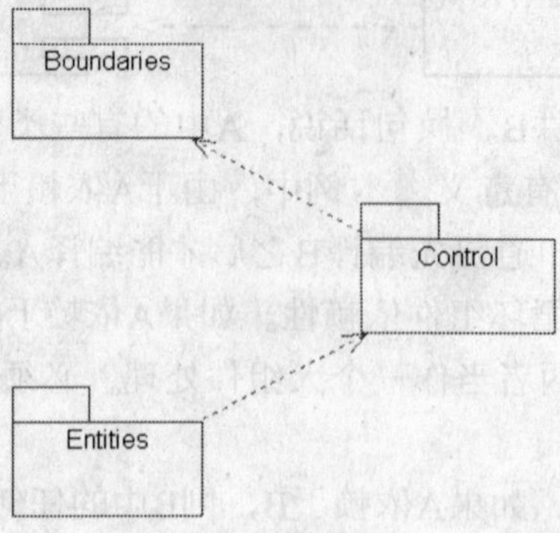

图10.5　主Component框图

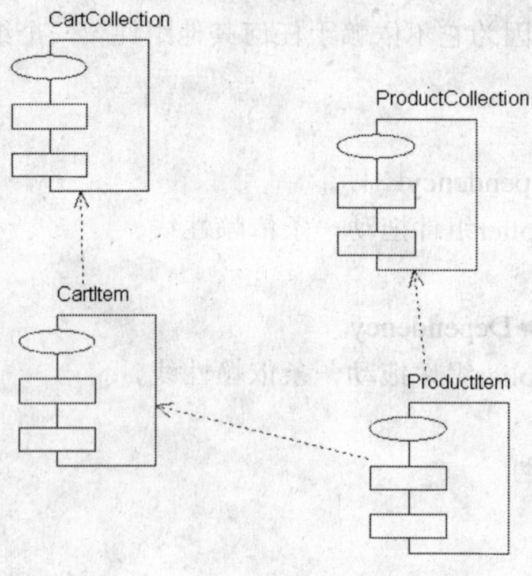

图10.6　实体包Component框图

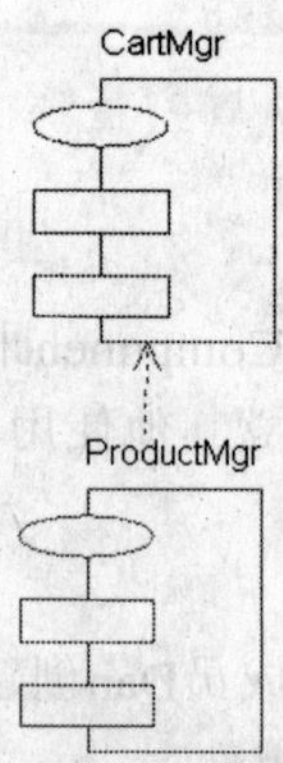

图10.7　控制包Component框图

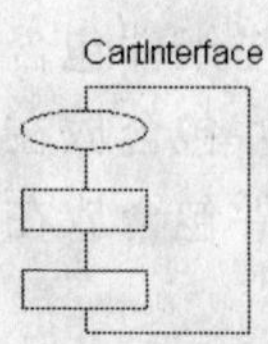

图10.8　边界包Component框图

图10.9显示系统中的所有组件。我们将这个框图称为System Component框图。有这个框图，就可以看出系统中所有组件之间的依赖性。

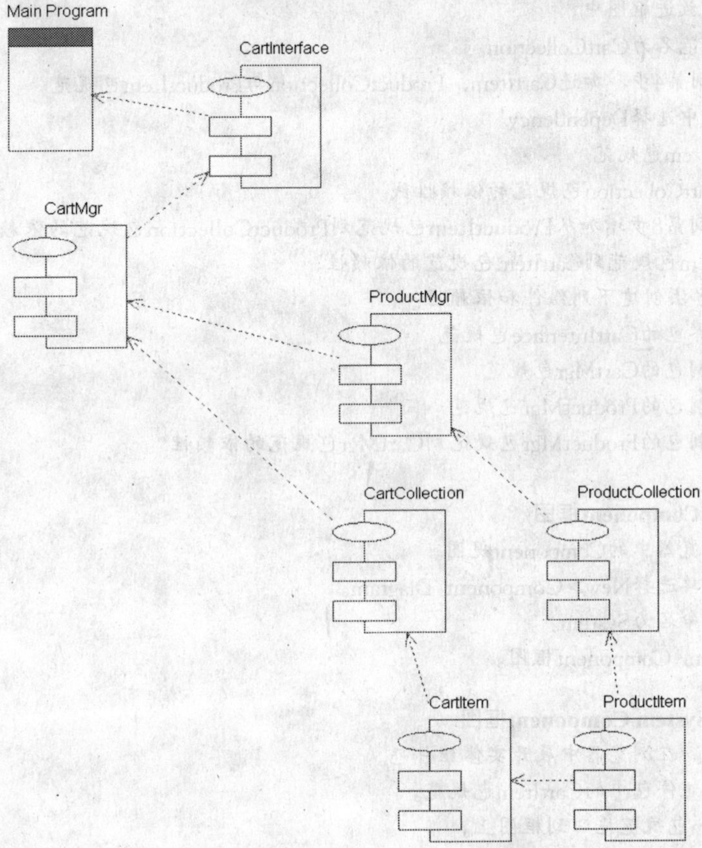

图10.9 System Component框图

练习步骤

创建组件包

1. 右单击浏览器中的Component视图。
2. 选择New➤Package。
3. 将新包命名为Entities。
4. 对Boundaries和Control包重复第1到第3步。

将包加进主Component框图

1. 双击打开主Component框图。
2. 将Entities、Boundary和Control包从浏览器拖动到主Component框图。

绘制包依赖性

1. 从工具栏中选择Dependency。
2. 在主Component框图中单击Entities包。
3. 画出向Control包的依赖性。
4. 重复第1到第3步增加从Control包到Boundaries包的依赖性。

增加包的组件和画出依赖性

1. 双击主Component框图中的Entities包打开Entities包的主Component框图。
2. 从工具栏中选择Package Specification。
3. 将包规范放进框图中。
4. 输入包规范名为CartCollection。
5. 重复第2到第4步，加进CartItem、ProductCollection与ProductItem包规范。
6. 从工具栏中选择Dependency。
7. 单击CartItem包规范。
8. 拖动到CartCollection包规范的依赖性线。
9. 重复第6到第8步增加从ProductItem包规范到ProductCollection包规范的依赖性，并且增加从ProductItem包规范到CartItem包规范的依赖性。
10. 用这个方法创建下列组件和依赖性：
    - 对边界包的CartInterface包规范
    - 对控制包的CartMgr包规范
    - 对控制包的ProductMgr包规范
    - 对控制包的ProductMgr包规范到CartMgr包规范的依赖性

创建System Component框图

1. 右单击浏览器中的Component视图。
2. 从弹出菜单选择New➤Component Diagram。
3. 将新框图命名为System。
4. 双击System Component框图。

将组件放进System Component框图

1. 如果需要，在浏览器中展开实体组件包。
2. 单击实体组件包中的CartItem包规范。
3. 将CartItem包规范拖动到框图上。
4. 重复第2到第3步将CartCollection、ProductItem与ProductCollection包规范放到框图上。
5. 用这个方法将下列组件放到框图上：
   - 边界组件包中CartInterface包规范
   - 控制组件包中CartMgr包规范
   - 控制组件包中ProductMgr包规范
6. 从工具栏中选择Main Program。
7. 将主程序放在框图上，并取名MainProgram。

将其余依赖性加进System Component框图

加进组件后，已经存在的依赖性自动出现在System Component框图中。然后可以将其余依赖性加进System Component框图：

1. 从工具箱中选择Dependency。
2. 单击ProductCollection包规范。
3. 向ProductMgr包规范拖动依赖性线。
4. 对下列依赖性重复第1到第3步：
   - CartCollection包规范到CartMgr包规范
   - CartMgr包规范到CartInterface包规范
   - CartInterface包规范到MainProgram任务规范

将类映射组件

1. 在浏览器逻辑视图中，找到实体包中的ProductItem类。
2. 将ProductItem类拖动到Component视图中的ProductItem组件包规范中，从而将ProductItem类映射ProductItem组件包规范。
3. 重复第1到第2步将下列类映射组件：
   - CartItem类到CartItem包规范
   - CartCollection类到CartCollection包规范
   - ProductCollection类到ProductCollection包规范
   - CartMgr类到CartMgr包规范
   - ProductMgr类到ProductMgr包规范
   - CartInterface类到CartInterface包规范

小结

本章介绍Rose的Component视图。Component视图主要关心系统的实际结构。组件就是与系统相关联的文件，可以是源代码文件、可执行文件或DLL文件。在Rose中，可以用各种图标区分不同类型的组件。

类映射特定语言时，首先映射组件。每个组件指定特定语言。在Rose企业版中，可以用不同语言生成不同部件代码。

组件依赖性提供编译依赖性信息，这种关系可以表示各个组件所需的编译顺序。

下一章介绍组件如何在网络上部署。

第11章 Deployment视图

本章介绍Rose的最后一个视图——Deployment视图。Deployment视图考虑应用程序的物理部署，如网络布局和组件在网络上的位置的问题。我们还要介绍其他部署问题，如具有多少网络带宽？希望出现多少并发用户？服务器关闭时怎么办？等等。

Deployment视图包含处理器、设备、进程和处理器与设备之间的连接。这一切都显示在Deployment框图上。每个系统只有一个Deployment框图，因此每个Rose模型只有一个Deployment框图。

- 创建和使用Deployment框图
- 增加处理器
- 增加设备
- 增加连接
- 增加处理器

Deployment框图

Deployment框图显示网络上的所有结点、结点间的连接和每个结点上运行的进程。图11.1是个Deployment框图例子。

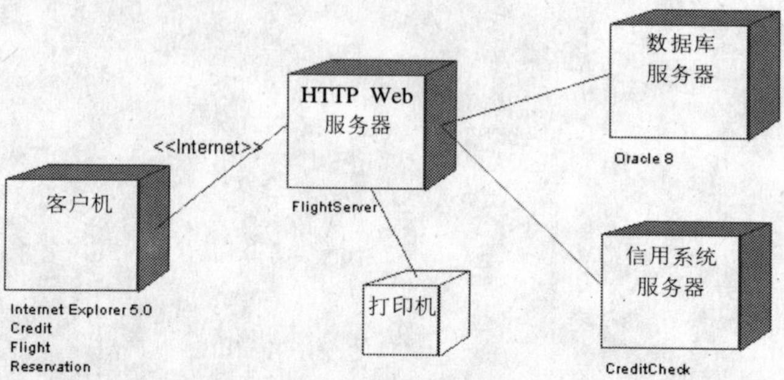

图11.1 航空公司系统的Deployment框图

打开Deployment框图

Rose中Deployment框图是在Deployment框图中创建的。由于只有一个Deployment框图，因此不在浏览器中显示。要访问Deployment框图，可以使用浏览器。

要打开Deployment框图：

1. 双击浏览器中的Deployment View字样。
2. Rose打开模型的Deployment框图

下面几节介绍Deployment框图的每个部分。

添加处理器

处理器是任何具有处理功能的机器。服务器、工作站和其他具有处理功能的机器都是处理器。

在UML中，处理器用下列符号显示：

要添加处理器：

1. 选择工具箱中的Processor。
2. 单击Deployment框图放上处理器。
3. 输入处理器名。

或

1. 选择Tools➤Create➤Processor。
2. 单击Deployment框图放上处理器。
3. 输入处理器名。

或

1. 右击浏览器中的Deployment视图。
2. 从弹出菜单选择New➤Processor。
3. 输入处理器名。

要将文档加进处理器中：

1. 右击所需处理器。
2. 从弹出菜单选择Open Specification，打开处理器规范窗口。
3. 选择General标签。
4. 在Documentation字段中输入文档。

或

1. 双击所需处理器，打开处理器规范窗口。
2. 选择General标签。
3. 在Documentation字段中输入文档。

或

1. 选择所需处理器。
2. 选择Browse➤Specification，打开处理器规范窗口。
3. 选择General标签。
4. 在Documentation字段中输入文档。

或

1. 选择所需处理器。
2. 在文档窗口输入文档。

要删除框图中的处理器：

1. 选择框图中的处理器。
2. 按Delete键。

或

1. 选择框图中的处理器。
2. 选择Edit➤Delete。

说明：从框图中删除处理器后，它在浏览器中仍然存在。

要从模型中删除处理器：

1. 选择Deployment框图中的处理器。
2. 选择Edit➤Delete from Model或按Ctrl-D。

或

1. 右击浏览器中的处理器。
2. 从弹出菜单选择Delete。

说明：Rose从Deployment框图和浏览器中删除处理器。

添加处理器细节

在处理器规范窗口中，可以添加处理器版型、特性和计划的信息。

和其他模型元素一样，版型将处理器进行分类。例如，可能有Unix机和PC机，这两种机型可以分别定义不同版型。

处理器特性是处理器的物理描述。例如，它可以包括处理器速度和内存量。

计划字段记录处理器使用的进程计划。选项包括：

Preemptive 表示高优先级进程可以抢先于低优先级进程。

Non-Preemptive 表示进程没有优先级。当前进程或执行完毕之后再执行下一进程。

Cyclic 表示进程间的控制循环。每个进程有一定的执行时间，然后将控制传递给下一个进程。

Executive 表示用某种计算算法控制计划。

Manual 表示进程由用户进行计划。

要指定版型：

1. 打开所需处理器的规范窗口。
2. 选择General标签，如图11.2。
3. 在Stereotype字段中输入版型。

或

1. 选择所需处理器。
2. 在<<>>中输入版型：<<Name>>。

要将特性加进处理器中：

1. 打开所需处理器的规范窗口。
2. 选择Detail标签，如图11.3。
3. 在Characteristics字段中输入特性。

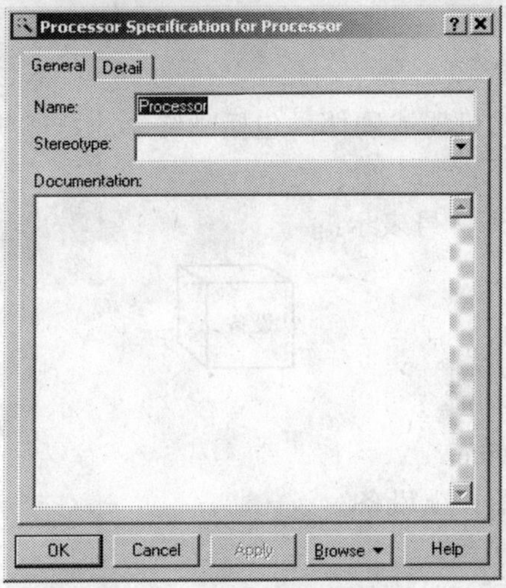

图11.2 输入处理器版型

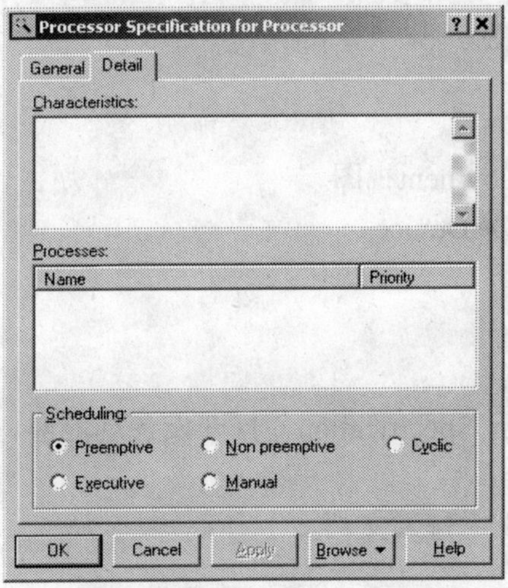

图11.3 输入处理器特性

要设置处理器计划：

1. 打开所需处理器的规范窗口。
2. 选择Detail标签。
3. 选择下列计划之一：Preemptive、Non-preemptive、Cyclic、Executive或Manual。

要在框图上显示计划：

1. 右击所需处理器。
2. 从弹出菜单选择Show Scheduling。

要在框图上显示处理进程：

1. 右击所需处理器。
2. 从弹出菜单选择Show Processes。

添加设备

设备是没有处理功能的机器或硬件，包括哑终端、打印机、扫描仪等。处理器和设备都是网络上的结点。

在UML中，设备用下列符号表示：

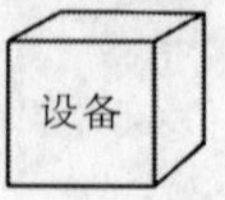

要添加设备：

1. 选择工具箱中的Device。
2. 单击Deployment框图放上设备。
3. 输入设备名。

或

1. 选择Tools➤Create➤Device。
2. 单击Deployment框图放上设备。
3. 输入设备名。

或

1. 右击浏览器中的Deployment视图。
2. 从弹出菜单选择New➤Device。
3. 输入设备名。

要将文档加进设备中：

1. 右击所需设备。
2. 从弹出菜单选择Open Specification，打开设备规范窗口。
3. 选择General标签。
4. 在Documentation字段中输入文档。

或

1. 双击所需设备，打开设备规范窗口。
2. 选择General标签。
3. 在Documentation字段中输入文档。

或

1. 选择所需设备。
2. 选择Browse➤Specification，打开设备规范窗口。
3. 选择General标签。
4. 在Documentation字段中输入文档。

或

1. 选择所需设备。
2. 在文档窗口输入文档。

要删除框图中的设备：

1. 选择框图中的设备。

2. 按Delete。

或

1. 选择框图中的设备。

2. 选择Edit➤Delete。

说明：从框图中删除设备后，它在浏览器中仍然存在。

要从模型中删除设备：

1. 选择Deployment框图中的设备。

2. 选择Edit➤Delete from Model或按Ctrl+D。

或

1. 右击浏览器中的设备。

2. 从弹出菜单选择Delete。

说明：Rose从Deployment框图和浏览器中删除设备。

添加设备细节

和处理器一样，设备可以加进各种细节。第一是版型，用于将设备分类。第二是特性。和处理器一样，设备的特性是设备的物理描述。

要指定版型：

1. 打开所需设备的规范窗口。

2. 选择General标签，如图11.4。

3. 在Stereotype字段中输入版型。

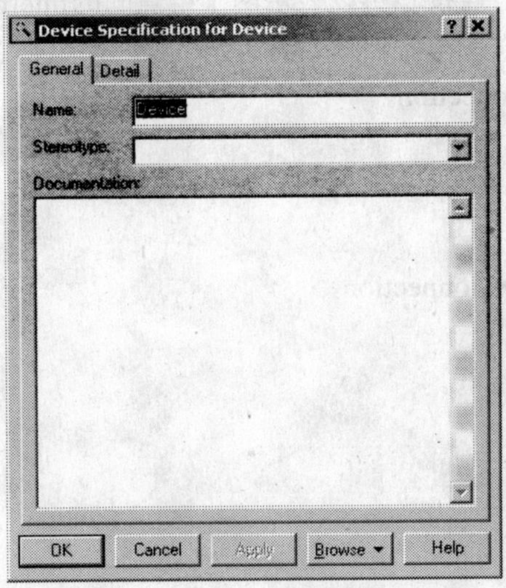

图11.4　输入设备版型

或

1. 选择所需设备。

2. 在<<>>中输入版型：<<Name>>。

要将特性加进设备中：

1. 打开所需设备的规范窗口。
2. 选择Detail标签，如图11.5。
3. 在Characteristics字段中输入特性。

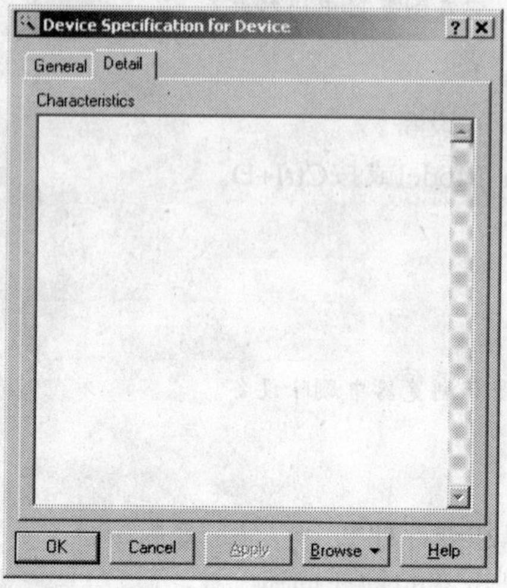

图11.5 输入设备特性

添加连接

连接是两个处理器、两个设备或处理器与设备之间的实际链接。通常，连接表示网络结点之间的物理网络连接。连接也可以表示两个结点间的Internet链接。

要添加连接：

1. 选择工具箱中的Connection。
2. 单击要连接的结点。
3. 向另一结点拖动连接线。

或

1. 选择Tools➤Create➤Connection。
2. 单击要连接的结点。
3. 向另一结点拖动连接线。

要删除连接：

1. 选择框图中的连接。
2. 按Delete。

或

1. 选择框图中的连接。
2. 选择Edit➤Delete。

添加连接细节

连接可以指定版型。连接还可以有特性，提供物理连接的细节。例如，连接可能是T1线。这种说明加进Characteristics字段中。

要指定版型：

1. 打开所需连接的规范窗口。
2. 选择General标签，如图11.6。
3. 在Stereotype字段中输入版型。

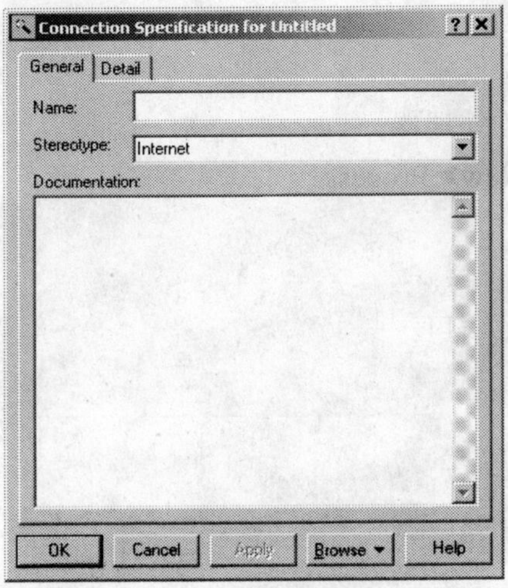

图11.6 输入连接版型

或

1. 选择所需连接。
2. 输入版型到<<>>中：<<Name>>。

要将特性加进连接中：

1. 打开所需连接的规范窗口。
2. 选择Detail标签，如图11.7。

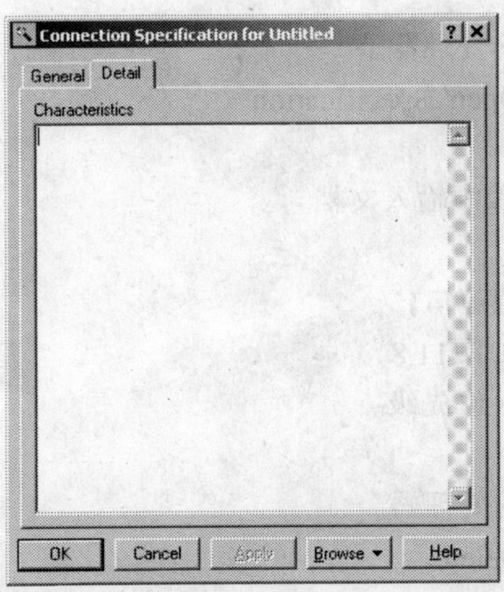

图11.7 输入连接特性

3. 在Characteristics字段中输入特性。

添加进程

进程是一个处理器上运行的单线程执行过程。例如执行文件是个进程。在框图中添加进程时，只考虑与所建系统有关的进程。

进程可以在Deployment框图中显示或隐藏。如果显示，则直接列在所运行的处理器下面。

进程可以指定优先级，如果所运行的处理器使用占先式计划，则进程优先级确定何时能运行。

要添加进程：

1. 右击浏览器中所需的处理器。
2. 从弹出菜单中选择New➤Process。
3. 输入新进程名。

或

1. 打开所需进程的规范窗口。
2. 选择Detail标签。
3. 右击Processes框。
4. 从弹出菜单选择Insert。
5. 输入新进程名。

要将文档加进进程：

1. 打开所需进程的规范窗口。
2. 选择Detail标签。
3. 在Documentation字段中输入文档。

或

1. 双击浏览器中所需的处理器。
2. 选择Detail标签。
3. 在Documentation字段中输入文档。

或

1. 右击浏览器中所需的处理器。
2. 从弹出菜单中选择Open Specification。
3. 选择Detail标签。
4. 在Documentation字段中输入文档。

要将优先级加进进程：

1. 打开所需进程的规范窗口。
2. 选择General标签，如图11.8。
3. 在Priority字段中输入优先级。

要删除进程：

1. 右击浏览器中所需的处理器。
2. 从弹出菜单中选择Delete。

或

1. 打开所需进程的规范窗口。
2. 选择Detail标签。
3. 右击所需进程。
4. 从弹出菜单中选择Delete。

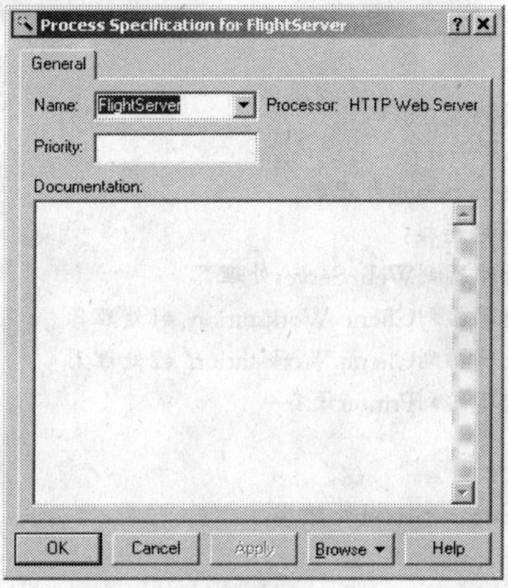

图11.8 输入进程信息

练习

本练习对订单处理系统创建Deployment框图。

问题

项目小组已经完成了大量分析和设计工作，使用案例、对象交互和组件已经定义完毕，但网络管理部门还要了解组件在哪个机器上。因此，小组要建立订单处理系统的Deployment框图。

创建Deployment框图

创建订单处理系统的Deployment框图。完成的框图如图11.9所示。

练习步骤

将结点加进Deployment框图

1. 双击浏览器中的Deployment视图，打开Deployment框图。
2. 从工具箱中选择Processor。
3. 单击框图放上处理器。
4. 输入处理器名Database Server。
5. 重复第2到第4步加入下列处理器：

- Application Server
- Client Workstation #1
- Client Workstation #2
- Web Server

6. 从工具箱中选择Device。
7. 单击框图放上设备。
8. 输入设备名Printer。

添加连接

1. 从工具箱中选择Connection。
2. 单击Database Server处理器。
3. 拖动连接线到Application Server处理器。
4. 重复第1到第3步加进下列连接：
   - Application Server处理器到Web Server处理器
   - Application Server处理器到Client Workstation #1处理器
   - Application Server处理器到Client Workstation #2处理器
   - Application Server处理器到Printer设备

添加进程

1. 右击浏览器中的Application Server处理器。
2. 从菜单中选择New➤Process
3. 输入进程名MainProgram。
4. 重复第1到第3步添加下列进程：
   - 对Client Workstation #1处理器：Web Browser
   - 对Client Workstation #2处理器：Web Browser
   - 对Database Server处理器：Oracle Server
   - 对Web处理器：Internet Information Server

显示进程

1. 右击浏览器中的Application Server处理器。
2. 从菜单中选择Show Processes。
3. 重复第1和第2步显示下列处理器的进程：
   - Client Workstation #1处理器
   - Client Workstation #2处理器
   - Web Server
   - Database Server

小结

本章介绍Rose的Deployment视图。在Deployment框图中，项目小组描述网络结构和各个进程在哪里运行。这样就有了完成下列任务所需的信息：

- 用使用案例和角色定义系统范围，并在Use Case框图上画出使用案例和角色。
- 用使用案例和Use Case文档分析问题。
- 在Sequence框图或Collaboration框图中描述系统中的对象和系统流程。
- 创建实现事件流中的功能所需要的类，并画出类。

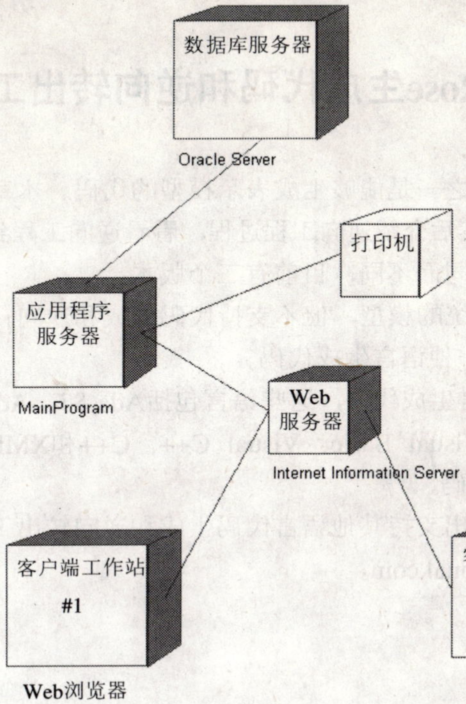

图11.9　订单处理系统Deployment框图

- 定义和画出类的属性、操作和关系。
- 创建Statechart框图，检查类的动态行为。
- 进行结构评估，方法是将类组成包，并检查类和包之间的关系。
- 在Component框图中定义和浏览系统实际结构。
- 在Deployment框图中浏览网络结构和部署信息。

下一部分介绍Rose的代码生成特性。下面几章介绍如何从Rose模型生成C++，Java，Visual Basic和CORBA/IDL代码。我们还要介绍如何用Rose定义数据库，如何使用XML与Rose和如何在Rose中建立Web应用程序模型。

第12章 用Rational Rose生成代码和逆向转出工程代码简介

Rational Rose最强大的特性之一是能够生成表示模型的代码。本章介绍从Rose模型生成代码之前要完成的基本步骤。然后介绍逆向工程过程，看看逆向工程到Rose模型的结果。

代码生成选项随Rose版本不同而不同，目前有三个版本：

- Rose Modeler可以生成系统的模型，但不支持代码生成和逆向转出工程代码。
- Rose Professional可以用一种语言生成代码。
- Rose Enterprise可以用语言生成代码，这些语言包括Ada 83、Ada 95、ANSI C++、CORBA、Java、COM、Visual Basic、Visual C++、C++和XML；还支持数据库代码生成和逆向转出工程代码。

许多Rose伙伴公司已经开发出支持其他语言代码生成和逆向转出工程代码的插入件，详见Rational的Web站点www.rational.com。

- 检查Rose模型
- 设置代码生成属性
- 用Rational Rose生成代码
- 准备逆向工程
- 逆向工程代码到Rose模型

准备生成代码

生成代码的基本步骤有六步：

1. 检查模型
2. 创建组件
3. 将类映射到组件
4. 设置代码生成属性
5. 选择类、组件和包
6. 生成代码

并不是每种语言都需要这些步骤。例如，生成C++代码时不需要先创建组件。不运行检查模型步骤可以在任何语言中创建代码，但代码生成期间可能出错。下面几章介绍各种语言中代码生成的细节。

尽管并非总是需要这些步骤，但建议先完成前五步再生成代码。模型检查有助于发现模型中的问题和不一致性，以免影响代码。组件步骤可以将逻辑系统设计映射为实际实现方法，并提供大量有用信息。如果跳过这些步骤，则Rose用逻辑视图中的包结构创建组件。

第一步：检查模型

Rose包括独立于语言的模型检查特性，可以在生成代码之前保证模型一致性。最好先进行这个检查再生成代码，因为它能发现模型中的错误和不一致，使代码正确生成。

要检查Rose模型：

1. 从菜单中选择Tools➤Check Model。
2. 发现的错误写入日志窗口。

常见错误包括Sequence框图或Collaboration框图中的消息与操作不映射，以及Sequence框图或Collaboration框图中的对象与类不映射等等。下面是一些常见错误及解决方案。

下列消息表示Sequence框图或Collaboration框图中的对象不映射到类：

```
Unresolved reference from use case "<Use case name>" to ClassItem with name
(Unspecified) by object <Object name>>
```

看看Sequence框图或Collaboration框图中的对象。每个框应包含对象名加冒号加类名如下：

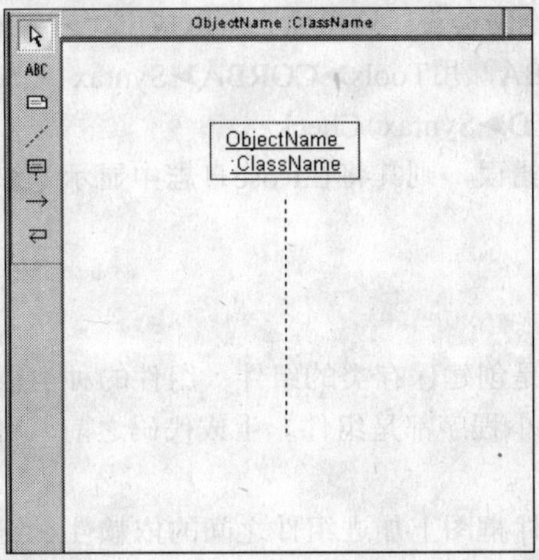

寻找不带类名的对象。右击对象并选择弹出菜单中的Open Specification。在对象规范窗口中，用Class下拉列表框选择对象的类。

下列消息表示Sequence或Collaboration框图中的消息不映射到操作：

```
Unresolved reference to Operation with name <Message name> in message <Message
name> between <Class name> and <Class name> in Sequence diagram <Use case
name>/<Sequence diagram name>
```

右击框图中的相应消息（日志窗口显示错误消息名及其Sequence框图或Collaboration框图），并将消息映射到操作。如果需要，对消息创建新操作。

发现访问问题

Check Model菜单项目可以找出模型中的大多数问题和不一致性。Access Violations菜单项目寻找不同包中的两个类之间存在关系时发生的问题。例如，如果实体包中的Order类与控制包中的OrderManager类有关系，则实体包和控制包之间必须有关系，否则Rose会发现访问问题。

要发现访问问题：

1. 从菜单中选择Report➤Show Access Violations。
2. Rose在访问问题窗口中显示访问问题，如图12.1。

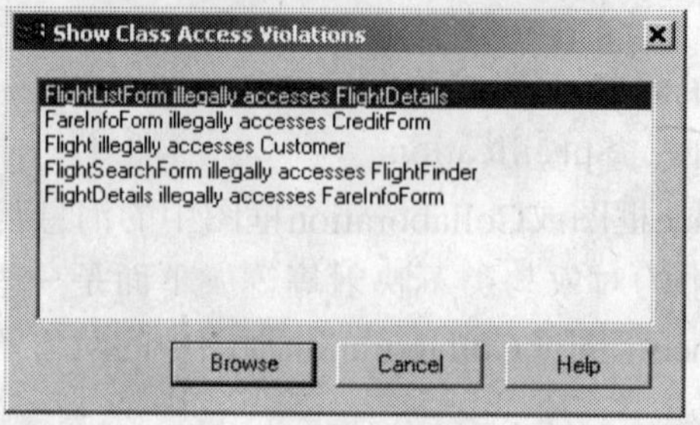

图12.1　访问问题窗口

语言独立检查

要进行语言独立检查，选择Tools➤Check Model。如果使用Java，则可以选择Tools➤Java➤Syntax Check进行Java语法检查。这个检查可以找出“一个编译单元中的多个公开类”之类的错误。如果使用CORBA，用Tools➤CORBA➤Syntax Check进行类似语法检查。而XML则选择Tools➤XML_DTD➤Syntax Check。

如果这些检查发现任何错误，则其将在Rose日志中显示。纠正所有错误之后，转入下一步。

第二步：创建组件

代码生成过程的第二步是创建保存类的组件。组件的种类很多：源代码文件、执行文件、运行库、ActiveX组件和小程序都是组件。生成代码之前，可以先将类映射到相应的源代码组件。

创建组件后，可以在组件框图上加进组件之间的依赖性。组件之间的依赖性是系统的编译依赖性（组件和组件之间的依赖性见第10章）。

如果生成C++、Java或Visual Basic，则不需要完成这个步骤。在Java或Visual Basic中，Rose自动创建每个类的相应组件。

要创建组件：

1. 打开Component框图。
2. 用框图工具栏中的Component图标将新组件加进框图中。增加组件的方法，见第10章。

第三步：将类映射到组件

每个源代码组件表示一个或几个类的源代码文件。例如，在C++中，每个类映射两个源代码组件，一个表示头文件，一个表示体文件。在PowerBuilder中，许多类映射单个组件。PowerBuilder源代码组件是PowerBuilder库（.pbl）文件，Java中每个源代码组件表示一个.java文件。

代码生成过程的第三步是将类映射组件。对PowerBuilder，要先将类映射到组件之后才能生成代码。但C++、Java或Visual Basic中则可选可不选，Rose不用这个步骤也能生成代码。如果生成Java或Visual Basic代码，则Rose自动生成相应组件并将类映射到组件。但C++中则并不自动创建组件。建议最好不管用什么语言都先完成这个步骤。

要将类映射到组件：

1. 右击Component框图或浏览器中的组件。
2. 从弹出菜单选择Open Specification。
3. 选择Realizes标签。
4. 在Realizes标签中右击相应类，并从弹出菜单选择Assign。
5. 浏览器在Logical视图的类名后面括号中显示组件名。

或

1. 在浏览器Logical视图中找到所需类。
2. 将类拖动到Component视图中的相应组件上。
3. 组件名在Logical视图的类名后面括号中显示。

第四步：设置代码生成属性

类、属性、组件和其他模型元素可以设置多个代码生成属性。这些属性控制代码如何生成。Rose提供常用默认设置。

例如，C++属性的一个代码生成属性是GenerateGetOperation，控制该属性是否创建Get()操作。Java类的一个代码生成属性是GenerateDefaultConstructor，控制类是否自动创建构造器。Visual Basic中关系的一个属性是GenerateDataMember，控制是否自动创建支持该关系的属性。

Rose中的每种语言都有几个代码生成属性。下面几章将介绍每种语言的代码生成属性。生成代码之前，最好先检查代码生成属性并作出必要的改变。

要浏览代码生成属性，选择Tools➤Options，然后选择相应语言标签，例如，下面是Visual Basic属性的标签。

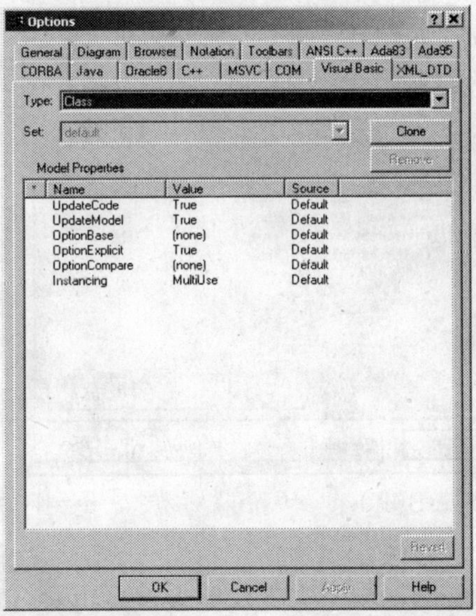

从下拉列表框中可以选择Class、Attribute、Operation或其他类型的模型元素。每种语言的下拉列表框有不同的模型元素。选择不同值时，出现不同的属性设置。前面介绍了Visual Basic中的Class属性，下面是Attribute属性：

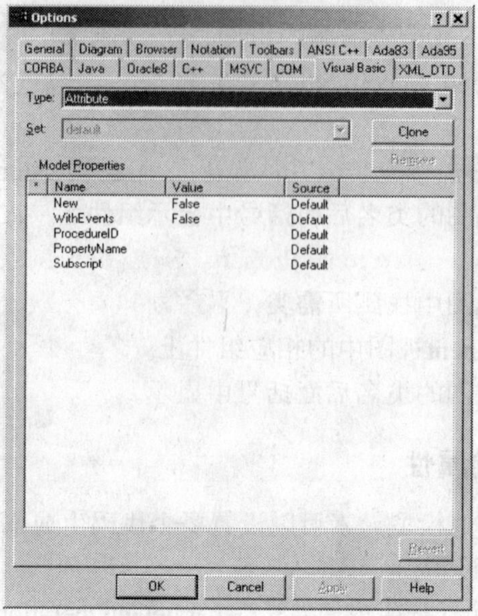

在Tools➤Options窗口中对属性设置的改变会影响使用该设置的所有模型。例如，如果改变Java标签中的GenerateDefaultConstructor类属性，则会影响模型中用Java实现的所有类。

有时要改变单个类、属性、操作或其他模型元素的代码生成属性。为此，打开该模型元素的规范窗口，选择相应的语言标签并在此改变属性。模型元素的规范窗口所作的任何改变都只影响这个模型元素。

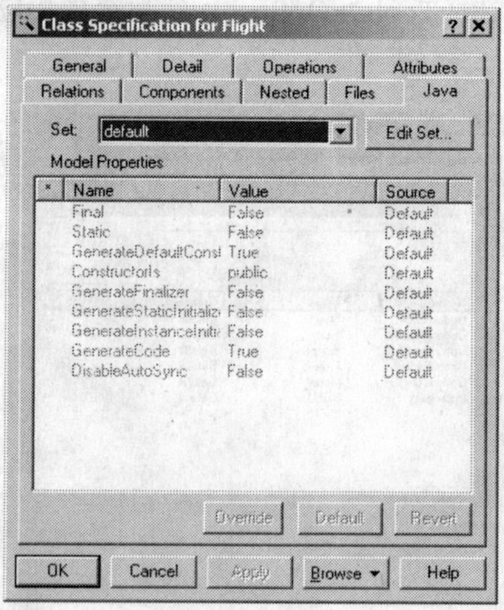

克隆属性设置

与其直接改变默认设置值，不如先克隆属性设置，再对备份进行更改。要克隆属性设置，按Clone the Property Set窗口的Clone按钮。Rose提示输入新属性设置名。

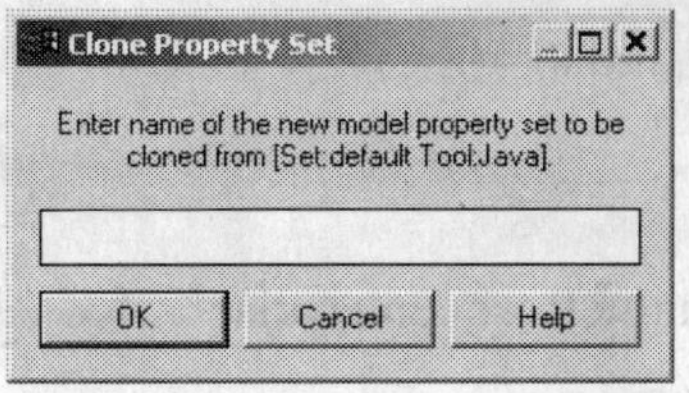

克隆属性设置后，可以打开Clone Property Set窗口的Set下拉列表框显示。

这个克隆属性设置可以进行任何改变，不会影响原有默认设置。建议保持原有默认设置，只改变克隆属性设置。

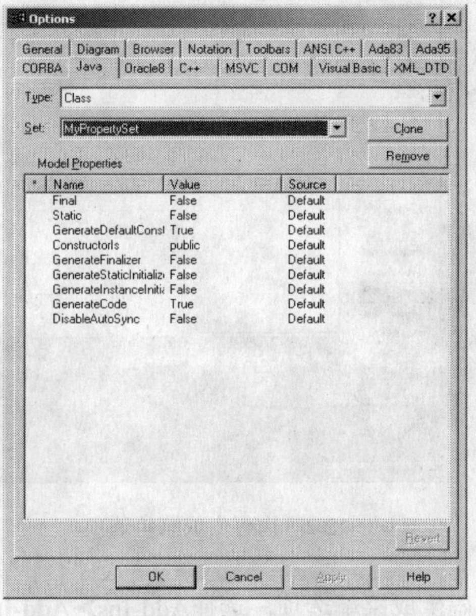

删除属性设置

如果一个克隆属性设置不再需要，可以用Tools➤Options窗口从模型中删除。选择相应语言标签，然后从Set下拉列表框中选择克隆属性设置。

选择相应设置后，按Remove按钮。Rose从模型中删除这个设置。注意，原有默认设置无法删除。删除属性集之后，就不能再用这个属性集从一个项目生成代码。浏览项目的规范时，可以看到克隆属性集放在括号中，表示属性集已经删除或没有装入。要对项目产生代码，应对其指定不同的属性集。

第五步：选择类、组件或包

生成代码时，可以一次生成一个类、一个组件或一个包。代码可以从框图或浏览器中删除。如果从包生成代码，则可以选择Class框图中的Logical视图包或Component框图中的Component视图包。如果选择Logical视图包，则生成这个包中的所有类。如果选择Component视图包，则生成这个包中的所有类。

也可以一次对多个类、组件或包生成代码。在框图中按Ctrl键选择要生成代码的类、组件或包，然后从菜单中选择相应的代码生成命令。

第六步：生成代码

如果安装了Rose Professional或Rose Enterprise版本，则Tools菜单中有一些语言特定菜单选项，如图12.2。

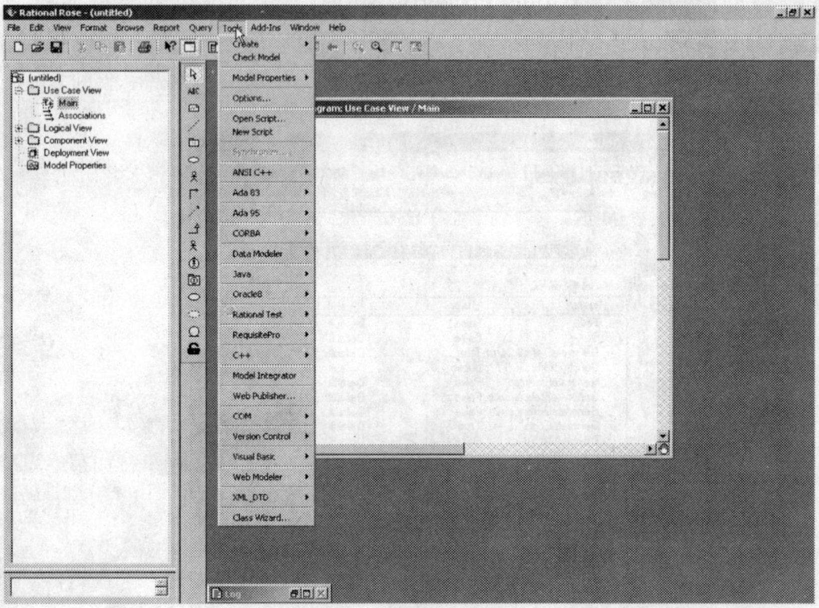

图12.2　代码生成菜单选项

要显示或隐藏这些代码生成菜单选项，选择Add-Ins➤Add-In Manager。在Add-In Manager对话框中（如图12.3）用复选框显示或隐藏各种语言的代码生成菜单选项。

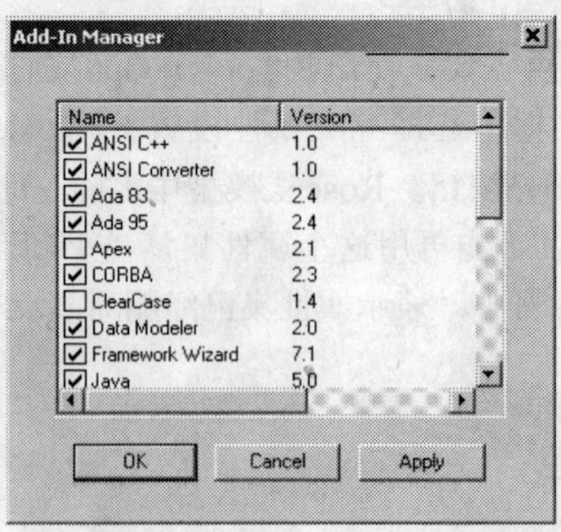

图12.3　Add-In Manager对话框

在框图中选择类或组件后，从菜单中选择相应代码生成选项。如果代码生成过程中遇到错误，则这些错误在日志窗口中标出。

生成什么

生成代码时，Rose从模型的Logical视图和Component视图中收集信息。尽管任何造型工具都无法创建完整应用程序，但Rose能生成大量框架代码。下面几章要具体介绍不同语言生成的内容。

代码生成的元素如下：

类（Classes）　代码中生成模型中的所有类。

属性（Attributes）　代码包括每个类的属性，包括可见性、数据类型和默认值。在某些语言中，Get和Set操作也能由属性自动生成。

操作签名（Operation signatures）　代码中声明操作及其参数、参数数据类型和返回值。

关系（Relationships）　模型中的有些关系会使属性在代码生成时产生。

组件（Components）　每个组件由相应源代码文件实现。

文档（Documentation）　添加文档时，代码生成器在适当的位置插入文档。

生成文件后，还有两个步骤。第一，开发人员利用这个文件编码类的每个操作。第二，设计图形用户界面。

Rose不是GUI设计工具，你可以用编程语言的环境设计屏幕和窗体。这个方法可以保证所建系统的设计良好。开发小组可以通过检查Rose模型而确定最佳结构和最佳设计，然后从这个模型生成代码。这样就不是20个编程人员往20个不同方向设计，而是都按同一个蓝图工作。

生成代码时，Rose用Component视图中建立的包结构创建相应目录。默认情况下，生成代码的根目录为Rose应用程序文件所在的目录。可以通过特定语言的代码生成属性改变目录。

如果没有建立组件，则Rose用Logical视图中建立的包结构生成目录。同样，默认目录为Rose目录，但可以通过特定语言的代码生成属性改变目录。

用Rational Rose逆向转出工程代码简介

逆向转出工程代码就是利用源代码中的信息创建或更新Rose模型。通过集成C++、Java、Visual Basic和许多其他语言，Rose支持逆向转出工程代码为UML模型。信息技术项目的一个挑战就是保持对象模型与代码的一致。随着要求的改变，人们可能直接改变代码，而不是先改变模型再从个这个模型生成代码。逆向转出工程代码可以帮我们使模型与代码保持同步。

在逆向转出工程代码过程中，Rose从代码读取组件、包、类、关系、属性和操作。将这些信息读进Rose模型中后，就可以进行所需的改变，然后通过Rose的正向工程特性重新生成代码。

可用的选项取决于所用的Rose版本。

- Rose Modeler不包括逆向转出工程代码功能。
- Rose Professional包括一种语言的逆向转出工程代码功能。
- Rose Enterprise包括ANSI C++、Visual C++、C++、CORBA、XML、Visual Basic、Ada和Java逆向转出工程代码以及数据库代码生成和逆向转出工程代码功能。

· Rose的几个新特性可以逆向转出工程代码Web应用程序。

· Rose加入件包括其他语言的逆向转出工程代码功能，如PowerBuilder或Forte等。

逆向转出工程代码创建的模型元素

逆向转出工程代码过程中，Rose收集下列元素的信息：

· Classes（类）

· Attributes（属性）

· Operations（操作）

· Relationships（关系）

· Packages（包）

· Components（组件）

利用这个信息，Rose可以创建或更新对象模型。根据逆向转出工程代码所用语言，可以创建新Rose模型或更新当前Rose模型。

下面首先介绍类、属性和操作。如果源代码文件包含类，则逆向转出工程代码过程创建Rose模型中的相应类。类的每个属性和操作表现为Rose模型中新类的属性和操作。除了属性和操作名外，Rose还取得可见性、数据类型、默认值等信息。

例如，下列Java类进行逆向转出工程代码时，Rose生成图12.4所示的模型：

```
//Source file: C:\\Flight.java

public class Flight
{
    private int FlightNumber;
    private long DepartureDate;
    private int GateNumber;

    public Flight()
    {
    }

    /**
    @roseuid 3942C4F50253
    */
    public boolean AddPassenger(int PassengerID)
    {
    }
    /**
    @roseuid 3942C4FE02B0
    */
    public boolean RemovePassenger(int PassengerID)
    {
    }

    /**
```

```
    @roseuid 3942C5060211
    */
    public boolean SwitchGate(int NewGate)
    {
    }
}
```

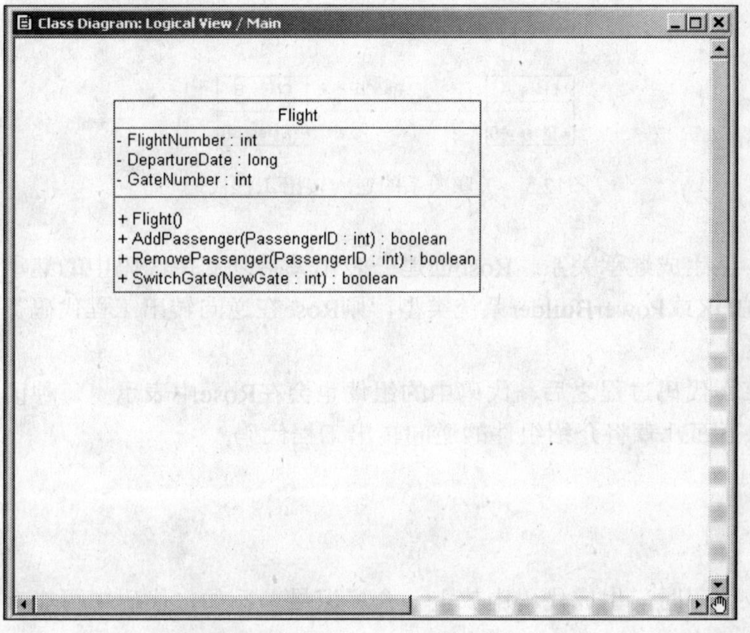

图12.4 Java类进行逆向转出工程代码

如果以前用Rose创建类，然后在代码中进行改变，则逆向转出工程代码过程中可以在模型中体现这些变化。例如，如果删除代码中的一个操作，则逆向转出工程代码过程中可以在模型中删除这个操作。如果直接将属性和操作加进代码中，逆向转出工程代码过程中可以在模型中增加这些属性和操作。

除了类以外，Rose还收集代码中的关系信息。如果一个类包含的属性数据类型为另一个类，则Rose创建这两个类之间的关系。例如，对于下面两个Java类，Rose在其间创建关联关系，如图12.5。

```
//Source file: C:\\Class_A.java

public class Class_A
{
    public Class_B theClass_B;
    public Class_A()
    {
    }
}
```

```
//Source file: C:\\Class_B.java

public class Class_B
{

   public Class_B()
   {
   }
}
```

图12.5 关联关系的逆向转出工程代码

Rose模型中还生成继承关系。Rose创建一般化关系以支持代码中的继承。如果模型中有基础类包，如JDK或PowerBuilder系统类型，则Rose在逆向转出工程代码类与基础类之间生成一般化关系。

逆向转出工程代码过程之后，代码中的组件也会在Rose中表示。每种语言处理组件的方法稍有不同。下面几章将介绍组件的逆向转出工程代码。

双向工程

用Rose生成代码时，生成代码中放上一个标识号。例如，代码中可能有如下语句：

```
@roseuid 36730C530302
```

这些数字和字母的字符串可以标识代码中的类、操作和其他模型元素，使Rose模型中的代码同步。

除了ID号以外，Rose在逆向转出工程代码过程中还在代码中生成保护区域。保护区中的代码在双向工程期间受到保护。

例如，假设Rose生成的部分C++代码如下：

```
void SampleClass::DoSomething ()
{
  //## begin SampleClass::DoSomething%36EAB3DB03AC.body preserve=yes
  // - Code for the operation goes here -
  //## end SampleClass::DoSomething%36EAB3DB03AC.body
}
```

开发人员编写这个类的代码时，在//begin和//end语句之间编码DoSomething操作，放在保护区。对这个类进行逆向转出工程代码，作出改变，然后重新生成，DoSomething操作的代码保护不变。

说明：逆向工程时，Rose只检查文件，而不在Rose中保存任何源代码，如操作码。

小结

本章介绍了Rose的代码生成与逆向工程功能。

生成代码的基本步骤有六步：

1. 检查模型
2. 创建组件
3. 将类映射到组件
4. 设置代码生成属性
5. 选择类、组件和包
6. 生成代码

逆向工程代码时，Rose收集类、属性、操作和类间关系信息，生成相应模型元素。利用双向工程，可以修改模型，然后改变相应代码；或可以修改代码，然后改变相应模型。双向工程使代码与对象模型保持同步。下面几章将详细介绍不同语言的代码生成与逆向工程功能。

第13章 C++与Visual C++代码生成和逆向转出工程代码

C++是业界最广泛使用的面向对象语言之一。Rational Rose支持通过代码生成和逆向功能集成C++。本章介绍如何从Rational Rose模型生成C++代码和通过逆向转出工程代码C++代码生成Rational Rose模型。

C++有三个版本与Rational Rose集成。第一个是C++加入件，自1994年10月起就在Rose中提供，包含大量功能，但很难使用。第二个是Microsoft Visual C++加入件。这个加入件较好用，但只与Microsoft Visual C++集成。因此，Rational Rose引入了第三个加入件，ANSI C++，它是很容易使用的C++代码生成与逆向转出工程代码工具，适用于Microsoft Visual C++以外的C++工具。

本章介绍ANSI C++和Visual C++加入件。原先的C++加入件仍然支持，但这里不准备介绍。本章介绍可以设置的代码生成属性，并介绍每个Rose模型元素如何在代码中实现。

- 设置C++代码生成属性
- 将Rose元素映射到C++结构
- 从Rose模型生成C++代码
- 通过逆向转出工程代码C++代码生成Rose模型

ANSI C++与Visual C++中生成代码

在ANSI C++中生成代码的步骤如下：

1. 创建组件（见第10章）。
2. 将类赋予组件（见第10章）。
3. 选择代码生成属性（可选）。
4. 选择Class或Component框图中要生成的类和组件。
5. 选择Tools➤ANSI C++➤Generate Code。
6. 选择Tools➤ANSI C++➤Browse Header或Browse Body浏览生成的代码。

生成代码的第一步是创建组件的类。在ANSI C++中，文件位于类文件中。组件只有Root目录。创建组件和映射类之后，下一步要设置类、组件、操作和其他模型元素的代码生成属性。代码生成属性控制所生成代码的某些方面。

如果用Visual C++生成代码，则使用向导。要启动向导，选择Tools➤Visual C++➤Update Code启动Visual C++ Code Update工具，出现欢迎屏幕。单击Next按钮继续。Rose显示Select Components和Classes窗口。在用Visual C++生成代码之前，必须将类赋予组件。如果没有将类赋予组件，选择向导窗口中的Create a VC++ Component and Assign New Classes to It（Ctrl+R）选项。利用这个选项，可以先创建多个需要的组件，然后再生成代码。然后选择模型中要生成代码的组件和类。

要改变Visual C++组件和类的代码生成属性，右击这个屏幕上的VC++文件夹。然后可以编辑各个代码生成属性如容器类、支持关系基数、是否自动生成Get与Set操作或其他成员函数。代码生成属性将在"Visual C++代码生成属性"中详细介绍。

将所有类赋予组件后，选择要生成的所有类和组件，设置所有代码生成属性，然后单击Next按钮继续，小结页面会显示生成哪些类和组件，代码生成过程中遇到哪些错误。

Rose从模型中利用大量信息生成代码。例如，它要寻找每个关系的倍增性、作用名、包容和其他细节。它寻找每个类的属性、操作、可见性和其他细节。Rose利用你在各个模型元素规范窗口中输入的所有信息中收集生成代码所需的信息。

将模型转换成ANSI C++模型

旧版Rose包含C++加入件而不包含ANSI C++加入件。前面曾介绍过，ANSI C++加入件是更加与用户友好的C++代码生成与逆向转出工程代码工具。尽管可以继续使用C++加入件，但Rose提供了将C++模型转换成ANSI C++模型的方法。

首先，选择Add Ins➤Add In Manager，确保选择ANSI Converter加入件。然后选择Tools➤ANSI C++➤Convert from Classic C++。

可以选择下列选项：

- Convert selected classes，将对在启动转换向导之前在Class框图中选择的任何类进行转换
- Convert all classes in selected packages，将对在启动转换向导之前在Class框图中选择的任何包中的所有类进行转换
- Convert all classes in selected package and its subpackages，将对在启动转换向导之前在Class框图中选择的任何包中的所有类及其子包中的所有类进行转换
- Convert Entire Model，转换所有包中的所有类

警告：这个操作会大大改变模型，因此最好在转换之前复制模型备份。

ANSI C++代码生成属性

用Rational Rose生成C++代码相当灵活。你可以完全控制生成什么、如何生成代码的各种细节。例如，对于每个类，要确定是否自动创建构造器、备份构造器和析构器。对每个属性，可以控制可见性、名称和是否自动创建Get与Set操作。对每个文件，可以控制文件名、参数、可见性和返回值。

在ANSI C++中，所有这些项目都可以通过代码生成属性和C++类与组件规范窗口来控制。加入件提供涉及类、属性、操作、操作参数、包、组件、关联、一般化等的属性。要显示所有属性，选择Tools➤Options，然后选择ANSI C++标签（见下图）。

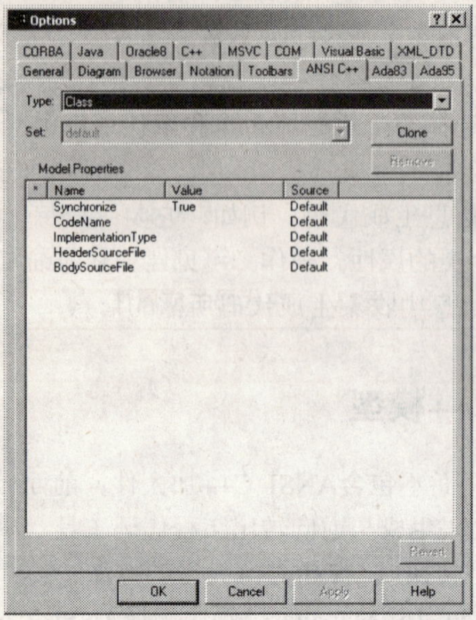

代码生成属性可以针对整个模型或特定模型元素设置，可以选择Tools➤Options，然后选择ANSI C++标签改变整个模型的默认代码生成属性。ANSI C++代码生成属性可以针对单个类、属性、操作和其他模型元素进行设置，以覆盖默认设置。为此，打开模型元素规范窗口，选择ANSI C++标签，修改属性值，并按Override按钮。下面几节介绍许多类、属性、操作、操作参数、包、组件、关联和一般化常用代码生成属性。

类属性

类属性是适用于类的ANSI C++代码生成属性。这些属性可以改变类名、确定是否生成类的构造器与逆向转出工程代码并设置其他类特定属性。

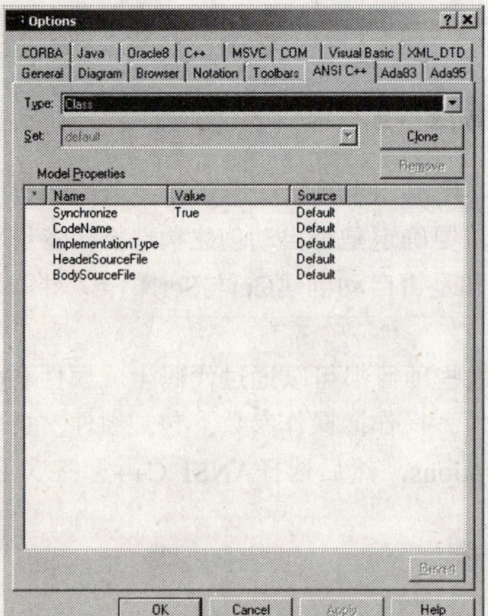

这些属性可以在两个地方设置。要设置所有类的属性，选择Tools➤Options，然后选择ANSI C++标签，并从下拉列表框中选择Class。要设置一个类的属性，在类规范窗口中选择ANSI C++标签并在此编辑属性。

利用版型，可以控制是否生成关键字"static"或"virtual"。Rose在"class"前面加上类的版型文本。

表13.1列出了许多ANSI C++类属性、用途和默认值。

表13.1　类代码生成属性

属性	用途	默认值
Synchronize	控制类是否参与代码生成和逆向转出工程代码	True
CodeName	生成代码中的类名	默认时，Rose在模型中使用类名
ImplementationType	控制类生成时用类定义还是用基本数据类型	<blank>（生成类定义）
HeaderSourceFile	这个类的.h文件的文件名	<blank>
BodySourceFile	这个类的.cpp文件的文件名	<blank>

除了这些属性之外，还可以通过ANSI C++类规范窗口控制代码生成。要打开类规范窗口，在Class框图中选择一个或几个类，然后右击并选择ANSI C++➤Class Customization，出现图13.1所示的ANSI C++类定制窗口。

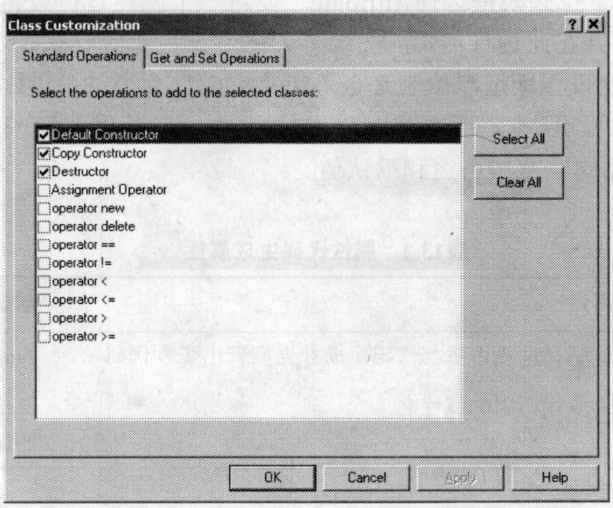

图13.1　ANSI C++类定制窗口

在Standard Operations标签中，选择Rose要对所选类生成的方法。关闭这个窗口时，Rose将所选方法加进类中，并在代码生成过程中生成。

在Get and Set Operations标签中，选择生成Get与Set操作的属性。对选择的每个操作，选择Generate Get Operation和/或Generate Set Operation选项，控制生成的操作。

属性的属性

属性的属性是与属性相关的ANSI C++特定属性。利用这些属性可以确定代码生成和逆向转出工程代码中是否生成属性、代码中用什么属性名等（见下图）。

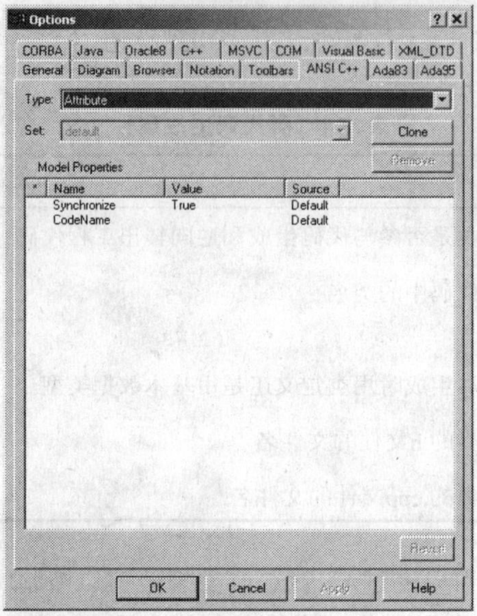

设置这些属性的地方有两个要对所有属性进行设置，选择Tools➤Options，然后选择ANSI C++标签，并从下拉列表框选择Attribute。要对一个属性进行设置，选择属性规范窗口的ANSI C++标签，并在此进行编辑。

此外，可以对属性设置版型，控制是否采用“static”之类的关键字。还可以设置该属性为private还是public，默认指定所有属性为private，是个良好的编程习惯。

表13.2列出了属性的属性、用途和默认值。

表13.2　属性代码生成属性

属性	用途	默认值
Synchronize	控制属性是否参与代码生成和逆向转出工程代码	True
CodeName	生成代码中的属性名	<blank>（使用模型的属性名）

操作属性

操作属性是针对操作的ANSI C++代码生成属性。这些属性可以设置操作名、控制操作是否内联和设置操作的其他代码生成属性（见下图）。

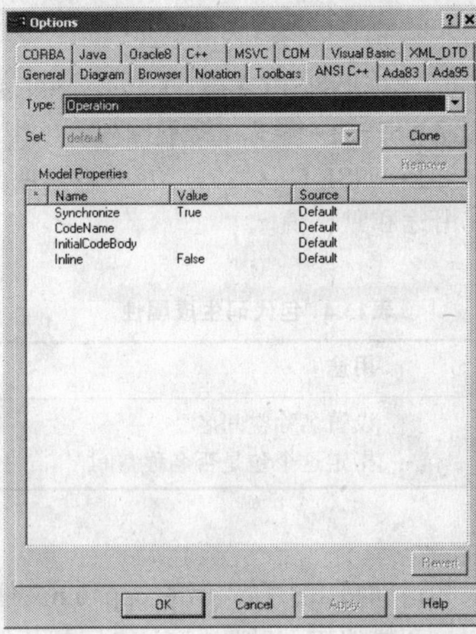

设置这些属性的地方有两处。要设置所有操作的操作属性，选择Tools➤Options，然后选择ANSI C++标签，并从下拉列表框中选择Operation。要设置某个操作的操作属性，在规范窗口中选择ANSI C++标签，并编辑属性。

表13.3列出了操作代码生成属性及其用途和默认值。

表13.3　操作代码生成属性

属性	用途	默认值
Synchronize	控制操作是否参与代码生成和逆向转出工程代码	True
CodeName	生成代码中的操作名	<blank>（使用模型的属性名）
Generate FunctionBody (Rose 2002)	确定是否生成函数体。如果为True，则生成函数体，否则不生成函数体。默认生成函数体，除非是析构器以外的非内联友元和非内联抽象操作	默认
InitialCodeBody	操作本身要包括的代码。这个代码在首次运行代码生成过程时在操作中生成。后续代码生成过程不替换InitialCodeBody属性值中的操作代码。这个属性应包括开始与结束大括号	<blank>
Inline	控制是否内联操作	False

此外，操作中的每个参数还可以有CodeName属性（表13.3中的CodeName属性适用于总体操作，但操作中每个参数也有一个CodeName属性）。如果提供这个属性的值，则Rose生成代码时用这个值作为参数名。如果不提供值，则Rose用模型中出现的参数名。

包（类类别）属性

包（类类别）属性是适用于类包的ANSI C++属性。要对所有包设置包（类类别）属性，选择Tools➤Options，然后单击ANSI C++标签并从下拉列表框中选择Class Category。要设置某个包属性，在规范窗口中选择ANSI C++标签，并编辑属性。

表13.4列出了包属性及其用途和默认值。

表13.4 包代码生成属性

属性	用途	默认值
CodeName	设置名称空间名	<blank>
IsNameSpace	指定这个包是否名称空间	False

组件（模块规范）属性

组件属性是与Rose所生成和逆向转出工程代码的.cpp与.h文件相关的属性。这些属性可以控制在文件中包括版权说明、在代码中包括#include语句和其他规范。

这些属性可以在两个地方设置。要设置所有组件的属性，选择Tools➤Options，然后选择ANSI C++标签，并从下拉列表框选择Module Specification。要设置一个组件的属性，在组件规范窗口中选择ANSI C++标签并编辑属性。

表13.5列出了组件的许多属性及其用途和默认值。

表13.5 组件代码生成属性

属性	用途	默认值
Synchronize	控制组件是否参与代码生成和逆向转出工程代码	True
Copyright	用于在代码中包括版权说明	<blank>
RootPackage	逆向转出工程代码类和包所在的逻辑视图包	C++ Reverse Engineered
InitialHeaderIncludes	所产生.h文件中包括的#include语句	<blank>
InitialBodyIncludes	所产生.cpp文件中包括的#include语句	<blank>
RevEngRootDirectory (Rose 2002)	设置逆向转出工程代码时查找文件的默认目录	<blank>
RevEngDirectoriesAs-Packages (Rose 2002)	生成逆向转出工程代码类中所用的每个目录对应的逻辑视图包	False
HeaderFileExtension (Rose 2002)	设置生成头文件时使用的文件扩展名	.h
ImplementationFileEx-tension (Rose 2002)	设置生成实现文件时使用的文件扩展名	.cpp

（续表）

属性	用途	默认值
NewHeaderFileDirectory (Rose 2002)	所产生头文件的根目录的子目录	<blank>
NewImplementationFile-Ditectory (Rose 2002)	所产生实现文件的根目录的子目录	<blank>
FileCapitalization (Rose 2002)	设置所生成文件名使用的大小写（大写、小写、小写加下划线，与模型相同）	与模型相同
CodeGenExtraDirecto-ries (Rose 2002)	控制代码生成时生成什么目录	<blank>
StripClassPrefix (Rose 2002)	生成文件时从类名中删除的字符	<blank>
UseTabs (Rose 2002)	用Tab符而不是空格缩排生成的代码	False
TabWidth (Rose 2002)	每个Tab符缩排的字符数	8
IndentWidth (Rose 2002)	缩排位置之间的列宽（空格数）	4
AccessIndentation (Rose 2002)	public、private与protected关键字缩排的空格数	-2
ModelIdCommentRu-les (Rose 2002)	控制何时产生模型ID（代码生成时、代码生成和逆向转出工程代码时、不生成）	只生成代码
PageWidth (Rose 2002)	所产生文件中一行的字符数	80
ClassMemberOrder (Rose 2002)	设置生成属性的顺序（public first、private first、order by kind、unordered）	Public优先
OneParameterPerLine (Rose 2002)	控制操作中的每个参数是否另起一行	False
NamespaceBraceStyle (Rose 2002)	设置名字空间大括号的样式，使用ANSI C++组件规范窗口中提供的五种样式	B2
ClassBraceStyle (Rose 2002)	设置类大括号的样式，使用ANSI C++组件规范窗口中提供的五种样式	B2
FunctionBraceStyle (Rose 2002)	设置函数大括号的样式，使用ANSI C++组件规范窗口中提供的五种样式	B2

这些属性可以通过C++组件规范窗口控制，如图13.2。要打开这个窗口，右击组件并选择ANSI C++➤Open ANSI C++ Specification。

在Files标签第一个字段中，输入所有源文件的根目录。在Code Generation Root Directory字段中，输入Rose产生代码的目录。Reverse Engineering Root Package字段对应于上面介绍的RootPackage属性，设置文件逆向转出工程代码的包。Project Files部分包括与这个组件相关的.cpp、.h和其他源代码文件。最后，在Documentation与Copyright字段中输入组件的说明和版权信息。

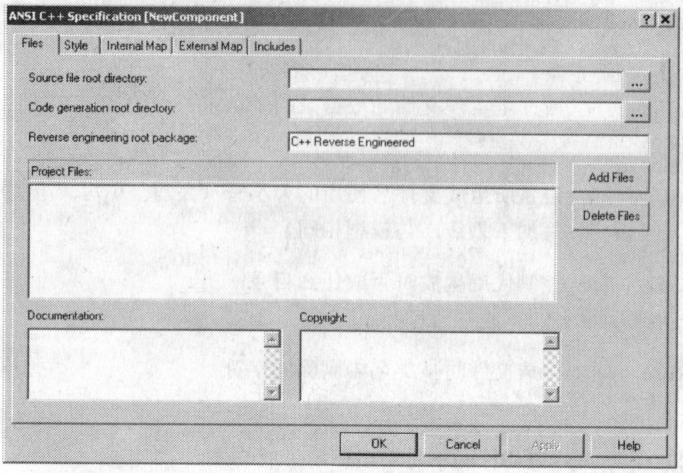

图13.2　ANSI C++组件规范窗口的Files标签

在Rose 2002中，Files标签还有其他字段。Reverse Engineer Directories As Packages复选框控制目录是否逆向转出工程代码为逻辑视图包。Header与Implementation File Extension字段可以设置生成代码时这些文件类型使用的文件扩展名。在Rose 2002中，可以在不同目录中生成源文件和体文件。利用Subdirectory of Root for Header Files字段设置头文件目录，利用Subdirectory of Root for Implementation Files字段设置实现文件目录。Filename Capitalization控制生成的文件名为大写或小写。Additional Directories字段控制是否对名字空间或包创建子目录。最后，Prefix to Strip from Class Name When Constructing Filename字段从类名中删除特定字符，产生头文件和实现文件。

Style标签（如图13.3所示）控制组件的格式选项。

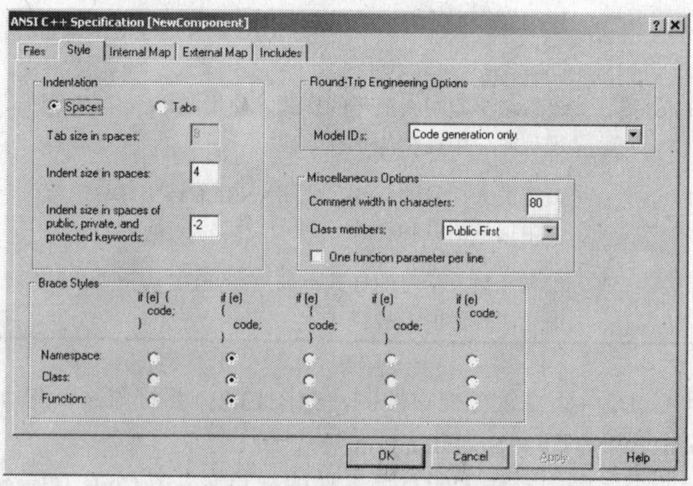

图13.3　ANSI C++组件规范窗口的Style标签

在Indentation区中，可以选择用空格或Tab符缩排，以及使用的空格或Tab符数。在Round-Trip Engineering Options中，选择Code Generation Only for Model IDs在源代码中产生模型ID，选择Code Generation and Reverse Engineering在逆向转出工程代码中插入模型ID，选择Never Generate Model IDs不使用ID。尽管ID是可选的，但建议采用ID，以便于双向工程。ID能帮助Rose将相应源代码对应到相应类或其他模型元素，即使类名发生改变。

在Brace Styles区中，选择名字空间、类和函数的五种缩排样式之一。

Internal Map标签设置组件中类的引用生成的#include语句。External Map标签设置组件中对组件外的类的引用生成的#include语句。最后，在Includes标签中输入任何头和体的#include语句。

作用属性

作用属性是影响关系的代码生成的C++代码生成属性。和大多数其他属性设置一样，设置这些属性的地方有两个。要对所有作用进行设置，选择Tools➤Options，然后选择ANSI C++标签，并从下拉列表框选择Role。要对一个作用进行设置，选择作用规范窗口的ANSI C++标签，并在此进行编辑。

表13.6列出了作用的属性、用途和默认值。

表13.6　作用代码生成属性

属性	用途	默认值
Synchronize	控制作用是否参与代码生成和逆向转出工程代码	True
CodeName	生成代码中的作用名	<blank>
Const(Rose 2000A)	控制支持作用的属性是否常量	False
InitialValue	设置作用生成属性的初始值	<blank>

一般化属性

和其他关系一样，可以在C++中设置一般化（继承）关系的代码生成属性，一般化（继承）关系只有一个属性。Synchronize属性控制代码生成与逆向转出工程代码中是否包括这个关系，默认值为True。

Visual C++代码生成属性

Visual C++加入件中有个Model Assistant，可以对类、属性、操作和其他模型元素设置代码生成属性。设置代码生成属性之后，Visual C++加入件中的向导可以完成产生代码所需的所有步骤。

类Model Assistant

要启动Model Assistant，右击类或组件并选择Model Assistant。Model Assistant如下图所示：

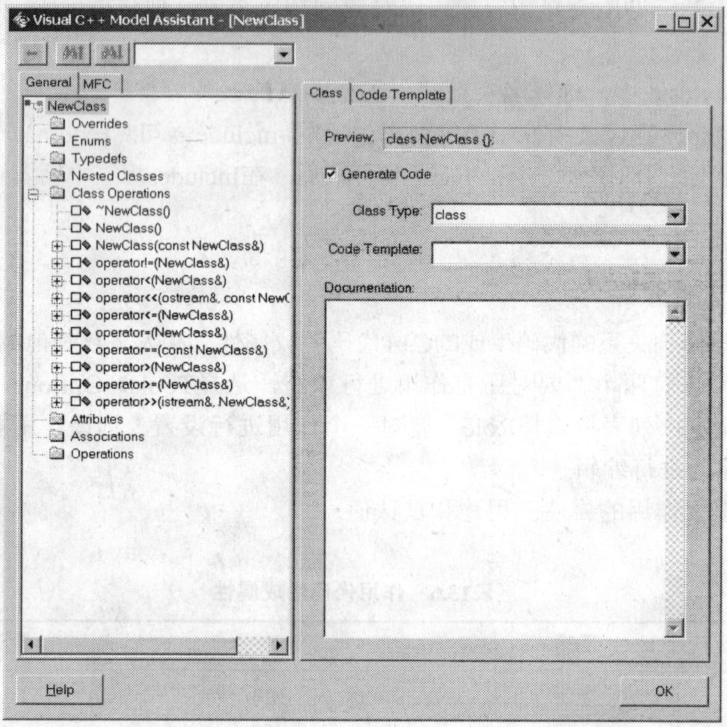

可以看出，Model Assistant可以设置类的代码生成属性，以及其属性、操作和关联。在Rose中，可以自动产生某些操作，如构造器和析构器，只要在树视图的Class Operations部分选择即可。

首先，选择类名（本例中树视图上方的“NewClass”）。如果要让Rose对这个类产生Visual C++代码，则要选择Generate Code复选框。在Class Type列表框中，选择类版型class、structure、union、typedef或enum。在Code Template列表框中，可选选择使用的模板。模板包含创建类时可以使用的属性、操作和代码。Documentation字段中可以输入文本，作为代码中的说明语句。

在树视图的Attributes部分，可以选择要修改的属性。选择要修改的属性之后，可以用Type字段设置数据类型。清单中出现标准Visual C++数据类型。如果属性有默认值，则可以填入Initial Value字段。设置属性的可见性（public、private或protected），默认情况下，Rose将所有属性设置为Private。Static复选框在生成的代码中增加“Static”关键字。和类一样，Documentation字段中可以输入文本，作为生成代码中的说明语句（见下图）。

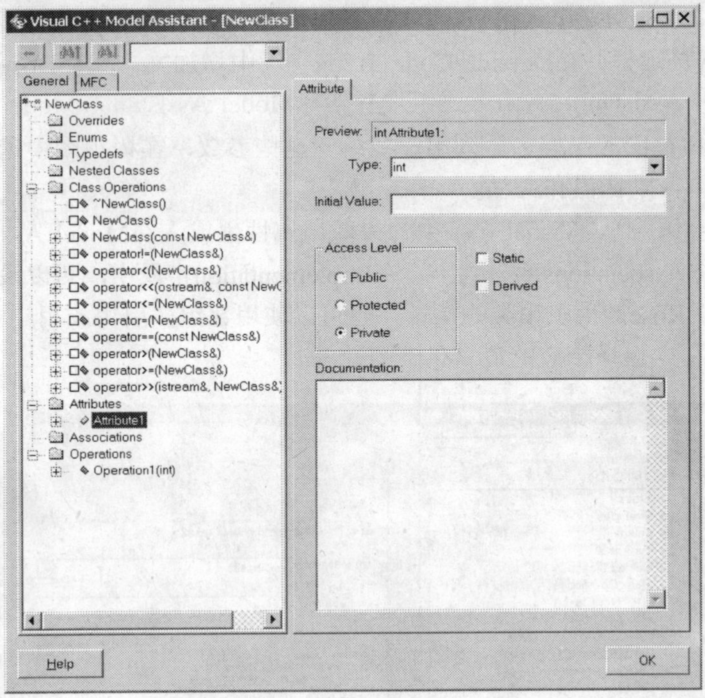

在树视图的Operations部分选择一个操作。在Return Type字段中，设置操作返回值的数据类型。字段中清单中出现标准Visual C++数据类型。用Access Level字段设置可见性（public、private或protected）。默认情况下，操作是公开的。可以设置Operation Kind字段，设置虚拟或抽象操作。选择Inline复选框在操作中包含“inline”关键字。内联操作定义在类的头文件中生成。选择Const复选框可以在操作中增加“Const”关键字，表示操作返回一个常量。要指定操作的可见性为Static或Friend，从Linkage字段的清单中选择Static或Friend（见下图）。

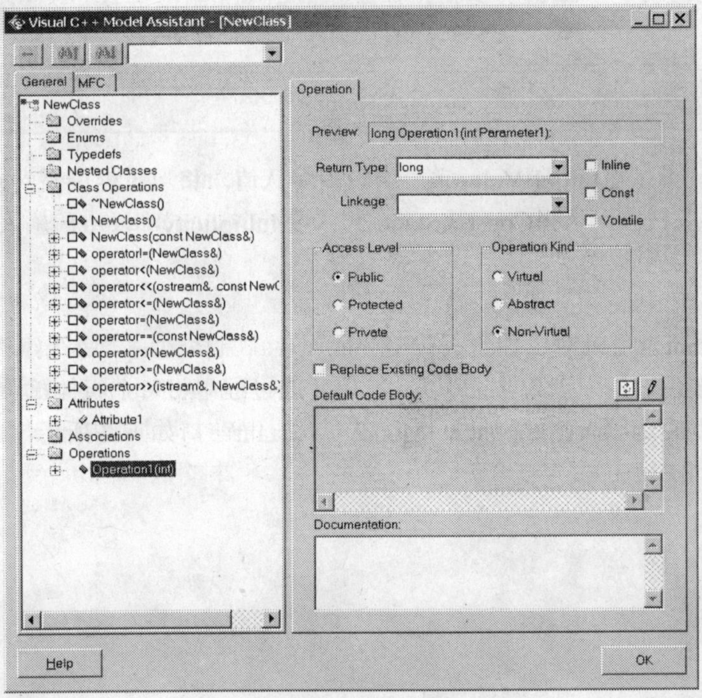

默认情况下，Rose不在产生的方法体中增加代码。要增加默认代码，选择Replace Existing Code Body复选框并在Default Code Body字段中增加文本。在Documentation字段中增加说明语句。

操作参数在树视图的操作名中列出。要编辑这些参数，在树视图中选择参数，然后可以改变其数据类型、默认值和文档。

和ANSI C++中一样，Visual C++中的关联用属性生成。在Model Assistant中，关联生成的属性在树视图Associations部分列出。在Implementation字段中，可以设置产生的引用类型。默认情况下，Rose产生引用类的指针。也可以使用数组、引用或用户定义类型。从Implementation列表框中选择相应的值（见下图）。

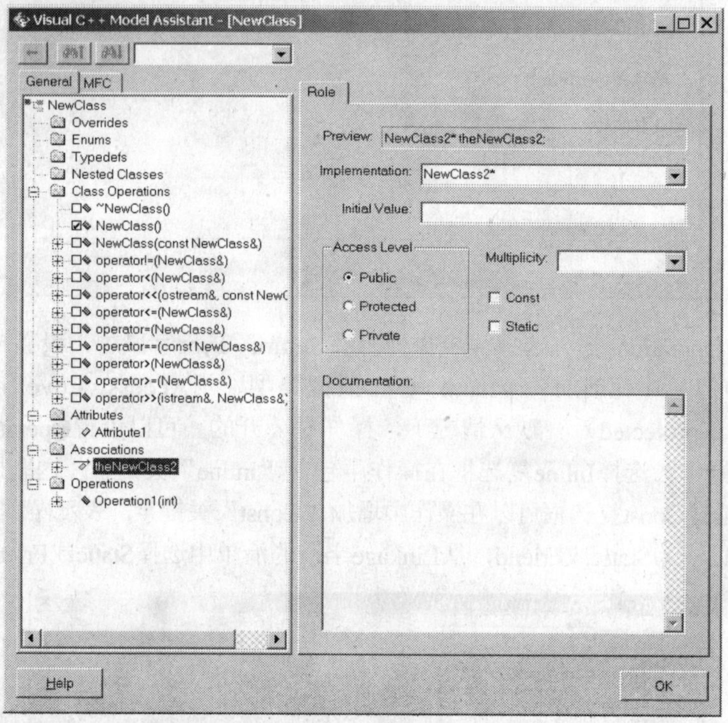

和属性一样，可以在Initial Value字段中设置默认值，将可见性设置为Public、Private或Protected和在需要关键字时选择Const或Static框。在Multiplicity字段中，输入关系的倍增性。

组件属性

Model Assistant也可以对组件生成代码生成属性。具体地说，每个组件要先赋予Visual C++项目之后才能完成代码生成。也可以在代码生成过程中将每个组件赋予项目，向导会提供将组件赋予项目的选项。Component Model Assistant窗口如下图所示：

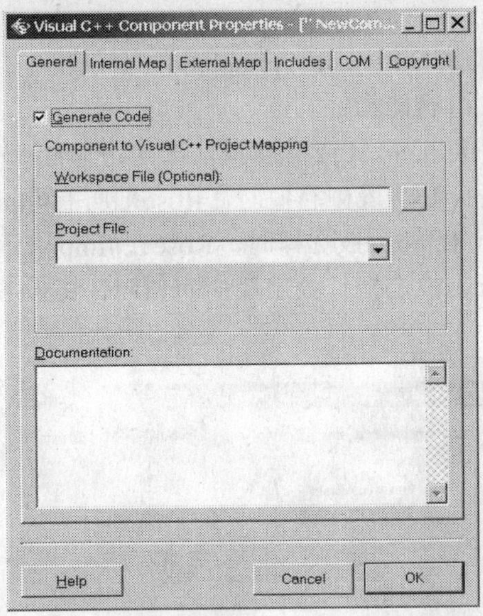

要打开组件的Model Assistant，右击组件并选择Properties。在General标签中，将组件映射现有Visual C++项目文件。可选设置Visual C++工作空间文件。如果文件是IDL文件，则要设置IDL文件名和路径。

Internal Map标签可以将组件中的类映射到include语句。对每个映射，设置类（星号[*]引用所有类）、包括文件名和包括文件地址（见下图）。可以增加多个映射。

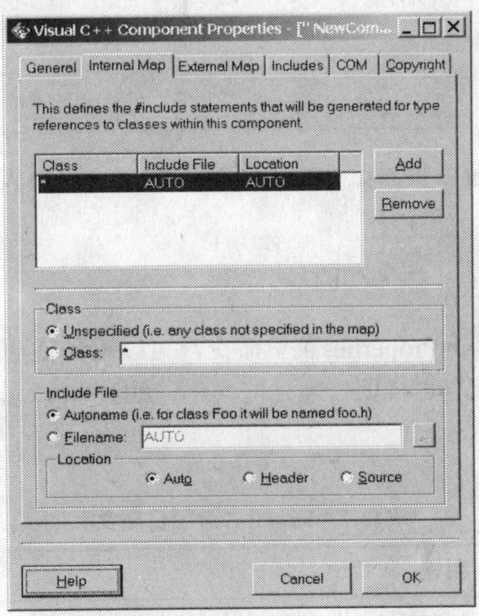

External Map标签也差不多，但用于设置组件中引用其他组件的类所需的include语句。

Includes标签中可以对组件的每个类生成头和体文件中的include语句。可以增加多个include语句，各起一行。

COM标签可以控制这个组件如何生成ATL对象。Update ATL Artifacts复选框控制是否生成ATL对象的代码。如果更新代码，则要用这个屏幕中的下列设置控制代码如何更新（如下图所示）：

- Use Smart Pointers for Interface Associations复选框在代码生成和逆向转出工程代码期间使用Visual C++智能指针功能。
- Generate #Import Statements复选框控制是否创建和在哪里创建#import语句。
- Put #Import Statements In字段中有值时，Rose把所有#import语句放在这个文件中。
- Include Full Path on Imports被选择时，Rose在#import语句中使用完整路径。
- Use Default Attributes被选择且该字段中有值时，Rose在模型中没有指定属性时使用字段中的值。

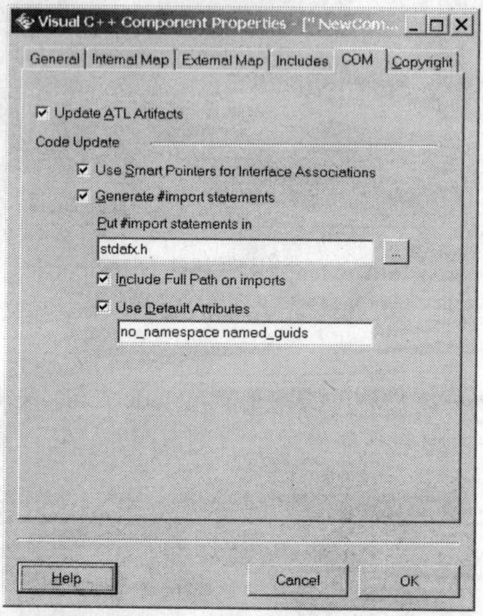

最后，可以用Copyright标签对组件设置版权信息。这里输入的文本被输入到该组件中类的头和实现文件中。

项目属性

利用Tools➤Visual C++➤Properties菜单命令，可以设置适用于整个Rose模型的属性。

表13.7列出了每个Visual C++项目属性的名称、用途和Visual C++属性窗口中进行属性设置的标签。

表13.7 Visual C++项目属性

属性	用途	标签
Generate Model IDs	控制是否在源代码中插入Rose模型ID	Code Update
Generate Documentation	控制源代码中产生说明语句时是否插入类或其他模型元素的Documentation字段中输入的说明	Code Update
Generate #Include Statements	控制头文件中是否增加#include语句	Code Update

（续表）

属性	用途	标签
Apply Pattern on Code Generation	控制生成的代码是否采用Operations与Accessors标签中的选项	Code Update
Generate Debug Operations for MFC Classes	控制是否对MFC类创建AssertValid与Dump操作	Code Update
Create Backup Files	控制Rose修改源代码之前是否创建其备份文件	Code Update
Support CodeName	让用户在模型和源代码中选择不同的元素名	Code Update
Reverse Engineer Documentation	将说明从源代码读取到模型元素的Documentation字段中	Model Update
Create overview Diagrams	对逆向转出工程代码创建总体概图	Model Update
Update Model IDs in Code	逆向转出工程代码过程中在代码中增加模型ID	Model Update
Default Package	设置放置逆向转出工程代码元素的包	Model Update
Attribute Types	控制逆向转出工程代码中哪些类型表示为属性而不是作用	Model Update
Containers	设置作用的Implementation字段中使用的容器类	Containers
Class Operations	控制类产生哪些操作	Class Operations
Accessors	控制属性或作用是否产生Get与Set操作	Accessors

Visual C++与ATL对象

Rose Visual C++加入件支持ATL对象。如果在Rose模型中使用ATL对象，则首先要导入标准ATL类。这可以保证双向工程过程正确工作。可以在模型中导入ATL 3.0类，只要选择Tools➤Visual C++➤Quick Import ATL 3.0，ATL 3.0类就被导入到Logical视图中的ATL 3.0包中。导入完成之后，可以在类和ATL类之间创建关系。

将现有类转换成ATL对象

可以在Rose中创建ATL对象，也可以将现有类转换成ATL对象。

要将现有类转换成ATL对象，方法如下：

1. 右击类并选择COM➤New ATL Object。
2. 出现ATL Object Properties窗口。
3. 在C++部分，输入C++类的短名。Class字段已经填好。
4. 如果Rose模型中已经有相应组件，选择C++类的项目和C++组件，否则让这些字段空着。
5. 在COM部分，输入CoClass和接口名。单击OK按钮时，Rose创建CoClass和接口类并建立其关系。
6. 如果Rose模型中已经有相应组件，选择COM类的项目和COM组件，否则让这些字段空着。

说明：在Rose 2002中，逆向转出工程代码MIDL组件用版型为<<MIDL>>的组件加进模型中。任何版型为<<coclass>>或<<interface>>的组件自动映射为MIDL组件。

生成代码

下面几节介绍一个类、属性、操作及类间关系生成的C++代码。这些节中均会用一些样本代码显示Rose模型中生成的内容。

Rose生成代码时使用模型元素规范中提供的信息。例如，它在生成类代码时要查阅类的不同细节（可见性、属性、操作等）。

类生成代码

下面先介绍典型类的代码生成过程。对象模型中的类在生成代码时变成C++类。每个类生成如下代码：

```
Class TheClass
{
public:
TheClass();
~TheClass();
};
```

但是，代码中还生成大量其他信息（稍后将介绍完整的头和实现文件）。类的所有属性、操作和关系都会反映在生成的代码中。每个类生成的主要元素包括：

- 类名
- 类可见性
- 类的构造器（可选）
- 类的析构器（可选）
- 每个属性的Get()和Set()操作（可选）
- 类文档
- 属性
- 操作
- 关系

模型中的每个类生成两个C++文件，一个是头文件，一个是实现文件。每个文件都用类名命名。例如，Employee类产生Employee.h和Employee.cpp文件。

生成代码时，Rose用模型的Component视图中建立的包结构生成相应目录。模型中的每个包生成一个目录。在Rose创建的目录中，有该包中类的.cpp和.h文件。如果Component视图中没有创建组件和包，则Rose用Logical视图中的包结构创建相应目录。

Rose模型中的大多数信息都直接用于生成代码。例如，每个类的属性、操作、关系和类名直接影响生成的代码。其他模型字段（如输入的类文档）不直接影响代码，这些字段值成为生成代码的说明语句。

表13.8列出了类规范窗口中的字段及哪些字段直接影响生成的代码。

表13.8 类规范窗口中的字段对生成代码的影响

字段	对代码的影响
Name	模型中的名称变成类名
Type	直接影响生成的类类型
Stereotype	没有影响
Export Control	直接影响生成的类的可见性
Documentation	说明语句
Cardinality	没有影响
Space	没有影响
Persistence	没有影响
Concurrency	没有影响
Abstract	生成抽象类
Formal Argumens	参数化类的代码中包括正式变元
Operations	代码中生成
Attributes	代码中生成
Relationships	代码中生成

下面看看下列类生成的代码：

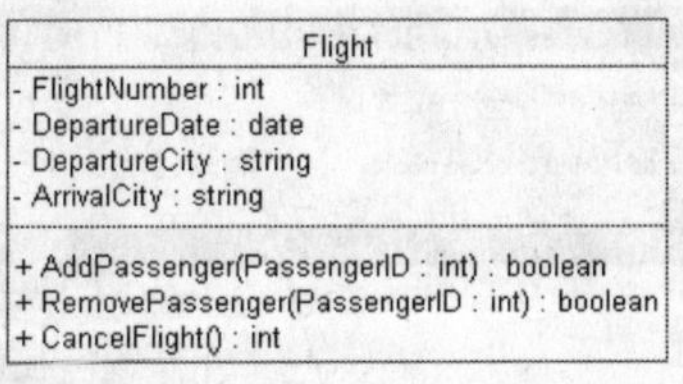

生成头文件

下列代码是这个类生成的头文件。

```
#ifndef FLIGHT_H_INCLUDED_C6AD4E5A
#define FLIGHT_H_INCLUDED_C6AD4E5A

//##ModelId=39528510031C
//##Documentation
//## This class holds information about airline flights.
class Flight
{
  public:
    //##ModelId=3952853300EC
    boolean AddPassenger(int PassengerID);

    //##ModelId=3952853B013D
    boolean RemovePassenger(int PassengerID);

    //##ModelId=3952854302B1
    int CancelFlight();

  private:
    //##ModelId=395285160108
    int FlightNumber;
```

```
    //##ModelId=395285190365
    date DepartureDate;

    //##ModelId=3952851E0037
    string DepartureCity;

    //##ModelId=3952852B009A
    string ArrivalCity;

};

#endif /* FLIGHT_H_INCLUDED_C6AD4E5A */
```

首先要介绍Rose插入源代码中的注释。Rose加进这些模型ID，从而在修改代码和重新生成（双向工程）时不需要改写这些改变。模型ID是可选的，要打开或关掉模型ID，打开组件的ANSI C++组件规范窗口。在Style标签中，将模型ID设置为Never Generate Model IDs选项。

生成的文件包括类属性与类操作的头信息，还可以包括构造器、析构器、复制构造器和其他标准方法的头。要包括这些内容，打开ANSI C++ Class Customization窗口并选择要生成的方法。如果使用Visual C++，则用Model Assistant。

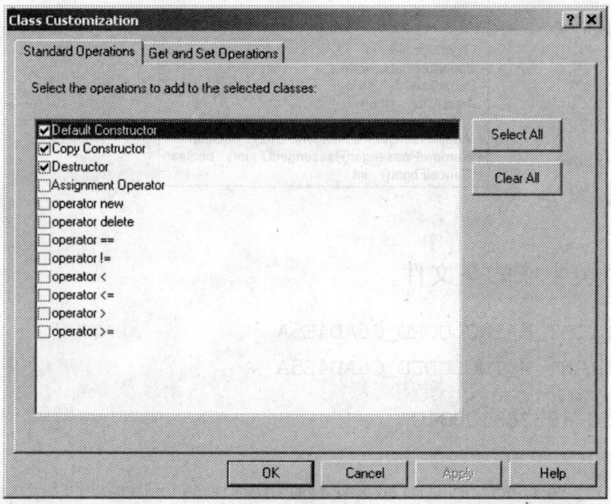

可以看出，Rose包括每个操作的可见性、参数、参数数据类型和返回值。尽管Rose本身不能为操作编码，但提供了让编程人员使用的“框架”。要生成操作的代码，只要在操作的InitialCodeBody属性中增加默认代码。

生成的实现文件

Rose生成的另一文件是实现文件，默认扩展名为.cpp。下面是上述类的实现文件。

```
#include "c:/Flight.h"

//##ModelId=3954129803B3
boolean Flight::AddPassenger(int PassengerID)
{
}
```

```
//##ModelId=395412A00093
boolean Flight::RemovePassenger(int PassengerID)
{
}

//##ModelId=395412A80121
int Flight::CancelFlight()
{
}
```

可以看出，Rose生成的代码中包括每个操作的可见性、参数、参数数据类型和返回值。如果选择生成构造器、析构器、复制构造器和其他标准方法（右击类并选择ANSI C++ Code Customization），则也会包括在代码中。对Visual C++，用Model Assistant确定是否生成这些方法。

生成代码的属性

除类本身以外，Rose还产生类属性。对每个属性，Rose包括：

- 可见性
- 数据类型
- 默认值
- Get操作（可选）
- Set操作（可选）

对某个属性，Rose产生如下代码：

```
Class TheClass
{
public:
int PublicAttribute;
int GetPublicAttribute();
int GetProtectedAttribute();
int GetPrivateAttribute();
void set_PublicAttribute (int value);
void set_ProtectedAttribute (int value);
void set_PrivateAttribute (int value);

protected:
    int ProtectedAttribute;

private:
    int PrivateAttribute;
};
```

但完整的头和实现文件中会生成更多细节，包括说明语句和Rose标识符。下面详细介绍下列类生成的代码：

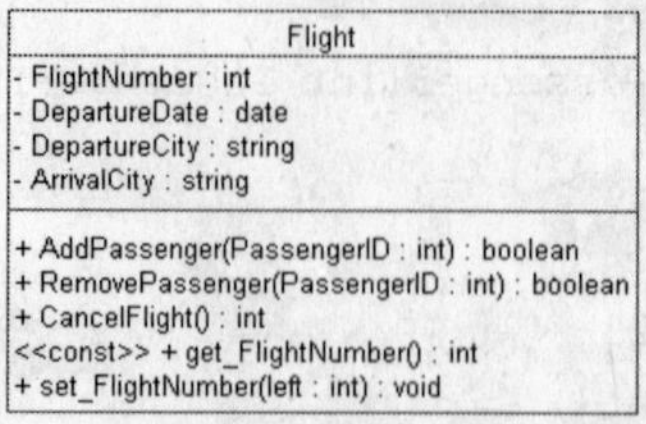

本例中，我们打开ANSI C++ Class Customization窗口并选择对FlightNumber属性生成Get与Set方法的选项。利用Visual C++可以用Model Assistant控制是否创建Get与Set方法。这时头文件如下：

```
#ifndef FLIGHT_H_INCLUDED_C6ABFE6A
#define FLIGHT_H_INCLUDED_C6ABFE6A

//##ModelId=39541274036B
class Flight
{
  public:
    //##ModelId=3954129803B3
    boolean AddPassenger(int PassengerID);

    //##ModelId=395412A00093
    boolean RemovePassenger(int PassengerID);

    //##ModelId=395412A80121
    int CancelFlight();

    //##ModelId=395413D80055
    int get_FlightNumber() const;

    //##ModelId=395413D800BA
    void set_FlightNumber(int left);

  private:
    //##ModelId=3954127801F4
    int FlightNumber;

    //##ModelId=3954128202DF
    date DepartureDate;

    //##ModelId=395412860122
    string DepartureCity;

    //##ModelId=3954128E0097
    string ArrivalCity;

};
#endif /* FLIGHT_H_INCLUDED_C6ABFE6A */
```

实现文件也包括Get与Set方法。注意Rose不仅包括方法签名，而且包括这些方法的实际代码。Flight类的实现文件如下：

```
#include "c:/Flight.h"

//##ModelId=3954129803B3
boolean Flight::AddPassenger(int PassengerID)
{
}

//##ModelId=395412A00093
boolean Flight::RemovePassenger(int PassengerID)
{
}

//##ModelId=395412A80121
int Flight::CancelFlight()
{
}

//##ModelId=395413D80055
int Flight::get_FlightNumber() const
{
    return FlightNumber;
}

//##ModelId=395413D800BA
void Flight::set_FlightNumber(int left)
{
    FlightNumber = left;
}
```

操作

Rose对类中每个操作生成代码。对于每个操作，生成的代码包括操作名、参数、参数数据类型和返回值。每个操作生成下列代码：

```
Class TheClass
{
public:
void PublicOperation();
protected:
void ProtectedOperation();
private:
void PrivateOperation();
};
```

这里介绍下列类的生成代码：

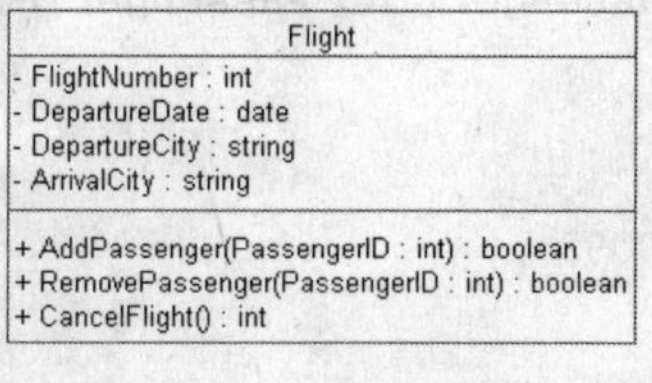

在头文件中，Rose生成操作签名：

```
#ifndef FLIGHT_H_INCLUDED_C6ABEA96
#define FLIGHT_H_INCLUDED_C6ABEA96

//##ModelId=39541274036B
class Flight
{
  public:
    //##ModelId=3954129803B3
    boolean AddPassenger(int PassengerID);

    //##ModelId=395412A00093
    boolean RemovePassenger(int PassengerID);

    //##ModelId=395412A80121
    //##Documentation
    //## The CancelFlight operation will cancel all reservations for the
    //## flight, notify all passengers with reservations, and disable future
    //## reservations for the flight.
    int CancelFlight();

  private:
    //##ModelId=3954127801F4
    int FlightNumber;

    //##ModelId=3954128202DF
    date DepartureDate;

    //##ModelId=395412860122
    string DepartureCity;

    //##ModelId=3954128E0097
    string ArrivalCity;
};

#endif /* FLIGHT_H_INCLUDED_C6ABEA96 */
```

可以看出，代码中生成完整的操作签名。输入的任何文档也出现在代码的说明语句中。如果输入操作协议、限定、异常、时间、空间、前提条件、词法和事后条件等信息，则这个信息不会出现在生成的代码中。

Rose在实现文件中也生成操作的代码。我们在前面介绍了Flight类的头文件，下面介绍这个类的实现文件。

```
#include "c:/Flight.h"

//##ModelId=3954129803B3
boolean Flight::AddPassenger(int PassengerID)
{
}

//##ModelId=395412A00093
```

```
boolean Flight::RemovePassenger(int PassengerID)
{
}

//##ModelId=395412A80121
int Flight::CancelFlight()
{
}
```

可以看出，Rose在实现文件中包括每个操作。开发人员要进入实现文件中，在开括号与闭括号之间编码每个操作。

Visual C++代码生成

Visual C++代码生成与ANSI C++中的代码生成大致相同，符合本章前面“生成代码”一节的规则。模型中的每个类变成Visual C++项目中的类，属性变成Visual C++中的数据类型，数据类型、默认值、访问类型和Rose中的其他代码生成设置直接变成Visual C++。操作在Visual C++中创建成员函数。代码生成加入件检查操作可见性、参数、参数数据类型、返回类型和其他代码生成属性，建立成员函数。关系也创建属性，见“生成代码”一节。

ANSI C++与Visual C++的代码生成不同之处在于组件。Rose模型中每个组件成为Visual C++项目或项目中的IDL文件。类在代码生成过程中赋予组件。接口在IDL文件中生成，用“Visual C++与ATL对象”一节介绍的过程创建。

逆向转出工程代码ANSI C++

要在ANSI C++中逆向转出工程代码，首先要选择组件。然后可以对这个组件指定的一些或所有类逆向转出工程代码。

要逆向转出工程代码一个或几个不在Rose模型中的类，方法如下：

1. 在Component视图中创建新组件。
2. 打开新组件的ANSI C++规范窗口。
3. 在Project Files区中，单击Add Files，浏览要逆向转出工程代码的源文件（见下图）。

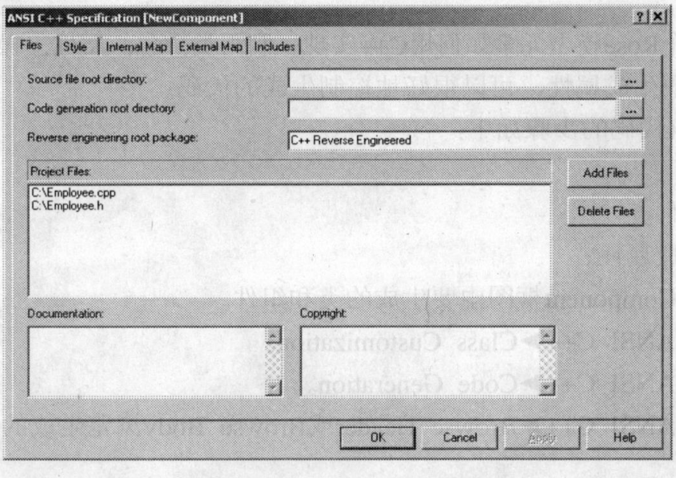

4. 单击OK按钮关闭ANSI C++规范窗口。
5. 右击组件并选择ANSI C++➤Reverse Engineer。
6. 选择要逆向转出工程代码的类并单击OK按钮。
7. 这个类进入Rose模型并被加进逻辑视图中C++ Reverse Engineered包内。

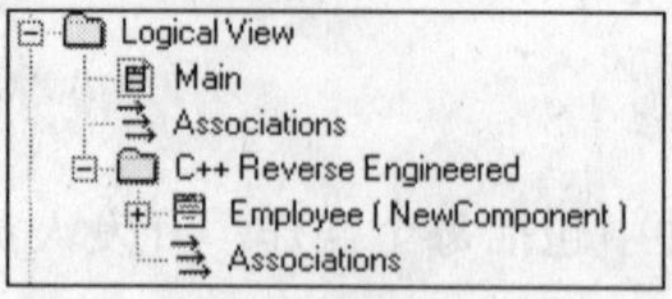

说明：要将类逆向转出工程代码到C++ Reverse Engineered以外的包，打开组件的C++规范窗口并改变Reverse Engineering Root Package字段中的包名。

要逆向转出工程代码Rose模型中现有的类，右击组件并选择ANSI C++➤Reverse Engineer，选择要逆向转出工程代码的类并单击OK按钮。也可以右击要逆向转出工程代码的类并选择ANSI C++➤Reverse Engineer。

将类逆向转出工程代码时，其所有属性、操作和关系都逆向转出工程代码。前面几节介绍的C++-to-Rose映射控制C++代码如何在Rose模型中表示。

逆向转出工程代码Visual C++

可以将Visual C++项目逆向转出工程代码为现有组件或新组件。首先要选择Tools➤Visual C++ ➤Update Model from Code。Rose显示Rose模型中的现有组件清单。

要将项目逆向转出工程代码为新组件，右击Visual C++并选择Add Component。选择要逆向转出工程代码为新组件的Visual C++项目。

要将Visual C++项目逆向转出工程代码为现有组件，右击相应组件，选择Properties并选择要逆向转出工程代码的项目元素。

单击Next按钮显示汇总，然后单击Finish按钮完成逆向转出工程代码过程。项目中的元素映射Rose元素的方法已经在前面介绍。

小结

本章介绍了各个Rose模型元素如何用C++实现。利用类、包、属性、操作、关联和其他Rose模型元素的代码生成属性，可以很好地控制生成的代码。

生成ANSI C++代码的步骤如下：

1. 创建组件。
2. 将类赋予组件。
3. 选择代码生成属性。
4. 选择Class或Component框图中要生成的类和组件。
5. 选择Tools➤ANSI C++➤Class Customization。
6. 选择Tools➤ANSI C++➤Code Generation。
7. 选择Tools➤ANSI C++➤Browse Header或Browse Body浏览生成的代码。

要生成Visual C++代码：

1. 创建对应于项目的组件。
2. 选择Tools➤Visual C++➤Model Assistant。
3. 选择Tools➤Visual C++➤Update Code。
4. 选择要更新的组件。
5. 设置代码生成属性。
6. 选择Finish完成这个过程。

逆向转出工程代码ANSI C++代码的步骤如下：

1. 创建新组件。
2. 用ANSI C++规范窗口选择要逆向转出工程代码的文件。
3. 右击组件并选择ANSI C++➤Reverse Engineer。
4. 选择要逆向转出工程代码的类并单击OK按钮。

逆向转出工程代码Visual C++代码的步骤如下：

1. 选择Tools➤Visual C++➤Update Model from Code。
2. 选择要逆向转出工程代码的组件或创建新组件。
3. 选择要逆向转出工程代码的项目元素。

下一章介绍Rose的Java加入件。利用这个特性可以建模Java类、接口、属性、操作、关系、JAR文件和WAR文件。通过新的J2EE支持还可以建模EJB、小服务和其他结构。Rose 2001、2001A与2002中的改进功能提供了创建Java应用程序完整模型的功能。正向与逆向转出工程代码特性可以使代码和对象模型保持一致。

第14章 Java代码生成与逆向转出工程代码

本章介绍如何从Rational Rose模型生成Java代码和从Java代码逆向转出工程代码。我们先介绍Java可设置的代码生成属性和每个Rose模型元素如何在代码中实现。然后介绍Java代码逆向转出工程代码及保持代码与Rose模型同步。

要生成代码，步骤如下：

1. 创建组件（见第10章）。
2. 将类赋予组件（见第10章）。
3. 设置代码生成属性。
4. 选择Class或Component框图中要生成的类或组件。
5. 选择Tools➤Java➤Code Generation。
6. 选择Tools➤Java➤Browse Java Source浏览生成的代码。

Rose从模型中获取大量信息以生成代码。例如，它寻找每个关系的基数、作用名、包容和其他细节。还查找类的属性、操作、可见性和其他细节。Rose从各种规范窗口输入的模型元素信息中收集生成代码所需的信息。

- 设置Java代码生成属性
- 从Rose模型生成Java代码
- 将Rose模型映射到Java结构
- 导入Java Development Kit
- 将Java逆向转出工程代码为Rose模型

Rose J简介

Rose J是Rational Rose的加入件，支持Java结构生成和逆向转出工程代码。这个特性包括：

- 集成VisualAge Java与Visual J++
- 支持Java 2 Platform Enterprise Edition（J2EE）结构
- 生成Java代码
- 将Java结构逆向转出工程代码为Rose模型
- 支持Java框架，如Java™ Development Kit（JDK™）and Java™ Foundation Classes（JFC）

下面首先介绍代码生成。Rose J检查Rose模型中生成的类和组件，对这些组件生成相应Java代码。有几个代码生成属性会影响生成的源代码。利用Rose J时，Rose ID号也在Java代码中创建这些号码，使双向工程中不会覆盖代码。

Rose J中有一个自动同步特性，能够在模型中改变Java类时随时自动启动代码生成过程。这个特性能保证模型与源代码保持一致。

创建类、组件、属性、操作和其他模型元素之后，可以开始代码生成过程。生成代码之前，用Tools➤Java➤Syntax Check菜单选项检查模型的语法。如果遇到任何问题，则会在日志窗口中出现。

解决任何问题之后，可以设置代码生成属性和生成代码。本章介绍如何设置属性，每个Rose模型元素如何映射Java结构。表14.1列出了Java结构与相应的模型元素。

表14.1 Java-to-Rose映射

Java结构	Rose元素
类（Class）	类（Class）
变量（Variable）	属性（Attribute）
方法（Method）	操作（Operation）
接口（Interface）	接口（Interface）（类与接口版型）
.java文件	组件（Component）
Java包	组件（Component package）
Java Bean	属性（Attribute）
EJB（Enterprise Java Bean）	类（Class）
小服务（Servlet）	类（Class）
内类（Inner class）	嵌套类（Nested class）
实现关系（Implements relationship）	实现关系（Realization relationship）
扩展关系（Extends relationship）	一般化关系（Generalization relationship）
导入语句（Import statement）	关联、依赖性、一般化关系（Association、dependency、generalization）

开始Java项目

首次建立Java模型时，可能要采用四步。首先，处理主要用Java实现的项目时，总是要把默认语言设置为Java。这是通过Tools➤Options菜单完成的。单击Notation标签并将默认语言设置为Java。

然后，选择项目使用的框架。这一步是可选的，但提供了建模应用程序所需的功能。稍后将介绍特定框架。

第三，如果使用Microsoft Visual J++或IBM VisualAge for Java，则要启用Rose与这些工具之间的链接。启用链接之后，可以生成代码和直接在Rose中逆向转出工程代码VisualAge或Visual J++项目。

最后，一定要设置环境变量ClassPath。Rose J用ClassPath确定生成代码与逆向转出工程代码时类库和其他文件的地址。要浏览ClassPath设置，选择Tools➤Java➤Project Specification，出现ClassPath项目，可以用这个对话框增加或删除项目。

选择Java框架

首次生成Rational Rose模型时，可以让模型基于现有Java框架。创建新的Rose模型，可以看到图14.1所示的窗口。

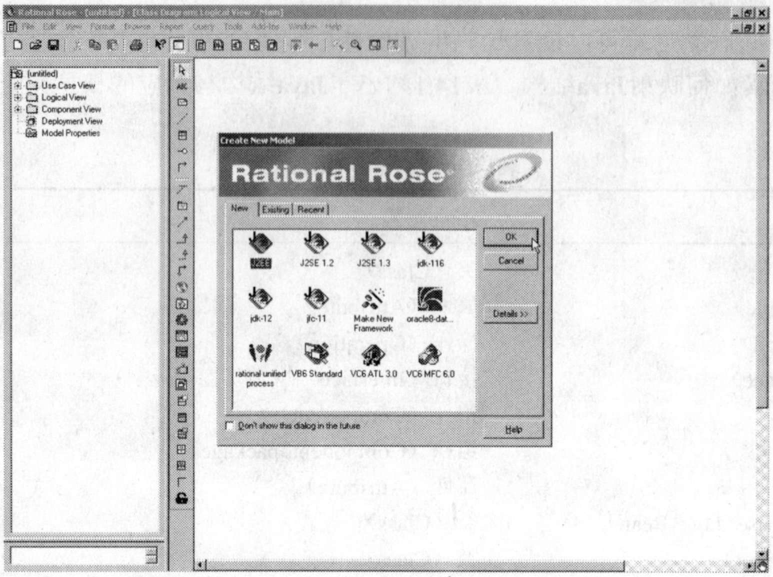

图14.1　Rose框架

说明： 如果看不到框架窗口，则可以选择Add-Ins➤Add-In Manager，确保选择Framework Wizard。

Java框架有几个：J2EE、J2SE 1.2、J2SE 1.3、jdk-116、jdk-12和jfc-11（最后三个分别是Java Development Kit version 1.1.6、Java Development Kit version 1.2和Java Foundation Classes version 1.1）。

只要选择项目使用的Java框架，Rose会自动将所选Java框架中的类、关系、属性、操作和组件装入新Rose模型中。然后可以用这些元素作为创建新项目的基础。

图14.2的Rose模型使用J2EE框架，还没有增加任何新信息，图中只显示J2EE框架导入的内容。注意，为了增加可读性，图14.2的许多包没有扩展，但每个包中都有类和其他模型元素。

也可以对现有Rose模型使用框架。为此，要装入相应的控制单元。框架中的每个包存放成控制单元。选择File➤Units➤Load，然后移到Rose 2000\framework\frameworks\shared components目录。这个目录中的.cat文件是框架的控制单元。每个.cat文件以框架名开始（如j2ee或j2se_1_2），因此可以看出哪个框架导入哪个文件。选择框架的.cat文件，Rose即会将其导入模型中。

链接IBM VisualAge for Java

建立Rational Rose与IBM VisualAge之间的链接可以直接从Rose中更新VisualAge或将VisualAge项目逆向转出工程代码到Rose中。

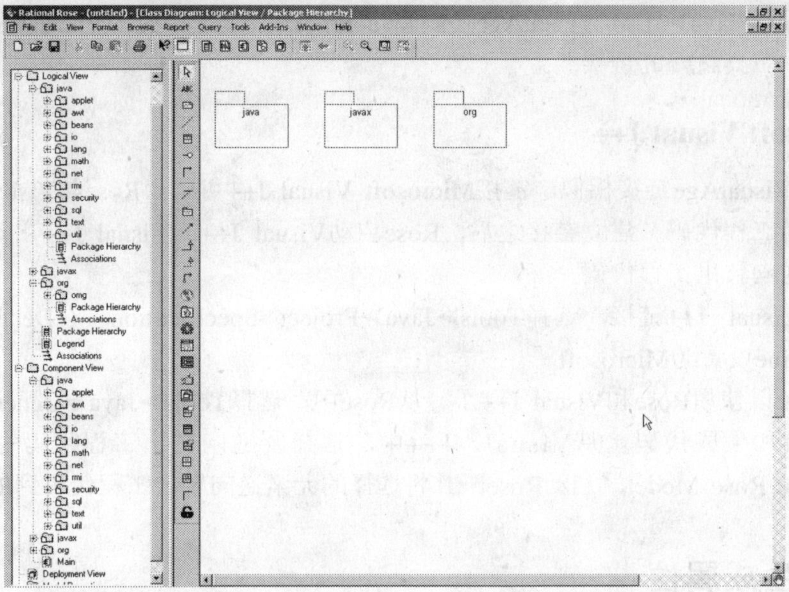

图14.2 Rose模型使用J2EE框架

要设置这两个工具之间的链接，首先启动VisualAge。选择File，然后选择Quick Start。在对话框中，选择Basic，然后选择RoseLink Plug-In Toggle。这样就从VisualAge方建立了链接。

要完成这个过程，启动Rose。选择Tools➤Java➤Project Specification。在Detail标签中，将Virtual Machine设置为IBM，如图14.3。

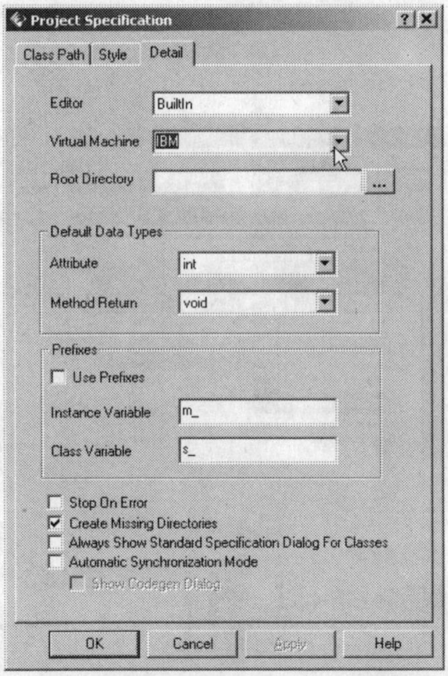

图14.3 Java Virtual Machine设置

选择Tools➤Java➤IBM VisualAge for Java Project。选择相应的VisualAge项目，这样就设置了两个工具之间的链接。

链接Microsoft Visual J++

和IBM VisualAge链接相似，链接Microsoft Visual J++可以用Rose与Visual J++生成代码和逆向转出工程代码。建立链接之后，Rose启动Visual J++或Visual J++启动Rose，从而生成代码和逆向转出工程代码。

要设置Visual J++链接，选择Tools➤Java➤Project Specification。在Detail标签中，将Virtual Machine设置为Microsoft。

现在就可以使用Rose和Visual J++了。从Rose中，选择Tools➤Java➤Generate Java启动Visual J++和生成代码。从Visual J++中，选择要逆向转出工程代码的元素和选择Tools➤Update Rose Model，启动Rose，并将选择的元素逆向转出工程代码到Rose模型中。

Java代码生成属性

Java代码生成属性可以在两处设置。默认用Tools➤Options菜单项目并选择Java标签设置，如图14.4。可以设置下列项目的属性：

- Attributes（属性）
- Classes（类）
- Module bodies（模块体）
- Module specifications（模块规范）
- Operations（操作）
- Projects（项目）
- Roles（作用）

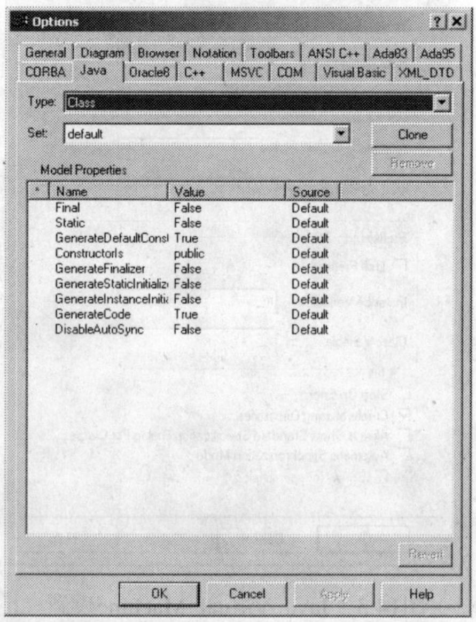

图14.4 Java代码生成属性窗口

本章介绍这些属性，首先简要介绍各种代码生成属性，然后介绍项目、模块、类、属性、操作与作用。

项目属性

项目属性影响Rose中Java代码生成的各个方面。这里列出项目属性及其常见设置。

项目属性是适用于整个项目而不是各个具体模型元素（如类或关系）的代码生成属性。本节的选项包括生成代码时使用的默认目录、使用的文件扩展名、以及发生错误时是否停止生成代码。表14.2列出各个项目属性及其用途和默认值（在本表和后面的代码生成属性表中，我们列出最常用的属性）。

表14.2 Java项目属性

属性	用途	默认值
RootDir	保存Java项目的目录	<blank>
CreateMissingDirectories	如果为真，则创建需要而不存在的任何目录	True
StopOnError	如果为真，则Rose遇到第一个错误时即停止生成代码	False
UsePrefixes	如果为True，则Rose在变量名中增加用户定义前缀	False
AutoSync	在Rose模型中Java元素改变时自动开始代码生成过程	False
ShowCodeGenDlg	显示生成代码的进程对话框	False
JavadocDefaultAuthor	设置Javadoc @author tag标志值	<blank>
JavadocDefaultVersion	设置Javadoc @version tag标志值	<blank>
JavadocDefaultSince	设置Javadoc @since tag标志值	<blank>
JavadocNumAsterisks	Javadoc说明使用的星号个数	0
MaxNumChars	生成Java代码中一行的最大字符数	80
Editor	选择浏览代码时使用的编辑器	Rose内置编辑器
VM	选择Java虚拟机版本（Sun、IBM或Microsoft）	Sun
ClassPath	指定生成代码的目录	<blank>（用当前目录）
InstanceVariablePrefix	如果UsePrefixes为真，则在所有实例变量前加上这个前缀	m_
ClassVariablePrefix	如果UsePrefixes为真，则在所有类变量前加上这个前缀	s_
DefaultAttributeDataType	如果属性没有选择数据类型，则用这个类型	Integer
DefaultOperationReturnType	如果操作没有选择返回类型，则用这个类型	Void
NoClassCustomDlg	确定是否对Java类和其他元素取消定制规范窗口	False

（续表）

属性	用途	默认值
GlobalImports	设置要产生的导入语句，每个列出的类和包产生一个导入语句	<blank>
OpenBraceClassStyle	设置开括号是否另起一行	True
OpenBraceMethodStyle	设置方法的开括号是否另起一行	True
UseTabs	确定是否用Tab键（而不是空格）缩排生成的Java代码	False
UseSpaces	确定是否用空格（而不是Tab键）缩排生成的Java代码	True
SpacingItems	缩排生成的Java代码时使用的空格或Tab符个数（取决于UseTabs与UseSpaces值）	3
RoseDefaultCommentStyle	在生成代码中使用默认Rose说明语句样式	True
AsteriskCommentStyle	在生成代码中使用星号说明语句样式	False
JavaCommentStyle	在生成代码中使用Javadoc标志说明语句样式	False
JavadocAuthor	控制是否启用Javadoc @author标志	True
JavadocSince	控制是否启用Javadoc @since标志	False
JavadocVersion	控制是否启用Javadoc @version标志	False

这些项目属性大部分可以在Project Specification窗口中设置。要打开Project Specification窗口，选择Tools➤Java➤Project Specification。在Class Path标签中，可以设置ClassPath项目属性。

图14.5显示了Java Project Specification窗口的Style标签。在Style标签中可以设置下列属性值：

- UseTabs
- UseSpaces
- SpacingItems（Number to Use）
- OpenBraceClassStyle（On New Line for Classes）
- OpenBraceMethodStyle（On New Line for Methods）
- RoseDefaultCommentStyle（Rose Default）
- AsteriskCommentStyle（Asterisk Style）
- JavaCommentStyle（Javadoc Style）
- MaxNumChars（Maximum Number of Characters in a Line）
- JavadocAuthor, JavadocDefaultAuthor（@Author）
- JavadocVersion, JavadocDefaultVersion（@Version）
- JavadocSince, JavadocDefaultSince（@Since）
- JavadocNumAsterisks（Number of Asterisks）

这些项目属性的值见表14.2。

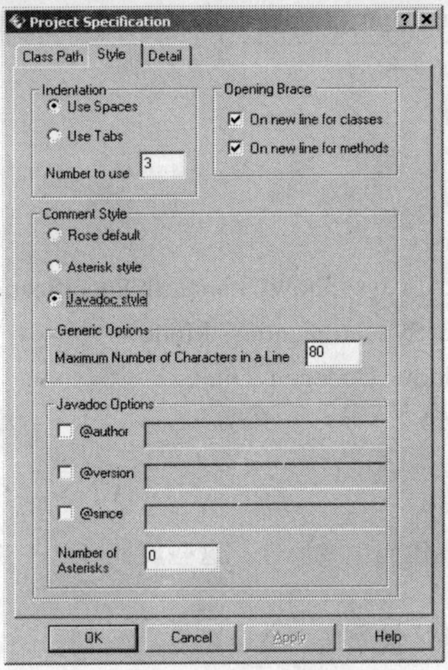

图14.5　Java Project Specification窗口的Style标签

在Java Project Specification窗口的Detail标签中可以设置下列属性值（如图14.6）：

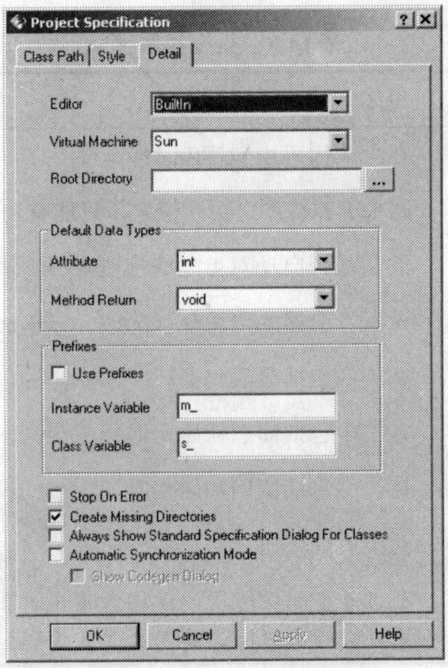

图14.6　Java Project Specification窗口的Detail标签

- Editor
- VM（Virtual Machine）
- RootDir（Root Directory）
- DefaultAttributeDataType（Attribute）

- DefaultOperationReturnType（Method Return）
- UsePrefixes
- InstanceVariablePrefix
- ClassVariablePrefix
- StopOnError
- CreateMissingDirectories
- NoClassCustomDlg（Always Show Standard Specification Dialog for Classes）
- AutoSync（Automatic Synchronization Mode）
- ShowCodeGenDlg（Show Codegen Dialog）

这些项目属性的值见表14.2。

类属性

本节介绍适用于类的Java代码生成属性。这些属性可以改变类名、确定是否对类生成构造器和设置其他类特定属性。

这些属性可以在三处设置。要对所有类设置类属性，选择Tools➤Options，然后选择Java标签，并从下拉列表框选择Class。如果要对一个类设置类属性，则要选择类规范窗口的Java标签并在此编辑属性，或打开类的定制Java类规范窗口。

表14.3列出了Java类属性及其用途与默认值。

表14.3 Java类属性

属性	用途	默认值
Final	在生成代码中包括final修饰符	False
Static	将嵌套Java类声明为静态，只能有一个类实例	False
GenerateDefaultConstructor	控制是否自动对类生成构造器	True
ConstructorIs	设置构造器的可见性（public、private、protected）	Public
GenerateFinalizer	在类中包括最后化器	False
GenerateStaticInitializer	在类中包括静态初始化器	False
GenerateInstanceInitializer	在类中包括实例初始化器	False
GenerateCode	对类生成代码	True
DisableAutoSync	在类改变时关闭代码自动生成（如果AutoSync项目属性设置为False，则总是关闭代码自动生成）	False

这些属性也可以用类的定制Java规范窗口设置，如图14.7。从这个窗口可以看出，可以用对应名称的字段设置每个类属性。ConstructorIs属性通过Constructor Visibility字段设置。

此外，可以用这个窗口将类标为抽象。抽象类不能直接实例化。可以将类标为接口，这时不再提供最后（final）修饰符、最后化器、静态初始化器和实例初始化器。利用Extends区可以列出这个类的任何父类。利用Implements区可以列出这个类实现的任何接口。

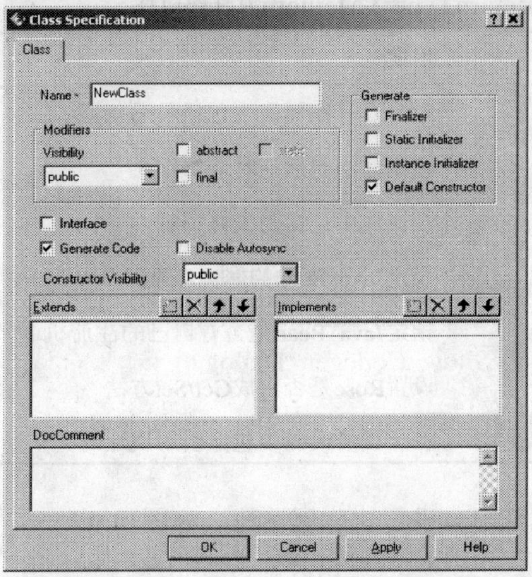

图14.7 用Java类规范窗口设置类属性

属性的属性

本节介绍与属性相关的代码生成属性。这些属性可以确定代码中是否生成属性等。

这些属性可以在三处设置。要对所有属性设置属性的属性，选择Tools➤Options，然后选择Java标签，并从下拉列表框选择Attribute。如果要对一个属性设置属性的属性，则要选择标准属性规范窗口的Java标签（右击浏览器中的属性并选择Open Standard Specification）或打开Java属性规范窗口（右击浏览器中的属性并选择Open Specification）并在此编辑属性。图14.8显示了Tools➤Options中的Java标签，可以设置所有属性的属性。

表14.4列出了Java属性的属性及其用途与默认值。

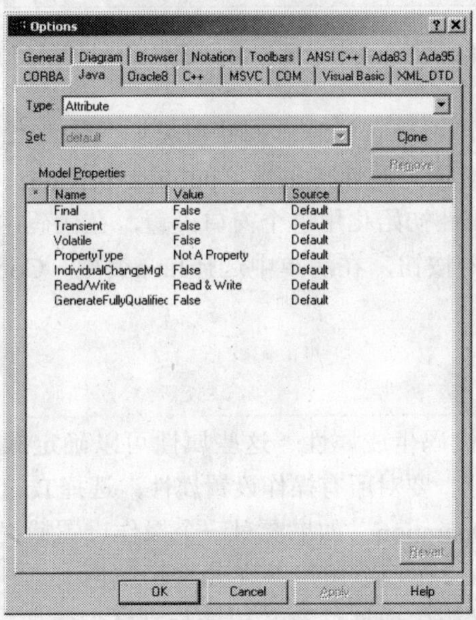

图14.8 设置Java属性的属性

表14.4　Java属性的属性

属性	用途	默认值
Final	如为真，在属性中包括最后化器	False
Transient	在属性中包括临时修饰符	False
Volatile	在属性中包括易失修饰符	False
PropertyType	指定Java Bean的属性类型	Not a Property
IndividualChangeMgt	指定Java Bean是否有自己的注册机制	False
Read/Write	设置Rose是否生成Get/Set方法	Read & Write
GenerateFullyQualifiedTypes	在生成的代码中包括引用属性的完整路径名	False

也可以用Java属性规范窗口设置这些属性值，如图14.9。

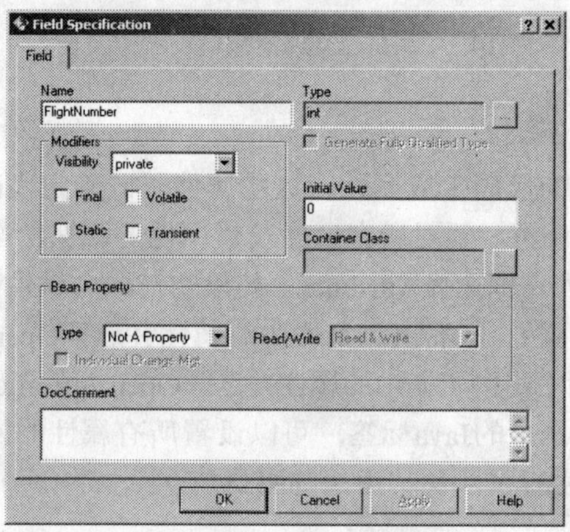

图14.9　用Java字段规范窗口设置属性的属性值

利用这个窗口，还可以设置静态标志、属性可见性、初始化和数据类型。静态标志使属性成为类变量而不是实例变量。属性可见性（public、private、protected或package）控制哪些类可以访问这个属性。属性初始化用这个窗口设置，在代码中生成。要设置数据类型，可以按Type字段旁边的省略号按钮，在清单中选择Java类型。Container Class字段也在这个窗口显示，但只用于关系。

操作属性

下面介绍与操作相关的代码生成属性。这些属性可以确定操作是否抽象。

这些属性可以在三处设置。要对所有操作设置属性，选择Tools➤Options，然后选择Java标签，并从下拉列表框选择Operation。如果要对一个操作设置操作的属性，则要选择操作规范窗口的Java标签或打开Java操作规范窗口并在此编辑属性。

表14.5列出了Java操作代码生成属性及其用途与默认值。

表14.5　Java操作属性

属性	用途	默认值
Abstract	在操作中包括抽象修饰符	False
Static	在操作中包括静态修饰符	False
Final	在操作中包括最后修饰符	False
Native	在操作中包括自然修饰符	False
Synchronized	在操作中包括同步修饰符	False

和属性一样，可以用Java规范窗口设置这些属性的值。图14.10显示了操作的Java规范窗口。

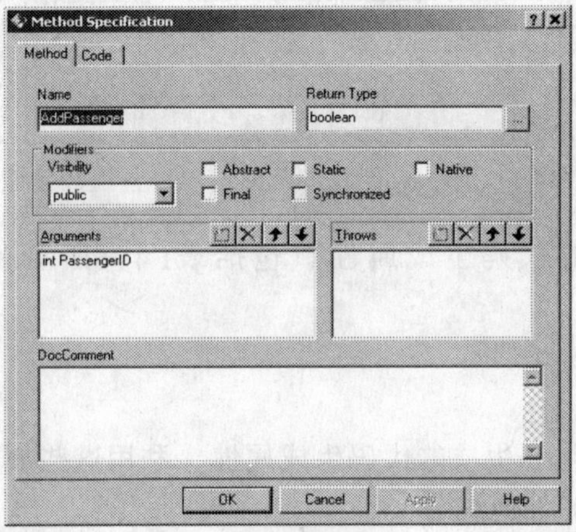

图14.10　用Java方法规范窗口设置操作属性的值

利用这个窗口，还可以设置操作可见性（public、private、protected或package）、操作返回类型、操作变元和操作抛出的异常清单。

模块属性

模块属性和体属性与从Rose生成的文件相关。这些属性可以确定是否在文件中包括版权声明，是否列出代码中要生成的任何配置管理字符串。

这些属性可以在三处设置。要对所有头文件设置头文件的属性，选择Tools➤Options，然后选择Java标签，并从下拉列表框选择Module Specification或Module Body。如果要对一个头文件设置头文件的属性，则要选择标准组件规范窗口的Java标签或打开Java组件规范窗口并在此编辑属性。

表14.6列出了Java模块规范代码生成属性、其用途与默认值。

表14.6　Java模块规范属性

属性	用途	默认值
CMIdentification	指定用户定义配置管理标识字符串	<blank>
CopyrightNotice	指定作为代码中说明语句的用户定义的版权字符串	<blank>

如图14.11所示的Java Component Specification窗口可以设置这些属性。还可以列出生成的代码中要包括的任何Java导入语句。

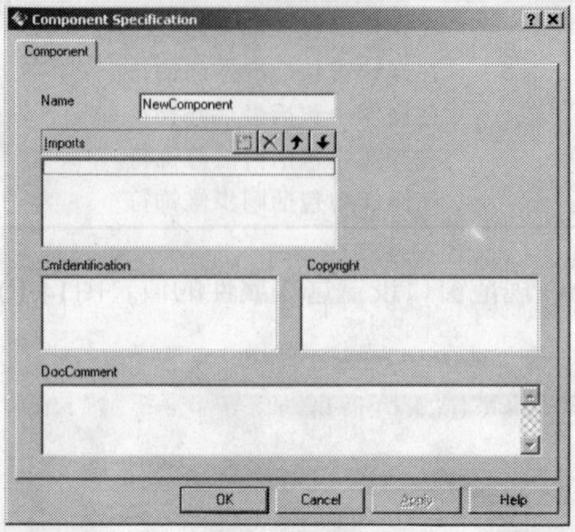

图14.11 在Java组件规范窗口中设置组件属性

也可以设置模块体的代码生成属性，包括表14.6所列的CMIdentification与CopyrightNotice属性。

作用属性

作用属性是影响关系代码生成的代码生成属性。利用这些属性可以设置属性使用的容器类和改变作用代码生成的其他细节。

这些属性也可以在三处设置。要对所有关系设置关系的属性，选择Tools➤Options，然后选择Java标签，并从下拉列表框选择Role。如果要设置一个关系的属性，则要选择作用规范窗口的Java标签或打开关系规范窗口并在此编辑属性。

表14.7列出了Java作用属性及其用途与默认值。

表14.7 Java作用属性

属性	用途	默认值
ContainerClass	指定关系基数大于1时使用的容器	<blank>
InitialValue	指定属性初始值	<blank>
Final	在属性中包括最后化器	False
Transient	在属性中包括临时修饰符	False
Volatile	在属性中包括易失修饰符	False
PropertyType	指定Java Bean的属性类型	Not a Property
IndividualChangeMgt	指定Java Bean是否有自己的注册机制	False
Read/Write (98i)	设置Rose是否生成Get/Set方法	Read & Write
GenerateFullyQualifiedTypes	在生成的代码中包括引用属性的完整路径名	False
IsNavigable	表示可移动性	True

生成代码

在Rose模型中创建类、关系、属性、操作、EJB、小服务和其他Java元素之后，就可以生成代码。要生成代码，步骤如下：

1. 创建所需的组件。
2. 将Java类赋予相应组件。
3. 设置代码生成属性。
4. 选择Tools➤Check Model检查语言特定模型错误。检查日志窗口中找到的任何错误，并解决这些错误。
5. 选择Tools➤Java➤Syntax Check检查Java特定问题，同样要检查日志窗口中找到的任何错误，并解决这些错误。
6. 选择要生成的类或组件。
7. 选择Tools➤Java➤Code Generation。
8. 要浏览类生成的代码，右击框图中的类并选择Java➤Browse Java Source。

生成的代码

下面几节介绍类、属性、操作与不同类间关系的Java代码生成方法。每节都列出一些样本代码，以便了解Rose模型生成的内容。

Rose用模型元素中的规范信息生成代码。例如，它用不同的类规范（可见性、属性、操作等）生成类代码。

下面先介绍典型类的代码生成。

类

生成代码时，对象模型中的类变成Java类。类的所有属性、操作和关系均在生成代码中体现。每个类生成的主要元素包括：

- 类名
- 类可见性
- 类构造器
- 类文档
- 属性
- 操作
- 关系

如果没有组件映射，则模型中的每个类生成一个扩展名为.java的文件。每个文件用类名命名。例如，Employee类生成Employee.java文件。若有组件映射，则每个组件映射的类都生成一个.java组件文件。

Rose模型中的大多数信息在代码生成时直接采用。例如，每个类的属性、操作、关系和类名直接影响代码生成。其他模型属性（如输入的类文档）不直接影响代码，而是成为生成代码中的说明语句。

表14.8列出了类规范窗口中的属性，并注意哪些属性直接影响代码生成。

表14.8 类规范对生成代码的影响

属性	对生成代码的影响
Name	模型中的名称成为类名
Type	直接影响创建的类类型
Stereotype	直接影响创建的类类型
Export Control	直接影响代码可见性
Documentation	说明语句
Persistence	影响类是否生成DDL
Abstract	创建抽象类
Formal Arguments	参数化类的代码中包括正式变元
Operations	在代码中生成
Attributes	在代码中生成
Relationships	在代码中生成

下面看看如下所示类的代码：

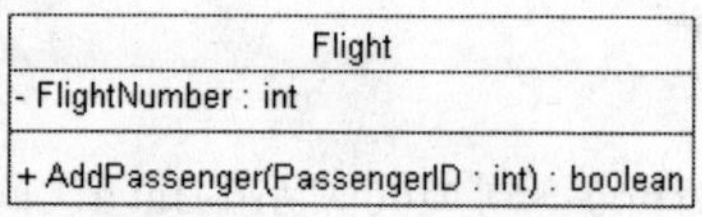

下列代码是这个类的Java文件：

```
//Source file: C:\\Flight.java

/* Copyright Notice */


/**
Comments for Flight Class
*/
public class Flight
{
   private int FlightNumber;

   public Flight()
   {
   }

   /**
   @roseuid 394461CB01F3
   */
   public boolean AddPassenger(int PassengerID)
   {
   }
}
```

版权声明段

版权声明段包括下列内容：

```
/* Copyright Notice */
```

默认情况下，代码不生成版权声明。但如果要在所有文件中增加版权声明段，可以改变代码生成属性如下：选择菜单中的Tools➤Options，然后选择Java标签，从下拉列表框选择Module Specification打开模块规范代码生成属性。将CopyrightNotice字段变成包括任何版权信息。输入信息后，即可生成版权声明段。

如果要覆盖特定组件的默认值，可以改变组件规范窗口的Copyright字段值或组件标准规范窗口Java标签的CopyrightNotice属性值。

属性

除类本身外，Rose还生成类的属性。对于每个属性，Rose在代码中放上属性可见性、数据类型和默认值信息。看看下面所示Flight类生成的代码：

```
//Source file: C:\\Flight.java

/* Copyright Notice */

/**
Comments for Flight Class
*/
public class Flight
{
   private int FlightNumber;

   public Flight()
   {
   }

   /**
   @roseuid 394461CB01F3
   */
   public boolean AddPassenger(int PassengerID)
   {
   }
}
```

可以看出，代码包括属性可见性和数据类型。如果设置默认值信息，则也在生成的代码中包括。

要对属性采用某个修饰符，如临时修饰符，将相应属性设置为True。这里将临时属性设置为True，在属性中加上临时修饰符如下：

```
//Source file: C:\\Flight.java

/* Copyright Notice */
```

```
/**
Comments for Flight Class
*/
public class Flight
{
   private transient int FlightNumber;
   public Flight()
   {
   }
   /**
   @roseuid 394461CB01F3
   */
   public boolean AddPassenger(int PassengerID)
   {
   }
}
```

可见性选项影响生成的属性。上例中（默认）采用private可见性。如果将属性设置为Protected或Public，则会得到下列代码：

```
//Source file: C:\\Flight.java

/* Copyright Notice */

/**
Comments for Flight Class
*/
public class Flight
{
   private transient int FlightNumber;
   public long DepartureDate;
   protected int GateNumber;

   public Flight()
   {
   }

   /**
   @roseuid 394461CB01F3
   */
   public boolean AddPassenger(int PassengerID)
   {
   }
}
```

操作

Rose生成类中每个操作。对于每个操作，生成的代码包括操作名、参数、参数数据类型和返回类型。下面对Flight类生成代码：

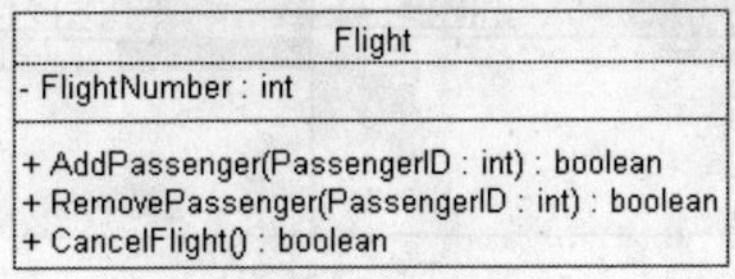


```
//Source file: C:\\Flight.java

public class Flight
{
   private int FlightNumber;

   public Flight()
   {
   }

   /**
   @roseuid 39446D1B0084
   */
   public boolean AddPassenger(int PassengerID)
   {
   }

   /**
   @roseuid 39446D230253
   */
   public boolean RemovePassenger(int PassengerID)
   {
   }

   /**
   @roseuid 39446D2B02AE
   */
   public boolean CancelFlight()
   {
   }
}
```

可以看出，代码中生成整个操作签名。输入的操作文档成为说明语句。

Rose生成操作的框架代码，即生成整个操作签名。生成代码后，要插入每个操作的实现代码，放在{}之间，使双向工程代码期间代码得到保护。

可以用下图所示的Java操作规范窗口输入异常信息：

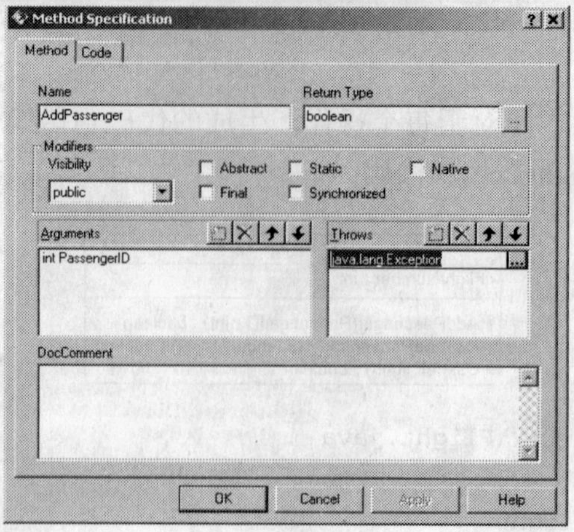

在Throws字段中，选择适当的Java异常类。生成代码时，也生成异常信息：

```
//Source file: C:\\Flight.java

public class Flight
{
   private int FlightNumber;

   public Flight()
   {
   }

   /**
   @roseuid 39446ECD011F
   */
   public boolean AddPassenger(int PassengerID) throws java.lang.Exception
   {
   }

   /**
   @roseuid 39446ED40101
   */
   public boolean RemovePassenger(int PassengerID)
   {
   }

   /**
   @roseuid 39446EDB03BE
   */
   public boolean CancelFlight()
   {
   }
}
```

和其他模型元素一样，可以修改代码生成属性以控制操作代码的生成。

双向关联

要支持双向关联，Rose在代码中生成属性。关系中的每个类包含一个支持关联的属性。默认情况下，Rose在类名前面加上“the”命名作用。下面看看下列关系生成的代码。

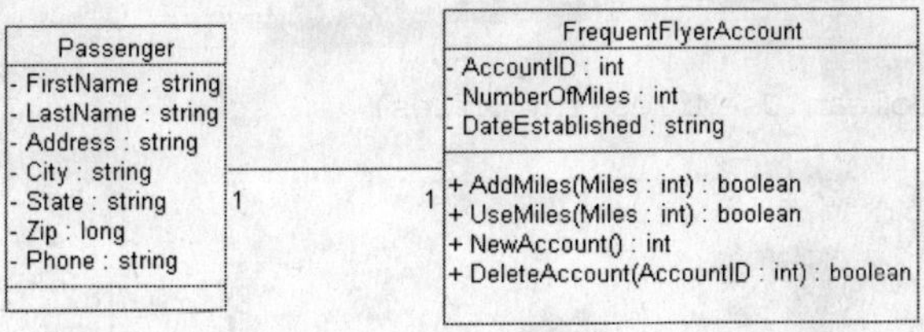

Passenger类的代码如下：

```
//Source file: C:\\Passenger.java

public class Passenger
{
    private string FirstName;
    private string LastName;
    private string Address;
    private string City;
    private string State;
    private long Zip;
    private string Phone;
    public FrequentFlyerAccount theFrequentFlyerAccount;

    public Passenger()
    {
    }
}
```

FrequentFlyerAccount类的代码如下：

```
//Source file: C:\\FrequentFlyerAccount.java

public class FrequentFlyerAccount
{
    private int AccountID;
    private int NumberOfMiles;
    private string DateEstablished;
    public Passenger thePassenger;

    public FrequentFlyerAccount()
    {
    }

    /**
    @roseuid 394590F100A2
    */
```

```
    public boolean AddMiles(int Miles)
    {
    }
    /**
    @roseuid 394590FE0209
    */
    public boolean UseMiles(int Miles)
    {
    }

    /**
    @roseuid 394591060124
    */
    public int NewAccount()
    {
    }

    /**
    @roseuid 39459113021D
    */
    public boolean DeleteAccount(int AccountID)
    {
    }
}
```

可以看出，Rose在双向关联关系的两端自动生成属性。利用FrequentFlyerAccount属性，Passenger可以方便地访问FrequentFlyerAccount的public属性和操作。利用Passenger属性，FrequentFlyerAccount可以方便地访问Passenger的public属性和操作。如果属性用不同名称而不用Passenger和FrequentFlyerAccount，则可以设置关联的作用名。代码中使用这些名称。本例中，我们将作用名设置为MyAccount与AccountHolder。

```
//Source file: C:\\Passenger.java

public class Passenger
{
    private string FirstName;
    private string LastName;
    private string Address;
    private string City;
    private string State;
    private long Zip;
    private string Phone;
    public FrequentFlyerAccount myAccount;

    public Passenger()
    {
    }
}
```

FrequentFlyerAccount代码如下：

```
//Source file: C:\\FrequentFlyerAccount.java

public class FrequentFlyerAccount
{
    private int AccountID;
    private int NumberOfMiles;
    private string DateEstablished;
    public Passenger AccountHolder;

    public FrequentFlyerAccount()
    {
    }

    /**
    @roseuid 394590F100A2
    */
    public boolean AddMiles(int Miles)
    {
    }

    /**
    @roseuid 394590FE0209
    */
    public boolean UseMiles(int Miles)
    {
    }

    /**
    @roseuid 394591060124
    */
    public int NewAccount()
    {
    }

    /**
    @roseuid 39459113021D
    */
    public boolean DeleteAccount(int AccountID)
    {
    }
}
```

Rose用作用名生成属性名。默认情况下，每个生成属性的可见性为public。要改变可见性，打开关联规范窗口，选择Role A General或Role B General标签，并改变导出控制属性。

注意，这个关联的基数为一对一。下面将要讲述的部分“基数为一对多的关联”和“基数为多对多的关联”会介绍基数对代码生成的影响。

还可以指定生成属性的初始值。打开所要关联的标准规范窗口，选择Java A或Java B标签，将InitialValue属性修改成包含生成属性的初始值。

单向关联

和双向关联一样，Rose也生成支持单向关联的属性。但对于单向关联，只在关系一端生成属性。下面看看Passenger与FrequentFlyerAccount类，这次用单向关联。

对上面的Passenger与FrequentFlyerAccount类，生成Passenger类代码如下：

```
//Source file: C:\\Passenger.java

public class Passenger
{
   private string FirstName;
   private string LastName;
   private string Address;
   private string City;
   private string State;
   private long Zip;
   private string Phone;
   public FrequentFlyerAccount theFrequentFlyerAccount;

   public Passenger()
   {
   }
}
```

FrequentFlyerAccount类代码如下：

```
//Source file: C:\\FrequentFlyerAccount.java

public class FrequentFlyerAccount
{
   private int AccountID;
   private int NumberOfMiles;
   private string DateEstablished;

   public FrequentFlyerAccount()
   {
   }

   /**
   @roseuid 394590F100A2
   */
   public boolean AddMiles(int Miles)
   {
   }

   /**
   @roseuid 394590FE0209
```

```
    */
    public boolean UseMiles(int Miles)
    {
    }

    /**
    @roseuid 394591060124
    */
    public int NewAccount()
    {
    }

    /**
    @roseuid 39459113021D
    */
    public boolean DeleteAccount(int AccountID)
    {
    }
}
```

可以看出，Rose只在关系一端生成专用属性。具体地说，是在client类中生成属性，而不在supplier类中生成。

在Supplier类中生成的代码和上面介绍的双向关联中的代码相同。对于双向关联，每个类提供一个新属性，两个类中都包括上节介绍的代码。而对于单向关联，则只在client类中生成代码。

注意，这个关联加进一对一的基数。下面将介绍基数设置对代码生成影响。

基数为一对多的关联

在一对一关系中，Rose只是生成支持关联的相应属性。而对于一对多关系，一个类要包含其他类的设置。下面举例说明。

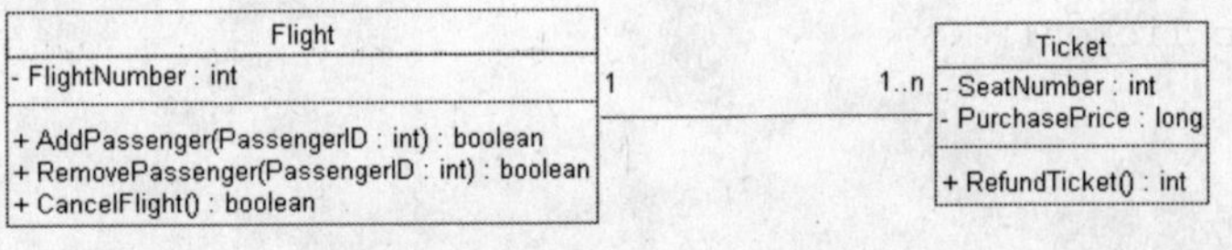

本例中是一对多关系。每个航班有多张票，但每张票只有一个航班。这个关系生成的Flight类代码如下：

```
//Source file: C:\\Flight.java

public class Flight
{
    private int FlightNumber;
    public Ticket theTicket[];

    public Flight()
    {
```

```
    }

    /**
    @roseuid 39446ECD011F
    */
    public boolean AddPassenger(int PassengerID)
    {
    }

    /**
    @roseuid 39446ED40101
    */
    public boolean RemovePassenger(int PassengerID)
    {
    }

    /**
    @roseuid 39446EDB03BE
    */
    public boolean CancelFlight()
    {
    }
}
```

Ticket类代码如下：

```
//Source file: C:\\Ticket.java

public class Ticket
{
    private int SeatNumber;
    private long PurchasePrice;
    public Flight theFlight;

    public Ticket()
    {
    }

    /**
    @roseuid 3945946F0378
    */
    public int RefundTicket()
    {
    }
}
```

这里Ticket类只是包含一个Flight类型的属性，因为基数为每个Ticket实例对应一个Flight实例，但每个Flight实例又对应多个Ticket实例，因而Flight中创建Ticket对象的数组。

如果不用数组，则可以将代码生成属性变成使用不同的容器类。在标准关联规范窗口的Java标签或Java关联规范窗口的Field标签中，将ContainerClass代码生成属性设置为要用的容器类名。

例如下例中，创建Ticket集的类TicketList，下列代码用于上述关联，但容器类为TicketList类型：

Flight代码：

```
//Source file: C:\\Flight.java

public class Flight
{
   private int FlightNumber;
   public TicketList theTicket;
   public Flight()
   {
   }

   /**
   @roseuid 39446ECD011F
   */
   public boolean AddPassenger(int PassengerID)
   {
   }

   /**
   @roseuid 39446ED40101
   */
   public boolean RemovePassenger(int PassengerID)
   {
   }

   /**
   @roseuid 39446EDB03BE
   */
   public boolean CancelFlight()
   {
   }
}
```

基数为多对多的关联

这里生成的代码与一对多关系中相似，但这里Rose在关系两端都生成数组。下面介绍下图所示关系的代码。

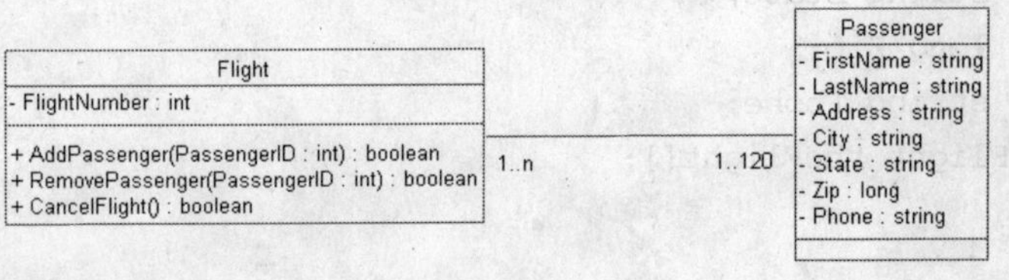

Flight代码：

```
//Source file: C:\\Flight.java

public class Flight
{
   private int FlightNumber;
   public Passenger thePassenger[];

   public Flight()
   {
   }

   /**
   @roseuid 39446ECD011F
   */
   public boolean AddPassenger(int PassengerID)
   {
   }

   /**
   @roseuid 39446ED40101
   */
   public boolean RemovePassenger(int PassengerID)
   {
   }

   /**
   @roseuid 39446EDB03BE
   */
   public boolean CancelFlight()
   {
   }
}
```

Passenger代码：

```
//Source file: C:\\Passenger.java

public class Passenger
{
   private string FirstName;
   private string LastName;
   private string Address;
   private string City;
   private string State;
   private long Zip;
   private string Phone;
   public Flight theFlight[];
```

```
    public Passenger()
    {
    }
}
```

在这个情形中，Rose在关系两端都生成数组。默认使用数组，但可以改变成用容器类。为此，使用关联的关系规范窗口，在Java A或Java B标签中，改变ContainerClass属性。将这个属性设置为要用的容器类名。

要改变所有多对多关联关系的容器类，从菜单中选择Tools➤Options，在Java标签中，从下拉列表框选择Role。将ContainerClass代码生成属性值变为要用的容器类名。

反身关联

反身关联与两个类之间的关联用相似方法处理。下面是下图情形的代码：

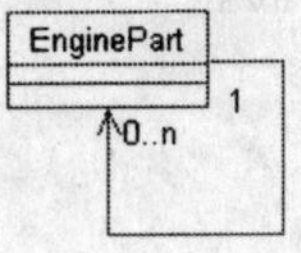


```
//Source file: C:\\EnginePart.java

public class EnginePart
{
    public EnginePart theEnginePart[];

    public EnginePart()
    {
    }
}
```

和普通关联一样，类中创建属性以支持关系。如果基数为一，则创建简单属性；如果基数为多，则创建数组属性，如上例所示。

累积

累积关系有两种：按值和按引用。在按值关系中，一个类包含另一个类。在按引用关系中，一个类包含另一个类的引用。Java中两种累积生成相同的代码。

下面是航班时刻表与其中航班的累积关系。每个航班时刻表包含一个或多个航班，每个航班可以在0个或多个航班时刻表中。

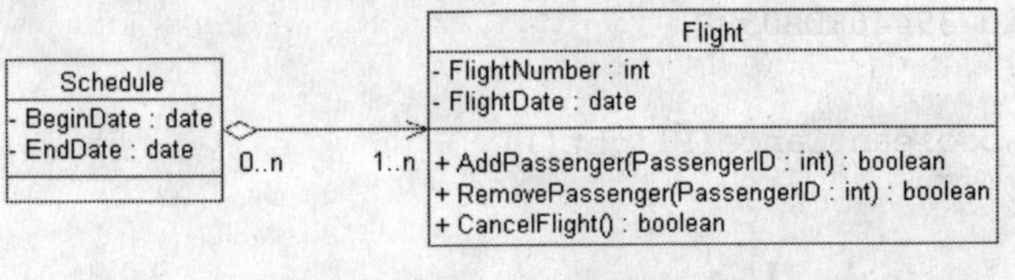

生成的代码显示Schedule中的Flight属性。由于关系的基数为一或多，因此Schedule中有个Flights数组。

Schedule类的代码如下：

```
//Source file: C:\\Schedule.java

public class Schedule
{
   private date BeginDate;
   private date EndDate;
   public Flight theFlight[];

   public Schedule()
   {
   }
}
```

Flight类的代码如下：

```
//Source file: C:\\Flight.java

public class Flight
{
   private int FlightNumber;
   private date FlightDate;

   public Flight()
   {
   }

   /**
   @roseuid 39446ECD011F
   */
   public boolean AddPassenger(int PassengerID)
   {
   }

   /**
   @roseuid 39446ED40101
   */
   public boolean RemovePassenger(int PassengerID)
   {
   }

   /**
   @roseuid 39446EDB03BE
   */
   public boolean CancelFlight()
   {
   }
}
```

关系的基数大于一时，Rose使用ContainerClass属性值。如果ContainerClass不含数值，则Rose使用包含多个对象的数组。

依赖性关系

对于依赖性关系，不创建属性。如果类A与类B有依赖性关系，则A和B中都不创建属性。下面是Flight与Passenger之间的依赖性关系：

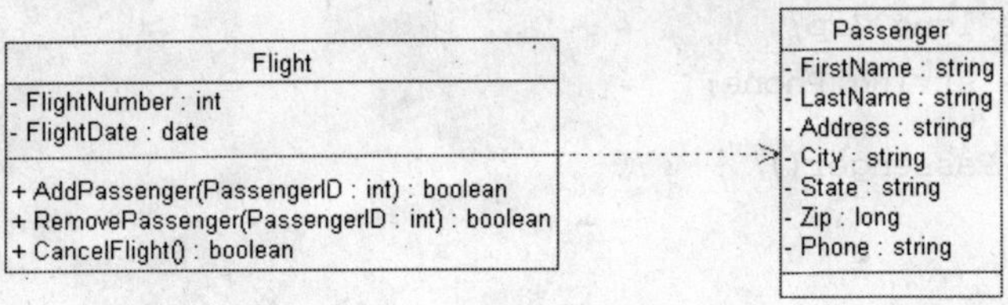

生成的代码样子如下：

```
//Source file: C:\\Flight.java

public class Flight
{
   private int FlightNumber;
   private date FlightDate;

   public Flight()
   {
   }

   /**
   @roseuid 39446ECD011F
   */
   public boolean AddPassenger(int PassengerID)
   {
   }

   /**
   @roseuid 39446ED40101
   */
   public boolean RemovePassenger(int PassengerID)
   {
   }

   /**
   @roseuid 39446EDB03BE
   */
   public boolean CancelFlight()
   {
   }
}
```

和

```
//Source file: C:\\Passenger.java

public class Passenger
{
```

```
    private string FirstName;
    private string LastName;
    private string Address;
    private string City;
    private string State;
    private long Zip;
    private string Phone;

    public Passenger()
    {
    }
}
```

Rose不在Flight中放入Passenger的引用，也不在Passenger中放入Flight的引用。依赖性关系不生成关系的代码。

一般化关系

UML一般化关系在Java中变成继承关系。在Rose模型中，继承关系显示如下：

对于一般化关系，Rose产生如下代码：

```
//Source file: Parent.java

//Source file: C:\\Parent.java

public class Parent
{
    public Parent()
    {
    }
}
```

和

```
//Source file: C:\\Child.java

public class Child extends Parent
{
    public Child()
    {
    }
}
```

在父类代码中，没有子类的说明语句，使父类更一般化，可以派生许多子类而不影响父类代码中。在子类中，支持从父类继承的代码。类声明如下：

```
Public class Child extends Parent
```

接口

在Rose中，Java接口表示为版型为Interface的类，包含操作签名，但不包含操作的任何实现。操作的实现放在其他类中。接口用实现关系连接实现接口的类。

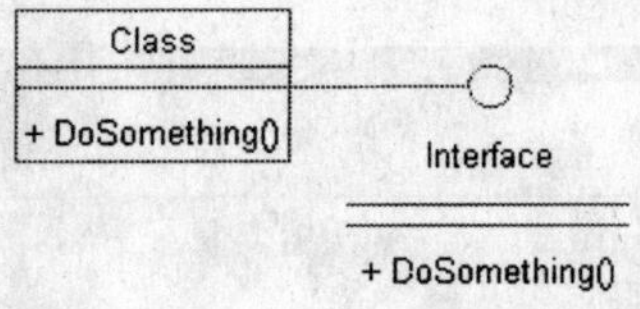

生成代码时，Rose生成Java接口。下面是接口和实现类的代码。

接口类的代码如下：

```
//Source file: C:\\Interface.java

public interface Interface
{

   /**
   @roseuid 3945AB7201CA
   */
   public void DoSomething();
}
```

实现类的代码如下：

```
//Source file: C:\\Class.java

public class Class implements Interface
{

   public Class()
   {
   }

   /**
   @roseuid 3945AC1B032C
   */
   public void DoSomething()
   {
   }
}
```

可以看出，Rose在实现类中放上“implements”关键字，设置这个类的接口。生成代码之后，可以在实现类中编写DoSomething()操作程序。

Java Beans

Rose中可以将Java Beans表示为属性。属性具有Rose中提供的所有标准规范，还有三个字段：Bean类型（Bound、Constrained、Simple或Not a Bean）；Read/Write字段，控制生成的Get与Set操作；还有改变管理的标志。图14.12显示的Java属性规范窗口可以设置这三个属性。

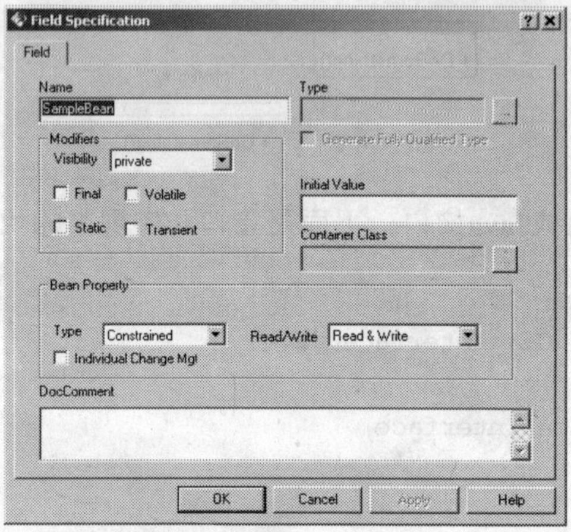

图14.12　设置Java Bean属性

Read/Write字段控制是否生成bean Get或bean Set操作。Read & Write选项创建Get与Set操作。Read只创建Get操作，而Write只创建Set操作。

Bean有三种。简单Bean只根据Read/Write字段值创建Get与Set方法。上例中，代码如下：

```
//Source file: C:\\SampleClass.java

public class SampleClass
{
   private int SampleBean;
   public SampleClass()
   {
   }

   /**
* Access method for the SampleBean property.
*
* @return   the current value of the SampleBean property
   @roseuid
   */
   public int getSampleBean()
   {
```

```
        return SampleBean;
    }

    /**
 * Sets the value of the SampleBean property.
 *
 * @param aSampleBean the new value of the SampleBean property
    @roseuid
    */
    public void setSampleBean(int aSampleBean)
    {
        SampleBean = aSampleBean;
    }
}
```

对边界Bean，Rose在生成的代码中包括import java.beans.*语句。此外，它还生成一个声明、一个Set操作、一个可选Get操作（取决于Read/Write字段）、一个PropertyChangeSupport属性、一个addPropertyChangeListener操作和一个removePropertyChangeListener操作。这时代码如下：

```
//Source file: C:\\SampleClass.java
import java.beans.*;
public class SampleClass
{
    private int SampleBean;

    /**
 * common PropertyChangeSupport instance
    */
    protected PropertyChangeSupport commonPCS = new PropertyChangeSupport(this);

    public SampleClass()
    {
    }

    /**
 * Access method for the SampleBean property.
 *
 * @return   the current value of the SampleBean property
    @roseuid
    */
    public int getSampleBean()
    {
        return SampleBean;
    }

    /**
 * Sets the value of the SampleBean property.
```

```
    *
    * @param aSampleBean the new value of the SampleBean property
    @roseuid
    */
    public void setSampleBean(int aSampleBean)
    {
      SampleBean = aSampleBean;
    }

    public void addPropertyChangeListener(PropertyChangeListener listener)
    {
      commonPCS.addPropertyChangeListener(listener);
      }

    public void removePropertyChangeListener(PropertyChangeListener listener)
    {
      commonPCS.removePropertyChangeListener(listener);
      }
}
```

最后，对于限制**Bean**，**Rose**在生成的代码中包括**import java.beans.***语句。也生成一个声明、一个**Set**操作、一个可选**Get**操作（取决于**Read/Write**字段）、一个**VetoableChange-Support**属性、一个**addVetoableChangeListener**操作和一个**removeVetoableChangeListener**操作。这时代码如下：

```
//Source file: C:\\SampleClass.java

import java.beans.*;

public class SampleClass
{
   private int SampleBean;

   /**
   * common VetoableChangeSupport instance
   */
   protected VetoableChangeSupport commonVCS = new VetoableChangeSupport(this);

   public SampleClass()
   {
   }

   /**
   * Access method for the SampleBean property.
   *
   * @return   the current value of the SampleBean property
   @roseuid
   */
   public int getSampleBean()
   {
```

```
        return SampleBean;
    }

    /**
  * Sets the value of the SampleBean property.
  *
  * @param aSampleBean the new value of the SampleBean property
    @roseuid
    */
   public void setSampleBean(int aSampleBean) throws PropertyVetoException
    {
        SampleBean = aSampleBean;
    }

    public void addVetoableChangeListener(VetoableChangeListener listener)
    {
        commonVCS.addVetoableChangeListener(listener);
        }
    public void removeVetoableChangeListener(VetoableChangeListener listener)
    {
        commonVCS.removeVetoableChangeListener(listener);
        }
}
/*
SampleClass.removePropertyChangeListener(PropertyChangeListener){
        commonPCS.removePropertyChangeListener(listener);
        }
  */
/*
SampleClass.addPropertyChangeListener(PropertyChangeListener){
        commonPCS.addPropertyChangeListener(listener);
        }
  */
```

J2EE支持

J2EE标准不必涉及事务处理、数据库连接和安全性细节而可以开发复杂的分布式应用程序。J2EE使开发人员可以集中考虑应用程序的惟一业务逻辑。现在Rational Rose中支持J2EE元素，包括EJB、小服务、JAR文件和WAR文件。本节介绍如何在Rose中生成这四种类型的元素。

EJB

Rose中把Enterprise Java Bean或EJB表示为EJB版型的类。根据Bean类型（Entity或Session），类的版型为EJBEntity或EJBSession。实体EJB与三个其他元素有关系：主接口、

远程接口和主键，分别在Rose中表示为EJBHomeInterface、EJBRemoteInterface与EJBPrimaryKey版型的类。图14.13显示了实体EJB的例子。

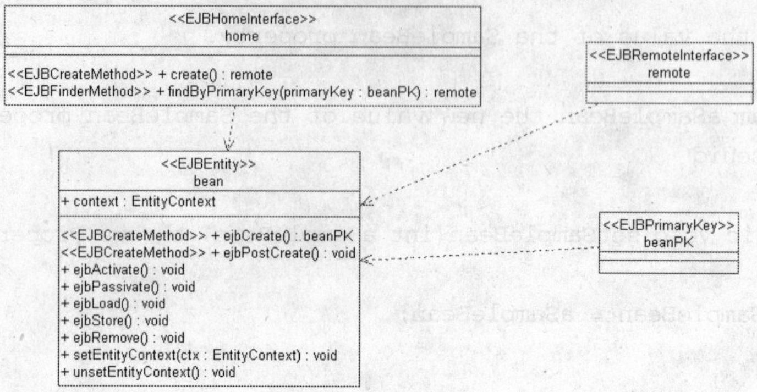

图14.13 实体Bean的例子

对会话EJB，类与两个其他元素有关系：主接口、远程接口，这些类的版型分别为EJBHomeInterface与EJBRemoteInterface。

要创建EJB，选择Tools➤Java➤J2EE➤New EJB。用图14.14所示的窗口，输入EJB类型（Entity或Session）、主接口名、远程接口名和EJB名。

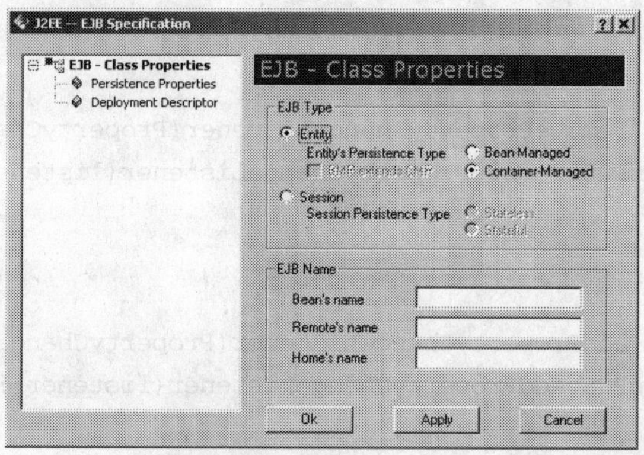

图14.14 设置EJB属性

如果是实体bean，则可以用Bean-Managed或Container-Managed单选钮控制Bean的持久性是由容器还是由Bean管理。

如果是会话bean，则可以用Stateless或Stateful单选钮控制客户机是否在方法调用之间维护Bean状态。

如果是实体EJB，则可以在图14.14所示窗口左边的树视图中选择Persistence Properties选项。Persistence Properties窗口如图14.15。利用这个窗口可以设置主键类名和ejbFinder的方法、名称、参数与参数类型。

可以在Primary Key Class Name字段中输入主键名，也可以选择Match Pattern复选框。如果选择Match Pattern复选框，则主键名为bean名加上“PK”字样。

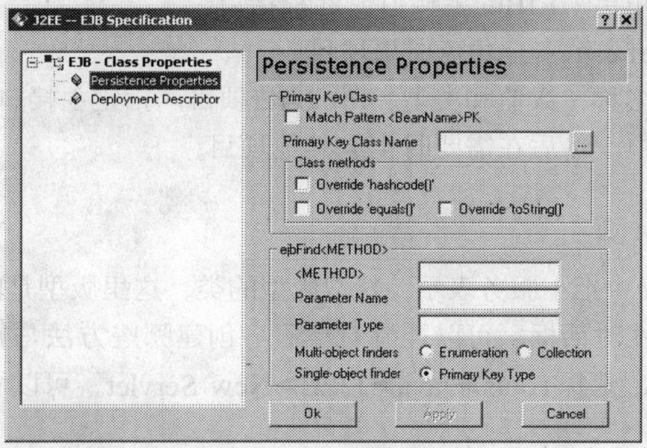

图14.15 设置持久性属性

在Class Methods字段中选择hashcode()、equals()或toString()复选框时，Rose在代码中生成相应方法。

在ejbFind<Method>字段中，输入要创建的ejbFinder方法名。在Parameter Name字段中，输入方法的参数。如果有多个参数，用逗号分开。在Parameter Type字段中，输入每个参数的数据类型。按参数顺序输入类型，用逗号分开。

选择窗口左边的树视图中的Deployment Descriptor选项打开Deployment Descriptor窗口，如图14.16。设置这些属性之后，Rose可以对描述符生成相应XML文档。

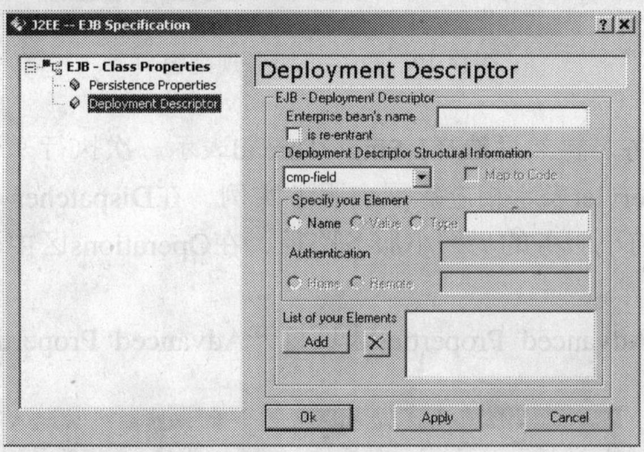

图14.16 设置Deployment Descriptor属性

还可以在Enterprise Bean的Name字段中输入数值。如果输入名称，则这是.jar文件中使用的名称，否则Rose用实现bean的名称。

然后可以在多个客户机访问bean方法时选择Is Re-entrant框。

在Deployment Descriptor Structural Information区中，从下拉列表框选择下列项目之一：

- Cmp-field表示容器管理持久性项目
- Env-entry表示环境变量项目
- Resource-ref表示资源管理器引用项目

· Ejb-ref表示引用另一EJB的主接口或远程接口

· Security-role-ref表示安全角色引用项目

然后输入项目的名称、数值和类型。对ejb-ref项目，指定主接口和远程接口。单击Add按钮将项目加进清单中，然后在需要时生成其他项目。

小服务

和EJB一样，Rose中把小服务表示为特殊版型的类。这里版型是Http_Servlet。利用本节前面介绍的小服务属性对话框，可以控制对小服务创建哪些方法与属性。

要创建新小服务，选择Tools➤Java➤J2EE➤New Servlet。可以看到J2EE小服务规范窗口，如图14.17。

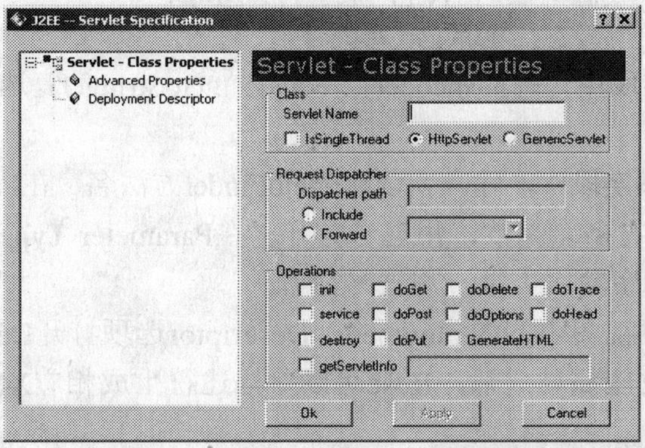

图14.17 J2EE小服务规范窗口

首先要输入小服务名。然后选择IsSingleThread表示一次执行一个小服务实例；或选择HttpServlet或GenericServlet表示相应扩展小服务实例。在Dispatcher Path字段中，输入接收请求或发送请求到当前小服务的另一小服务路径。在Operations区中，选择让Rose生成小服务的方法。

选择窗口左边的Advanced Properties选项打开Advanced Properties窗口，如图14.18。

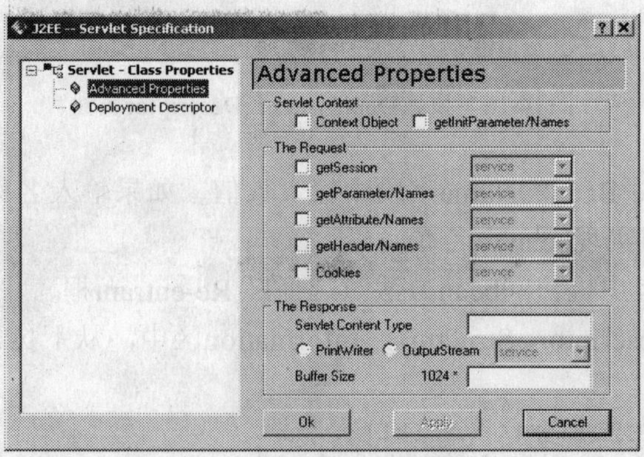

图14.18 小服务Advanced Properties窗口

选择Context Object复选框创建小服务情境对象。在The Request部分，选择小服务用来读取请求的方法。在Servlet Content Type字段中输入小服务响应客户机的类型。

选择窗口左边的Deployment Descriptor选项打开小服务的部署描述项选项，如图14.19。这些参数对小服务创建WAR文件。

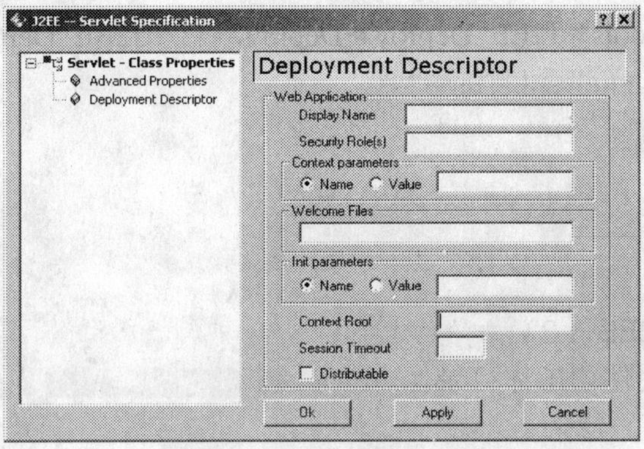

图14.19 小服务Deployment Descriptor窗口

首先在Display Name字段中输入小服务描述名。然后输入安全角色与名称和情境参数值（如有）。然后列出要包括的欢迎文件，输入初始参数名与数值，提供会话超时值和选择小服务是否可分配。

JAR与WAR文件

Java Archive（JAR）与Web Archive（WAR）文件分别是EJB和小服务的窗口。要创建JAR文件，选择Tools➤Java➤J2EE➤New ejb-JAR file。要生成WAR文件，选择Tools➤Java➤J2EE ➤New WAR file。此时将出现JAR或WAR规范窗口。图14.20显示了JAR规范窗口。

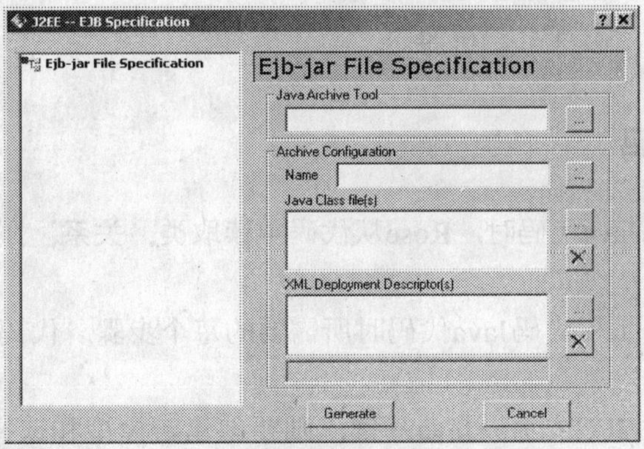

图14.20 JAR规范窗口

在Java Archive Tool字段中，选择创建JAR的执行文件（如果生成WAR，选择生成WAR的执行文件）。在Name字段中输入JAR或WAR名。在Java Class File(s)字段中选择JAR或WAR中要包括的类。最后，在XML Deployment Descriptor(s)字段中，选择要包括的XML部署描述项。

自动J2EE部署

在Rose 2001A中，可以生成Java类的源代码，生成之后手工部署。在Rose 2002中，可以自动将Java类部署到WebLogic、WebSphere与Sun Reference实现。部署Java类的步骤如下：

1. 从菜单中选择Tools➤J2EE Deploy➤Deploy，启动J2EE Deployment Wizard。
2. 从下列清单中选择部署目标：

   WebLogic 5.1

   WebLogic 6.0

   WebLogic 6.1

   WebSphere 3.5

   Web Server（J2EE 1.2）
3. 选择存储临时文件的工作目录。
4. 选择Java类文件的目录。
5. 选择Edit XML Deployment Descriptors在部署之前定制XML部署描述项文件。

   Rose对所选部署目标显示Properties窗口。窗口中的信息与部署目标有关。
6. 指定属性值，然后单击Next按钮。
7. Rose打开要部署的模型元素的窗口。
8. 选择要部署的模型元素，然后单击Next按钮。部署到WebLogic与WebSphere时可以部署EJB和Java类；部署到WebApplication时可以部署Web文件、小服务和Java类。

   Rose显示汇总屏幕。
9. 在部署之前进行检查和修改。

   如果选择Edit XML Deployment Descriptors复选框，则Rose显示一个编辑器，可以编辑XML部署描述项。
10. 单击Save All开始部署过程。

    Rose完成之后，出现汇总屏幕。

逆向转出工程代码

逆向转出工程代码Java代码时，Rose从代码中读取类、关系、属性与操作并生成相应的模型元素。

本节介绍逆向转出工程代码Java代码时所需要的每个步骤。代码中的信息直接导入当前打开的Rose模型中。

1. 如果使用J2EE、JFC或另一Java基础，则要创建新模型和选择相应框架。
2. 选择Tools➤Java➤Reverse Engineer Java。Rose显示Java Reverse Engineer窗口，如图14.21所示。利用这个窗口，可以选择要逆向转出工程代码的文件。

   如果看到的消息表示ClassPath环境变量没有设置，则首先要创建ClassPath环境变量并将这个变量设置为存储Java类文件的目录。

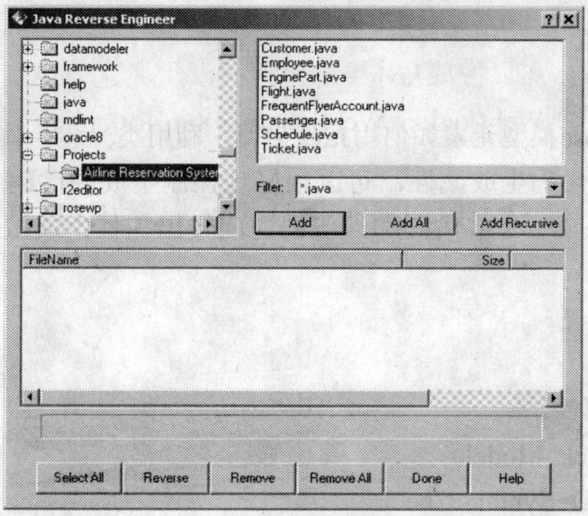

图14.21　Java Reverse Engineer窗口

3. 从目录树结构中选择要逆向转出工程代码的文件所在目录。改变目录时，窗口右上角的列表框中出现文件清单，如图14.21。
4. 选择要逆向转出工程代码的文件并按Add按钮。这时文件出现在窗口下方。
5. 将需要的所有文件加进窗口下方之后，单击选择要逆向转出工程代码的文件（或按Select All按钮逆向转出工程代码所有文件），然后单击Reverse按钮。如果遇到任何错误，则这些错误写入日志窗口中。

可以逆向转出工程代码.java文件、.class文件、.jar文件或.cab文件。Rose逆向转出工程代码Java代码时，把新类放在浏览器中，但不放在任何Class框图中。

Java结构用本章介绍的映射方法逆向转出工程代码。例如，接口表示为Interface版型的类。这里简要介绍逆向转出工程代码的映射。

Rose寻找源代码中的类，逆向转出工程代码每个类的属性与操作。对每个操作，模型中不包括操作代码本身，但包括操作签名以及参数和返回类型。Rose还寻找和建模操作中的“static”、“final”、“abstract”、“native”或“synchronized”关键字。最后，Rose建模操作可见性public、private、protected或package。

Rose还寻找接口并将其逆向转出工程代码为Interface版型的类，在实现类和接口之间建立实现关系。

如果属性是整型或字符串之类的基本数据类型，则Rose只把其表示为逆向转出工程代码类的属性。但如果属性类型是Rose模型中的另一个类，则Rose将其建模为两个类之间的关系。例如，如果Flight类具有属性PassengerName，其类型为Passenger，则Rose创建Flight与Passenger之间的关联，作用名为PassengerName。

对每个属性，Rose检查初始化、属性可见性（public、private、protected或package）和属性的“static”、“final”、“volatile”或“transient”关键字。

小结

本章介绍了各个Rose模型元素如何用Java实现。利用类、包、属性、操作、关联、累积和其他Rose模型元素的代码生成属性，可以很好地控制生成的代码。

我们介绍了从Rose模型生成代码和从代码逆向转出工程生成Rose模型的步骤。生成代码的步骤如下：

1. 创建组件。
2. 将类赋予组件。
3. 选择代码生成属性。
4. 选择Tools➤Check Model。
5. 选择Tools➤Java➤Syntax Check。
6. 选择要生成的类和组件。
7. 选择Tools➤Java➤Code Generation。

逆向转出工程代码Java代码的步骤如下：

1. 装入相应框架。
2. 选择Tools➤Java➤Reverse Engineer Java。
3. 选择要逆向转出工程代码的文件然后单击Reverse按钮。

下一章介绍Rose与Visual Basic代码生成和逆向转出工程代码。Visual Basic加入件包括类模块、窗体、接口、ADO对象等VB标准结构。向导驱动用户界面可以方便快捷地设置代码生成属性、产生VB代码和逆向转出工程代码VB代码。所有这些特性可以帮助建立坚实的应用程序，与对象模型保持一致。

第15章 Visual Basic代码生成和逆向转出工程代码

本章介绍如何从Rational Rose模型生成Visual Basic代码和把Visual Basic代码逆向转出工程代码为Rose模型。

生成代码的步骤如下：

1. 创建组件（见第10章）。
2. 将类赋予组件（见第10章）。
3. 设置代码生成属性。
4. 选择Class或Component框图上的类或组件。
5. 选择Tools➤Visual Basic➤Update Code（或Code-Generation）开始代码生成向导。
6. 选择Tools➤Visual Basic➤Browse Visual Basic Source浏览器生成的代码。

我们将介绍可以设置的代码生成属性和代码中如何实现各个Rose模型元素。

Rose用模型中的大量信息生成代码。例如，它要利用每个关系的倍增性、作用名、包和其他细节，也要利用每个类的属性、操作、可见性和其他细节。Rose从各个模型元素规范窗口中输入的信息收集生成代码所需的信息。

逆向转出工程代码的步骤如下：

1. 创建组件并将Visual Basic项目赋予组件。
2. 选择Tools➤Visual Basic➤Update Model。
3. 选择要更新的类和组件
4. 选择Finish完成这个过程。
   - 设置Visual Basic代码生成属性
   - 从Rose模型生成Visual Basic代码
   - 将Rose元素映射到Visual Basic结构
   - 把Visual Basic代码逆向转出工程代码为Rose模型

开始Visual Basic项目

如果不想从头开始，也可以将标准Visual Basic类导入Rose模型中。这样就可以访问所有标准类和接口，能够在类与标准Visual Basic类之间建立适当的关系。这样可以帮助代码生成和逆向转出工程代码过程。

首先创建新Rose模型。出现Framework Wizard时，选择Visual Basic Standard。Visual Basic框架装入，并在Logical视图的stdole Ver 2.0、VB Ver 6.0、VBA Ver 6.0和VBRUN Ver 6.0包中显示类。Rose模型如图15.1所示。

每个包包含一组标准类、接口和关系。每个包中的总体框图表示包中的元素和它们之间的关系。可以先了解包中的模型元素，然后再设置类与标准类之间所需要的关系。

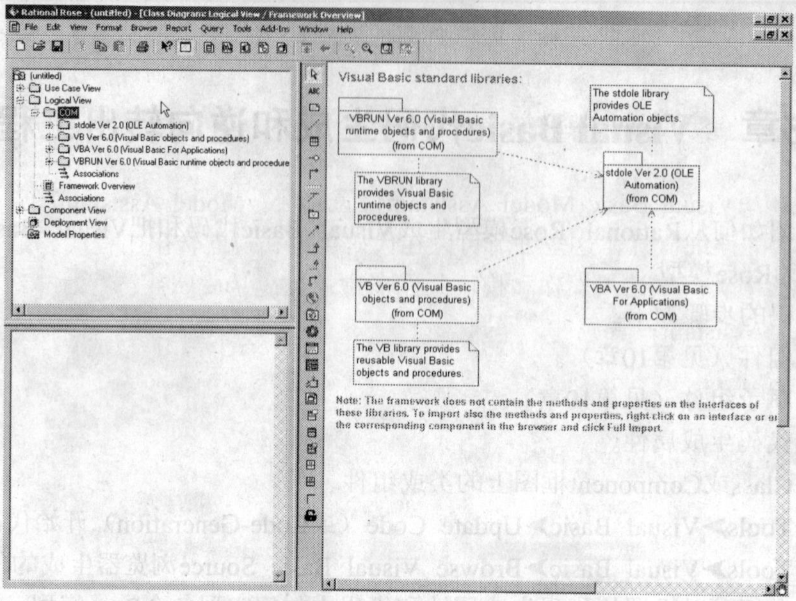

图15.1 Visual Basic框架

Visual Basic代码生成属性

用Rational Rose生成Visual Basic代码相当灵活。可以完全控制生成的内容和生成多少细节。例如，对于每个类，可以确定是否自动创建初始化和终止程序。对每个属性，可以控制可见性、名称和是否自动生成Get与Set操作。对每个模块，可以控制文件名。对每个一般化，可以控制是否采用实现委托。

这一切都是通过代码生成属性控制的。Rose提供涉及类、属性、操作、模块规范、关联和一般化的属性设置。

要显示所有这些属性，选择Tools➤Options，然后选择Visual Basic标签。

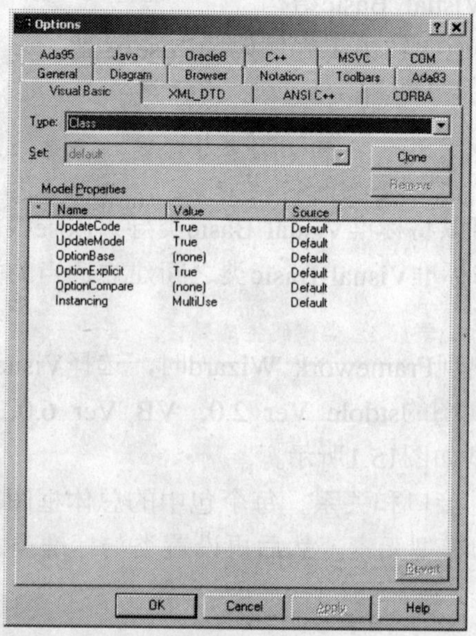

这个窗口中所作的任何改变都设置所有类、属性、操作等的默认值。

也可以对单个类、属性、操作和其他模型元素设置代码生成属性。为此，打开模型元素的规范窗口，并选择Visual Basic标签。在这个标签上，可以改变适用于各个模型元素的属性。

最后，可以用Visual Basic Model Assistant设置属性。Model Assistant图形工具提供类与其他模型元素的详细信息。这些细节可以在代码生成和逆向转出工程代码过程中使用。

下面几节介绍类、属性、操作和模块的许多常用代码生成属性。同时介绍如何利用规范窗口或Model Assistant设置属性。

类属性

类属性是适用于类的Visual Basic代码生成属性。这些属性可以改变类名以及设置其他类特定属性。

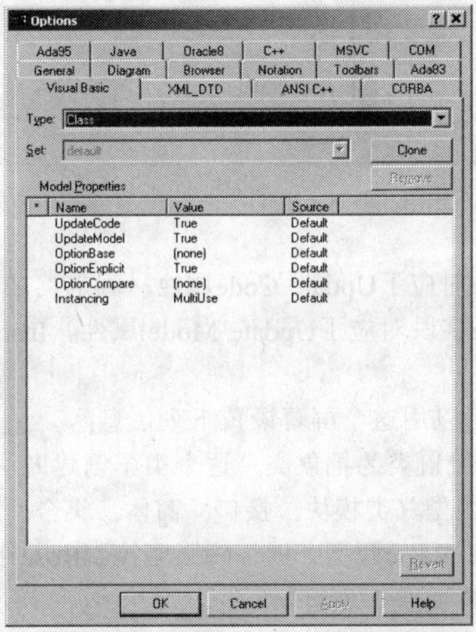

这些属性可以在三个地方设置。要设置所有类的这些属性，选择Tools➤Options，然后选择Visual Basic标签，并从下拉列表框选择Class。要设置一个类的属性，在类规范窗口选择Visual Basic标签并编辑这些属性，或使用Model Assistant。

表15.1列出许多Visual Basic类属性及其作用和默认值。

表15.1　类代码生成属性

属性	用途	默认
Update Code	指定该类能否更新代码	True
Update Model	指定该类能否更新模型	True
OptionBase	设置数组基数标识符（通常为0和1）	<blank>
OptionExplicit	控制变量名是否需要显式声明	True
OptionCompare	控制比较字符串的方法	<blank>
Instancing	确定类如何向其他应用程序提供	MultiUse

其中许多类属性可以用Model Assistant设置。要打开Model Assistant，右击类并选择Model Assistant。出现图15.2所示的窗口。

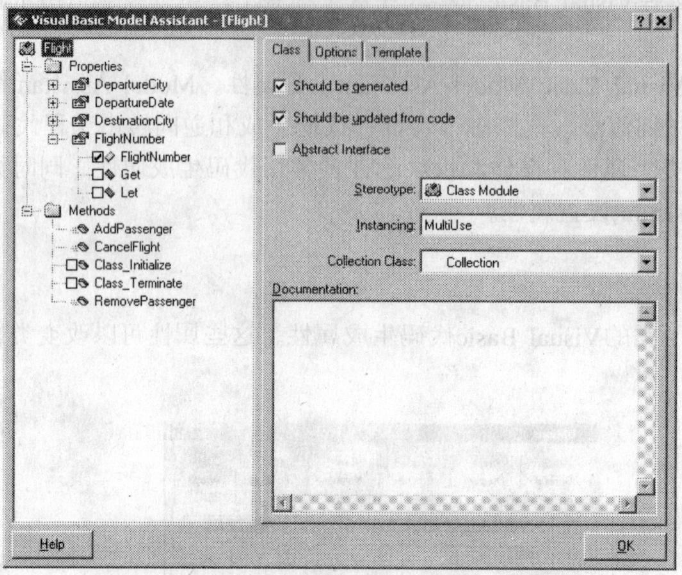

图15.2 用Model Assistant的Class标签设置类属性

Should Be Generated字段对应于Update Code属性，确定类是否在生成的代码中反映。Should Be Updated from Code字段对应于Update Model属性。Instancing字段对应于Instancing属性。

除了这些字段之外，还可以用这个屏幕设置下列信息：

- Abstract Interface字段设置类为抽象类。这个类不创建方法体。
- Stereotype字段设置类类型（类模块、接口、窗体、集合、模块，等等）。从下拉列表框中选择标准Visual Basic版型。选择的版型控制Rose在Visual Basic中生成的类类型。
- Collection Class字段创建新的用户定义集合类。Rose创建集合类并设置集合类与当前类之间的依赖性。

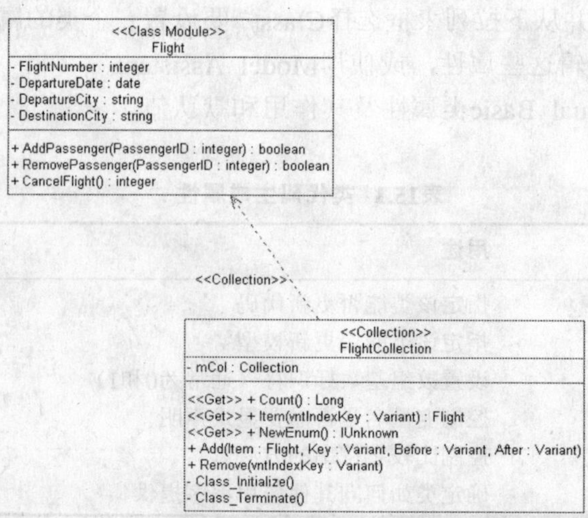

利用Model Assistant的Options标签可以设置Option Base、Option Explicit与Option Compare属性，如图15.3。

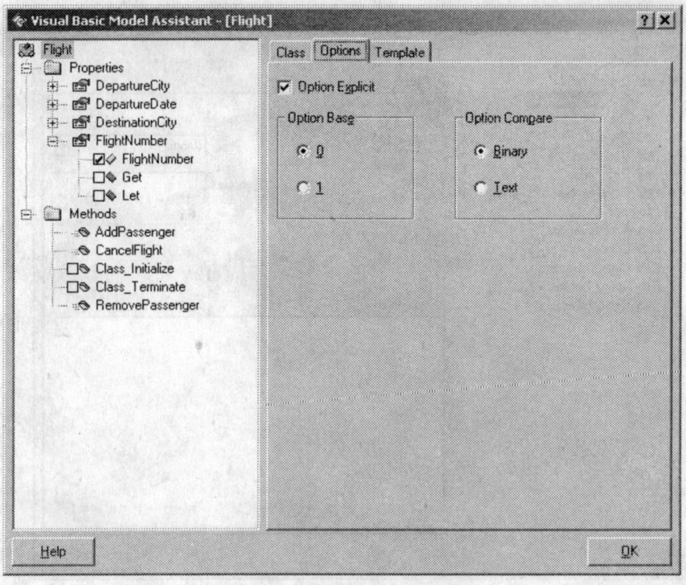

图15.3 用Model Assistant的Options标签设置类属性

利用Template标签可以控制是否把调试代码加进类的Initialize与Terminate事件，是否在类方法中增加"Your code goes here..."说明，是否在类方法中增加错误处理代码。默认情况下，这些选项都设置为False。有些类版型还有另一些字段，可以用Template标签设置，见稍后"生成的代码"中"类"一节介绍。

属性的属性

属性的属性是与属性相关的Visual Basic属性。利用这些属性可以确定代码中是否生成属性、生成代码中用什么属性名和属性是否生成Get、Set或Let操作。

这种属性可以在三个地方设置。要设置所有属性的这些属性，选择Tools➤Options，然后选择Visual Basic标签，并从下拉列表框选择Attribute。要设置一个属性的属性，在属性规范窗口选择Visual Basic标签并编辑这些属性或使用Model Assistant。

表15.2列出许多Visual Basic属性的属性及其作用和默认值。

表15.2 属性代码生成属性

属性	用途	默认
New	控制属性是否用new修饰符生成	False
WithEvents	控制属性是否用With Events修饰符生成	False
ProcedureID	设置Visual Basic过程ID	<blank>
PropertyName	属性所属的属性名	<blank>
Subscript	指定属性的数组下标	<blank>

如图15.4所示，可以用Model Assistant设置属性可见性和数据类型。还可以用这个窗口设置New、WithEvents与Subscript属性。

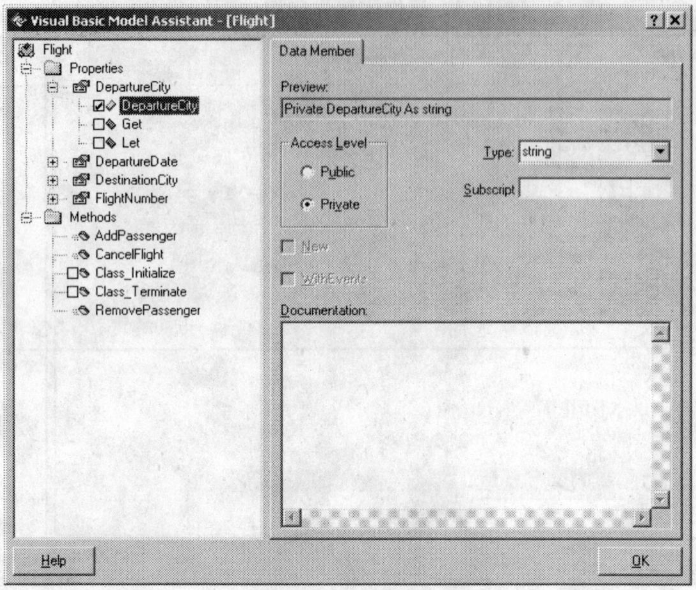

图15.4 用Model Assistant设置属性的属性

在Model Assistant树视图部分的每个属性下面，可以看到Get与Let选项。选择这些选项控制是否对这个特定属性生成Get与Let方法。选择要生成的方法之后，可以用Model Assistant对这个方法设置其他信息。这个信息见下节“操作属性”。

操作属性

操作属性是针对操作的Visual Basic代码生成属性。这些属性可以设置操作名、控制操作是否静态和设置操作的其他代码生成属性。

这种属性可以在三个地方设置。要设置所有操作的这些属性，选择Tools➤Options，然后选择Visual Basic标签，并从下拉列表框选择Operation。要设置一个操作的属性，在操作规范窗口选择Visual Basic标签并编辑这些属性，或使用Model Assistant。

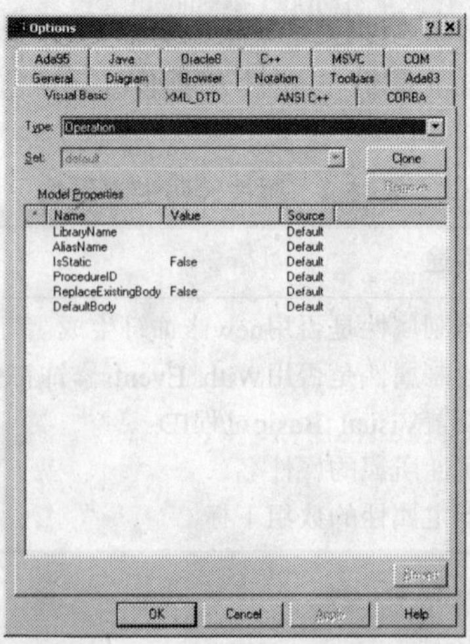

表15.3列出许多Visual Basic操作代码生成属性及其作用和默认值。

表15.3 操作代码生成属性

属性	用途	默认值
LibraryName	设置生成操作的库名	<blank>
AliasName	设置操作别名	<blank>
IsStatic	控制操作是否静态	False
ProcedureID	设置Visual Basic过程ID	<blank>
ReplaceExistingBody	指定是否用默认体代码覆盖现有体代码	False
DefualtBody	如果ReplaceExistingBody为真，则用它指定体中包括的默认文本（代码或说明语句）	<blank>

图15.5显示了操作的Model Assistant窗口。

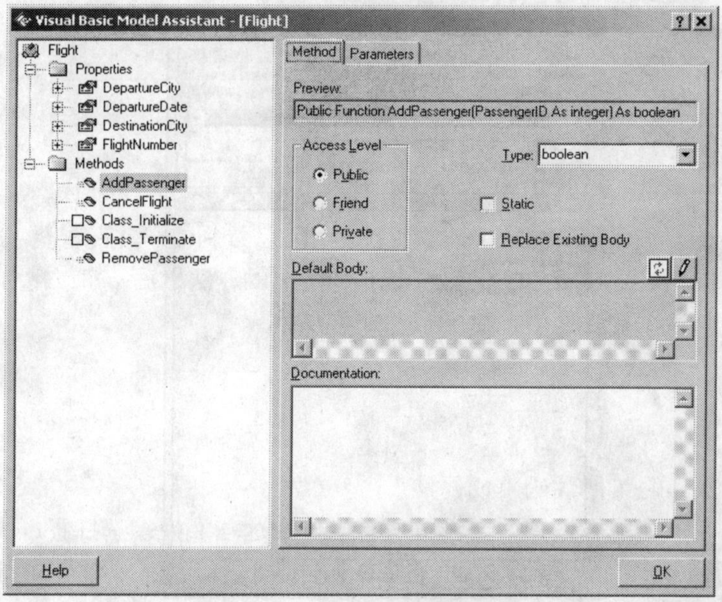

图15.5 用Model Assistant设置操作

本章前面曾介绍过，这个窗口不仅定义操作，而且对属性生成Get与Let方法。下面看看这个屏幕中可以设置的内容：

- Access Level字段设置操作可见性（public、private或friend）。
- Type字段设置操作返回值。
- Static字段对应于IsStatic属性。
- Replace Existing Body字段对应于ReplaceExistingBody属性。
- DefaultBody字段对应于DefaultBody属性，注意对于Get与Let操作，Rose在这个字段中提供代码。

使用Parameters标签，可以增加或删除参数和设置下列项目：

- 数据类型（Type字段）
- 初始化（Initial Value字段）
- 参数是否可选（Optional字段）
- 参数按值或按引用传递（ByRef与ByVal字段）
- 操作是否可传递无限个参数 （ParamArray字段）

每个设置都影响生成的代码。

模块规范属性

模块规范属性与Rose中生成的项目文件有关。这种属性可以在三个地方设置。要设置所有组件的这些属性，选择Tools➤Options，然后选择Visual Basic标签，并从下拉列表框选择Module Specification。要设置一个组件的属性，在组件规范窗口选择Visual Basic标签并编辑这些属性，也可以用Visual Basic Component Properties窗口。

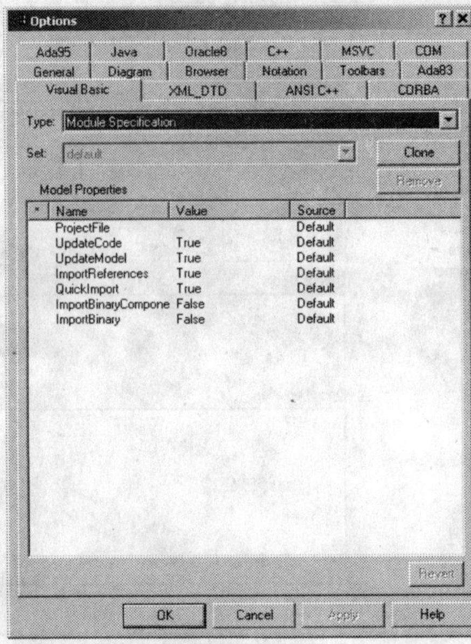

表15.4列出许多Visual Basic组件属性及其作用和默认值。

表15.4 模块规范代码生成属性

属性	用途	默认值
ProjectFile	设置项目文件名	<用代码生成向导设置>
UpdateCode	指定可否为这个组件生成代码	True
UpdateModel	指定可否为这个组件更新模型	True
ImportReferences	指定是否输入ActiveX组件	True
QuickImport	指定只输入ActiveX接口类或输入所有类，包括方法和操作	True
ImportBinary	确定Rose是否在下次逆向转出工程代码时导入组件的类型库	False

要打开Visual Basic Component Properties窗口，右击组件并选择Properties。

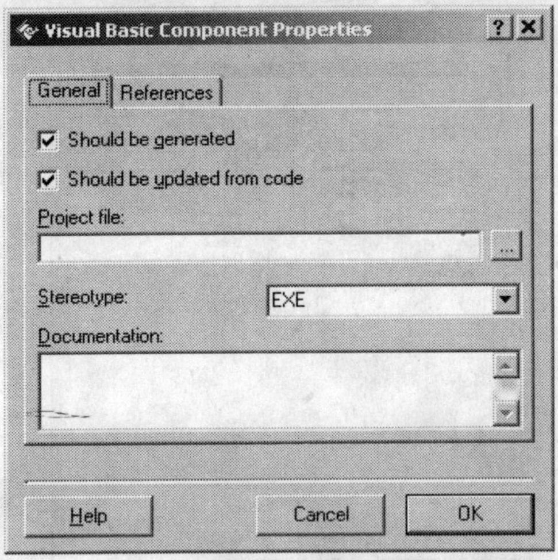

图15.6 Visual Basic Component Properties窗口

Should Be Generated与Should Be Updated from Code字段对应于属性UpdateCode与UpdateModel。Project File字段对应于属性ProjectFile。在References标签中可以设置QuickImport、ImportBinary与ImportReferences属性。

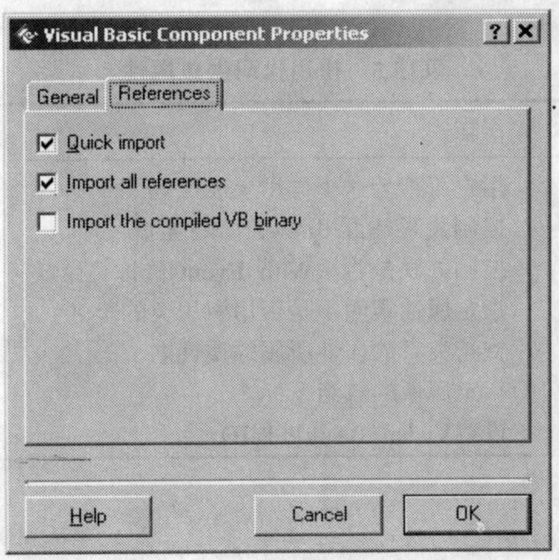

作用属性

作用属性是影响关系代码生成的Visual Basic代码生成属性。作用属性有好几个，可以设置创建的属性名、控制Get、Set和Let操作的生成和改变生成代码的其他部分。

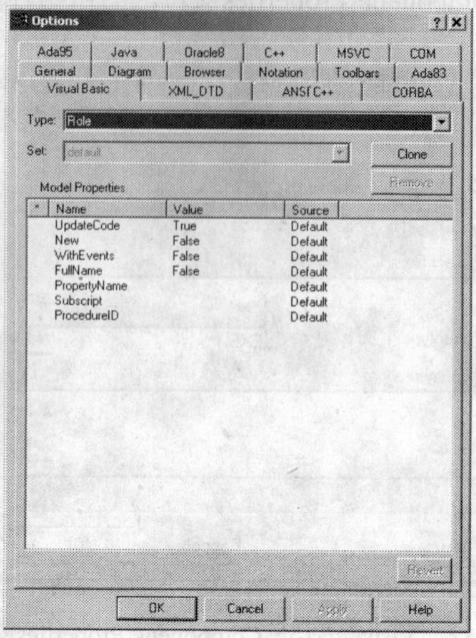

这种属性可以在两个地方设置。要设置所有作用的这些属性，选择Tools➤Options，然后选择Visual Basic标签，并从下拉列表框选择Role。要设置一个作用的属性，在作用规范窗口选择Visual Basic标签并编辑这些属性。

表15.5列出许多Visual Basic作用代码生成属性及其用途和默认值。

表15.5 作用代码生成属性

属性	用途	默认值
UpdateCode	指定可否为这个作用生成代码	True
New	控制关联是否用new修饰符生成	False
WithEvents	控制关联是否用With Events修饰符生成	False
Fullname	指定属性声明中是否用引用类的全名	False
PropertyName	支持关系的属性所属的属性名	<blank>
Subscript	指定属性的数组下标	<blank>
ProcedureID	设置Visual Basic过程ID	<blank>

一般化属性

一般化属性是影响一般化关系代码生成的Visual Basic代码生成属性。由于Visual Basic不支持继承，因此只有两个一般化关系属性。属性ImplementsDelegation控制一般化关系是否由实现委托功能实现。FullName属性控制实现语句中是否使用类的全名，包括组件名。

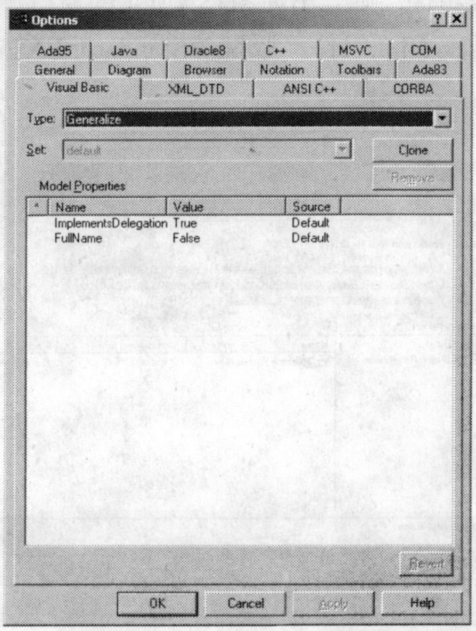

这种属性可以在两个地方设置。要设置所有一般化的这些属性，选择Tools➤Options，然后选择Visual Basic标签，并从下拉列表框选择Generalize。要设置一个一般化的属性，在一般化规范窗口选择Visual Basic标签并编辑这些属性。

使用代码生成向导

在Rose模型中创建类和关联后，可以用代码生成向导（Code-Generation Wizard）生成Visual Basic代码。要启动代码生成向导，选择要生成的对象，然后选择菜单中的Tools➤Visual Basic➤Update Code，出现图15.7所示的屏幕。

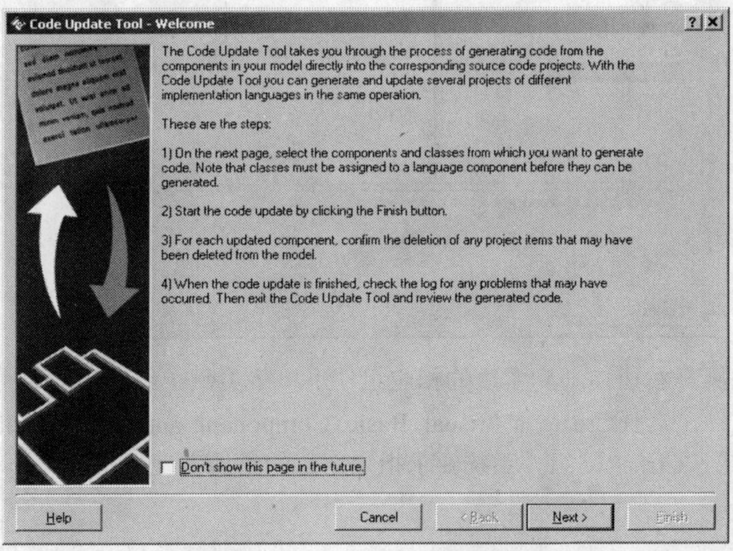

图15.7　代码生成向导

如果还没有将对象赋予组件，则会出现图15.8所示的窗口。可以将类赋予现有组件（本例中，只有一个Airline Reservation组件，版型为Standard EXE）。也可以创建新组件并将类赋予这个组件。

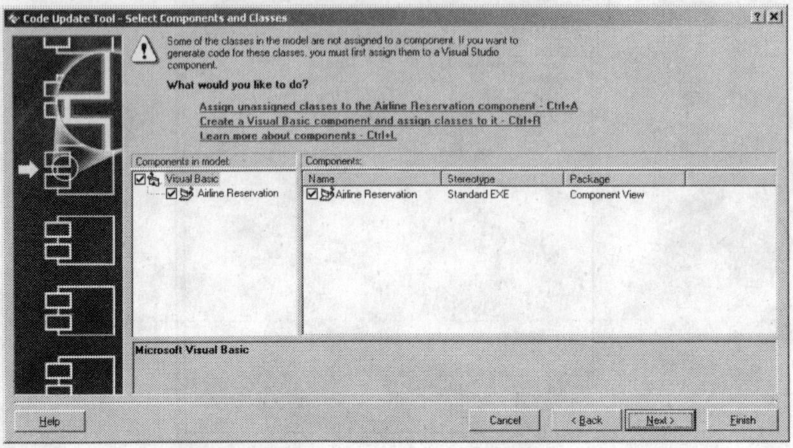

图15.8　将类赋予组件

要将类赋予现有组件，右击图15.8所示Code-Generation Wizard中的组件并选择Assign Classes。可以看到未赋类清单：

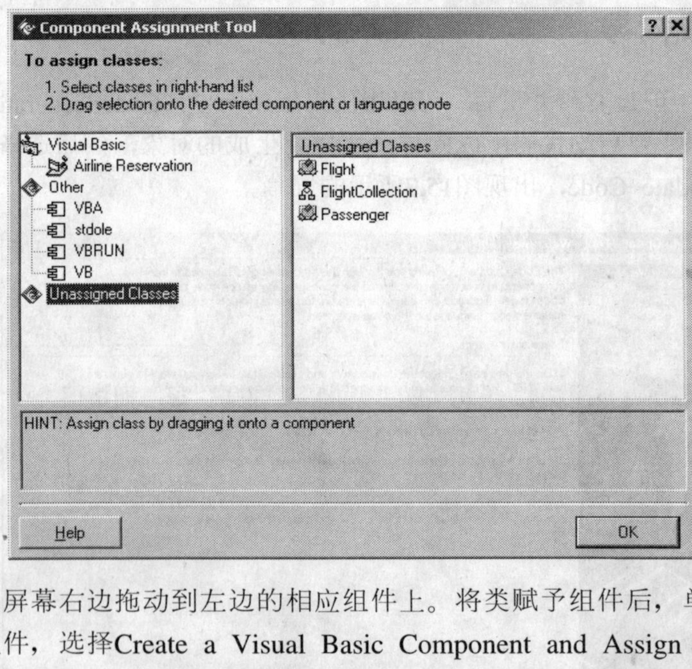

将每个类从屏幕右边拖动到左边的相应组件上。将类赋予组件后，单击OK按钮。

要创建新组件，选择Create a Visual Basic Component and Assign Classes to It选项（如图15.8），或按Ctrl+R键组。系统要求指定创建的组件类型：

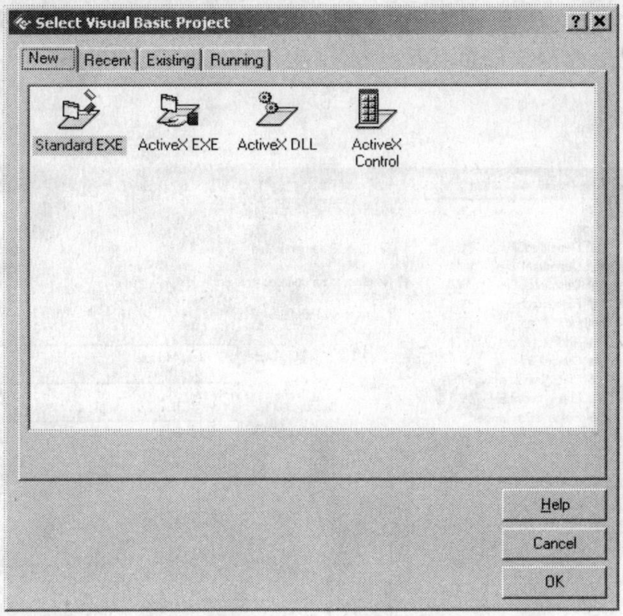

选择相应类型（这里用Standard EXE），并单击OK按钮，即可加进组件并分配所有未赋类：

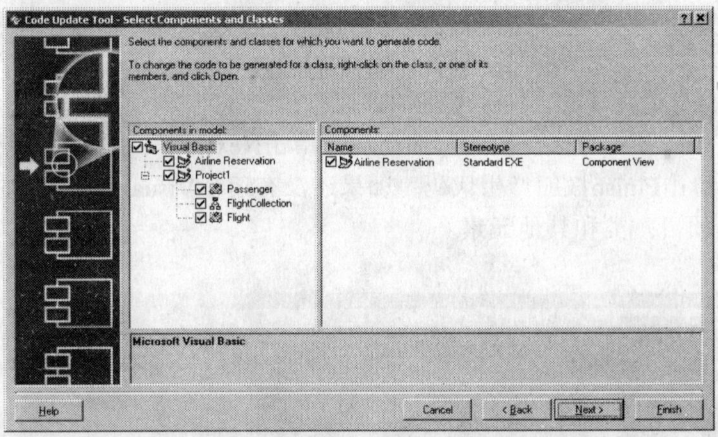

选择要更新的组件或类旁边的框。注意如果单击一个类，则可以预览这个类的属性与操作生成的代码：

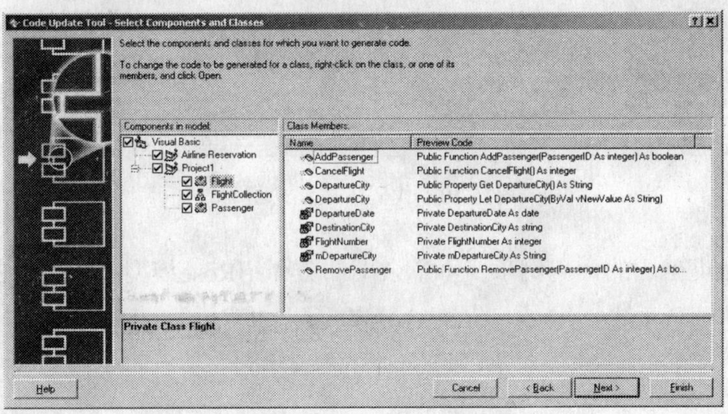

右击并选择Open可以在树视图中浏览对象属性。Rose显示相应的Model Assistant屏幕，可以在生成最后代码之前修改任何代码生成属性。例如，右击Flight类可以打开图15.9所示的屏幕。

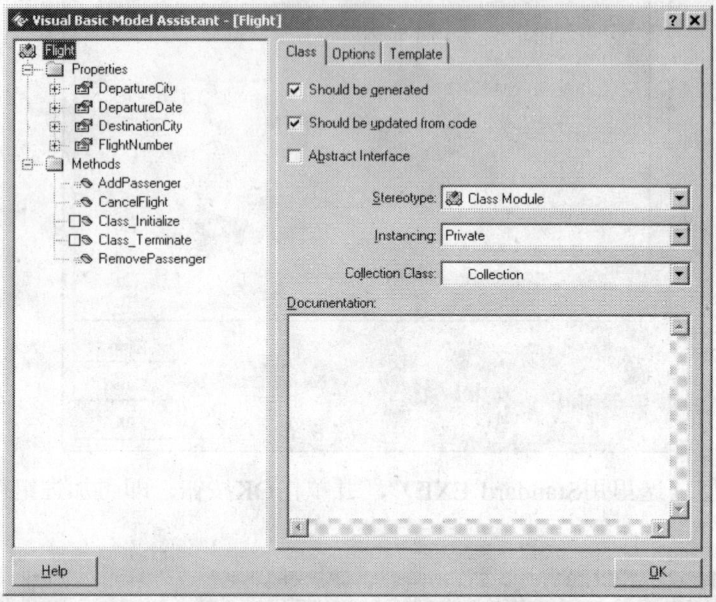

图15.9 对Flight类设置代码生成属性

分配所有类和设置所有代码生成属性之后，单击Next按钮完成这个过程。出现汇总屏幕，如图15.10。单击Finish按钮产生代码。如果还没有运行Visual Basic，则Rose启动Visual Basic并创建相应项目、类和其他元素。

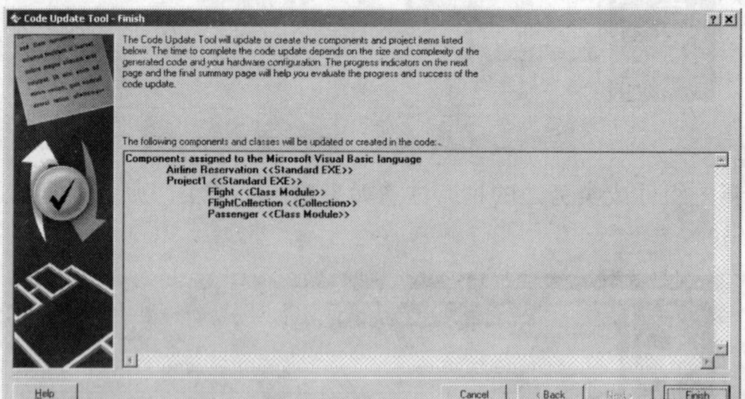

图15.10 代码生成汇总屏幕

下面是Flight类生成的代码例子。本章余下部分介绍Rose模型与Visual Basic代码之间的映射。

```
Option Explicit

'##ModelId=3A818E9F01D0
Private DepartureCity As String

'##ModelId=3A818EAC02C9
Private DepartureDate As String

'##ModelId=3A818EB300CA
Private DestinationCity As String

'##ModelId=3A818EB70134
Private FlightNumber As String

'##ModelId=3A818ECE01A6
Private Function RemovePassenger(PassengerID As int) As boolean

End Function

'##ModelId=3A818EBF03B7
Public Function AddPassenger(PassengerID As int) As boolean

End Function

'##ModelId=3A818EC9007C
Public Function CancelFlight() As Boolean

End Function

'##ModelId=3A818F8303D7
Private Sub Class_Initialize()

End Sub
'##ModelId=3A818F84034C
Private Sub Class_Terminate()

End Sub
```

生成的代码

下面几节介绍对类、属性与操作和类间各种关系生成的Visual Basic代码。每一节都通过一些样本代码显示从Rose模型生成的代码样子。

Rose生成代码时，使用模型元素规范中的信息。例如，它在生成类代码时要利用类的不同规范（可见性、属性、操作等）。

下面先介绍典型类的代码生成。

类

类生成代码时，对象模型中的类成为Visual Basic类。生成的类类型取决于Rose中对类指定的版型。默认Visual Basic版型为Class Module。这个版型的类在Visual Basic中用类模块实现。本例中为Flight类：

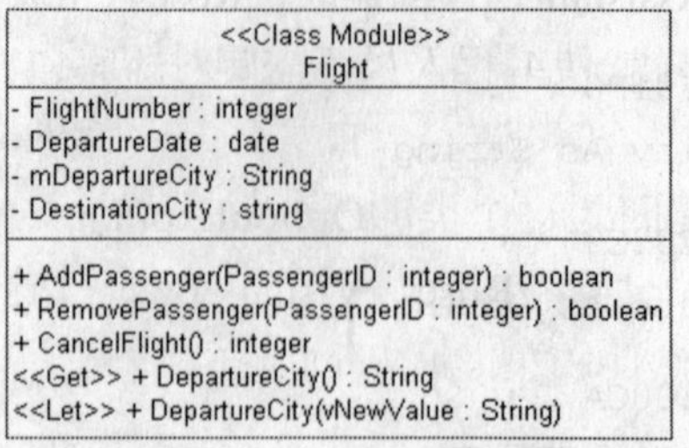

Flight类生成下列代码：

```
Option Explicit

'##ModelId=395EA80B0088
Private FlightNumber As Integer

'##ModelId=395EA87C01A3
Private DepartureDate As Date

'##ModelId=395EA880036C
Private mDepartureCity As String

'##ModelId=395EA884028B
Private DestinationCity As String

'##ModelId=395EA88D0176
Public Function AddPassenger(PassengerID As Integer) As Boolean

End Function

'##ModelId=395EA8970383
Public Function RemovePassenger(PassengerID As Integer) As Boolean

End Function

'##ModelId=395EA8A1008E
Public Function CancelFlight() As Integer

End Function

'##ModelId=395EB1D202F5
Public Property Get DepartureCity() As String
    DepartureCity = mDepartureCity
End Property

'##ModelId=395EB2CA0201
Public Property Let DepartureCity(ByVal vNewValue As String)
    mDepartureCity = vNewValue
End Property
```

注意Rose生成所有属性、数据类型和可见性；操作及其参数、数据类型和可见性与返回类型；以及DepartureCity的Get与Let操作。

Get与Let方法是用Model Assistant选择创建的。Rose只生成所增加操作的方法头，但Get与Let操作则产生实际代码。这样就使编程人员不需要对所有属性的Get与Let操作进行编码，省去了不少麻烦。

包括Option Explicit语句是因为这个类的OptionExplicit类属性设置为True。

ModelId语句帮助双向工程时同步Rose与Visual Basic。这个特性可以改变方法名（在Rose模型或代码中），同时仍然使模型与代码同步。

警告：注意不要改变代码中的ModelId号。

Rose模型中的大量信息都直接用于生成代码。例如，每个类的属性、操作和关系、类名直接影响生成的代码。其他模型属性（如输入的类文档）不直接影响代码，而是在创建代码中成为说明语句。

表15.6列出了类规范窗口中的属性，并注明哪些类直接影响生成的代码。

表15.6 类属性对生成代码的影响

属性	对代码的影响
Name	模块中的名称成为类名
Type	直接影响创建类类型
Stereotype	直接影响创建的模块文件类型（Class Module，MDI Form等）
Export Control	不影响生成代码
Documentation	说明语句
Cardinality	不影响代码生成
Space	不影响代码生成
Persistence	不影响Visual Basic代码生成，但影响类能否生成DDL
Concurrency	不影响代码生成
Abstract	不影响代码生成
Formal Arguments	参数化类的代码中包括正式变元
Operations	代码中生成
Attributes	代码中生成
Relationships	代码中生成

Flight类的版型为Class Module。下面看看其他版型生成的代码。注意，尽管Visual Basic中可以生成许多不同类型的类，但Visual Basic加入件并不生成参数化类。

窗体

Form版型创建Visual Basic窗体，属性成为窗体的属性，操作成为窗体的方法。

Rose可以生成窗体的默认Visual Basic方法，如Initialize、Load和Unload方法。要确定生成哪些方法，打开类的Model Assistant并在窗口左边选择相应方法。

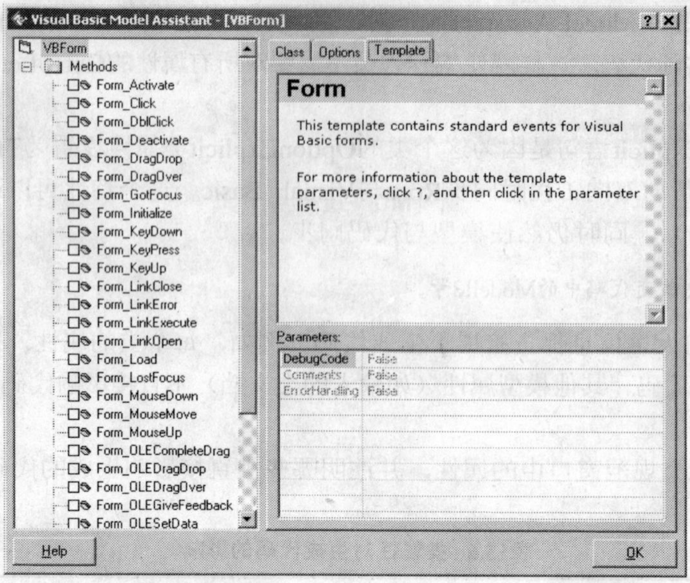

选择这些方法时，可以选择改变方法可见性（public、friend或private）。可以选择Replace Existing Body复选框，使Rose产生方法时产生Default Body字段中输入的代码。

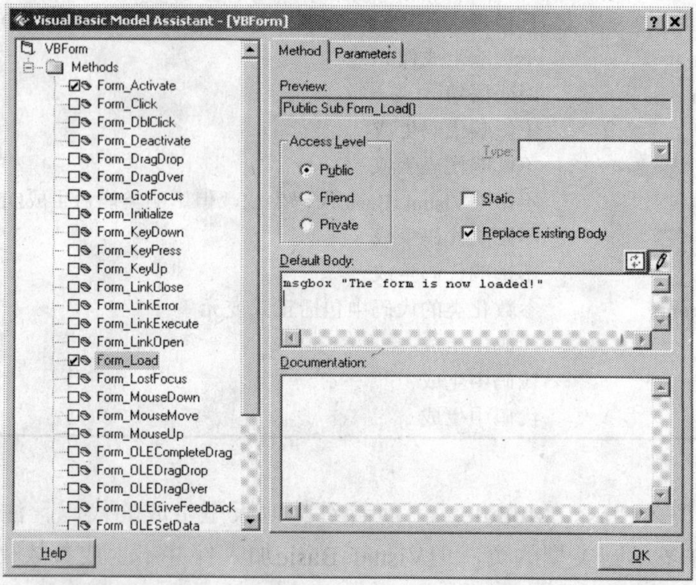

利用Model Assistant的Template标签，可以设置下列选项：

- DebugCode在Initialize与Terminate事件中增加调试代码。默认设置为False。
- Comments在类方法中增加“Your code goes here...”说明。默认设置为False。
- ErrorHandling在类方法中增加错误处理代码。默认设置为False。

MDI窗体

MDIForm版型创建Visual Basic MDI窗体，属性成为窗体的属性，操作成为窗体的方法。

和Form版型一样，Rose可以生成MDI窗体的默认方法。打开类的Model Assistant并在窗口左边选择相应方法，然后输入方法可见性和该方法要生成的代码。

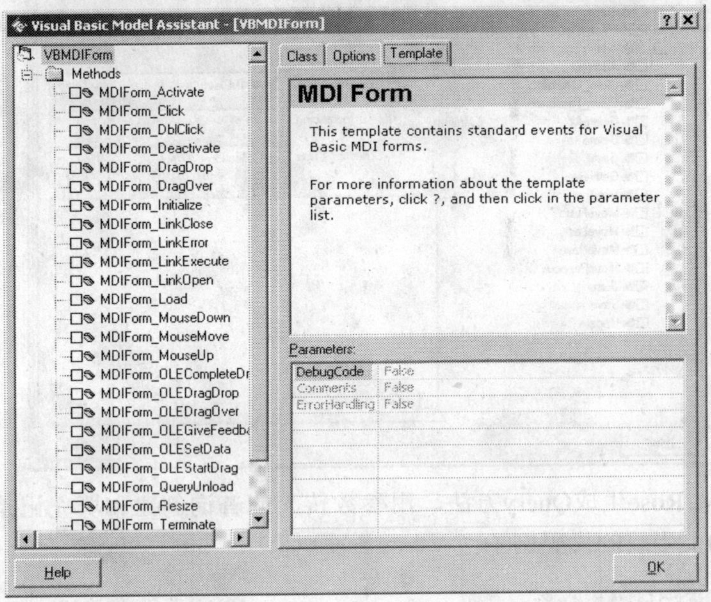

利用Model Assistant的Template标签，可以设置下列选项：

- DebugCode在Initialize与Terminate事件中增加调试代码。默认设置为False。
- Comments在类方法中增加“Your code goes here...”说明。默认设置为False。
- ErrorHandling在类方法中增加错误处理代码。默认设置为False。

ADO类

MDIClass版型创建Visual Basic中的ADO类，具有一些持久行为。类的属性成为ADO类的属性，操作成为ADO类的方法。

此外，Rose还可以生成下列属性。可以用Model Assistant选择要生成的属性：

- BOF
- ConnectionString
- EOF
- Recordset
- mrs（默认生成）

Rose可以生成类的几个标准方法，包括MoveFirst、MoveLast、MoveNext、MovePrevious、GetAll和DeleteAll方法。利用Model Assistant选择要生成的操作。

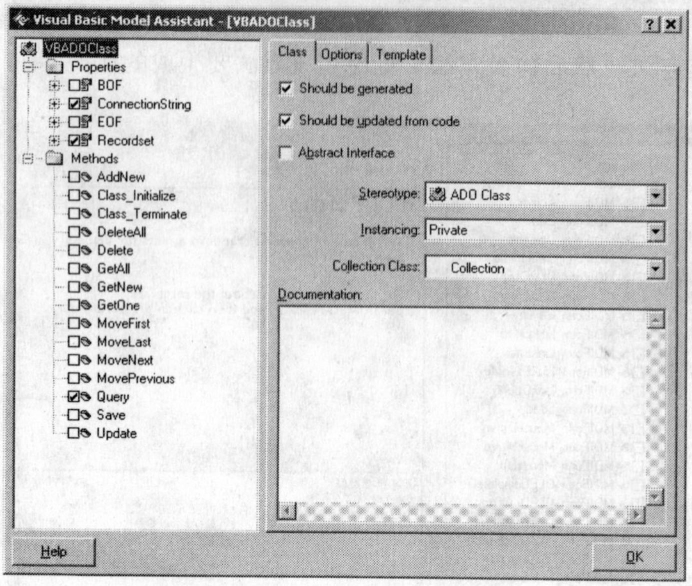

默认情况下，Rose生成Query方法，用参数传入的查询创建和填充记录集。下面是ADO类生成的代码例子：

```
Option Explicit

'Private constant with database connection string. Default from
'template parameter ConnectionString (which defaults to an empty
'string).
'##ModelId=395EC4060255
Private Const ConnectionString As String = ""

'##ModelId=395EC406033B
Private mrs As Recordset

'Public Property Get to get a reference to the private ADO
'Recordset (mrs).
'##ModelId=395EC40602A5
Public Property Get Recordset() As Recordset
    Set Recordset = mrs
End Property

'Private Function to return ADO Recordset from query sent as SQL
'string input parameter. Creates a Connection and a Recordset.
'Connects Recordset to the Connection, queries the database (with
'the SQL string) which fills the recordset with the result.
'Disconnects the Recordset from the Connection and closes the
'Connection. Returns the created, queried and filled Recordset.
'Uses the module level constant ConnectionString as connection
'string on connection. Uses client side cursors on Connection.
'##ModelId=395EC40602E1
Private Function Query(ByVal SQL As String) As Recordset
```

```
        Dim aco As Connection
        Dim ars As Recordset

        ' Create objects
        Set aco = CreateObject("ADODB.Connection")
        Set ars = CreateObject("ADODB.Recordset")

        ' Open Connection
        aco.CursorLocation = adUseClient
        aco.ConnectionString = ConnectionString
        aco.Open

        ' Open Recordset
        ars.CursorType = adOpenKeyset
        ars.LockType = adLockBatchOptimistic
        ars.ActiveConnection = aco
        ars.Open SQL

        ' Return Recordset
        Set Query = ars

        ' Disconnect Recordset from Connection
        Set ars.ActiveConnection = Nothing

        ' Close Connection
        aco.Close
    End Function
```

和其他版型一样，利用Model Assistant的Template标签，可以设置特定代码生成属性。对于ADO类可设置下列选项：

- DebugCode在Initialize与Terminate事件中增加调试代码。默认设置为False。
- Comments在类方法中增加“Your code goes here...”说明。默认设置为False。
- ErrorHandling在类方法中增加错误处理代码。默认设置为False。
- MTSEnabled确定类是否支持MTS。如果这个选项为True，则Rose对ObjectContext属性生成CreateInstance方法和Get方法。
- ConnectionString设置使用的数据库连接字符串。
- TableName设置对应于类的表名。
- PrimaryKeyFieldName设置对应于类的表格主键名。

MTS类

MTS Class版型表示Rose中的Microsoft Transaction Server（MTS）类。Rose中定义的属性成为Visual Basic窗体的属性，操作成为Visual Basic中类的方法。

默认情况下，MTS类不支持ADO。但可以用Model Assistant改变这个设置：

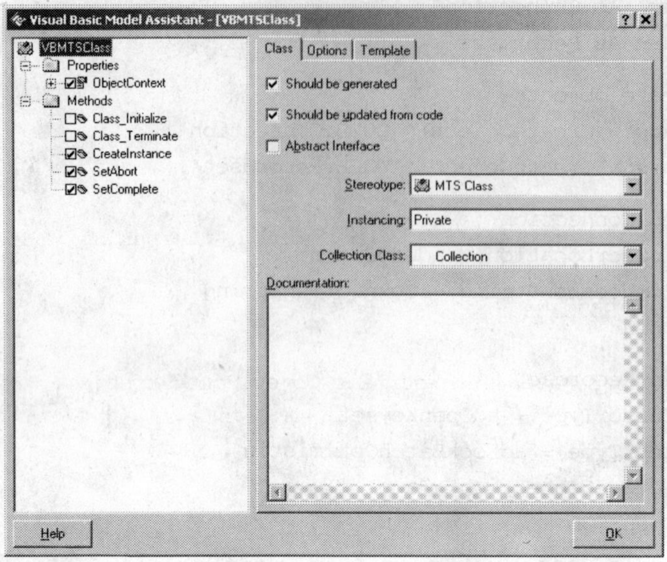

默认生成下列属性与方法：

- ObjectContext属性，是当前MTS ObjectContext对象
- CreateInstance创建对象的新实例
- SetAborth提供撤销功能
- SetComplete实现事务

下面的例子对MTS类生成代码：

```
Option Explicit

'Private Property Get to return the current ObjectContext object
'(assigned to the object by MTS). If the object is not running in
'MTS, the returned value will be Nothing.
'##ModelId=395EC3EA0395
Private Property Get ObjectContext() As ObjectContext
    ' Return current ObjectContext
    Set ObjectContext = GetObjectContext()
End Property

'Private Function to create a new instance of another object
'specified as an input parameter (which is a ProgID string).
'This method handles the creation of objects both running in
'and outside of MTS. If there is an ObjectContext object for
'the current object - i.e. it is running in MTS -
'the CreateInstance method of the ObjectContext is called.
'If not, the CreateObject API is called. This is the only
'way you should use to make instances of new objects from
'the class.
'##ModelId=395EC3EA03D1
Private Function CreateInstance(ByVal ProgID As String) As Variant
    ' Create object (inside MTS or not)
```

```
    If Not ObjectContext Is Nothing Then
        Set CreateInstance = ObjectContext.CreateInstance(ProgID)
    Else
        Set CreateInstance = CreateObject(ProgID)
    End If
End Function

'Calls the ObjectContext SetAbort method (if running in MTS) for
'transactional Rollback behavior.
'##ModelId=395EC3EB002F
Private Sub SetAbort()
    ' Set Abort status on current ObjectContext object
    If Not ObjectContext Is Nothing Then
        ObjectContext.SetAbort
    End If
End Sub

'Calls the ObjectContext SetComplete method (if running in MTS)
'for transactional Commit behavior.
'##ModelId=395EC3EB0057
Private Sub SetComplete()
    ' Set Complete status on current ObjectContext object
    If Not ObjectContext Is Nothing Then
        ObjectContext.SetComplete
    End If
End Sub
```

利用Model Assistant的Template标签，可以设置下列代码生成选项：

- DebugCode在Initialize与Terminate事件中增加调试代码。默认设置为False。
- Comments在类方法中增加“Your code goes here...”说明。默认设置为False。
- ErrorHandling在类方法中增加错误处理代码。默认设置为False。
- ADOEnabled确定类是否支持ADO。如果这个选项为True，则Rose可以生成GetAll、GetNew、GetOne、Query、Save与Update操作。
- ConnectionString设置使用的数据库连接字符串。
- TableName设置对应于类的表名。
- PrimaryKeyFieldName设置对应于类的表格主键名。
- MTSTransactionMode设置MTS支持级（Not an MTS Object、No Transactions、Requires Transaction、Uses Transaction或Requires New Transaction）。

模块

Module版型变成Visual Basic模块。属性成为窗体的属性，操作成为模块的方法。

利用Model Assistant的Template标签，可以设置下列选项：

- DebugCode在Initialize与Terminate事件中增加调试代码。默认设置为False。
- Comments在类方法中增加“Your code goes here...”说明。默认设置为False。

· ErrorHandling在类方法中增加错误处理代码。默认设置为False。

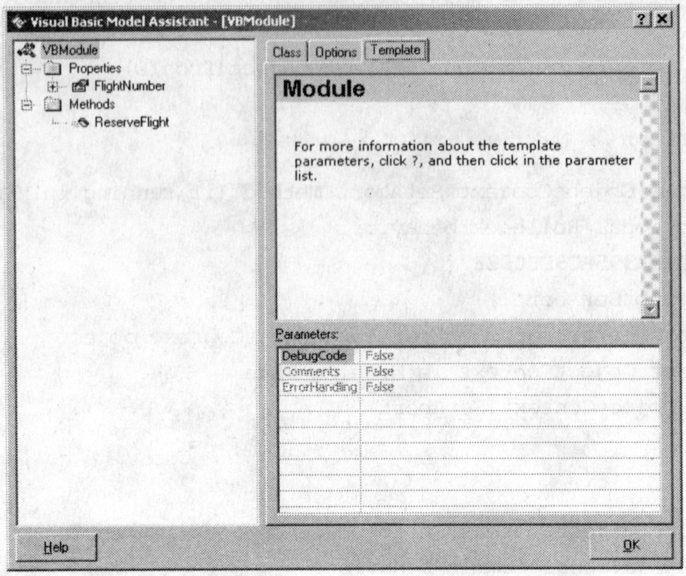

集合

Collection版型变成Visual Basic集合。属性成为窗体的属性，操作成为集合的方法。此外，Rose默认生成下列方法：

· Get Count，返回集合中的项目数。Rose会编码这个方法。
· Get Item，返回集合中的项目。Rose会编码这个方法。
· Get Enum，支持For...Each语法的集合枚举。
· Add，在集合中增加新项目。
· Remove，在集合中删除项目。
· Initialize方法，在内存中创建类实例。
· Terminate方法，进行整理工作和从内存中删除类实例。

可以用Model Assistant确定生成哪些方法：

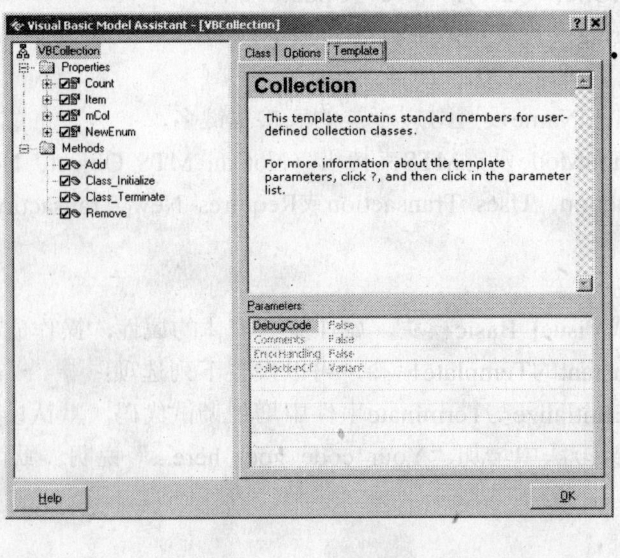

下面是Visual Basic中Collection版型的类创建的代码：

```
Option Explicit

'local variable to hold collection
'##ModelId=395EC3EC0320
Private mCol As New Collection

'used when retrieving the number of elements in the
'collection. Syntax: Debug.Print x.Count
'##ModelId=395EC3EB03BF
Public Property Get Count() As Long
    Count = mCol.Count
End Property

'used when referencing an element in the collection
'vntIndexKey contains either the Index or Key to the collection,
'this is why it is declared as a Variant
'Syntax: Set foo = x.Item(xyz) or Set foo = x.Item(5)
'##ModelId=395EC3EC0009
Public Property Get Item(vntIndexKey As Variant) As Variant
    Set Item = mCol(vntIndexKey)
End Property

'this property allows you to enumerate
'this collection with the For...Each syntax
'##ModelId=395EC3EC006D
Public Property Get NewEnum() As IUnknown
    Set NewEnum = mCol.[_NewEnum]
End Property

'used when adding a new item to the collection
'syntax: x.Add ayz
'##ModelId=395EC3EC00A9
Public Sub Add(Item As Variant, Optional Key As Variant, Optional Before As
Variant, Optional After As Variant)
    If Len(Key) = 0 Then
        mCol.Add Item
    Else
        mCol.Add Item, Key
    End If
End Sub

'used when removing an element from the collection
'vntIndexKey contains either the Index or Key, which is why
'it is declared as a Variant
'Syntax: x.Remove(xyz)
'##ModelId=395EC3EC018F
Public Sub Remove(vntIndexKey As Variant)
```

```
    mCol.Remove vntIndexKey
End Sub

'##ModelId=395EC3ED003C
Private Sub Class_Initialize()

End Sub

'##ModelId=395EC3ED0078
Private Sub Class_Terminate()

End Sub
```

利用Model Assistant的Template标签，可以设置集合的下列选项：

- DebugCode在Initialize与Terminate事件中增加调试代码。默认设置为False。
- Comments在类方法中增加“Your code goes here...”说明。默认设置为False。
- ErrorHandling在类方法中增加错误处理代码。默认设置为False。
- CollectionOf定义组织集合的类。

说明：逆向转出工程代码集合时，Rose创建的类版型为Class Module，而不是Collection。

用户控件

User Control版型创建Visual Basic用户控件，属性成为用户控件的属性，操作成为用户控件的方法。除了Rose中定义的操作之外，还可以对用户控件生成许多默认方法，包括Click、Double-Click、KeyDown、Resize和Show。

利用Model Assistant，选择Visual Basic中要对用户控件生成的方法。

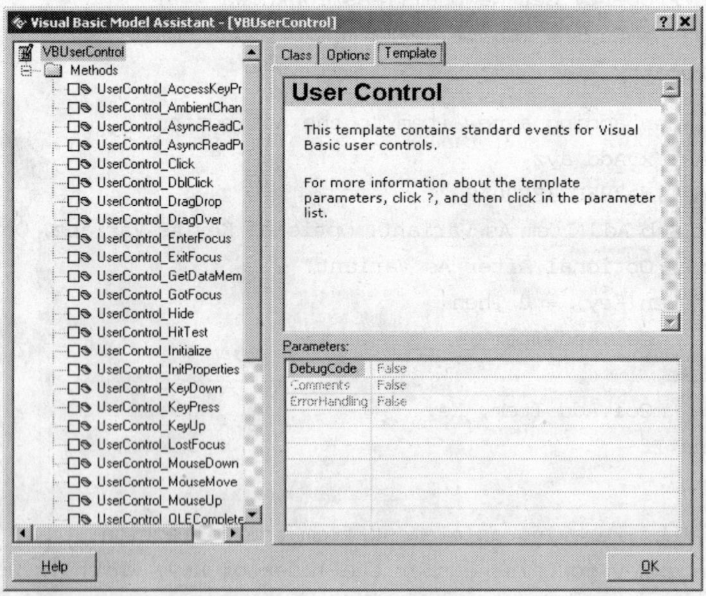

利用Model Assistant的Template标签，可以设置下列选项：

- DebugCode在Initialize与Terminate事件中增加调试代码。默认设置为False。
- Comments在类方法中增加“Your code goes here...”说明。默认设置为False。

· ErrorHandling在类方法中增加错误处理代码。默认设置为False。

属性页

PropertyPage版型创建Visual Basic属性页，属性成为页的属性，操作成为页的方法。和许多其他版型一样，Rose可以通过Model Assistant生成默认方法。

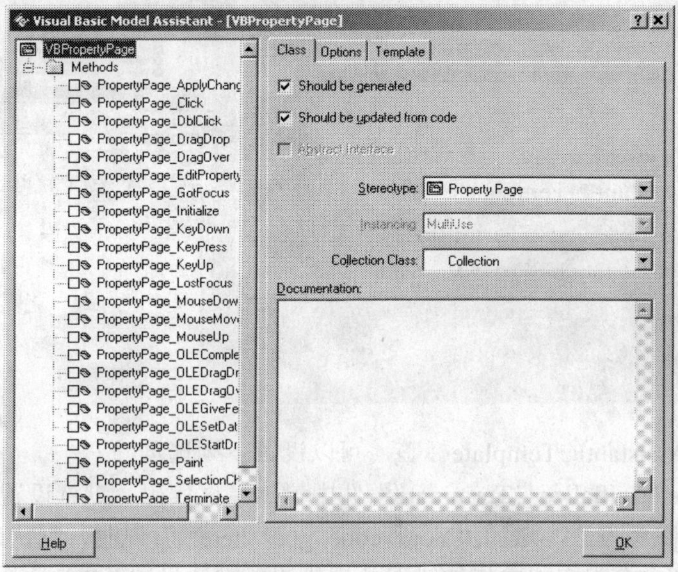

利用Model Assistant的Template标签，可以设置下列选项：

· DebugCode在Initialize与Terminate事件中增加调试代码。默认设置为False。

· Comments在类方法中增加“Your code goes here...”说明。默认设置为False。

· ErrorHandling在类方法中增加错误处理代码。默认设置为False。

数据报表

DataReport版型类生成Visual Basic数据报表，属性成为数据报表的属性，操作成为数据报表的方法。此外，Rose可以生成标准方法：

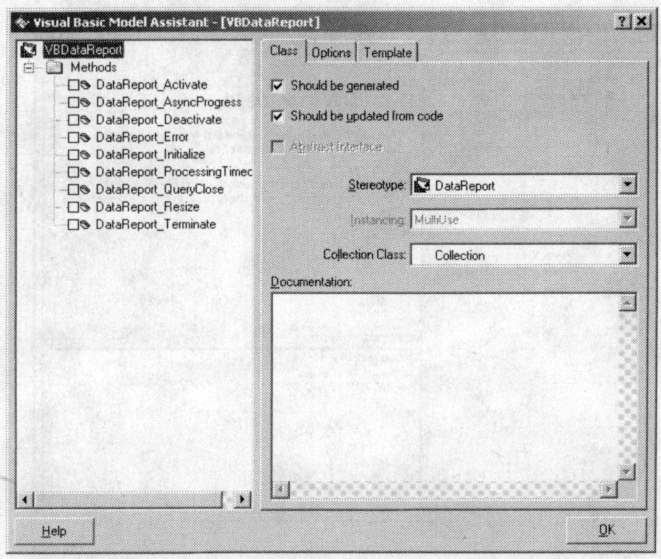

下面是Rose生成数据报表的例子：

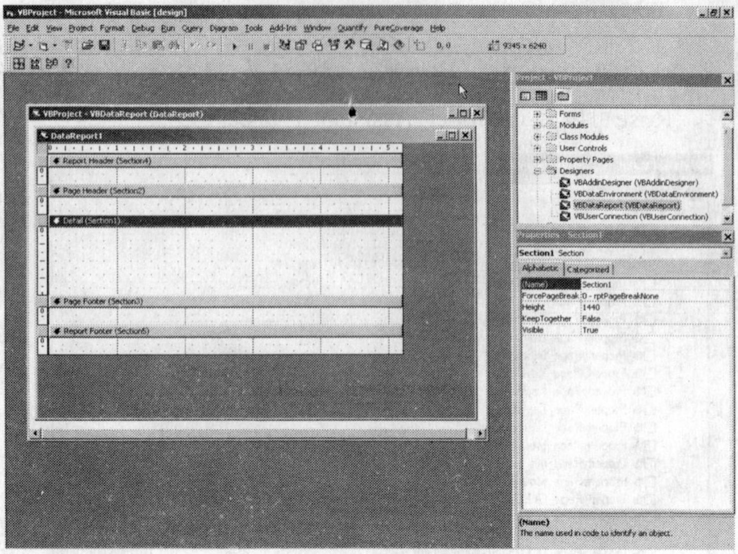

利用Model Assistant的Template标签，可以设置下列选项：

· DebugCode在Initialize与Terminate事件中增加调试代码。默认设置为False。
· Comments在类方法中增加“Your code goes here...”说明。默认设置为False。
· ErrorHandling在类方法中增加错误处理代码。默认设置为False。

数据环境

Data Environment版型类创建Visual Basic数据环境类，与其他版型类似，属性和类分别成为Visual Basic类的属性和方法。

生成数据环境时，Rose在生成的类中增加连接对象。然后可以用Visual Basic设置连接，包括连接类型（ODBC等）和数据源。

Rose也可以对数据环境生成Initialize与Terminate方法。可以用Model Assistant设置要生成的操作：

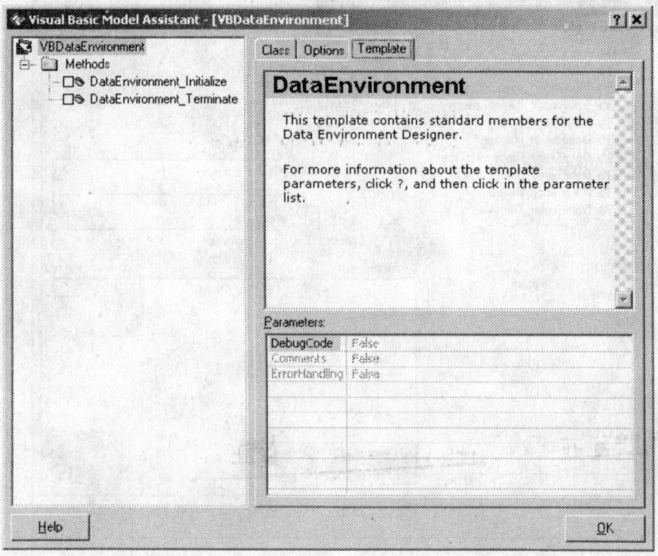

利用Model Assistant的Template标签，可以设置下列选项：

- DebugCode在Initialize与Terminate事件中增加调试代码。默认设置为False。
- Comments在类方法中增加"Your code goes here..."说明。默认设置为False。
- ErrorHandling在类方法中增加错误处理代码。默认设置为False。

下面是Rose生成数据环境的例子：

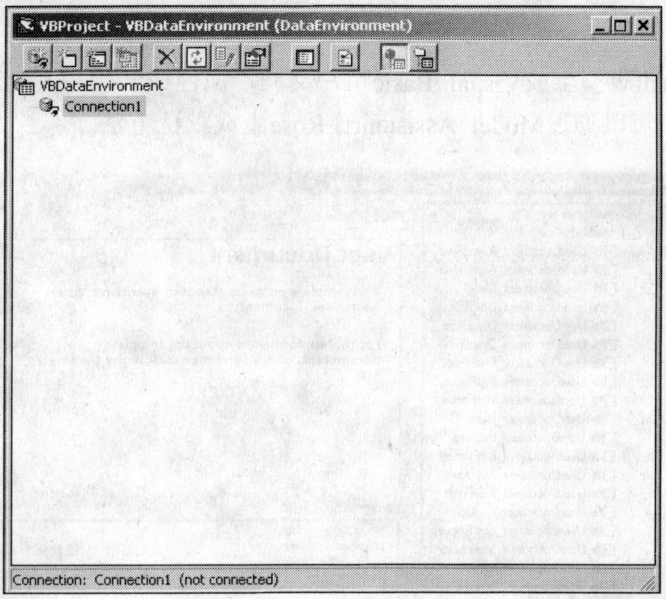

用户连接

UserConnection版型创建Visual Basic用户连接，属性成为用户连接的属性，操作成为用户连接的方法。可以通过Model Assistant让Rose生成默认方法：

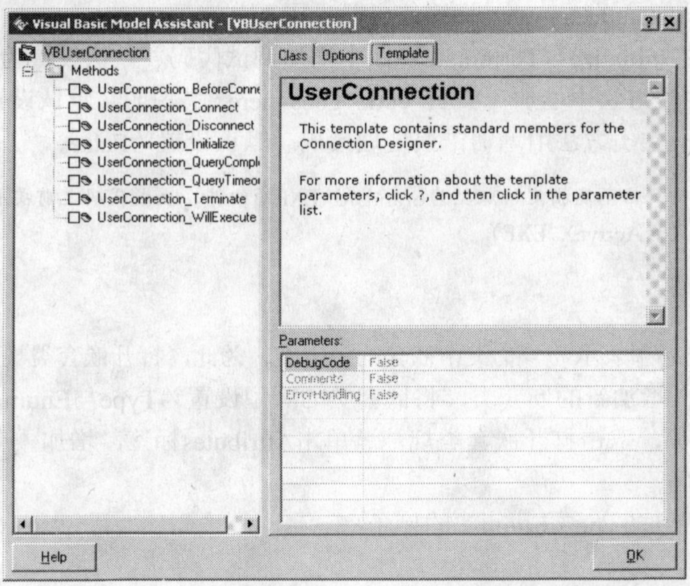

利用Model Assistant的Template标签，可以设置下列选项：

- DebugCode在Initialize与Terminate事件中增加调试代码。默认设置为False。
- Comments在类方法中增加“Your code goes here...”说明。默认设置为False。
- ErrorHandling在类方法中增加错误处理代码。默认设置为False。

创建用户连接之后，可以用Visual Basic设置连接细节、增加查询和完成连接代码。

用户文档

User Document版型生成Visual Basic用户文档，属性成为用户文档的属性，操作成为用户文档的方法。可以通过Model Assistant让Rose生成默认方法。

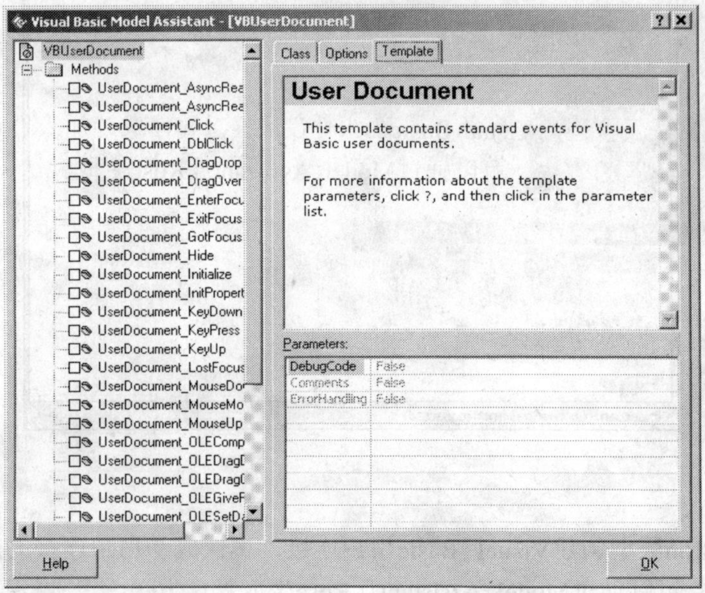

利用Model Assistant的Template标签，可以设置下列选项：

- DebugCode在Initialize与Terminate事件中增加调试代码。默认设置为False。
- Comments在类方法中增加“Your code goes here...”说明。默认设置为False。
- ErrorHandling在类方法中增加错误处理代码。默认设置为False。

说明： 生成的用户文档不能指定给版型为Standard EXE的组件。生成代码之前要将用户文档映射到另一组件（如ActiveX EXE）。

类型与枚举

Type与Enum类必须表示为一个类中嵌套的另一类。为此，打开嵌套类规范并选择Nested标签。右击空白处，增加新的嵌套类，将嵌套类的版型设置为Type与Enum。

增加嵌套类之后，双击打开嵌套类规范。单击Attributes标签，增加一个或几个嵌套类属性，然后生成代码。

下面是从Rose生成Type与Enum类的例子：

```
Option Explicit

'##ModelId=39600F880341
Public Enum VBEnum
    '##ModelId=3960106A01BF
    EnumAttribute = 4
End Enum

'##ModelId=39600FA10206
Public Type VBType
    '##ModelId=3960107A0245
    TypeAttribute As Boolean
End Type
```

加入件设计器

Add-In Designer版型创建Visual Basic加入件设计器，属性成为加入件设计器的属性，操作成为加入件设计器的方法。可以通过Model Assistant让Rose生成默认方法：

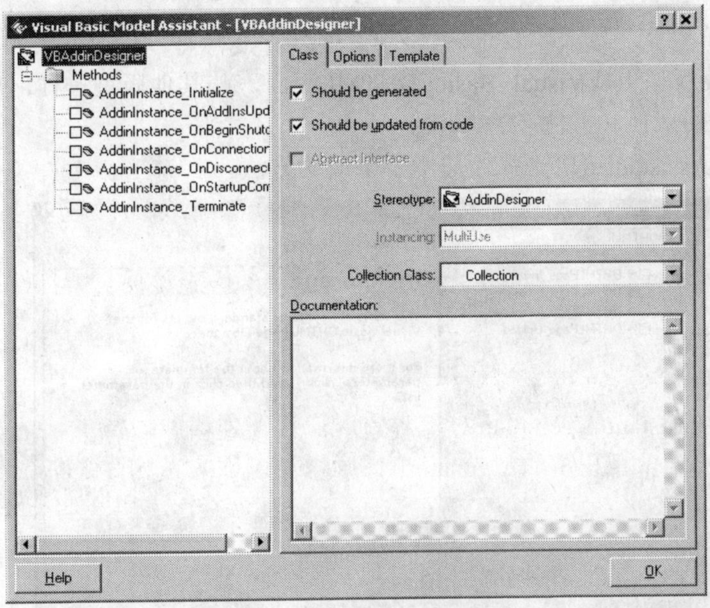

利用Model Assistant的Template标签，可以设置下列选项：

- DebugCode在Initialize与Terminate事件中增加调试代码。默认设置为False。
- Comments在类方法中增加“Your code goes here...”说明。默认设置为False。
- ErrorHandling在类方法中增加错误处理代码。默认设置为False。

创建加入件设计器之后，可以用Visual Basic设计细节，下面是Rose创建加入件设计器的例子：

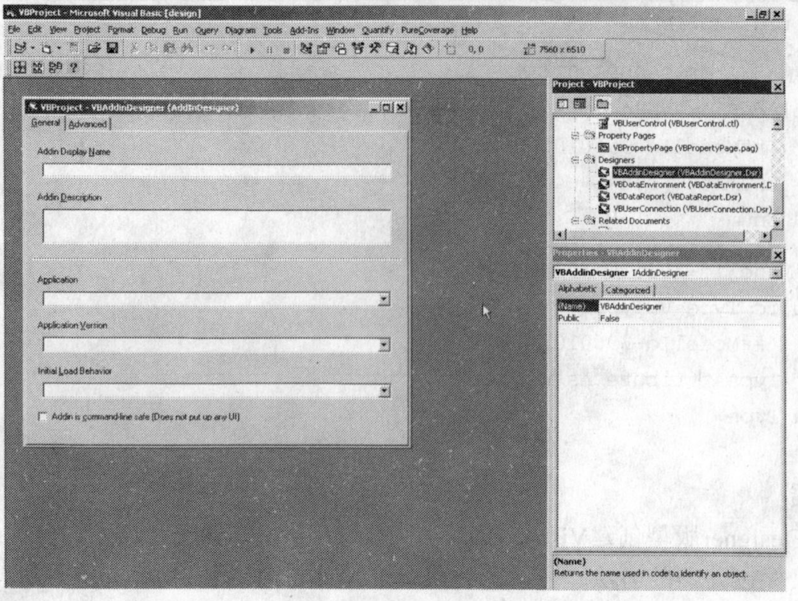

DHTML页面

DHTMLPage版型生成Visual Basic DHTML页面，与其他版型一样，属性和类分别成为Visual Basic类的属性和方法。

利用Model Assistant可以选择代码中要生成的方法：

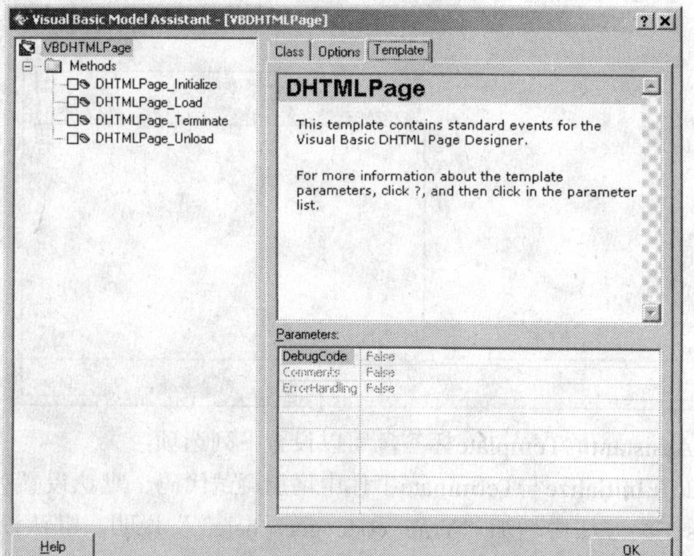

利用Model Assistant的Template标签，可以设置下列选项：

- DebugCode在Initialize与Terminate事件中增加调试代码。默认设置为False。
- Comments在类方法中增加“Your code goes here...”说明。默认设置为False。
- ErrorHandling在类方法中增加错误处理代码。默认设置为False。

说明： 生成的DHTML页面不能指定给版型为Standard EXE的组件。生成代码之前要将DHTML页面映射到另一组件（如ActiveX EXE）。

属性

除了类本身外，Rose还生成类的属性。对于每个属性，Rose包括：

- 可见性（只能为public或private，不允许protected）
- 数据类型
- 默认值
- Get操作（可选）
- Set操作（可选）
- Let操作（可选）

对属性，Rose生成如下代码：

```
Option Explicit

'##ModelId=39601FD70178
Private mPrivateAttribute As Integer

'##ModelId=39602033026A
Public Property Get PrivateAttribute() As Integer
    PrivateAttribute = mPrivateAttribute
End Property

'##ModelId=396020340059
Public Property Let PrivateAttribute(ByVal vNewValue As Integer)
    mPrivateAttribute = vNewValue
End Property
```

可以用类的Model Assistant控制是否产生Get、Let与Set操作。在树视图的Properties部分，找到相应属性并选择属性中的Get、Let与Set复选框，产生这些方法。也可以用Model Assistant改变属性可见性和数据类型。

版型为Const的属性生成Visual Basic常量。用属性规范中的Initial Value字段设置常量值。本例中，我们创建常量DaysInWeek，初始值为7。产生的代码如下：

```
Private Const DaysInWeek As Integer = 7
```

默认情况下，Rose生成代码时，在属性名前面加上“m”前缀。要改变使用的前缀，选择Tools➤Visual Basic➤Properties并编辑Data Member Prefix字段。

操作

Rose对类中每个操作生成代码。对每个操作，生成代码包括操作名、参数、参数数据类型和返回值。每个操作生成如下代码：

```
'This is documentation entered through Rose for the PublicOperation method.
'
'##ModelId=3960239403E1
Public Function PublicOperation(Argument1 As Integer) As Boolean

End Function
```

可以看出，代码中生成完整的操作签名。输入的操作文档也成为代码中的说明语句。如果输入操作协议、限定、异常、时间、空间、前提条件、词法和事后条件的信息，则这些信息不放进生成代码中。生成代码后，插入每个操作的实现代码。

和其他模块元素一样，可以通过修改代码生成属性控制生成的操作代码。例如，修改IsStatic属性可以创建静态函数。表15.3列出了操作的代码生成属性。

双向关联

要支持双向关联，Rose在代码中生成属性。关系中的每个类包含一个支持关联的属性。与Visual C++不同的是，Rose Visual Basic不要求指定作用名以生成支持关系的属性。但如果不指定作用名，则属性为NewProperty。如果指定作用名，则Rose用作用名作为生成的属性名。例如，看看下面生成的代码：

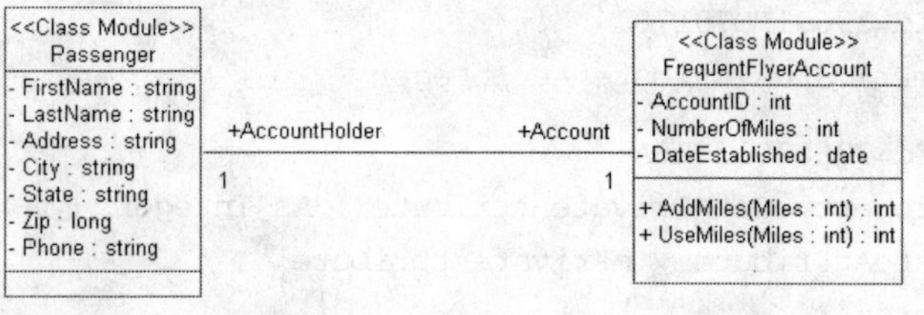

这两个类生成的Visual Basic代码如下。首先是Passenger类：

```
Option Explicit

'##ModelId=39614F5402F7
Private FirstName As String

'##ModelId=39614F5702B5
Private LastName As String

'##ModelId=39614F5A01F1
Private Address As String

'##ModelId=39614F5D0250
Private City As String

'##ModelId=39614F5F01EE
Private State As String

'##ModelId=39614F610179
Private Zip As Long

'##ModelId=39614F6B00DD
Private Phone As String

'##ModelId=39614F990350
Public Account As FrequentFlyerAccount
```

然后是FrequentFlyerAccount类：

```
Option Explicit

'##ModelId=39614F7300C1
Private AccountID As int

'##ModelId=39614F7503A9
Private NumberOfMiles As int

'##ModelId=39614F7A02C0
Private DateEstablished As Date

'##ModelId=39614F99035A
Public AccountHolder As Passenger

'##ModelId=39614F8902FD
Public Function UseMiles(Miles As int) As int

End Function

'##ModelId=39614F840089
Public Function AddMiles(Miles As int) As int

End Function

'##ModelId=39614F7300C1
Private AccountID As int

'##ModelId=39614F7503A9
Private NumberOfMiles As int

'##ModelId=39614F8902FD
Public Function UseMiles(Miles As int) As int

End Function

'##ModelId=39614F840089
Public Function AddMiles(Miles As int) As int

End Function
```

可以看出，Rose在双向关联关系两端自动生成属性。利用AccountHolder属性，FrequentFlyerAccount类可以方便地访问Passenger类。利用Account属性，Passenger类可以方便地访问FrequentFlyerAccount类。

提示：如果不提供作用名，则用默认的（用处不大的）NewProperty作为属性名。如果提供作用名，则用作用名作为属性名。

在Model Assistant中，可以对生成的属性产生Get与Set方法，支持关系。

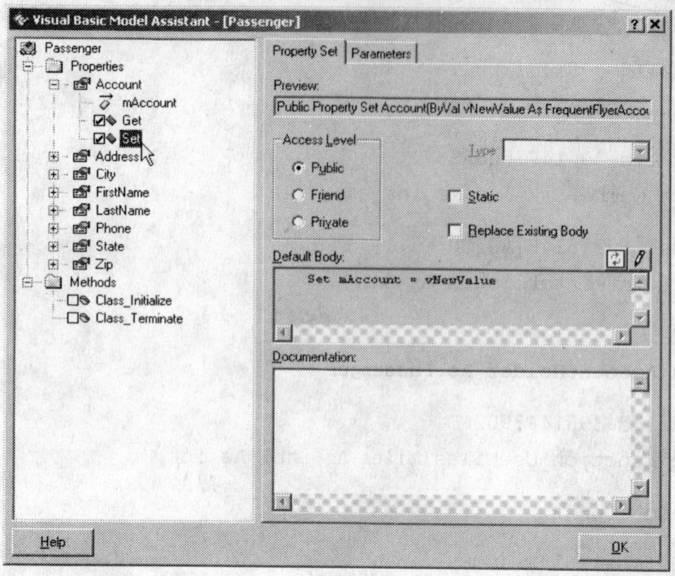

Rose创建方法及其代码：

```
'##ModelId=396152BE0268
Public Property Get Account() As FrequentFlyerAccount
    Set Account = mAccount
End Property

'##ModelId=396152C00333
Public Property Set Account(ByVal vNewValue As FrequentFlyerAccount)
    Set mAccount = vNewValue
End Property
```

注意这个关联的基数为一对一。下面将介绍基数设置对代码生成的影响。

单向关联

和双向关联一样，Rose生成支持单向关联的属性。但对于单向关联，只在关系一端生成属性。

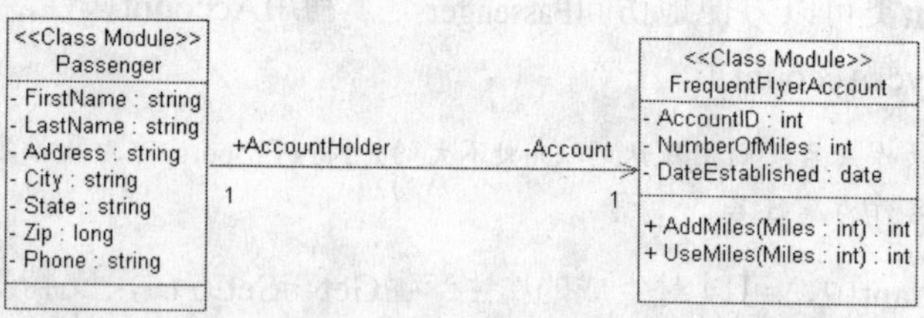

还是以Passenger与FrequentFlyerAccount类为例，这时用单向关系。Passenger中生成属性，而FrequentFlyerAccount中不生成属性。Passenger的代码如下：

```
'##ModelId=39614F990350
Private Account As FrequentFlyerAccount
```

可以看出，Rose只在关系一端生成专用属性。具体地说，是在client类中生成属性，而不在supplier类中生成。

在supplier类中生成的代码包括上面双向关联中介绍的所有代码行。对于双向关联，每个类提供一个新属性，两个类中都包括上节介绍的代码。而对于单向关联，则只在client类中生成代码。

注意，这个关联加进一对一的基数。下面将介绍基数设置对代码生成影响。

基数为一对多的关联

在一对一关系中，Rose只是创建支持关联的相应属性。而对于一对多关系，一个类要包含其他类的设置。

首先举一个例子。

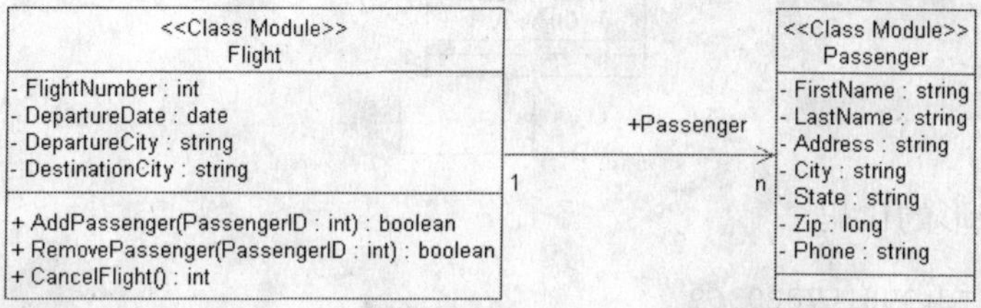

这里具有一对多关系。如上所示，Flight类可以生成指向Passenger类的属性，但Flight类中仅有简单指针属性是不够的，Flight类中的属性要用某种容器类或数组作为数据类型（Rose默认为集合类）。Rose生成的Flight代码如下：

```
'##ModelId=396154B0001F
Public Passenger As Collection
```

Rose提供Collection类型的容器类。如果愿意，也可以指定Subscript作用属性，使用数组。为此，打开关系的规范窗口并选择Visual Basic A或Visual Basic B标签。然后指定Subscript代码生成属性的值。下面使用下标3：

```
'##ModelId=396154B0001F
Public Passenger(3) As Passenger
```

基数为多对多的关联

这里创建的代码类似于一对多关系，但Rose在关系两端生成容器类。

下面看看下图关系生成的代码：

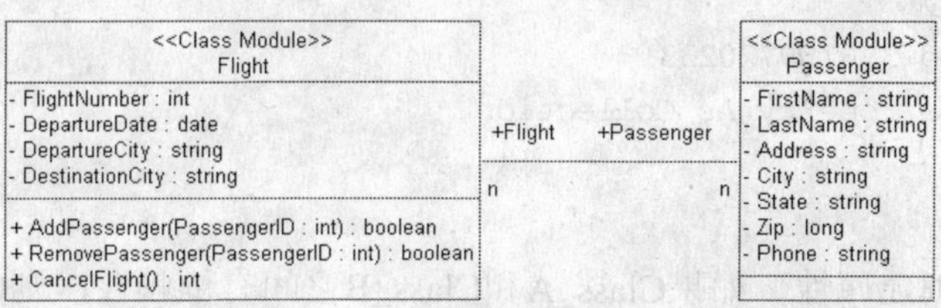

这里Rose在关系两端生成容器类。生成的代码如下。

Flight类包含下列代码：

```
'##ModelId=396154B0001F
    Public Passenger As Collection
```

Passenger类包含下列代码：

```
'##ModelId=396154B00021
Public Flight As Collection
```

Rose用集合类作为默认容器，但可以在关系规范窗口中修改Subscript代码生成属性，将其变成数组。

反身关联

反身关联与两个类之间的关联用相似方法处理。

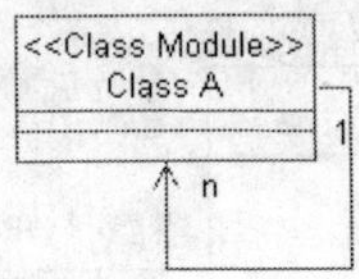

下面是上图情形的代码：

```
'##ModelId=3961578B0369
Public NewProperty As Collection
```

和普通关联一样，类中创建支持关系的属性。如果基数为一，则创建简单属性。如果基数大于一，则用容器类。

可以看出，生成的代码与典型一对多关系中相似。这里A类包含Collection类类型的属性。

累积

累积关系有两种：按值和按引用。在按值关系中，一个类包含另一个类。在按引用关系中，一个类包含另一个类的引用。这两种关系在Rose Visual Basic中是相同的。

累积关系生成的代码和关联关系生成的代码相同。例如：

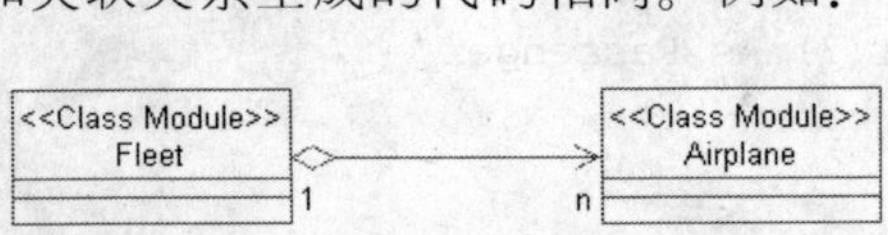

累积关系在概念上表示机群由许多飞机构成。但生成代码时，Rose并不关心类之间是累积关系还是关联关系。Fleet类包含Airplanes集合：

```
'##ModelId=396159720233
Public NewProperty As Collection
```

依赖性关系

依赖性关系不创建属性。如果Class_A和Class_B之间有依赖性，则Class_A和Class_B之间不创建属性。

一般化关系

UML中的一般化关系在面向对象语言中变成继承关系。但Visual Basic不支持继承。Visual Basic中一般化关系变成实现委托。在Rose模型中，继承关系如下：

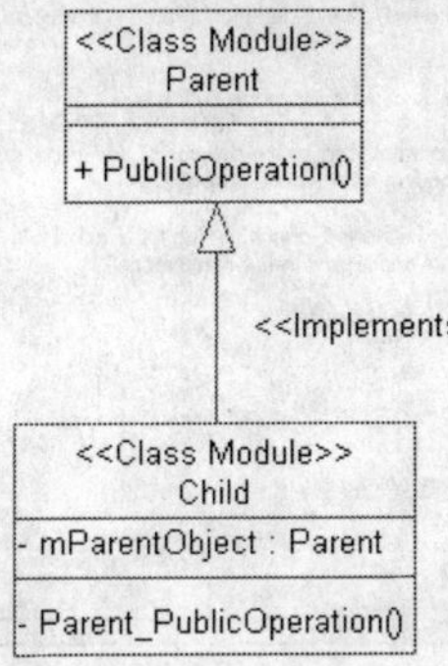

父类中没有提到子类，使父类保持一般化，许多类可以从父类继承，而不影响父类的代码。

子类包括三个专门部分的代码。首先，增加Implements Parent语句；其次，在子类中创建父类的实例，最后，在子类中插入父类公开方法的拷贝：

```
Option Explicit

'##ModelId=39615A930379
Implements Parent

'##ModelId=39615AA50180
Private mParentObject As New Parent

'##ModelId=39615AA501C6
Private Sub Parent_PublicOperation()
    Call mParentObject.PublicOperation
End Sub
```

逆向转出工程代码

和代码生成一样，Visual Basic的逆向转出工程代码是通过向导完成的。Rose Visual Basic包括Model Update Wizard，选择要逆向转出工程代码的类并将其放到Rose模型中。

首先，选择Tools➤Visual Basic➤Update Model from Code打开逆向转出工程代码向导，如图15.11。

如果已经创建一些Visual Basic组件，则Rose列出这些组件并提供选择逆向转出工程代码组件的选项。否则Rose提示创建组件，如图15.12。

要创建Visual Basic组件，选择Add a Visual Basic Component或按Ctrl+A键组，然后选择要创建的组件类型（Standard EXE、ActiveX EXE、ActiveX DLL或ActiveX Control）并按Add按钮。

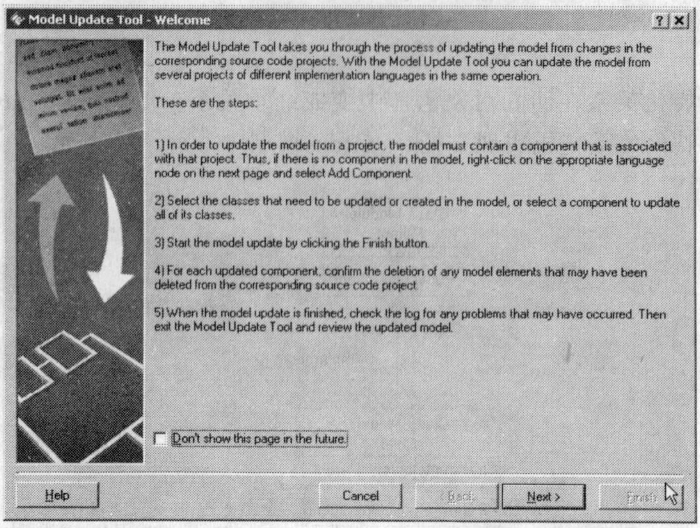

图15.11 逆向转出工程代码向导

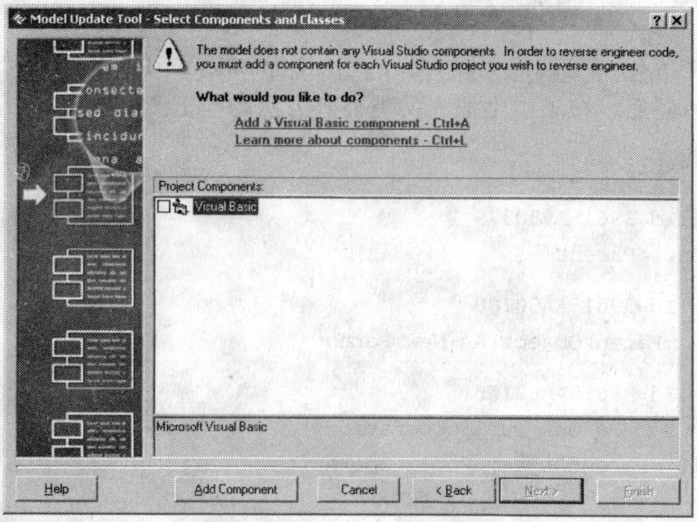

图15.12 创建Visual Basic组件

回到Select Components and Classes窗口，右击新组件并选择Properties 。在Project File字段中，输入要逆向转出工程代码的Visual Basic项目：

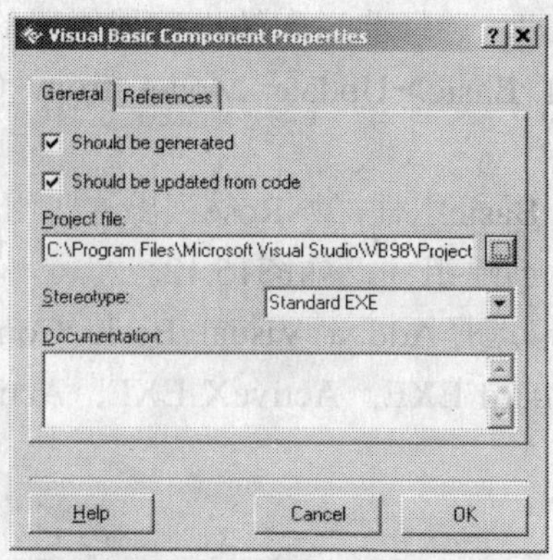

增加组件之后（或如果已经增加组件），Rose提示选择要逆向转出工程代码的组件。按Next按钮出现汇总屏幕，然后按Finish开始逆向转出工程代码过程。

如果不用Visual Basic框架开始项目，则Rose首先用包含标准Visual Basic类与类型的子包逆向转出工程代码COM包：

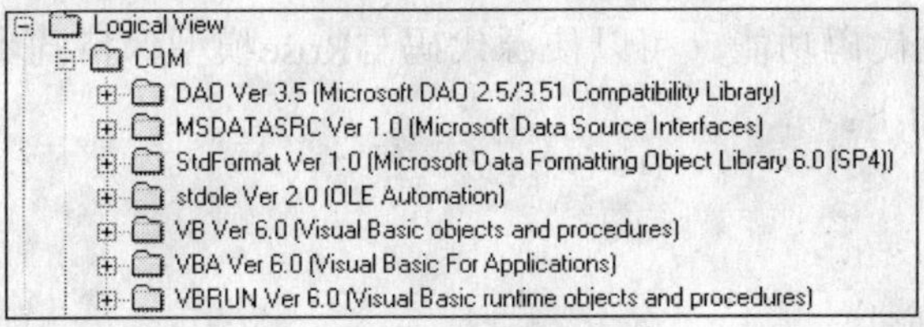

当然，Rose会将向导中选择的类逆向转出工程代码。下例中，我们对航空公司例子中的一些类逆向转出工程代码。

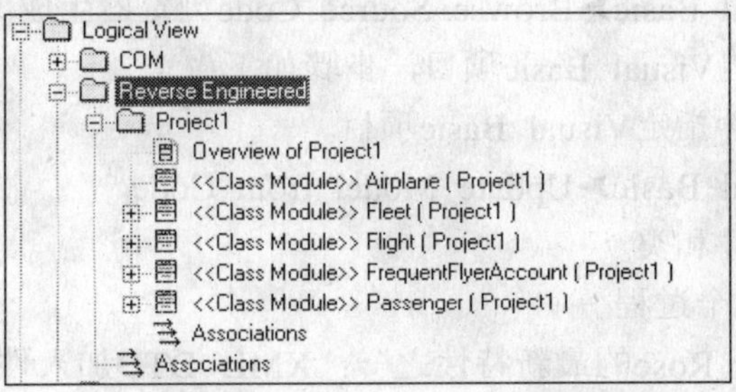

每个Visual Basic类逆向转出工程代码为具有相应版型的Rose类。表15.7列出了Visual Basic类类型和相应的Rose模型版型。

表15.7　Visual Basic-To-Rose映射

Visual Basic类	Rose版型
Class Module	Class Module
Interface	Class Module with Public可见性
Form	Form
MDI Form	MDI Form
DHTML Page	DHTML Page
Property Page	Property Page
Interface	Class Module with Public可见性
Module	Module
User Connection	User Connection
User Control	User Control
User Document	User Document
Web Class	Web Class
Template Web Item	Template Web Item
Custom Web Item	Custom Web Item
Data Environment	Data Environment
Data Report	Data Report
Add-In Designer	Add-In Designer
Collection	Class Module

小结

本章介绍了各个Rose模型元素如何用Visual Basic实现。利用类、包、属性、操作、关联、累积和其他Rose模型元素的代码生成属性，可以很好地控制生成的代码。通过Rose的代码生成与逆向转出工程代码功能，可以使源代码与Rose模型保持同步。

生成代码的步骤如下：

1. 创建组件。
2. 将类赋予组件。
3. 设置代码生成属性。
4. 选择Class或Component框图上的类或组件。
5. 选择Tools➤Visual Basic➤Update Code开始代码生成向导。
6. 选择Tools➤Visual Basic➤Browse Source Code浏览器生成的代码。

要逆向转出工程代码Visual Basic项目，步骤如下：

1. 创建组件并对组件指定Visual Basic项目。
2. 选择Tools➤Visual Basic➤Update Model from Code。
3. 选择要更新的组件和类。
4. 选择Finish完成这个过程。

下一章介绍Rational Rose的最新特性之一：XML DTD加入件。这个新特性不仅可以表示应用程序，还可以表示XML DTD文件的结构。可以用Rose逆向转出工程代码和图形化表示现有XML DTD结构或建模和生成新的XML DTD结构。下面几章将会介绍，Rose可以建模整个应用程序：对象模型、XML DTD结构、数据库结构和Web组件。

第16章 XML DTD代码生成与逆向转出工程代码

前面介绍了Rose如何建模软件系统设计。Rose也可以建模数据库和系统所在的业务。但前面还有一个要件系统文件没有提到：就是使用可扩展标记语言（XML，Extensible Markup Language）。要取得完整的系统图形，就要了解其各个组件，包括XML。

本章介绍Rose的一个新加入件的集成XML DTD（文档定义类型）。随着XML在行业中越来越普及，这个新工具使设计小组能够建模完整软件方案，包括C++、Visual Basic或Java代码和XML DTD组件。

本章介绍Rose如何建模DTD元素，DTD如何从Rose产生，DTD如何逆向转出工程代码到Rose。有时，DTD像系统设计模型一样复杂。要跟踪DTD中的元素和保证正确语法并不容易。Rose提供了DTD结构的全貌，很容易设计DTD和验证这个设计。Rose还提供语法检查，可以在生成代码之前保证语法正确。

尽管我们使用“代码生成”一词，但一定要注意，XML不是普通意义上的源代码，XML不是编程语言，而是应用程序之间交换数据的标准。和HTML一样，XML用标志解释程序提供文档中所包含数据的信息。但与HTML不同的是，XML可以包括定制标志。可以用这些定制标志创建新的标准数据格式，只要人们知道该格式，就可以与其交换数据。

这时就需要DTD文件。DTD包括元数据，就是关于数据的数据。它描述XML文件使用的结构。然后XML分析器用DTD文件和XML文件一起解释文件。

- 设置XML DTD代码生成属性
- 从Rose模型生成DTD文件
- 将Rose元素映射DTD结构
- 逆向转出工程代码DTD文件

XML DTD简介

XML是应Web上结构数据的需要而出现的。HTML在显示信息时非常方便，但只包含有限标志，用于创建文档。XML则灵活得多，可以创建定制标志，有效地描述文档中的数据。

DTD文件中定义XML文件的标志。DTD文件中的元素定义XML文件中可以包括的数据类型。

元素

元素用三个组件定义。第一个是ELEMENT关键字，表示后面的文本定义一个元素。第二个是元素名。每个元素名应当惟一。此外，XML不允许元素以字符xml开始，不管是大写还是小写。最后，内容模型定义构成元素的项目。例如，下面的元素“book”由书名、目录表、前言和各篇构成。

```
<!ELEMENT book (title, tableofcontents, introduction, section)>
```

书名、目录表、前言和各篇构成内容模型。元素本身也可以在内容模型中包含文本。这可以在内容模型中用**#PCDATA**符号表示。例如：

```
<!ELEMENT title (#PCDATA)>
```

title元素是个文本字符串。元素内容模型可以包含其他元素、文本（**PCDATA**）或两者。

这样很有用，但无法表示内容模型中的项目是否必须的，元素中可以包含多少项目。可以用三个符号取得更多信息：

- 加号（+）表示项目是必须的，可以有多个。
- 星号（*）表示项目不是必须的，可以有多个。
- 问号（?）表示项目不是必须的，只能有一个。

使用这些符号如下：

```
<!ELEMENT book (title+, tableofcontents?, introduction?, section+)>
```

这个例子表示书必须一个书名，目录表和前言可有可无，但最多一个目录表和前言。至少要有一个篇，但可以有多篇。

可以看出，在内容模型运用这三个符号可以加进关于元素的大量信息。它们在**DTD**中描述元素及其内容模型中的项目适用的规则。

注意内容模型中的项目用逗号分开。逗号表示项目要按内容模型中的顺序出现。我们的书要先有书名，后有目录表和前言，然后有篇。

但是，有时可能要表示选择。要表示选择，可以用选择运算符（|），表示如下：

```
<!ELEMENT A (B|C)>
```

上述语句表示元素A由B或C构成。

属性

元素可能有一个或多个属性。属性就是关于元素的信息。和对象模型中的属性一样，实体属性有名称、数据类型和可选默认值。

属性用下列语法声明：

```
<!ATTLIST ElementName AttributeName DataType DefaultValue>
```

例如:

```
<!ATTLIST Author Name CDATA>
<!ATTLIST Employee EmpID ID>
```

如果元素有多个属性，则其列出如下：

```
<!ATTLIST Employee Name CDATA Address CDATA Phone CDATA>
```

属性还可以增加三个其他关键字。关键字**#REQUIRED**表示属性是强制的，**#IMPLIED**表示属性不是必须的。最后，**#FIXED**表示属性值不能改变。如果属性是固定的，则要指定默认值。

要对属性指定默认值，可以在属性声明末尾输入这个值。例如：

```
<!ATTLIST book language CDATA "Spanish">
```

这个声明指定书的语言默认为“Spanish”。

有时要设置属性的有效值清单。例如，假设书的语言可选Spanish、English或Japanese，则可以指定为：

```
<!ATTLIST book language CDATA (Spanish | English | Japanese) "Spanish">
```

这里，书的语言可选Spanish、English或Japanese，默认为“Spanish”。

实体与符号

实体用简单单词表示更复杂的字符串，可以输入实体名而输入大量信息。实体可以简化文档，避免重复输入。

实体分内部实体和外部实体。内部实体在DTD中定义。外部实体在DTD之外定义，对应于XML文档（例如另一XML文档）。SYSTEM关键字表示外部实体。外部实体可以是分析或非分析的。

实体的例子包括文本字符串、外部文件和特殊字符。

文本字符串

如果长文本字符串多次重复，则可以用实体表示。例如，与其重复输入“the quick brown fox jumps over the lazy dog”，不如输入“&lazydog”。这种实体的格式如下：

```
<!ENTITY EntityName "entity text">
```

例如，

```
<!ENTITY lazydog "the quick brown fox jumps over the lazy dog">
```

我们把实体“lazydog”定义为字符串“the quick brown fox jumps over the lazy dog”。现在，使用实体时，只要输入和号（&）加实体名。只要输入“&lazydog”，XML分析器即把“&lazydog”换成完整短语。

外部文件

实体也可以表示外部文件。这时要使用SYSTEM关键字。实体声明如下：

```
<!ENTITY EntityName SYSTEM "entity location">
```

例如，如果把《独立宣言》的文本放在另一文件中，则可以定义一个实体和使用实体名，而不必输入所有文本。实体声明如下：

```
<!ENTITY Independence SYSTEM "/independence.xml">
```

这样，只要用&Independence关键字即可引用《独立宣言》的文本。

特殊字符

使用®之类的特殊字符时，可以定义实体，用其表示特殊字符。这样就不必在输入时记住这些特殊字符的十进制值。

分析或非分析实体与符号

实体可以是分析或非分析实体。分析实体符合本节前面描述的规则。XML分析器遇到这些实体时，将实体名换成实体表示的文本或文件。

XML分析器忽略非分析实体。为什么要使用非分析实体呢？非分析实体可以包括图形、声明、影像和不按XML格式的其他文件。XML分析器遇到非分析实体时，调用相应应用程序处理这个非分析实体。例如，它可能调用相应应用程序运行影像，其实体声明如下：

```
<!ENTITY MyVideo SYSTEM "C:\Videos\Vacation.vid">
```

XML分析器知道调用哪个应用程序来处理实体，这是用“符号”结构实现的。符号标识调用的应用程序并提供应用程序地址。符号的建档方法如下：

```
<!NOTATION NotationName SYSTEM "notation location">
```

例如：

```
<!NOTATION Video SYSTEM "C:\MyVideoPlayer.exe">
```

最后还有一个问题，XML分析器怎么知道Video符号适用于MyVideo实体呢？还要在实体声明中增加一个东西，将它与Video符号联系起来。我们用NDATA关键字加符号名。这样，我们的例子包括两行：

```
<!ENTITY MyVideo SYSTEM "C:\Videos\Vacation.vid" NDATA Video>
<!NOTATION Video SYSTEM "C:\MyVideoPlayer.exe">
```

DTD-to-UML映射

逆向转出工程代码或生成DTD时，Rose将不同DTD结构映射相应版型的类。本章余下部分详细介绍DTD结构如何映射Rose模型元素。表16.1列出了XML DTD结构与相应Rose模型元素。

表16.1 DTD-to-UML映射

DTD结构	Rose元素
Element	DTDElement版型的类
Attribute	元素类的属性
Entity	DTDEntity版型的类
Notation	DTDNotation版型的类
Empty element type	DTDElementEmpty版型的类
Any element type	DTDElementAny版型的类
Parsed character element type	DTDElementPCDATA版型的类
Content model with items separated by ","	DTDSequenceGroup版型的类
Content model with items separated by "&"	DTDSet版型的类
Content model with items separated by "|"	DTDChoiceGroup版型的类

DTD代码生成属性

Rose XML对模型中的类提供DTD规范窗口。Rose支持的每种版型有稍有不同的窗口。本节介绍不同DTD版型的类可以设置的不同属性。

不管版型如何，要浏览规范窗口，右击类并选择Open Specification。

可以对下列项目设置代码生成属性：

- 项目
- 类
- 属性
- 作用
- 组件

本节介绍下列DTD例子，显示不同的代码生成属性。这个DTD文件定义一本书：

```
<!-The following DTD defines a book->
<!ELEMENT book (title,tableofcontents,introduction?,section+)>
<!ELEMENT chapter (title,paragraph+)>
<!ATTLIST chapter
ChapterNum ID #REQUIRED
Description CDATA #REQUIRED
NumPages CDATA #REQUIRED
>
<!ELEMENT introduction (paragraph+)>
<!ELEMENT section (title,chapter+,paragraph+)>
<!ELEMENT paragraph (#PCDATA)>
<!ELEMENT title (#PCDATA)>
<!ELEMENT tableofcontents (#PCDATA)>
```

项目属性

项目规范控制使用的编辑器和对总体项目设置不同代码生成属性。要浏览项目属性，选择Tools➤XML_DTD➤Project Specification，出现图16.1所示的窗口。

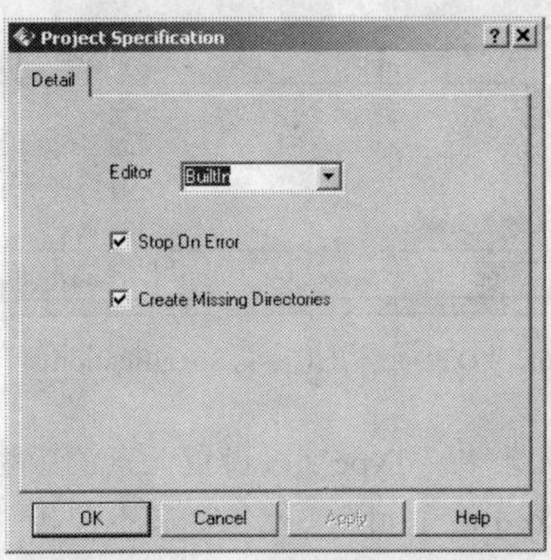

图16.1　XML Project Specification窗口

表16.2列出XML项目属性。这里的设置影响所有类、关系和其他Rose模型元素。

表16.2 XML项目属性

属性	用途	默认
Editor	控制使用、浏览和编辑DTD的编辑器。可以选择Built-In（Rose editor）或Windows Shell或输入第三方编辑器名	Built-In
Stop On Error	遇到错误时停止代码生成过程	True
Create Missing Directories	创建模型中组件的目录	True

类属性

Rose XML对创建的不同类类型提供不同代码生成属性。每个类有自己的版型，如DTDElement或DTDEntity。本节介绍这些不同版型及可以设置的代码生成属性。

本章稍后“生成的代码”一节会详细介绍这些类类型、介绍其用途及使用的UML符号。

生成代码之前，要先检查类的代码生成属性，保证得到所要的代码。下面首先介绍版型为DTDElement的类。

DTDElement

版型为DTDElement的类对应于DTD中的ELEMENT声明。展开前面“元素”一节的例子，书有几个元素：书名、目录表、前言、篇、章、段、题，分别表示为版型为DTDElement的类。

DTD元素的代码生成属性包括元素名、类型和说明。图16.2显示了DTD元素的Class Specification窗口。

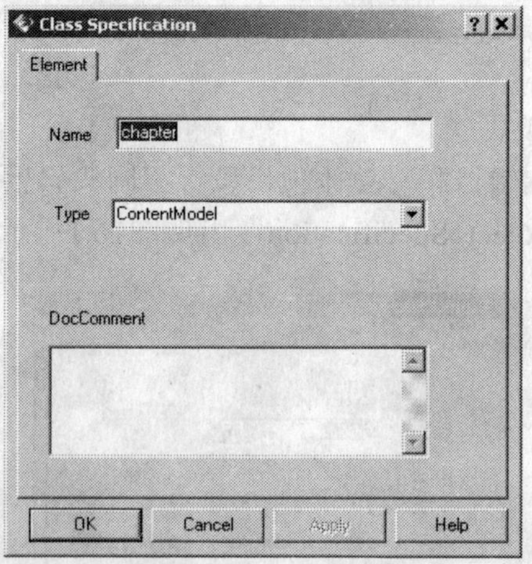

图16.2 DTD元素的Class Specification窗口

可以在Name字段中改变元素名。Type字段设置元素的版型，包括：

- DTDEmpty，空元素，表示这个元素不能包含文本和其他元素。但这些元素仍然可以有属性。

· DTDPCDATA，可以包含文本的元素。

· DTDAny，可以包含文本和其他元素的元素。

最后，可以在DocComment字段中输入元素的说明，这里输入的说明在生成的DTD中显示为说明。

DTDGroup

DTDGroup版型显示的元素集合构成另一元素的内容模型。在book例子中：

```
<!ELEMENT book (title,tableofcontents,introduction?,section+)>
```

DTD组显示书的内容模型中书名、目录表、前言和各篇的组合。图16.3显示了这个表示。本章稍后“生成的代码”一节会详细介绍这些符号。

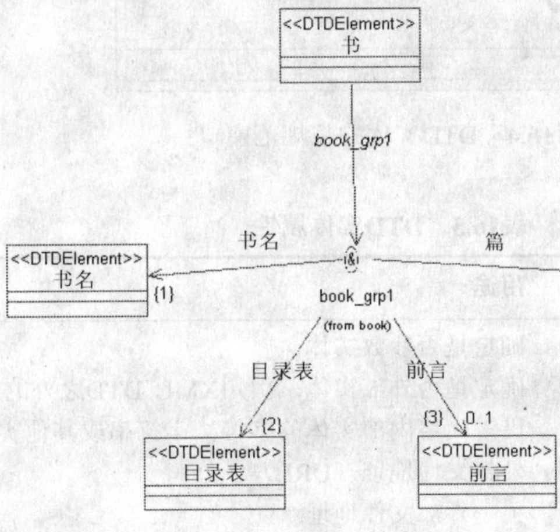

图16.3　DTD组例子

DTDGroup类的规范窗口有两个代码生成属性。第一个是Grouping Type，可以设置为下列两个设置之一：

· Choice设置生成ELEMENT A（B|C）格式代码，表示元素A由B或C构成。

· Sequence设置生成ELEMENT A（B,C）格式代码，表示元素A由B和C构成，要按这个顺序。

第二个代码生成属性在Occurrence字段中设置，确定内容模型中元素的倍增性。

DTDEntity

DTD实体是一个字符或字符串的占位符，也可以是声音、影像和其他信息的占位符。可以用图16.4所示的规范窗口对实体设置代码生成属性。

表16.3列出了实体代码生成属性及其用途。

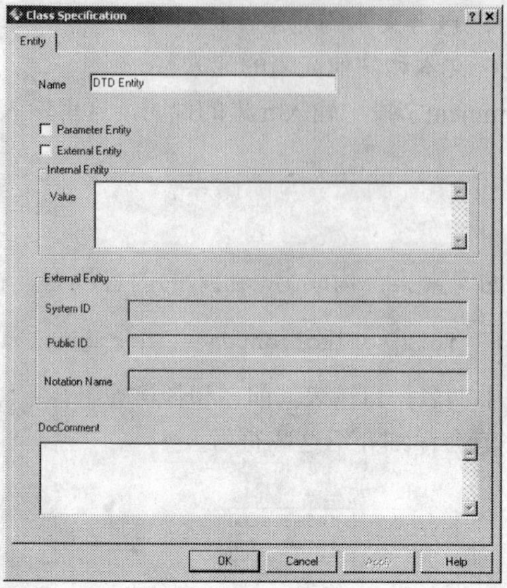

图16.4　DTD实体的类规范窗口

表16.3　DTD实体属性

属性	用途
Parameter Entity	确定是否参数实体
External Entity	确定是否外部实体，引用XML DTD之外的文件
Internal Entity Value	设置代替内部实体的字符、字符串或其他实体
External Entity System ID	外部文件地址（URL）
External Entity Public ID	另一外部文件地址
External Entity Notation Name	外部文件格式。设置这个属性时，要对外部实体创建图注（见下页“DTDNotation”一节）
Comments	实体说明，在DTD中生成说明

DTDNotation

外部实体可以用图注进一步描述。图注指定外部实体格式（声音、影像、字处理程序，等等）。图注的代码生成属性用类规范窗口设置，如图16.5。

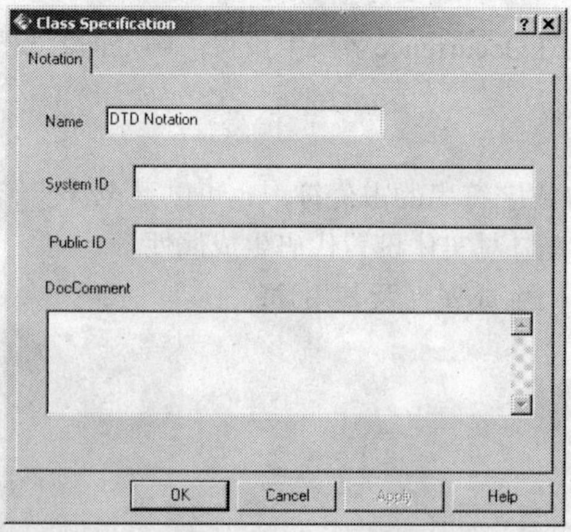

图16.5　DTD图注的类规范窗口

DTDNotation类只有两个代码生成属性。System ID属性设置实体位置，Public ID属性设置替换地址。

属性的属性

DTD类中的属性可以设置几个属性，见图16.6。

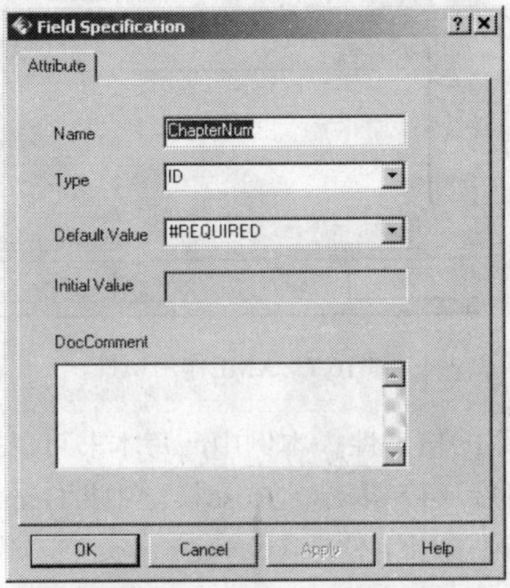

图16.6 XML属性的属性

表16.4列出XML属性的属性及其用途。

表16.4 XML属性的属性

属性	用途
Name	设置所生成DTD中的属性名
Type	设置属性的数据类型，有效值为CDATA（字符数据），ENTITIES()和ENTITY()
Default Value	确定属性是否必须
Initial Value	设置属性的默认值
DocComment	DTD中属性生成的说明

作用属性

作用属性适用于元素、实体和其他类之间的关系。这些属性控制元素之间的倍增性以及内容模型中元素的顺序。图16.7显示了作用规范窗口。

可以设置四个属性。Name字段设置作用名，不影响生成的DTD。

Constraints字段表示元素在内容模型中出现的顺序。图16.7是书与篇之间的关系，DTD如下：

```
<!ELEMENT book (title,tableofcontents,introduction?,section+)>
```

本例中，书与篇之间的关系中Constraints字段设置为4，因为篇是书内容模型中的第四个项目。

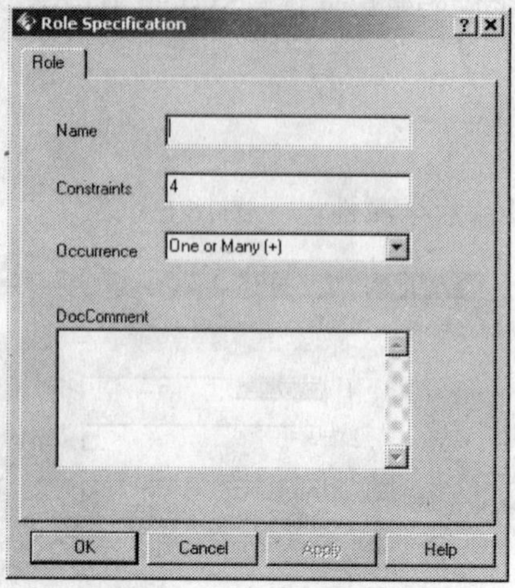

图16.7 XML作用属性

Occurrence字段设置关系的倍增性。本例中，每本书可以有一篇或多篇，在DTD中用书元素内容模型中篇后面的加号（+）表示。Rose模型中把Occurrence字段设置为One或Many（+）。Occurrence字段的取值如下：

- One 1
- Zero or one（?）0或1
- Zero or Many（*）0或多
- One or Many（+）1或多

最后，DocComment字段输入关系的说明。与属性说明不同，这些说明不包括在生成的DTD文件中。

组件属性

Rose中把DTD文件本身建模成组件。DTD中包含的不同元素映射为Rose中的组件。和其他模型元素一样，代码生成属性通过规范窗口设置。图16.8显示了DTD组件的规范窗口。

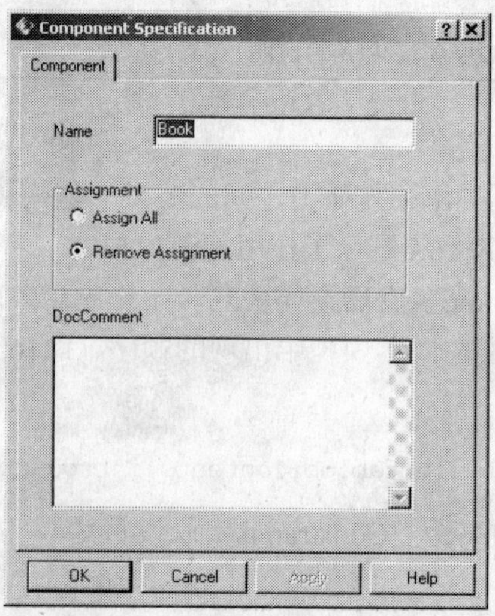

图16.8 DTD组件的规范窗口

在这个窗口中，Name字段设置要生成的DTD文件名。Assignment字段控制类如何映射组件。如果选择Assign All，则所有新类和现有类自动映射组件。如果选择Remove Assignment，则从组件中删除所有类。

生成代码

创建必要的元素、实体和其他Rose模型元素之后，就可以从模型生成DTD文件。为此，步骤如下：

1. 设置代码生成属性，按前面介绍的方法做。
2. 选择Tools➤XML_DTD➤Syntax Check，对模型进行DTD特定语法检查，可以看出是否有任何非法项目或其他错误。
3. 创建表示DTD文件的组件。这一步是可选的，但如果不创建组件，则Rose对每个类创建一个DTD。
4. 将类映射DTD组件。为此可以用标准组件规范窗口中的Realizes标签。在Realizes标签中，右击类将其映射组件，并选择Assign。
5. 选择要生成的类。
6. 选择Tools➤XML_DTD➤Generate Code。
7. 要浏览这个类的DTD，右击框图中的类并选择XML_DTD➤Browse DTD Source。

生成的代码

下面几节介绍对不同模型元素生成的DTD，包括类、属性和关联关系。每一节介绍一些样本代码，显示从Rose模型生成的内容。

下面首先介绍对各种类型类生成的代码。

类

模型中的类转换成元素、实体和元素的内容模型。转换是根据类指定的版型进行的。下面首先介绍元素类。

元素

Rose模型中将DTD元素表示为<<DTDElement>>版型的类。

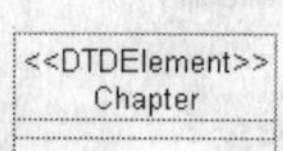

通过关联关系，将元素连接到一个组，然后与内容模型中的任何其他元素相联系。注意内容模型中的所有元素都要放在Rose模型中，以便生成DTD。

稍后将介绍内容模型的细节，但首先要介绍元素版型。可以改变版型而进一步限制元素。元素版型包括：

DTDElementAny　这个版型表示元素的内容模型可以包含文本和其他元素。关键字ANY在生成的DTD中出现。对章元素，生成下列内容：

```
<!ELEMENT Chapter ANY>
```

DTDElementEmpty 这个版型表示元素的内容模型不能包含文本和其他元素。关键字EMPTY在生成的DTD中出现。对章元素，生成下列内容：

```
<!ELEMENT Chapter EMPTY>
```

DTDElementPCDATA 这个版型表示元素的内容模型可以包含文本。对章元素，生成下列内容：

```
<!ELEMENT Chapter (#PCDATA)>
```

要设置元素的版型，打开规范窗口。在Type字段中，选择相应版型（ANY、EMPTY或PCDATA），如图16.9所示。

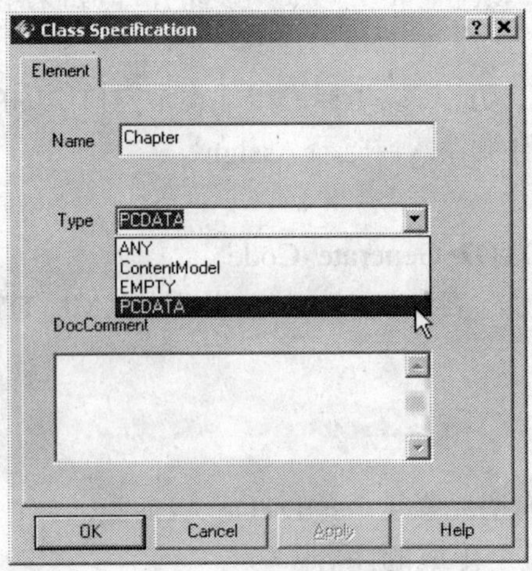

图16.9 设置元素的版型

Rose 2001A与2002包括每个元素类型的图标，要使用这些图标，右击类并选择Options➤Stereotype Display➤Icon。Rose使用下列图标：

Element Any

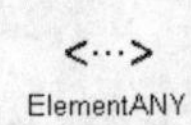

Element Empty

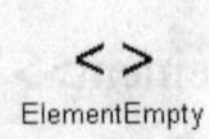

Element PCDATA

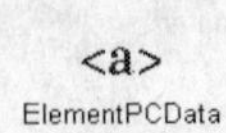

内容模型

前面曾介绍过，元素通过关联关系连接内容模型中的元素。图16.10显示了图书模型的例子。

本例中，书有书名、目录表、前言、篇，用DTDGroup版型的类把元素集合到书的内容模型中。组有两种，对应于内容模型中分隔元素的两种方法。

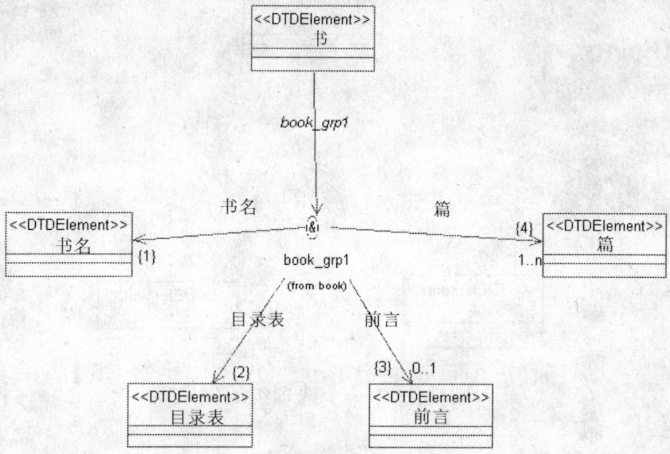

图16.10　Rose中的内容模型

在DTD中，内容模型的元素可以按逗号分开，表示元素要按列出的顺序出现。元素（或其子集）也可以用选择符分开，表示“或”（例如ELEMENT A（B|C）表示元素A包含B或C）。

这个信息用使用的DTDGroup类类型表示。这个图注表示一个类型：

<<DTDSequenceGroup>>

在Rose 2001A与2002中，DTDSequenceGroup版型的类表示为圆圈中的和号，如图16.11。这个组表示元素用逗号分开（即元素有顺序）。

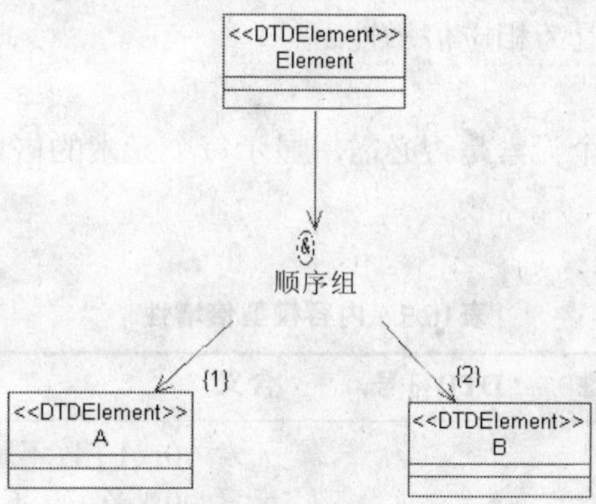

图16.11　一个顺序组的例子

说明：在Rose 2001中，顺序组显示为实心方框。

这个图注表示另一个类型：

<<DTDChoiceGroup>>

在Rose 2001A与2002中，DTDChoiceGroup版型的类表示为圆圈中的或号，如图16.12。这个组表示元素是内容模型中的选项。

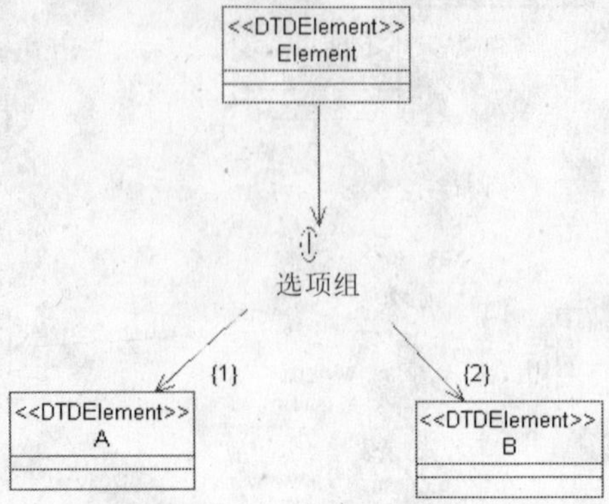

图16.12　一个选项组的例子

说明： 在Rose 2001中，选项组显示为空心方框。

要创建顺序组或选项组：

1. 右击元素并选择Open Standard Specification。
2. 选择Nested标签。
3. 右击空白处并选择Insert。
4. 输入顺序组或选项组名。
5. 单击OK按钮。
6. 新组在浏览器中实体下面出现。右击组并选择Open Specification。
7. 将版型设置为DTDGroup并单击OK按钮。出现组的DTD Class Specification窗口。
8. 设置Grouping Type为Choice或Sequence。
9. 将Occurrence字段设置为相应倍增性。
10. 单击OK按钮。

关联关系的细节显示每个元素是否必需，显示每个元素的倍增性。表16.5列出关联倍增性符号及其DTD符号。

表16.5　内容模型倍增性

Rose倍增性	DTD符号	含义
0..1	?	元素为0或1个，不是必需的
0..n	*	元素为0或多个，不是必需的
1..n	+	元素为1或多个，是必需的

图16.13显示了Rose和DTD中不同倍增性选项的例子。

元素在内容模型中的顺序以限制形式转变成Rose模型。每个关联关系可以有一个限制，放在大括号中。例如ELEMENT A（B、C、D）表示A与B关联关系的限制为1，A与C关联关系的限制为2，A与D关联关系的限制为3。图16.14显示了Rose模型和相应的DTD文件。通过检查限制，可以看出元素在内容模型中列出的顺序。

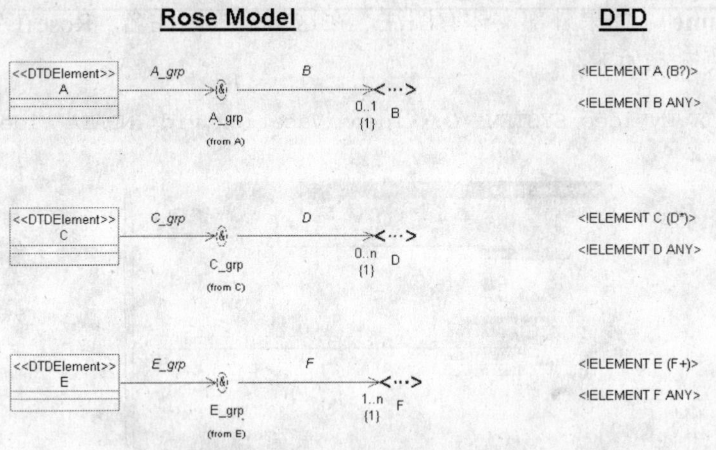

图16.13　Rose和DTD中内容模型基数的例子

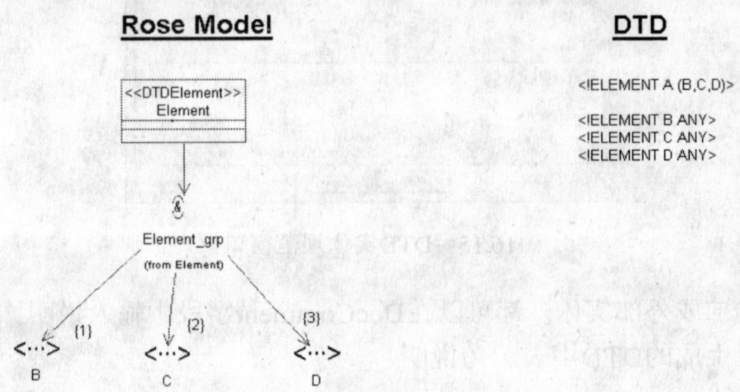

图16.14　Rose和DTD中的内容模型元素顺序

元素可以包含属性。关于DTD文件中生成属性和建模属性的信息，见本章稍后“属性”一节。

下面介绍Rose中如何建模实体和如何转换成DTD文件。

实体

和元素一样，Rose模型中的实体表示为类。实体的版型为<<DTDEntity>>。利用图16.15所示的规范窗口，可以设置DTD中生成的实体细节。

如果是内部实体，则可以在规范窗口的Value字段中输入实体值。这个值在生成的DTD中显示如下：

```
<!ENTITY Company "ACME DTD Files, Inc.">
```

如果是外部实体，则要选择External Entity复选框并填入System ID、Public ID与Notation Name字段如下：

System ID　在这个字段中输入实体地址。例如documentwithentity.xml。

Public ID　在这个字段中输入实体的替换地址。

Notation Name 如果外部实体有图注，在这里输入图注名。Rose在生成的DTD中包括NDATA关键字如下：

```
<!ENTITY MyVideo SYSTEM "C:\Videos\Vacation.vid" NDATA Video>
```

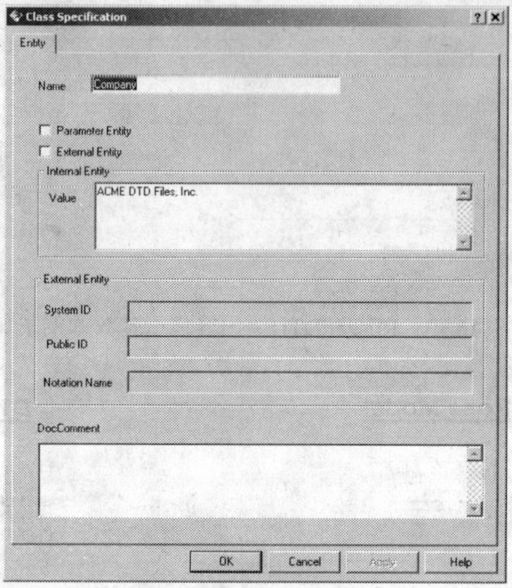

图16.15 DTD实体规范窗口

无论实体是内部或外部实体，都可以在DocComment字段中输入说明。这个字段中输入的任何内容都会在生成的DTD中表示为说明。

要创建实体：

1. 创建新类。
2. 对类指定版型<<DTDEntity>>。
3. 在规范窗口中设置前述的实体细节。
4. 必要时创建图注（见“图注”一节）。

在Rose 2001A与2002中，可以用特殊图标表示实体。按上述方法创建实体。如果图标没有出现，右击类并选择Options➤Stereotype Display➤Icon。实体图标如下：

<a="">
Entity

图注

图注用<<DTDNotation>>版型的类表示。和实体一样，图注的细节用规范窗口设置（如图16.16）。

利用这个窗口，可以设置处理实体的应用程序位置，还可以用Public ID字段设置替换地址。

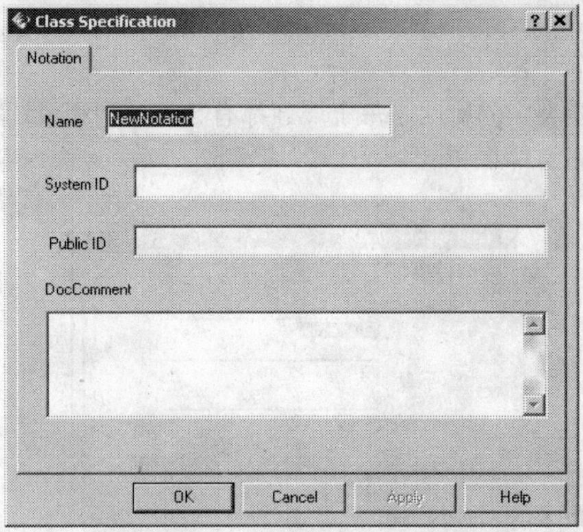

图16.16　DTD图注规范窗口

图注用双向关联关系链接相应实体。例如：

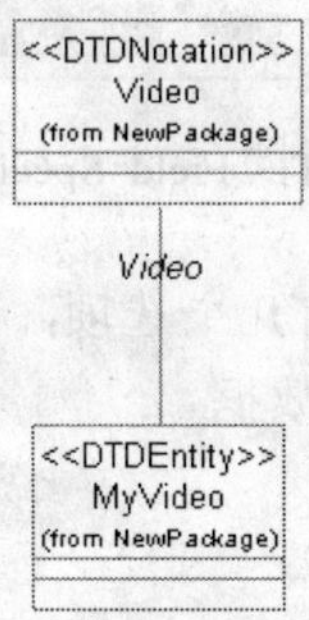

上述类生成下列**DTD**：

```
<!ENTITY MyVideo SYSTEM "C:\Videos\Vacation.vid" NDATA Video>
<!NOTATION Video SYSTEM "C:\MyVideoPlayer.exe">
```

说明：只要关系存在，在实体规范窗口的Notation Name字段中输入什么并不重要。例如，如果实体A用关联关系连接图注N1，而实体A规范窗口的Notation Name字段输入图注N2，则图注N1仍然产生DTD。

要创建图注：

1. 创建新类。
2. 对类指定版型**<<DTDNotation>>**。
3. 在规范窗口中设置前述图注细节。

在Rose 2001A与2002中，可以用特殊图标表示图注。图注如下：

图注

属性

元素属性表示为元素类中的属性。每个属性都有数据类型和可选默认值，可以用图16.17所示的Field Specification窗口设置。

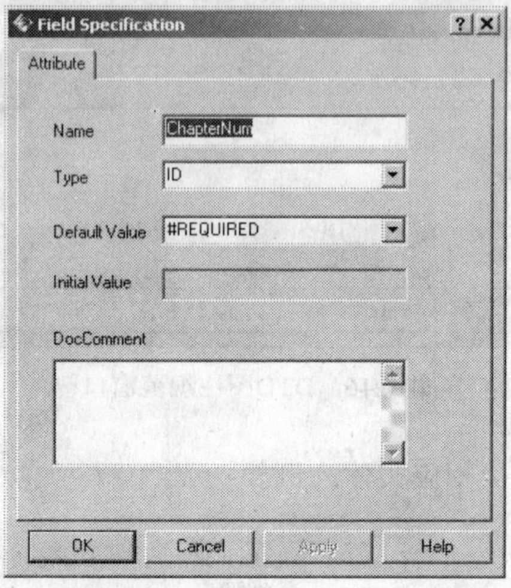

图16.17 DTD Field Specification窗口

Type属性表示属性的数据类型，有几个选项：

- CDATA，表示属性为简单字符数据
- ENTITIES，表示属性为实体组
- ENTITY，表示属性为另一实体
- ID，表示属性为元素标识符
- IDREF，表示属性为另一元素的ID引用
- IDREFS，表示属性为IDREF组
- NMTOKEN，表示属性为名称令牌属性，是单个单词
- NMTOKENS，表示属性为NMTOKEN集合

Default Value与Initial Value字段确定属性是否必需的，采用什么初始值。初始值和默认值都不是必需的。设置包括：

- #REQUIRED默认值表示文档中每个元素都要有属性值。设置#REQUIRED时，初始值可以输入或不输入。如果输入初始值，则在代码中生成属性的初始值。
- #IMPLIED默认值表示属性不是必需的，没有初始值。
- #FIXED默认值表示属性不是必需的，但如果有，则要有相应初始值。
- 没有默认值表示要输入初始值。属性在文档中不是必需的，但如果没有，则假设为初始值。

逆向转出工程代码DTD

生成DTD虽然有用，但更有用的是把现有DTD文件逆向转出工程代码为Rose模型。许多项目都有几个大型复杂的DTD结构，Rose可以很好地用图形表示这些结构。这在分析别人创建的复杂DTD结构时特别有用。

本节介绍如何将DTD文件逆向转出工程代码为Rose模型。

1. 首先，创建新模型或打开现有模型。
2. 选择Tools➤XML_DTD➤Reverse Engineer XML DTD。
3. Rose打开XML/DTD Reverse Engineering对话框，如图16.18。

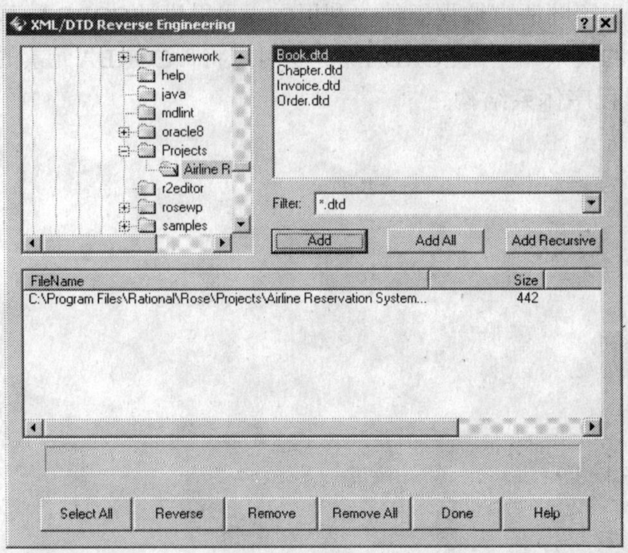

图16.18　XML/DTD Reverse Engineering对话框

4. 选择屏幕右上角中要逆向转出工程代码的文件，并按Add按钮。
5. 选择屏幕下方逆向转出工程代码的图标文件，并按Reverse。
6. 完成之后，按Done。

Rose在Logical视图中创建NewPackage文件夹。所有逆向转出工程代码项目都放在NewPackage文件夹中。

小结

本章介绍如何用Rose建模和生成XML DTD文件。我们介绍Rose中如何构造DTD元素、属性、实体和内容模型，Rose如何创建DTD文件。最后，我们介绍如何把DTD文件逆向转出工程代码为Rose模型。

生成DTD的步骤如下：

1. 选择代码生成属性。
2. 选择Tools➤XML_DTD➤Syntax Check。

3. 创建表示DTD文件的组件，将类映射为DTD组件。

4. 选择要生成的类。

5. 选择Tools➤XML_DTD➤Generate Code。

6. 要浏览类的DTD，右击框图中的类并选择XML_DTD➤Browse DTD Source。

DTD文件逆向转出工程代码为Rose模型的步骤如下：

1. 选择Tools➤XML_DTD➤Reverse Engineer XML DTD。

2. 选择屏幕右上角中要逆向转出工程代码的文件，并按Add按钮。

3. 选择屏幕按钮部分列出的逆向转出工程代码文件，并按Reverse按钮。

4. 按Done完成。

下一章介绍用Rose创建CORBA元素与逆向转出工程代码。CORBA是个接口标准，可以帮助组件通信，即使用不同语言编程组件。利用Rose可以设计CORBA元素，建立CORBA类与其他语言中类之间的关系和生成CORBA类。也可以将带CORBA元素的应用程序逆向转出工程代码，分析应用程序体系结构。

第17章 CORBA/IDL代码生成与逆向转出工程代码

Rose代码生成功能的最后一章介绍CORBA/IDL加入件。通过Component框图，可以从Rose模型正向工程转出代码。但要创建代码，Rose要在Logical视图中检查类属性，包括代码生成属性、属性、操作、关系和包。

- 设置IDL代码生成属性
- 从Rose模型生成IDL代码
- 将Rose元素映射到IDL结构
- 逆向转出工程代码IDL源代码

CORBA/IDL代码生成属性

公用对象请求代理体系结构（CORBA，Common Object Request Broker Architecture）是支持分布式对象的规范。通过接口定义语言（IDL，interface definition language），开发人员可以创建组件的语言独立接口，然后开发人员可以用多种语言创建组件，用IDL帮助对象进行通信。从Rose模型生成的CORBA/IDL由一系列代码生成属性控制。Rose包括属性、类、依赖性、累积、模块体、模块规范、操作、关联、子系统和整个项目的属性设置。

要浏览和设置这些属性，选择Tools➤Options，然后选择CORBA标签。

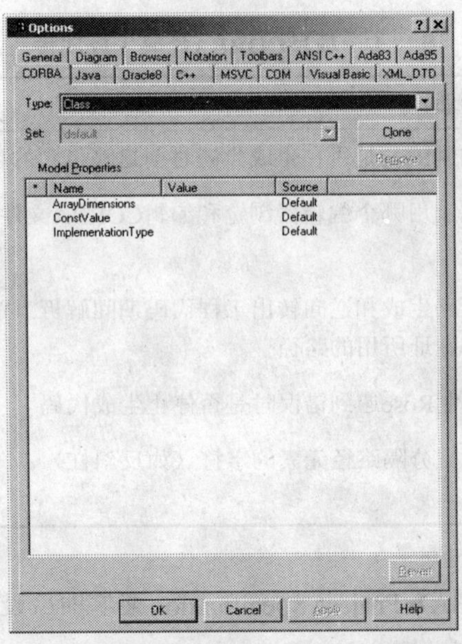

这个窗口中所作的任何改变都设置所有类、属性、操作等的默认值。

也可以对单个类、属性、操作和其他模型元素设置代码生成属性。为此，打开模型元素的规范窗口，并选择CORBA标签。在这个标签上，可以改变适用于各个模型元素的属性。下面几节介绍CORBA代码生成属性。

项目属性

项目属性是适用于整个项目而不是适用于具体模型元素（如类或关系）的CORBA代码生成属性。

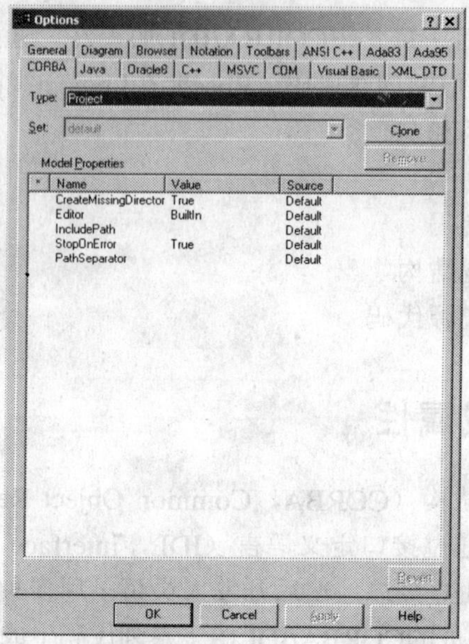

本节的选项包括生成代码时使用的默认目录和代码生成期间可以发生的最大错误次数，表17.1列出了各个项目属性及其用途和默认值。

表17.1 项目CORBA代码生成属性

属性	用途	默认
CreateMissingDirectoris	控制Rose是否在生成代码时创建映射包的目录	True
Editor	控制用哪个编辑器浏览和编辑CORBA文件	Built-ln（用内量CORBA编辑器）
IncludePath	代码生成和逆向转出工程代码期间解析.IDL文件地址所用的路径	空
StopOnError	控制Rose遇到错误时是否停止生成代码	True
PathSeparator	设置分隔路径元素的字符（如反斜杠）	空（使用操作系统默认）

也可以通过Tools➤CORBA➤Project Specification菜单项目设置这些属性，如下图所示。

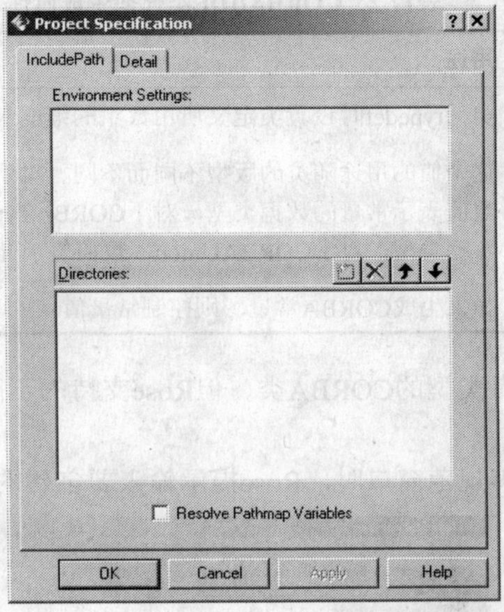

通过Tools➤Options区或Project Specification窗口设置属性都是差不多的。一个区中进行的改变会在另一个区中反映出来。

类属性

类属性是适用于类的CORBA代码生成属性。大多数属性通过类规范窗口设置，但有些属性可以通过Tools➤Options区设置如下：

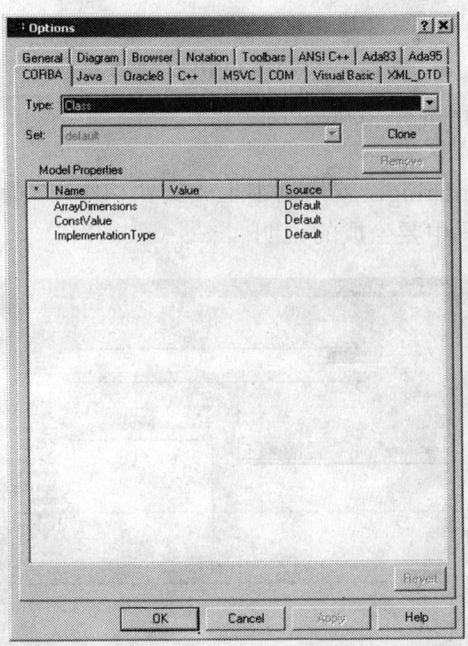

表17.2列出了Tools➤Options窗口中的CORBA类属性及其用途和默认值。

表17.2 CORBA/IDL类代码生成属性

属性	用途	默认
ArrayDimensions	类为typedef时设置类定义所用数组的维度	Empty
ImplementationType	这个值的用途随类的版型不同而不同。对于CORBAConstant，数值表示常量的数据类型；对于CORBATypeDef，数值表示数据类型；对于CORBAUnion，数值等于开关类型	Empty
ConstValue	如果生成CORBA常量，则控制常量值	<blank>

上述属性适用于所有类型的CORBA类。但Rose支持的不同CORBA版型还支持其他属性。

首次创建类和打开其规范窗口时，Rose提示输入要创建的类类型：

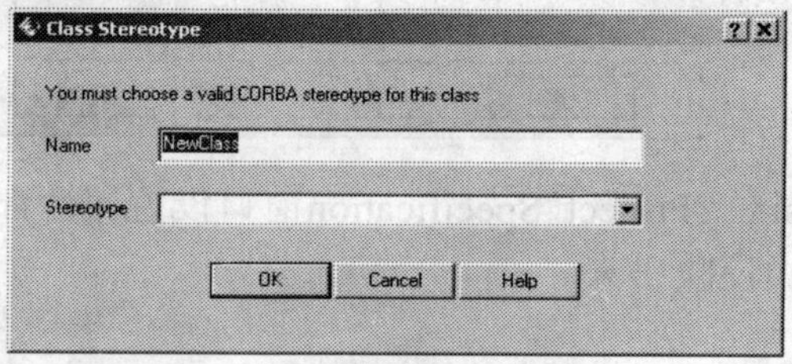

在Stereotype字段中，可以选择Interface、CORBAConstant、CORBAEnum、CORBAException、CORBANative、CORBAStruct、CORBATypedef、CORBAUnion、CORBAValue或CORBACusomValue。选择版型之后，出现相应的规范窗口。

接口规范

在接口规范窗口中，可以设置：

- Inherits From设置父类
- Attribute/Role Ordering设置代码中生成属性和作用的顺序
- DocComment代码中要生成的说明

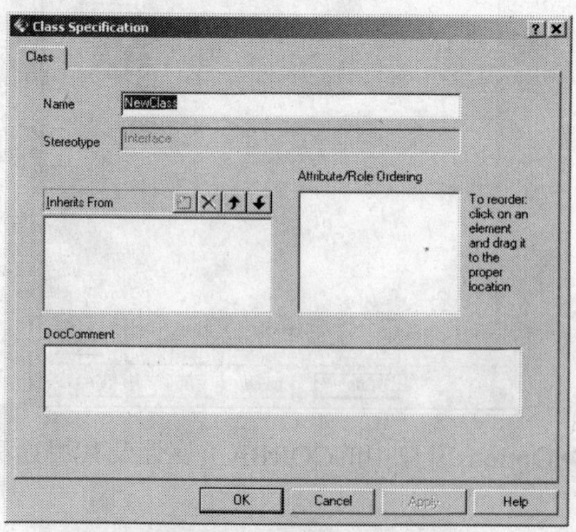

CORBAConstant规范

在常量规范窗口中，可以设置：

- Implementation Type生成常量的数据类型
- Constant Value设置生成常量的值
- DocComment代码中要生成的说明

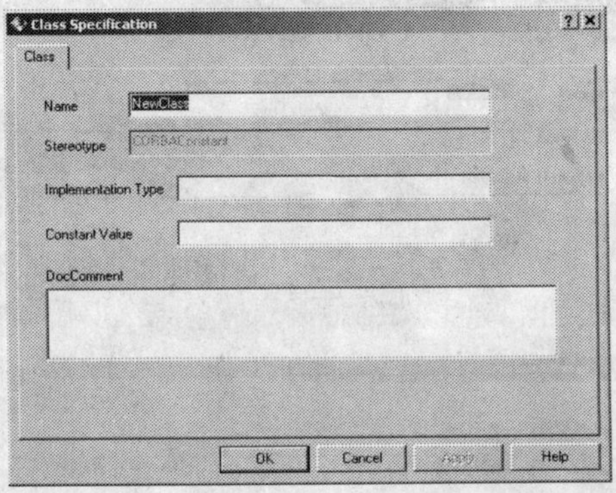

CORBANative规范

在CORBANative规范窗口中，可以设置DocComment字段，是代码中要生成的说明。

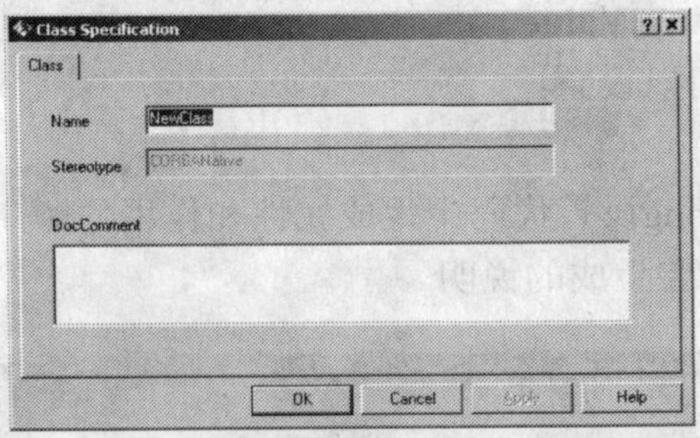

CORBATypeDef规范

在CORBATypeDef规范窗口中，可以设置：

- Implementation Type设置所生成typedef的数据类型
- Array Dimensions表示typedef的声明者为数组并设置数组维度
- DocComment代码中要生成的说明

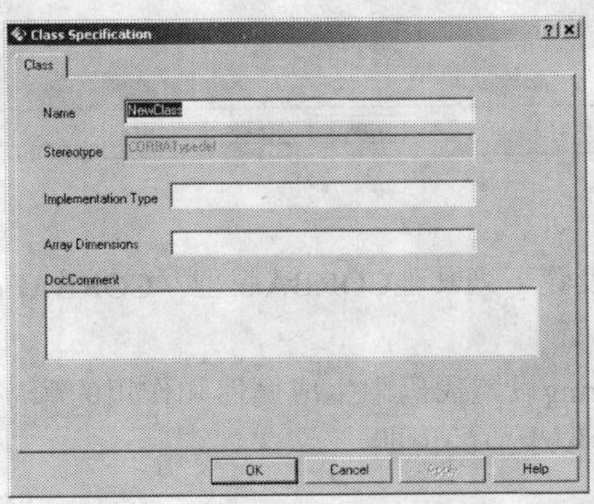

CORBAUnion规范

在联合规范窗口中，可以设置：

- Attribute/Role Ordering设置代码中生成属性和作用的顺序
- Switch Type设置联合的Case语句Switch类型
- DocComment代码中要生成的说明

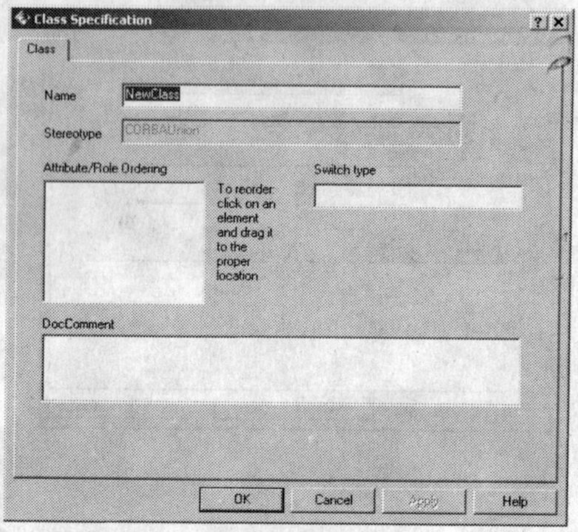

CORBAValue/CORBACustomValue

在数值规范窗口中，可以设置：

- Inherits From设置父类
- Attribute/Role Ordering设置代码中生成属性和作用的顺序
- DocComment代码中要生成的说明

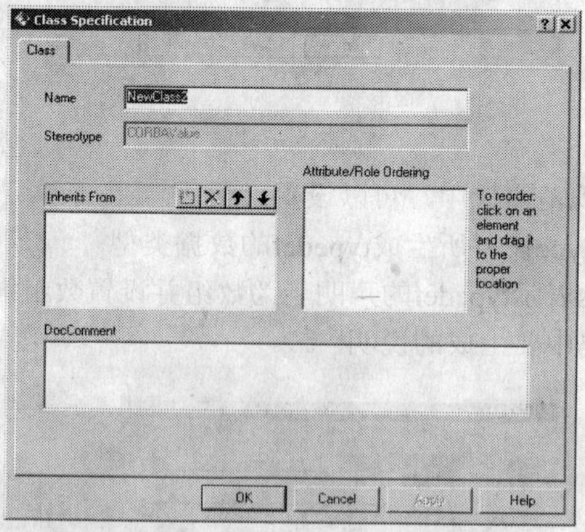

其他CORBA版型

在规范窗口中，可以设置下列其他CORBA版型（CORBAEnum、CORBAException和CORBAStruct）项目：

- Attribute/Role Ordering设置代码中生成属性和作用的顺序
- DocComment代码中要生成的说明

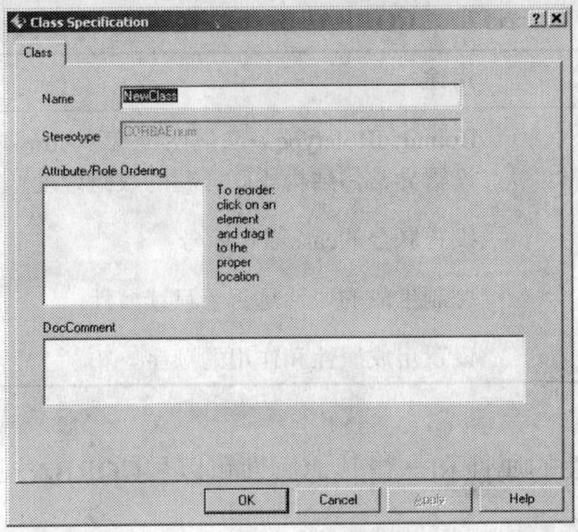

属性的属性

属性的属性是与属性有关的CORBA属性。利用这些属性可以控制模型中每个属性生成什么。

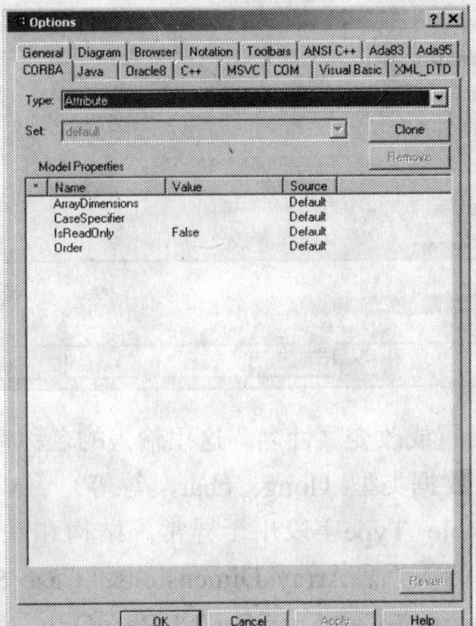

这些属性可以在三处设置。要设置所有属性的属性，选择Tools➤Options，然后选择CORBA标签，并从下拉列表框选择Attribute。要对一个属性设置属性，选择属性规范窗口的CORBA标签或打开CORBA规范窗口并在此编辑属性。

表17.3列出了CORBA属性的属性及其用途和默认值。

表17.3 CORBA/IDL属性代码生成属性

属性	用途	默认
ArrayDimensions	BoundedRoletype关联属性设置为Array时设置异常、结构或联合时的数组维度	<blank>
CaseSpecifier	设置联合的case语句标号	<blank>
IsReadOnly	控制生成的属性是否为只读属性	False
Order	设置生成属性和作用的顺序	<blank>

和类一样，这些属性的属性和一些其他属性可以用CORBA规范窗口设置。下图显示了CORBA属性的规范窗口：

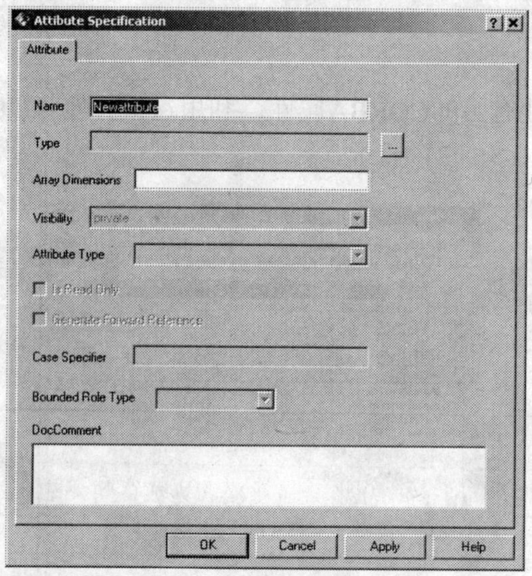

在Name字段中，可以设置或改变属性名。这里输入的名称在生成的代码中成为属性名。在Type字段中，输入属性的数据类型（long、char，等等）。Visibility字段可以设置属性为public或private。Bounded Role Type字段用于异常、结构和联合，确定是否创建数组或顺序属性，支持与关联倍增性的关系。Array Dimensions、Case Specifier与Is Read Only字段与表17.3介绍的ArrayDimensions，CaseSpecifier与IsReadOnly属性相同。在规范窗口中，可以改变这些字段或属性。

操作属性

操作属性是与操作有关的CORBA属性。

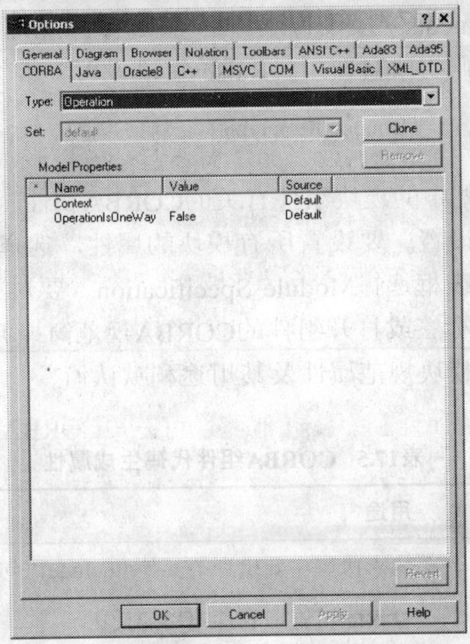

这些属性可以在三处设置。要设置所有操作的属性，选择Tools➤Options，然后选择CORBA标签，并从下拉列表框选择Operation。要对一个操作设置属性，选择操作规范窗口的CORBA标签或打开操作的CORBA规范窗口并在此编辑属性。

表17.4列出了CORBA操作代码生成属性及其用途和默认值。

表17.4　CORBA/IDL操作代码生成属性

属性	用途	默认
OperationIsOneWay	控制操作是否生成单向关键字	False
Context	包括操作的情境语句	<blank>

通过CORBA Operation Specification窗口还可以设置其他属性（如下图所示）。

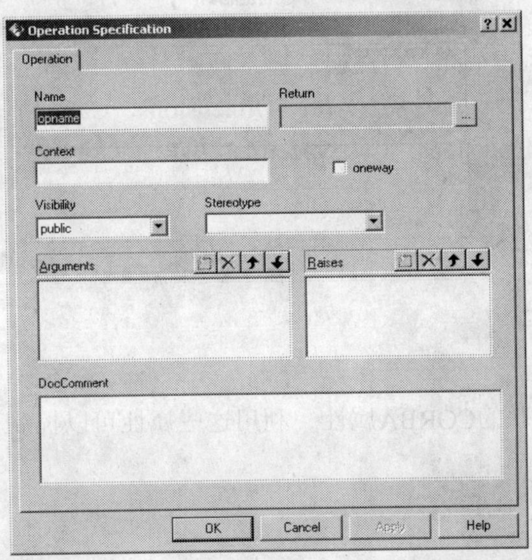

Name、Return与Arguments字段设置操作签名，包括其参数。Visibility字段控制操作为public或private，直接在代码生成时使用。Raises字段设置异常类，处理操作的异常。

模块属性

模块属性是与Rose模型中的模块组件有关的CORBA属性。

这些属性可以在三处设置。要设置所有模块的属性，选择Tools➤Options，然后选择CORBA标签，并从下拉列表框选择Module Specification。要对一个模块规范设置属性，选择模块规范窗口的CORBA标签或打开组件的CORBA规范窗口并在此编辑属性。

表17.5列出了CORBA模块规范属性及其用途和默认值。

表17.5 CORBA组件代码生成属性

属性	用途	默认
AdditionalIncludes	输入代码中要出现的其他#include语句	<blank>
CmIdentification	输入配置管理软件可用的代码	%X%%Q%%Z%%W%
CopyrightNotice	在文件中输入版权	<blank>
InclusionProtectionSymbol	设置符号，防止文件重复出现	Auto Generate

CORBA的组件规范窗口中可以改变一些CORBA生成属性。右击Component框图中的CORBA组件并选择Open Specification出现下列规范窗口：

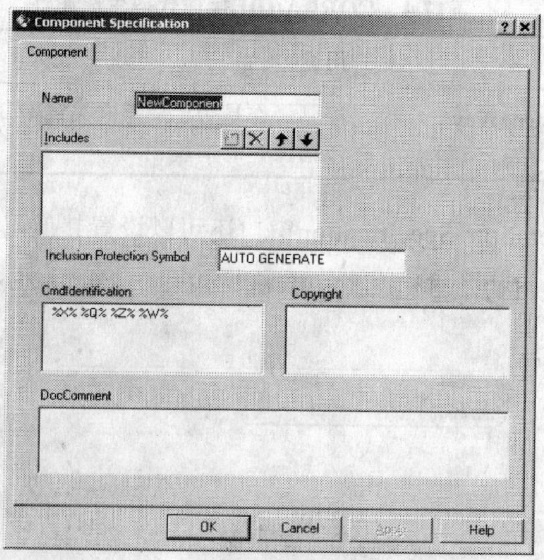

关联（作用）属性

作用属性是涉及关联的CORBA属性。利用这些属性可以控制关联代码的生成。

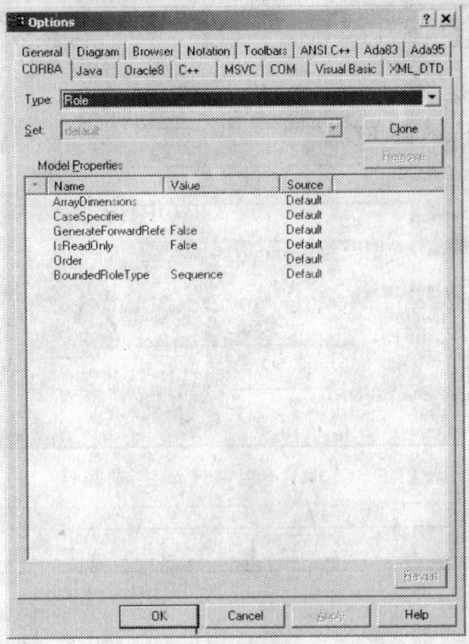

由于作用实现为属性，因此属性和作用的许多代码生成属性是一致的。但是，作用有两个独特属性GenerateForwardReference和BoundedRoleType。

作用属性可以在三处设置。要设置所有关联的属性，选择Tools➤Options，然后选择CORBA标签，并从下拉列表框选择Role。要对一个关联设置属性，选择关联规范窗口的CORBA标签或打开关联的CORBA规范窗口并编辑属性。

表17.6列出了CORBA关联代码生成属性及其用途和默认值。

表17.6　CORBA/IDL关联代码生成属性

属性	用途	默认
ArrayDimensions	BoundedRoletype关联属性设置为Array时设置异常、结构或联合使用的数组维度	<blank>
CaseSpecifier	设置联合的case语句标号	<blank>
GenerateForwardReference	控制引用接口包括#include语句或前引用	#include（False）
IsReadOnly	控制生成的是否是只读属性	False
Order	设置生成的属性和作用顺序	<blank>
BoundedRoleType	如果关系倍数大于一，控制生成属性使用数组或顺序	Sequence

这些属性也可以在CORBA Attribute Specification窗口中设置：

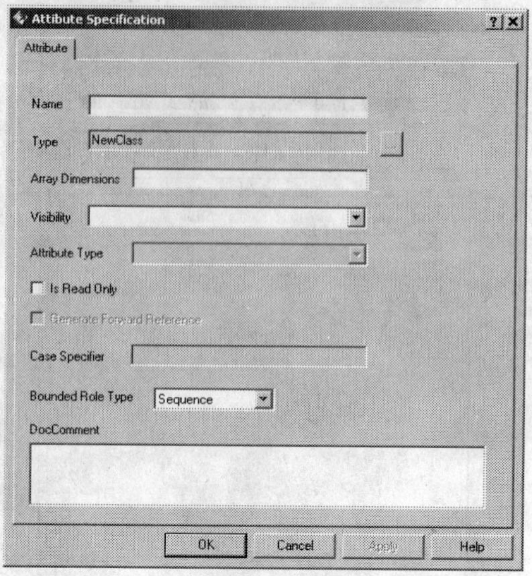

依赖性属性

依赖性属性是控制依赖性关系如何生成的CORBA属性。

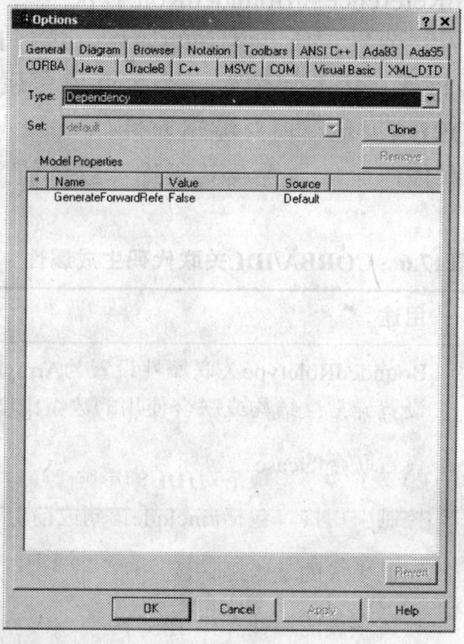

这些属性可以在两处设置。要设置所有依赖性的属性，选择Tools➤Options，然后选择CORBA标签，并从下拉列表框选择Dependency。要对一个依赖性设置属性，选择依赖性规范窗口的CORBA标签并在此编辑属性。依赖性只有一个GenerateForwardReference，控制引用接口包括#include语句或前引用，默认使用#include语句。

生成代码

下面几节介绍从各种模型元素生成的CORBA代码。Rose用各种模型元素规范窗口中输入的信息生成CORBA/IDL。

下面先介绍生成的典型代码。

类

对象模型中的一个类生成一个IDL文件。生成的文件如下：

```
Interface TheClass
{
};
```

代码中还生成大量其他信息，如配置管理语句、版权声明和包括语句。稍后在“标准代码生成”中将介绍完整的文件。

类的所有属性、操作和关系均会体现在生成代码中。每个类生成的主要元素包括：

- Class name（类名）
- Attributes（属性）
- Operations（操作）
- Relationships（关系）
- Documentation（文档）

生成代码时，Rose用模型Component视图中建立的包结构生成相应目录。模型中的每个包创建一个目录。在每个目录中，Rose创建包中每个类的文件。

Rose模型中的大多数信息都直接用于生成代码。例如，每个类的属性、操作、关系和类名直接影响生成的代码。其他模型字段（如输入的类文档）不直接影响代码，这些字段值成为生成代码的说明语句。

表17.7列出了类规范窗口中的字段及哪些字段直接影响生成的代码。

表17.7　类规范对IDL的影响

属性	影响
Name	模型中的名称变成类名
Type	无影响
Stereotype	无影响
Export Control	无影响
Documentation	说明语句
Cardinality	无影响
Space	无影响
Persistence	无影响
Concurrency	无影响
Abstract	无影响

（续表）

属性	影响
Formal Arguments	无影响
Operations	在代码中生成
Attributes	在代码中生成
Relationships	在代码中生成

标准代码生成

下面看看下图所示类生成的代码：

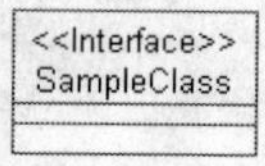

这个SampleClass类生成下列IDL文件：

```
//Source file: C:/corba/SampleClass.idl

#ifndef __SAMPLECLASS_DEFINED
#define __SAMPLECLASS_DEFINED

/* CmIdentification
  %X% %Q% %Z% %W% */

#include "IncludedClass.idl"

interface SampleClass {
};

#endif
```

下面逐段地介绍这个文件。

模块段

模块段包含所生成类的基本信息，包括下列语句：

```
//Source file: C:/corba/SampleClass.idl
```

这个段包括描述所生成类和IDL文件位置的说明语句。

配置管理段

配置管理支持与配置管理软件的集成，包括下列语句：

```
/* CmIdentification
  %X% %Q% %Z% %W% */
```

配置管理段包括配置管理设置的信息。第二行（%X% %Q% %Z% %W%）是默认配置管理设置。要改变配置管理设置，选择Tools➤Options，在下拉列表框选择Module Specification打开模块规范代码生成属性。可以将CmIdentification属性值变为该行的默认值。利用这个属性可以将Change Management设置成配置管理软件认识的字符串。

这个设置可以采用的样本值如下：

- $date插入生成代码的日期
- $time插入生成代码的时间
- $module插入组件名
- $file插入组件文件

预处理器指令段

预处理器指令段包括下列语句：

```
#ifndef __SAMPLECLASS_DEFINED
#define __SAMPLECLASS_DEFINED
```

插入这些语句使文件不会重复出现。

包括段

生成代码的包括段中有组件AdditionalIncludes代码生成属性中增加的项目和组件规范窗口Includes段中增加的项目。

SampleClass的包括段如下：

```
#include "IncludedClass.idl"
```

本例中只包括一个另外的类IncludedClass。

类定义段

类定义段包含类本身的信息，包括类名、属性、操作和关系。对上述类，类定义段包括：

```
interface SampleClass {
};
```

如果用文档窗口或类规范窗口的文档区输入类文档，则这个文档成为代码中的说明语句。

不同类型CORBA/IDL生成的代码

生成的代码直接与版型（interface、union、const，等等）有关。下面介绍用不同CORBA/IDL规范类型选项对下图所示类生成的代码。

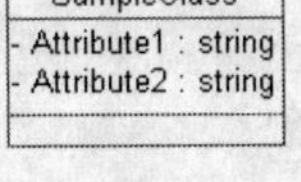

TypeDef生成

如果类版型设置为CORBATypeDef，则不生成类的接口，而创建typedef。在类规范窗口的Implementation Type属性中，输入这个typedef的别名定义。SampleClass类生成的代码如下：

```
//Source file: C:/corba/SampleClass.idl

#ifndef __SAMPLECLASS_DEFINED
#define __SAMPLECLASS_DEFINED

/* CmIdentification
  %X% %Q% %Z% %W% */

#include "IncludedClass.idl"

typedef long SampleClass;

#endif
```

枚举生成

第二种可以生成的CORBA类型是枚举。如果选择这个选项，则Rose在生成文件中用关键字enum。上述类将版型设置为CORBAEnum时生成的代码如下：

```
//Source file: C:/corba/SampleClass.idl

#ifndef __SAMPLECLASS_DEFINED
#define __SAMPLECLASS_DEFINED

/* CmIdentification
  %X% %Q% %Z% %W% */

#include "IncludedClass.idl"
enum SampleClass {

  Attribute1,
  Attribute2
};

#endif
```

常量生成

第三种可以生成的CORBA类型是常量。这里Rose在生成的IDL中使用关键字const。要生成常量，将类版型设置为CORBAConstant。在Rose类规范窗口中，将Implementation Type字段设置为要用的数据类型，将Constant Value字段设置为常量值。

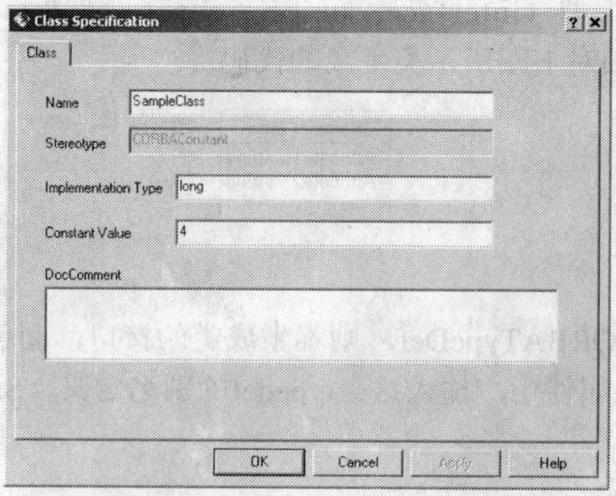

SampleClass生成的文件如下：

```
//Source file: C:/corba/SampleClass.idl

#ifndef __SAMPLECLASS_DEFINED
#define __SAMPLECLASS_DEFINED

/* CmIdentification
  %X% %Q% %Z% %W% */

#include "IncludedClass.idl"

const long SampleClass = 4;

#endif
```

异常生成

第四种可以生成的CORBA类型是异常。如果类版型设置为CORBAException，则Rose在代码中包括关键字exception。SampleClass生成的文件如下：

```
//Source file: C:/corba/SampleClass.idl

#ifndef __SAMPLECLASS_DEFINED
#define __SAMPLECLASS_DEFINED

/* CmIdentification
  %X% %Q% %Z% %W% */

#include "IncludedClass.idl"
exception SampleClass {
  string Attribute1;
  string Attribute2;
};

#endif
```

结构生成

另一种可以生成的CORBA类是结构。如果类版型设置为CORBAStruct，则Rose在代码中包括关键字struct。类属性显示为生成文件中的数据类型。SampleClass生成的文件如下：

```
//Source file: C:/corba/SampleClass.idl

#ifndef __SAMPLECLASS_DEFINED
#define __SAMPLECLASS_DEFINED

/* CmIdentification
  %X% %Q% %Z% %W% */

#include "IncludedClass.idl"

struct SampleClass {
  string Attribute1;
```

```
   string Attribute2;
};

#endif
```

ValueType生成

将版型设置为CORBAValue时，可以设置数值类型。版型设置为CORBAValue时SampleClass类生成的代码如下：

```
//Source file: C:/corba/SampleClass.idl

#ifndef __SAMPLECLASS_DEFINED
#define __SAMPLECLASS_DEFINED

/* CmIdentification
  %X% %Q% %Z% %W% */

#include "IncludedClass.idl"

valuetype SampleClass {
;
;
};

#endif
```

联合生成

最后可以将类版型设置为CORBAUnion，在CORBA中生成联合。生成的代码如下：

```
//Source file: C:/corba/SampleClass.idl

#ifndef __SAMPLECLASS_DEFINED
#define __SAMPLECLASS_DEFINED

/* CmIdentification
  %X% %Q% %Z% %W% */

#include "IncludedClass.idl"

union SampleClass switch(long) {
   case 1: string Attribute1;
   case 2: string Attribute2;
};

#endif
```

生成代码之前，每个属性应有案例指定符。打开每个属性的规范窗口，并在Case Specifier属性中输入数值。输入的值控制代码中生成的Case语句。上例中，Attribute1的案例指定符为1，Attribute2的案例指定符为2。

属性

从上例可以看出，代码中生成类的同时也生成属性。但并非所有CORBA类型都是这样。本节要介绍对每种类型生成的属性代码：interface、typeDef、enumeration、constant、exception、structure和union。对每种类型，我们将介绍下图所示类生成的代码：

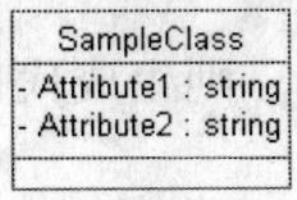

对接口生成的属性

在接口中，所有类属性都出现在生成的代码中。对每个属性，Rose包括：

- Data type（数据类型）
- Documentation（文档）

对SampleClass类生成的接口如下：

```
//Source file: C:/corba/SampleClass.idl

#ifndef __SAMPLECLASS_DEFINED
#define __SAMPLECLASS_DEFINED

/* CmIdentification
  %X% %Q% %Z% %W% */

#include "IncludedClass.idl"

interface SampleClass {
  attribute string Attribute1;
  attribute string Attribute2;
};

#endif
```

对TypeDef生成的属性

如果类版型设置为CORBATtypeDef，则生成代码中不出现属性。

对枚举生成的属性

对于枚举，Rose在生成代码中放上属性，但Rose忽略数据类型、默认值和其他属性规范。SampleClass类生成的枚举如下：

```
//Source file: C:/corba/SampleClass.idl

#ifndef __SAMPLECLASS_DEFINED
#define __SAMPLECLASS_DEFINED

/* CmIdentification
  %X% %Q% %Z% %W% */

#include "IncludedClass.idl"

enum SampleClass {
```

```
  Attribute1,
  Attribute2
};
#endif
```

对常量生成的属性

如果类版型设置为CORBAConstant，则生成代码中不出现属性。

对异常生成的属性

如果类版型设置为CORBAException，则类的所有属性都包括在代码中。对每个属性，代码包括：

- 数据类型（Data type）
- 文档（Documentation）

例如，下面是SampleClass的CORBAException设置为异常时生成的代码：

```
//Source file: C:/corba/SampleClass.idl

#ifndef __SAMPLECLASS_DEFINED
#define __SAMPLECLASS_DEFINED

/* CmIdentification
  %X% %Q% %Z% %W% */

#include "IncludedClass.idl"

exception SampleClass {
  string Attribute1;
  string Attribute2;
};

#endif
```

对结构生成的属性

如果类版型设置为CORBAStruct，则类的所有属性都包括在代码中。对每个属性，代码包括：

- 数据类型（Data type）
- 文档（Documentation）

例如，下面是SampleClass的CORBAStruct设置为结构时生成的代码：

```
//Source file: C:/corba/SampleClass.idl

#ifndef __SAMPLECLASS_DEFINED
#define __SAMPLECLASS_DEFINED

/* CmIdentification
  %X% %Q% %Z% %W% */

#include "IncludedClass.idl"
```

```
struct SampleClass {
  string Attribute1;
  string Attribute2;
};

#endif
```

对联合生成的属性

如果类版型设置为CORBAUnion，则类的属性显示为联合中的case语句。例如，下面是SampleClass生成的代码：

```
//Source file: C:/corba/SampleClass.idl

#ifndef __SAMPLECLASS_DEFINED
#define __SAMPLECLASS_DEFINED

/* CmIdentification
  %X% %Q% %Z% %W% */

#include "IncludedClass.idl"

union SampleClass switch(long) {
  case 1: string Attribute1;
  case 2: string Attribute2;
};

#endif
```

case语句中的值由每个属性规范窗口中的Case Specifier字段输入的值设置。

操作

Rose模型中定义的操作出现在生成的IDL中。但和属性一样，操作只对某些CORBA类型适用。本节介绍下图所示类生成的操作代码：

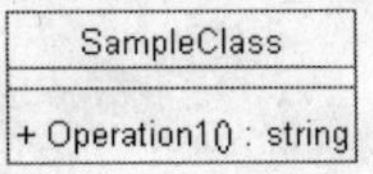

我们将介绍类类型改变时生成的代码。

对接口生成的操作

对于接口，类的所有操作出现在生成的代码中，包括参数、参数数据类型和返回值。对SampleClass类，生成的接口如下：

```
//Source file: C:/corba/SampleClass.idl

#ifndef __SAMPLECLASS_DEFINED
#define __SAMPLECLASS_DEFINED

/* CmIdentification
  %X% %Q% %Z% %W% */
```

```
#include "IncludedClass.idl"

interface SampleClass {
  /*
  @roseuid 39B5C1A0006A */
  string Operation1 ();

};

#endif
```

对其他CORBA/IDL类型生成的操作

操作只在对接口生成的IDL中显示。如果类版型设置为typedef、enumeration、const、exception、struct或union，则代码中不生成操作。

双向关联

要支持双向关联，Rose在代码中生成属性。关系中的每个类包含支持关联的属性。生成的属性名由关联关系中的作用名控制。要先输入作用名之后才能生成代码。

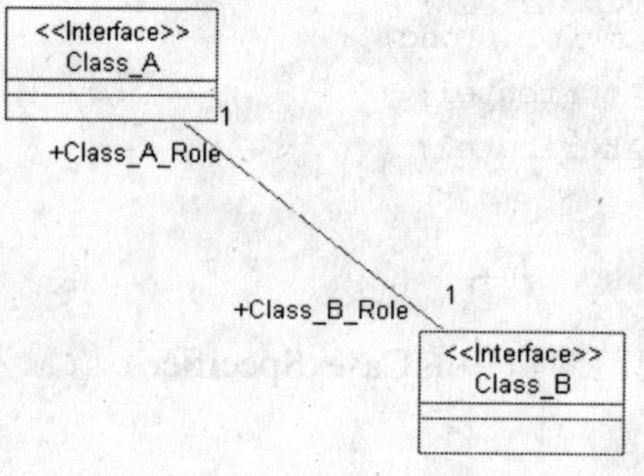

上述两个类生成的代码如下：

```
interface Class_A {
  attribute Class_B Class_B_Role;
};
```

和

```
interface Class_B {
  attribute Class_A Class_A_Role;
};
```

可以看出，Rose自动在双向关联关系两端生成属性。利用Class_B_Role属性，Class_A可以方便地访问Class_B，利用Class_A_Role属性，Class_B可以方便地访问A类。

A类的完整代码如下：

```
//Source file: C:/corba/Class_A.idl

#ifndef __CLASS_A_DEFINED
#define __CLASS_A_DEFINED

/* CmIdentification
  %X% %Q% %Z% %W% */
```

```
#include "Class_B.idl"

interface Class_A {
  attribute Class_B Class_B_Role;
};
```

可以看出，Class_A包括Class_B类型的属性，Class_B也可包括Class_A类型的属性。这两个属性支持Class_A和Class_B之间的关系。

对TypeDef生成的双向关联

如果Class_A的版型设置为CORBATypeDef，则Class_B属性不放在Class_A代码中，但Class_A代码中会加上#include语句如下：

```
#include "Class_B.idl"
```

对枚举生成的双向关联

如果Class_A的版型设置为CORBAEnum，则代码中放上Class_B.IDL的#include语句。但Class_A中不生成属性。Class_A代码如下：

```
//Source file: C:/corba/Class_A.idl

#ifndef __CLASS_A_DEFINED
#define __CLASS_A_DEFINED

/* CmIdentification
  %X% %Q% %Z% %W% */

#include "Class_B.idl"

enum Class_A {
};

#endif
```

对常量生成的双向关联

如果Class_A为常量，则它有Class_B的include语句，但没有支持关系的属性。Class_A代码如下：

```
//Source file: C:/corba/Class_A.idl

#ifndef __CLASS_A_DEFINED
#define __CLASS_A_DEFINED

/* CmIdentification
  %X% %Q% %Z% %W% */

#include "Class_B.idl"

const long Class_A = 4;

#endif
```

对异常生成的双向关联

如果Class_A为异常，则Class_A代码中会生成Class_B类型的属性。Class_A代码如下：

```
//Source file: C:/corba/Class_A.idl

#ifndef __CLASS_A_DEFINED
#define __CLASS_A_DEFINED

/* CmIdentification
  %X% %Q% %Z% %W% */

#include "Class_B.idl"

exception Class_A {
  Class_B Class_B_Role;
};

#endif
```

对结构生成的双向关联

如果Class_A的版型设置为CORBAStruct，则当生成IDL时Class_A代码中会创建Class_B类型的属性。Class_A代码如下：

```
//Source file: C:/corba/Class_A.idl

#ifndef __CLASS_A_DEFINED
#define __CLASS_A_DEFINED

/* CmIdentification
  %X% %Q% %Z% %W% */

#include "Class_B.idl"

struct Class_A {
  Class_B Class_B_Role;
};

#endif
```

对联合生成的双向关联

如果Class_A的版型设置为CORBAUnion，则生成的代码中有Class_B的include语句并包括switch语句中Class_B的样例。Class_A代码如下：

```
//Source file: C:/corba/Class_A.idl

#ifndef __CLASS_A_DEFINED
#define __CLASS_A_DEFINED

/* CmIdentification
  %X% %Q% %Z% %W% */

#include "Class_B.idl"

union Class_A switch() {
```

```
    case 1: Class_B Class_B_Role;
};

#endif
```

注意和Class_A的其他属性一样，对关联生成的属性也需要case指定符。case指定符可以用关系的Case Specifier作用代码生成属性设置。

单向关联

和双向关联一样，Rose生成支持单向关联的属性。但单向关联只在关系一端生成属性。

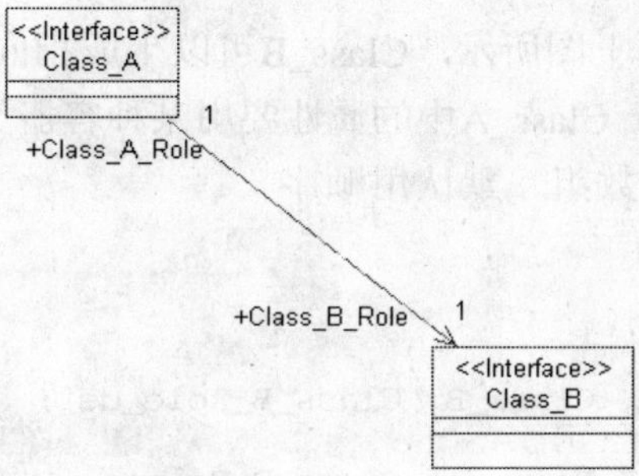

对上面的Class_A和Class_B类，创建的代码如下：

```
interface Class_A {
  attribute Class_B Class_B_Role;
};
```

和

```
Interface Class_B
{
};
```

可以看出，Rose只对关联一端的关系生成专用属性。具体地说，它对client类生成属性，而不在supplier类中生成属性。

对其他CORBA类型（typedef、enumeration、const、exception、struct或union），Rose像双向关联中一样生成代码。单向关联的惟一不同之处是只在关系一端创建属性。

注意这里的倍增性为一对一。稍后会介绍倍增性设置对代码的影响。

倍增性为一对多的关联

在一对一关系中，Rose只是创建支持关联的相应属性。而对于一对多关系，一个类要包含其他类的设置。

下面举一个例子。

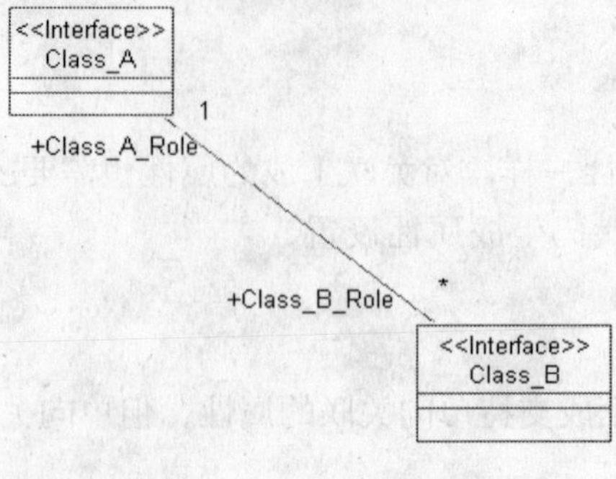

这里具有一对多关系。如上图所示，Class_B可以生成指向Class_A的属性，但Class_A中仅有简单指针属性是不够的，Class_A中的属性要用某种容器类或数组作为数据类型。IDL中可以用两种容器类：顺序和数组。默认用顺序。

本例中Rose生成的代码如下：

```
interface Class_A {
  typedef sequence <Class_B> Class_B_Role_def;

  attribute Class_B_Role_def Class_B_Role;
};
```

和

```
interface Class_B {
  attribute Class_A Class_A_Role;
};
```

可以看出，Class_B只是包括一个指向Class_A的指针，而Class_A中生成Class_B属性时用了容器类。

Class_A的完整代码如下：

```
//Source file: C:/corba/Class_A.idl

#ifndef __CLASS_A_DEFINED
#define __CLASS_A_DEFINED

/* CmIdentification
  %X% %Q% %Z% %W% */

#include "Class_B.idl"

interface Class_A {
  typedef sequence <Class_B> Class_B_Role_def;

  attribute Class_B_Role_def Class_B_Role;
};

#endif
```

Rose默认用顺序作为容器类。要使用数组，打开关系规范窗口，将BoundedRoleType属性变为Array。要对倍数大于一的所有关系使用数组，从菜单中选择Tools➤Options，在

CORBA标签的下拉列表框中选择Role，并将BoundedRoleType属性变为Array。

对TypeDef生成一对多关联

如果Class_A的版型设置为CORBATypeDef，则代码中加上#include语句，但Class_A中不生成支持与Class_B关联的属性。Class_A生成的代码如下：

```
//Source file: C:/corba/Class_A.idl

#ifndef __CLASS_A_DEFINED
#define __CLASS_A_DEFINED

/* CmIdentification
  %X% %Q% %Z% %W% */

#include "Class_B.idl"

typedef sequence <Class_B> Class_A;

#endif
```

对枚举生成一对多关联

和对typedef一样，Class_A为枚举时Rose不生成支持与Class_B关联的属性，但Class_A生成的代码中加上#include语句。Class_A生成的代码如下：

```
//Source file: C:/corba/Class_A.idl

#ifndef __CLASS_A_DEFINED
#define __CLASS_A_DEFINED

/* CmIdentification
  %X% %Q% %Z% %W% */

#include "Class_B.idl"

enum Class_A {
};

#endif
```

对常量生成一对多关联

如果Class_A为常量，则代码中加上#include语句，但不生成支持与Class_B关联的属性。Class_A生成的代码如下：

```
//Source file: C:/corba/Class_A.idl

#ifndef __CLASS_A_DEFINED
#define __CLASS_A_DEFINED

/* CmIdentification
  %X% %Q% %Z% %W% */
```

```
#include "Class_B.idl"

const long Class_A = 4;

#endif
```

对异常生成一对多关联

如果Class_A为异常，则Class_A中创建支持与Class_B关联的属性。在一对多关系中，Rose生成这个属性时使用容器类。默认情况下，和接口间的一对多关系一样，Rose用顺序作为容器。要将容器类变为数组，将BoundedRoleType作用属性变为Array。

下列代码是Class_A的版型为CORBAException且Class_A与Class_B有一对多关系时Class_A生成的代码：

```
//Source file: C:/corba/Class_A.idl

#ifndef __CLASS_A_DEFINED
#define __CLASS_A_DEFINED

/* CmIdentification
  %X% %Q% %Z% %W% */

#include "Class_B.idl"

exception Class_A {
  sequence <Class_B> Class_B_Role;
};

#endif
```

对结构生成一对多关联

如果Class_A的版型为CORBAStruct且Class_A与Class_B有一对多关系，则在Class_A中创建支持与Class_B关联的属性。在一对多关系中，Rose创建这个属性时使用容器类。默认情况下使用结构。要改用数组，改变BoundedRoleType作用属性。

Class_A生成的代码如下：

```
//Source file: C:/corba/Class_A.idl

#ifndef __CLASS_A_DEFINED
#define __CLASS_A_DEFINED
/* CmIdentification
  %X% %Q% %Z% %W% */

#include "Class_B.idl"

struct Class_A {
  sequence <Class_B> Class_B_Role;
};

#endif
```

对联合生成一对多关联

如果Class_A为联合，则Class_A既生成#include语句也生成支持与Class_B关联的属性。Class_A生成的代码如下：

```
//Source file: C:/corba/Class_A.idl

#ifndef __CLASS_A_DEFINED
#define __CLASS_A_DEFINED

/* CmIdentification
  %X% %Q% %Z% %W% */

#include "Class_B.idl"

union Class_A switch() {
  case 1: sequence <Class_B> Class_B_Role;
};

#endif

#endif
```

倍增性为多对多的关联

创建的代码与一对多关系相似，但Rose在倍增性为多对多的关联关系两端都生成容器类。

下面介绍下图所示关系生成的代码：

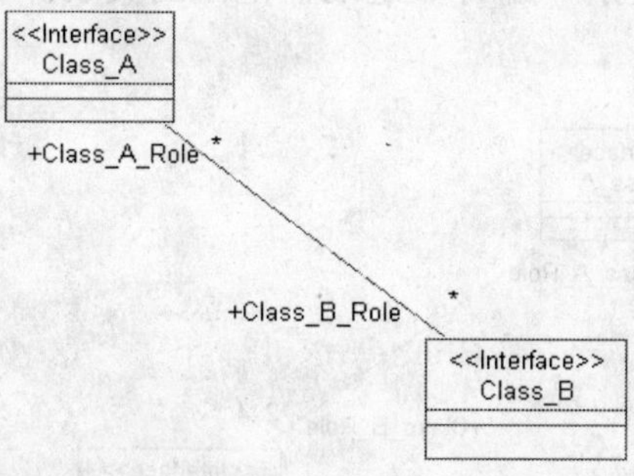

这里Rose在关系两端都生成容器类。生成的代码如下：

```
interface Class_A {
  typedef sequence <Class_B> Class_B_Role_def;
  attribute Class_B_Role_def Class_B_Role;
};
```

和

```
interface Class_B {
  typedef sequence <Class_A> Class_A_Role_def;
  attribute Class_A_Role_def Class_A_Role;
};
```

Class_A的完整代码与上节相同。不同之处是Class_B也包括一个容器类型的属性。Class_B生成的代码如下：

```
//Source file: C:/corba/Class_B.idl

#ifndef __CLASS_B_DEFINED
#define __CLASS_B_DEFINED

/* CmIdentification
  %X% %Q% %Z% %W% */

#include "Class_A.idl"

interface Class_B {
  typedef sequence <Class_A> Class_A_Role_def;
  attribute Class_A_Role_def Class_A_Role;
};

#endif
```

其他CORBA类型的多对多关联

其他CORBA类型的多对多关联生成的代码与上节相同，只是Class_B包含一个Class_A的类型属性。

约束倍增性的关联

约束倍增性的关联就是关系一端有一定取值范围的关联。例如，下例为约束倍增性的关联：

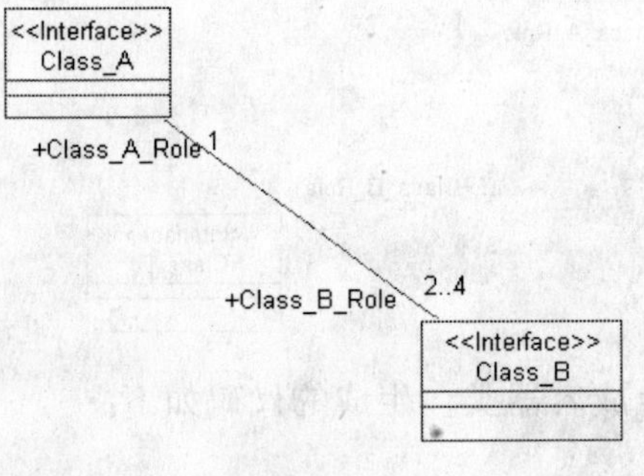

本例中，每个Class_A实例与二个到四个Class_B实例相关。

约束倍增性的关联分约束关联和固定关联两种。约束关联有一定的倍数范围，如2..4。固定关联有固定倍数，如4。

对于上例，Rose生成如下代码：

```
interface Class_A {
  typedef sequence <Class_B, 4> Class_B_Role_def;
  attribute Class_B_Role_def Class_B_Role;
};
```

和

```
interface Class_B {
  attribute Class_A Class_A_Role;
};
```

和一对多与多对多关系一样，Rose生成属性时使用容器类。默认情况下，Rose用顺序，但也可以将容器变为数组。为此要选择关系规范窗口的CORBA A或CORBA B标签，然后将BoundedRoleType属性变为Arrary。要改变所有约束关系的容器类，从菜单中选择Tools➤Options，在CORBA标签的下拉列表框中选择Role，并将BoundedRoleType属性变为Arrary。

对异常生成约束关联

如果Class_A为异常，则生成代码包括支持与Class_B关联的属性。本例中，生成代码的简化版本如下：

```
Exception Class_A
{
sequence <Class_B, 4> Class_B_Role;
};
```

和倍数大于一的其他关系一样，顺序作为约束关系的默认容器类。要使用数组，将BoundedRoleType属性变为Arrary。

对结构生成约束关联

如果Class_A为结构，则生成代码包括支持与Class_B关联的属性。本例中，生成代码的简化版本如下：

```
Struct Class_A
{
sequence <Class_B, 4> Class_B_Role;
};
```

默认时，顺序作为约束关系的容器类。要使用数组，将BoundedRoleType属性变为Arrary。

对联合生成约束关联

如果Class_A为联合，则创建代码包括支持与Class_B关联的属性。默认情况下，这个属性使用的容器为顺序。这里顺序的长度为4。

```
union Class_A switch(int) {
case 3: sequence <Class_B, 4> Class_B_Role;
};
```

对其他CORBA/IDL类型生成约束关联

如果CORBA/IDL类型不是接口、异常、结构或联合，则不生成支持关系的属性，但Class_A和Class_B中会放上#include语句。

反身关联

反身关联与两个类之间的关联相似。对于下图：

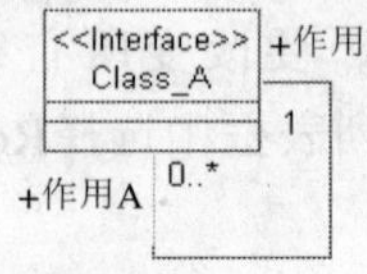

生成的代码如下：

```
interface Class_A {
   typedef sequence <Class_A> RoleA_def;
   attribute Class_A RoleB;
   attribute RoleA_def RoleA;
};
```

前两行支持关系的0..*端，有一个支持倍增性的容器类。第三行支持关系中倍数为一的一端。

A类的完整代码如下：

```
//Source file: C:/corba/Class_A.idl

#ifndef __CLASS_A_DEFINED
#define __CLASS_A_DEFINED

/* CmIdentification
  %X% %Q% %Z% %W% */

interface Class_A {
   typedef sequence <Class_A> RoleA_def;

   attribute Class_A RoleB;

   attribute RoleA_def RoleA;
};

#endif
```

对异常生成反身关联

如果Class_A为异常，则只对关系生成一个属性。本例中，生成的属性支持一对多关系的“一”端。Class_A的代码如下：

```
//Source file: C:/corba/Class_A.idl
#ifndef __CLASS_A_DEFINED
#define __CLASS_A_DEFINED
/* CmIdentification
  %X% %Q% %Z% %W% */
```

```
exception Class_A {
Class_A RoleB;
};
#endif
```

对结构生成反身关联

如果Class_A为结构，则在其中创建一个支持反身关系的属性。如果关系与上面的反身关联相同，则生成的代码如下：

```
//Source file: C:/corba/Class_A.idl

#ifndef __CLASS_A_DEFINED
#define __CLASS_A_DEFINED

/* CmIdentification
  %X% %Q% %Z% %W% */

struct Class_A {
  Class_A RoleB;
};

#endif
```

对联合生成反身关联

如果Class_A为联合，则在其中创建一个支持反身关系的属性。Class_A的代码如下：

```
//Source file: C:/corba/Class_A.idl

#ifndef __CLASS_A_DEFINED
#define __CLASS_A_DEFINED

/* CmIdentification
  %X% %Q% %Z% %W% */

union Class_A switch() {
  case 2: Class_A RoleB;
};

#endif
```

对其他CORBA/IDL类型生成反身关联

由于typedef、enumeration或constant不生成属性，因此这些类型的反身关系不在代码中体现。

累积

生成CORBA/IDL时，关联和累积一样处理。前面介绍的所有关联问题（倍增性、单向与双向、反身）也适用于累积，任何CORBA类型（interface、typedef、enumeration、constant、exception、structure或union）都是如此。

关于如何生成单向累积、不同倍增性的累积和反身累积的信息，见关联的相应章节。

依赖性关系

依赖性关系不创建属性。如果Class_A和Class_B之间有依赖性关系，则Class_A或Class_B之间不创建属性。

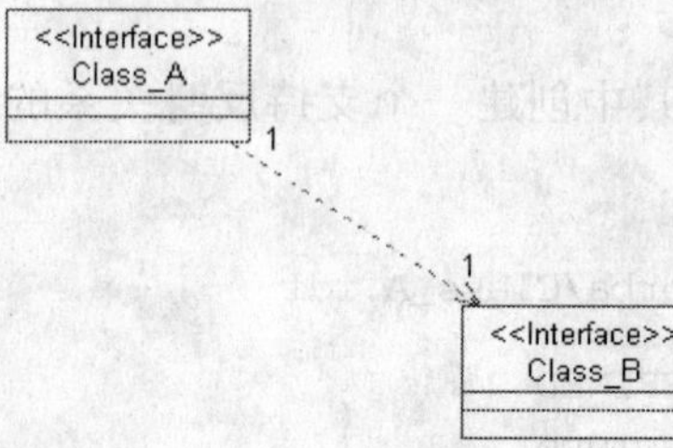

生成的代码如下：

```
Interface Class_A
{
};
```

和

```
Interface Class_B
{
};
```

Rose只在Class_A中放上Class_B的引用，即Class_B.IDL的包括语句，Class_B中根本不引用Class_A。

由于依赖性关系不生成属性，因此不对任何CORBA类型（interface、typedef、enumeration、constant、exception、structure或union）创建属性。

一般化关系

UML一般化关系在IDL中成为继承关系。在Rose模型中，继承关系显示如下：

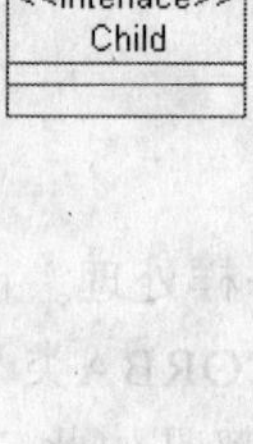

对于这类关系，Rose生成如下代码：

```
Interface Parent
{
};
```

和

```
Interface Child : Parent
{
};
```

下面要介绍生成的实际代码。在父类代码中，根本不提及子类。这样就使父类保持一般化，可以派生多个子类而不影响父类的代码。

在子类中，生成支持从父类继承的代码。子类的代码如下：

```
//Source file: C:/corba/Child.idl

#ifndef __CHILD_DEFINED
#define __CHILD_DEFINED

/* CmIdentification
  %X% %Q% %Z% %W% */

#include "Parent.idl"

interface Child : Parent {
};

#endif
```

对TypeDef生成一般化关系

如果子类为typedef，则生成代码中出现父类#include语句，但代码中不显示继承关系。子类的IDL如下：

```
//Source file: C:/corba/Child.idl

#ifndef __CHILD_DEFINED
#define __CHILD_DEFINED

/* CmIdentification
  %X% %Q% %Z% %W% */

#include "Parent.idl"
typedef  Child;

#endif
```

对枚举生成一般化关系

枚举也是这样。尽管出现父类#include语句，但代码中不显示继承关系。子类的IDL如下：

```
//Source file: C:/corba/Child.idl

#ifndef __CHILD_DEFINED
#define __CHILD_DEFINED

/* CmIdentification
  %X% %Q% %Z% %W% */
```

```
#include "Parent.idl"

enum Child {
};

#endif
```

对常量生成一般化关系

和typedef与枚举中一样，常量的代码中不直接实现一般化关系，但会出现引用父类的#include语句。生成的代码如下：

```
//Source file: C:/corba/Child.idl

#ifndef __CHILD_DEFINED
#define __CHILD_DEFINED

/* CmIdentification
  %X% %Q% %Z% %W% */

#include "Parent.idl"

const long Child = 4;

#endif
```

对异常生成一般化关系

异常不支持继承，因此和其他情况一样，会出现引用父类的#include语句，但代码本身不体现一般化关系。这时的IDL如下：

```
//Source file: C:/corba/Child.idl

#ifndef __CHILD_DEFINED
#define __CHILD_DEFINED

/* CmIdentification
  %X% %Q% %Z% %W% */

#include "Parent.idl"

exception Child {
};

#endif
```

对结构生成一般化关系

和其他CORBA类型一样，结构不支持继承，因此出现引用父类的#include语句，但代码中不显示继承关系。子类的IDL如下：

```
//Source file: C:/corba/Child.idl

#ifndef __CHILD_DEFINED
#define __CHILD_DEFINED
```

```
/* CmIdentification
  %X% %Q% %Z% %W% */

#include "Parent.idl"

struct Child {
};

#endif
```

对联合生成一般化关系

联合的一般化也和除接口以外的其他CORBA类型相似。由于联合不支持一般化，因此不在生成代码中出现一般化，但会出现引用父类的#include语句。代码如下：

```
//Source file: C:/corba/Child.idl

#ifndef __CHILD_DEFINED
#define __CHILD_DEFINED

/* CmIdentification
  %X% %Q% %Z% %W% */

#include "Parent.idl"

union Child switch() {
};

#endif
```

逆向转出工程代码CORBA源代码

可以逆向转出工程代码CORBA源代码为Rose模型。逆向转出工程代码的每个.idl文件在Rose中建模成组件。文件中的类、关系和其他元素出现在Logical视图中。

要开始这个过程，首先选择Tools➤CORBA➤Project Specification。在Directories文件中，选择要逆向转出工程代码的源代码所在目录。

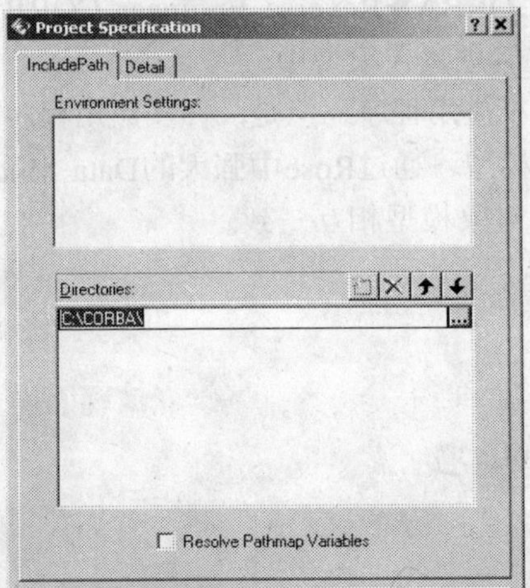

完成之后，选择Tools➤CORBA➤Reverse Engineer CORBA。在逆向转出工程代码窗口中，选择要逆向转出工程代码的文件并按Add。将所有文件加进下窗口中之后，选择下窗口中要逆向转出工程代码的文件并按Reverse。如果逆向转出工程代码过程中发生任何错误，会在日志窗口中记录一个消息。

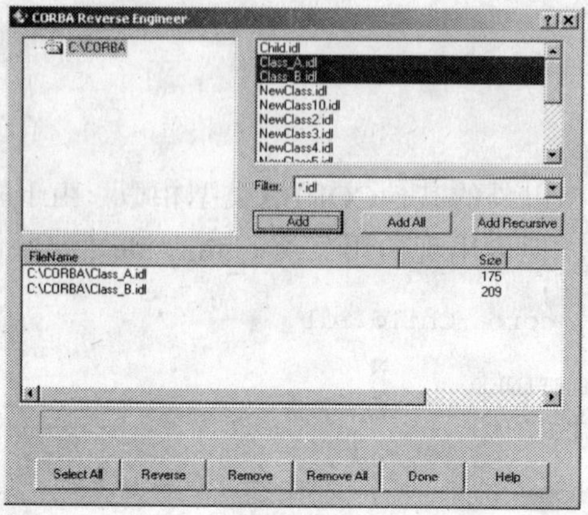

.idl文件中的元素映射Rose元素，采用本章介绍的映射方法。

小结

本章介绍了各个Rose模型元素如何用CORBA/IDL实现。利用类、包、属性、操作、关联、累加和其他Rose模型元素的代码生成属性，可以很好地控制生成的代码。

生成代码的步骤如下：

1. 选择CORBA/IDL代码生成属性。
2. 选择Class或Component框图中要生成的类或组件。
3. 选择Tools➤CORBA➤Generate CORBA。

完成这些步骤后，即可得到从模型生成的CORBA/IDL文件。要逆向转出工程代码CORBA源代码，选择Tools➤CORBA➤Reverse Engineer CORBA，选择要逆向转出工程代码的文件，Rose即把代码中的信息装入模型中。

前面介绍了如何用Rose建模应用程序。但是，许多应用程序的一个重要方面是数据库。下一章介绍Rose如何建立数据模型。通过Rose中强大的Data Modeler特性，可以建模数据库和应用程序，保证数据模型和对象模型相互一致。

第18章 Rose Data Modeler

前面介绍了应用程序本身的建模，创建Use Case框图、Interaction框图、Class框图等，便于实际了解系统如何工作。但是，许多应用程序的一个重要方面是存储问题，通常用数据库。

Rose不仅可以建模应用程序，而且可以建模应用程序的数据库。Rose 2001、2001A与2002支持UML中新增的数据模型语法。

- 比较数据模型和对象模型
- 创建数据模型
- 在数据模型中增加逻辑
- 建模数据库、结构、表、字段、存储过程、触发器，等等
- 建模主键、外部键和实体关系
- 建模视图
- 从数据模型生成对象模型
- 从对象模型生成数据模型
- 从数据模型创建数据库
- 从数据库逆向工程代码为数据模型

对象模型和数据模型

除数据之外，前面介绍的所有应用程序部分都使用对象模型，包括类、属性、操作、关系、组件和其他结构。对象模型的重点是内存，在内存中创建什么对象，这些对象如何通信和每个对象负责什么。顾名思义，数据模型的重点是数据库而不是应用程序。

对象模型主要关心内存效率，而数据模型主要关心数据库效率。表18.1列出了数据模型和对象模型的差别。

表18.1 数据模型和对象模型的差别

数据模型	对象模型
如何设计内存效率高的类	如何设计存储效率高的数据库
对象模型中哪些对象需要关系	数据模型中哪些表需要关系
如何在用户界面上构造数据以对最终用户最有意义	如何构造数据以提高访问速度
如何包装数据行为以生成类	如何范化数据
应用程序中全局使用和局部使用的数据	哪些数据经常读取
如何用一般化和其他设计策略复用代码	如何在DBMS不支持继承时在对象模型中增加继承的概念

数据模型和对象模型还有很多不同之处，这主要是由模型本身的性质决定的。对象的重点是行为和数据，而数据模型的重点是数据。大多数语句中的对象模型支持继承，而数据模型不支持继承。编程语言和数据库管理系统（DBMS）包中的数据类型是不同的。连接表不必作为一段规则放在对象模型中（但关联类有时需要）。如果一个类要访问另一个类的属性或方法，则两个类要有关系；如果两个表中的数据具有逻辑连接，则这两个表需要有关系。对象模型中两个实体类可能有关系，但数据模型中的相应表格可能没有联系。

为了处理这些本身差别，Rose支持创建对象模型和分开的数据模型。可以在一个Rose文件中同时生成这两种模型，以便在一个地方全面了解应用程序及其数据库。

那么，对象模型和数据模型哪个在先哪个在后呢？许多情况下，这两个模型是同时开发的。在理解阶段，开发小组可能开发初步对象模型和初步数据模型，或开发域模型。随着细化与构造阶段的进行，小组可以在这两个模型中不断增加细节。Class框图中的许多实体类成为数据库表格。但是，这里没有一一对应关系。由于这两个模型的角度不同，一个实体类可能成为两个或多个数据库表格。相反，一个数据库表格也可能由应用程序中的两个或多个类支持。

许多项目（特别是维护项目）是从某种现有数据模型开始的。利用Rose可以对数据模型逆向转出工程代码，甚至可以从中自动产生对象模型。如果有对象模型而没有数据模型，则可以从对象模型自动产生数据模型。

创建数据模型

Rose中的数据模型包括Logical视图与Component视图中的结构。在Logical视图中，可以创建结构，其中可以包含存储过程。还可以创建表，其中包含字段、限制、触发器、主键、索引和关系。最后，可以创建域和域包。

在Component视图中，可以建模数据库本身。每个数据库建模成<<database>>版型的组件。Rose 2001A与2002支持DB2、SQL Server、Sybase、Oracle和ANSI SQL。

创建数据模型的主要步骤如下：

1. 创建数据库。
2. 增加保存数据模型的结构并将结构赋予数据库。
3. 创建域和域包。
4. 在每个结构中增加表格。
5. 在表中增加细节（字段、限制、触发器、索引、主键）。
6. 在表之间增加关系和增加外部键。
7. 创建视图。
8. 从数据模型创建对象模型。
9. 产生数据库。
10. 通过Update特性让数据库与模型同步。

不一定要完全按照这个步骤做，但创建数据库和结构确定了要用的DBMS。创建表、字段和其他数据模型元素时，即可提供相应的数据类型。本章余下部分介绍每一步。但首先要介绍数据模型中可以加入的逻辑。

数据模型的逻辑

数据库管理系统一年比一年复杂，在数据库中加入逻辑已经非常方便，以至于人们分不清哪些逻辑应放在数据库中，哪些逻辑应放在应用程序中。

没有一个哪些逻辑应放在哪里的简单规则，本书也不可能完整分析数据库设计原理，但需要考虑下面几点：

- 一般面向对象做法要求至少把有些业务逻辑放在应用程序层而不是数据库中。
- 一般来说，数据库中只能放数据本身相关的逻辑，包括所需字段、字段有效值和字段长度等。
- 许多业务规则可以通过限制直接在数据库中执行。尽管数据库中适合放置这些逻辑，但应用程序要从最终用户那里收集信息，将其传递到业务层，然后通过网络连接（可能很慢），才能验证数据。而把这个逻辑放在业务层则可能减少不必要的网络通信流。

  但是，如果应用程序中多个地方或多个应用程序中要采用相同的限制，则把这个逻辑放在数据库中可以保证一致地采用规则。
- 有些系统逻辑可以通过存储过程直接在数据库中执行。这个方法有几个好处，数据密集型功能更适合利用存储过程。如果功能是严格的数据操纵，则采用存储过程比将所有记录存入内存中、让应用程序进行处理、然后再将结果存储到数据库中可能要快得多。

  但是，这个方法也有一定的缺点。用存储过程实现任何业务逻辑至少把业务逻辑分为两层：业务逻辑层和数据库层。业务逻辑改变时，可能要更新这两层。不同层中可能出现重复逻辑，甚至可能出现矛盾的逻辑。

  存储过程太多时，从一个DBMS移植到另一DBMS会很困难。许多数据库管理包的语法稍有不同，移植时可能要改写存储过程。

由此可见，没有一个哪些逻辑应放在哪里的简单规则，只能具体情况具体分析。确定把业务逻辑放在数据库中后，可以在Rose中建模存储过程、限制和触发器，从而建模这个逻辑。但首先要创建数据库和结构。

增加数据库

Rose中把数据库建模成版型组件，具有惟一名称，指定特定DBMS。到本书编写时，Rose支持下列DBMS产品：

- ANSI SQL 92
- IBM DB2 5.x
- IBM DB2 6.x
- IBM DB2 7.x
- IBM DB2 OS390 5.x
- IBM DB2 OS390 6.x

- Microsoft SQL Server 6.x
- Microsoft SQL Server 7.x
- Microsoft SQL Server 2000.x
- Oracle 7.x
- Oracle 8.x
- Sybase Adaptive Server 12.x

可以用Database Specification窗口设置数据库的DBMS。

要增加数据库，方法如下：

1. 右击浏览器中的Component View项目。
2. 选择Data Modeler➤New➤Database。
3. 输入数据库名。
4. 右击浏览器中的新数据库并选择Open Specification。
5. 在Target字段中选择相应DBMS。

增加表空间

使用DB2、Oracle或SQL server时，可以在数据库中增加表空间。表空间是表中存储的逻辑单元。每个表空间中有一个或几个容器，每个容器是一个物理存储设备，如硬盘。每个容器分为更小的单元，称为extent。表空间中的表在表空间内的容器之间均匀分布。

说明： 在Microsoft SQL Server中，表空间称为文件组，容器称为文件。在Oracle中，容器称为数据文件。

每个表空间都有初始长度（KB）。用完这个空间后，DBMS可以自动按预定增量增加表之间长度。增量长度可以在Rose中设置。即使设置增量，但Rose中还可以设置最大长度，容器不能超过这个长度。建立表空间之后，可以将表格加进表空间中。

要增加表空间（SQL Server）：

1. 右击浏览器中的数据库。
2. 选择Data Modeler➤New➤Tablespace。
3. 输入表空间名。
4. 右击浏览器中的表空间并选择Open Specification，出现表空间规范窗口。

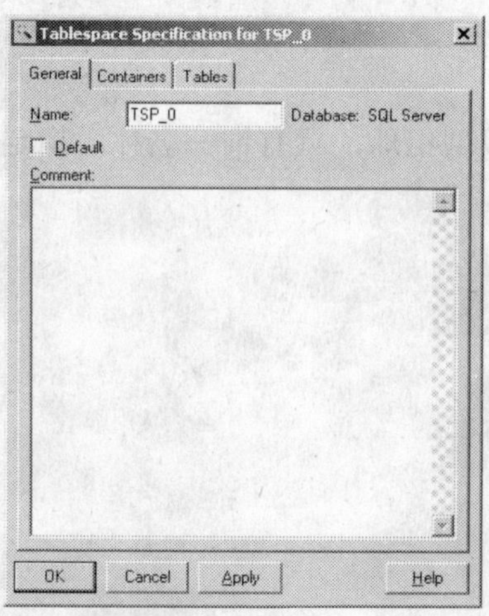

5. 如果要作为默认表空间，选择Default字段。没有指定表空间的表放到默认表空间中。

要增加表空间（Oracle）：

1. 右击浏览器中的数据库。
2. 选择Data Modeler➤New➤Tablespace。
3. 输入表空间名。
4. 右击浏览器中的表空间并选择Open Specification，出现表空间规范窗口。

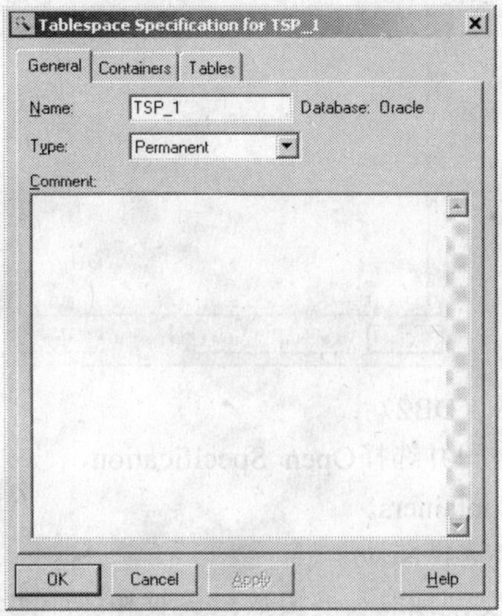

5. 将表空间类型设置为Permanent或Temporary。临时表空间只在当前数据库会话期间分配空间，而永久表空间在当前数据库会话完成之后依然存在。

要增加表空间（DB2）：

1. 右击浏览器中的数据库。
2. 选择Data Modeler➤New➤Tablespace。
3. 输入表空间名。
4. 右击浏览器中的表空间并选择Open Specification，出现表空间规范窗口。
5. 将表空间类型设置为Regular或Temporary。临时表空间只在当前数据库会话期间分配空间，而正规表空间在当前数据库会话完成之后依然存在。
6. 设置表空间由DBMS管理或由操作系统管理。如果由操作系统管理，则创建表空间之后无法增加新容器，但可以扩展现有表空间。如果表空间由DBMS管理，则可以增加新容器，但无法扩展现有表空间。

要在表空间中设置容器（SQL Server）：

1. 右击浏览器中的表空间并选择Open Specification。
2. 在规范窗口中选择Containers。
3. 右击任一空白位置并选择New。
4. 输入表空间文件名、初始长度、最大长度和文件增长（增量）。

要在表空间中设置容器（Oracle）：

1. 右击浏览器中的表空间并选择Open Specification。
2. 在规范窗口中选择Containers。

3. 右击任一空白位置并选择New。
4. 输入表空间文件名、初始长度、最大长度和extent长度（增量）。

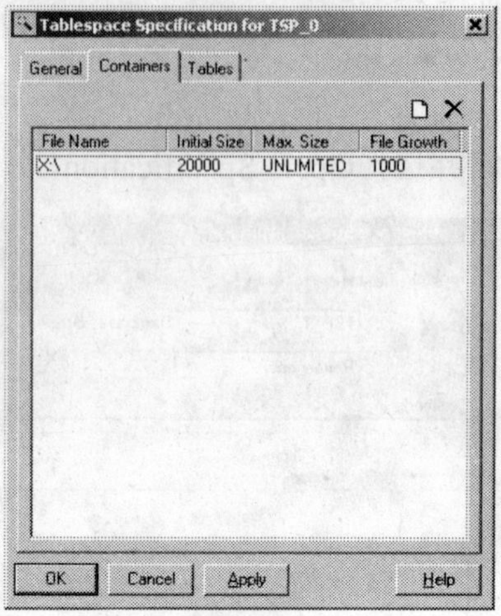

要在表空间中设置容器（DB2）：
1. 右击浏览器中的表空间并选择Open Specification，
2. 在规范窗口中选择Containers。
3. 右击任一空白位置并选择New。
4. 输入表空间extent长度、预取长度页数、页长和缓冲池名。
extent长度是表空间增量（页数）。预取可以取得比查询当前读取页数更多页，从而加快查询速度。Prefetch Size字段显示预取页数。页长是每页空间量（KB）。最后，缓冲池名是保存预取页的内存缓冲。

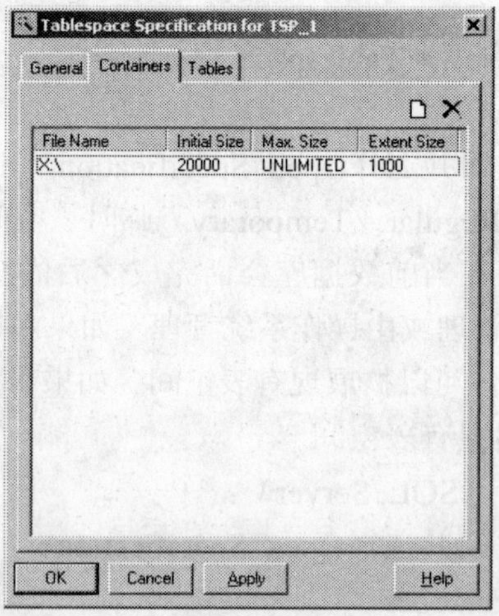

要浏览已经指定表空间的表：
1. 右击浏览器中的表空间并选择Open Specification。
2. 在规范窗口中选择Containers。
3. 选择Tables标签浏览已经指定表空间的表。

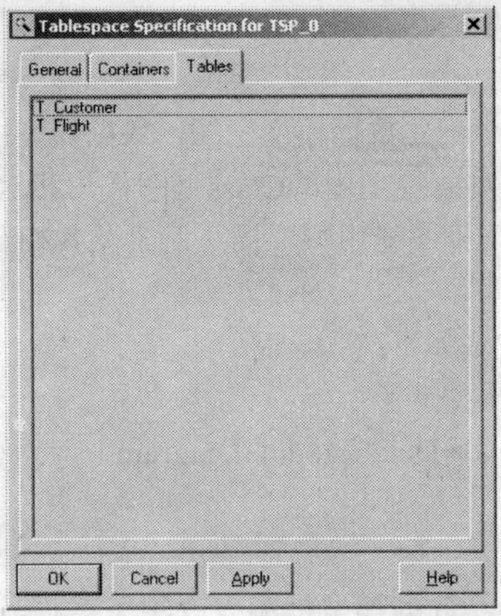

关于将表加进表空间的方法，见稍后“增加表”一节。

增加结构

结构是数据模型的容器。所有表、字段、触发器、限制和其他数据模型元素都放在结构中。两个例外是域和数据库本身，前者放在域包中，后者放在Component视图中。

在Logical视图中有个Schemas包。项目创建的所有结构都放在这个包中。每个结构建模成版型包。

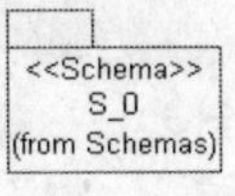

每个结构映射模型中的数据库。每个数据库可以包含一个或多个结构。对结构指定的DBMS与对结构的数据库指定的DBMS相同。

要创建结构：

1. 右击浏览器中的LogicalView项目或Logical视图中的Schemas文件夹。
2. 选择Data Modeler➤New➤Schema。
3. 右击浏览器中的新结构并选择Open Specification。
4. 选择Database下拉列表框中的相应数据库。数据库的DBMS自动填入Target字段中。

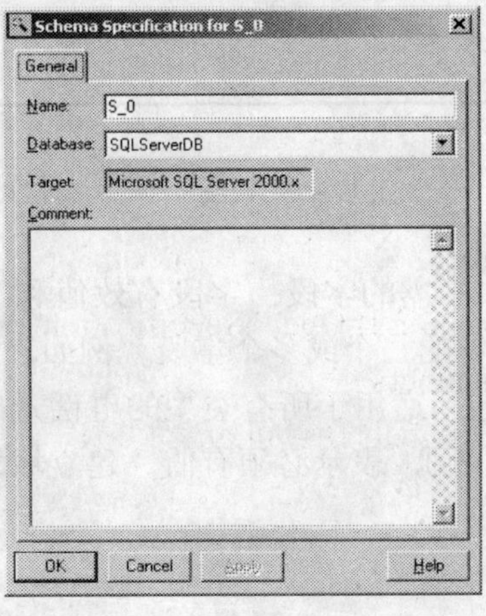

创建数据模型框图

创建结构之后，可以在其中创建数据模型框图。数据模型框图可以在数据模型中增加、编辑和浏览表与其他元素，与对象模型中的Class框图作用相近。尽管可以直接在浏览器中增加数据模型元素，但数据模型框图能用图形描述元素及其相互关系。只要结构需要，可以创建多个数据模型框图。

要创建数据模型框图，方法如下：

1. 右击浏览器中的结构。
2. 选择Data Modeler➤New➤Data Model Diagram。
3. 输入新框图名。
4. 双击打开框图。

和Rose中的其他框图一样，数据模型框图有专用工具栏，可以增加表、关系和其他数据模型元素。表18.2列出了数据模型框图工具栏中的按钮。

表18.2 模型框图工具栏中的按钮

图标	按钮	作用
	Selects or Deselects an Item	将光标返回箭头，选择项目
	Text Box	在框图中增加文本框
	Note	在框图中增加注释
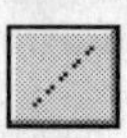	Anchor Note to Item	连接框图中的注释与项目
	Table	在框图中增加表
	Non-identifying Relationship	在两个表之间画出非标识关系
	Identifying Relationship	在两个表之间画出标识关系
	View	在框图中增加视图
	Dependency	在两个表之间画出依赖性关系

创建域包和域

域可以执行业务规则，如必需的字段、字段有效值和字段默认值。域是种模式，一旦建立之后，可以适用于数据库中的一个或多个字段。例如，假设系统中存储许多类型的电话号码。则可以建立Phone域，包括适用于所有类型的电话号码的业务规则。在域细节中可以设置数据类型为Long，默认值为0，表示必须有值。建立域之后，可以将其用到数据库中的各个字段，如Home_Phone、Work_Phone、Fax_Number，等等。每个字段都变成数据类型为Long，默认值为0且必须有值。

域的使用完全是可选的，但使用域有两个好处，就是一致性与维护性。采用域可以保证许多字段中的业务规则一致，这里是所有与电话号码相关的字段域中。还可以集中业务规则，使其更容易改变。例如，如果业务规则改变，不再需要电话号码，则可以改变域和重建表格，而不必到每个表中一一改变。

在Rose中，域放在域包内。每个域包指定特定DBMS，其中的所有域要使用这个DBMS提供的数据类型。如果处理一个项目中的多个DBMS，则可以对每个DBMS创建不同域包。但是，域不是针对结构的，一个域可以包括多个结构。

要创建域包：

1. 右击浏览器中的Logical View。
2. 选择Data Modeler➤New➤Domain Package。
3. 右击新包并选择Open Specification。
4. 选择这个域包使用的DBMS。

说明：域包创建后不可更改。

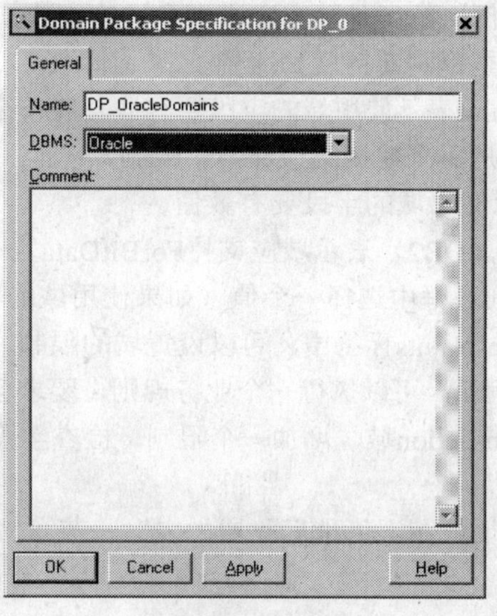

要创建域：

1. 右击浏览器中的域名。
2. 选择Data Modeler➤New➤Domain。
3. 右击新域并选择Open Specification。
4. 在General标签中，输入域名。

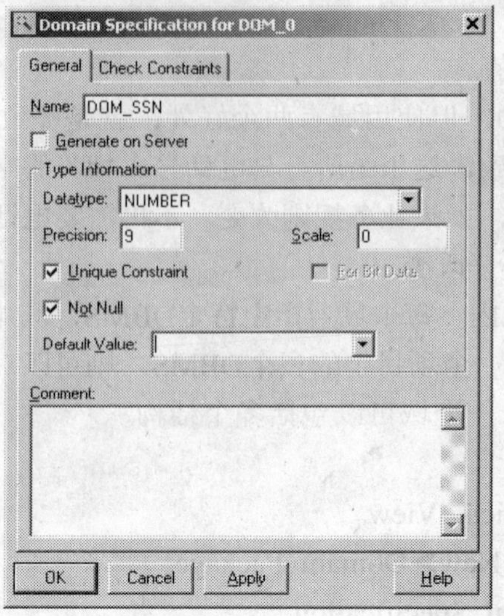

5. 选择Generate on Server生成基于服务器的或独特的数据类型。
6. 选择域数据类型。这个列表框中的选项取决于域包的DBMS。
7. 输入域的字段长度。并不是所有数据类型都需要字段长度。
8. 输入域的精度和比例。精度是数字字段中允许的位数，比例是小数点后面的位数。并不是所有数据类型都需要精度和比例。
9. 选择Unique Constraint表示使用域的字段要有惟一值。选择这个字段时，数据库中产生一个限制。并不是所有数据类型都惟一限制。
10. 选择Not Null表示使用域的字段要有数值。
11. 选择For Bit Data（DB2）表示域应支持ForBitData。
12. 输入默认值或从列表框中选择一个值（如果使用域的字段要有默认值）。

在规范窗口Check Constraints标签中，可以设置域的限制。限制表达式必须为True时才能改变数据库中的数据。例如，可以执行一个业务规则，要求会计系统中的所有事务的事务号大于1000。可以创建Transaction域，增加一个限制，检查字段值，在这个值小于1000时返回False。

也可以在各个表中增加限制，见稍后“增加表”一节。域限制在浏览器中的域下面显示，版型为<<Check>>。

在Check Constraints标签中，选择New增加新限制。Rose自动创建限制名并填入Name字段。在Expression字段中，输入这个限制的SQL语句。要编辑现有限制，从Name字段下拉列表框中选择限制。

可以将域拖放到数据模型框图中。Rose用下列符号分别表示版型显示选项Decoration与Icon。

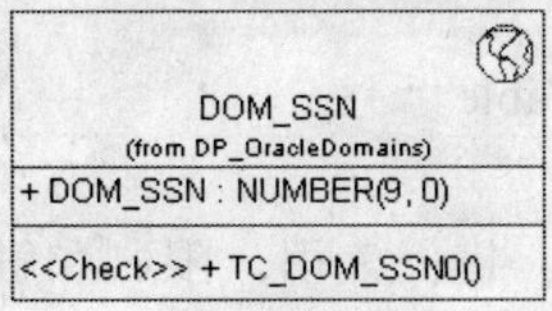

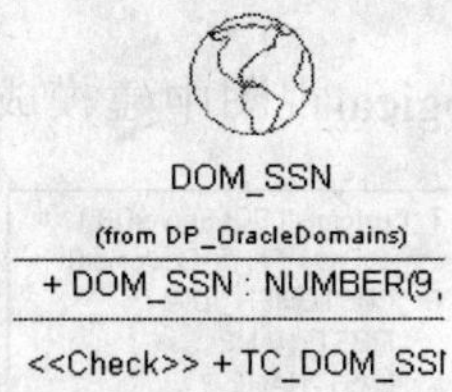

增加表

建立结构之后，可以在其中创建表格。数据库中每个表建模为Rose中的持久类，版型为Table。结构中的表应有惟一名称。在Rose中，表用下列符号表示，其中分别表示版型显示选项Decoration与Icon。

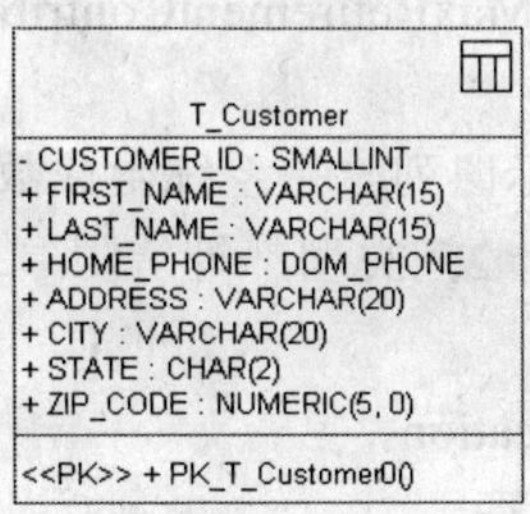

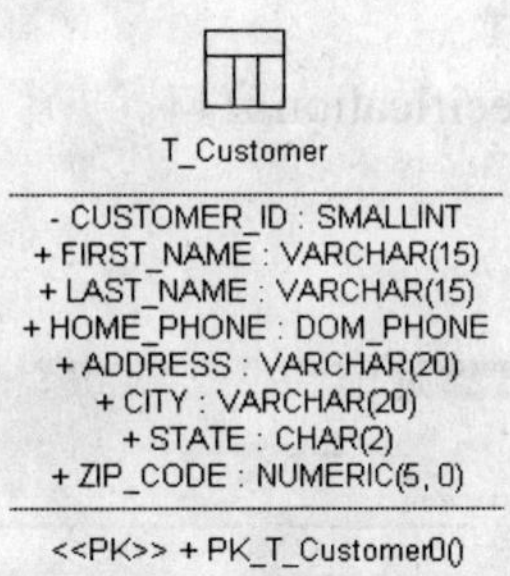

表的DBMS由所在结构的DBMS设置。换句话说，结构中的所有表使用相同DBMS。

要增加表：

1. 打开数据模型框图。
2. 从工具栏中选择Table按钮。
3. 单击框图中任一位置，创建表格。
4. 输入新表名。

或

1. 右击Logical视图中的结构。
2. 选择Data Modeler➤New➤Table。
3. 输入新表名。

下一步要增加表格细节：字段、键、索引、限制和触发器。

增加列

数据库中的每个列（字段）在Logical视图中建模成所在表中的属性。

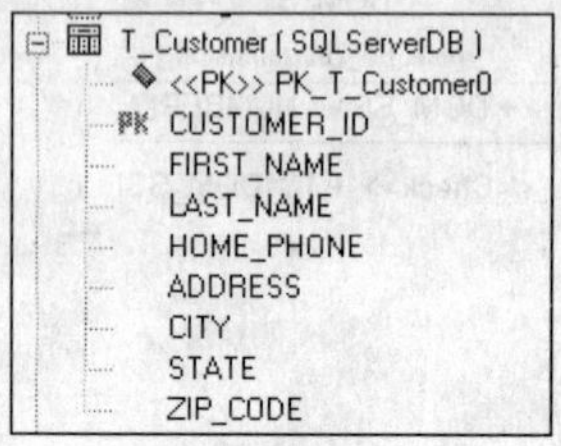

列有两种类型：数据列和计算列。计算列用SQL语句从一个或几个其他列计算数值。例如，公司可能建立了退休基金，每个员工最多可以把年薪的4%投入退休基金中。Employee表中包含两列AnnualSalary和MaxRetirementContribution。MaxRetirementContribution中的值等于AnnualSalary值的4%。因此，MaxRetirementContribution是个计算列。数据列是任何不包含计算值的列。

Microsoft SQL Server还支持标识列，是系统生成数值的列。例如，数据类型为Integer的标识列对表中的行自动赋值为1、2、3、4，等等。

要增加列：

1. 右击表并选择Open Specification。
2. 选择规范窗口的Columns标签。
3. 右击任一空白处并选择Insert。
4. 双击新列，打开Column Specification窗口。
5. 输入新列名。
6. 选择Type标签。

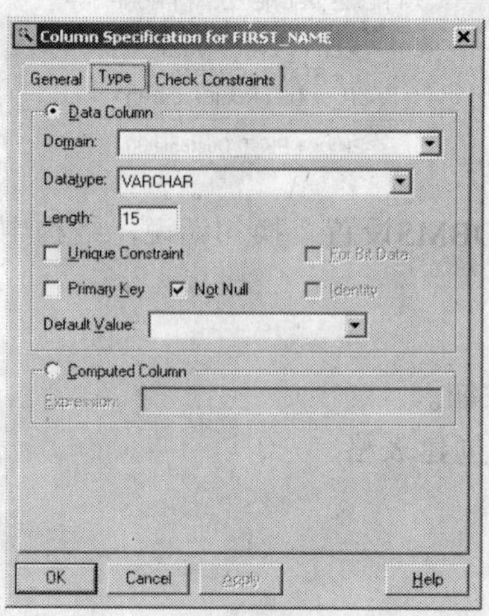

7. 选择Data Column或Computed Column单选钮（对SQL Server）。

8. 如果是数据列，输入下列内容：

- Domain，创建域并要将其用于这个列，如果使用域，则下面的字段中除了Unique Constraint和Primary Key之外，不需要在任何其他字段中输入。域定义使其他字段自动填入。
- Data Type，这个下拉列表框中的选项取决于这个表的DBMS。
- Length，列中允许的字符数。这个值不能对所有数据类型设置。
- Precision，数字列中允许的位数。这个值不能对所有数据类型设置。
- Scale，数字列中小数点后面的位数。这个值不能对所有数据类型设置。
- Unique Constraint，列中的值要惟一。
- Primary Key，表的标识列。可以对多个列选择这个选项，创建复合主键。列是主键时，浏览器中其左边显示红色“PK”字样。
- Not Null，列不允许Null值时。如果设置Primary Key选项，则也要设置Not Null选项。
- Identity（SQL Server），这是标识列。SQL Server自动对标识列生成数值。注意，要允许这个选项，数据类型应为数字类型。
- For Bit Data（DB2），列支持ForBitData。

9. 如果列是计算列（SQL Server），则输入计算列值的SQL语句。

10. 选择Check Constraints标签并增加必要的限制。见下节“增加限制”。

或

1. 右击Logical视图中的表。
2. 选择Data Modeler➤New➤Column。
3. 输入新列名。
4. 双击新列打开Column Specification窗口。如上所述完成列规范。

设置主键

如果列标为主键，则是表格的标识列。换句话说，它包含区别不同行的惟一值。例如，Employee表中的主键可以用Social Security号。

要设置表的主键：

1. 右击Logical视图中的列并选择Open Specification。
2. 选择Column Specification窗口中的Type。
3. 选择Primary Key选项。

注意如果将列设置为主键，则Not Null字段自动选择，不能取消。主键中不能包含null值。

增加限制

限制是条件语句，应为真时表格才能更新。可以像上面介绍的那样在域中增加限制，也可以对表格增加限制。限制是执行业务规则的方法。使用限制的例子如检查Birth_date字段中的值是否在当前日期之前。可以检查State字段中的值是否有有效的州名缩写，或Gender字段中的值是M或F。

键限制

键限制有三种：主键限制、惟一限制和索引。主键限制保证主键字段中输入的值不是null，而且惟一。Rose在表中创建主键时自动创建主键限制。

惟一限制保证列中输入的值惟一。Column Specification窗口中对字段选择Unique Constraint复选框时，Rose自动创建惟一限制。

索引可以迅速访问记录，在查找表中的行时只查找键列清单。

要增加键限制，方法如下：

1. 打开表或Column Specification窗口。
2. 选择Key Constraints标签。
3. 单击New。
4. 选择类型Primary Key Constraint、Unique Constraint或Index。
5. 在Columns列表框中，选择采用限制的列。用Add按钮将所选列移到Key Columns列表框中。
6. 如果要延迟限制，选择Deferrable复选框（对Oracle与SQL 92）。非延迟限制在语句结束时运行，延迟初始立即限制则在事务开始时运行；延迟初始延迟限制在事务结束时运行。
7. 如果索引惟一，选择Unique复选框（索引限制）。
8. 选择Clustered复选框可以使索引成为簇索引。
9. 在Fill Factor/PCT Threshold/PCTFree字段中，可选输入索引的自由空间百分比（1～100）。每个DBMS的这个字段有不同名称：

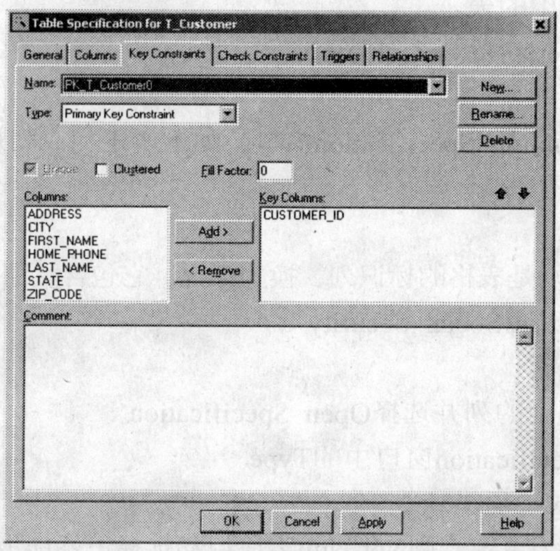

检查限制

检查限制是主键限制、惟一限制和索引以外的任何限制。换句话说，它不是键限制。检查限制加进表或字段的规范窗口中。限制本身链接表格，但可以在两个地址之一输入。

要增加检查限制：

1. 打开表或Column Specification窗口。
2. 选择Check Constraints标签。

3. 单击New。
4. 在Expression字段中输入限制的SQL语句。
5. 如果使用Oracle或SQL 92，可以选择Deferrable选项。非延迟限制在SQL语句结束时求值。例如，在一个插入语句结束时，非延迟限制可以被求值。延迟限制包括初始立即（Initially Immediate）和初始延迟（Initially Deferred），前者在语句开始时求值，后者在事务结束时求值。

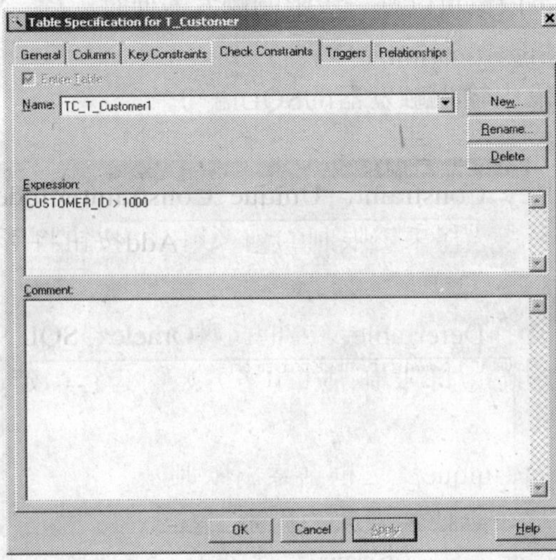

增加检查限制之后，它出现在浏览器中表格下面，版型为<<Check>>。

增加触发器

触发器是遇到特定事件时运行的SQL过程。例如，可以将触发器设置成在每次向特定表格中插入记录时运行。触发器可以在插入、修改或删除行时运行。

触发器规范随所用DBMS不同而不同。触发器在Logical视图中建模，放在适用的表下面，版型为<<Trigger>>。

要增加触发器：

1. 打开Table Specification窗口
2. 选择Triggers标签。
3. 单击New。
4. 选择Trigger Event：
   - Select Insert触发器在插入行时运行
   - Select Delete触发器在删除行时运行
   - Select Update触发器在更新行时运行，这时要输入运行触发器时要更新的列
5. 设置Trigger Type：
   - Before在触发器事件之前运行
   - After在触发器事件之后运行
   - Instead Of运行视图触发器而不是表触发器。这个选项只适用于对SQL Server 2000或Oracle视图创建触发器时

6. 将Granularity（对Oracle与DB2）设置为Row时，插入、改变或删除每一行之后触发器运行；设置为Statement时，执行语句之后运行触发器。
7. 如果要在触发器中设置引用，设置Referencing复选框。输入旧行（Old Row）名，这是执行触发器之前的行；输入新行（New Row）名，这是执行触发器之后的行。在DB2中，还可以输入旧表（Old Table）名，这是执行触发器之前的行；输入新表（New Table）名，这是执行触发器之后的行。
8. 输入When Clause字段值可以进一步限制触发器何时运行。When Clause条件为真时，才能执行触发器。
9. 在Action Body字段中输入触发器的SQL语句。

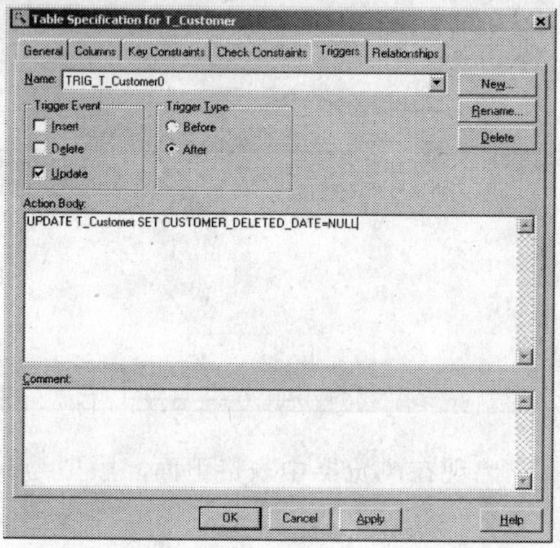

增加索引

索引建模成表格的键限制。索引结构可以快速查找表格。索引使用一列或几列。进行查找时，只查找这些列。

要增加索引：

1. 打开表或Column Specification窗口。
2. 选择Key Constraints标签。
3. 单击New。
4. 将Type设置为Index。
5. 在Columns列表框中，选择采用限制的列。用Add按钮将所选列移到Key Columns列表框中。
6. 如果要延迟限制，选择Deferrable复选框（对Oracle与SQL 92）。非延迟限制在语句结束时运行，延迟初始立即限制则在事务开始时运行；延迟初始延迟限制在事务结束时运行。
7. 如果索引惟一，选择Unique复选框（索引限制）。
8. 在Fill Factor（或Oracle的PCTThreshold）字段中，可选输入索引的自由空间非分比（1～100）。

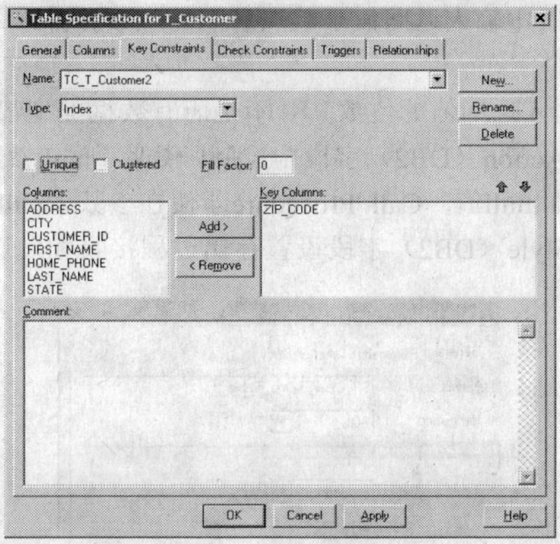

增加存储过程

和触发器相似，存储过程是数据库中的功能，实际上是个小程序，可以直接由应用程序或触发器调用。它可以接受输入参数和返回一个或多个值，称为输出参数。

有些DBMS包支持两种存储过程：正规存储过程和函数。函数返回数值，而存储过程不返回数值。但存储过程返回输出参数。

Rose中，存储过程建模成版型为<<SP>>的操作，在版型为<<SP Container>>的特殊类中创建存储过程。存储过程并不是针对表格的，因此在结构中而不是在表中创建。

要增加存储过程：

1. 右击浏览器中的结构。
2. 选择Data Modeler➤New➤Stored Procedure。
3. Rose创建存储过程容器并把新存储过程放进其中。要在现有容器中创建存储过程，右击现有容器并选择New➤Stored Procedure。
4. 右击新存储过程并选择Open Specification。
5. 在General标签中，输入下列内容：
   - 在Name字段中输入存储过程名
   - 在Language字段中输入存储过程的语言。大多数情况下，存储过程的语言为SQL。有些DBMS包还支持其他语言，如C、Java或COBOL。
   - 在External Name字段中输入存储过程路径或库。如果语言设置为SQL，则不需要这个字段。
   - 在Type字段中输入存储过程类型（过程或函数）。函数返回数值，而过程不返回数值。并不是所有DBMS包都支持函数。
   - 在Return Type字段中输入函数返回值的数据类型。这个字段只在存储过程为函数时才需要。
   - 在Length字段中输入返回值的字符数。并不是所有数据类型都需要这个字段。

- 在Precision字段中输入返回值小数点后面的位数。并不是所有数据类型都需要这个字段。
- 在Scale字段输入返回值的位数。并不是所有数据类型都需要这个字段。
- 在Null Input Action（DB2）字段中控制函数收到null参数时发生的行为。Return Null从函数返回null值。Call Procedure即使在参数为null时也运行函数。
- 在Parameter Style（DB2）字段设置存储过程接收和发送参数的方式。

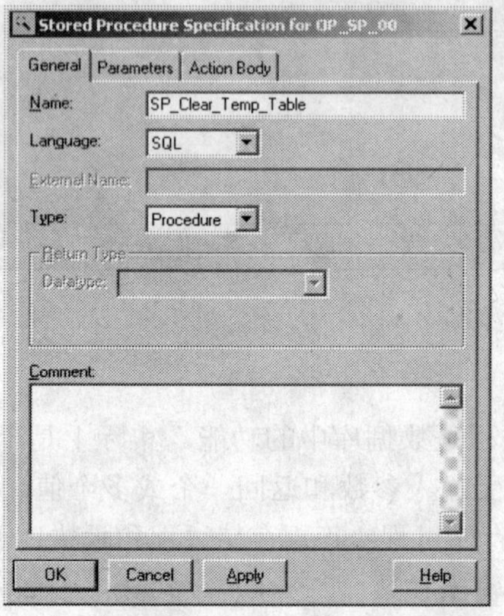

6. 在Parameters标签中，输入任何需要的参数。右击空白处并选择Insert增加新参数。输入下列内容：
   - 参数数据类型。
   - 长度、精度与比例（如需）。
   - 方向：In用于输入参数，Out用于输出参数，类似于返回值。In Out是输入参数，但存储过程可以改变其数值，然后输出到调用应用程序或触发器。
   - 默认值（如需）。

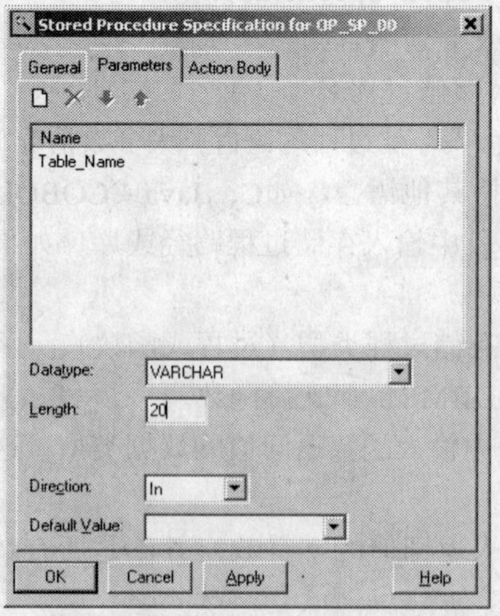

7. 在Action Body标签中，输入存储过程的SQL语句。

增加关系

数据模型中的关系类似于对象模型中的关系。对象模型中的关系连接两个类，而数据模型中的关系连接两个表。Rose支持的关系主要有两种：标识关系和非标识关系。

两者情况下，子表中增加外部键以支持关系。对标识关系，外部键成为子表中主键的一部分。这时，子表中的记录必须链接父表中的记录。标识关系建模成复合累积。

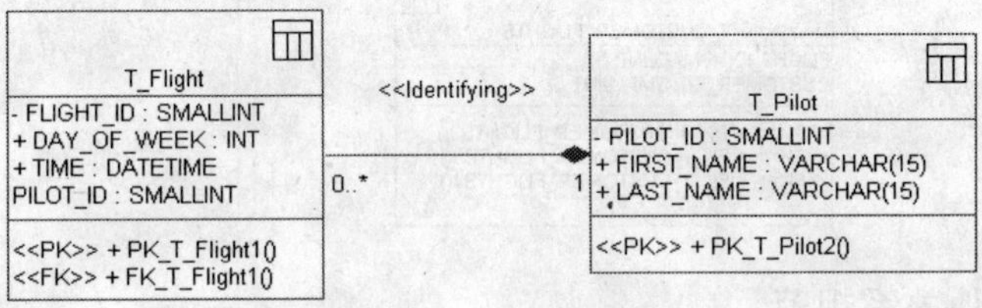

非标识关系也在子表中创建外部键，但外部键并不成为子表中主键的一部分。在非标识关系中，关系基数（倍增性）控制子表中的记录是否需要与父表记录的链接。如果基数为1，则父表记录必须存在。如果基数为0..1，则父表记录不需存在。非标识关系建模成关联。

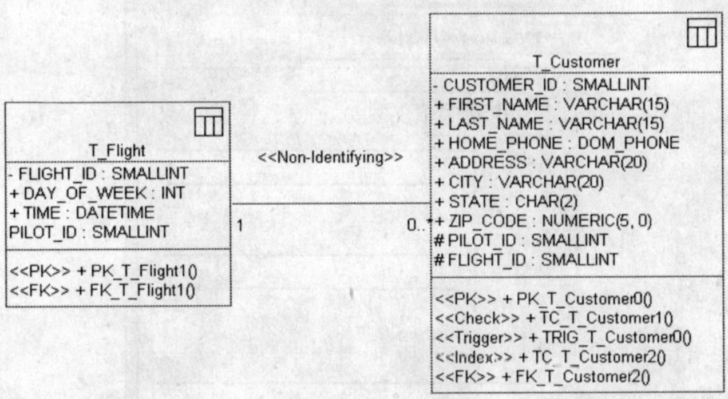

要增加标识关系：

1. 选择Identifying Relationship工具栏按钮。
2. 从父表拖放到子表。
3. Rose自动在子表中增加主键限制和外部键限制。

要增加非标识关系：

1. 选择Non-identifying Relationship工具栏按钮。
2. 从父表拖放到子表。
3. Rose自动在子表中增加外部键限制。

基数定义一个表中的一行对应于另一个表中的行数。数据模型中的基数与对象模型中的基数具有相同的含义。可以在关系两端设置基数选项。基数在关系父端设置为1时，关系是强制的，设置为0..1时，关系是可选的。基数在关系子端的设置控制父表中每个记录对应于子表中多少个记录。

多对多关系通过连接表建模。

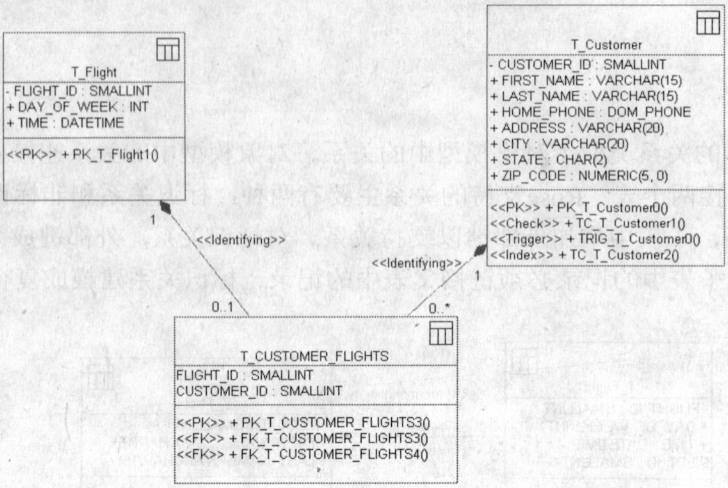

要设置基数和其他关系规范。

1. 右击关系并选择Open Specification。
2. 选择General标签。

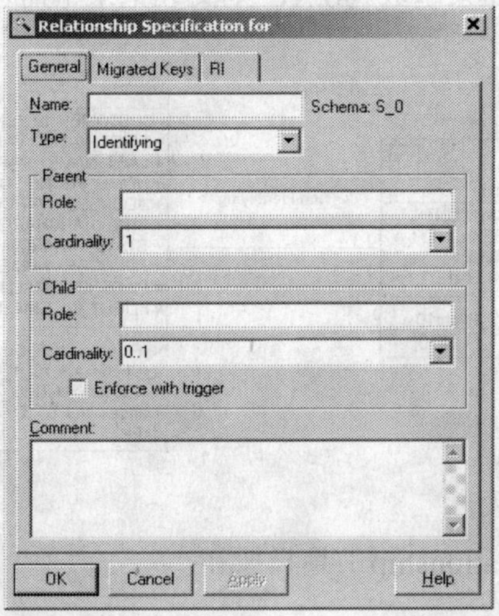

3. 输入关系名（如需）。
4. 选择关系类型（Identifying或Non-identifying）。
5. 对父表和子表（可选）分配作用。
6. 对关系两端设置基数。
7. 选择Enforce with Trigger复选框自动生成触发器，执行刚刚建立的基数规则。
8. 选择Migrated Keys标签。
9. 列出父表和子表中参与关系的字段名，必要时可以改变字段名。

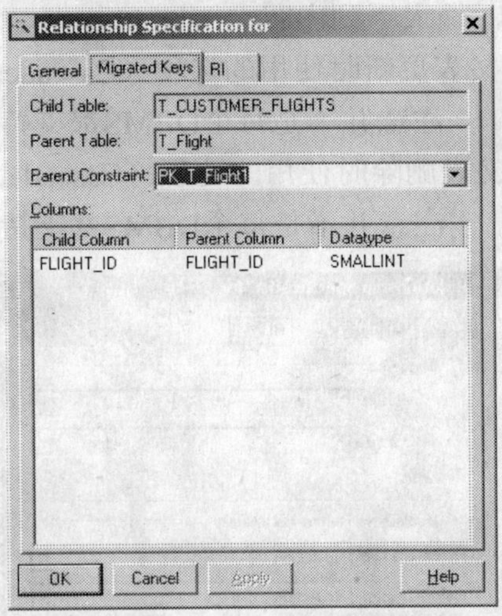

增加引用完整性规则

引用完整性建立一组规则，保证数据一致。例如，对John Doe，员工表中有员工记录，地址表中有两个地址记录（一个家庭地址，一个办公地址）。如果员工表中John Doe的记录删除，则地址记录成为孤儿（没有相应的员工记录）。

引用完整性将避免这种指定更新或删除父表时发生的情形。有几个选项，一个选项是自动更新或删除子表记录，也可以阻止父表更新或删除，也可以在更新或删除父表时运行一个触发器。选择选项之后，在Rose的关系规范窗口输入这个信息。

引用完整性主要有两种：触发器和声明式。触发器执行完整性限制在父表更新或删除时运行一个触发器。声明式完整性限制在外部键从句中包括一个限制。设置完整性限制时的选项如下：

- Cascade表示更新或删除父表时，所有子记录更新或删除。
- Restrict阻止父表更新或删除。
- Set Null更新或删除父记录时，将子记录中的外部键设置为Null。
- No Action不执行完整性限制。
- Set Default更新或删除父记录时，将子记录中的外部键设置为默认值。

要对关系设置完整性限制：

1. 右击关系并选择Open Specification。
2. 选择RI（完整性限制）标签。
3. 选择Triggers或Declarative Referential Integrity单选钮，控制使用触发器执行或声明式完整性限制。
4. 如果选择触发器执行完整性限制，输入下列内容：
   - Parent Update设置父表更新时使用的选项（Cascade、Restrict、Set Null、No Action、Set Default）。注意并不是每个DBMS都支持所有选项。
   - Parent Delete设置父表删除时使用的选项（Cascade、Restrict、Set Null、No Action、Set Default）。注意并不是每个DBMS都支持所有选项。
   - Child Restrict阻止创建孤儿记录。

5. 如果选择声明式规则，输入下列内容：

- Parent Update设置父表更新时使用的选项（Cascade、Restrict、Set Null、No Action、Set Default）。注意并不是每个DBMS都支持所有选项。
- Parent Delete设置父表删除时使用的选项（Cascade、Restrict、Set Null、No Action、Set Default）。注意并不是每个DBMS都支持所有选项。

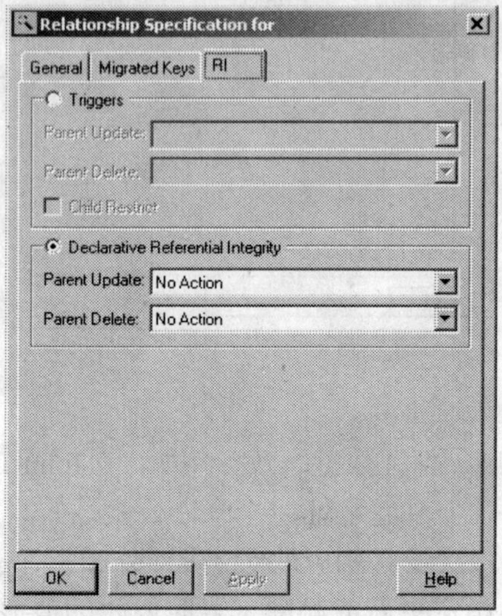

使用视图

视图用不同于数据库结构的方式浏览数据。可以用视图创建虚拟表，包含数据库中一个或几个表中的数据。视图可以使数据库保密，让一组用户只读访问视图，从而防止不慎修改基础数据。

Rose中用下列符号表示视图：

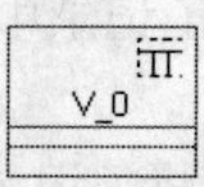

在数据模型框图中，画出视图和源数据表格之间的依赖性关系，如图18.1所示。

要创建视图：

1. 右击浏览器中的结构。
2. 选择Data Modeler➤New➤View。
3. 命名新视图。
4. 右击新视图并选择Open Specification。
5. 在General标签中输入下列内容：
   - Name命名或更名视图。结构中的每个视图应有惟一名称。
   - Schema显示包含视图的结构名。这个字段不能改变。
   - Updateable控制用户能否用视图修改数据。这个字段只在使用Oracle、DB2或SQL 92时可以设置。

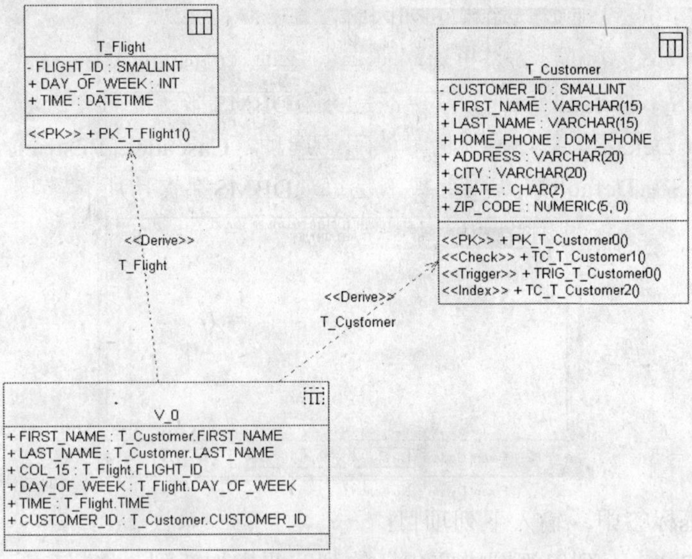

图18.1 视图建模

- Distinct确定视图中只能包含惟一行
- Materialized（Oracle）设置这个选项时，视图在从Rose正向工程时填入数据。不设置这个选项时，视图创建而不填入数据。
- Check Option控制视图中何时采用限制。None选项使视图无法执行限制。Local选项执行对视图或依赖于这个视图的视图执行任何限制。Cascade选项执行对视图设置的任何限制、依赖视图的限制和包含源数据的表格的限制。

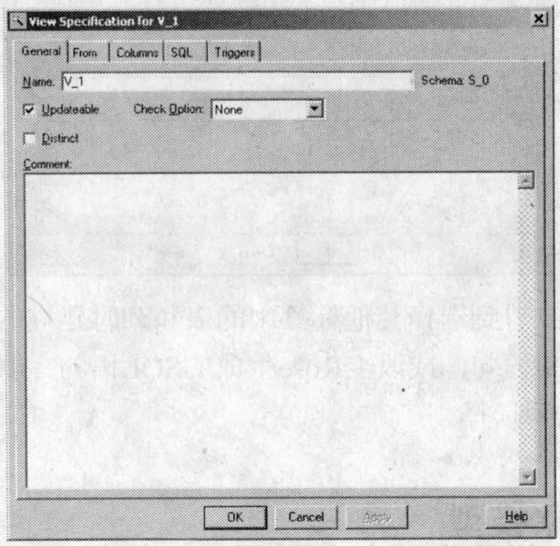

6. 在From标签中，输入下列项目：
   - 从Available Members列表框中选择视图中使用的表和（或）视图。按Add按钮将所选的表或视图移到View Members列表框中。
   - Correlation Name字段设置当前视图SQL语句中表或视图使用的别名。
   - Where Clause字段中输入SQL where从句、order by或group by语句，放在视图中。一定要包括“WHERE”、“ORDER BY”或“GROUP BY”字样。

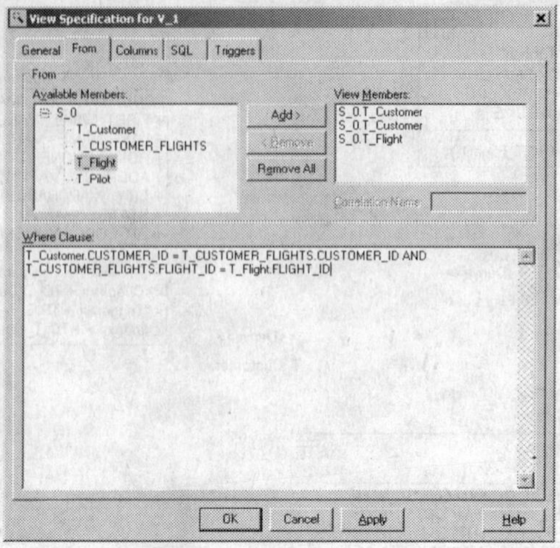

7. 在Columns标签中，输入下列项目：
   - View Columns列出视图中要包括的列。要增加新列，选择Import Columns按钮。出现所有可用的列清单。要删除列，选择列并按Delete工具栏按钮。
   - Alias显示列别名。

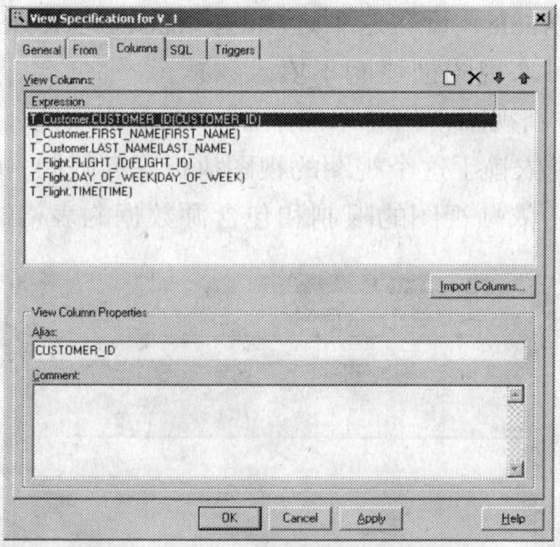

8. 在SQL标签中，可以看到选择其他标签中的表和列时建立的SQL语句。也可以直接在这个窗口中输入SQL语句，或改变Rose生成的SQL语句。改变SQL语句时，Rose更新其他标签中的表或列选择。

从数据模型生成对象模型

Rose的一个新特性是能够自动从数据模型生成对象模型。这个特性在处理项目和重建现有应用程序与数据库时特别有用。可以将现有数据库逆向转出工程代码，然后从其生成对象模型。当然，这个特性在其他项目类型中也很有用。如果需要保证对象模型与数据模型一致，或要从现有数据库逆向转出工程代码，则生成对象模型非常有用。

数据模型中并不是所有结构都在对象模型中有意义。索引、存储过程和其他数据库元素在对象模型中没有对应项目。

表18.3列出了数据模型元素与对应对象模型元素。

表18.3 数据模型元素与对象模型元素

数据模型元素	对象模型元素
结构（Schema）	包（Package）
表（Table）	类（Class）
列（Column）	属性（Attribute）
触发器（Trigger）	无
存储过程（Stored procedure）	无
只有主/外部键列的交表	多对多关联
具有非主/外部键列的交表	带关联类的多对多关联
标识关系	复合累积（Composite aggregation）
非标识关系	关联（Association）
基数（Cardinality）	基数（Cardinality）
索引（Index）	无
数据库（Database）	无
限制（Constraint）	无
域（Domain）	无

要从数据模型创建对象模型：

1. 右击结构并选择Data Modeler➤Transform to Object Model。
2. 输入目标包名。目标包是Logical视图中创建的保存新对象的包。
3. 输入前缀。每个表名前面加上前缀，创建对象模型中的类。
4. 选择Include Primary Keys复选框创建主键列和其他列的属性。如果不选择这个复选框，则Rose对非主键列生成属性，而不对主键列生成属性。

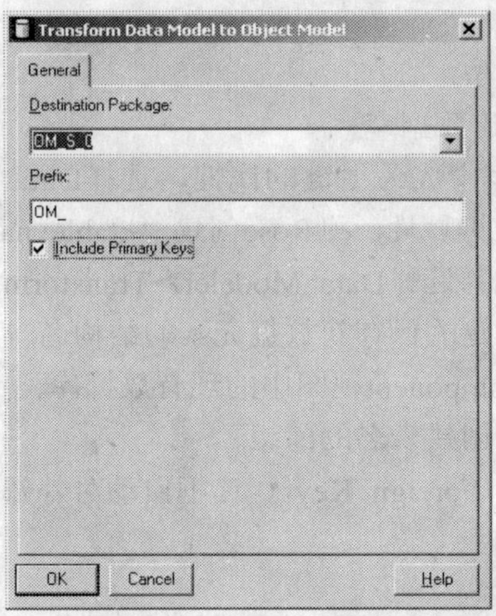

从对象模型生成数据模型

就像可以从数据模型生成对象模型一样，也可以从对象模型生成数据模型。随着项目的进行和发现更多实体类，生成数据模型是数据库设计的良好开端。

生成数据模型时，Rose寻找持久性属性标为True的类。可以在标准类规范窗口的Detail标签中将类设置为Persistent或Transient。如果要对类生成一个表，将其设置为Persistent。

Logical视图中的类包变成数据模型中的结构。如果有同名的现有结构，则Rose在这个结构中增加任何新类的表格，但如果对象模型中的类改变，它并不改变结构中的表，而是在日志中记录这个改变，可以在需要时改变结构中的表。

表18.4列出了对象模型元素与对应数据模型元素。

表18.4　对象模型元素与数据模型元素

对象模型元素	数据模型元素
包（Package）	结构（Schema）
持久类（Persistent class）	表（Table）
属性（Attribute）	列（Column）
操作（Operation）	无
多对多关联（Many-to-many association）	交表（Intersection table）
复合累积（Composite aggregation）	标识关系（Identifying relationship）
关联或非复合累积	非标识关系（Non-identifying relationship）
基数（Cardinality）	基数（Cardinality）
关联类（Association class）	交表（Intersection table）

要从对象模型创建数据模型：

1. 在Component视图中创建数据库。
2. 右击类中要在生成的表中成为主键的属性，选择Data Modeler Part of Object Identity。如果不选择主键属性，则Rose创建“<table name>ID”列作为主键。
3. 右击Logical视图中的包并选择Data Modeler➤Transform to Data Model。
4. 输入图标结构名，是创建的保存新数据元素的结构名。
5. 输入图标数据库，是Component视图中的现有数据库。
6. 输入加进每个类名前面创建表名的前缀。
7. 选择Create Indexes for Foreign Keys复选框自动对外部键创建索引限制。

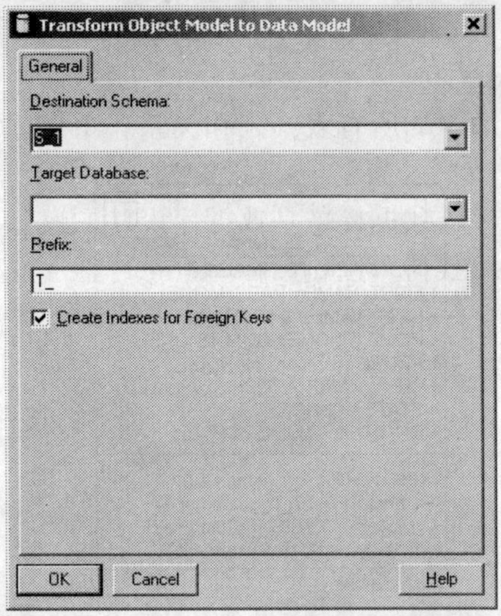

从数据模型生成数据库

在项目进行过程中，可以随时从数据模型生成数据库或DDL脚本。Rose中可以选择只生成DDL或运行DDL以创建数据库。

Rose中的向导可以完成创建数据库的步骤。首先，右击要生成的结构并选择Data Modeler➤Forward Engineer。出现欢迎屏幕之后，选择要生成的结构。

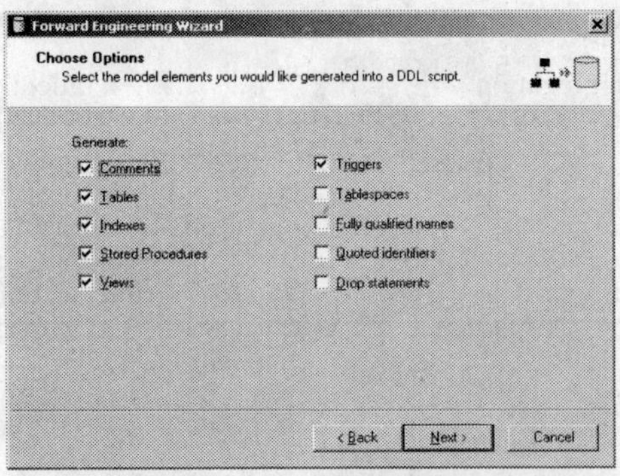

然后输入要创建的DDL文件名。如果要创建DDL而不运行单击Next按钮。如果要对数据库运行新DDL，选择Execute复选框。输入DBMS的连接信息并按Test Connection按钮，保证连接正确工作。

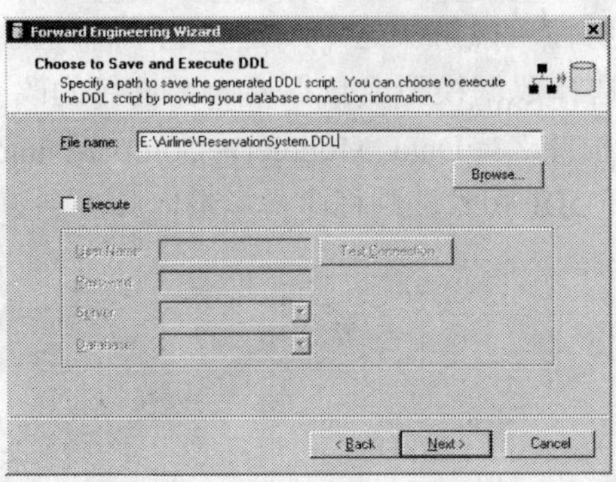

按Finish完成这个过程。Rose生成DDL，可选对数据库运行。如果遇到任何错误，则Rose将其加进日志中。

DDL或数据库中生成结构中的所有表、列和关系。下例显示了Rose模型中的表。

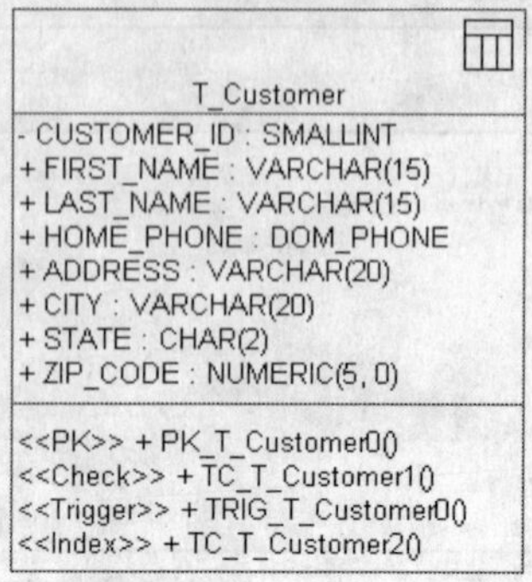

对应的DDL如下：

```
CREATE TABLE T_Customer (
   CUSTOMER_ID SMALLINT IDENTITY NOT NULL,
   FIRST_NAME VARCHAR ( 15 ) NOT NULL,
   LAST_NAME VARCHAR ( 15 ) NOT NULL,
   HOME_PHONE NUMERIC ( 10 ) NOT NULL,
   ADDRESS VARCHAR ( 20 ) NOT NULL,
   CITY VARCHAR ( 20 ) NOT NULL,
   STATE CHAR ( 2 ) NOT NULL,
   ZIP_CODE NUMERIC ( 5 ) NOT NULL,
   CONSTRAINT PK_T_Customer0 PRIMARY KEY NONCLUSTERED (CUSTOMER_ID),
   CONSTRAINT TC_T_Customer1 CHECK (CUSTOMER_ID > 1000)
   ) ON TSP_0
GO
CREATE INDEX TC_T_Customer2 ON T_Customer (ZIP_CODE)
GO
```

更新现有数据库

生成数据库之后，可以改变Rose中的数据模型或数据库本身。通常，两者会失去同步，从而使进一步修改数据库设计或维护应用程序变得困难。

Rose中的比较与同步特性可以解决这个问题。这个特性提供数据模型和数据库的图形表示。利用这个特性可以选择数据模型或数据库中要进行的改变，使两者保持同步。

要开始同步，右击结构并选择Data Modeler➤Compare and Sync。出现同步DDL脚本或数据库的选择。如果选择DDL脚本，则程序提示输入脚本名。如果选择数据库，则程序提示输入数据库连接信息。

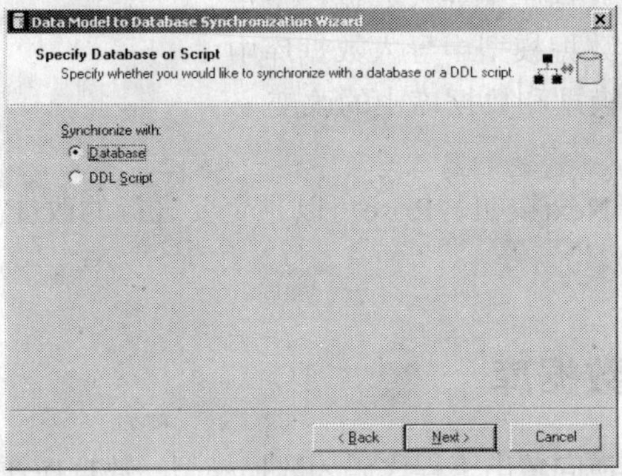

然后选择要同步的选项。Rose总是同步表和限制，但也可以同步索引、触发器和其他元素。

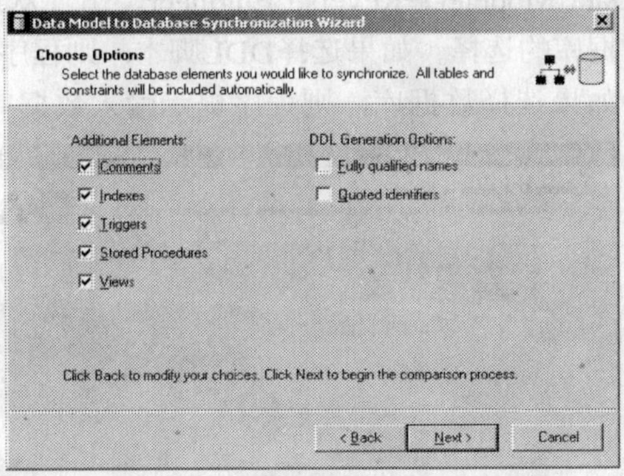

然后Rose显示数据模型和数据库之间的差别，如图18.2。选择表中的差别，然后从工具栏中选择下列四个选项之一：

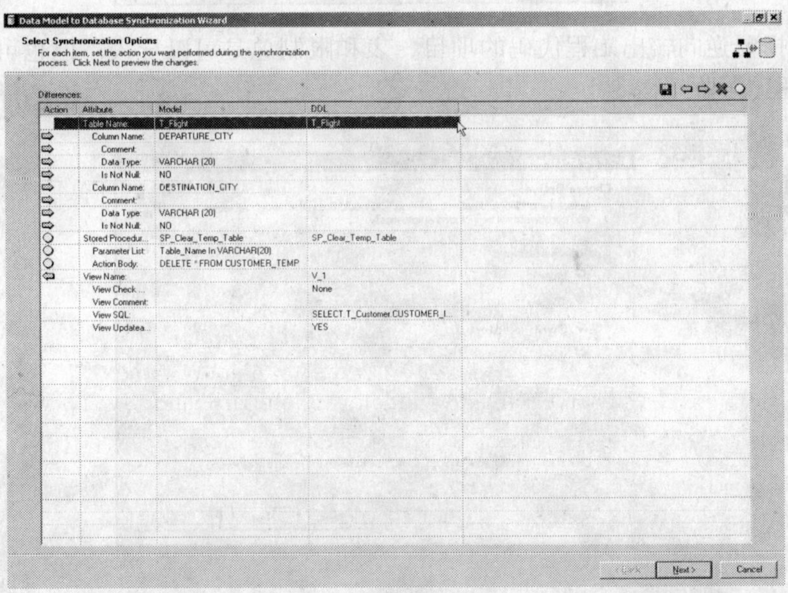

图18.2 数据模型和数据库比较与同步特性

- Import，将改变从数据库中导入数据模型中
- Export，将改变从数据模型中导入数据库中
- Delete，删除数据模型和数据库中的改变
- Ignore，忽略改变

完成改变之后，选择Next按钮。Rose可以预览要进行的改变。对改变满意之后，选择Next按钮实现改变。

逆向转出工程代码数据库

Rose中可以将数据库逆向转出工程代码为数据模型。数据库逆向转出工程代码时，Rose在Component视图中创建数据库组件，在Logical视图中创建表和其他结构元素。数据库逆向转出工程代码之后，可以生成对象模型或用前面介绍的方法进行同步。

首先，选择Tools➤Data Modeler➤Reverse Engineer。出现欢迎屏幕之后，出现逆向转出工程代码DDL脚本或数据库的选择。如果选择DDL脚本，则程序提示输入逆向转出工程代码目标DBMS和文件名。如果选择数据库，则程序提示输入数据库连接信息。

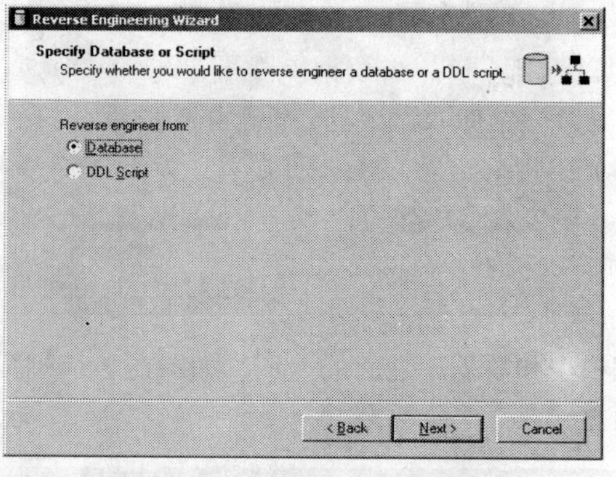

然后选择要逆向转出工程代码的项目。表和限制总是可以导入，但也可以选择其他要逆向转出工程代码的元素。

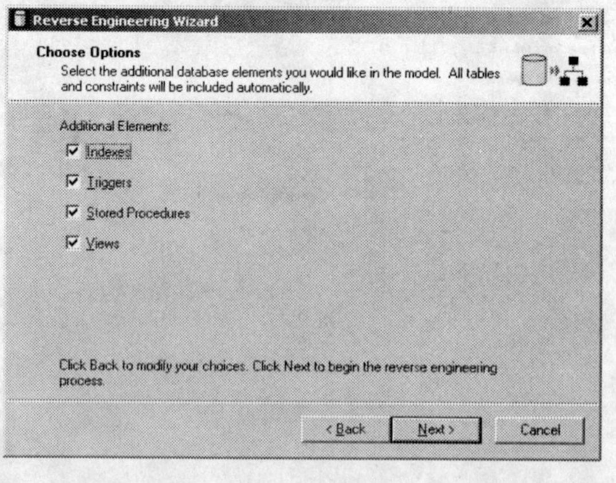

完成之后，选择Next按钮。Rose在Logical视图中创建结构。这个结构中有表、限制和数据库中的其他模型元素。如果Rose在逆向转出工程代码过程中遇到问题，则会在日志中记录。Rose还在Component视图中创建新组件。这个组件表示数据库本身。

小结

本章介绍了Rose的数据模型功能。把数据模型和对象模型放在一个工具中能使小组更完整地了解系统结构与组织。正向与逆向转出工程代码功能保证数据模型、对象模型和数据库保持同步。

本章的内容包括：

- 比较数据模型和对象模型
- 创建数据模型
- 在数据模型中增加逻辑
- 从数据模型生成对象模型
- 从对象模型生成数据模型
- 从数据库生成数据模型
- 如何保证数据模型、对象模型和数据库同步

下一章介绍Web开发，介绍Rose建模Internet与intranet应用程序的不同版型和工具。利用这些工具，可以建模ASP、JSP、HTML页面和其他Web对象。利用Class框图，可以看到这些对象之间的关系和分析应用程序体系结构。Rose Web Modeler加入件可以方便地将现有应用程序图形化或设计新应用程序。

第19章 Web模型

在这个电子业务、电子商务、电子政府时代，介绍UML而不介绍Web模型显然是不完整的。尽管Web应用程序与传统客户机/服务器应用程序相似，但有其独特的好处与难处，自然会影响其设计。

Rose 2001, 2001A与2002中的加入件支持Web应用程序代码生成和逆向转出工程代码。可以用Rose建模和生成HTML页面、ASP页面、JSP页面和其他Web类。

- 建模Web应用程序
- 逆向转出工程代码Web应用程序
- 生成Web应用程序代码

建模Web应用程序

无论是从头开始创建新Web应用程序还是逆向转出工程代码和修改现有Web应用程序，首先要了解不同Web版型和关系。但是，介绍不同Web版型和关系之前，首先要介绍一般Web体系结构。

Web应用程序在许多方面与传统分布式应用程序相似，把逻辑分为两层或多层。至少要把表示层与表示逻辑分开，把业务逻辑与服务器逻辑层分开。表示层在客户端运行，而业务逻辑在服务器上运行。在许多情况下，业务逻辑本身分成两层或多层。例如，处理数据库连接的逻辑可能与其他业务逻辑分开。

Web应用程序与传统分布式应用程序的一个主要差别是两层或多层之间连接的持久性。在传统分布式应用程序中，一旦客户机和服务器中将对象实例化之后，它们可以只在需要时相互通信。而Web应用程序是无状态的，一旦客户机和服务器之间的通信结束之后，服务器就丢失了客户机的所有信息，记不住谁登录和干了什么。要管理这种情形，一种方法是用cookie。Cookie是客户机上驻留的文件，可以存储客户机的状态信息，下次建立与服务器的连接时，可以用cookie内容向服务器提供状态信息。

另一个差别在于部署环境。当然，Web的好处是可以遍及几千个用户而不必考虑每台机器的设置。缺点是这几千个用户的机器可能各有不同配置。不同浏览器、操作系统、连接速度、处理器、内存配置和其他因素会使Web部署复杂化。并不是所有组件都在所有浏览器中运行，因此设计人员还要做额外的工作，使应用程序在多种不同浏览器中运行。

Web体系结构有两种主要模式：瘦客户机和肥客户机。在瘦客户机体系结构中，客户端所放的逻辑很少。很少（或几乎没有）ActiveX控件、小程序和其他组件会下载到客户机浏览器和在客户机器上运行。这种方法的两大优点是速度和移植性。将组件下载到客户机是很慢的过程，因此减少下载可以提高应用程序速度。瘦客户机体系结构还有更好的移植性，因为并不是每个组件都能在每种浏览器中运行。减少应用程序需要的不同组件技术可以保证应用程序适用于不同浏览器。瘦客户机方法的缺点是用户界面没有那么丰富的内容，客户端组件可能要提供改进用户界面。

Web应用程序的第二种方法是肥客户机体系结构。在肥客户机体系结构中，客户机上运行更多逻辑。客户机需要组件时，自动从服务器上下载。这个方法使小组可以选择在用户界面中包括更复杂的软件。小组还可以建立小程序或其他组件，在客户机上运行一些逻辑。这个方法的优点是可以创建更壮实的用户界面，缺点是速度慢，移植性差。下载需要时间，也不能保证不同浏览器支持应用程序，因为下载的组件五花八门。

开始建模Web应用程序和建模客户机/服务器应用程序一样，也是从分析开始。小组定义使用案例，收集和建档要求，编写使用案例的事件流。这里不准备详细介绍，详见第4章“使用案例与角色”对使用案例与角色的介绍。

编写使用案例事件流和建档要求之后，就可以开始这个使用案例的设计过程，包括创建Sequence框图、Collaboration框图、Class框图、Statechart框图、Component框图和Deployment框图。

和客户机/服务器应用程序一样，Sequence框图与Collaboration框图显示参与使用案例情形的对象。但是，设计人员建立和审查Sequence框图时，要记住Web体系结构的特点，考虑几个问题。首先，由于应用程序是无状态的，因此设计人员不能以为对象实例化之后，就可以让其他对象无限访问。一旦客户机/服务器之间断开连接，一层的对象就无法访问另一层的对象，服务器失去客户机的所有状态信息。但是，设计人员可以用cookies和session对象存储状态信息。Cookie是客户机上的小文件，可以存储状态信息，而session对象在服务器中创建，在整个客户机会话期间保存特定客户机的信息。经过一定时间（如30分钟），服务器假设客户机超时，释放session对象。

如果小组使用session对象，则其在Sequence框图与Collaboration框图中出现，就像任何其他对象一样。Rose 2001A与2002中一个非常有用的工具是在Sequence框图中放上析构标志。这个标志使小组很容易记住特定时刻内存中可以访问哪些对象。

Web模型中的另一个问题是客户机页不能访问服务器资源。设计人员要保证页面、小程序和其他客户端组件不能直接访问服务器，而要访问服务器页面，由服务器页面再访问服务器方组件。如果应用程序是瘦客户机，则设计人员要减少向客户端下载的组件数。因此，建立Sequence框图与Collaboration框图时，小组不能使用太多客户端组件。

开始建模之前，要在Rose中有个创建类的地方。这是在Logical视图中进行的，但首先要建立一个虚拟目录。虚拟目录是Rose中的版型包，表示网络上的物理目录。虚拟目录中的任何类都在物理目录中生成。

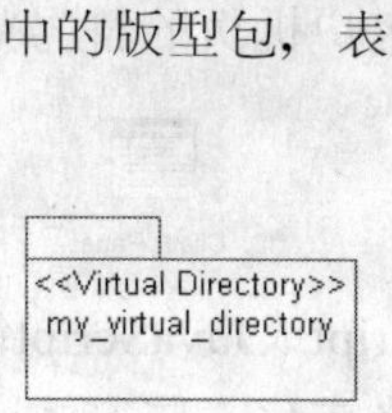

要创建虚拟目录：

1. 右单击浏览器中的Logical视图。
2. 选择Web Modeler➤New➤Virtual Directory
3. 右击新虚拟目录，出现规范窗口。

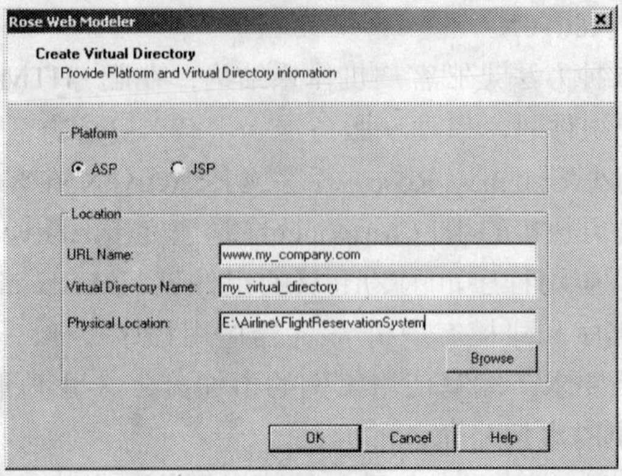

4. 选择这个应用程序使用的平台（ASP或JSP）。
5. 输入Web应用程序的URL。Rose用URL产生代码或将Web类逆向转出工程代码到模型中。
6. 输入虚拟目录名。这是Rose的Logical视图中出现的虚拟目录包名。这个Web应用程序的所有类都放在这个包中。
7. 输入物理地址。这个Web应用程序的所有类都在这个地址生成和从这个地址逆向转出工程代码。

创建虚拟目录之后，就可以在其中创建Web对象。

Web类版型

要建模Web应用程序，就要创建表示客户机页、服务器页和HTML页面的类。要完成这个内容，可以在这些模型元素之间增加关系。Rose生成代码时，它检查类和关系。

Rose可以生成或逆向转出工程代码三种不同的类版型：客户机页、服务器页和HTML页面。

客户机页

客户机页是客户机上运行的HTML格式页面。这些页面包含功能，但通常不包括太多业务逻辑。客户机页的逻辑通常与数据表示有关。客户机页并不直接访问服务器上的业务对象，这是服务器页的作用。在Rose中，客户机页的符号如下：

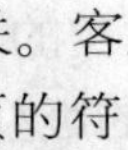

Client Page

客户机页中的功能可以用VBScript或JavaScript编程。这里的任何脚本都纯粹是客户端的。例如，客户机页可能在屏幕上格式化一些文本。

客户机页能够访问客户机上的任何资源。这些资源包括：

- ActiveX控件，是基于Microsoft COM模型的组件，下载到客户机上。
- JavaScript对象，可以是文档对象模型提供的对象（如窗口、帧、文档和图形，等等），也可以是编程人员定义的定制对象。这些定制对象可以指定属性和操作，但不会逆向转出工程代码到Rose中。

· Java小程序，是像ActiveX控件一样的组件，下载到客户机上，在客户机上运行。

通常，这三种类型的组件可以在客户机上增加复杂功能。HTML提供一些灵活性，但通常不足以编程复杂的客户端行为。

ActiveX控件和小程序可以建模为Rose中版型为<<ActiveX>>或<<Applet>>的类或组件。由于组件可能包括多个类，因此可以在Component视图中建模ActiveX控件和小程序。如果要在组件中建模类或显示类与组件之间的关系，则可能还要在Logical视图中将ActiveX控件和小程序表示为类。

要增加客户机页：

1. 右击Logical视图中的虚拟目录。
2. 选择Web Modeler➤New➤Client Page。
3. 输入新页名。

或

用下面"服务器页"一节介绍的方法创建服务器页。用这个方法创建的每个服务器页自动创建客户机页。

在客户机页规范中，可以设置客户机页的详细属性。表19.1列出了客户机页属性及其含义。

表19.1 客户机页属性

属性	规范窗口标签	含义
Alink	General	链接颜色
Background	General	背景图形URL
BgColor	General	背景颜色
BottomMargin	General	下边界（像素）
Class	General	元素类名
Dir	General	元素文本方向
ID	General	元素名
Lang	General	元素内容的语言
LeftMargin	General	左边界（像素）
Link	General	链接文本颜色
MarginHeight	General	帧边界高度（像素）
MarginWidth	General	帧边界宽度（像素）
RightMargin	General	右边界（像素）
Style	General	元素样式信息
Text	General	文本颜色
Title	General	其他元素信息
TopMargin	General	上边界（像素）
Vlink	General	已访问链接的链接颜色
OnLoad	Events	装入页面时运行的过程
OnUnload	Events	卸载页面时运行的过程
FileName	RTE Options	页面的物理文件名（ASP、JSP、HTML）
RTESynchronization	RTE Options	是否对这个页面生成代码

服务器页

服务器页是能访问服务器资源的对象。例如，如果要进行一些安全处理，则服务器页与服务器上的各个组件进行通信，进行处理。把应用程序分为客户机页和服务器页，可以分开表示逻辑与业务逻辑，帮助维护和复用。在Rose中，服务器页的符号如下：

ServerPage

与客户机页不同的是，服务器页能完全访问服务器资源，可以与服务器上的各个组件进行通信，完成业务功能，然后建立客户机页，向最终用户显示处理结果。一个服务器页还可以将控制改向到另一个服务器页，使另一服务器页取代处理工作。

要创建服务器页：

1. 右击Logical视图中的虚拟目录。
2. 选择Web Modeler➤New➤Server Page。
3. 输入新页名。

Rose创建服务器页，并自动创建客户机页。客户机页处理客户端功能，如显示逻辑。服务器页处理业务过程和建立客户机页。Rose还自动建立服务器页与客户机页之间的关系。稍后将介绍此关系。

在服务器页的规范窗口中，可以设置下面两个值：

· File Name是页面的物理名（ASP、JSP或HTML）。

· RTE Synchronization控制是否对这个页面生成代码。

窗体

窗体是简单HTML页面，包含文本框、列表框和其他数据输入控件。窗体的目的是从最终用户取得信息和向最终用户显示信息。窗体中不包括业务逻辑。

客户机页可能包含一个或几个窗体。客户机页上的每个窗体用累积关系与这个页面相关联。窗体上的字段建模成窗体的属性，指定版型为HTML Input。Rose中用下列符号表示窗体：

Form
(from ServerPage_Client)

要创建HTML窗体：

1. 右击窗体所在的客户机页。
2. 选择Web Modeler➤New➤HTML Form。
3. 输入新窗体名。

和客户机页与服务器页一样，窗体还有详细规范，在代码生成过程中使用。General标签中设置的任何值在生成的HTML中显示。表19.2列出了HTML Form版型的规范及其用途。

表19.2　HTML窗体属性

属性	规范窗口标签	含义
Action	General	窗体处理代理
Class	General	元素类名
Enctype	General	编码窗体数据的内容类型
ID	General	元素名
Lang	General	元素内容的语言
Method	General	提交窗体数据的HTML方法
Style	General	元素的层叠样式单
Target	General	帧目标名
Onblur	Events	元素失去焦点时运行的过程
Onclick	Events	鼠标单击时运行的过程
Ondblclick	Events	鼠标双击时运行的过程
Onfocus	Events	元素得到焦点时运行的过程
Onkeydown	Events	按下键时运行的过程
Onkeypress	Events	按下字母数字键时运行的过程
Onkeyup	Events	放开键时运行的过程
Onmousedown	Events	按下鼠标键时运行的过程
Onmousemove	Events	鼠标移动时运行的过程
Onmouseout	Events	鼠标光标移到元素之外时运行的过程
Onmouseover	Events	鼠标光标移到元素上时运行的过程
Onmouseup	Events	放开鼠标键时运行的过程
Onreset	Events	窗体复位时运行的过程
Onsubmit	Events	窗体提交时运行的过程
RTE Synchronization	RTE Options	是否产生元素
Resolve Relative Paths Dynamically	RTE Options	自动解析引用文件中的路径（说明：将这个字段设置为Default时，根据Tools➤Web Modeler➤User Preferences中的设置，其设置为True/False）

HTML窗体只是输入字段的集合。Rose支持三种输入字段：HTML Input、HTML Select或HTML TextArea。增加窗体之后，可以用Web Modeler增加更多输入字段。

HTML Input是窗体上的字段，类型为text、password、check box、radio、submit、reset、file、hidden、image或button。HTML输入表示为窗体的属性。

要增加新的HTML Input字段：

1. 右击HTML窗体。
2. 选择Web Modeler➤New➤HTML Input。
3. 选择输入类型（text、checkbox，等等）。
4. 输入输入名称、ID和数值。
5. 单击OK创建新输入。

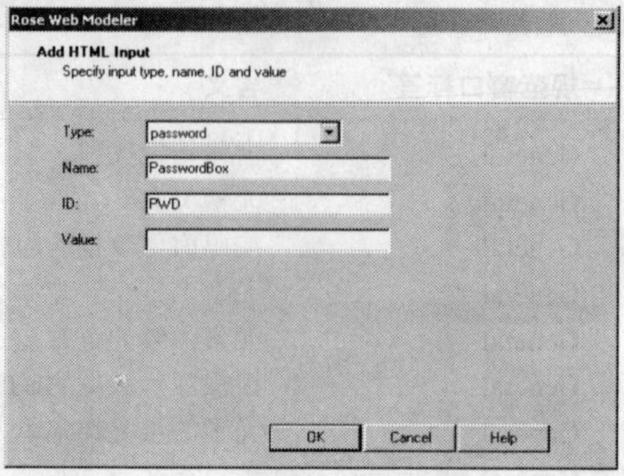

6. 右击新输入。

7. 在规范窗口中编辑输入规范、事件处理器和双向工程选项。

这个HTML输入用下列代码生成：

```
<input ID="PWD" Name="PasswordBox" Type="password">
```

HTML Select是复选框字段。复选框字段有一列值，用户可以从中选择一个或几个值。要增加新的HTML Input字段：

1. 右击HTML Select窗体。

2. 选择Web Modeler➤New➤HTML Select。

3. 输入字段名和ID。

4. 单击OK创建新字段。

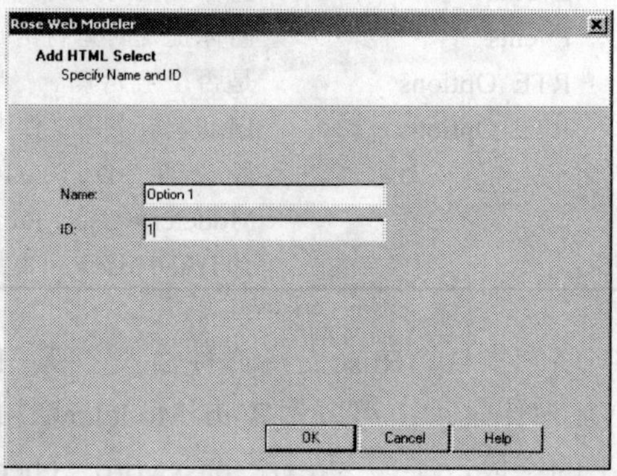

5. 右击新字段。

6. 在规范窗口中编辑字段规范、事件处理器和双向工程选项。

这个字段用下列代码生成：

```
<select ID="1" Name="HTMLSelect">
        </select>
```

HTML TextArea是HTML窗体上的多行文本字段。这些字段可以在用户需输入长文本字符串时随时使用。利用与字段相关联的属性，可以设置文本区中显示的行数、文本区是否可编辑、控件的跳表顺序索引和其他属性。

要增加新的HTML TextArea字段：

1. 右击HTML窗体。
2. 选择Web Modeler➤New➤HTML TextArea。
3. 输入字段名和ID。
4. 单击OK创建新字段。

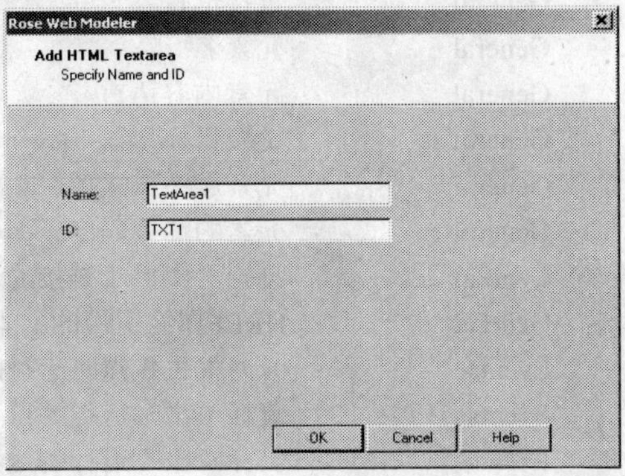

5. 右击新字段。
6. 在规范窗口中编辑字段规范、事件处理器和双向工程选项。

这个字段用下列代码生成：

```
<textarea ID="TXT1" Name="TextArea1" Rows="4">
```

所有这三种字段（Input、Select或TextArea）都显示为窗体的属性。生成代码时，Rose检查字段及其属性，确定生成什么HTML。

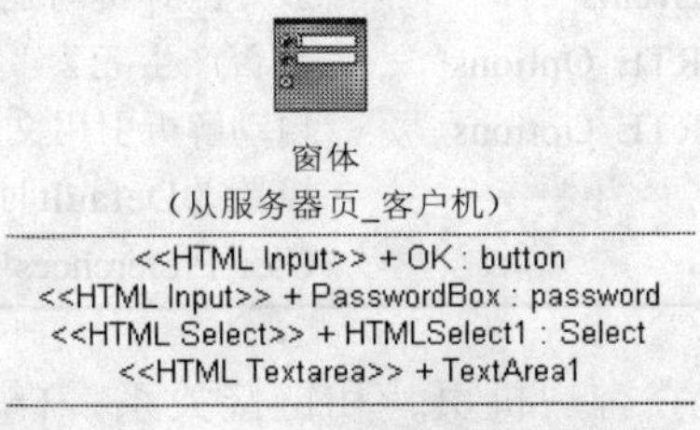

关系

模型中有了类之后，下一步要增加关系。Web元素之间的关系主要有四种：链接关系、建立关系、改向关系和提交关系。

链接关系表示两个客户机页和客户机页与服务器页之间的超文本链接。链接画成两个类之间的关联关系，版型为<<Link>>。

要设置链接的详细信息，右击关联并选择Open Specification。表19.3列出了链接关系的属性。

表19.3 链接关系的属性

属性	规范窗口标签	含义
AccessKey	General	设置元素焦点的键
Class	General	元素的类名
Dir	General	目录方向
HREF	General	链接位置
ID	General	元素名
Lang	General	元素内容语言
Name	General	链接目标
Style	General	元素层叠样式单
TabIndex	General	元素的跳表顺序
Target	General	浏览器中显示链接的位置
Title	General	HREF属性引用的文本
Onblur	Events	元素失去焦点时运行的过程
Onclick	Events	鼠标单击时运行的过程
Ondblclick	Events	鼠标双击时运行的过程
Onfocus	Events	元素得到焦点时运行的过程
Onkeydown	Events	按下键时运行的过程
Onkeypress	Events	按下字母数字键时运行的过程
Onkeyup	Events	放开键时运行的过程
Onmousedown	Events	按下鼠标键时运行的过程
Onmousemove	Events	鼠标移动时运行的过程
Onmouseout of the element	Events	鼠标光标移到元素之外时运行的过程
Onmouseover of the element	Events	鼠标光标移到元素上时运行的过程
Onmouseup	Events	放开鼠标键时运行的过程
RTE Synchronization	RTE Options	是否产生元素
Resolve Relative Paths Dynamically	RTE Options	自动解析引用文件中的路径（说明：将这个字段设置为Default时，根据Tools➤Web Modeler➤User Preferences中的设置，其设置为True/False）

建立关系显示服务器页建立客户机页。和链接关系一样，建立关系建模成版型关联。

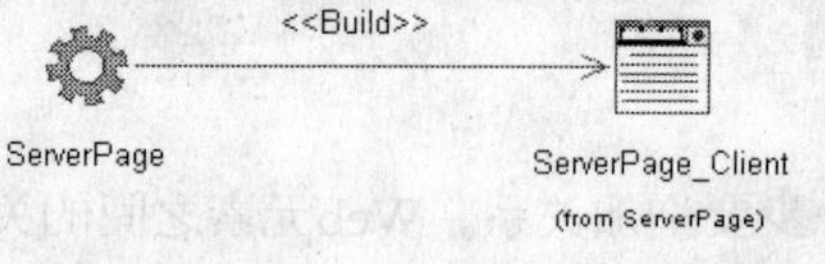

创建服务器页时，Rose自动创建客户机页并将客户机页与服务器页用建立关系链接，客户机页建模成服务器页中的嵌套页。每个客户机页只能由一个服务器页建立，但一个服务器页可以建立多个客户机页。要对服务器页创建更多客户机页，右击服务器页并选择New➤Nested Class。指定新客户机页名，并指定版型“Client Class”。最后，创建客户机页与服务器页之间的建立关系。

改向和转发关系在控制从一个服务器页传递到另一服务器页时使用。改向关系在ASP应用程序中使用，而转发关系在JSP应用程序中使用。本例中，ServerPage1将控制改向到ServerPage2。

生成代码之后，插入如下语句，出现在ServerPage1.asp中：

```
<% Response.Redirect("ServerPage2.asp") %>
```

改向与转发关系在规范窗口中有三个属性。Page属性设置目标页更名，RTE Synchronization属性控制是否产生关系，而Resolve Relative Paths属性控制是否自动解析路径。

提交关系在窗体将信息提交到服务器页时使用。这时，用户已经把信息输入窗体中，已经可以处理信息了。然后Web服务器可以开始处理信息。提交关系也建模成版型关联。

逆向转出工程代码Web应用程序

许多情况下，小组要修改现有应用程序。这时，最好从逆向转出工程代码Web应用程序入手。完成之后，可以检查当前系统体系结构，对设计进行必要的修改与补充，然后生成代码。

Rose支持ASP、JSP与HTML页面的逆向转出工程代码，对类指定相应版型并在其间创建关系。

逆向转出工程代码时，首先选择Tools➤Web Modeler➤Reverse Engineer a New Web Application。出现欢迎屏幕之后，程序提示输入应用程序地址。

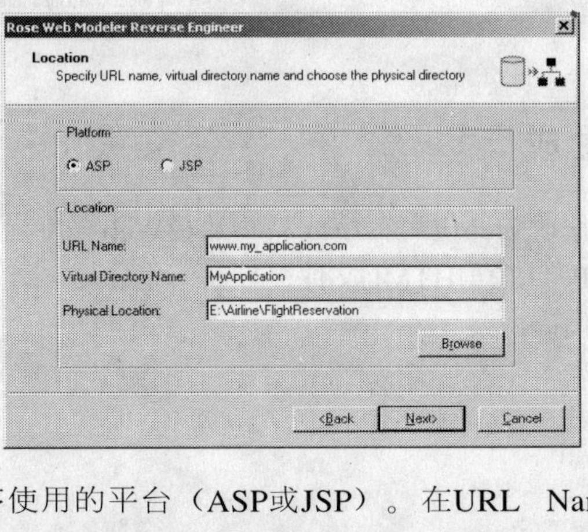

首先选择应用程序使用的平台（ASP或JSP）。在URL Name字段中，输入应用程序URL。在Virtual Directory Name字段中，输入Rose中创建的包名。在逆向转出工程代码过程中，Rose在Logical视图中创建这个名称的包。所有逆向转出工程代码类和关系都放在这个包中。最后，在Physical Location字段中，输入应用程序文件路径。

然后出现树视图，列出可以逆向转出工程代码的所有ASP、JSP与HTML页面，默认选择所有页面。选择要逆向转出工程代码的页面，并单击Next按钮。

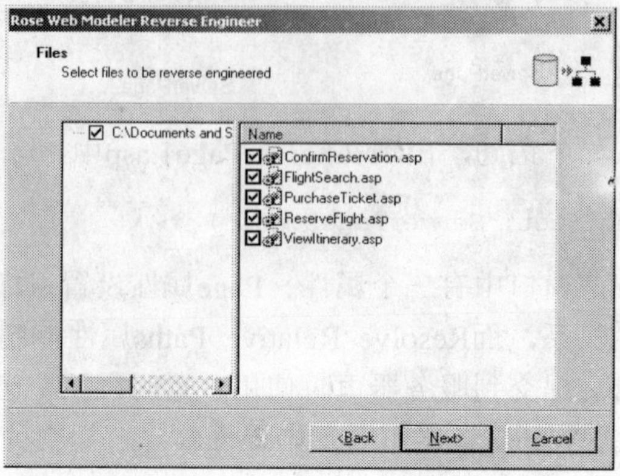

Rose检查每个文件，并将其逆向转出工程代码到模型中。如果遇到任何错误，则Rose在日志中记录。

ASP页面逆向转出工程代码为<<Server Page>>版型的类和<<Client Page>>版型的关联类。服务器页和客户机页用建立关系链接。ASP或JSP服务器页上的VBScript或Java建模成页面上的操作。

客户机页上的窗体建模成Rose中的另一个类，版型为<<Form>>。窗体上的任何控件逆向转出工程代码为窗体属性。

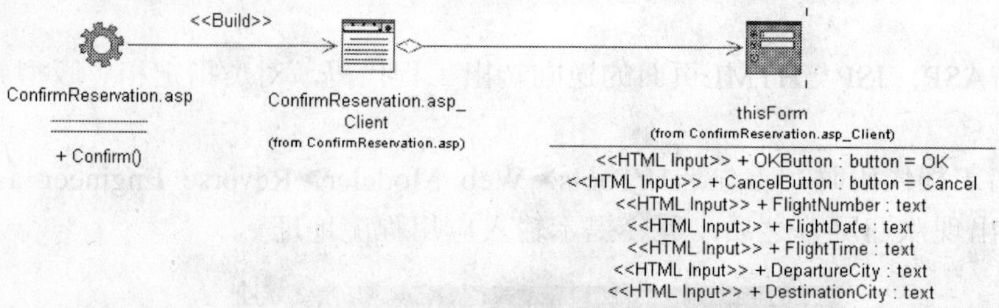

Web应用程序代码生成

逆向转出工程代码并修改Web应用程序或从头建模Web应用程序之后，Rose会生成代码。Rose从模型中创建ASP、JSP与HTML文件。

Rose生成下列项目的代码：

- 服务器页
- 客户机页
- 窗体
- 窗体输入字段
- 窗体选择字段

· 窗体文本区字段
· 改向与转发关系
· 链接关系

生成代码时，Rose首先检查现有文件与生成的类是否同名。如果找到这种文件，则更新这个文件；否则创建新文件。类的版型和虚拟目录的平台控制创建的文件类型。服务器页创建的文件为ASP或JSP文件。与服务器页没有关系的客户机页生成HTML文件。

要从模型生成代码：

1. 右击虚拟目录。
2. 选择Web Modeler➤Generate Code。
3. Rose生成代码，然后在日志窗口中记录任何错误。

小结

本章介绍用UML与Rose建模Web应用程序。从某种程度上说，建模Web应用程序与建模其他应用程序相似，仍然要创建使用案例和事件流，仍然要用Sequence框图与Collaboration框图显示对象之间如何交互，仍然创建Class框图显示需要的类及其相互联系。

主要差别在于Web建模使用不同的类和关系。把类版型设置为客户机页、服务器页和窗体之后，就可以保证Rose生成相应的源代码。客户机/服务器应用程序具有标准关联关系，而应用程序则有四种关系：建立关系，链接关系、提交关系和改向关系。

建模Web应用程序之后，Rose可以生成代码。可以用Rose的双向工程功能更新代码、更新模型和使模型与代码保持同步。

和UML其他部分一样，随着新Web语言与技术的引入，Web图注会不断演变。Rose也会随Web图注一起演变，支持新概念和帮助机构更有效地设计客户机/服务器和Web应用程序。

附录 UML入门

UML是由一组不同框图构成的，分别提供系统设计的不同角度。有些较高级，提供系统功能的信息；有些较详细，包括实现系统时要建立的特定类和组件；还有一些介于中间，从高层角度提供设计细节。

这组框图提供系统设计的完整细节。小组的不同成员创建不同类型的框图，让不同的人使用。建立系统时，开发人员用框图理解要建立哪些类和组件，后面进行系统维护时，则要用框图了解系统结构，分析潜在改变的影响和建档进行的任何改变。

UML不断改进，增加新思想与新技术。例如，现在可以建模XML DTD。随着面向对象世界改变，UML也会相应改变。与此同时，UML是个标准，因此其改变是集中管理的。UML由对象管理组织（OMG）控制，全世界的许多大小公司都是OMG的成员。

Rational软件公司开发的系统开发寿命周期称为Rational统一过程（RUP，Rational Unified Process）。RUP实现UML，提供开发软件时使用的特定过程步、作用、责任、准则、工作流和模板。尽管RUP实现UML，但也可以不用RUP而使用UML。

UML引入了许多不同类型的框图。Business Use Case框图用于建模机构。业务工作流（活动）框图显示机构中的过程。Use Case框图显示系统要提供的功能和与系统交互的人和实体。Activity框图显示使用案例的逻辑流程。Sequence框图与Collaboration框图显示实现使用案例功能所需的对象，包括对象之间的消息。Statechart框图建模动态功能，常在实时系统中使用。Component框图显示系统创建的组件及其相互关系。最后，Deployment框图显示网络结构及网络上部署系统的位置。

建立Business Use Case框图

Business Use Case框图可以建模机构本身要做的工作。这个框图包括业务使用案例，是机构要进行的功能；业务角色，是机构之外与机构交互的实体；还有业务工人，是机构内的作用。

Business Use Case框图显示机构本身要做的工作及与机构交互的实体，并用活动框图提供机构中工作流的细节。

框图通常由业务过程小组或业务分析小组创建，是非技术的，可以让机构中任何成员了解机构。

要创建Business Use Case框图，步骤如下：

1. 右击Use Case视图中的包。
2. 选择New➤Use Case Diagram。
3. 右击工具栏并选择Customize。
4. 增加业务角色、业务使用案例、业务工人、业务实体与机构单元的按钮。

Business Use Case框图显示机构中业务使用案例、业务工人、业务角色的子集。

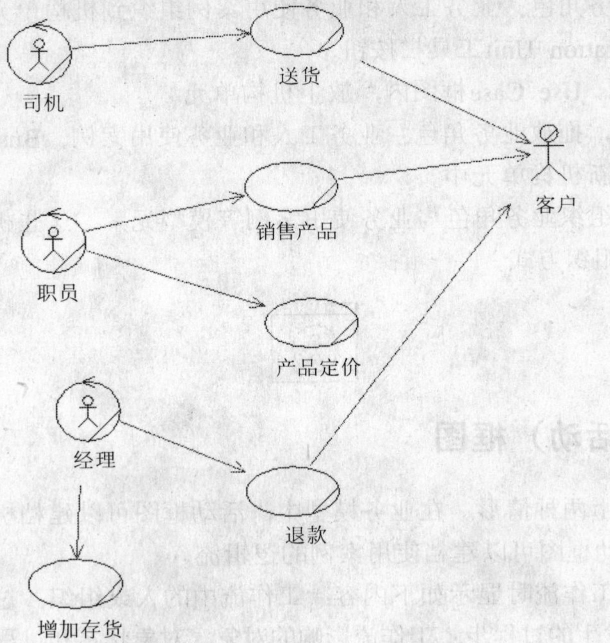

将业务角色加进框图的步骤如下：

1. 确定业务角色。
2. 选择Business Actor工具栏按钮。
3. 单击Use Case框图增加业务角色。
4. 业务角色命名。

业务角色是机构外直接与机构交互的个人、组织、公司或其他实体。

将业务工人加进框图的步骤如下：

1. 确定业务角色。
2. 选择Business Worker工具栏按钮。
3. 单击Use Case框图增加业务工人。
4. 业务工人命名。

业务工人是机构中的作用。

将业务角色与业务使用案例的关系加进框图中如下：

1. 选择Unidirectional Association工具栏按钮。
2. 拖动业务角色或工人与业务使用案例之间的箭头。

业务角色与业务使用案例间的通信关系显示业务角色或业务工人如何与机构交互。

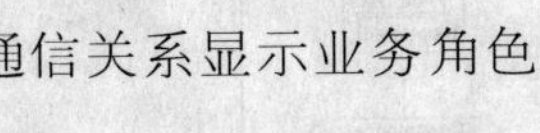

下列步骤将业务角色、业务工人和业务使用案例组织到机构单元中。

1. 选择Organization Unit工具栏按钮。
2. 单击Business Use Case框图内，放上机构单元。
3. 在浏览器中，拖放业务角色、业务工人和业务使用案例、Business Use Case框图与活动框图到新机构单元中。

机构单元可以组织业务角色与业务使用案例等模型元素。这些机构单元可以组织模型和显示公司本身的组织方式。

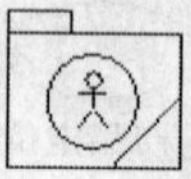

建立工作流（活动）框图

活动框图常用于两种情形。在业务模型中，活动框图可以建档机构中过程的工作流。在系统模型中，活动框图可以建档使用案例的逻辑流。

活动框图针对工作流时显示如下内容：工作流中的人或组织、过程中的步骤、过程的决策点、可以并行发生的过程步、工作流影响的对象、对象状态和过程步之间的交接。UML包含所有这些项目的图形符号。

要创建活动框图：

1. 右击Use Case框图中的使用案例或包。
2. 选择New➤Activity Diagram。

活动框图建模机构中的过程，可以分析现有过程或新过程。这类框图常用于业务过程改建工作或复杂与未建档工作流。

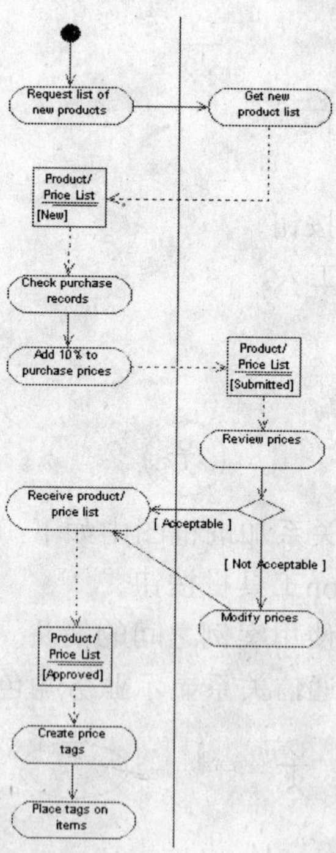

要对每个角色与工人的责任将框图分段，步骤如下：

1. 确定工作流参与者。
2. 选择Swimlane工具栏按钮。
3. 单击框图以增加泳道。
4. 用工作流中作用或组名命名泳道。

泳道是框图中的竖段，包含特定人员或组织要进行的所有工作流步骤。可以把框图分解为多个泳道，对应每个人员或组织。

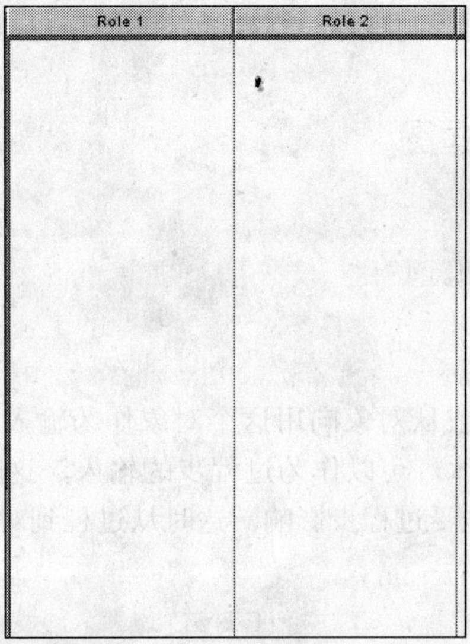

要在框图中增加详细步骤：

1. 选择Activity工具栏按钮。
2. 单击框图以增加活动。
3. 命名活动。

活动是工作流的步骤，可以包含操作。操作是活动中的步骤。活动放在进行活动的人员或组织的泳道中。

设置活动顺序的步骤如下：

1. 选择Transition工具栏按钮。
2. 拖动从一个活动到另一活动的箭头。
3. 右击交接箭头并选择Open Specification。
4. 可选在General标签中增加事件和事件变元。
5. 可选在Detail标签中增加保证条件、操作、发送事件、发送事件变元和发送目标。

交接显示过程如何从一步（活动）移到下一步（活动）。事件触发从一个活动移到下一活动的过程。事件可以有变元保证条件为真时才能发生交接。操作在过程从一个活动移到下一活动时发生，通常是个很快的过程，在交接时完成。发送目标指定在交接时向某个对象发一个消息。发送目标是接收消息的对象。发送事件是发送到另一个对象的消息，可以有变元。

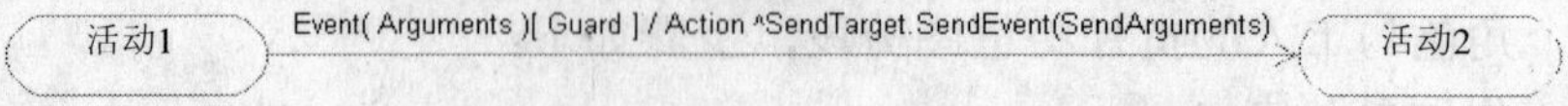

下列步骤在逻辑中增加决策点：

1. 选择Decision工具栏按钮。
2. 单击框图以增加决策。
3. 拖动从决策到决策之后可能发生的活动之间的交接。
4. 在每个交接箭头中放上保证条件。保证条件控制决策之后采取什么路径。

工作流中的决策点表示工作流何时可以采取两个或多个不同路径。从决策到活动的交接箭头显示工作流可以采取的不同路径。交接的保证条件控制决策之后采取什么路径。保证条件应当是相互排斥的。

要在工作流中增加对象：

1. 选择Object工具栏按钮。
2. 单击框图以增加对象。
3. 选择Object Flow按钮。
4. 从活动向影响的对象或从对象向用这个对象作为输入的活动拖出一个箭头。

对象是工作流影响的实体，可以作为过程步的输入，这时从对象到过程之间显示一个虚线对象流箭头。对象也可能受过程步影响，这时从过程到对象之间显示一个虚线对象流箭头。

要在工作流中增加同步：

1. 选择Synchronization工具栏按钮。
2. 单击框图以增加同步线。
3. 画出从活动到同步线的交接箭头，表示在这个活动之后开始并行处理。
4. 画出从同步线到可以并行发生的活动之间的交接箭头。
5. 创建另一同步线，表示并行处理结束。
6. 画出从同步活动到最后同步线之间的交接箭头，表示完成所有这些活动之后，停止并行处理。

同步表示工作流中的两步或多步中以并行完成。同步线显示两个或多个活动可以同时发生，这可以用来分析工作流效率。检查并行活动量以优化工作流。

建立Use Case框图

Use Case框图是高层系统范围的图形表示，包括使用案例和角色。使用案例是系统提供的功能，而角色是系统的用户。从Use Case框图中不难看出系统干什么，与谁交互。

一个系统可以创建一个或多个Use Case框图。如果创建多个Use Case框图，则每个Use Case框图显示系统中使用案例或角色的子集。也可以将使用案例和角色组织成包，帮助组织模型。

Use Case框图可以帮助与系统的最终用户通信，是简单而非技术性的，小组中的每个人都可以对系统范围有共同理解。Use Case框图通常由技术小组和最终用户代表一起创建。

要创建Use Case框图：

1. 右击Use Case框图中的包。

2. 选择New➤Use Case Diagram。

Use Case框图显示系统中使用案例或角色的子集，系统可以创建一个或多个Use Case框图，完全建档系统范围。

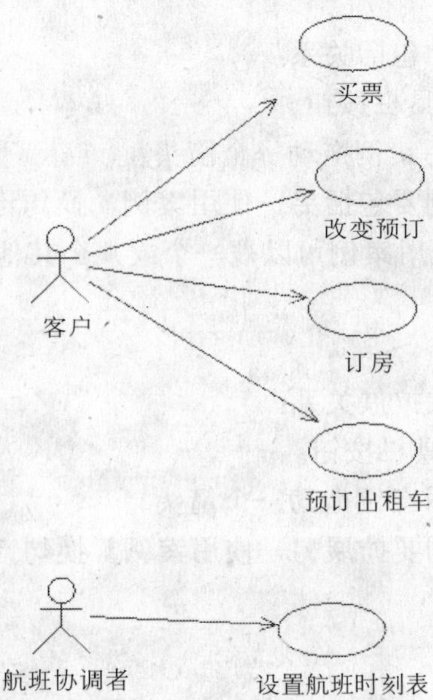

将角色加进框图的步骤如下：

1. 确定角色。

2. 选择Actor工具栏按钮。

3. 单击Use Case框图增加角色。

4. 角色命名。

角色是与系统交互的人、系统或其他实体。

将业务使用案例加进框图的步骤如下：

1. 确定业务使用案例。

2. 选择Use Case工具栏按钮。

3. 单击Use Case框图增加业务使用案例。

4. 业务使用案例命名。

使用案例是系统提供的功能，通常采用<verb><noun>格式名称，如“Deposit Check”或“Withdraw Cash”。使用案例是高层的，与实现方法无关。

将角色与使用案例的关系加进框图中如下：

1. 选择Unidirectional Association工具栏按钮。

2. 从角色向使用案例拖动一个箭头。

角色与使用案例之间的通信关系表示角色启动使用案例。角色可以启动一个或几个使用案例。

要在相应使用案例之间增加包括关系：

1. 选择Include Use Case工具栏按钮。

2. 从使用案例向包括的使用案例拖动一个箭头。

包括关系表示一个使用案例要包括另一使用案例。换句话说，运行一个使用案例时也要运行另一个使用案例。一个使用案例可以被一个或几个其他使用案例包括。

要在相应使用案例之间增加扩展关系：

1. 选择Extend Use Case工具栏按钮。

2. 从使用案例向扩展的使用案例拖动一个箭头。

扩展关系表示一个使用案例要扩展另一使用案例。换句话说，运行一个使用案例时也可以运行另一个使用案例。

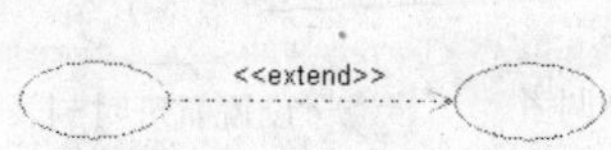

下列步骤将使用案例、角色和其他元素组织到一个包中：

1. 右击Use Case视图或另一个包并选择New➤Package。

2. 命名新包。

3. 在浏览器中，将使用案例、角色、Use Case框图或其他模型元素拖动到新包。

包是把项目组织起来的UML机制。组织起来可以组织模型，帮助管理模型元素中的任何改变。可以将一个包嵌套在另一个包中，进一步组织模型。

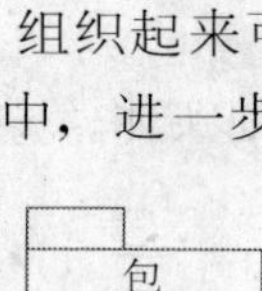

要在相应使用案例之间增加一般化关系：

1. 选择Generalization工具栏按钮。

2. 从子使用案例向父使用案例拖动一个箭头。

使用案例之间的一般化关系表示子使用案例继续父使用案例提供的所有功能。

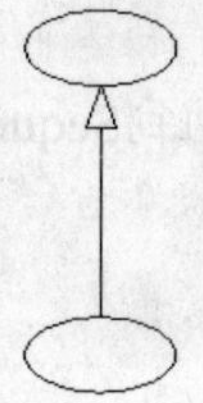

要在相应角色之间增加一般化关系：

1. 选择Generalization工具栏按钮。

2. 从子角色向父角色拖动一个箭头。

角色之间的一般化关系表示一个角色（子角色）继承另一个角色（父角色）提供的所有功能。子角色能启动父角色启动的所有使用案例。

建立Interaction框图

Interaction框图是系统中对象与角色如何相互交互以达到系统目标的图形表示。Interaction框图有两种：Sequence框图和Collaboration框图。Sequence框图显示沿时间线的对象交互，而Collaboration框图显示没有时间线的对象交互。这两个框图以不同方式显示相同信息。

可以对系统中的每个使用案例创建多个Interaction框图，显示不同情形中创建的交互。

Sequence框图通常显示功能流程和系统中对象的控制。Collaboration框图通常显示哪些对象相互通信。Sequence框图显示系统如何工作，而Collaboration框图显示系统结构的好坏。

要创建Sequence框图：

1. 右击Use Case视图中的使用案例。

2. 选择New➤Sequence Diagram。

创建Sequence框图之后，需要确定放进哪些角色和对象。一个方法是把使用案例中涉及的所有角色拖动到Sequence框图中，然后遍历这个功能，根据需要增加完成这个功能的对象。

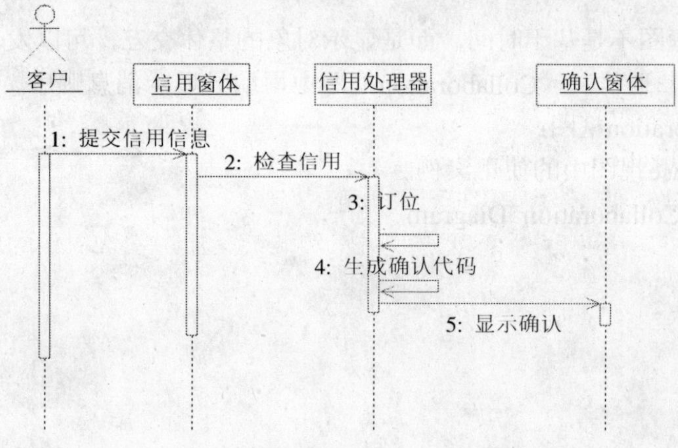

要把角色和对象放进Sequence框图：

1. 把使用案例中涉及的所有角色拖动到Sequence框图中。

2. 选择Object工具栏按钮。

3. 单击Sequence框图增加对象。

4. 命名对象。

5. 根据需要增加对象。

这时，已经把角色和对象放进Sequence框图，但Interaction框图还没有显示交互，这是用消息完成的。消息就是不同角色和对象之间的通信形式。

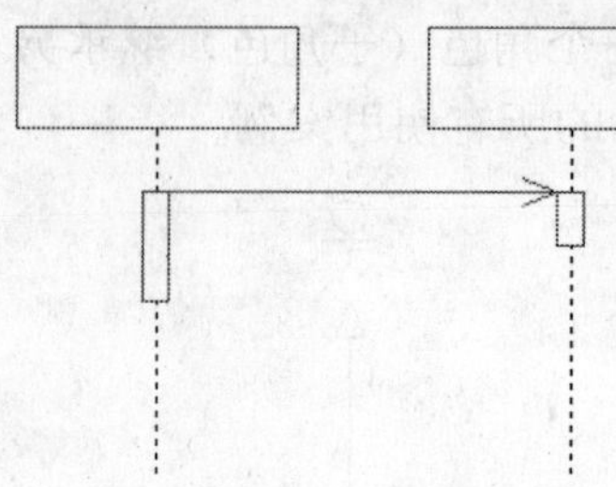

消息也可以是自反的，即对象向自己交流一些信息。

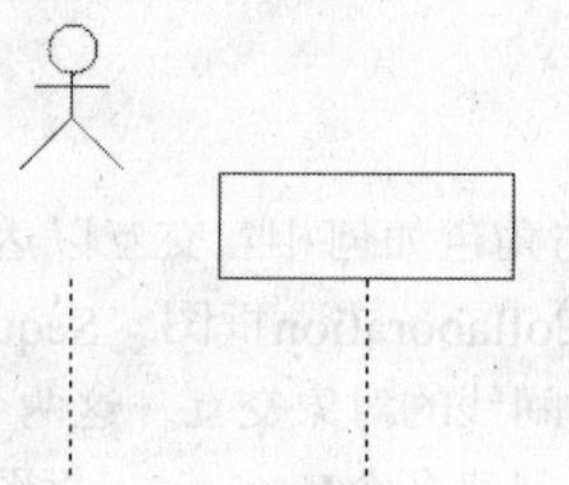

将消息加进框图的方法如下：

1. 选择Message工具栏按钮。

2. 单击启动消息的角色和对象。

3. 将消息拖动到目标角色和对象。

4. 命名消息。

提示： 在Sequence框图中按F5键可以创建相应Collaboration框图；在Collaboration框图中按F5键可以创建相应Sequence框图。

Collaboration框图不是基于时间，而是显示对象的整体交互，可以发现潜在瓶颈（一个对象与大量对象一一通信）。Collaboration框图中用编号显示消息顺序。

要创建Collaboration框图：

1. 右击Use Case视图中的使用案例。

2. 选择New➤Collaboration Diagram。

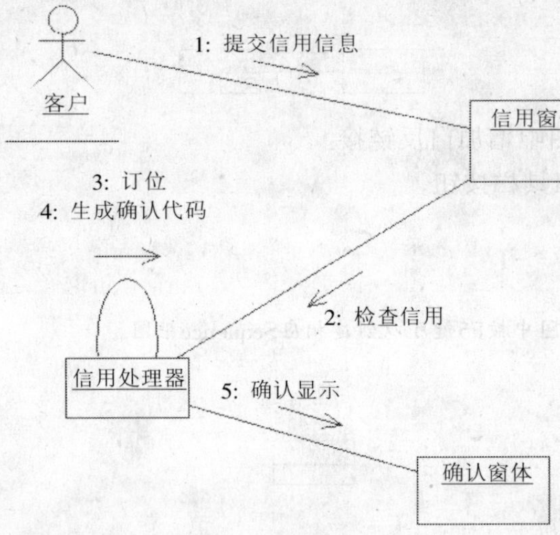

创建Collaboration框图之后，需要确定放进哪些角色和对象。一个方法是把使用案例中涉及的所有角色拖动到Collaboration框图中，然后遍历这个功能，根据需要增加完成这个功能的对象。

要把角色和对象放进Collaboration框图：

1. 使用案例中涉及的所有角色拖动到Collaboration框图中。
2. 选择Object工具栏按钮。
3. 单击Collaboration框图增加对象。
4. 命名对象。
5. 根据需要增加对象。

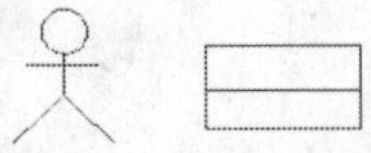

增加消息之前，要链接进行通信的角色和对象。为此要用工具栏增加对象链接。增加对象链接之后，就可以增加消息。在Collaboration框图中，消息为链接消息或链接自身。链接消息相当于Sequence框图中的消息。链接自身相当于Sequence框图中的自反消息。

要在Collaboration框图中增加对象链接：

1. 选择Object Link工具栏按钮。
2. 单击要链接的角色和对象。
3. 将对象链接拖动到要链接的角色和对象。

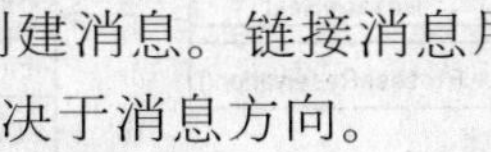

建立对象链接之后，就可以创建消息。链接消息用Link Message工具栏按钮或Reverse Link Message工具栏按钮生成，取决于消息方向。

要在Collaboration框图中加进消息：

1. 选择Link Message或Reverse Link Message工具栏按钮。
2. 单击要放消息的对象链接。

3. 命名消息。

要在Collaboration框图中增加自反链接：

1. 选择Link to Self工具栏按钮。
2. 单击要链接的对象。
3. 命名自反链接。

提示： 在Collaboration框图中按F5键可以创建相应Sequence框图。

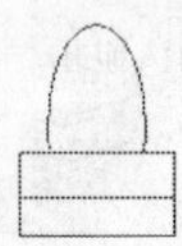

建立Class框图

Class框图显示系统中类、接口、类包和关系的子集。典型系统有许多不同的Class框图。

Rose中用不同图标表示Class框图中的不同类。例如，Rose包含接口、客户机页、会话EJB、COM对象和许多其他类型类的图标。Rose还用图标区别分析类与设计类。分析类是系统的实现独立视图，是系统设计的初始草图。设计类是针对实现的，与最终在源代码中创建的类相关联。

Rose可以生成包括类名、属性类型、默认值、操作签名和类关系的代码。开发人员用Class框图显示系统结构，了解对指定类创建什么操作。

创建新Class框图的步骤如下：

1. 右击Logical视图中的包。
2. 选择New➤Class Diagram。

Class框图包括子系统中类、接口、类包和关系的子集。可以用多个Class框图完全建档系统设计。

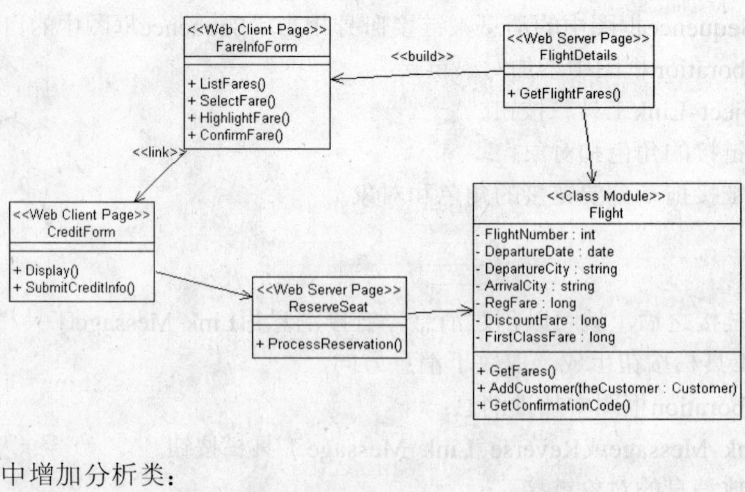

要在模型中增加分析类：

1. 选择Boundary、Entity或Control工具栏按钮。

2. 单击框图增加类。

3. 命名类。

分析类是实现无关类。分析类建档系统中的一些概念和创建系统设计的概念性视图。

要在模型中增加设计类：

1. 创建另一Class框图。

2. 将设计类加进模型中。

3. 选择Class工具栏按钮。

4. 单击框图增加类。

5. 指定类名。

设计类是针对实现的类，与最终在源代码中生成的类相关联。

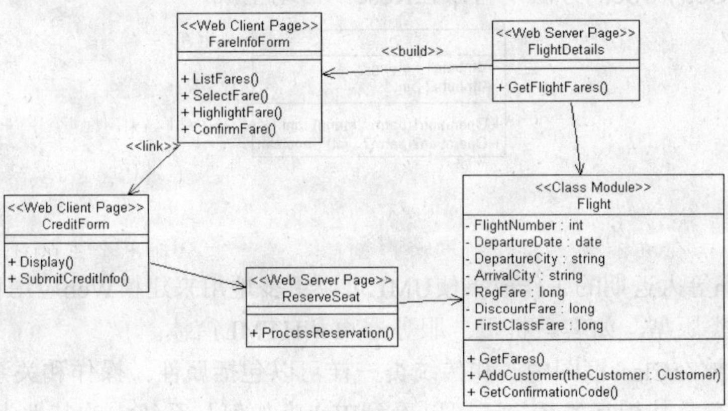

要增加接口类：

1. 选择Interface工具栏按钮。

2. 单击框图增加接口。

3. 命名接口。

接口不提供实现细节而提供类的公开操作。接口包含方法签名，但不包含实现。

要将属性加进类中：

1. 右击框图中的类。

2. 选择New➤Attribute。

3. 输入属性名、冒号加属性数据类型（如Address:String）。

4. 可选输入属性默认值加数据类型、等号和默认值（如Address:String = 123 Main St）。

5. 右击浏览器窗口中的属性并选择Open Specification。

6. 设置属性可见性（public、private、protected）。

属性是与类相关联的信息。一个类的所有对象具有相同属性，但每个对象可能还有自己的属性。

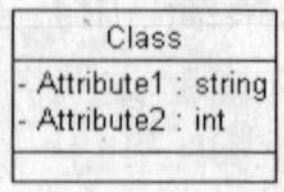

要将操作加进类中：

1. 右击框图中的类。
2. 选择New➤Operation。
3. 输入标签名，包括参数和返回值，格式为标签名（参数1：参数1的数据类型，参数2：参数2的数据类型）：返回值（例如，AddNumbers(X:Int,Y:Int):Long）。
4. 右击浏览器窗口中的操作并选择Open Specification。
5. 设置操作可见性（public、private、protected）。

操作是类中的方法。Rose中可以定义操作名、可见性、参数和返回值数据类型。有些操作（如属性的Get()与Set()方法）可以在Rose中自动生成。

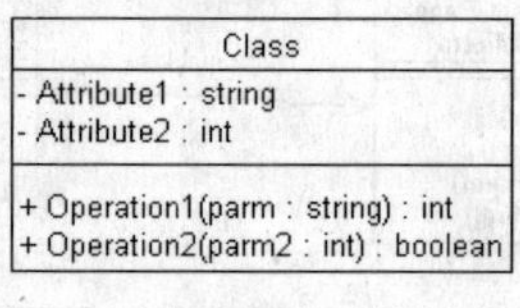

Web模型

Jim Conallen等人近期的工作成果使UML可以更多地用来建模Web应用程序。Rose中有许多Web模型的类版型，如客户机页、服务器页和HTML窗体。

这些Web类放在Class框图中，和传统类一样可以包括属性、操作和关系。利用Class框图可以浏览Web类及其相互关系，还可以看到Web类如何与系统中的其他类交互。

进行这些步骤之前，选择Tools➤Options。在Diagram框图中，将默认语言设置为Web Modeler。

要在模型中增加服务器页：

1. 选择Server Page工具栏按钮。
2. 单击框图增加这个类。
3. 命名类。

服务器页包含服务器上运行的逻辑，使用数据库连接、安全服务和文件服务之类的服务器资源。

服务器页

要在模型中增加客户机页：

1. 选择Client Page工具栏按钮。
2. 单击框图增加这个类。
3. 命名类。

客户机页包含客户机上的逻辑。

客户机页

要在模型中增加HTML窗体：

1. 选择HTML Form工具栏按钮。
2. 单击框图增加这个类。
3. 命名类。

HTML窗体表示简单HTML页面和页面中包含的字段。

窗体

要在模型中增加小程序：

1. 选择Applet工具栏按钮。
2. 单击框图增加这个类。
3. 命名类。

小程序是小小的应用程序，下载到客户机上，在客户机上运行。

要在模型中增加Web应用程序：

1. 选择Web Application工具栏按钮。
2. 单击框图增加这个类。
3. 命名类。

应用程序是维护状态信息的对象，在应用程序的所有用户之间共享。

要在模型中增加会话对象：

1. 选择Web Session工具栏按钮。
2. 单击框图增加这个类。
3. 命名类。

会话对象是维护状态信息的对象，针对单个客户机的当前会话。

要在模型中增加COM对象：

1. 选择COM Object工具栏按钮。
2. 单击框图增加这个类。

3. 命名类。

COM对象是ActiveX控件之类的对象，使用Microsoft公司的组件对象模型（COM）。

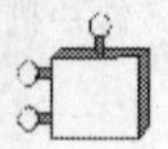

增加类关系

类之间有各种不同关系。关联关系表示一个类要与另一个类通信，可能是单向或双向关联。累积关系表示两个类之间整体与部分的关系。一般化关系表示两个类之间的父/子继承关系。最后，依赖性关系是弱关联，表示一个类的改变可能影响另一个类。

可以在关系中增加关联名，明确关系的目的。还可以用作用名显示每个类在关系中所起的作用。倍增性设置一个对象的一个实例对应于另一个对象的几个实例。

Class框图中把关系画成两个相关类之间的箭头。可以用不同箭头表示不同关系。

要在类之间增加关联关系：

1. 选择Unidirectional Association或Bidirectional Association工具栏按钮。
2. 从一个类向另一个类拖动一个箭头。
3. 如果需要，输入关联名。

关联关系是类之间的词法连接，表示一个类要与另一个类通信（例如一个类要向另一个类发消息）。单向关联表示只能在一个方向发消息，而双向关联表示可以在两个方向发消息（即每个类可以调用其他类的方法）。

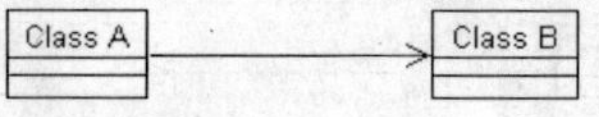

要在类之间增加累积关系：

1. 选择Aggregation工具栏按钮。
2. 从整体类拖动到部分类。
3. 如果需要，输入关联名。

累积关系表示两个类之间整体与部分的关系。这时一个类逻辑上包含另一个类。关联和累计关系在代码生成时是相同的。

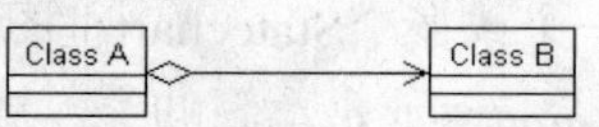

要在类之间增加一般化关系：

1. 选择Generalization工具栏按钮。
2. 从子类向父类拖出一个箭头。

一般化关系表示两个类之间的父/子继承关系。子类继承父类的所有属性、操作和关系。

要在类之间增加依赖性关系：

1. 选择Dependency工具栏按钮。
2. 从一个子类向另一个子类拖动箭头。

依赖性关系是弱关联。尽管一个类需要与另一个类通信，但是哪个类也不负责实例化、销毁或者管理另外一个类。生成关联关系代码时，通过新属性在另一个类中创建对一个类的引用。对于依赖性关联并不创建支持该关系的属性。依赖性关联是单向的。

在关系中增加倍增性的步骤如下：

1. 右击关系一端。
2. 选择Multiplicity，然后对关系的这一端设置相应倍增性。
3. 右击关系另一端。并设置相应倍增性。

倍增性设置一个对象的一个实例对应于另一个对象的几个实例。倍增性指示符放在关系两端，显示两个方向的实例数。一般化关系中不包括倍增性。

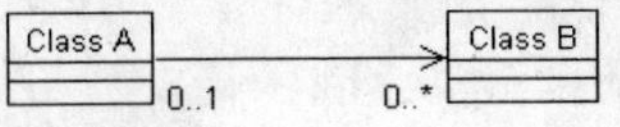

在关系中增加作用名的方法如下：

1. 右击关系一端。
2. 选择Role Name。
3. 在框图中输入作用名。
4. 选择关系另一端并设置作用名。

作用名表示类在关系中所起作用。例如，在人与公司的关系中，人可能起员工的作用。作用名在代码生成过程中使用，创建支持关系的属性时，属性名为作用名。

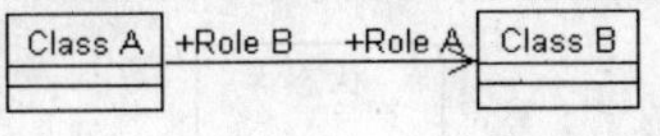

建立Statechart框图

Statechart框图显示对象的动态行为，显示对象可以存在的各种状态，对象创建时的状态，对象删除时的状态，对象如何从一种状态转移到另一种状态，对象在不同状态中干什么。所有这些信息有助于开发人员完整了解特定对象。

利用Rose，可以对类创建一个或多个Statechart框图，包括上述所有信息。Statechart框图不需要对模型中的每个类创建。只有非常动态的类、复杂类或开发小组没有完全了解的类才需要生成Statechart框图。

创建Statechart框图的步骤如下：

1. 右击浏览器中的类。
2. 选择New➤Statechart Diagram。
3. 命名新框架。

Statechart框图包括特定类中对象的各种状态、交接、活动与操作。每个类可以有一个状态/活动模型，其中有一个或几个Statechart框图。

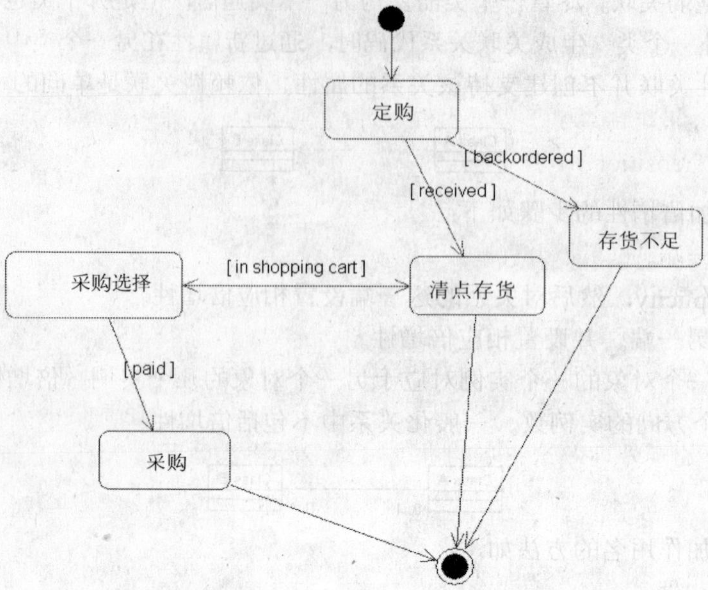

要在框图中增加状态：

1. 选择Client Page工具栏按钮。

2. 单击框图增加类。

3. 命名类。

状态是对象存在的条件。例如，发票的状态可以是New、Paid、Delinquent或Canceled，分别代表不同的状态。

要增加开始与结束状态：

1. 选择Start State或End State工具栏按钮。

2. 单击框图增加开始与结束状态。

开始状态是对象首次实例化时的状态。Statechart框图只有一个开始状态。开始状态在框图中显示为黑点。结束状态表示对象在内存中被删除之前的状态。Statechart框图中有0个、1个或多个结束状态。结束状态在框图中显示为牛眼。

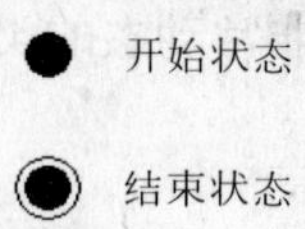

要在状态中增加活动：

1. 右击状态并选择Open Specification。

2. 选择Actions标签。

3. 右击空白处并选择Insert。

4. 双击新活动（清单中有“Entry/”）打开活动规范。

5. 输入活动细节。

活动是对象在特定状态时的处理工作，可以在进入状态时、退出状态时、状态中或发生特定事件时进行。

要在状态之间增加交接：

1. 选择State Transition工具栏按钮。
2. 从一种状态拖动到另一状态。
3. 右击交接。
4. 选择Open Specification。
5. 增加事件、保证条件等交接细节。

交接显示对象如何从一种状态移动到另一状态，可能包括触发交接的事件或保证条件。事件还可以在交接中发送给另一对象。保证条件放在中括号中，控制是否发生交接。交接的操作是交接时进行的短处理。这些项目在交接线上的格式如下：

```
Event(Arguments)[Guard] /Action ^SendEventTarget.SendEvent(Arguments)
```

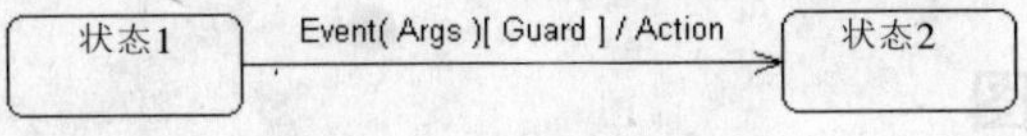

建立Component框图

Component框图建模系统中的物理组件：源代码文件、执行文件、DLL文件、ActiveX对象，等等。小组利用Component框图可以指定有哪些组件、相互之间存在何种关系。

这个练习在优化设计和计划部署时特别有用。通过把每个组件映射到相应结构层（数据库、业务逻辑、表示，等等），小组可以看到层之间的交互。小组可以在编码完成之前分析和优化层之间的通信。

Rose支持几种不同的组件版型，如上所述。

要创建新的Component框图：

1. 右击浏览器Component框图中的包。
2. 选择New➤Component Diagram。
3. 命名新框图。

Component框图显示系统中组件或组件包的子集及其相互关系。

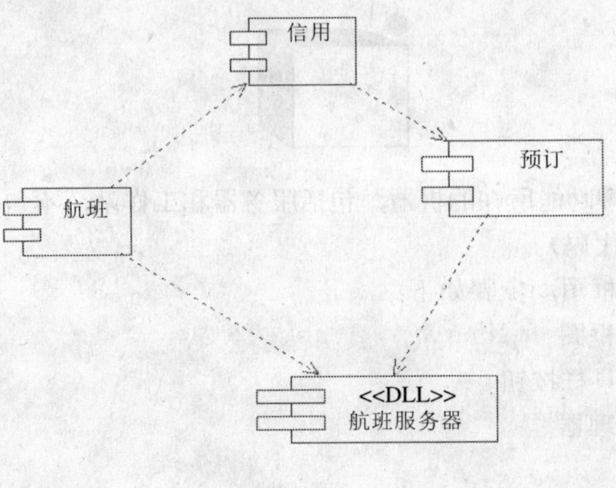

下列步骤将组件加进模型中：

1. 选择Component工具栏按钮。
2. 单击框图增加组件。
3. 命名组件。
4. 右单击组件。
5. 选择Open Specification。
6. 设置组件版型和语言。
7. 选择Realizes标签。
8. 右单击组件中要包含的每个类并选择Assign。还可以在浏览器中把类从Logical视图拖动到Component视图中相应组件。

组件是构成系统的物理文件之一。源代码组件实现模型中包含的各种类。

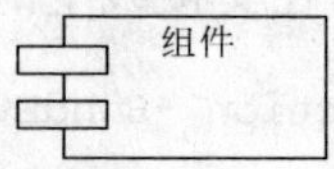

建立Deployment框图

Deployment框图演示系统的物理分布。一个项目只有一个Deployment框图。Deployment框图显示系统中涉及的处理器、设备、连接和过程。

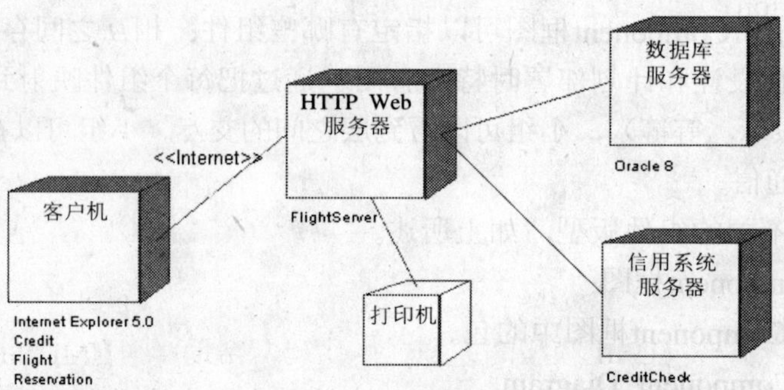

处理器是网络中处理功能所在的机器，包括服务器和工作站，不包括打印机之类设备、连接和过程。

处理器是网络中处理功能所在的机器，包括服务器和工作站，不包括打印机之类设备。处理器运行进程（执行代码）。

要生成Deployment框图，步骤如下：

1. 双击Deployment框图。
2. 选择Processor工具栏按钮。
3. 单击框图增加处理器。

4. 命名处理器。

5. 右击处理器并选择New➤Processor。

6. 命名进程。

设备是网络上的其他机器，包括打印机、扫描仪、哑终端和备份设备。

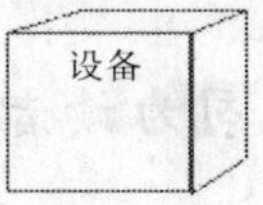

要将设备加进框图中：

1. 选择Device工具栏按钮。

2. 单击Deployment框图增加设备。

3. 命名设备。

连接是处理器之间、设备之间或处理器与设备之间的物理链接，可以是实际网络连接或虚拟连接，例如在Internet上。

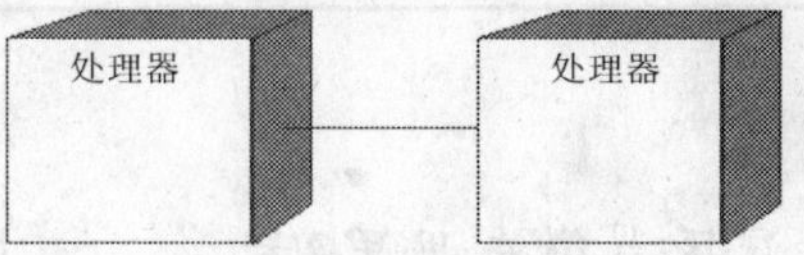

要将连接加进框图：

1. 选择Connection工具栏按钮。

2. 单击要连接的一个处理器或设备。

3. 拖动到要连接的另一个处理器或设备。

4. 命名连接。

本书选配光盘

本书选配光盘包括书中UML模型的许多样本代码，帮助学习UML和Rational Rose。本书用大量例子演示Rose的各种建模功能。通过本书选配光盘中的样本，可以体会项目进行中的样子。

本书选配光盘包括：

- 购物推车例子不同阶段的Rose模型。每个Rose模型表示系统设计的阶段性成果。
- 购物推车例子的ANSI C++、Java、Visual Basic与CORBA代码。
- 用Rose的Web Publisher特性生成的Rose模型的HTML版本。
- 样本Rose脚本。
- 链接Rational站点http://www.rational.com/tryit/rose/,可以下载Rational Rose软件测试版。

要浏览与编辑Rose模型，就要安装Rose 2001、2001A或2002。

读者购盘说明

为了方便读者阅读本书，我公司为读者准备了该书的选配光盘（1张），售价25.00元（免费邮寄）。

该光盘系阅读本书的辅助资料，受国际版权保护，不得复制、拷贝。

凡购买光盘的读者，请将现金寄往我公司，我公司在收款后尽快将光盘寄出。为避免差错，请将收件人姓名、地址和邮编填写清楚。请勿在信中夹带现金。

请务必在汇款单附言栏中填写清楚所购光盘的配套书名，以免延误邮寄时间。

通讯地址：北京市海淀区翠微东里甲2号

北京美迪亚电子信息有限公司

邮政编码：100036

联 系 人：发行部

联系电话：68252397

欢迎与我们联系

为了方便与我们联系，我们已开通了网站（www.medias.com.cn）。您可以在本网站上了解我们的新书介绍，并可通过读者留言簿直接与我们沟通，欢迎您向我们提出您的想法和建议。